❖ 手紙の頭語と結語

一般的な往信	拝啓・謹啓・粛啓 女性▼一筆申し上げます・謹んで申し上げます	敬具・拝具・敬白・草々 女性▼かしこ・ごめんください ませ・ごきげんよう
一般的な返信	拝復・啓復・復啓・拝答・御状拝見 女性▼お手紙拝見いたしました 取り急ぎご返事申し上げます	
改まった場合	謹啓・謹呈・粛啓・ 女性▼謹んで申し○○	謹言・謹白・敬白・再拝・頓首 女性▼かしこ 女性▼かしこ 不悉・不尽・不備
前文省略の場合	前略・冠省・略啓○○○ 女性▼前略ごめん○○	草々・匆々・不一・不乙・不二・
急用の場合	急啓・急呈・急陳○○ 女性▼取り急ぎ申○○	敬具・早々・匆々・不備 女性▼かしこ
はじめて手紙を出す場合	突然で失礼とは○○○ 失礼をお許しくだ○○○ 紙を差し上げます	
返事が遅れた場合	ご返事を差し上○○○○ 速ご返事差し上○○○ございません・早 までございますが 敬具・謹言・謹白・頓首お返事	
重ねて手紙を出す場合	たびたび失礼とは存じますが・重ねて申し上げます	

あ行 か行 さ行 た行 な行 は行 ま行 や行 ら行 わ行 四字熟語 動物 植他

新版
日用語
新字典

ポケット判

高橋書店

はじめに

 この字典は、すべての社会人が座右に置いて、あるいは携帯して手軽に活用できるよう工夫、編集したものです。
 日常よく使われる漢字、漢字仮名交じりの言葉を精選収録、その正しい表記を見出し語にしました。各語には簡潔な解釈をつけ、類義語、用例、対義語などをスペースの許す限り併記し、語意を理解する助けとして挿画を掲載しました。
 極力、見やすく大きな字を使用したこと、紛らわしい同音異義語を■で明示し、注意を促したこと、本則と許容の送り仮名を明示したこと、巻末に四字熟語や、動植物名、国・州・都市名、一部の外来語などをまとめたことなど、さまざまな工夫がほどこされています。
 文書作成をパソコンのワープロソフトなどの漢字変換機能に頼ることが多くなってきた昨今では、語意を誤解したり簡単な漢字をど忘れしたりして、思わぬ恥をかくことも増えているようです。本書は、こうした不都合などをなくし、日常の言語生活をより豊かなものにしていただくために編纂（へんさん）しました。
 この、実用性に富み、携帯にも便利な本書で、美しく確かな日本語の知識を広げられ、本書を、日常生活のあらゆる場でご利用いただくことを願っております。

編　者

凡例

◆ 配列について

見出し語は五十音順に配列した。同音の語は、原則として字数、漢字画数の少ない順とした。また、ページ左右端の見出しは、すべて清音・直音で示した。

◆ 表記について

漢字表記が複数ある場合は、最も標準的な表記を見出し語とし、極力、別表記を【 】で示した。

[例] 相席【合席】他客と同卓につくこと。

◆ 送り仮名について

「送り仮名の付け方」(一九八一年告示)の通則に準じた。「許容」とされていて、省略してもさしつかえないと思われる送り仮名には▼をつけた。

[例] 起こす 月並み 巻き尺

逆に、送ってもさしつかえない読みは( )で示した。

[例] 表す 行う 断る

◆ 用例について

該当部分を―で表し、「 」で紹介した。

[例] 真摯 まじめ。本気。「―な態度」

◆ 対義語について

対義語のある見出し語には極力、‡に続けて示した。

[例] 内患 内部のわざわい・心配事。‡外患

◆ 同音異義語について

とりわけ紛らわしい同音異義語は、簡明な語釈から、適宜使い分けられるよう■で示し、注意を促した。

◆ 季語について

俳句などの季語となる語句には、解説の後に圈(=新年)春夏秋冬のマークをつけ、季節を示した。

[例] 群衆 群がり集まった人々。大衆。

群集 ぐんしゅう 一か所に群がり集まる。「―心理」

◆ 収録語数と別掲について

約二万八〇〇〇語を収録。四字熟語、動植物名、国・州・都市名、外来語等を巻末にまとめた。

あ

嗚呼（ああ） 喜びや悲しみの感動を表す声。

愛（あい） かわいがり、大切に思う気持ち。

藍（あい） タデ科の草からとる染料。

相合い傘（あいあいがさ） 恋仲の男女がさす雨傘。

愛飲（あいいん） 好んで飲むこと。

合い印（あいいん） 照合したしるしとしての印。

相打ち（あいうち） [相討ち]同時に打ち合う。

愛煙（あいえん） たばこが好きなこと。「―家」

相生（あいおい） 同じ根から生えること。

哀歌（あいか） 悲しみをうたった歌。悲歌。

合い鍵（あいかぎ） その錠に合う別の鍵。

相変わらず（あいかわらず） もの悲しくあわれな感じ。悲哀。

哀感（あいかん） 悲しみと喜び。一喜一憂。

哀歓（あいかん）

合い（あい） 牛乳にする。

以前と同じ様に。

愛飲（あいいん） 照合したしるし。

相合い傘（あいあいがさ）

合気道（あいきどう） 当て身や関節技主体の武術。

相客（あいきゃく） 同宿・同席の客となった他人。

愛郷（あいきょう） 故郷を愛すること。「―心」

愛敬（あいきょう） [愛嬌]愛らしい魅力。

匕首（あいくち） [合口]つばのない短刀。どす。

合い口（あいくち） 相手との調子。

愛犬（あいけん） 愛玩する飼い犬。「―家」

相見（あいけん） 互いに、勝ち負けのないこと。

愛顧（あいこ） ひいきにすること。引き立て。

愛子（あいこ） かわいがり育てる子。

愛護（あいご） 物事を身を守ること。「動物―」

愛好（あいこう） 好む。「―家」

愛国（あいこく） 自分の国を愛すること。「―心」

合い言葉（あいことば） 標語。合図の言葉。暗号。

挨拶（あいさつ） 応対。儀礼的な言動。応答。

哀史（あいし） 悲しい出来事の記録。悲史。

愛児（あいじ） 愛しているわが子。

哀愁（あいしゅう） うら悲しい感じ。もの悲しさ。

相性（あいしょう） [合性]性が合うこと。「―がよい」

愛称（あいしょう） 親しんで呼ぶ呼び名。

哀傷（あいしょう） 人の死を悲しむ。

愛唱（あいしょう） 好きでよく歌う。「―歌」

愛誦（あいしょう） 詩文を好み、よく口ずさむこと。

愛情（あいじょう） 愛している人、いつくしむ気持ち。

愛人（あいじん） 愛している人。情人。―関係。

合図（あいず） 決めていた方法で知らせること。

相席（あいせき） [合席]他客と同卓につくこと。

哀惜（あいせき） 人の死を悲しみ惜しむこと。

愛惜（あいせき） 愛して大切に思うことで惜しむ。

哀切（あいせつ） ひどくあわれで悲しいこと。

哀訴（あいそ） 事情に訴えこい願うこと。哀訴。

愛想（あいそう） 好感のもてる表情や態度。勘定。

愛憎（あいぞう） 愛することと憎むこと。「―の念」

愛蔵（あいぞう） 物を大切にしまっておくこと。

愛息（あいそく） かわいがっている息子。愛嬢。

間（あいだ） すき。関係。中間。差し向かい。

相対（あいたい） 当事者で行うこと。差し向かい。

間柄（あいだがら） 人と人とのつながり。関係。

愛着（あいちゃく） 心を引かれて思い切れないこと。

哀調（あいちょう） もの悲しい調子。「―を帯びる」

愛重（あいちょう） かわいがって大切にすること。

愛鳥（あいちょう） 野鳥や小鳥を愛重する。「―週間」

相次ぐ（あいつぐ） 引き続き起こる。「―事故」

相槌（あいづち） 相手の話に調子を合わせること。

哀悼（あいとう） 人の死を悲しみ悼む。「―の意」

相手（あいて） 一緒に物事を行う人。敵対者。

愛読（あいどく） 好んでよく読むこと。「―書」

生憎（あいにく） 都合の悪い様子。「―の天気」

合いの手（あいのて） [の手間]乗り物に入る音。

相乗り（あいのり） 牛肉と豚肉をまぜたひき肉。

合挽き（あいびき） [嬬肉]男女の忍び逢い。

逢い引き（あいびき）

愛撫（あいぶ） 愛情をもってなでさすること。

相部屋（あいべや） 他客と同じ部屋に泊まること。

愛慕（あいぼ） 慕うこと。「―の情」

相棒（あいぼう） 物事を一緒に行う相手。相方。

合間（あいま） 物事の切れ目の短い時間。

あいまい〜あきんと

曖昧（あいまい） あやふや。不確か。「―な態度」

相俟って（あいまって） 互いに作用しあって。

相身互い（あいみたがい） 互いに同情し助け合う。

愛用（あいよう） 気に入っていつも使う。「―品」

愛欲（あいよく） 強い執着。異性への性的な欲望。

愛憐（あいれん） あわれみ。「―の情」

哀楽（あいらく） 悲しみと楽しみ。「喜怒―」

隘路（あいろ） 狭くて険しい道。障害や支障。

合う（あう） 一つになる。調和する。「気が―」

会う（あう） 顔をあわせる。対面する。

遭う（あう） 事件や不幸などに出くわす。

阿吽（あうん） 吐く息と吸う息。「―の呼吸」

喘ぐ（あえぐ） 苦しそうに息をする。苦しむ。

敢えて（あえて） 無理に。強いて。特に。それほど。

敢え無い（あえない） あっけない。「―最期」

和える（あえる） 食材をみそや酢とまぜあわせる。

亜鉛（あえん） 金属元素の一種。トタン。「―版」

青梅（あおうめ） 熟しきらない青い梅の実。夏

仰ぐ（あおぐ） 上を向く。求め敬う。

扇ぐ（あおぐ） うちわなどで風を起こす。

青臭い（あおくさい） 青草のにおいがする。未熟。

青写真（あおじゃしん） 将来の構想図。

青筋（あおすじ） 皮膚から浮き出て見える静脈。

青天井（あおてんじょう） 青空。相場の続騰。無制限。

青菜（あおな） 緑色の濃い菜の総称。「―に塩」

青二才（あおにさい） 年が若く未熟な男性。

青葉（あおば） 青々とした木の葉。新芽。夏

仰向く（あおむく） うつむく↔

青物（あおもの） 野菜類の総称。背の青い魚。

煽る（あおる） 風が物を動かす。そそのかす。

呷る（あおる） 酒や毒などを一息で飲む。

暁（あかつき） 明け方。ある物事が実現した際。

飽かす（あかす） しげもなく使う。「夜を―」

明かす（あかす） 打ち明ける。徹夜する。証明する。身の潔白を言う。

赤字（あかじ） 決算上の欠損。校正上の書き入れ。

赤潮（あかしお） 微生物増加による海の赤変。夏

証し（あかし） 証明。証拠。「―を立てる」

赤子（あかご） 生まれたての子。赤ん坊。

銅（あかがね） 金属の一種。銅。

輝く（かがやく） 非常に明るい様子。

明明と（あかあかと） 非常に明るい様子。「―落とし」

垢（あか） 皮膚にたまった汚れ。「―落とし」

皸・皹（あかぎれ） 寒さによる皮膚のひび割れ。「―切れる」

足掻く（あがく） 現状から抜け出ようともがく。

赤子（あかご） [赤児] 生まれたての子。赤ん坊。

赤土（あかつち） 赤かっ色の粘土。緒土。

赤点（あかてん） （赤色で記すことから）落第点。

購う（あがなう） 買い求める。購入する。「家を―」

贖う（あがなう） 金品などを差し出し罪を償う。

垢抜け（あかぬけ） 洗練されていること。

赤恥（あかはじ） ひどい恥。赤はじ。「―をかく」

赤裸（あかはだか） まるはだか。

赤らむ（あからむ） 赤みを帯びる。

崇める（あがめる） 尊いものとして敬う。「神を―」

明らむ（あからむ） 夜が明けて空が明るくなる。

明かり（あかり） 明るい光。光線ともしび。電灯。

上がり（あがり） 上がること。終わること。収入。

上がり物（あがりもの） 物の供物。収穫。頂き物。

上がる（あがる） 高所へ移動する。落ち着きを失う。

挙がる（あがる） よく見えるように示す。「名が―」

揚がる（あがる） 空中に浮かぶ。揚げ物ができる。光が十分にある。精通する。

明るい（あかるい） 光が十分にある。精通する。

秋風（あきかぜ） 秋の風。男女の心変わり。

秋口（あきぐち） 秋のはじめ。九月頃

秋雨（あきさめ） 秋に降る雨。秋

秋晴れ（あきばれ） 秋の晴れ晴れに入る空模様。

空き巣（あきす） 留守宅、そこに入る泥棒。

空き地（あきち） 使っていない土地。「明き地」

商い（あきない） 物を売り買いすること。商売。

空き家（あきや） 人が居住していない家。

明らか（あきらか） はっきり、明白。

諦める（あきらめる） 望みを捨て断念する。

飽きる（あきる） 同じ物事が続いていやになる。

呆れる（あきれる） 意外なことにひどさに驚く。

商人（あきんど） 商う人。商売人。しょうにん。

あく―あけわたす

悪（あく） 悪いこと。よくないこと。‡善

灰汁（あく） 灰を水に浸した上澄み。「―抜き」

明く（あく） 見えるようになる。終わる。

空く（あく） からになる。ひまができる。

開く（あく） 閉じていたものがひらく。始まる。

悪意（あくい） 害を与えようとする心。悪心。

悪因（あくいん） 悪い結果を生む原因。「―悪果」

悪運（あくうん） 悪事の報いを受けない運。不運。

悪縁（あくえん） 前世でおかした悪事によってもたらす人間関係。

悪業（あくぎょう） 人をあしざまにいう言葉。悪口。

悪妻（あくさい） 夫にとってよくない妻。‡良妻

悪事（あくじ） 悪いこと。よからぬ行い。悪行。

悪質（あくしつ） たちが悪いこと。質が悪いこと。

握手（あくしゅ） 互いに手を握り合うこと。

悪臭（あくしゅう） くさくて嫌なにおい。‡芳香

悪習（あくしゅう） 悪い習慣・癖。悪いならわし。

悪循環（あくじゅんかん） 悪影響を及ぼし続ける状態。

悪女（あくじょ） 顔の醜い女性。悪い女。

悪声（あくせい） 不快で嫌な声。悪いうわさ。

悪政（あくせい） 人民を不幸にするわるい政治。

悪性（あくせい） たちが悪いこと。‡良性

齷齪（あくせく） 小事にかかわるせかせか働くこと。

悪銭（あくせん） 不正に得たお金。「―身につかず」

芥（あくた） ごみ。ちり。つまらないもの。

悪態（あくたい） 憎まれ口。悪口。「―をつく」

悪玉（あくだま） 悪事を働くもの。悪人。‡善玉

悪天（あくてん） 天気が悪いこと。悪天候。‡好天

悪党（あくとう） 悪人。悪者たちの集団。

悪徳（あくとく） 道義に背いた行為。悪い行い。

悪人（あくにん） 悪い心をもつ人。悪事を行う人。

悪念（あくねん） 悪事をたくらむ心。悪心。

悪罵（あくば） 口ぎたなくののしること。悪口。

悪筆（あくひつ） 下手な字。悪い筆跡。‡能筆・達筆

欠伸（あくび） 眠い時などに起こる呼吸運動。

悪評（あくひょう） 悪い評判。よくない評判。

悪弊（あくへい） 悪いならわし。悪風。「社会の―」

悪癖（あくへき） 悪いくせ。悪習。

悪魔（あくま） 人の心を迷わせ悪に誘う魔物。

飽く迄（あくまで） 徹底的に。どこまでも。

悪夢（あくむ） 不吉でいやな夢。恐ろしい現実。

悪名（あくめい） 悪人の評判。「―高い」

悪役（あくやく） 悪人の役。悪い役回り。悪形。

悪友（あくゆう） 悪い友。（反語的に）親友。‡良友

悪用（あくよう） 悪い目的に使うこと。‡善用

胡座（あぐら） 「胡坐」足を前に組んで座ること。

悪辣（あくらつ） たちが悪く手段がえぐどいこと。

悪霊（あくりょう） 人をたたる死者の魂。あくれい。

握力（あくりょく） 手のひらで物を握る力。「―計」

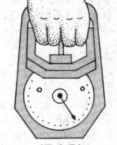

握力計

悪例（あくれい） 悪い例。先例。悪い例を残す。‡好例

朱（あけ） 【緋】赤い色。「―にそまる」

揚げ（あげ） 揚げたもの。油揚げ。「精進―」

揚げ足（あげあし） 揚げた足。言葉じり。「―を取る」

明け方（あけがた） 夜明けに近い時分。未明。払暁。

挙げ句（あげく） 【揚げ句】結果。「―の果て」

明け暮れ（あけくれ） 朝晩。一日ずっと。

上げ潮（あげしお） 満ち潮。勢いが盛んになる。

明け透け（あけすけ） 包み隠さな。露骨。

上げ底（あげぞこ） 外見より底を高くした容器。

明け放す（あけはなす） 【開け放す】全開にする。包み隠さずすっかり。「胸の内を―」

論う（あげつらう） 物事の是非を論じ立てる。

曙（あけぼの） 明け方。夜明け。「近代文明の―」

揚げ幕（あげまく） 能や芝居の花道の垂れ幕。

明ける（あける） 新しい状態になる。新年になる。‡とじる

空ける（あける） 中のものをなくす。‡満たす

開ける（あける） ひらく。‡しめる

挙げる（あげる） 広くみて検挙する。

揚げる（あげる） 掲げる。油で煮る。元へ戻す。

上げる（あげる） 上の方へ移動させる。高くする。並べる。

明け渡す（あけわたす） 場所を退いて人に渡す。

顎【あご】[頤]口の上下の部分。あぎと。

憧れる【あこがれる】心が強くやり口が強欲であくどいこと。

阿漕【あこぎ】やり口が強欲であくどいこと。

朝【あさ】日の出前後から正午までの間。

痣【あざ】皮膚に生じる赤色や紫色の斑紋。

浅い【あさい】深くない。経験や知識が少ない。

朝市【あさいち】朝ひらく、野菜や魚などの市。

朝葱【あさぎ】[浅黄]薄いネギの葉の色。水色。

朝餉【あさげ】朝の食事。朝食。

嘲る【あざける】ばかにして笑う。さげすむ。

浅瀬【あさせ】海や川の、水の浅い所。

浅知恵【あさぢえ】思慮の足りない知恵。

明後日【あさって】明日の次の日。みょうごにち。

朝露【あさつゆ】朝のうちにおりる露。囷 → 夜露

あこ〜あせん

浅手【あさで】[浅傷]軽傷。↔深手

朝凪【あさなぎ】朝、海上に風のない状態。

朝寝【あさね】朝遅くまで寝ていること。囷「—な考え」

朝晩【あさばん】朝と晩。朝夕。

朝日【あさひ】[旭]朝のぼる太陽。↔夕日

浅はか【あさはか】考えが浅いさま。囷「—な考え」

朝飯【あさはん】朝の食事。

浅ましい【あさましい】心がいやしい。見苦しい。

欺く【あざむく】だます。惑わす。囷「人目を—」

朝飯前【あさめしまえ】はっきりして容易な事。手際がよい。

鮮やか【あざやか】極めて容易なこと。囷「—な手際」

朝焼け【あさやけ】朝、赤くなった東の空。囷 → 夕焼け

漁る【あさる】魚介類などの餌を探し求める。

嘲笑う【あざわらう】ばかにして笑う。

足【あし】足首から足先。「—が速い」↔手 肢。物の支え。

味【あじ】飲食物の味わい。物事の趣。

足跡【あしあと】歩いたあとに残る足の形。業績。

足掛かり【あしがかり】[足場]糸口。囷「解決の—」

足枷【あしかせ】将来の行動を束縛するもの。刑具。

足固め【あしがため】基礎。基盤。

足切り【あしきり】基準以下を切り捨てること。

足蹴【あしげ】足でけること。ひどい仕打ち。

味気ない【あじけない】面白味や風情がない。

悪様【あしざま】ことさらに悪く言うさま。

足繁い【あししげい】同じ所へ何度も。「—通う」

明日【あした】今日の翌日。あす。みょうにち。

足駄【あしだ】歯の高い下駄。→駒下駄

足手纏い【あしてまとい】じゃまになる物事の例え。

足止め【あしどめ】外出・通行を禁止すること。

足取り【あしどり】歩き方、歩いた道すじ。

足並み【あしなみ】歩き方や行動のそろい具合。

足場【あしば】足がかり。根拠地。拠点。

足早【あしばや】足がかり。根拠地。拠点。

足任せ【あしまかせ】気ままに歩く。

足踏み【あしぶみ】足もと、自動車の車輪周辺。

足回り【あしまわり】足もと、自動車の車輪周辺。

味見【あじみ】料理の味加減をみること。

足下【あしもと】[足許・足元]足もとのあたり。

阿修羅【あしゅら】仏法の守護神。修羅。

網代【あじろ】川魚をとる竹や木の仕掛け。図

味わう【あじわう】食物の味を楽しむ。体験する。

与り知らない【あずかりしらない】関知しない。

預かる【あずかる】物事にかかわる。「相談に—」金品などを保管・世話すること。

与る【あずかる】物事にかかわる。「相談に—」

東【あずま】[吾妻]都の東方の諸国。関東。

四阿【あずまや】[東屋]屋根と柱だけの小屋。

汗【あせ】汗腺から出る分泌液。

畦【あぜ】[畔]田と田の境。くろ。「—道」囷

汗疹【あせも】汗で皮膚にできる湿疹。囷

焦る【あせる】気がせく。いらいらする。

褪せる【あせる】色がさめる」。退色がつく。「色—」

唖然【あぜん】あきれてものが言えないさま。

四阿

あそぶ—あてな

遊ぶ（あそぶ） おもしろいことをして楽しむ。

仇（あだ） うらみ。かたき。害。「―をうつ」かいのないこと。むなしいこと。

婀娜（あだ） なまめかしい。あでやか。

徒（あだ） むだなこと。

価（あたい） 価格。ねだん。価値。数量の数量。

値（あたい） 価値。金高の数量。

与える（あたえる） 物をやる。授ける。相手にこうむらせる。

恰も（あたかも） 〔宛も〕さながら。ちょうど。丁度。

仇討ち（あだうち） 敵を討ち取り仕返し。

徒名（あだな） 〔仇名〕色事のうわさ。浮き名。

渾名（あだな） 〔綽名〕呼び名。愛称や蔑称という。

頭（あたま） 首から上の部分。かしら。はじめ。

頭打ち（あたまうち） 物事が限界に達した状態。

頭数（あたまかず） 人の数。人数。「―をそろえる」

頭金（あたまきん） 代金の支払う保証金の一部。

頭割り（あたまわり） 人数にあわせて割り当てる。

頭や疎か（あだやおろか） いい加減。

可惜（あたら） 惜しくも。もったいなくも。

新しい（あたらしい） 今までにない、はじめての状態。

辺り（あたり） 近い範囲。付近。

当たり障り（あたりさわり） ぶつかるもの。さしつかえ。支障。

当たり前（あたりまえ） 当然。ごく普通なこと。

当たる（あたる） ぶつかる。的中する。「一等に―」

彼方（あちら） あの方角、むこう。

厚い（あつい） 厚みがある。薄い↔。情が深い。

篤い（あつい） 病状が重い。志が深い。

暑い（あつい） 気温が高い。「―夏」寒い↔。

熱い（あつい） 気温が高い。熱がある。冷たい↔。

圧延（あつえん） ローラーに通し金属の形を成形する。

悪化（あっか） 状態が悪くなること。好転↔。

悪貨（あっか） 品質の粗悪な貨幣。↔良貨。

扱う（あつかう） 道具や物品を操作・使用する。

圧巻（あっかん） 最も優れている部分。出色という。

悪漢（あっかん） 悪事をはたらく男。悪徒。悪党。

熱燗（あつかん） 酒を熱く温めること、その酒。図

厚着（あつぎ） 衣服を重ねてたくさん着る。図

暑苦しい（あつくるしい） 暑さで苦しい。

呆気ない（あっけない） ものたりない。「―最期」

厚化粧（あつげしょう） 粧いを派手で濃い化粧にすること。↔薄化粧。

圧砕（あっさい） 押しつけて砕くこと。「―岩」

圧搾（あっさく） 圧力でしぼること。気体の圧縮。

圧殺（あっさつ） 押し殺すこと。抑えつけること。

圧死（あっし） 押しつぶされて死ぬこと。

厚司（あつし） 〔厚子＝厚い木綿地で作った着物。

圧縮（あっしゅく） 押しつけて縮めること。「―機」

圧勝（あっしょう） 圧倒的に勝つこと。辛勝↔。

圧制（あっせい） 権力で他の言動を抑えつける。

圧政（あっせい） 権力で抑えつける政治・悪政。

斡旋（あっせん） 取りもつこと。世話。周旋。

厚手（あつで） 紙や布などがほかよりも厚いこと。↔薄手。

圧倒（あっとう） 強い力や権力で抑えつけること。

圧迫（あっぱく） 強く抑えつけること。

天晴れ（あっぱれ） 〔遖〕立派、とほめる言葉。

集まる（あつまる） 人や物が多数寄り合う。↔散る。

羹（あつもの） 熱い汁に「―に懲りて膾を吹く」

圧力（あつりょく） 押さえつける力。人を威圧する力。

誂え（あつらえ） 注文して製作すること。出来合↔。

誂え向き（あつらえむき） 望みどおり、丁度よい。

軋轢（あつれき） 仲が悪くなること。不和。

宛（あて） 割り当てること。割り振り。

宛行う（あてがう） 割り当てる。仮に表面に押し立てた人。

当て馬（あてうま） 遠回しに悪く言う。

当て擦る（あてこする） 遠回しに悪く言う。

当て込む（あてこむ） よい結果を期待する。

宛先（あてさき） 郵便物の受取名の場所。

当て字（あてじ） 漢字の音・訓を借りた表記。

当て推量（あてずいりょう） 根拠なく推し量ること。

当て所（あてど） 目あて。「―なく。心あ

宛名（あてな） 手紙などに書く先方の名。

あてはまる〜あまつさえ

当て嵌まる（あてはまる）うまく合う。

艶やか（あでやか）なまめかしく美しいさま。

当てる（あてる）触れさせる。ぶつける。はめる。

当てる（あてる）不足の部分に入れる。充当する。

宛てる（あてる）名指しでおくる。差し出す。

跡（あと）のち。[後方]「―に続く」⇔先・前

痕（あと）傷などのあと。あとかた。

後（あと）のち。[後方]「―に続く」⇔先・前

後味（あとあじ）食後に残る味。後に残る感じ。

後押し（あとおし）後ろから押すこと。後援。

後書き（あとがき）書物の終わりに添える文章。

跡形（あとかた）以前に物があったしるし。

跡片付け（あとかたづけ）後始末。整理整頓。

後釜（あとがま）前任者に代わってつく地位。

後腐れ（あとくされ）事後に面倒な関係が残る。

後先（あとさき）物事の順序が入れかわること。

後産（あとざん）出産後に胎盤や卵膜を出すこと。

後始末（あとしまつ）事後処理。後片づけ。

後継ぎ（あとつぎ）家督を継ぐこと。後継者。

後退り（あとずさり）前を向いたまま後退する。

跡取り（あととり）家督を継ぐ人。跡目。嗣子。

後の祭り（あとのまつり）時機遅れでおくれ。

後回し（あとまわし）順序を替えて後に回すこと。

跡目（あとめ）跡取り。相続人。「―争い」

後戻り（あともどり）引き返すこと。退歩。

穴（あな）[孔]くぼんでいる所。損失。

穴馬（あなうま）競馬で、勝てそうな人気薄の馬。

穴埋め（あなうめ）損失や欠損を補うこと。

強ち（あながち）必ずしも。一概に。まんざら。

穴蔵（あなぐら）[窖]穴を掘って作る貯蔵所。

貴方（あなた）相手を敬って指す語。「―様」

侮る（あなどる）相手を軽んじて見くびること。

穴場（あなば）人が見逃している、よい場所。

兄（あに）年上の、男きょうだい。

豊図らんや（あにはからんや）意外にも。

兄御（あにご）兄。兄上。

姉（あね）年上の、女きょうだい。

姉御（あねご）[嫂]兄の妻。

姉御肌（あねごはだ）[姐御]面倒見がいい、女の気性。

彼の世（あのよ）死後の世界。

暴く（あばく）[曝く]秘密を明かす。暴露する。

痘痕（あばた）天然痘のあと。「―もえくぼ」

荒屋（あばらや）[荒家]荒れはてた粗末な家。

暴れる（あばれる）乱暴な行いをする。暴行する。

浴びる（あびる）湯や水をかぶる。こうむる。

阿片（あへん）[鴉片]ケシの実からとった麻薬。

尼（あま）出家した女。女の僧。修道女。

海女（あま）海にもぐり漁をする女性。[雇]

溢れる（あふれる）いっぱいになってこぼれる。

焙る（あぶる）[炙る]火で軽く焼く。「干物を―」

脂身（あぶらみ）脂肪の多い肉、またその部分。

油照り（あぶらでり）じりじりむし暑い天候。[夏]

油絵（あぶらえ）油絵の具を用いて描いた絵画。

脂汗（あぶらあせ）苦しい時などに出る汗。

油揚げ（あぶらあげ）薄い豆腐を揚げた食品。

脂（あぶら）水に溶けない油状の液体の総称。動物性のあぶら。「―がのる」

油（あぶら）

鐙（あぶみ）足をふみかける馬具の一つ。

危ない（あぶない）危険だ。だめだ。「一目にあう」

泡銭（あぶくぜに）労せずして得たお金。悪銭。

雨間（あまあい）雨が一時やんでいるあいだ。

雨脚（あまあし）[雨足]雨の通り過ぎる速さ。

甘い（あまい）甘みがある。厳しくない。快い。

甘える（あまえる）甘ったれる。

甘口（あまくち）味が甘い。甘党。⇔辛口

天下り（あまくだり）[天降り]退職官僚の再就職。

雨雲（あまぐも）雨気を含んだ雲。乱層雲。

雨乞い（あまごい）神仏に降雨を祈ること。[夏]

甘酒（あまざけ）[醴]粥から麹で作る飲料。[夏]

雨曝し（あまざらし）雨にうたれるまま放置する。

余す（あます）余るようにする。残す。「一所二日」

数多（あまた）[許多]たくさん。多くという。

雨垂れ（あまだれ）軒にしたたる雨水。雨滴。

剰え（あまつさえ）そのうえ。おまけに。

尼寺（あまでら） 尼の住んでいる寺。比丘尼[びくに]寺。

雨戸（あまど） 窓などの外側に取り付けた戸。

雨樋（あまどい） 軒先に設けた、雨を受け流す樋。

甘党（あまとう） 甘い物を好むこと。↔辛党

普く（あまねく） 「遍く」widely. 広く。

天の邪鬼（あまのじゃく） つむじまがり。悪鬼。囲

天の川（あまのがわ） 帯状に見える天の星群。

雨模様（あまもよう） 今にも雨が降りそうな天気。

雨漏り（あまもり） 屋根などから雨が漏ること。

雨宿り（あまやどり） 雨上がりを待つこと。

余る（あまる） 残存の過度。「物」余分。

余る（あまる） 多すぎて残る。力量を超える。

甘んじる（あまんじる） 我慢して受け入れる。

網（あみ） 魚や鳥などをとらえる道具。

阿彌陀（あみだ） 衆生を救済する仏。くじ。

編出す（あみだす） 編み始める。作りだす。

網棚（あみだな） 電車内などに、手荷物用の網を張った棚。

網戸（あみど） 網を張った戸。→網子

網元（あみもと） 船や網を所有する漁師。

編む（あむ） 編み物をする。編集する。

雨霰（あめあられ） 空から降ってくる。雨水。

飴（あめ） でんぷんなどを糖化した甘い菓子。

文（あや） 文章の技巧。仕上がった模様。

綾（あや） 線が斜めに交わった模様。

危うい（あやうい） あぶない。危険である。「命を」

肖（あやか） 幸福な人に擬する。影響で似る。

妖しい（あやしい） 不思議な魅力が知れない。「─美しさ」

怪しい（あやしい） 疑わしい。得体にんにょう。

操り人形（あやつりにんぎょう） 糸で操る人形。傀儡[くぐつ]。

操る（あやつる） 思うように動かす。操縦する。ひもで形を作る遊び。囲

綾取り（あやとり） あやとり。

殺める（あやめる） 殺す。危害を加える。「人を─」

歩み寄り（あゆみより） 合意を求め譲歩する。

歩む（あゆむ） 歩くこと。進み具合。「千年の─」

文目（あやめ） 模様。色合い。物事の筋道。

謝る（あやまる） わびる。謝罪する。

誤る（あやまる） 【誤る】間違える。しくじる。

過ち（あやまち） やりそこない。失敗。

危ぶむ（あやぶむ） あぶなく思う。あぶながる。

綾取る（あやとる） ひもで形を作る遊び。囲

操る（あやつる） 思うように動かす。操縦する。

荒磯（あらいそ） 波の荒い浜辺。岩の多い浜辺。

洗う（あらう） 水で汚れを落とす。調査する。

抗う（あらがう） 抵抗する。言い争う。「権力に─」

予め（あらかじめ） 前もって。事前に。かねがね。

荒稼ぎ（あらかせぎ） 一時に大もうけをすること。

荒方（あらかた） 大体。ほとんど。おおかた。

鉱（あらがね） 【粗金】掘り出したままの金属。

荒行（あらぎょう） 苦難をおかして行う修行。

粗削り（あらけずり） ざっと削ったままで欠点のある状態。

荒探し（あらさがし） 無理して人の欠点を探すこと。

粗筋（あらすじ） 【荒筋】あらすじ。のすじ。概略。優劣。

争う（あらそう） 新しいさま。改めはじめる。

新た（あらた） 神仏の霊験や薬効が著しいこと。

灼か（あらたか） 荒々しい不穏なこと。

荒立てる（あらだてる） 荒くなる。不穏になる。

新玉（あらたま） 新年。「─の年の始め」

改まる（あらたまる） 新しく変わる。一新する。[新]

新手（あらて） 新たな手段。新入り。「─の商法」

革まる（あらたまる） 病状が重くなる。重態になる。

嵐（あらし） 風が吹き荒れる気象。暴風雨。

粗塩（あらじお） 粒の粗い、未精製の塩。

嵐窓（あらしまど） 炭竈[すみがま]の煙出し口、後方壊す。

荒らす（あらす） 壊す。領分を侵す。騒がす。

非ず（あらず） そうではない。「─さに─」

荒縄（あらなわ） わらで作った太い縄。粗索。

粗煮（あらに） 魚のあらを煮た料理「タイの─」

荒野（あらの） 【曠野】荒れた野原。

荒仏(あらぼとけ) 死後はじめて盆を迎える霊。

新巻き（あらまき） 【荒巻】甘塩のサケ。囲

あまてら─あらまき

あらもの―あんしょう

荒物（あらもの） 日常生活に使う雑貨類の総称。

新湯（あらゆ） 一番風呂の湯。

荒らげる（あららげる） 態度や言葉遣いを荒くする。

荒療治（あらりょうじ） 手荒な治療。荒っぽい改革。

霰（あられ） 水蒸気が凍って降るもの。[図]むきだしなさま。

露（あらわ） [顕]あからさま。

荒技（あらわざ） 荒々しい仕事。力仕事。

荒業（あらわざ） 大胆で強烈なわざ。おおわざ。

表す（あらわす） 表面に出す。考えや意見を示す。

現す（あらわす） 姿を見せる。現出。「頭角を―」

著す（あらわす） 書物を書いて世に出す。著作。

顕す（あらわす） 世間の人に広く知らせる。顕示。

有り明け（ありあけ） 月が残った夜明け。

有り合わせ（ありあわせ） その場にあるもの。

在り処（ありか） 物がある場所。居所。

有り難い（ありがたい） かたじけない。感謝。

有り来たり（ありきたり） ありふれているさま。

在り様（ありさま） 物事の様子や状態。「ひどい―」

有り丈（ありたけ） ある限り。ある分全部。

有り体（ありてい） ありのまま。実際のさま。

亜流（ありゅう） 模倣だけで独創性がないこと。

在る（ある） 持っている。有する。↔無い

或いは（あるいは） その場に現存する。存在する。

歩く（あるく） もしかすると。又は

亜鈴（あれい） [啞鈴]体操器具の一。ダンベル。

主（あるじ） 足で進む。徒歩で行く。あゆむ。

荒れる（あれる） 一家の長。亭主。雇用主。所有者。

泡（あわ） あばれる。破れすたれる。

淡い（あわい） 液体が気体を含んでできた玉。あっさりしている。薄い。淡白。

合わせる（あわせる） 裏をつけた着物。[図]↔単衣

袷（あわせ） 合体させる。一致させる。

併せる（あわせる） 複数の物事を一緒にする。「―身に―」

慌しい（あわただしい） 慌てて急ぐ

粟立つ（あわだつ） 鳥肌が立つ

慌てる（あわてる） 驚きまどう。ひどく急ぐ。

泡盛（あわもり） 沖縄特産の焼酎

泡雪（あわゆき） 【淡雪】薄く積もった消けやすい雪。[図]

淡雪（あわゆき） [淡雪]軽く、溶けやすい雪。

哀れ（あわれ） [憐]気の毒に思う。同情する。

哀れむ（あわれむ） 気の毒なさま。不憫なさま。

案（あん） 考え。思いつき。計画。「―を練る」

庵（あん） [菴]いおり。住居。文人などの号

餡（あん） 小豆を煮つぶし加糖した食品。

暗暗裏（あんあんり） [暗暗裡]人知れず。ひそか。

安易（あんい） 困難がないこと。たやすいこと。[安佚]何もせずに遊んで暮らす。

暗鬱（あんうつ） 暗くて憂鬱のさま。「―な気分」

暗雲（あんうん） 黒い雲。危機の迫るさま。

案下（あんか） 机の下。手紙の脇付。机下

安価（あんか） 値段が安いこと。廉価。安っぽい。

行火（あんか） 手足を温める道具。電気―。[図]

安閑（あんかん） 安らかなさま。気楽なさま。

案外（あんがい） 思いのほか。意外。

暗影（あんえい） [暗翳]暗いかげ。不吉な兆し。

安易（あんい） 困難がないこと。たやすいこと。

案件（あんけん） 問題になっている事柄。「重要―」

暗号（あんごう） 秘密の記号・合言葉。「―を解く」

暗合（あんごう） 期せずして物事が一致すること。

暗黒（あんこく） くらがり。やみ。「―街」「―時代」

按察（あんさつ） 吟味する。調べてただすこと。

暗殺（あんさつ） ひそかにねらって殺すこと。

暗算（あんざん） 頭の中だけで計算。筆算↔難産

安産（あんざん） 苦しまず出産すること。↔難産

暗示（あんじ） それとなく示すこと。↔明示

暗室（あんしつ） 光が入らないようにした部屋。

安住（あんじゅう） 安心して住む。満足しとどまる。

案出（あんしゅつ） 工夫し作りだす。考え出すこと。

暗唱（あんしょう） [暗誦・諳誦]そらで読むこと。

暗証（あんしょう） 人物を証明する内密の番号。

暗渠（あんきょ） 地下の水路。「―排水」↔明渠

安居（あんきょ） 心安らかに暮らす。あんご。[夏]

行脚（あんぎゃ） 修行僧などの徒歩の旅。「諸国―」

安危（あんき） 安全と危険。にかかわる事態。

暗記（あんき） そらでおぼえること。暗唱。

あんしょう―いえなみ

暗礁（あんしょう） 海面下に隠れた岩。物事の障害。

鞍上（あんじょう） 馬のくらの上。

暗色（あんしょく） 暗い色調。黒ずんだ色。↔明色

案じる（あんじる） 心配する。考える。「身を―」

安心（あんしん） 心配ないさま。「―絶対！」

安静（あんせい） 静かで安らかなさま。

安全（あんぜん） 危険でないこと。確か。無事。

暗然（あんぜん） 悲しく心ふさぐさま。暗いさま。

安息（あんそく） ゆっくりと休むさま。休息。

安打（あんだ） 〔野球で〕ヒット。「四打数―一」

安泰（あんたい） 安らか。安全。安穏。「お家―」

暗澹（あんたん） 将来に希望を失っているさま。

安置（あんち） 祭る・納める為に置くこと。

安直（あんちょく） 安易。手軽。気軽。「―な考え」

安定（あんてい） 変動しない。落ち着いている。

鞍上（あんば） 男子の体操競技の一種目。

案の定（あんのじょう） 思った通り。やはり。

安寧（あんねい） 世の中が平穏で安らかなさま。平穏。

暗闘（あんとう） 裏でひそかに争う。陰の争い。

暗に（あんに） それとなく。「―指摘する」

案内（あんない） 手びき。知らせ。招待。「―状」

行灯（あんどん） 昔の、灯火をともす道具。

安堵（あんど） 安心すること。ほっとするさま。

暗転（あんてん） 事態が悪い方へ転じること。

塩梅／案配（あんばい） ［按排・按配］物事の具合。調子。体調。様子。加減。無事にまく運ばせる

案否（あんぴ） 無事かどうか。

安否（あんぴ） 無事かどうか。

案文（あんぶん） 下書きの文章。「―を練る」

按分（あんぶん） ［按分］一定の割合で分けること。

暗黙（あんもく） 意思を表さずに黙っていること。

安眠（あんみん） 安らかに眠ること。「―妨害」

暗幕（あんまく） 外光を巡り暗くする黒い幕。

按摩（あんま） 患部を冷やす、また温める療法。もみ療治。もみ療法。

罨法（あんぽう）

暗夜（あんや） ［闇夜］暗やみの夜。「―の礫（つぶて）」

安楽（あんらく） 安らかで楽しむこと。「―椅子」

暗躍（あんやく） 企てのために陰で動きまわること。

暗流（あんりゅう） 表面にあらわれない不穏な情勢。

い

亥（い） 十二支の第十二。イノシシ。

胃（い） 消化器官の一。胃袋。

異（い） ことなる。怪しい。「―を唱える」

意（い） 心。思い。考え。わけ。「―に沿う」

居合（いあい） 抜刀の瞬間に相手を斬る技。

威圧（いあつ） 威力でおさえつけること。「―感」

慰安（いあん） 苦労を除くこと。「―旅行」

言い掛かり（いいがかり） 難癖をつけること。

好い加減（いいかげん） よい加減。ほどあい。適当。

異域（いいき） 外国。異境。異国。

好い気（いいき） 得意。うぬぼれる気持ち。

言い種（いいぐさ） 口のきき方。話の種。口実。

言い切る（いいきる） 断言する。

言い渋る（いいしぶる） 言い渋るめらう。

言い損なう（いいそこなう） 言葉でごまかす。失言。

言い付け（いいつけ） 命令。告げ口。

許婚（いいなずけ）【許嫁】婚約者。

言い成り（いいなり） 相手の言うがまま。

言い値（いいね） 売る側が言うままの値段。

言い逃れ（いいのがれ） 責任回避の言い訳。

言い触らす（いいふらす） 大勢に言いまわる。

言い分（いいぶん） 言うべきこと。不平、不満。

言う（いう） 口に出す。述べる。発言する。

医院（いいん） 個人経営で開業する診療所。

委員（いいん） 特定の仕事のために選ばれた人。

言い訳（いいわけ） 申し開き。弁解。【言い分け】表現方法。言い表し方。

言い回し（いいまわし） 表現方法。言い表し方。

遺影（いえい） 故人の写真や肖像。

家柄（いえがら） 家の格式。家格。「―を誇る」

家路（いえじ） 家に帰る路。帰路。「―につく」

家出（いえで） 家からひそかに家を出て帰らないこと。

雖も（いえども） 「―といっても」

家並み（いえなみ） 建ち並ぶ家々。軒並。

いえもと―いくせい

家元（いえもと）芸ごとなどの流儀の本家。宗家。

癒える（いえる）病気や傷が治る。治癒する。

以遠（いえん）これより遠い場所。ここから先。

硫黄（いおう）非金属元素の一種。

庵（いおり）木材で作った粗末な家。

以下（いか）これより下。これよりも。

毬（いが）くりの実を包むとげ付きの外皮。

遺戒（いかい）【遺誡】故人による教訓。遺訓。

意外（いがい）思いのほか。案外。

遺骸（いがい）これを除くほかのもの。

如何（いかが）なきがら。死体。

如何わしい（いかがわしい）疑わしい。下品な。

威嚇（いかく）おどかすこと。おどし。「―射撃」

生かす（いかす）【活かす】延命する。生存させる。活用する。

筏（いかだ）【桴】木材を組んで作られた船の一。

鋳型（いがた）鋳物をつくるための型。

威喝（いかつ）大声でおどすこと。

如何に（いかに）どのように。どんなに。

怒り（いかり）怒ること。立腹。

錨（いかり）【碇】船をとめる鉄のおもり。

厳しい（いかめしい）おごそかで、きびしい。「―顔」

啀み合う（いがみあう）互いに敵意を持ち争う。

如何（いかん）どうであるか。「―内容」

移管（いかん）管理を他に譲ること。管轄を移す。

偉観（いかん）残念。気の毒。

遺憾（いかん）残念。気の毒。

依願（いがん）本人からの願い出。「―退職」

息（いき）呼吸。調子。リズム。「―が合う」

粋（いき）あかぬけている。「―な野暮」

域（いき）範囲。程度。地。「達人の―」

意気（いき）気力。気概。

遺棄（いき）捨てておくこと。放っておくこと。

遺儀（いぎ）作法通りの厳かなふるまい。

威儀（いぎ）作法通りの厳かなふるまい。

異義（いぎ）意味が違うこと。「同音―」⇔同義

異議（いぎ）ほかと違う意見。不同意。「―無し」

意義（いぎ）意味がもつ価値。「人生の―」

生き写し（いきうつし）非常に似ていること。

生き埋め（いきうめ）生きたまま埋めること。

勢（いきお）い盛んな様子。元気。はずみ。

生き甲斐（いきがい）生きる張り合い。

息切れ（いきぎれ）呼吸が乱れ出る。「―出ず」続かない。

意気込み（いきごみ）積極的な気持ち。けいもいち。

経緯（いきさつ）物事の経過・事情。

生き様（いきざま）生きていく有様。生き方。

意気地（いきじ）貫徹しようとする気力。

生き字引（いきじびき）深い知識をもつ人。

生きな（いきな）寝坊したがりやだ。ねむがりや。

寝穢い（いぎたない）生きた動物の血。なまち。

生き血（いきち）生きた動物の血。なまち。

生き血（いきち）緊張で息が苦しくなる。

息詰まる（いきづまる）緊張で息が苦しくなる。

息遣い（いきづかい）呼吸する様子。「―があらい」

息憤る（いきどお）る怒る。憤慨する。

息抜き（いきぬき）小休止。休憩。空気抜きの穴。

息の根（いきのね）呼吸。命。「―を止める」

息恥（いきはじ）なまじ生き長らえることで受ける恥。⇔死に恥

息巻く（いきまく）激しい勢いでいきり立つ。

息む（いきむ）息をつめて、りきむ。息を張る。

生き物（いきもの）生命のあるもの。動植物。

依拠（いきょ）よりどころとする。「法に―する」

異境（いきょう）よその土地。他郷。⇔故郷

異郷（いきょう）母国を離れた外国。よその国。

異形（いぎょう）普通と違う怪しい容姿。異形。

偉業（いぎょう）優れた事業。偉大な事業。

遺業（いぎょう）故人が遺した事業。「―を継ぐ」

委曲（いきょく）詳しく細かなこと。委細。詳細。

熱り立つ（いきりたつ）非常に興奮すること。

生きる（いきる）命を保つ。生存する。

居食い（いぐい）働かず財産で暮らす。徒食。

幾重（いくえ）多くの物が重なっていること。

育英（いくえい）英才の教育。学資の援助。

育児（いくじ）乳幼児を育てること。

戦（いくさ）【軍】戦い。戦争。軍事。「勝ち―」

意気地（いくじ）気力。いきじ。「―無し」

育成（いくせい）養い育てること。立派に育てる。

いくた〜いしめる

幾多（いくた） たくさん。さま ざま。「―の試練」

幾度（いくたび） 何度。何回。たびたび。

幾つ（いくつ） どれほどの数。何歳。多数。

幾許（いくばく） どのくらい。どれほど。〔幾何〕

幾首（いくしゅ） イノシシのような、太く短い首。

幾久しく（いくひさしく） 末ながく変わらず。

幾分（いくぶん） いくらか。少し。「―暖かい」

池（いけ） 地面のくぼみに水がたまった所。

畏敬（いけい） おそれうやまうこと。「―の念」

生け垣（いけがき） 樹木を植えた垣根。

生け簀（いけす） 魚を生かして飼っておく所。

生け捕り（いけどり） 生きたまま とらえる。

井桁（いげた） 井の字形に組んだ井戸の縁。

生け贄（いけにえ） 生きたまま神に供えるもの。

生け花（いけばな） 〔活け花〕草木を花器にさす。

埋ける（いける） 灰や土の中に埋める。

異見（いけん） 他者とは違った見解。異議。

意見（いけん） 考え。思い込み。忠言。

違憲（いけん） 憲法にそむくこと。⇔合憲

威厳（いげん） いかめしいさま。おごそかなさま。

以後（いご） これよりあと。今後。⇔以前

囲碁（いご） 碁を打つこと。碁。

憩い（いこい） くつろぎ。休息。「―の場」

以降（いこう） これよりあと。以後。以来。

衣桁（いこう） 着物をかけておく道具。

威光（いこう） 人をおそれ従わせる力。威力。

移行（いこう） 移り変わり。次へ移ること。

意向（いこう） 〔意嚮〕物事に対する意志・考え。

偉功（いこう） 立派な手柄。偉勲。「―を立てる」

偉効（いこう） 優れた効果。「―を奏する」

遺構（いこう） 昔の建築物で、一部現存する物。

遺稿（いこう） 発表せず死後に残された原稿。

異国（いこく） よその国。外国。異域。「―情緒」

居心地（いごこち）〔意固地〕居ぐあい。「―悪い」

遺骨（いこつ） 死んだ人の骨。

遺恨（いこん） いつまでも残る深いうらみ。

委細（いさい） 詳しいこと。詳細。「―面談」

異彩（いさい） きわだって優れた才能・人。「―を放つ」

偉才（いさい） きわだって優れた才能・人。

勲（いさお）〔功〕てがら。功績。勲功。

諍い（いさかい） 言い争い。口論。けんか。

居酒屋（いざかや） 大衆的な酒場。大衆酒場。

潔い（いさぎよい） 心が清い。未練がない。「―最期」

遺作（いさく） 死後に残された未発表の作品。

些か（いささか）〔聊か〕ほんの少し。ちょっと。

寝聡い（いざとい） 目が覚めやすい。⇔寝穢い

誘う（いざなう） さそう。導く。勧誘する。

勇ましい（いさましい） 元気がよい。雄々しい。

勇む（いさむ） 心がはずむ。張り切る。

勇み肌（いさみはだ） 義を重んじ威勢がいい気風。

勇み足（いさみあし） やりすぎて失敗すること。

諌める（いさめる） 忠告する。意見する。「―言動を」

十六夜（いざよい） 陰暦十六日の夜。月。

漁り火（いさりび） 魚を集めるためにつけた火。

躄る（いざる） ひざや尻を地につけて進む。

遺産（いさん） 死んだ人の残した財産。「―相続」

意志（いし） こころざし。意向。「―薄弱」

意思（いし） 思い。考え。気持ち。「―表示」

遺志（いし） 死んだ人の生前の志。「―を継ぐ」

縊死（いし） 首をくくって死ぬこと。

意地（いじ） 気立て。やり通そうとする心。

維持（いじ） 同じ状態を保ち続けること。

遺児（いじ） 親の死後に残された子。

石垣（いしがき） 石を積み上げた垣。

意識（いしき） 認識し、考える心の働き。「―的」

石塊（いしくれ） 石のかけら。小石。

礎（いしずえ） 建築物の土台石。物事の基礎。

石畳（いしだたみ） 〔甃〕板石を敷き並べたもの。

委悉（いしつ） 物事を詳しく細かにすること。

異質（いしつ） 性質が違うこと。⇔同質

遺失（いしつ） 落としなくすこと。忘れること。

碑（いしぶみ） 石に文字を刻んだもの。せきひ。

虐める（いじめる）〔苛める〕弱い者を苦しめる。

いしゃ～いたたき

医者（いしゃ） 傷病を診断・治療する人。医師。
慰藉（いしゃ）〔慰謝〕なぐさめいたわる。「―料」
異種（いしゅ） 種類の異なること。
意趣（いしゅ） 考え。うらみ。わけ。「―返し」
異臭（いしゅう） 変になにやらいやなにおい。いつもとちがうにおい。
蝟集（いしゅう） 群がり集まること。たかること。
異常（いじょう） ふだんと違うようす。普通と違う。◆正常
異状（いじょう） 普通と違う状態。
委譲（いじょう） 権限などを他に譲り任せること。
委嘱（いしょく）〔依嘱〕他人に任せ頼む。委託。
偉丈夫（いじょうふ） 優れた男子。見事な男子。
異色（いしょく） 普通と違う特色。違った特色。
移植（いしょく） 植えかえること。植え替えること。
衣食住（いしょくじゅう） 衣服・食物・住居。
弄る（いじる） 手をふれる。もてあそぶ。
意地悪（いじわる） いじわる意地が悪いこと・人。
威信（いしん） 威光と信頼。「―を失う」
維新（いしん） すべてのことがあらたまること。
偉人（いじん） 偉大な人物。大人物。「―伝」
異人（いじん） 別な人。外国人。「同名―」「―館」
椅子（いす） 腰掛け。ポスト。地位。「社長の―」
居竦まる（いすくまる） 恐怖で動けなくなる。
射竦める（いすくめる） 視線で相手を威圧する。
何処（いずこ） どこ。「―ともなく立ち去る」
居住まい（いずまい） 座った姿勢。「―を正す」
泉（いずみ）（水の、地中から湧き出る所。圈
何れ（いずれ） どっち。どちらにしても。〔執れ〕どっち。
居座る（いすわる） 座ったままの状態でいる。
威勢（いせい） 人をおそれさせる勢い。元気。
異性（いせい） 男女、雌雄の違う性。◆同性
為政者（いせいしゃ） 政治を行う人。
異籍（いせき） 籍がほかに移る。
移籍（いせき） 籍がほかに移る。
遺跡（いせき）〔遺蹟〕建物や事変のあったあと。
異説（いせつ） 定説と通説ではない説。
以前（いぜん） 今より前、むかし。以後
依然（いぜん） もとの通り。あいかわらず。
磯（いそ） 岩や石の多い波打ち際。「―釣り」
移送（いそう） 移し送る。「審理を―する」
遺贈（いぞう）（遺言で）他人に財産を贈ること。
意想外（いそうがい） 思いの外。予想外。
居候（いそうろう） 他家に寄食する人。食客。
忙しい（いそがしい） ひまがない。気ぜわしい。
急ぐ（いそぐ） 行動を速める。せく。
異族（いぞく） 違う種族。外国の民族。◆同族
遺族（いぞく） 死者の家族。「―年金」
居丈高（いたけだか） たけだか一方より威圧する態度
痛い痒い（いたいかゆい） 悪くなり、どうしたらよいか困る
甚く（いたく） 大いに。「―悔やむ」
抱く（いだく）〔懐く〕かかえる。心に思う。
委託（いたく） 物事を人にゆだねること。
依託（いたく） 依頼すること。
痛痛しい（いたいたしい） 見ていて痛そう。
異体字（いたいじ） 標準字体以外の漢字や仮名。
幼気（いたいけ） 子供の、小さくてうぶなさま。
偉大（いだい） 優れてえらい。非常に大きい。
遺体（いたい） 死体。なきがら。
易損品（いそんひん） 壊れやすい荷物。
異存（いぞん） 反対意見。不服。異議。異論。「―心」
依存（いそん） 他に頼るこ。
磯辺（いそべ） 磯のほとり。波打ち際。磯端。
勤しむ（いそしむ） つとめはげむ。「勉学に―」
遺族（いぞく） 死者の家族。
致す（いたす） 行う。為す。引き起こす。
悪戯（いたずら） 悪ふざけ。不品行。「―半分に」
徒に（いたずらに） むだに。無益に。過ぎて。
頂（いただき）〔頂〕てっぺん。頂上。

いたたく〜いちゆう

- **頂く**【戴く】頭に載せる。もらう。
- **鼬ごっこ** 双方で同じ事を繰り返す。
- **鼬の速さ** 足の速いこと。
- **至って** はなはだ。非常に。極めて。
- **痛手**【傷手】打撃。▲薄手。重い傷。
- **韋駄天** 仏法を守る神。足の速い人。
- **板挟み** 両者の間に入って困ること。
- **板の間** 板をはった部屋。板敷き。
- **板葺き** 屋根を板でふくこと。
- **板前** 和食の料理人。板場。「─修業」
- **板間** いたま
- **悼む** 人の死を嘆く。「故人を─」
- **傷む** 傷がつく。食物が悪くなる。
- **痛む** 痛みを感じる。悩む。良心が─」
- **板目** 板と板のあわせ目。柾目▲
- **炒める** 食べ物を油でいりつける。
- **至る**【到る】行き着く。到着する。

- **至る処**【到る所】どこもかしこも。
- **労る** ねぎらう。なぐさめる。「体を─」
- **異端** 正統から外れている学説や宗教。
- **位置** 立場。地位。「─関係」
- **一因** ある原因の一つ。「敗戦の─」
- **一円** ある地域全体。「関東─」
- **一応**【一往】とりあえず。一通り。
- **一概に** ひとからげにおしなべて。
- **一丸** ひとかたまり。「─となって」
- **一群** ひとむれ。「─の鳩」
- **一芸** 一つの技芸。「─に秀でたり」「─に能」
- **一撃** ひと打ち。「─のもとに」
- **一隅** 一方のすみ。かたすみ。「庭の─」
- **移築** 別の場所に建てかえること。
- **一見** 見ること。初めて馴染みでなく初めての客。「─の客」

- **一言** 一言(で言う)こと。いちごん。
- **一期** 一生涯。「─の浮沈」
- **一見識** 一つの優れた考え方。
- **一座** 興行の一団。座。同席。
- **一事** 一つの事。「─が万事」
- **一時** ある時。特に過去の或る時。
- **一日の長** 少し優れている。
- **一巡** ひとまわり。ひとめぐり。
- **一助** 多少の助け。「学費の─」
- **著しい** 明らかなさま。顕然。「進歩が─」
- **一陣** 先陣。ひとしきり。「─の風」
- **一途** ひとすじ。ひたすら。「仕事─」
- **一族** 全眷属。一門。一血族。同族。
- **一存** 自分独りの考え・判断。独断。
- **一代** 一生涯。在位中。その時代。

- **一瞥** ちらっと見ること。一見。一目。
- **一分** 一人の分際。一身の面目。
- **一番槍** 真っ先に手柄を立てること。
- **一番乗り** 最初に乗りこむこと。
- **逸早く** まっさきに。
- **市場** 商人が集まって売買する場所。
- **年中** 一年を通じてずっと。終年。
- **一人前** 一人分。大人すべてをまかせること。
- **一任** すべてをまかせること。
- **一難** 一つの災難。「─去ってまた─」
- **一読** ひと通り読む。ざっと読む。
- **一同** そこにいる人々、また一つの仲間全体。
- **一堂** 一つの建物・家。「─に会する」
- **一段落** 物事に一区切りがつくこと。
- **大事** 容易ならぬ出来事。大事件。

- **一望** ひとめで見渡すこと。「─千里」
- **一枚岩** しっかりとまとまっている。
- **一抹** ひと塗り。わずか。「─の不安」
- **一味** 一種。独特な趣。仲間。「唐辛子─の涼風」「─徒党を組む」
- **一命** 人の生命。「─をとりとめる」
- **一脈** ひとつづき。ひと流れ。わずか。
- **一目散** 目もくれずまっしぐらに。散に。
- **一物** 一つのたくらみ・考え。「腹に─」
- **逸物** 優れているもの・ひと。いちぶつ。
- **一門** 同族。一族。一門の名折れ」
- **逸文無し** わずかな金もないこと。
- **一躍** ひととびに。躍進するさま。
- **一夜漬け** 早漬け。にわか勉強。
- **意中** 心のうち。胸中。「─の人物」

いちょう―いつちょうら

一葉【いちょう】一枚の葉。薄紙一枚。小舟。

一様【いちよう】同じさま。同様。平等。多様。

一翼【いちよく】一つの役割・任務。「―を担う」

一覧【いちらん】ひと通り見る。「目見る。「―表」

一理【いちり】一応の道理や理最も優れている地位。独だ。「―ある」

一流【いちりゅう】同じ調子。いち。「―昇給」

一律【いちりつ】同じ調子。いち「―に通す」

一両日【いちりょうじつ】この一日、二日。「―中」

一縷【いちる】ごくわずか。「―の望み」

一礼【いちれい】軽く礼やあいさつをすること。

一例【いちれい】一つのたとえ。「―を挙げる」

一連【いちれん】【一聯】一続きに連なること。

一路【いちろ】一すじの路。ひたすら通りすじに。「―西へ」

一過【いっか】さっと通りすぎるさま。「台風―」

一介【いっかい】とるに足らない者。「―の編集者」

一角【いっかく】一部分。一区域。片隅。「氷山の―」

一画【いっかく】土地の一区切り。字を形成する線。

一郭【いっかく】「一席」囲いの中。同じ地域。

一家言【いっかげん】その人独自の意見や論説。

一括【いっかつ】ひとまとめ。ひとくくり。

一喝【いっかつ】大きく一声にしかりつけること。

一貫【いっかん】はじめから終わりまで通すさま。

一環【いっかん】全体に関連した重要な一部分。

一気【いっき】一呼吸。ひといきに。

一揆【いっき】武装農民や宗教信者による決起。

一騎討ち【いっきうち】【一騎打ち】一対一の戦い。

一興【いっきょう】一つのおもしろみ。「―を催す」

一驚【いっきょう】びっくりすること。「―を喫する」

一慈しむ【いつくしむ】愛する。大切にする。

一計【いっけい】一つの計画。「―を案じる」

一決【いっけつ】結論が一つに決まる。衆議―。

一件【いっけん】一つの事件。例のこと。「―落着」

一見【いっけん】一回見ること。ちょっと見る。ちらっと見る。

一顧【いっこ】ひとたび振り返って見ること。「―に変化なし」

一考【いっこう】考えてみること。「―を要す」

一向【いっこう】ひたすら。全く。

一行【いっこう】連れだった一群。ひと時。少しの間を。「―の行い」

一刻【いっこく】ひと時。少しの間。「―を争う」

一献【いっこん】酒一杯。「―かわす」「―傾ける」

一切【いっさい】もれなく全部。全く。

一再【いっさい】一度二度。「―にとどまらない」

一材【いっざい】優れた才能、その持ち主。

一策【いっさく】一つのはかりごと。「窮余の―」

一散に【いっさんに】【逸散に】しくら。

一矢【いっし】一本の矢。「―を報いる」

一糸【いっし】ごくわずかなこと。「―乱れず」

一史【いつし】【逸史】正史に書き漏れている史実。

一事【いつじ】【逸事】世に知られていない事実。

一式【いっしき】【軼事】一色。一職。ひとそろい。

一失【いっしつ】一つの失敗。わずかな失敗。

一種【いっしゅ】一つの種類。同種内の別派。

一瞬【いっしゅん】不問にし、はねのけること。

一蹴【いっしゅう】【一蹴】またたくま。ひとまとめに。同時に。

一緒【いっしょ】ひとまとめに。同時に。

一生【いっしょう】生まれてから死ぬまで。一生涯。

一笑【いっしょう】笑う。ちょっと笑う。

一心【いっしん】一事に集中する心。「―に祈る」

一身【いっしん】(自分の)一つの体。「―に担う」

一新【いっしん】全く新しくなること。「面目―」

一睡【いっすい】ひとねむり。「―のひまもない」

一逸する【いっする】はなれる。なくなる。「常軌を―」

一斉【いっせい】同時に。そろって。「―射撃」

一説【いっせつ】一つの説。「―によると」

一閃【いっせん】さっと光るさま。「電光―」

一掃【いっそう】すっかり取り除くこと。

一層【いっそう】さらに。ますます。そのうえ。

一足【いっそく】【逸足】足が速いこと。優れた才能。

一足飛び【いっそくとび】一気に進むこと。

一体【いったい】一つにまとまること。そもそも。

一帯【いったい】一つづきの範囲ひとつとじ。ひと。

一旦【いったん】ひとまず。一時。「―休む」

一端【いったん】【逸端】一朝の。一部分。

一脱【いつだつ】【逸脱】本筋や一定範囲から外れること。

一致【いっち】合一。一つになる。「満場―」

一張羅【いっちょうら】一枚きりの晴れ着。

いっつい─いのちかけ

一対（いっつい） 二つで一組のもの。「―の好一―」

一幅（いっぷく） 書画の掛け物一つ。「―の掛け軸」

一定（いってい） きまっていること。「―不変」

一徹（いってつ） 頑なに、自分の流儀を押し通す。

一転（いってん） ひと回り。がらりと変わる。

一途（いちず） ひとすじの道。ただそれだけ。

一派（いっぱ） 一つの流派。仲間。

一杯（いっぱい） 十分に満ちるさま。きわわたる。

一端（いったん） 一人前。人並み。「―の口をきく」

一般（いっぱん） 普通。「―の人々」

一斑（いっぱん） 全体の一部分。

一匹狼（いっぴきおおかみ） 孤立し、くせのある人物。

一筆（いっぴつ） 書状一通。ちょっと書くこと。

一品（いっぴん） 優れた品。上等同類・普通と異なる一つの趣。「天下の―」

一風（いっぷう）

一服（いっぷく） 茶・薬・たばこの一飲み。一休み。

鋳潰す（いつぶす） 金属をとかし地金にもどす。

逸聞（いつぶん） 世間に知られていない珍しい話。

一変（いっぺん） がらりと変わる。「様相が―する」

一遍（いっぺん） ひと通り。いちどき。同時。

一辺倒（いっぺんとう） 一方にだけ傾倒すること。

一方（いっぽう） 一つの方面。

一報（いっぽう） ちょっと知らせ。簡単な通知。

一本気（いっぽんぎ） 純粋でいちずな気性。

一本化（いっぽんか） 別のものと一つにまとめにする。

一本槍（いっぽんやり） 一つの手段で押し通すこと。

逸楽（いつらく） 気ままに楽しみ遊ぶこと。逸遊。

逸話（いつわ） 世間に知られない興味ある話。

偽る（いつわる） 詐る だます。あざむく。

出で立ち（いでたち） 出発。装い。身づくろい。

凍り付く（こおりつく） 「―寒さ」

出で湯（いでゆ） 温泉。「―の里」―巡り」

移転（いてん） 移り変わること。住所を変える。

遺伝（いでん） 親の形質が子に伝わる現象。

意図（いと） もくろみ。目的。こうする考え。

井戸（いど） 地を掘り地下水をくむ所。「―水」

厭う（いとう） きらう。あきる。いたわる。

異同（いどう） 相違。違う点。

異動（いどう） 地位や職務が変わること。

移動（いどう） 位置・場所が動き変わること。

遺徳（いとく） 死後に残る生前の人徳。

糸口（いとぐち） 諸糸のはし。物事のはじめ。

幼い（いとけない） 稚い あどけない。がんぜない。

従兄弟（いとこ） おじ・おばの息子。

従姉妹（いとこ） おじ・おばの娘。

居所（いどころ） 居る所。「虫が悪い」

愛しい（いとしい） 恋しい。かわいい。ふびんだ。

営む（いとなむ） とり行う。「事業を―」経営する。

暇（いとま） 休む間。ひま。辞職。辞去。

暇乞い（いとまごい） 「暇請い」別れをつげること。

挑む（いどむ） 挑戦する。張り合う。戦いを―」

射止める（いとめる） 自分のものにする。

否（いな） 否定・拒否を表す言葉。いや。

異な（いな） 怪しげで変な妙な。「―こと」

以内（いない） これより内。「一週間―」⇔以外

居直る（いなおる） 急に強い態度に変わる。

田舎（いなか） 都会でない所。故郷。出身地。

往なす（いなす） 去なす 軽くかわす。あしらう。

稲妻（いなずま） いなびかり。雷雨時の電光。

鯔背（いなせ） いきで、男らしいさま。

嘶く（いななく） 馬が声高く鳴く。

稲光（いなびかり） いなずま。雷雨時の電光。いなぼ。

稲穂（いなほ） イネの穂。

否む（いなむ） 辞む 承知しない。否定する。

稲荷（いなり） 穀物の神をまつった社。油揚げ。

古（いにしえ） 昔。往時。遠い昔。

移入（いにゅう） 国内の物を移し入れる。⇔移出 周りから取り入れる。

囲繞（いにょう） とり囲む。

委任（いにん） 処理をゆだねさせる。「―状」

戌（いぬ） 十二支の第十一。動物のイヌ。

戌亥（いぬい） 乾 方角の名。西北方。

犬死に（いぬじに） 役に立たないむだな死に方。

居眠る（いねむる） 体を横たえず刻座したまま眠ること。

居残る（いのこる） 定時後まで残る。その場に残る。

命懸け（いのちかけ） 命をかける必死。懸命。

いのちつな—いらか

命綱（いのちづな） 身を守るため体に巻く綱。
命拾い（いのちびろい） 運よく命が助かること。
命取り（いのちとり） 命を失う原因。ひどい痛手。
命乞い（いのちごい）【禱る】神仏に願をかける。
祈る（いのる） 命令・規則などにそむくこと。
位牌（いはい） 死者の戒名を記した木札。
違背（いはい） 命令・規則などにそむくこと。
居場所（いばしょ） 居る場所。「―がない」
違反（いはん） 仏教や技芸の奥義。「―の道」⇒[の道]
威張る（いばる） 法にそむくこと。
茨（いばら） とげのある小木。
衣鉢（いはつ・えはつ） 勢いを示す。えらぶる。
居間（いま） 仏教や技芸の奥義。「―を継ぐ」
鼾（いびき） 睡眠中に鼻や口から出る雑音。
違法（いほう） 法にそむくこと。「―駐車」適法
意表（いひょう） 思いの外。意外。「―をつく」
歪む（いびつ） 形が整わず歪んでいること。
遺品（いひん） 死後に残したかたみの品。

畏怖（いふ） おそれおののくこと。「―の念」
慰撫（いぶ） 心をなぐさめ静める。
威風（いふう） 威厳のある様子。「―堂堂」
遺風（いふう） 後世に残した風習や教え。
訝る（いぶかる） 疑わしく思う。不審に思う。
息吹（いぶき） 呼吸すること。生気。「春の―」
衣服（いふく） 着るもの。着物。衣装。
異物（いぶつ） 普通でないもの。
遺物（いぶつ） 昔から残されたもの。遺品。
燻る（いぶる） くすぶる。けむる。「たき火が―」
燻し銀（いぶしぎん） 渋みがある銀。渋い味わい。「―の感」
異変（いへん） 変わった出来事。変事。「天候―」
疣（いぼ） 物の表面や皮膚上の小突起。
異母（いぼ） 腹違い。異腹。「―兄弟（きょうだい）」
異邦（いほう） 外国。他国。「―人」

違法（いほう） 法にそむくこと。「―駐車」適法
遺墨（いぼく） 故人の生前の筆跡・書。遺作。
居間（いま） 家の中で普段使う部屋。居室。
今一（いまいち） 今一つ。もの足りない様子。
今忌忌しい（いまいましい） 腹立たしい。
今更（いまさら） 今となっては、今、改めて。
今し方（いましがた） 少し前。
縛め（いましめ） 体をしばること。「―を解く」
戒める（いましめる）【誡める】教え諭す。
未だ（いまだ） まだ。なお。しかる。「―かつて」
今時（いまどき） 現今。当世。「―の若いやな」
忌まわしい（いまわしい） 不吉な。いやな。
意味（いみ） 意義。価値や重要さ。
忌み詞（いみことば） 縁起のため忌み避ける語。
諱（いみな） 死後に贈る称号。貴人の実名など。

異名（いみょう） 実名以外の呼称。あだな。いめい。
移民（いみん） 海外に移り住む人・こと。
忌む（いむ）【諱む】きらう。避ける。
妹（いも） 年下の女のきょうだい。姉
鋳物（いもの） 溶けた金属を型に入れ固めた物。
芋蔓式（いもづるしき） 関連するものが次々と出る。
慰問（いもん） 慰め見舞うこと。「―品」
否（いや） 承知しない。いいえ。⇔応
否問（いやもん）【罪】好まない。「―というほど」
否応（いやおう） 不承不承。「―無しに戻される」
嫌がらせ（いやがらせ） 人の嫌がることをすること。
弥が上（いやがうえ） なおその上。
医薬（いやく） 医術と薬品。「―品」「―分業」
意訳（いやく） 意味だけを汲んだ翻訳。⇔直訳
違約（いやく） 約束をたがえること。「―金」

嫌気（いやけ） いやだと思う気持ち。「―がさす」
弥栄（いやさか） ますます栄える。「―を祈る」
卑しい（いやしい）【賎しい】身分が低い。下品だ。
苟も（いやしくも） 仮にも。おろそか。
癒す（いやす） 肉体的・精神的苦痛をやわらげる。
嫌み（いやみ） 不快な感じを与えるさま・言葉。
畏友（いゆう） 敬愛する友人。「友人」の敬称。
愈（いよいよ） ますます。とうとう。ついに。
威容（いよう） いかめしい姿。
偉容（いよう） 堂々として立派な姿・様子。
異様（いよう） 変わった様子・ありさま。
意欲（いよく） ［意慾］積極的に行う気持ち。「―な空気」
以来（いらい） これよりあと。「――人」
依頼（いらい） 頼むこと。「―人」爾来。
甍（いらか） 屋根にふく瓦。屋根瓦。「―の波」

いらたつ―いんこう

苛立つ（いらだつ）気持ちがいらいらする。

入り江（いりえ）岸が海に入りこんだ海の部分。

入り浸る（いりびたる）頻繁に行く。居続ける。

入り船（いりふね）港にはいる船。入港。⇔出船

入り交じる（いりまじる）まじっている。混在する。

入り乱れる（いりみだれる）まじって混乱する。

慰留（いりゅう）なだめて思いとどまらせること。

遺留（いりゅう）死後に残すこと。置き忘れること。

衣料（いりょう）衣服の材料となる布地。衣服。「―品」

衣糧（いりょう）衣服と食糧。

医療（いりょう）医術で病気を治すること。「―費」

入り用（いりよう）さしあたり必要。入費。

威力（いりょく）他を押さえ服従させる力。

居る（いる）その場所にある。「家に―」

炒る（いる）〔煎る〕火であぶりこがす。

要る（いる）必要とする。「許可が―」

射る（いる）矢を弦にかけてはなつ。「的を―」

鋳る（いる）金属を溶かし型に入れて造る。鋳造する。

居留守（いるす）在宅中なのに不在を装うこと。

異例（いれい）前例のない。珍しい。「―の事態」

慰霊（いれい）死者の霊をなぐさめること。

入れ墨（いれずみ）〔刺青〕肌に彩色で絵や文字を彫ること。

入れ知恵（いれぢえ）教えられた考えや策略。

入れ歯（いれば）人造の歯。義歯。「―（総）」

色（いろ）色彩。つや。情人。色合い。

色色（いろいろ）種類が多いさま。さまざま。

色香（いろか）色と香り。女性の容色。

色気（いろけ）性的魅力。色あい。性的関心。色あい。

遺漏（いろう）漏れ落ちること。手ぬかり。

慰労（いろう）慰めねぎらうこと。「―金」「―会」

色艶（いろつや）顔色や皮膚のつや。おもしろみ。

彩る（いろどる）色をつける。「生花で―」

色目（いろめ）色あい。流し目。

色眼鏡（いろめがね）自己的で勝手な観察。

色めく（いろめく）活気づく。色気づく。

色好い（いろよい）好意的。好ましい。「―返事」

囲炉裏（いろり）床を切って火をたく所。

囲炉裏

異論（いろん）人と異なった意見。反対議論。

岩（いわ）〔磐〕石の大きなもの。いわお。

祝い（いわい）祝うこと。祝いの品。「就職―」

巌（いわお）高く突き出た大きな岩石。いわ。

違和感（いわかん）不調和な感じ。「―を覚える」

曰く（いわく）言うことには。わけ。事情。

曰く付き（いわくつき）わけあり。

石清水（いわしみず）岩の間にわき出る清水。夏

所謂（いわゆる）世間で言う。俗に言う。

謂れ（いわれ）わけ。理由。由緒。言い伝え。

印（いん）印章。しるし。「―を押す」

況や（いわんや）まして。なおさら。

陰（いん）かげ。ひそか。「―にこもる」⇔陽

韻（いん）音のひびき。「―をふむ」「―字」

陰鬱（いんうつ）気がふさぐこと。

印影（いんえい）紙などにおされた印のあと。

陰影（いんえい）〔陰翳〕光の当らない部分。かげ。

允可（いんか）ゆるすこと。許可。允許。

引火（いんか）ほかからの火や熱で火がつく。

因果（いんが）原因と結果。「―関係」

陰画（いんが）写真の原版面。⇔陽画

印画紙（いんがし）写真に使う感光紙。

印鑑（いんかん）はんこ。実印。印章。「―証明」

陰気（いんき）陰気分。気分がすぐれないこと。

隠居（いんきょ）家督をゆずり気楽に暮らす人。

陰極（いんきょく）電極の負極。⇔陽極

引見（いんけん）呼び寄せて対面すること。引接。

陰険（いんけん）内心腹黒いこと。

陰見（いんけん）〔隠顕〕見えかくれするさま。

隠語（いんご）かくした言葉。符号。

咽喉（いんこう）のど。「耳鼻―科」

淫行（いんこう）みだらな行い。要害の地。要地。

いんこう—うきな

因業（いんごう）頑固で無情なこと。「—な手段」

印刷（いんさつ）紙などの表面に字画を刷ること。

陰惨（いんさん）暗くてみじめなさま。「—な光景」

印紙（いんし）収入印紙。郵便切手類。

因子（いんし）ある物事の原因となる要素。「遺伝—」

印字（いんじ）紙などに機械で文字を打つこと。

陰湿（いんしつ）暗くてじめじめしたさま。

飲酒（いんしゅ）酒を飲むこと。

因習（いんしゅう）昔から伝わるしきたり。

引証（いんしょう）事実を引合いに出し証拠を示す。

印象（いんしょう）心に強く刻まれるもの。「—派」

飲食（いんしょく）飲んだりたべたりすること。「—代」

殷賑（いんしん）盛んでにぎやか。「—をきわめる」

因数（いんすう）一つの積をなす式や数。「—分解」

陰性（いんせい）検査に無反応なこと。‡陽性

隠棲（いんせい）「隠栖」世間を離れ静かに暮らす。

印税（いんぜい）売価から支払われる著作権料。

引責（いんせき）責任をとること。「—辞職」

姻戚（いんせき）結婚によってできる親類。姻族。

隕石（いんせき）地球に落ちた流星のかけら。

引率（いんそつ）連れ立つこと。

引退（いんたい）地位を引き退く。社会生活から退き静かに暮らす。「現役—」

淫蕩（いんとう）酒色にふけり、素行がわるいこと。

引導（いんどう）僧による死者への経文・法語。

隠匿（いんとく）包み隠すこと。かくまうこと。

隠徳（いんとく）人知れぬよい行い。「—陽報」

隠遁（いんとん）世俗を逃れ、ひっそりと暮らす。

因縁（いんねん）ゆかり。いわれ。宿命。言い掛かり。

淫靡（いんび）みだらで、だらしない様子。

隠微（いんび）かすかで、わかりにくいこと。

陰部（いんぶ）外陰部。局部。

韻文（いんぶん）詩など、韻を踏んだ文。‡散文

隠蔽（いんぺい）おおい隠すこと。「事実を—する」

陰謀（いんぼう）ひそかに企む悪い計画。

隠滅（いんめつ）「湮滅・堙滅消える。消すこと。暗晦。‡ 直截

隠喩（いんゆ）修辞法の一つ。例を用いて考え得ること。「—符」

淫乱（いんらん）ひどくみだらなこと。淫奔。

陰陽（いんよう）陰と陽。消極と積極。「—五行説」

韻律（いんりつ）詩の、音声的な形式。リズム。

飲料（いんりょう）飲みもの。「清涼—水」

引力（いんりょく）物体同士が引き合う力。‡斥力

陰暦（いんれき）旧暦。太陰暦。

印籠（いんろう）腰に下げる小箱。印かや薬を入れて下げる小箱。

う

卯（う）十二支の第四。ウサギ。

初初しい（ういうい）純であどけないさま。

初産（ういざん）はじめてのお産。

初陣（ういじん）はじめての出陣・試合。「—を飾る」

植木（うえき）庭や鉢に植えてある木。「—職人」

飢える（うえる）飢える空腹で苦しむ。手に入れたいと渇望する。「愛情に—」

植える（うえる）植物の根を土中におさめる。

迂遠（うえん）遠回り。回りくどい様子。

魚（うお）魚類の総称。さかな。「出世—」

魚の目（うおのめ）角質層が硬化したもの。

羽化（うか）昆虫が変態し成虫になること。

迂回（うかい）回り道すること。「—路」

鵜飼い（うかい）鵜を使い魚を捕える。圏

嗽（うがい）水や薬でのどや口をすすぐこと。

伺う（うかがう）問う。尋ねる。聞く。訪れる。

窺う（うかがう）うっかりするすうっかりする様子を察する。機会をねらう。

迂闊（うかつ）うっかりすること。

穿つ（うがつ）穴をあける。せんさくする。

浮かれる（うかれる）うきうきしておちつかない。

浮き（うき）うきうき。釣りに使う浮標。

雨期（うき）「雨季」雨の多い季節。⇔乾期・季

浮き足（うきあし）落ち着かない態度。「—立つ」

浮き草（うきくさ）水面に浮かぶ水草。「—稼業」

浮き名（うきな）男女間のうわさ。「—を流す」

鵜飼い

うきほり―うたい

浮き彫り 浮き出すような彫刻。

憂き身 苦労の多い身。「—をやつす」

憂き目 つらい体験。「—に遭う」

浮き世 【憂き世】はかない世の中。

浮世絵 江戸時代の風俗画。

浮世絵

浮く 魚を捕る仕掛け。水面や空中に浮かぶ。「宙に—」

迂曲【紆曲】うねり曲がること。

筌 魚を捕る仕掛け。

受け合う 引き受ける。保証する。

請け売り 人の意見の受け売り。

請け負う 仕事を引き受ける。

受け入れる 受け取る。承認する。

受け皿 容器から垂れる滴を受ける。

承る 伝え聞く。承知する。

受け継ぐ 引きつぐ。あとをつぐ。

受付 申込み・請願などを受けること。引き受け

受け付ける 引き受ける。

受け取る 手に入れる。解釈する。

受け流す あしらう。

受け止める 対処する。認識する。

受けて立つ 挑戦に応じる。

受け身 働きかけられる立場。受動。

受け持つ 引き受ける。担当する。

受ける もらう。好評を得る。被る。

請ける 責任をもって引き受ける。

右舷 船首に向かって右の側。⇔左舷

受け渡す 差し出して引き取る。

皿 物事を受け入れる態勢・組織・場所。

雨後 雨の降ったあと。「—の筍タケノコ」

烏合の衆 寄せ集めの群集。

動く 位置・場所が変わる。活動する。「ようよと動く」

蠢く 蠢動する。

憂く 気持ちが暗いこと。「—晴らし」

丑 十二支の第二。

胡散臭い 怪しい。

氏さん 苗字。家がら。「—より育ち」

氏【泓】 海水。潮汐。「潮汐」の略。

氏子 鎮守の神。守り神。産土神。

氏神 鎮守の守りを受ける人。「総代」

失う なくす。逃がす。死なす。「気を—」

丑三つ時 午前午後二時頃。真夜中。

後つ 背後。過去。→前

後ろ髪をひかれる 練未

薄雨水 二四節気で二月一八日頃。

臼 厚みが少ない。色が淡い。

薄薄 うすうす。ほのかに。

薄着 たくさん重ね着しない。⇔厚着

薄汚い どことなくきたない。

疼く ずきずきと痛む。疼痛「—傷が—」

蹲る 【踞る】しゃがむ。つくばう。

後ろ暗い しろぐらい。陰で助けうと。悪事を行う、不安なさま。

後ろ盾 陰で助ける人。

後ろ前 前後が逆転すること。

後ろ指をさされる 他人から陰で、悪口を言われる・非難される。

臼 穀物を精白・加工する道具。流体運動の一つ。渦流。竜巻。

渦 うず。

薄日 うすい日の光。

薄縁 布の縁がついた、ござやむしろ。

渦巻く 渦になって回る。「不満が—」図

渦巻き らせん状に巻く・形。

埋み火 灰に埋めた炭火。いけび。

薄笑い かすかなうすらわらい。

失せる なくなる。立ち去る。死ぬ。

薄々 そらとぼけていうこと。虚言。「ほらを吹く」

嘯く そらとぼけて言う。ほらを吹く。

唄 俗謡。「長—」「小—」「馬子—」

歌 和歌・詩歌。節づけした歌。

謡 能に合わせる歌曲。謡曲。

うたう〜うてな

歌う 節をつけてとなえる。「国歌を―」

謡う 伝統的な歌曲を声に出す。

謳う ほめる。主張する。表明する。

疑う 怪しむ。あやぶる。

宴 酒盛り。宴会。「―を催す」

転た 心の動くさま。

転寝 うとうとと眠ること。

梲が上がらない 出世しない。生活が向上しない。

歌姫 女性歌手。「昭和の―」

茹だる 酷暑で体がぐったりする。

内 〔中〕自分の家。➡外

家 家屋・住宅。自宅。

打ち明ける 隠さずに話す。

打ち合わせ 事前の話し合い。

討ち入り 攻め入る。「義士の―」

内祝い 身内だけで行う祝い・贈物。

打ち掛け 〔褞袍〕婦人の婚礼衣装。

内気 気の弱い性格。

打ち切る 途中でやめる。

内金 事前に支払う代金の一部。

打ち消す 否定する。取り消す。

討ち死に 戦って死ぬこと。

打ち解ける 気を許し親しむ。

内面 内輪の人にも見える態度。➡外面

打ち止め 〔打留〕物事の終わり。

内法 容器の内側の寸法。➡外法

打つ ぶつ。たたく。

内懐 肌に近いほうの襟。内情。内心。

内弁慶 家の中だけで威ばること。

内幕 うちまく。内部のさま。内情。裏面。

鬱 心が晴れ晴れしない。ふさぐ。

討つ 〔伐つ〕殺す。討撃。

打つ ぶつ。打撃。

鬱鬱 気が重くふさぐさま。繁茂。

内訳 金銭の総額を小分けにしたもの。

団扇 あおいで風を起こす道具。圓

内輪 部外者に内密に。

内輪揉め 仲間うちの争い。

有頂天 喜びで夢中なこと。大得意。

宇宙 すべての天体を含む空間。

打ち水 庭や道に水をまくこと。

打ち身 強く打ったできる傷。

内股 ももの内側。柔道の技の一つ。

内孫 跡取息子の子となる孫。➡外孫

卯月 陰暦四月の異称。圓

美しい きれいである。うるわしい。

鬱屈 気がふさいで滅入るさま。

空け [虚け] ぼんやりしたさま。「―者」

写す 物の姿をほかの物の表面に現す。

映す その通りにかく。写真をとる。

鬱蒼 木がこんもり茂っている。「―の森」

現身 この世に生きている身。「―の命」

訴える 事情を申し出る。裁判にかける。

現 現実。正気。「恋に―を抜かす」

鬱陶しい 憂わずらわしい。

鬱病 憂うつ・不安が特徴の病気。

俯す 顔を下に向けて寝る。➡仰向く

鬱憤 重なるうらみ。「―を晴らす」

靫 [空穂] 矢を入れる道具。

鬱勃 盛んに起こるさま。「勇気―」

俯く 下を向く。➡仰ぐ

移り香 物に移って残るよい香り。

移り気 気が変わりやすい。

移る 場所が変わる。時が変わる。

空ろ [虚ろ] から。空洞。

器 入れ物。容器。才能。監督の―

腕 腕首の間。ひじと手首の間。技量。「―がある」

腕利き 腕前の優れた人。「―の職人」

腕組み 両腕を組み合わせること。

腕尽 腕力をためすこと。

腕試し 腕前・腕の力。

腕っ節 腕力の強さ。腕の関節。

台 屋根のない高楼。台座。

うてまえ―うらめしい

腕前（うでまえ）手腕。技量。「―を上げる」

雨天（うてん）雨降り。雨の降りしくない。「―順延」

疎い（うとい）遠ざける。きらう。

疎む（うとむ）事理に暗い。親しくない。

魘される（うなされる）悪夢などで苦しい声を出す。

鰻丼（うなどん）小麦粉を加工しためん類。

鰻登り（うなぎのぼり）どんどん急上昇。

促す（うながす）催促する。せきたてる。

項垂れる（うなだれる）首をうつむける。

頷く（うなずく）〔肯定の意で〕首をたてに振る。えりくび。首筋。

項（うなじ）首筋。

海原（うなばら）広々とした海。海洋。「青―」

自惚れる（うぬぼれる）得意になる。自負。独善。

唸る（うなる）苦しみ叫ぶ。うめく。吟吐する。

畝（うね）畑土を長く盛り上げた所。

鵜呑み（うのみ）丸のみする。受け入れる。

右派（うは）保守的政治団体。↔左派

姥（うば）〔媼〕年をとった女性。老女。

乳母（うば）母に代わり幼児に乳をやる女。

乳母車（うばぐるま）乳幼児を乗せて押す手押し車。

奪う（うばう）強引に取りあげる。引きつける。

初（うぶ）ういういしい。純情な。初心。

産着（うぶぎ）新生児にはじめて着せる着物。

産毛（うぶげ）生まれた時から生えているけ。

産声（うぶごえ）生まれてはじめて出す声。

産土（うぶすな）その人の生まれた土地。故郷の神。

産湯（うぶゆ）新生児を入浴させる（その）湯。

諾う（うべなう）〔肯〕もっともと承知する。

午（うま）十二支の第七。ウマ。

旨い（うまい）〔美味い〕味がよい。おいしい。

上手い（うまい）〔巧い〕手際がよい。上手だ。

馬面（うまづら）長い顔をあざける語。

馬乗り（うまのり）乗馬。馬に乗るように跨る。

旨味（うまみ）うまい味。おもしろみ。

海（うみ）地球表面の潮水をたたえた所。

膿（うみ）腫物や傷から生じる低い響き。

海鳴り（うみなり）波が砕けて生じる低い響き。

有無（うむ）有ることと無いこと。

生む・産む（うむ）新たに作りだす。創造・生産する。子や卵を母体外に出す。出産。

倦む（うむ）あきる。退屈する。気が疲れる。

膿む（うむ）腫物や傷が化膿して膿をもつ。

呻く（うめく）苦しみうめく。

梅酒（うめしゅ）青梅を焼酎につけた酒。夏

梅干し（うめぼし）塩漬にした梅の実。夏

埋める（うめる）うずめる。ふさぐ。補う。

羽毛（うもう）鳥の羽や毛。「―布団」

恭しい（うやうやしい）つつしみ深く礼儀正しい。

敬う（うやまう）あがめ尊ぶ。尊重する。

烏有（うゆう）何もないこと。「―に帰す」

右翼（うよく）保守的・国粋的な思想傾向。↔左翼

浦（うら）海が陸に入りこんだ部分。海岸。

裏（うら）表面と反対の面。内部事情。↔表

裏打ち（うらうち）裏から補強する。裏付け。

裏表（うらおもて）裏と表。裏返し。「―のある人物」

裏書き（うらがき）手形や証書の裏面の署名。

裏方（うらかた）舞台裏で仕事する人。表方

裏金（うらがね）取引で表に出さない金。「―工作」

末枯れ（うらがれ）枝先や葉先が枯れる。秋

裏切る（うらぎる）内通する。予期に反する。

裏声（うらごえ）地声よりも高く出す声。↔地声

裏漉し（うらごし）細かい網やふるいで漉す。

裏地（うらじ）衣服の裏につける布。

裏付け（うらづけ）確かな証拠。裏打。

裏手（うらて）建物の裏の方。背後、裏の方角。

占い（うらない）〔ト〕吉凶の判断。八卦見。「―師」

裏生り（うらなり）〔末成り〕顔色が青白い人。

末話（うらばなし）一般に知られていない内輪話。

裏腹（うらはら）あべこべ。反対。

盂蘭盆（うらぼん）祖先を供養する仏事。秋

裏道（うらみち）本道以外の道路。間道。抜け道。

憾み（うらみ）不満に思う点。反省される点。

恨む（うらむ）〔怨む〕不平不満を抱く。

裏目（うらめ）期待と反対の結果。「―に出る」

恨めしい（うらめしい）〔怨めしい〕うらみに思う。

うらやましい―うんめい

羨ましい ねたましい。うらやむ様子。

羨む 自分もそうなりたいと願う。

麗らか 空が晴れてのどかなさま。[春]

売り上げ 品物を売って得た代金。[商]

売り言葉 けんかをかける言葉。

瓜実顔 面長で色白の顔。おもに女性の顔。

売り出し 手広く大量に安く売る。名を広める。

売り捌く 売り渡す。⇔買値

売り値 売り渡す価格。⇔買値

売り物 売る品物。

雨量 降る雨の分量。降水量。

売る 代金と引きかえに物を渡す。

得る 手に入れる。できる。「―考え」

閏年 陽暦で二月が二九日ある年。

潤う 湿る。もうかる。「懐が―」

鯣烏賊 アユの腸・卵で作る塩辛。[夏]

五月蠅い やかましい。いやだ。

粳 ねばりの少ない常食用の米。

嬉しい 端正で美しい。愛らしい。

愁い 嘆き悲しみ、ゆううつなこと。

憂い 心配。不安。「―凶作の―」

嬉しい よろこばしい。同類の中でよく売れる系統。

売れ筋 同類の中でよく売れる系統。

売れ行き 売れてゆくさま。

熟れる 実が入る。果実が熟す。熟む。

迂路 とおまわりの道。回り道。迂回路。

空 〔虚・洞〕中がからの所。「木の―」

雨露 あめつゆ。「―を凌ぐ」「―霜雪」

疎覚え 確実でない記憶。

鱗 魚などの表面をおおう薄片。

狼狽える 慌てまごつく。

噂 〔上にごり〕軽はずみに言う。身丈。背丈。「―がある」

彷徨く さまよう。徘徊する。挙動が確かでなくうろつくさま。

胡乱 挙動が確かでなくうろつくさま。

上書き 書状などの上に書く、その字。

浮気 移り気。ほかの異性に心を移す。

上着 上半身や外側に着るもの。

釉薬 〔釉〕陶磁器の表面に塗る薬品。

譫言 高熱などで無意識に発する言葉。

噂 世間ばなし。評判。風評。風聞。

上滑り 液体上部にできる澄んだ汁。

上澄み 液体上部にできる澄んだ汁。

上擦る 落ち着かなくなる。「―声」

上背 身丈。背丈。「―がある」

上手 上の方。さらに優れていること。

上面 表面。うわっつら。

浮つく うかれて落ち着かなくなる。

上辺 うわべ。うわっつら。

上塗り 仕上げ塗り。さらに重ねる。

上乗せ さらに追加する。

上の空 ぼんやりしているさま。

上履き 建物内で履くはきもの。

上前 着物の前側。代金の一部。

上辺 おもてむき。表面。「―を飾る」

上回る 基準となる数量を超える。

上役 地位が上の人。上司。⇔下役

運 巡り合せ。運勢。幸運。「―がいい」

運営 組織などを動かして営むこと。

雲霞 雲と霞。大勢。「―のごとく」

運河 掘り割り。人工の水路。

雲海 海のように見える雲。[夏]

運気 自然現象に現れる人の運勢。

運休 運転・運行を休止すること。

運航 天体の動き。交通機関の運転。

運行 船・航空機が航路を進むこと。

雲水 雲と水。行脚する修行僧。

運勢 運の勢い。運命の巡りあわせ。

運送 運び送ること。運搬。「―会社」

蘊蓄 深い素養・知識。「―を傾ける」

運賃 運送・運送料。「初乗り―」

雲泥 雲と泥。大きな違い。「―の差」

運転 動かしまわす。操縦する。

運動 体を動かすこと。活動すること。

云云 しかじか。とやこうの。

蘊奥 学問や芸術などの奥深いところ。

運搬 人や物を運び移すこと。運送。

運筆 字を書く筆の運び。筆づかい。

運命 行動・運を支配する大きな力。

うんも―えきか

雲母（うんも・きらら）鉱物の一種。マイカ。

運輸（うんゆ）運び送ること。運送。「―業」

運用（うんよう）物の機能を生かして使う。活用。

え

絵（え）物を描きあらわしたもの。

柄（え）器物の、手で持つ所。取っ手。

影為（えいい）集中してはげむ事業。「―専心」

鋭意（えいい）いそがしく働くさま。「―と築く」

影印（えいいん）古書の紙面を複製・印刷する。

営為（えいい）いとなみ。

絵（えい）【画】物をえがらわしたもの。

永遠（えいえん）いつまでも。とこしえ。「―の別れ」

営営（えいえい）せっせと働くさま。「―と築く」

映画（えいが）活動写真。シネマ。「―館」

栄華（えいが）権力や富を得て栄えること。

鋭角（えいかく）直角より小さい角。⇔鈍角

栄冠（えいかん）名誉。光栄。勝利の―

■ **英気**（えいき）優れた才気。気力。「―を養う」
■ **鋭気**（えいき）鋭い気性・気勢。「―活動」

永久（えいきゅう）永く久しいこと。永世。「―不変」

影響（えいきょう）力が他に作用して変化を及ぼす。

営業（えいぎょう）利益を得るための事業。「―活動」

英傑（えいけつ）才知に長けた人。英雄。

英語（えいご）イギリスの言語。イングリッシュ。

曳航（えいこう）船を引っぱって航行すること。

栄光（えいこう）光栄。栄誉。「輝かしい―」

永劫（えいごう）長い年月。永久。「未来―」

英才（えいさい）優れた才知。「―教育」

嬰児（えいじ）生まれて間もない子ども。赤子。

永住（えいじゅう）ながく住むこと。「―権」

映写（えいしゃ）映画・幻灯などを映しだすこと。

詠唱（えいしょう）大勢で節をつけて歌う。アリア。

栄進（えいしん）地位が上になること。昇進。

詠じる（えいじる）歌や詩を吟じる。詩歌を宮中・神社に献じる。

栄辱（えいじょく）誉れと恥辱。栄誉と恥辱。

栄世（えいせい）限りなく続く世。永久。「―中立国」

衛生（えいせい）健康を保つため、病気を予防すること。「―費」

衛星（えいせい）他の天体に付属した星。人工―

営繕（えいぜん）建物などの新築や修繕。

営巣（えいそう）動物が巣をつくること。「―本能」

■ **映像**（えいぞう）画面に映った形・姿。イメージ。
■ **影像**（えいぞう）絵画や彫刻の神仏や人の姿。

永続（えいぞく）ずっとながく続くこと。持続。

永代（えいたい）永久。「―供養」

栄達（えいたつ）高い地位にのぼること。出世。

詠嘆（えいたん）深い感動を言葉に出すこと。

英断（えいだん）優れた決断。「―を下す」

英知（えいち）【叡智】優れた才知。深い知恵。

栄典（えいてん）めでたい式典。勲章や位階など。「―祝い」

栄転（えいてん）高い地位に移ること。「―祝い」

永年（えいねん）ながい年月。「―勤続」

鋭敏（えいびん）鋭くさといさま。「―な頭脳」

永別（えいべつ）永久の別れ。永訣。

鋭鋒（えいほう）鋭い矛先。筆舌の鋭い攻撃。

英邁（えいまい）才知が優れていること。英明。

永眠（えいみん）死ぬこと。死亡。死去。

英明（えいめい）優れて賢明なこと。「―の天資」

英訳（えいやく）英語に翻訳すること。「―和文」

英雄（えいゆう）武力・才知に優れた人物。英傑。

栄誉（えいよ）誉れ。名誉。「―をたたえる」

栄養（えいよう）生命を保つ作用・食品。「―失調」

営利（えいり）利益のためにすること。「―事業」

鋭利（えいり）鋭いさま。「―な刃物」

映倫（えいりん）「映画倫理規定管理委員会」の略。

営林（えいりん）森林を管理すること。

英霊（えいれい）「戦死者の霊」の敬称。英魂。

笑顔（えがお）笑うことのありげな顔。笑い顔。破顔。

会陰（えいん）陰部と肛門の間。

描く（えがく）絵・音楽に表す。描写。

絵描き（えかき）絵をかく人。画家。「―人材」

得難い（えがたい）手に入れにくい。

絵柄（えがら）絵などの図案。模様。

描く（えがく）『画描き』参照。

役（えき）人民に課する労役。戦争。

液（えき）水状の流動体の総称「消毒―」

駅（えき）列車の発着場・乗降場・停車場。

腋窩（えきか）わきの下のくぼんだところ。

えきしゃ～えんえい

易者（えきしゃ） 占いを職業にする人。占い師。

駅舎（えきしゃ） 鉄道の駅の建物。

液汁（えきじゅう） 草木や果物などの汁・つゆ。

液晶（えきしょう） 分子が規則的に配列した液体。流動する物質。

液体（えきたい） 流動する物質。

益虫（えきちゅう） 人の生活に益になる虫。⇔害虫

益鳥（えきちょう） 人の生活に益になる鳥。⇔害鳥

駅長（えきちょう） 鉄道の駅の責任者。「―室」

駅伝（えきでん） 道路を走る長距離のリレー競走。

疫病（えきびょう） 流行病・伝染病。

駅弁（えきべん） 駅構内で売っている弁当。

役務（えきむ） 労働などの作業。「―賠償」

疫痢（えきり） はげしい下痢性の伝染病。

壊疽（えそ） のどが刺激された味がする。

笑窪（えくぼ） 笑う時のほおのくぼみ。

抉る（えぐる） 穴をあける。【刳る】ほじくる。

回向（えこう） 死者をとむらうこと。追善。

絵心（えごころ） 絵に理解やたしなみがあること。

餌（えさ） 生物を育てるための食物。

会式（えしき） 法会の儀式。日蓮宗の法会。圈

会釈（えしゃく） あいさつでお辞儀すること。

餌食（えじき） 餌にされるもの。犠牲となるもの。

絵図（えず） 絵・建物・土地などの平面図。

似非（えせ） 身体組織の一部が腐ること。「―学者」

壊疽（えそ） 現実にはない作りごと。

空事（そらごと） 現実にはないつくりごと。

枝（えだ） 木の枝。分かれ出たもの。

得体（えたい） 性質。「―の知れない」

枝毛（えだげ） 毛髪の先が枝状に裂けたもの。

悦（えつ） 喜ぶこと。嬉しがる。「―に入る」

越境（えっきょう） 国境や境界を越えること。

餌付け（えづけ） 動物に食物を与えてならす。

越権（えっけん） 権限を越えること。「―行為」

謁見（えっけん） 貴人・目上の人に面会すること。

越冬（えっとう） 寒い冬を越すこと。「―隊」

閲読（えつどく） 内容を調べながら読むこと。

越年（えつねん） 年を越す・新年を迎えること。

閲兵（えっぺい） 兵士を検閲すること。「―式」

笑壺に入る（えつぼにいる） 喜び楽しむこと。にっこりと笑う。

悦楽（えつらく） 喜び楽しむ。

閲覧（えつらん） 調べ見ること。読むこと。「―室」

閲歴（えつれき） その人が経てきた特技。経歴。

得手（えて） 得意とすること。特技。不得手。

干支（えと） 十干と十二支をあわせたもの。

会得（えとく） 飲み込むこと。理解すること。

江戸前（えどまえ） 東京湾でとれた魚。江戸風。

縁（えん） ゆかり。宿命的なかかわり。

絵の具（えのぐ） 絵を色づけするために使う材料。

絵葉書（えはがき） 絵が印刷してある郵便葉書。

恵比須（えびす） 福徳の神。（恵比寿・戎）

箙（えびら） 矢を入れる道具。

恵方（えほう） 【吉方】その年のよい方角。圈

烏帽子（えぼし） 元服した男子が被る帽子。図

絵馬（えま） 神社へ奉納する額。「―堂」

絵巻物（えまきもの） 物語・記録などを絵にした巻物。

笑み（えみ） 笑い。微笑。「―を浮かべる」

得物（えもの） 刀、槍など手に持つ武器。

獲物（えもの） 猟や漁でとった動物。「―を追う」

衣紋（えもん） 着物。着物のえりもと。「―掛け」

鰓（えら） 水棲動物の呼吸器官「―呼吸」

偉い（えらい） 優れている。強大だ。

選ぶ（えらぶ） 「択ぶ」よりぬく。選択する。

襟（えり） 衣服の、首に当たる部分。

襟足（えりあし） 〔衿〕えり首の髪の生え際。

選り好み（えりごのみ） 好きなものだけ選ぶ。

選りすぐる（えりすぐる） 厳選する。

襟巻き（えりまき） 首に巻くもの。マフラー。図

円（えん） 日本の貨幣単位。

得る（える） 手に入れる。取得する。できる。

宴（えん） 酒盛り。宴会。「花の―」

園（えん） 庭。人工の庭。集い楽しむ場。

縁（えん） へり。縁側。「―を切る」

縁因（えんいん） 遠い原因。「―」の原因。間接の原因。⇔近因

遠泳（えんえい） 遠距離を泳ぐこと。圈

えんえき―えんたん

演繹（えんえき） おし広めて述べること。‡帰納

延延（えんえん） ひたすら長く続くさま。「─と続く」

鴛鴦（えんおう） おしどり。仲のよい夫婦。

円価（えんか） 日本の円の国際的な価値。「─手形」

煙火（えんか） 煙と火。飯をたく煙。花火。

煙霞（えんか） 煙と霞。山水。

演歌（えんか） こぶしのきいた、日本の歌謡曲。

嚥下（えんか） 飲みくだすこと。

宴会（えんかい） ともに飲食する親睦会。「―芸」

煙害（えんがい） 火山や工場の煙による被害

沿革（えんかく） 移り変わり。変遷。「―社の─」

遠隔（えんかく） 遠くへだたること。「―の地」

円滑（えんかつ） かど立たずなめらかなさま。

縁側（えんがわ） 座敷の外の板敷。歩廊。

沿岸（えんがん） 川や海に沿った岸辺。「─漁業」

延期（えんき） 期限をのばすこと。‡ひのべ

演技（えんぎ） 人前で技を見せること。「─派」

縁起（えんぎ） 物事の起こり。吉凶のしるし。

婉曲（えんきょく） 遠回しに表現するさま。

遠近（えんきん） 遠い近い。あちこち。「─感」

縁組み（えんぐみ） 縁をむすぶ婚姻。養子。

援軍（えんぐん） 応援の軍勢。加勢。援兵。

円形（えんけい） まるい形。輪の形。「─劇場」

遠景（えんけい） 遠くの景色。バック。‡近景

園芸（えんげい） 草花や庭をつくる。「─農家」

演芸（えんげい） 人前で芸をすること。「─会」

演劇（えんげき） 舞台上で演出する芸術。「─鑑賞」

淵源（えんげん） 物事が生起する大本。根源。

縁故（えんこ） ゆかり。続き合い。関係。コネ。

援護（えんご） 困っている人を助け守ること。

怨恨（えんこん） 恨み嘆くこと。「─による犯行」

円座（えんざ） 車座。藺草いぐさで円形に編んだ敷物。圓座

冤罪（えんざい） 無実の罪。濡れ衣。「─を被る」

塩酸（えんさん） 塩化水素の水溶液。「─ガス」

演算（えんざん） 計算。運算。「─装置」

遠視（えんし） 遠くがよく見えること。‡近視

園児（えんじ） 幼稚園などに通じった子ども。

臙脂（えんじ） 〔臙脂〕黒みの混じった赤色。

縁者（えんじゃ） 縁のあるもの。身より。「─親類」

円周（えんしゅう） 円のまわり。「─率」

演習（えんしゅう） けいこ。軍隊での実戦練習。上達すること。「─一味」

円熟（えんじゅく） すっかり慣れて

演出（えんしゅつ） 脚本を映画などに表現すること。

炎暑（えんしょ） ひどい暑さ。炎熱。「─の候」圓

援助（えんじょ） 力をよせて、助けること。援。「─資金」救

延焼（えんしょう） 火がよそへ燃え移ること。類焼。

炎症（えんしょう） 体の一部に熱がよって物が燃え上がること。

炎上（えんじょう） 火事で物が燃え上がること。

円陣（えんじん） 円形に陣どること。「─を組む」

猿人（えんじん） 最古の化石人類。

遠心力（えんしんりょく） 回転の中心から遠ざかる力。

円錐（えんすい） 底面が円形で先のとがった立体。

延髄（えんずい） 脳と脊髄の間の部分。

遠征（えんせい） 遠くへ征伐・試合をしに行くこと。

厭世（えんせい） 世をはかなみいとうこと。「─観」

宴席（えんせき） 酒盛の場。宴会の席。

縁戚（えんせき） 身内のもの。親類。「─関係」

演説（えんぜつ） 人前で意見を述べる。「街頭─」

炎天（えんてん） 線路に沿って沿道。

厭戦（えんせん） 戦争をいやがる。「─思想」‡好戦

婉然（えんぜん） しとやかで美しい様子。

演奏（えんそう） 人前で音楽を奏でること。「─会」

塩素（えんそ） 刺激臭をもつ元素の一種。「─ガス」

延滞（えんたい） 期日を過ぎて滞ること。

遠足（えんそく） 遠くへ出歩くこと。小旅行。

遠大（えんだい） 計画が大きいこと。高遠。

演台（えんだい） 講演・演説の際、講師の前に置く机。

演題（えんだい） 講演・演説の題目。

縁台（えんだい） 細長い腰掛け。

円高（えんだか） 外貨に対し円が高いこと。‡円安

円卓（えんたく） 丸いテーブル。「─を囲む」

円建て（えんだて） 円を基準に通貨価値を計る

演壇（えんだん） 演説する人が立つ壇。

えんたん―おういつ

縁談（えんだん）結婚や養子縁組の相談。

縁着（えんちゃく）予定より遅れて着く。早着。

円柱（えんちゅう）筒状の柱。円筒。

延長（えんちょう）引き延ばすこと。↔短縮

鉛直（えんちょく）重力の方向。垂直の方向。「―線」

堰堤（えんてい）川を横断して築いた堤防。ダム。

園丁（えんてい）庭園の手入れをする人。庭師。

炎天（えんてん）夏の激しい暑さの空。「―下」夏

塩田（えんでん）塩をつくる砂地。しおた。塩浜。

円筒（えんとう）断面の丸い筒。円柱。

遠島（えんとう）陸地から遠く離れた島。島流し。

沿道（えんどう）道沿い。道筋。沿線。「―の観衆」

縁遠い（えんどおい）関係がうすい。縁談がない。

煙突（えんとつ）煙を外に出す筒。

縁日（えんにち）神仏を供養の祭りの日。

炎熱（えんねつ）夏の激しい暑さ。炎暑。夏 酷暑

延納（えんのう）期限に遅れて納める。↔前納

縁の下（えんのした）床下。「―の力持ち」

円盤（えんばん）丸く平たいもの。「―投げ」レコード盤。

鉛版（えんばん）鉛でつくった活字版。活版。

艶美（えんび）あでやかで美しいさま。「―な姿」

鉛筆（えんぴつ）筆記具の一つ。

燕尾服（えんびふく）男性の夜用の正式礼服。

燕尾服

演舞（えんぶ）舞の練習。舞を人に見せること。

円舞曲（えんぶきょく）四分の三拍子の曲。ワルツ。

艶福（えんぷく）多くの女性にもてる幸せ。「―家」

衍文（えんぶん）文中に誤って入ったよけいな文。

艶聞（えんぶん）つやっぽいうわさ。

掩蔽（えんぺい）おおい隠すこと。「罪を―する」

遠望（えんぼう）遠くを見ること。「―が利く」

遠謀（えんぼう）将来を見ぬいたはかりごと。

遠方（えんぽう）遠くの方。近所↔

閻魔（えんま）地獄の主神。「―顔」「―帳」

煙幕（えんまく）所在をくらますための煙。

円満（えんまん）十分満ち足りる穏やか。「―な夫婦」

煙霧（えんむ）煙と霧。空気の濁り。スモッグ。

延命（えんめい）命をのばすこと。延寿。「―息災」

円安（えんやす）外貨に対し円が安い。↔円高

園遊会（えんゆうかい）庭園などで行う宴会。

援用（えんよう）裏付けのために引用すること。

遠洋（えんよう）陸地から遠く離れた海。↔近海

遠来（えんらい）遠い所から来ること。「―の客」

遠雷（えんらい）遠くで鳴るかみなり。夏

遠慮（えんりょ）深い考え。ひかえめ。「―深い」

艶麗（えんれい）あでやかで美しいさま。

遠路（えんろ）遠い路。遠方。「―はるばる」

お

尾（お）しっぽ。後方に伸びた部分。下駄などの楽器の弦。

緒（お）ひも。

笈（おい）仏具などを入れて背負う箱。

甥（おい）兄弟・姉妹のむすこ。↔姪

追い追い（おいおい）徐々に。しだいに。

追い風（おいかぜ）後方から吹く風。順風。

追い討ち（おいうち）敵を追ってうつこと。

追い越す（おいこす）相手より前に出る。

生い先（おいさき）子どもが成長して行く先。

老い先（おいさき）老人の余生。「―短い」

美味しい（おいしい）味がいい。うまい。

生い茂る（おいしげる）草木が生えてよく茂る。

追い縋る（おいすがる）追いついてとりすがる。

生い立ち（おいたち）成長の過程。経歴。

追い出す（おいだす）追って外へ出す。

生い茂れ（おいぼれ）もうろくしているさま。

負い目（おいめ）心の負担。借りになる。

老いる（おいる）年をとる。

追う（おう）「逐う」あとを求める。

負う（おう）背おう。こうむる。「責任を―」

王（おう）「皇」君主。天子。

王位（おうい）王者のくらい。帝位。「―継承」

欧亜（おうあ）ヨーロッパとアジア。

王位（おうい）首位のもの。

横溢（おういつ）満ちあふれること。盛んなこと。

おういん―おうよう

押印（おういん） 印や判を押すこと。捺印。

押韻（おういん） 詩歌の韻をふむこと。

応援（おうえん） 加勢すること。励ますこと。

往往（おうおう） しばしば。時々。

謳歌（おうか） 賛美する。「—爛漫たる境遇を楽しむ。

桜花（おうか） さくらの花。「—爛漫」圏

枉駕（おうが） 「来訪」の敬称。

横臥（おうが） 体を横たえて寝ること。

王冠（おうかん） 王のかぶる冠。びんの口金。

往還（おうかん） ゆきき。往復。街道。

奥義（おうぎ） 学術などの極意。秘訣。「—を謝す」

扇（おうぎ） せんす。「—形」圓「—の要」「—処置」

王宮（おうきゅう） 帝王が住む宮殿。おくぎょう。

応急（おうきゅう） 急場のまにあわせ。「—処置」

往古（おうこ） 遠い過去。おおむかし。往昔。

王侯（おうこう） 王と諸侯。「—貴族」

横行（おうこう） 勝手に歩き回る。大勢力。

王国（おうこく） 王が治めるきょう。

黄金（おうごん） 金。こがね。貴重なもの。

王座（おうざ） 王の地位・席。第一番の地位。

横死（おうし） 不慮の死。非業の死。また死に。

王子（おうじ） 王・皇族の息子。‡王女

皇子（おうじ） 天皇の息子。こうし。‡皇女

往時（おうじ） 過ぎ去った時。昔。昔のできごと。

王者（おうじゃ） 第一人者。王たる人。覇者

応需（おうじゅ） 需要の対策。対応策。

応手（おうしゅ） 相手の打った手に応じる手。

応酬（おうしゅう） 互いにやり合うこと。返事。

押収（おうしゅう） 証拠品などを取り上げること。

欧州（おうしゅう） ヨーロッパ。「—大戦」「—連合」

王女（おうじょ） 王・皇族の娘。‡王子

皇女（おうじょ） 天皇の娘。こうじょ。‡皇子

王将（おうしょう） 将棋で最も重要な駒。主将。

往生（おうじょう） 死ぬ。困り果てること。「立ち—」

往生際（おうじょうぎわ） 死に際。「—悪い」

往信（おうしん） こちらから出す手紙。‡返信

往診（おうしん） 医者が患者の家で診察すること。

逢瀬（おうせ） 男女の密会。逢引。「—を重ねる」

王制（おうせい） 王が統治する制度。君主制。

王政（おうせい） 王が自ら行う政治。「—復古」

旺盛（おうせい） 活力が盛んなさま。「元気—」

応接（おうせつ） 人の相手になって対応する。

応戦（おうせん） 敵の攻撃に応じて戦うこと。

殴打（おうだ） なぐること。

応対（おうたい） 受け答えすること。「—電話」

応諾（おうだく） 人の頼みを承諾すること。「—者」

横断（おうだん） 横切って渡る。「—歩道」‡縦断

黄疸（おうだん） 胆汁色素で皮膚が黄色になる病気。

横着（おうちゃく） ずるくなまけること。

王手（おうて） 直接、王将を取ろうとする手。

王朝（おうちょう） 同じ王家に属す系列。「—時代」

横転（おうてん） 横倒しになる。左右に回転する。

嘔吐（おうと） 食べた物を吐く。吐き気を催す。

応答（おうとう） 受け答え。返事。「質疑—」

王道（おうどう） 王の仁徳による政道。正道

黄銅（おうどう） 銅と亜鉛との合金。真鍮（しんちゅう）。

凹凸（おうとつ） 平らでないこと。でこぼこ。

媼（おうな） 年とった女性。老女。‡翁

押捺（おうなつ） 印や判を押すこと。「—指紋」

往年（おうねん） 過ぎ去った年。昔。「—の名選手」

懊悩（おうのう） なやみもだえること。苦悩。

応否（おうひ） 応諾するかどうか。諾否。

王妃（おうひ） 国王の妻。きさき。

欧風（おうふう） ヨーロッパ風。西洋風。「—建築」

往復（おうふく） 行って帰ること。やりとり。

応分（おうぶん） 身分・能力にふさわしいこと。

欧文（おうぶん） 欧州・欧米の文字・文。和文

欧米（おうべい） ヨーロッパとアメリカ。「—諸国」

横柄（おうへい） 尊大で無礼な態度。

応募（おうぼ） 募集に応じること。「—者」

往訪（おうほう） たずねゆくこと。訪問。‡来訪

横暴（おうぼう） わがままで乱暴なこと。

応用（おうよう） 知識を実際に利用すること。

鷹揚（おうよう） おおらかで悠然としていること。

おうらい―おかみ

往来（おうらい）行ったり来たりすること。道路。

横領（おうりょう）他人のものを不法に奪うこと。

往路（おうろ）行きの道。➡復路・帰路。

嗚咽（おえつ）むせび泣くこと。「―を漏らす」

大味（おおあじ）細やかさがないこと。「―な試合」

大穴（おおあな）たくさんある欠損。大番狂わせ。

多い（おおい）たくさんある。豊かである。

覆い（おおい）【被い】かぶせるもの。カバー。

覆う（おおう）【蔽う】つつむ。かくす。

大入り（おおいり）客がいっぱい入ること。

大奥（おおおく）江戸城内の将軍夫人たちの居所。

大掛かり（おおがかり）大規模。大仕掛け。

大方（おおかた）大体。多分。世間一般。大部分。

大形（おおがた）形・模様が大きいこと。➡小形。

大型（おおがた）型や規模が大きいこと。➡小型。

大柄（おおがら）体・模様などが大きい。➡小柄。

大きい（おおきい）程度が甚だしい。広い。多い。

大仰（おおぎょう）【大形】大げさなこと。「―な文」

大入り（おおいり）【大喜利】芝居等の最終演目。

大切り（おおぎり）【大喜利】芝居等の最終演目。

大口（おおぐち）えらそうな口をきくこと。

大食い（おおぐい）多く食べること。大食家。

大掛裟（おおげさ）実際より誇張していること。

大御所（おおごしょ）その道の大家。大所。

大事（おおごと）大事件。いちだい事。大変。

大雑把（おおざっぱ）おおまか。粗雑なこと。

大騒ぎ（おおさわぎ）ひどく騒ぐこと。

雄雄しい（おおおしい）勇ましい。男らしい。

大潮（おおしお）潮の干満の差が最大の時。

大時代（おおじだい）非常に古めかしいこと。

大所帯（おおじょたい）【大世帯】家族が多い家。

大筋（おおすじ）大体のすじ。あらまし。大略。

仰せ（おおせ）ご命令。お言葉。「―つかる」

大勢（おおぜい）多くの人。多数。人数。➡小勢。

大仰（おおぎょう）【大形】大げさ。

大関（おおぜき）大相撲で、横綱に次ぐ地位。

大掃除（おおそうじ）大がかりな掃除。

大台（おおだい）境目となる数値。「―にのる」

大立て者（おおだてもの）その社会の重要人物。

大摑み（おおづかみ）多く摑み取る。大要を捉える。

大手（おおで）城の表門。追手。

大手（おおて）大規模な会社等。

大詰め（おおづめ）芝居の最終幕。物事の終局。

大通り（おおどおり）町中の幅の広い道。

大鉈を振るう（おおなたをふるう）切るべきものは切って、思いきった整理をする。

大幅（おおはば）【大巾】幅が広い。差が大きい。

大盤振る舞い（おおばんぶるまい）【大盤振舞】気前よくふるまうこと。椀飯振る舞い。の変化。

大引け（おおびけ）取引所の立会い終了。終値。

大股（おおまた）歩幅が広いさま。

大見得（おおみえ）誇張した態度や演技。

大晦日（おおみそか）一年の最後の日。大晦日（おおつごもり）。

概ね（おおむね）【大旨】おおよそあらまし。大体。

大目（おおめ）寛大にすること。「―に見る」

大目玉（おおめだま）ひどくしかる。

大本（おおもと）【大元】物事の根本。「―を正す」

大家（おおや）【大屋】貸し家の持ち主。➡店子。

公（おおやけ）世間。公共。表立つこと。およそ。

凡そ（おおよそ）【大凡】大体において。およそ。

大技（おおわざ）相撲などの豪快な技。➡小技。

大童（おおわらわ）必死で奮闘するさま。

陸（おか）【岡】土地の小高い所。丘陵。

大鋸屑（おがくず）のこぎりで切る時に出た木の屑。

御陰（おかげ）【御蔭】神や人から受けた恩恵。加護。

可笑しい（おかしい）おもしろい。滑稽だ。

尾頭付き（おかしらつき）尾も頭も付いた魚。

犯す（おかす）法律・道徳にそむく。汚す。

侵す（おかす）侵害する。侵入する。

冒す（おかす）冒険する。病害を与える。

御門違い（おかどちがい）人違い。見当違い。

御株（おかぶ）得意とする技。「―を奪う」

陸稲（おかぼ）畑で栽培する稲。りくとう。

傍惚れ（おかぼれ）ひそかに恋い慕うこと。

女将（おかみ）料理屋などの女主人。「旅館の―」

31

御上（おかみ） 天皇。政府。主君。女主人。
拝む（おがむ） 手をあわせて祈願する。嘆願する。
岡持ち（おかもち） 料理の出前に使う浅いおけ。
雪花菜（おから） 豆腐のしぼりかす。
小川（おがわ） 細い川の流れ。
悪寒（おかん） 発熱のため感じる寒さ。
沖（おき） 海・湖で岸から遠く離れた所。
沖合（おきあい） 沖の方。「―漁業」
燠（おき）【熾】赤くおこった炭火。消し炭。
掟（おきて） 取決め。規則。さだめ。「―破り」
翁（おきな） 年老いた男。古老。⇔媼
補う（おぎなう） 不足を満たす。埋めあわせる。
起き抜け（おきぬけ） 寝床から出たばかり。
置引き（おきびき） 置いた荷物を盗むこと。

おかみ―おさなり

起き伏し（おきふし） 日々の生活。日常。
置物（おきもの） 装飾として置くつぼ。
起きる（おきる） 目を覚ます。生じる。立内に深く入る。「洞穴の―」
奥（おく） 数の桁。万の万倍。
億（おく） ほうっておく。設置する。
置く（おく） 場所にすえさしだく。
屋外（おくがい） 家の外。建物の外。⇔屋内
奥書（おくがき） 書の末尾に記すあとがき。
奥方（おくがた） 身分の高い人の妻の敬称。
屋上（おくじょう） 屋根の上。建物の最上階の上。
臆する（おくする） おじける。気おくれする。
憶説（おくせつ）【臆説】推測や想像だけの意見。
憶測（おくそく）【臆測】あて推量。推測。
奥底（おくそこ） 奥深い所。心の奥深い所。本心。

憶断（おくだん）【臆断】推測による判断。
奥地（おくち） 海岸や都市から遠く離れた地域。
奥付（おくづけ） 巻末に著者名などを記す一形式。
奥手（おくて） 成熟が遅い人。
晩生（おくて） 成熟の遅い植物の品種。⇔早生
晩稲（おくて） 成熟の遅い稲。⇔早稲
屋内（おくない） 家屋・建物の内。⇔屋外
御国（おくに） 相手の出身地を敬っていう語。
奥の手（おくのて） 極意。奥の手段。とっておきの手段。
曖気（おくび）【噫】げっぷ。「―にも出さない」
臆病（おくびょう） 恐れ心配する。気おくれする様子。「―もの」
臆面（おくめん） 気おくれする様子。「―もなく」
御悔やみ（おくやみ） 死を悲しみ弔う言葉。
奥床しい（おくゆかしい） 上品で慎み深い。
奥行き（おくゆき） 表から奥までの長さ。

御蔵（おくら） 興行や催しが中止になること。
小暗い（おぐらい） 薄暗い。ほの暗い。
送り仮名（おくりがな） 漢字の読みを補う仮名。
贈り名（おくりな）【諡】死後に贈る名。
送り火（おくりび） 祖先の霊を送る火。⇔迎え火
送る（おくる） 先方へ託し届ける。時を過ごす。
贈る（おくる） 金品や称号などを与える。贈答。
後れ毛（おくれげ） ほつれて垂れる毛。
後れ馳せ（おくればせ） 時機におくれること。
遅れる（おくれる） 他より後になる。⇔先んじる
後れる（おくれる） 定刻に間に合わない。⇔早まる
桶（おけ） 水などを入れる円筒状の器。
痴がましい（おこがましい） 【烏滸がましい】分不相応。
起こす（おこす） 立てる。生起する。⇔倒す
熾す（おこす） 炭火などの勢いを盛んにする。

興す（おこす） 盛んにする。新しくはじめる。
厳か（おごそか） いかめしいこと。厳粛なこと。
怠る（おこたる） なまけにする。おろそかにする。
行う（おこなう） 実行する。物事
起こり（おこり） 始まり。起源由来。「争いの―」
怒る（おこる） 腹をたてる。憤怒する。
奢る（おごる） ごちそうする。ぜいたくする。
驕る（おごる） 【傲る】得意になる。思いあがる。
長（おさ） 集団・組織を治める人。
押さえる（おさえる） おしとどめる。勢いを止める。
抑える（おさえる） おさえつけて動かないようにする。
幼い（おさない） 年がいかない。幼稚である。
幼子（おさなご）【幼児】年がいかない幼い子。
幼馴染み（おさななじみ） 幼児期から仲良し。
御座成り（おざなり） その場のがれ

おさめる～おちこむ

収（おさ）める
手に入れる。中に入れる。

治（おさ）める
混乱を鎮める。政治をよくする。

修（おさ）める
行いをよくする。学び習う。

納（おさ）める
納入する。受け取る。終える。

啞（おし）
口がきけないこと。人。

伯父（おじ）
父母の兄。伯母の夫。

叔父（おじ）
父母の弟。叔母の夫。

惜（お）しい
捨てがたい。残念だ。「時間が―」

押（お）し入れ
和室で物を収納する所。

押（お）し売（う）り
強いて売ること・人。

御仕置（おしおき）
こらしめ。刑罰。

押（お）し掛（か）ける
勝手に出向く。

御辞儀（おじぎ）
頭を下げて礼をすること。

御仕着（おしき）せ
一方的に与えられるもの。

怖（お）じ気（け）づく
こわくてひるむ。

惜（お）し気（げ）ない
惜しむ様子がない。

惜（お）しむ
惜しがる。残念に思う。

押（お）し付（つ）ける
強く押す。仕事や責任を無理に引き受けさせる。おっつける。

押（お）し詰（つ）まる
日時が切迫する。

推（お）し並（な）べて
だいたい。一様に。

推（お）し量（はか）る
見当をつけ判断する。

押（お）し花（ばな）
紙にはさんで乾燥させた花。

雄蕊（おしべ）
種子植物の雄性生殖器官。

惜（お）しむ
けちる。残念に思う。「費用を―」

襁褓（おしめ）
大小便を受ける布や紙。おむつ。

押（お）し問答（もんどう）
互いに言い張ること。

汚臭（おしゅう）
くさいにおい。悪臭。

和尚（おしょう）
寺の住職。僧侶。

御相伴（おしょうばん）
もてなしを受けること。

汚職（おしょく）
職権を利用した不正行為。

汚辱（おじょく）
おそれひるむ。恥辱。「―を受ける」

怖（お）じる
おそれる。こわがる。

白粉（おしろい）
吐き気がするほどの心地悪さ。顔にぬる白い粉などの化粧品。

悪心（おしん）
〔牡〕動物の男性。

雄（おす）
上や先に力を加える。

推（お）す
〔圧す〕人にすすめる。思いめぐらす。

汚水（おすい）
きたない水。よごれた水。

御裾分（おすそわ）け
頂き物のほか分け与える。

御墨付（おすみつ）き
権威者から得た保証。

御世辞（おせじ）
口先だけのほめ言葉。

御節（おせち）
正月や節句用の料理。「―料理」

御節介（おせっかい）
よけいな世話。「―をやく」

汚染（おせん）
汚れに染まること。「大気―」

御膳立（おぜんだ）て
食膳の支度。準備。

悪阻（おそ）
つわり。

遅（おそ）い
時間がかかる。不意に攻める。受け継ぐ。

遅生（おそう）まれ
四月二日～十二月生れ。

遅蒔（おそま）きながら
きつい感じだが、もう遅い。

悍（おぞ）ましい
品質が雑で、貧手抜き。

御粗末（おそまつ）
恐ろしい。

恐（おそ）らく
たぶん。きっと。

襲（おそ）う
不意に攻める。受け継ぐ。

恐（おそ）ろしい
怖い。ひどい。驚くべき。

教（おそ）わる
教えを受ける。習う。≠教える

魘（おそ）われる
怖い夢をみる。

汚損（おそん）
よごしきずつけること。

汚濁（おだく）
よごれにごること。「水質―」

雄叫（おたけ）び
勇ましい叫び声。

煽（おだ）てる
ほめて得意にさせ扇動する。

阿多福（おたふく）
丸い、女の顔。

御為（おため）ごかし
ためになるように見せかけ。

阿陀仏（おだぶつ）
死ぬこと。だめになること。

御多福（おためき）
ごまかす。

穏（おだ）やか
落ち着いて静かなさま。「―な日」

落（お）ち合（あ）う
出合う。合流する。

落（お）ち零（こぼ）れ
落ちてよくない状態になる。取り残されたもの・人。

陥（おちい）る
落ちこむ。よくない状態になる。

落（お）ち込（こ）む
落ちて中に入る。くぼ

恐（おそ）れ
〔慎れ〕心配懸念。「大雨の―」

虞（おそれ）
〔畏れ〕恐怖。敬意。

恐（おそ）れ入（い）る
恐縮する。

畏（おそ）れ多（おお）い
もったいない。

恐（おそ）れる
〔懼れる〕気がひける。こわがる。

おちつく―おののく

落ち着く んで低くなる。悪くなる。鎮まる。気分が沈む。

落ち度【越度】あやまち。過失。

落ち葉 枯れて落ちた木の葉。

落ちぶれる【落魄れる】惨めな状態になる。運が下降していくこと。

落ち穂 収穫後に落ち残った穂。

落ち目 下がる。劣る。抜ける。悪化する。

落ちる 十十の第二・味なこと。第二類。

乙劫【億劫】めんどうで気が進まないこと。

憶見【臆見】勝手な推測に基づく意見。

仰っしゃい 「言う」の尊敬語言われる。

追っ付け【追而書き】追伸。二伸。ほどなく。『帰ろう』

夫【夫】妻のつれあい。亭主。✦妻

押っ取り刀 かたな武士が刀をつかんだまま出かるから、大慌てな様子。行き詰まる。降参。

御手上げこと。

御手の物 もの得意とする

御手盛り 自ら都合よく計る。

汚泥 よごれた点・し。

御出座し「外出・出席もの・経歴の」

御転婆 活発な女の子。

音 ひびき。声。うわさ。評判。

頤 あご。「—を叩く」

御伽噺 子ども向けの昔話。夢物語。

戯ける 滑稽に言ってふざける。

弟 年下の、男の兄弟。✦兄

男気 弱きを助ける義侠心。任侠心。

男坂 一対の参道で急な坂の方。✦女坂

男盛り 男性の働き盛りの年代。

男伊達 男気があると・侠客を言う。

男前 男らしい風采。美男。ハンサム。

男勝り 男性以上に気性の強い女性。

男鰥 妻帯していない男。寡男。

音沙汰 たより。連絡。「—なし」

落とし穴 計略にかけ、苦しい立場にする。陥れる穴。謀略。

御年玉 新年を祝い配るめでごとの金品。国

貶める 劣ったものとして扱う。「人を—」

脅す【威す】恐がらせて・驚かせる。

訪れる たずねてくる。やって来る。

一昨日 いっさくじつ昨日の前の日。いっさくじつ。

一昨年 いっさくねん昨年の前の年。

大人 成人。分別のある人。「—びる」

大人しい おだやかである。年長・年上の者に対して。素直である。

乙女 年若い少女。未婚の女性。

踊り 踊ること。舞踊。ダンス。

踊り場 誘い寄せるために使うもの。舞踏。階段の途中の平らな場所。

劣る ほかと比べて程度が低い。

踊る 曲にあわせて体を動かす。

躍る【跳る】はねがある。

棘 草木が乱れ茂る所。髪が乱れる。

衰える 勢いが弱る。盛んでなくなる。

踊り場

驚く びっくりする。驚愕する。

同じ ひとしい。別のものでない。想像以上の妖怪。冷酷な人。

鬼瓦 屋根のはしに飾る鬼面の大瓦。

鬼子 親に似ていない子ども。鬼っ子。

鬼に金棒 もと強いものがより強力になること。

鬼の霍乱 ふだん健康な人が珍しく病にかかること。霍乱は「日射病」の意。

鬼火 火山で硫黄が燃える炎。火の玉。

尾根 山の頂と頂を結ぶ峰筋。「—伝い」

斧 木を切る道具。

各 各各。それぞれ。各自めいめい。

自ずから【自】しぜんに。ひとりでに。

戦く こわくてふるえる。わななく。

おのれ―おもゆ

己（おのれ） 自分。自己。お前。きさま。

十八番（おはこ） 得意の芸事。

叔母（おば） 父母の妹。叔父の妻。

伯母（おば） 父母の姉。伯父の妻。

雄花（おばな） めしべのない花。‡雌花

御祓い（おはらい） 災厄を除く神事。そのお札。

御払い箱（おはらいばこ） 捨てる。解雇する。

帯（おび） 着物の上から胴に巻く長い布。

怯える（おびえる） 「脅える」こわがる。おそれる。

誘き出す（おびきだす） だましてさそいだす。

御膝下（おひざもと） 権力者のいる土地。首府。

夥しい（おびただしい） 非常に多い。はなはだしい。

御櫃（おひつ） めしびつ。

御人好し（おひとよし） 気がよく人の言動に逆らわず言いなりになるさま、またその人。

御捻り（おひねり） お金を紙に包んだもの。

脅かす（おびやかす） おびえさせる。危うくする。引き受ける。含む。

帯びる（おびる） 身につける。引き受ける。含む。

尾鰭が付く（おひれがつく） 事実でない事まで付け加わり話がおおげさになる。

御披露目（おひろめ） 披露すること。

汚物（おぶつ） きたないもの。排泄物。

覚え書き（おぼえがき） 忘れないための書付け。

覚える（おぼえる） 思われる。感じる。記憶する。習得する。

思しい（おぼしい） 思われる。「犯人と―男」

思し召し（おぼしめし） お考え。お志。恋心。

覚束ない（おぼつかない） 確かでない。不安だ。

溺れる（おぼれる） 泳げないで沈む。夢中になる。

朧（おぼろ）げ ぼんやりした記憶

朧月夜（おぼろづきよ） 春の月のかすんだ夜。圉

御目見得（おめみえ） 貴人に会うこと。

怖めず臆せず（おめずおくせず） 恐れたりひるんだりしないで。「―反論する」

御神籤（おみくじ） 神社や堂で吉凶を占うくじ。

御神酒（おみき） 神前に供える酒。みき。

御丸（おまる） 持ち運びのできる便器。〈御虎子〉

御守（おまもり） 神仏の加護がこめられた物。

思い（おもい）

思う（おもう） 「想う」考える。

思う存分（おもうぞんぶん） ぞんぶんに気のすむようにすること。

思う壺（おもうつぼ） 思いどおりになること。

重重しい（おもおもしい） どっしりとしておごそか。

思い遣る（おもいやる） 相手に同情・配慮する。

思いの外（おもいのほか） 意外にも。思いがけず。

思いの丈（おもいのたけ） すべて。心に思うだけ。

思い做しか（おもいなしか） そう思うせいか。

表沙汰（おもてざた） 公然となる。裁判になる。事が世間に知れること。‡薄手

表立つ（おもてだつ） 公然たるもの。うわべ。

表向き（おもてむき） 表向かって顔のかたちが長いこと。

面長（おもなが） 顔のかたちが長いこと。

主に（おもに） 主として。大部分。ほとんど。

重荷（おもに） 重い荷物。重すぎる負担。

思う（おもう） 「想う」気のすむようにする。「上司に―」

阿る（おもねる） へつらう。追従する。

面映ゆい（おもはゆい） てれくさい。

面持ち（おももち） 表情。顔色。「けげんな―」

趣（おもむき） 趣旨。様子。あじわい。

徐に（おもむろに） 静かに。ゆっくりと。「―話す」

赴く（おもむく） その方面へ向かって行く。

母屋（おもや） 《母家》屋敷の主な建物。本宅。

重湯（おもゆ） かゆの上のしる。飯の汁。

表（おもて） 前面。正面。公。「―に立つ」‡裏 戸外。顔。表面。顔面。

面（おもて） 顔つき。

面舵（おもかじ） 船首を右へ向ける操舵。‡取舵

面差し（おもざし） 顔つき。顔だち。

面影（おもかげ） 心に思い浮かぶ顔や姿。

面白い（おもしろい） 愉快だ。興味深い。滑稽だ。

面（おも） 顔。表面。顔面。

重重しい（おもくるしい） 抑えられて息苦しい。

思い出（おもいで） 心に残る昔の出来事。追憶。

思い止まる（おもいとどまる） 思いを中止する。やめにする。

思い過ごし（おもいすごし） 考えすぎ。邪推。

思い上がる（おもいあがる） うぬぼれる。

思い（おもい） 目方が多い。重大。動きが鈍い。

重い（おもい） 目方が多い。重大。動きが鈍い。

汚名（おめい） 悪い評判。不名誉。「―返上」

御見逸れ（おみそれ） 会って気づかない。

おもり―おんけい

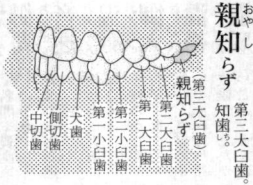

重り（おもり）[錘]重さを加える物。

重んじる（おもんじる）重要視する。「―がはずれる」◆軽んじる

思惑（おもわく）思うこと。考え。

慮る（おもんぱかる）深く考える。思い巡らす。

親（おや）父母。◆子

親方（おやかた）職人などのかしらの尊敬語。相撲の中年の男性。

親御（おやご）他人の親の尊敬語。おやごぜ。

親心（おやごころ）親の、子への慈愛の気持ち。

親父（おやじ）父親。店の主人。

親潮（おやしお）寒流の一つ。千島海流。

親知らず（おやしらず）第三大臼歯。知歯。

親玉（おやだま）数珠の中の大玉。中心人物。おさ。

親不孝（おやふこう）親を敬わず尽くさないこと。◆子

親分（おやぶん）徒党を組む人の長。◆子分

親元（おやもと）親のいるところ。実家。

親譲り（おやゆずり）親から受け継いだこと・物。

親女形（おやまがた）歌舞伎で女役を演じる男の役者。

泳ぐ（およぐ）水泳をする。巧みに世渡りする。

凡そ（およそ）大体のところ。一般に。約。

及び腰（およびごし）自信がなく、不安定な様子。

及ぶ（およぶ）とどく。達する。その時。機会。「―にふれ」

澱（おり）[澱]液体の底に沈んだかす。

檻（おり）動物や罪人を入れる囲い。

折り合う（おりあう）妥協する。おれあう。

折り悪しく（おりあしく）あいにく。◆折よく

折り返し（おりかえし）二重に折る。引き返す。

折り紙（おりがみ）色紙や金紙で折る遊び。保証書。

折り入って（おりいって）特別に。ぜひとも。

折り込む（おりこむ）内側に折る。はさみこむ。

織り込む（おりこむ）ちょうどその時に。折り重ねる。折も折。

折り畳む（おりたたむ）折り重ねて小さくする。

折り詰め（おりづめ）折箱に詰めること・物。

織り成す（おりなす）織って作る。描きだす。

折節（おりふし）おりおり。ときどき。季節。

折り目（おりめ）折り節。けじめ。「―正しい」

織物（おりもの）糸を織った布地。

降りる（おりる）下へ移る。許可が出る。しまる。

下りる（おりる）低い所へ移る。退く。

折る（おる）曲げてたたむ。くじく。「骨を―」

織る（おる）はたで布などをつくる。帯を―」

俺（おれ）同輩以下に使う男の自称。

御礼（おれい）感謝の気持ちを表す言葉や金品。

疎か（おろか）無論「酒は―水さえ飲めない」知恵や考えが足さえ飲めない」

愚か（おろか）知恵や考えが足りない。

卸す（おろす）問屋が小売商に商品を売り渡す。

堕す（おろす）堕胎する。中絶する。

疎か（おろそか）いいかげんな。おざなり。まばら。

終わる（おわる）すむ。終了する。◆始まる

恩（おん）人から受けるありがたい行為。

汚穢（おわい）汚れているもの。糞尿。

恩愛（おんあい）親子・夫婦間の情愛。

音域（おんいき）発声音の高低の範囲「―が広い」

音楽（おんがく）音を組み合わせ楽音を聴き分ける感覚「絶対―」

音感（おんかん）楽音を聴き分ける感覚「絶対―」

温顔（おんがん）柔和な顔つき。温容。

恩義（おんぎ）[恩誼]恩を受けた義理。

恩返し（おんがえし）受けた恩に報いること。

温雅（おんが）穏やかで上品なさま。「―な人」

音響（おんきょう）音とそのひびき。

恩着せがましい（おんきせがましい）恩を着せる言動がわざとらしいさま。「―態度」

恩恵（おんけい）めぐみ。恩沢。「―を被る」

おんけん ― かいあく

穏健（おんけん） おだやかで健全なこと。⇔過激

恩顧（おんこ） 情をかけ、めんどうをみること。

温厚（おんこう） やさしくて温かなこと。性格。「―な人柄」

音質（おんしつ） 音や声の性質。音のよしあし。

温室（おんしつ） 保温装置のある室。「―育ち」

恩賜（おんし） 天皇からのたまわりもの。

恩師（おんし） 教えを受けた先生。師の敬称。

音声（おんせい） 〔「おんじょう」とも〕人の声。おととこえ。「―多重放送」

音節（おんせつ） 音を構成する文字の一綴り。

温泉（おんせん） 地熱によって温まった湯。

御曹司（おんぞうし） 名門や資産家の子息。

音速（おんそく） 音波が伝わる速さ。「超―」

温存（おんぞん） 使わずに大切に保存すること。

御大（おんたい） 一族のかしら。首領。「―将」

温帯（おんたい） 熱帯と寒帯の中間の温暖な地帯。

温暖（おんだん） 気候があたたかいこと。⇔寒冷

恩讐（おんしゅう） 恩と仇。情けと恨み。「―の彼方」

温柔（おんじゅう） おだやかで優しくすなおなこと。

恩赦（おんしゃ） 刑を恩典により減免すること。

恩賞（おんしょう） 功をたたえて賞を与えること。

温順（おんじゅん） おとなしくて穏やかなこと。

温床（おんしょう） 保温した苗床。生みだすもと。

恩情（おんじょう） なさけぶかい心。いつくしみ。

温情（おんじょう） あたたかみのある優しい心。

温色（おんしょく） おだやかな顔色。暖色。⇔冷色

恩知らず（おんしらず） 受けた恩に感謝せず、報いようともしないこと・人。

音信（おんしん） たより。おとずれ。「―不通」

恩人（おんじん） 恩を受けてくれた人。「命の―」

温水（おんすい） あたたかい水。「―プール」

音痴（おんち） 音感・感覚が鈍いこと・人。

御中（おんちゅう） 会社や団体の宛名に添える敬語。

音調（おんちょう） 音の高低。音楽。「話の―」

恩寵（おんちょう） 〔神や君主の〕めぐみ・なさけ。「―に浴す」

音程（おんてい） 二つの音の高さの隔たり。

怨敵（おんてき） うらみのある敵。

音頭（おんどう） 先に調子を取ること。「―を取る」

温度（おんど） 温冷の度合を示す数値。「―計」

温湯（おんとう） 熱すぎずぬるすぎない湯。

穏当（おんとう） おだやかで道理にかなっている。

音読（おんどく） 声を出して読む。⇔黙読

雄鶏（おんどり） おすのニワトリ。〔雌鶏（めんどり）〕⇔牝鶏

女坂（おんなざか） 傾斜のゆるい女の坂。⇔男坂

女手（おんなで） 女の働き手。女の筆跡。ひらがな。

温熱（おんねつ） あたたかさ。暖気。「―療法」

怨念（おんねん） うらみに思う気持ち。「―を抱く」

温良（おんりょう） 性格が、素直でおだやかなこと。

温和（おんわ） 気候がおだやかなこと。性質がおだやか。穏和。

御の字（おんのじ） 十分でありがたいこと。

音波（おんぱ） 空気中に伝わる音の波動。「超―」

音便（おんびん） 発音上、他の音に変わること。

穏便（おんびん） 事の処置がおだやかなこと。

音符（おんぷ） 音の高低・長短を示す符号。

音譜（おんぷ） 楽曲を記号で表したもの。楽譜。

温風（おんぷう）〔春の〕温かい風。暖房器の出す風。

隠密（おんみつ） 外事をこっそり行う様子。密偵。

音訳（おんやく） 外語を漢字の音で書き表すこと。

温浴（おんよく） 温湯に入ること。「―療法」⇔冷浴

音律（おんりつ） 音の調子・高さ・リズム。

怨霊（おんりょう） うらみを抱いてたたりをする亡霊。

音量（おんりょう） 音声の大きさ。ボリューム。

か

可（か） よい。許す。できる。「―決」「―能」「―燃」

香（か） におい。よいかおり。「潮の―」

課（か） 割り当て。組織上の小区分。「―長」

我（が） 自分本位の考え。我意。「―を張る」

階（かい） 階段。等級。高層建築の各層。

下位（かい） 低い地位。下の位。⇔上位

櫂（かい） 水をかく船具。オール。

甲斐（かい） しるし。効果。「努力の―」

害（がい） 災い。妨げ。支障。「―を及ぼす」

我意（がい） 自分勝手な考え。わがまま。「―を通す」

改悪（かいあく） 改変しかえって悪くする。⇔改善

かいあく～かいけん

害悪（がいあく） わざわいの害になる悪いこと。

開花（かいか） 花が開くこと。成果が現れること。

開化（かいか） 知識・文化が発展すること。

外苑（がいえん） 皇居・神宮の外の庭園。

開演（かいえん） 演劇などの上演開始。⇔終演

開運（かいうん） 運がよい方向へ向かうこと。

海運（かいうん） 海上の運輸。船による運送。

開院（かいいん） 国会を開くこと。病院などの開業。

海員（かいいん） 船長以外の船の乗組員。「―組合」

外因（がいいん） 外部にある原因。「―性」⇔内因

会員（かいいん） 会を組織する人。

海域（かいいき） 一定範囲の海面。「操業禁止―」

魁偉（かいい） 顔や体が立派なこと。「容貌―」

怪異（かいい） 不思議な化け物。「―な事件」

介意（かいい） 気にかけること。心配すること。

階下（かいか） 下の階。階段の下。⇔階上

絵画（かいが） 平面芸術の一つ。絵。「―鑑賞」

外貨（がいか） 外国の貨幣。外国からの貨物。

凱歌（がいか） 勝利を祝う歌。かちどき。

開会（かいかい） 会を始めること。「―式」⇔閉会

海外（かいがい） 外国。異国。「―旅行」「―貿易」

外界（がいかい） 周りの世界。外の世界。「―の世界」

甲斐甲斐しい（かいがいしい） けなげなさま。

改革（かいかく） 制度などを改めること。「構造―」

外郭（がいかく） 外廓。外周の囲い。「―団体」

快活（かいかつ） 気持ちが明るく元気な様子。

開闊（かいかつ） さっぱりとして度量が広いこと。広々と開くこと。

概括（がいかつ） 要点をまとめること。要約。

買い被る（かいかぶる） 高く評価しすぎる。

会議（かいぎ） 集まって話し合うこと。「―職員」

懐疑（かいぎ） 疑いを抱くこと。「―的な意見」

外気（がいき） 外の空気。室外の空気。「―圏」

解禁（かいきん） 禁止を解くこと。「アユ漁―」

開襟（かいきん） 開え襟。開いた形の襟。「―シャツ」

皆勤（かいきん） 一日も休まず出席・出勤する。

貝殻（かいがら） 貝の外側の殻。「―細工」「―骨」

会館（かいかん） 集会などに利用される建物。

快感（かいかん） 快い感じ。感覚的満足感。

海岸（かいがん） 海の岸。海辺。「―線」「―気候」

開眼（かいがん） 視力が戻ること。真髄をつかむ。

外患（がいかん） 外部からの心配ごと。「内憂―」

外観（がいかん） 外から見た状態。みかけ。

概観（がいかん） ざっと見ること。大体の状況。

回忌（かいき） 命日の回数をいう語。「七―」

回帰（かいき） 一回りして帰ること。「―原点」

会期（かいき） 会が開かれている期間。「―延長」

快気（かいき） 病気やけがが治ること。「―祝」

怪奇（かいき） 不思議。奇怪。「―小説」

皆既（かいき） 太陽・月などが全部隠れること。

開基（かいき） 寺院を開くこと。開山。開いた祖。

外勤（がいきん） 社外での勤務。金銭の出納の計算。勘定。

会計（かいけい） 金銭の出納の計算。勘定。

外形（がいけい） うわべの形。外から見た形。

皆既食（かいきしょく） 皆既日食、皆既月食。

回帰線（かいきせん） 赤道南北を通る二線。

諧謔（かいぎゃく） しゃれ。こっけい。ユーモア。

階級（かいきゅう） 組織や社会の中の地位・身分。

懐旧（かいきゅう） 昔をなつかしむこと。懐古。旧懐。

快挙（かいきょ） 快な行い。壮快な行いを成しとげる。

回教（かいきょう） イスラム教の異称。「―徒」

海峡（かいきょう） 陸と陸にはさまった狭い海。

開業（かいぎょう） 事業・営業を始めること。「―医」

概況（がいきょう） 大体の状況。「株式市場―」

開局（かいきょく） 放送局などを開設すること。

会稽の恥（かいけいのはじ） 戦いに負けた恥。

解決（かいけつ） 事件や問題の決着をつけること。

怪傑（かいけつ） 不思議なまでに容姿・才能が優れた人物。

会見（かいけん） 改まって公的に会うこと。「記者―」

改憲（かいけん） 憲法を改めること。「―論者」

改元（かいげん） 元号を改めること。

開眼（かいげん） 仏像・仏画に魂を入れる儀式。

外見（がいけん） うわべ。見かけ。外観。そとみ。

かいけんれい―かいしょう

戒厳令（かいげんれい） 軍統治を宣告する命令。

回顧（かいこ） 昔をかえりみること。「―録」

懐古（かいこ） 昔を懐かしむこと。「―談」

介護（かいご） 病人や老人の世話をすること。

解雇（かいこ） 雇用人をやめさせる。「即日―」

改悟（かいご） 過去の悪事を悟り改めること。

悔悟（かいご） 過去の過ちを後悔して悟ること。

外語（かいご） 外国の言葉。外国語。↔内語

回航（かいこう） 船をある所へ航行させる。巡航。

海港（かいこう） 海辺・海岸の港。↔河港

海溝（かいこう） 海底の非常に深くなった所。

開口（かいこう） 口を開く。言い出すこと。「―一番」

開校（かいこう） 学校を開設し授業を始めること。

開港（かいこう） 貿易のために港を開放すること。

邂逅（かいこう） 巡り合うこと。出くわすこと。

会合（かいごう） 集まり。寄りあい。集会。

外交（がいこう） 外部との交渉。外部との交渉。

外向（がいこう） 社交的・積極的な性格傾向。

外寇（がいこう） 外から攻め入ってくること。

外告（がいこく） いましめ注意をすること。〔戒告〕

外国（がいこく） 四方を海に囲まれている国。

開国（かいこく） 外国との交際を始める。

外国（がいこく） 自国以外の国。異国。海彼の国。

骸骨（がいこつ） されこうべ。どくろ。「―を乞う」

飼い殺し（かいごろし） 役立たない者を無意味に養ったり雇ったりすること。

悔恨（かいこん） くやみ。後悔。「―の念」

開墾（かいこん） 新たに田畑を開くこと。開拓。

快哉（かいさい） よい気分。愉快なさま。「―を叫ぶ」

皆済（かいさい） 借金のすべて返し終わること。

開催（かいさい） 会合・行事などを催すこと。

介在（かいざい） 間にはさまって存在すること。

外債（がいさい） 外国で募集する公債・社債。

改作（かいさく） 改めて作り直すこと。

開削（かいさく） 山野に運河などを切り開くこと。

改札（かいさつ） 駅で切符を調べること。「―口」「―物」

海産（かいさん） 海で採れること。「―物」

開山（かいさん） 寺院の創立者。開基。現始。開祖。

解散（かいさん） 集まりを解くこと。

改竄（かいざん） 字句を都合よく変更すること。

概算（がいさん） あらましの計算。見積もり。

怪死（かいし） 原因に疑いのある奇怪な死。

開始（かいし） 物事を始めること。始まること。

懐紙（かいし） 和歌を書く用紙。ふところ紙。

開示（かいじ） 明らかにする。法廷で示すこと。

買い占める（かいしめる） 一般的に言って大体。おおむね。独占的に買い込む。

会社（かいしゃ） 営利事業の社団法人。「―経営」

膾炙（かいしゃ） 人々に広く知れ渡ること。

解釈（かいしゃく） 情報の受け手側での理解。

外需（がいじゅ） 国外での需要。↔内需

回収（かいしゅう） 取り戻したり取り集めること。

改宗（かいしゅう） 宗旨・信仰を変えること。

改修（かいしゅう） 修理すること。手入れすること。

外資（がいし） 外国からの資金。「―系企業」

外字（がいじ） 欧米の文字。体系外の文字。

外耳（がいじ） 耳の鼓膜から外側の部分。「―炎」

外事（がいじ） 外部・外国の事柄。↔内事

概して（がいして） 一般的に言って大体。おおむね。

街車（がいしゃ） 〔略〕

怪獣（かいじゅう） 正体不明の怪しい獣。「―映画」

海獣（かいじゅう） 海にすむ哺乳類の総称。

晦渋（かいじゅう） 表現が難解で理解しにくいさま。

懐柔（かいじゅう） 手なづけて従わせること。「―策」

外周（がいしゅう） 外側の周り。周りの長さ・距離。

外出（がいしゅつ） 外に出歩くこと。

回春（かいしゅん） 春が再び訪れること。

改悛（かいしゅん） 〔改悛〕過ちを改める。「―の情」

会所（かいしょ） 寄り集まる場所。

楷書（かいしょ） 書き崩さない書体。「―で書く」

介助（かいじょ） そばにいて動作を見事な勝利。「大差で―」

解除（かいじょ） 禁止措置などを除き去ること。

快勝（かいしょう） 見事な勝利。「大差で―」

改称（かいしょう） 名称を改めること。改めた名。

解消（かいしょう） 関係を消滅させること。「婚約―」

甲斐性（かいしょう） 生活能力。「―なし」

会場（かいじょう） 会を開く場所。施設。「―講演」

かいしょう—かいそく

回状（かいじょう）：回覧させる手紙。回文書。

海上（かいじょう）：海の上。海面。「―自衛隊」

開城（かいじょう）：降伏して城を敵に明け渡すこと。

開場（かいじょう）：会場を開き入場させること。◆閉場

階上（かいじょう）：階段の上の階。「―部」◆階下

外商（がいしょう）：店以外で販売すること。「―部」

外傷（がいしょう）：体の表面のきず。

街娼（がいしょう）：街頭で客引きし売春する女性。

会食（かいしょく）：集まって飲食すること。

快食（かいしょく）：気分よく食べること。「―快眠」

海食（かいしょく）：〔海蝕〕波が陸地を削り取ること。

解職（かいしょく）：職をやめさせること。免職。

外食（がいしょく）：家庭外での食事。「―産業」

会心（かいしん）：心から満足に思うこと。「―の作」

回診（かいしん）：病室を巡回して診察すること。

戒心（かいしん）：用心すること。警戒。「―を怠る」

回心（かいしん）：生き方を改め新しい信仰に入る。

改心（かいしん）：心を入れかえ改めること。「―の情」

改新（かいしん）：改まり新しくすること。

怪人（かいじん）：怪しげな人物。不思議な人物。

外信（がいしん）：外国からの通信。

灰燼に帰す（かいじんにきす）：焼けてなくなる。

海図（かいず）：海の深浅などを示した図。

海水浴（かいすいよく）：海で泳いで遊び、泳ぐこと。

概数（がいすう）：おおよその数。大体の数量。

介する（かいする）：なかだちする。心にかける。

会する（かいする）：集まる。「一堂に―」出会う。

解する（かいする）：解釈・理解する。「風流を―」

害する（がいする）：傷つける。邪魔する。

慨する（がいする）：なげく。気分を―憤慨する。

蓋世（がいせい）：世のありさまを嘆き憂える気力・才能。

概世（がいせい）：世を覆うほど大きい気力・才能。

外征（がいせい）：外国へ軍隊を出し攻める。外役。

改姓（かいせい）：姓を改めること。

改正（かいせい）：改め正すこと。よい方へ直す。

快晴（かいせい）：雲のない上天気。大晴れ。

回生（かいせい）：生き返ること。復活。「起死―」

会席（かいせき）：会合の場所。「―席料理」の略。

懐石（かいせき）：茶の湯で出される席料理。

解析（かいせき）：分析して理論的に研究すること。

外戚（がいせき）：母方の親類。

開設（かいせつ）：新たに設けること。「―支店の―」

解説（かいせつ）：内容のあらましをわかりやすく説明すること。概論。

回旋（かいせん）：ぐるぐる回ること。回転すること。

回船（かいせん）：〔廻船〕物資輸送の船。運送船。

回線（かいせん）：電話で通信を伝送するための線。

回選（かいせん）：任期満了で改めて選挙すること。

海戦（かいせん）：海上での戦闘。陸戦・空中戦

海鮮（かいせん）：新鮮な魚介類。「―料理」

開戦（かいせん）：戦争を始めること。◆終戦

改善（かいぜん）：改めてよくすること。改良。

外線（がいせん）：外部への電話。◆内線

凱旋（がいせん）：戦争に勝って帰ること。凱陣。

慨然（がいぜん）：憂え嘆くさま。奮起するさま。

蓋然性（がいぜんせい）：確実さ。可能性。公算。

改組（かいそ）：組織を改めること。編成がえ。

開祖（かいそ）：一宗を開いた人。開山。「禅宗の―」

会葬（かいそう）：葬儀に参列すること。「―御礼」

回送（かいそう）：送り返すこと。送り戻すこと。

回想（かいそう）：昔のことを思い巡らすこと。

回漕（かいそう）：船で旅客や荷物を運送すること。

改装（かいそう）：外観や内装を直すこと。「店内―」

海草（かいそう）：海に生える被子植物の総称。

海藻（かいそう）：海に産する藻類の総称。「―灰」

階層（かいそう）：建物の階の重なり。社会的な階級。

改造（かいぞう）：造り変えること。

解像（かいぞう）：対象を精密に映し出すこと。

外装（がいそう）：外側の装飾や設備。◆内装

介添え（かいぞえ）：つきそい。後見。「―役」

会則（かいそく）：会の規則。会規。

快足（かいそく）：足が速いこと。俊足。◆鈍足

快速（かいそく）：乗り物などが非常に速いこと。

海賊（かいぞく）：海上で船の財貨を奪う盗賊。

概則（がいそく）：おおまかな規則。◆細則

かいたい―かいぬし

拐帯（かいたい） 持ち逃げ。「公金―」「―犯」

解体（かいたい） ばらばらに、部分に分けること。

懐胎（かいたい） 妊娠。懐妊。身ごもること。

懈怠（けたい） 怠けたい。怠慢。

改題（かいだい） 変更したこと。書物の作者・内容などの解説。新分野を開く。

解題（かいだい） 書物の作者・内容などの解説。

開拓（かいたく） 荒地を開くこと。新分野を開く。

快諾（かいだく） 気持ちよく承諾する。「―を得る」

買い叩く（かいたたく） 十分に値切って買う。

買い出し（かいだし） 出かけて行って買う。

外為（がいため） 略「外国為替」の。「―法違反」

会談（かいだん） 会って公式に話し合う。「首脳―」

快談（かいだん） 話がはずむこと。気分よく話す。

戒壇（かいだん） 僧に戒を授けるために設けた壇。

怪談（かいだん） 化け物や幽霊の怖い話。「四谷―」

階段（かいだん） 上下の階を結ぶ、段がある通路。

解団（かいだん） 団体を解散すること。↔結団

慨嘆（がいたん） 嘆き憤ること。「―に耐えない」

快男児（かいだんじ） さっぱりした気性の男。

外地（がいち） 本国以外の土地・領土。↔内地

改築（かいちく） 建物を建てかえる。建て直し。

回虫（かいちゅう） 蛔虫。人体に寄生する害虫。

懐中（かいちゅう） 懐の中。「―電灯」「―時計」「―物」

外注（がいちゅう） 外部へ仕事を発注する。

害虫（がいちゅう） 人に害を及ぼす虫類。↔益虫

会長（かいちょう） 会の代表者。社長の上の役職。

快調（かいちょう） 調子がよいこと。好調。「―に進む」

開帳（かいちょう） 厨子に納めた仏像の公開。賭場を開く。

階調（かいちょう） 写真や画像の色の濃淡の調子。

諧調（かいちょう） 調和のとれた調子。メロディー。

害鳥（がいちょう） 農作物などに害を及ぼす鳥類。

開陳（かいちん） 人前で意見を明らかにすること。

開通（かいつう） 道路・鉄道などが通じること。

貝塚（かいづか） 貝殻が累積した遺跡。

搔い摘む（かいつまむ） 要約すること。概略を言う。

改定（かいてい） 制度や規定などを改める。

改訂（かいてい） 本の内容を改め直すこと。「―版」

海底（かいてい） 海の底。「油田」「―火山」「―深―」

開廷（かいてい） 裁判のため法廷を開く。↔閉廷

階梯（かいてい） 階段。はしご。入門。手引き。

快適（かいてき） 心地よいさま。気持ちよいさま。

外的（がいてき） 外部的。肉体的。「―要因」↔内的

外敵（がいてき） 外部や外国から攻めてくる敵。

回天（かいてん） 衰えた勢いを盛り返すこと。

回転（かいてん） 「廻転」くるくる回ること。「―軸」

開店（かいてん） 店を開くこと。店開き。↔閉店

皆伝（かいでん） 奥義を全部伝えること。「―免許」

外伝（がいでん） 本伝以外の伝記や逸話。「義士―」

外電（がいでん） 外国のニュースを伝える電信

回答（かいとう） 質問への答え。返事。「―書」

解答（かいとう） 問題を解くこと。答え。「―用紙」

快刀（かいとう） よく切れる刀。「―乱麻を断つ」

怪盗（かいとう） 神出鬼没で正体不明の盗賊。

解党（かいとう） 政党などが解散すること。

解凍（かいとう） 冷凍した食品を溶かすこと。

会同（かいどう） 会議のために寄り集まること。

海道（かいどう） 海に沿う道。みち。東海道。

街道（かいどう） 交通上重要な道路。本通り。

外灯（がいとう） 屋外に取り付ける電灯・灯火。

外套（がいとう） 防寒のために着る衣類。「図」

街灯（がいとう） 街路を照らす灯火。街路灯。

街頭（がいとう） 街の中・路上。「―募金」「―演説」

該当（がいとう） 条件に当てはまること。「―者」

会読（かいどく） 何人かで集まって一冊の本を読み合って読み論じ合う。

回読（かいどく） 一冊の本を何人で回して読む。

解読（かいどく） 暗号などを読み解くこと。

買い得（かいどく） 買って得することにもの。「お―品」

害毒（がいどく） 悪影響を与えるもの。「―を流す」

買い取る（かいとる） 買って自分のものにする。

腕（かいな） うで。「二の腕」「―に抱く」

海難（かいなん） 航海中の災難。「―事故」

介入（かいにゅう） 割り込むこと。関係すること。

解任（かいにん） 任務をやめさせること。免職。

懐妊（かいにん） 妊娠。懐胎。

買い主（かいぬし） 購入者。買い手。↔売り主

かいぬし―かいらい

飼い主【かいぬし】家畜やペットの主人。

買値【かいね】買い取る値段。買い入れる原価。

概念【がいねん】本質をつかむ思考。主張。大体の内容。

会派【かいは】主義・主張によるグループ。

飼葉【かいば】牛馬に与える食糧。まぐさ。

改廃【かいはい】改正することと廃止すること。

海泊【がいはく】自宅以外に泊まること。「無断―」

乖背【かいはい】理に反し背くこと。背馳。

外泊【がいはく】自宅以外に泊まること。「無断―」

該博【がいはく】学問や学識が広いこと。「―の士」

開発【かいはつ】実用化すること。山野を切り開く。

海抜【かいばつ】陸地や山の海面からの高さ。

改版【かいはん】版を改め新たに出版すること。

会費【かいひ】会員が会に納める費用。「年―」

回避【かいひ】危険や面倒を避ける。「責任―」

開闢【かいびゃく】天地の始まり。物事の起こり。

開票【かいひょう】投票の結果を集計する。「即日―」

解氷【かいひょう】氷が解けること。⇔結氷

概評【がいひょう】全体をとらえての大まかな批評。

海浜【かいひん】海辺。浜辺。「―公園」「―植物」

回付【かいふ】書類を順に回し送り届けること。

外部【がいぶ】物の外側。組織の外側。⇔内部

開封【かいふう】手紙などの封を開くこと。

回復【かいふく】【恢復】もとの状態に戻ること。

快復【かいふく】手術などで腹部を切り開くこと。

怪物【かいぶつ】化け物。卓越した力量の持ち主。

回文【かいぶん】逆に読んでも同じになる文。

怪聞【かいぶん】変なうわさ。怪しい評判。

外聞【がいぶん】世間の評判。体面。面目。

怪文書【かいぶんしょ】出所不明の暴露的文書。

開幕【かいまく】芝居などが始まること。⇔閉幕

掻い巻き【かいまき】綿入りの夜着。

解剖【かいぼう】身体を切開して調べること。

外報【がいほう】外国からの通信・報告。外信。

開放【かいほう】開け放す。出入りを自由にする。

解放【かいほう】束縛から自由にする。

快方【かいほう】傷病がよくなる。「―に向かう」

回報【かいほう】【廻報】文書による返信。回状。

会報【かいほう】会の雑誌・文書。

介抱【かいほう】世話すること。看護すること。

快便【かいべん】気持ちよく便通がある。「快食―」

快弁【かいべん】【快辯】弁舌のさわやかなこと。

改編【かいへん】編成・編集し直すこと。「―組織」

改変【かいへん】物事を改め違うものにすること。

開閉【かいへい】開け閉め。開けたて。「―自動」

垣間見【かいまみ】すき間からのぞき見る。

戒名【かいみょう】仏教で死者につける名号。法名。

快眠【かいみん】気持ちよく眠ること。「快食―」

皆無【かいむ】一つもないこと。絶無。

外務【がいむ】国の外交に関する政務。⇔内務

改名【かいめい】名を改めること。改みょう。

解明【かいめい】不明な点を解き明かすこと。

壊滅【かいめつ】【潰滅】壊れてなくなること。

海面【かいめん】海の表面。海の上。「―漁業」

海綿【かいめん】海綿虫の骨格。スポンジ。「―体」

外面【がいめん】外側。外見。うわべ。見かけ。

皆目【かいもく】全く。少しも。「―わからない」

買い物【かいもの】物を買うこと。買った物。

開門【かいもん】門を開くこと。⇔閉門

外野【がいや】直接関係のない者。⇔部外者。

改訳【かいやく】訳し直し。改めて翻訳したもの。

解約【かいやく】約束・契約を取り消すこと。

快癒【かいゆ】病気やけがが完治する。全癒。

回遊【かいゆう】【洄游】魚群の季節的な移動。

外遊【がいゆう】外国に旅行・留学すること。

外憂【がいゆう】外国や組織外からの脅威や困難。

海洋【かいよう】大きな海。大洋。「―性気候」

外用【がいよう】薬を皮膚や粘膜につけること。

潰瘍【かいよう】皮膚や粘膜のただれ。「胃―」

外容【がいよう】寛大な心で罪を許すこと。寛容。

外洋【がいよう】陸から離れた広い海。外海。

外用【がいよう】薬を皮膚や粘膜につけること。

概要【がいよう】物事の大体の様子。概略。大要。

傀儡【かいらい】操り人形。くぐつ。「―政権」

外来【がいらい】外国や外部からくること。「―語」

かいらく〜かかと

快楽かいらく　気持ちよく楽しいこと。「—主義」

回覧かいらん　順番に回して見ること。「—板」

壊乱かいらん　組織・秩序が乱れ崩れること。[潰乱]

乖離かいり　背き離れること。「—概念」

解離かいり　解けて離れること。離反して、分裂。

怪力かいりき　不思議なほど強い力。「—の持主」

海里かいり　海上の距離の単位。一八五二㍍。

介立かいりつ　一人だち。間に立つこと。

戒律かいりつ　宗教上のいましめ。

概略がいりゃく　物事のあらまし。概要。大略。

改良かいりょう　現状をよりよく改めること。

海流かいりゅう　海水の一定方向の流れ。「日本—」

回礼かいれい　お礼や年賀で方々を回ること。

回路かいろ　電流・磁気の通じる経路。

海路かいろ　海上で船が進む路。航路。

懐炉かいろ　懐中に入れて暖を取る器具。図

街路がいろ　市街の道路。「—灯」「—樹」

回廊かいろう　[廻廊]建物を取りまく長廊下。「—式庭園」

概論がいろん　全体の大要を述べたもの。概説。「英—」

会話かいわ　互いに話し合うこと。「—集」「横浜—」

界隈かいわい　辺り一帯。近辺。付近。

下院かいん　二院制で、公選議員から成る議会。

買うかう　金を払い品物を得る。評価する。

飼うかう　家畜・鳥類を養い育てる。

家運かうん　一家の運勢・運命。「—が傾く」

返す返すかえすがえす　繰り返し繰り返し。反応する。「—思い」

反すかえす　もとに戻す。ひっくりかえす。

返すかえす　もとにもどす。ひっくりかえす。

替え玉かえだま　本人になりすますにせ者。

却ってかえって　あべこべに。逆に反対に。

返り血かえりち　跳ね返った相手の血。

帰り新参かえりしんざん　やめた職場に戻り働く。

返り咲きかえりざき　失った地位を回復する。

返り討ちかえりうち　討つ敵から、討たれること。

省みるかえりみる　反省する。気にかける。

顧みるかえりみる　ふりかえる。昔を回想する。

反るかえる　裏返る。「徳利が—」

返るかえる　もとの状態に戻る。逆になる。

帰るかえる　もといた場所へ戻る。ひき返す。

孵るかえる　卵がひなになる。孵化する。

代えるかえる　代用・代理する。「あいさつに—」

変えるかえる　状態を変化させる。移動させる。

換えるかえる　別のものに置きかえる。「乗り—」

替えるかえる　新しいものと取りかえる。「着—」

火炎かえん　[火焔]ほのお。「—瓶」

顔色かおいろ　顔の色。表情。機嫌。「—が悪い」

家屋かおく　人が住むための建物。家。家の建物。

顔繋ぎかおつなぎ　関係をもった人に会うこと。

顔触れかおぶれ　参加しているメンバー。面々。

顔見知りかおみしり　よく顔を見知っている間柄。

顔負けかおまけ　相手に圧倒され顔を見せること。

顔見せかおみせ　はじめて顔を見せること。

顔向けかおむけ　他人に顔をあわせること。

顔役かおやく　実力者。親分。ボス。「町の—」

香るかおる　[薫るよいにおいが漂う。

画架がか　カンバスをのせる台。イーゼル。図

画架

画家がか　絵をかくことを職業とする人。

嘖かか　[嬶]妻の俗称。「—天下」⇔亭主

加害かがい　他に危害を加えること。わざわい。⇔被害

課外かがい　決められた課程以外。「—授業」

禍害かがい　思いがけない災難。わざわい。

瓦解がかい　ばらばらにすなまって崩れる。

抱えるかかえる　抱き持つ。維持する。「ひざを—」

価格かかく　物の価値を金額で表したもの。値段。

化学かがく　物質の構造や変化の論理的・実証的に研究する学問。

科学かがく　論理的・実証的に研究する学問。

価額かがく　価格に相当する金額。「課税—」

雅楽ががく　日本古来の宮廷音楽。

掲げるかかげる　高く上げる。目立つように示す。

案山子かかし　鳥獣をおどすための人形。図

踵かかと　足の裏の後部。きびす。「靴の—」

かがみ―かぎる

鏡（かがみ） 姿を映して見る道具。「―に映す」
鑑（かがみ） 手本。模範。亀鑑。「教師の―」
鏡開き（かがみびらき） 鏡餅を食べる行事。[新]
鏡餅（かがみもち） 正月に神に供える円い餅。[新]
篝火（かがりび） 警護・照明のためにたく火。
係（かかり） 担当する人。
輝く（かがやく） まぶしく光る。「―ばかりの」
蹲む（かがむ） うずくまるようにしゃがむ。「屈む」
架かる（かかる） かけ渡される。「橋が―」
斯かる（かかる） こういう。この「―状態」
膝（かかる） 糸で縫って繕う。「靴下を―」
拘わる（かかわる） 関係なく。
拘わらず（かかわらず） こだわる。「因習に―」
係わる（かかわる） 「関わる」関係する。影響する。
花冠（かかん） 花びら。花弁の総称。「合弁―」
果敢（かかん） 思い切りがよい。「―に攻める」
垣（かき） 家の周囲や庭などの囲い。
下記（かき） 後・下に記すもの。「―の通り」↑上記
火気（かき） 火の気。火の勢い。「―厳禁」
花卉（かき） 花の咲く草・花。「―園芸」
花期（かき） 花が咲いている期間。はなどき。
花器（かき） 花をいけるうつわ。花入れ。
夏季（かき） 夏の季節。夏。「―の風物」

夏期（かき） 夏の期間。夏の間。「―講習」
鉤（かぎ） 物をひっかける器具。括弧。
鍵（かぎ） 錠を開閉する器具。手がかり。
掻き揚げ（かきあげ） 細かい具の天ぷら。
搔き集める（かきあつめる） 一か所に寄せる。
書き入れ時（かきいれどき） 商売の繁忙期。
書き置き（かきおき） 置き手紙。遺書。
書き下ろし（かきおろし） 未発表の新作。
書き暮れる（かきくれる） 暗くなる。泣き沈む。
書き消す（かきけす） 一瞬ですっかり消す。
書き込む（かきこむ） 書き加える。記入する。
搔き込む（かきこむ） 手元にかきよせる。急いで食べる。「茶漬けを―」
書き損なう（かきそこなう） 書き誤る。書損じる。
鉤裂き（かぎざき） 衣類にできた直角の裂け目。

書き初め（かきぞめ） 新年最初の習字。[新]
搔き立てる（かきたてる） 気を高ぶらせる。
書き付け（かきつけ） 書きつけた文。勘定書。
嗅ぎ付ける（かぎつける） 見つける。
書留（かきとめ） 配達確実な特別郵便。書留郵便。
書き取る（かきとる） 文字で書く。写す。
嗅ぎ取る（かぎとる） かいで知る。察知する。
搔き鳴らす（かきならす） 琴などを弾奏する。
書き抜く（かきぬく） 必要な箇所を写す。
垣根（かきね） 家の敷地の周りに作る囲い。
鉤の手（かぎのて） 直角に曲がっていること。
書き交ぜる（かきまぜる） 混乱させる。
鉤針（かぎばり） 先の曲がった編物用の針。↑棒針
搔き回す（かきまわす） 隠れた事を探り回る。
搔き毟る（かきむしる） むやみにかく。

加虐（かぎゃく） 人をいじめること。↑被虐「残酷に扱うこと。虐待「―な待遇」
苛虐（かぎゃく）
貨客船（かきゃくせん） 旅客を乗せる貨物船。
下級（かきゅう） 等級の低い段階。下の等級。↑上級
火急（かきゅう） 極めて急。大至急。「―の用」「迅速に」
可及的（かきゅうてき）
家居（かきょ） 家に引きこもっていること。
佳境（かきょう） 最も面白い所。クライマックス。
架橋（かきょう） 橋をかけること。「―工事」
華僑（かきょう） 外国に住む中国系の商人。華商。
家業（かぎょう） 生活のための職業。なりわい。
稼業（かぎょう） 家の職業。自営業。家を継ぐ。
課業（かぎょう） 割り当てた仕事量。ノルマ。
歌曲（かきょく） 声楽のための楽曲。独唱曲。
限る（かぎる） 仕切る。限定する。「範囲を―」

かきわり―かくしゅ

書(か)き割(わ)り 芝居の背景。

家禽(かきん) 飼育される鳥類。「―・野禽」

瑕瑾(かきん) きず。欠点。短所。「―を残す」

画角(がかく) 漢字を構成する一線・一字画。

角(かく) 四角。方形。「―に切る」角度。位。格式。身分。

格(かく) 中心。核心部。原子核。核兵器。「―が高い」

核(かく) よい文句。優れた詩歌。佳什。

佳句(かく) 一部を壊す。不足している。

欠(か)く 文字や記号を記す。執筆する。

書(か)く このように。こう。「―して」ひっかく。水をおしのけて進む。

描(か)く 【画く・絵や図を描く。】

斯(か)く このように。こう。「―して」

掻(か)く ひっかく。水をおしのけて進む。

家具(かぐ) 室内に備えつけで用いる道具類。

嗅(か)ぐ 鼻でにおいを感じる。確かめる。

萼(がく) 花弁を取り囲む部分。「離片がく・合片がく」冠毛・宿存がく

学(がく) 学問。学術。学識。「―のある人」

楽(がく) 音楽。「―の音」管弦。

額(がく) 額縁。ひたい。金額。「貯金の―」

各位(かくい) 皆さん。みなさまがた。「会員―」

隔意(かくい) 打ち解けない心。隔心。

学位(がくい) 学術研究者に授与される称号。

画一(かくいつ) 一様にそろえること。きゃくいつ。「―的」

客員(かくいん) 外部から迎える級・会員。きゃくいん。

学院(がくいん) 学校の異称。学校名の一部。

架空(かくう) 想像上のこと。事実でないこと。

仮寓(かぐう) 仮住まい。仮居。「離れに―する」

学園(がくえん) 学校の異称。「―祭」「―都市」

角帯(かくおび) (主に商人が用いた)男帯の一つ。相撲の―。角まわし。

格外(かくがい) 規格外によい、または悪いこと。

角界(かくかい) 相撲の社会。相撲界。かっかい。

核家族(かくかぞく) 夫婦と(子)だけで見える家族。

角刈(かくが)り 【格技】全体が四角に見える髪形。

角技(かくぎ) 【格技】組み合う競技。格闘技。

閣議(かくぎ) 内閣による会議。「―決定」

格言(かくげん) 訓戒となる短い言葉。金言。

学芸(がくげい) 学問と技芸・芸術。「―会」

学業(がくぎょう) 学問。学校の授業。勉強。

確言(かくげん) 自信をもって言い切ること。

覚悟(かくご) 心構え。決心。観念すること。

格差(かくさ) 価格・資格・等級などの差。

較差(かくさ) 最高と最低、最大と最小の差。

擱坐(かくざ) 【擱座】船が座礁すること。

角材(かくざい) 切り口が四角い木材や石材。

学才(がくさい) 学問の才能。学問への適性。

楽才(がくさい) 音楽の才能。音楽への適性。

画策(かくさく) あれこれと策を巡らすこと。

拡散(かくさん) 広がって散ること。「核の―」

客死(かくし) 旅先や他郷で死ぬこと。きゃくし。「―の地」

各自(かくじ) めいめい。おのおの。「―持参」

学士(がくし) 大学の学部卒業の称号。

学資(がくし) 勉学をおさめるのに必要な費用。

楽士(がくし) 職業演奏家。「サーカスの―」

楽師(がくし) 宮廷などで音楽を演奏する人

隠(かく)し味(あじ) 味を引き出す少量の調味料。

格式(かくしき) 身分を表す礼儀作法。「―を張る」

学識(がくしき) 学問で得た知識と見識。

隠(かく)し芸(げい) 人に知られず覚えた芸。

隠(かく)し立(だ)て 人に秘密にして生じる不和。

角質(かくしつ) つめや髪の主成分。ケラチン。

確執(かくしつ) 互いに我を主張して譲らない不和。

隔日(かくじつ) 一日おき。「―勤務」

確実(かくじつ) 確か。間違いがないこと。「―性」

学舎(がくしゃ) 学校。まなびや。

学者(がくしゃ) 学問の研究者。物事に通じた人。

矍鑠(かくしゃく) 年老いても健康で元気のよい様子。

各種(かくしゅ) 色々な種類。種々。「―学校」

馘首(かくしゅ) 解雇。免職。

鶴首(かくしゅ) 首を長くして待ち受けること。

かくしゅう―かくめい

拡充（かくじゅう） 拡大して内容を充実させること。「―の活動」

学習（がくしゅう） 学問や知識を学ぶこと。「―活動」

確証（かくしょう） 確かな証拠。「―を得る」

学匠（がくしょう） すぐれた学者。学僧。専門の学問。学芸。

学術（がくじゅつ） 学問と技芸。専門の学問。学芸。

楽章（がくしょう） 交響曲などを構成する曲の章。

学匠（がくしょう） すぐれた音楽家。マエストロ

楽殖（がくしょく） 学問上の知識。学識。「―が深い」

革新（かくしん） 旧態を改革し新しい方に進む。

革進（かくしん） 制度などを新しくすること。

核心（かくしん） 物事の中心の質的で重要な点。「―を保守」

確信（かくしん） かたく信じて疑わないこと。

各人（かくじん） おのおの。一人一人。「―めい。」

隠す（かくす） 区別する。「一線を―」企て

画する（かくする） 区別する。「一線を―」企て

覚醒（かくせい） 目をさます。迷いからさめる。時代を感じること。「―の感」

隔世（かくせい） 時代を隔てるまるで違うよう。「―の感」

学生（がくせい） 学校で教育を受けている人。

学制（がくせい） 学校制度に関する規定「―改革」

拡声器（かくせいき） 音声を大きくする装置

覚醒剤（かくせいざい） 神経を興奮させる薬物。

学籍（がくせき） その学校で学ぶ者の籍。「―簿」

隔絶（かくぜつ） 大きく隔たって。

学説（がくせつ） 学問上の説。「最新の―」

画然（かくぜん） ［劃然］区別がはっきりしているさま。

確然（かくぜん） 確かりしているさま。

愕然（がくぜん） 非常に驚くさま。「―たる思い」

学僧（がくそう） 学問に優れた僧修行中の僧。

学則（がくそく） 校則の学校の規則。

拡大（かくだい） 広げて大きくすること。↔縮小

学徒（がくと） 学生・生徒。学者。「―動員」

確度（かくど） 確実さの程度。

角度（かくど） 角の大きさ。観点。物

確定（かくてい） はっきり定めること。決定。

斯くて（かくて） こうして。この角のように。「―の職権」

学長（がくちょう） 大学の長。総長。

格調（かくちょう） 芸術作品などの品格と調子。

拡張（かくちょう） 規模・機能などを広げること。

角逐（かくちく） 互いに競争する。せり合い。

各地（かくち） それぞれの地方。ここかしこ。

楽壇（がくだん） 音楽家の社会。音楽界。

楽団（がくだん） 音楽を演奏する団体。「―員」

楽段（がくだん） とりわけ。

楽隊（がくたい） 音楽を演奏する一団。「軍―」

格闘（かくとう） ［挌闘］くみうち。懸命に取り組む。

確答（かくとう） はっきりとした返事・返答。

学童（がくどう） 小学校の児童。小学生。「―保育」

獲得（かくとく） 手に入れること。得ること。

確認（かくにん） はっきりと確かめること。

客年（かくねん） 去年。昨年。客歳。きゃくねん。

隔年（かくねん） 一年おき。「―に開催する」

学年（がくねん） 学校での一年の修学期間。各学級。

格納（かくのう） 納め入れる。「飛行機の―庫」

学派（がくは） 学問上の流派。「京都―」

学閥（がくばつ） 同じ学校の出身者から成る派閥。

攪拌（かくはん） かきまぜること。こうはん。

学費（がくひ） 修学に必要な費用。学資

擱筆（かくひつ） 文章を書き終えること。↔起筆

学府（がくふ） 学問をする所。学校。「最高―」

岳父（がくふ） 妻の父。岳翁。↔岳母

楽譜（がくふ） 楽曲を音譜を用いて表したもの。

学部（がくぶ） 大学の専攻領域別の構成単位「―工事」

拡幅（かくふく） 道路などの幅を広げる

額縁（がくぶち） 絵はがきなどを入れて掲げるわく。

確聞（かくぶん） 確かな知らせを聞く

格別（かくべつ） 特別。別段。とりわけ。「―な味」

確保（かくほ） 確実に自分のものとすること。

格報（かくほう） 正確な情報を聞。「当選の―」

確報（かくほう） 角形の大学の学生帽。

角帽（かくぼう） 角形の、大学の学生帽。大学生。

学帽（がくぼう） 学校で決められた制帽。学生帽。

匿す（かくす） 人を隠し忍ばせる。隠匿する。

角巻（かくまき） 北国の、婦人用肩掛け毛布［図］

角膜（かくまく） 眼球の前面をおおう透明の膜。

革命（かくめい） 社会体制が急激に変わること。

かくめん〜かけん

額面(がくめん) 証券・債権に記載された金額。「―どおり」「―を割る」

斯くも(かくも) こんなに。「―盛大な宴」

学問(がくもん) 学校上で習うこと。体系立った知識。

楽屋(がくや) 出演者の支度部屋。内輪。内情。

確約(かくやく) はっきりとした約束。その約束。

格安(かくやす) 値段が格安に安いこと。「―の品」

各様(かくよう) それぞれ。色々。「各人―」

学友(がくゆう) 学校の友人。学びの友。

神楽(かぐら) 神前で演奏する音楽や舞。図

霍乱(かくらん) 暑気あたりの諸病。「鬼の―」

攪乱(かくらん) かき乱すこと。こうらん。

隔離(かくり) ほかから隔て隔り。

確立(かくりつ) しっかりと打ち立てること。

確率(かくりつ) ある現象が起こり得る割合。

閣僚(かくりょう) 各大臣。内閣を構成する。「―会議」

学力(がくりょく) 学問で得た能力。「―考査」

隠れ家(かくれが) 身を忍ぶ家。世を忍ぶ家。

学歴(がくれき) 学業上の経歴。「―優先社会」

隠れ蓑(かくれみの) 本質や真相を隠す手段。

隠れる(かくれる) 見えなくなる。

各論(かくろん) 各条項目についての組論。‡総論

香しい(かぐわしい) 【馨・芳しい】香り良い

学割(がくわり) 【学生割引】の略。「―料金」

家訓(かくん) 家に代々伝わる教訓。

陰(かげ) 【蔭】光の当たらない所。「木―」

影(かげ) 光をさえぎった物の形・姿。

崖(がけ) 山などの険しく切り立った所。

掛け合い(かけあい) 話し合い。交渉。交互。

駆け足(かけあし) 【駈け足】走ること。

佳景(かけい) よい眺め。好景色。

家系(かけい) 家の系統・いえすじ。いえ図。

家計(かけい) 一家の暮らし向き。生計。「―簿」

掛け売り(かけうり) 代金後払いで売ること。

掛け絵(かけえ) 光で影を映し出す遊び。幻灯絵。

駆け落ち(かけおち) 男女が秘かに逃げること。

掛け替え(かけがえ) 代わりの物。代わり。

掛け金(かけがね) 戸を閉じておくための金具。

過激(かげき) 考えや程度が激しすぎるさま。

歌劇(かげき) 音楽と歌が中心のもの。オペラ。

陰口(かげぐち) その人がいない所で言う悪口。

掛け声(かけごえ) 勢いをつけるために出す声。

掛詞(かけことば) 【懸詞】二つの意味をもつ語。

陰膳(かげぜん) 家人の無事を祈って供える食事。

掛け軸(かけじく) 床の間に飾る書画の軸。

掛け算(かけざん) 積を求める計算法。乗法。

駆け出し(かけだし) 【駈け出し】新人。新米。

可決(かけつ) 議案を承認すること。‡否決

崖縁(がけぶち) 崖のへり。「―に立たされる」

掛け値(かけね) 実価より高くつけた値段。

掛け接ぎ(かけはぎ) 布をつぎ合わせ繕うこと。

懸け橋(かけはし) 【架け橋】渡しの橋。仲立ち。

駆け引き(かけひき) 【駈け引き】相手の出方を見て有利になるように対処すること。

筧(かけい) 水を引くための樋。「―」=埋樋。

陰日向(かげひなた) 【陰】になる人物の、表や裏に回って尽力すること。

影法師(かげぼうし) 物に映った人の影。

影干し(かげぼし) 日陰で干して乾かすこと。

陰武者(かげむしゃ) 【影武者】身代わり。黒幕。

掛け持ち(かけもち) 複数の物事を担うこと。

欠ける(かける) 物の欠けた断片。ごくわずか。一部が壊れる。不足する。

架ける(かける) かけ渡す。つり下げる。橋をかける。

掛ける(かける) 空高く飛ぶ。走る。天翔る。

翔る(かける) 【駈ける】速く走る、「馬を―」

駆ける(かける) 【駈る】賭ける。

賭ける(かける) 賭け事をする。運に任せる。賞を出す。

懸ける(かける) 【翳る】影になる。薄暗くなる。

陽炎(かげろう) 気で立ち上る。糸遊。

下弦(かげん) 満月の後の、下方が弓状の半月。

下限(かげん) 下の限り。下方の限界。‡上限

加減(かげん) 加法と減法。「湯―」「ほどよい―」「―多言」

寡言(かげん) 口数が少ない。寡黙。

我見(がけん) 独善的な狭い考え。我執。

かこ−かし

過去（かこ） すぎた時。昔。前歴。⇔未来

籠（かご） 竹や針金で編んで作った器。

加護（かご） 神仏などが力を加え守ること。

訛語（かご） 標準の発音でないなまった言葉。

過誤（かご） あやまち。過失。

駕籠（かご） 前後から人がかつぐ乗物。

雅語（がご） 雅言。つぼな言葉。雅言。⇔俗語

下降（かこう） 下がっていくこと。上昇

火口（かこう） 火山の噴火口。「―湖」「―原」

加工（かこう） 手を加えて作ること。「―食品」

囲う（かこう） 周囲を取りまく。こっそり養う。

河口（かこう） 河が海や湖に注ぐところ。「―港」

河港（かこう） 河口や河岸にある港。「都市―」

嘉肴（かこう） 〔佳肴〕うまい料理や酒のさかな。

化合（かごう） 物質が結合し新物質を作ること。

雅号（がごう） 本名のほかにつける風流な名。

苛酷（かこく） むごたらしいこと。無慈悲。

過酷（かこく） 厳しすぎること。ひどすぎること。

過去帳（かこちょう） 寺の、死者の命日、戒名、鬼籍。

託つ（かこつ） 不平を言う。恨みに思う。

託ける（かこつける） 聞いてもすぐに忘れる。事寄せる。

籠耳（かごみみ） わざわいの原因。禍因「―を残す」

禍根（かこん） 言いすぎ。失言。

過言（かごん） 言いすぎ。失言。

笠（かさ） 頭にかぶるかさ。

傘（かさ） 頭上にかざすかさ。さしがさ。

暈（かさ） 太陽・月の周囲の輪状の光。

嵩（かさ） 物の大きさ。分量。容積。体積。

瘡（かさ） 皮膚のできもの。腫れ物。梅毒。

風穴（かざあな） 風抜きの穴。風の吹き出る穴。

火災（かさい） 火事。「―保険」「―報知機」

禍災（かさい） わざわい。災害。災難。

花材（かざい） 生け花の材料。

家財（かざい） 家にある道具や家具類。「―道具」

貨財（かざい） 貨幣と財物。財宝。「―がある」

画材（がざい） 絵をかく題材。絵をかく道具。

画才（がさい） 絵にかく才能。

火砕流（かさいりゅう） 火山灰などの流出。

風上（かざかみ） 風の吹いてくる方角。⇔風下

佳作（かさく） 優れた作品。入選に次ぐ作品。

寡作（かさく） 少ししか作らないこと。⇔多作

風車（かざぐるま） 風で回して遊ぶおもちゃ。

翳す（かざす） 覆いにする。頭上にいただく。

挿頭す（かざす） 花などを髪冠にさす。

嵩高（かさだか） 態度が横柄。

嵩（かさ）にかかる 優位な立場を生かし攻め・威圧する。「嵩にかかって追及する」

笠に着る 後援を利し横柄になる。

重ねて（かさねて） たびたび。くれぐれも。

重ね着（かさねぎ） 重ねて服を着ること。

重ね重ね（かさねがさね） たびたび。くれぐれも。

重ねる（かさねる） 積み上げる。「―杯を」

風花（かざはな） 晴天に風に乗って舞う雪。

風張る（かさばる） かさや量が多くなる。かさばる。

風見鶏（かざみどり） 鶏の形の風向計。

瘡蓋（かさぶた） 〔痂〕治りかけの傷口のかたい皮。

嵩む（かさむ） かさや量が多くなる。かさばる。

風向き（かざむき） 風の吹く方向。形勢。風並。

飾る（かざる） 美しく見えるようにする。

加算（かさん） 加えて計算すること。加えたし算。⇔減算

家産（かさん） 一家の財産。身代。「―を傾ける」

火山（かざん） マグマが噴出した山。

画賛（がさん） 【画讃】絵に添えた詩句など。

下肢（かし） あし。脚部。⇔上肢

下視（かし） 見おろすこと。見くだすこと。

下賜（かし） 身分の高い人から賜ること。

可視（かし） 肉眼で見えること。「―光線」

仮死（かし） 一見死んだような見える状態。

河岸（かし） 川の岸。魚河岸。

華氏（かし） 温度計の一目盛。華氏温度。「―°F」

菓子（かし） 常食以外のし好食品。「洋―」

瑕疵（かし） きず。欠点。欠陥。「―カード」

歌詞（かし） 歌の言葉・文句。

舵（かじ） 船の方向を定めるための装置。

梶（かじ） 荷車などを引くための棒。

かーかす

樮（かじ）【樮・橲】水をかき操り船を進める具。

火事（かじ）建物などが焼けること。火災。図

加持（かじ）災難よけを仏に祈ること。家の中の仕事。「一代行事」

家事（かじ）家の中の仕事。「一代行事」

鍛冶（かじ）金属を鍛える道具を作ること。職。

賀詞（がし）祝いの言葉。祝詞。賀の言葉。祝詞。

餓死（がし）飢えて死ぬこと。飢え死に。

悴む（かじかむ）手足が凍えて動きにくい。

貸し切り（かしきり）特定の団体に貸すこと。図

貸す（かす）【炊く】飯をたく。食事を作る。

傾ぐ（かしぐ）かたむく。斜めになる。「舟が一」

彼処（かしこ）あそこ。あちら。「ここー」

賢い（かしこい）利口である。要領がよい。

畏まる（かしこまる）おそれ謹んで座る。承る。人に仕えて世話をする。「主に一」

過失（かしつ）不注意でのあやまち。「傷害ー」

佳日（かじつ）【嘉日・縁起のよい日。めでたい日。先ー酒】

果実（かじつ）草木の実。くだもの。「一酒」

過日（かじつ）このあいだ。先日。せんだって。

画質（がしつ）写真やテレビなどの画像の質。

舵取り（かじとり）船のかじを取る人。指揮者。

囂しい（かしがましい）【姦しい】やかましい。うるさい。

華奢（かしゃ）やか。おごり。豪華。

貨車（かしゃ）鉄道の、貨物を運送する車両。

貸家（かしや）家賃を取って貸す家。↔借家

仮借（かしゃく）一時の許し。ゆるさないこと。「一なく責める」

呵責（かしゃく）責めさいなむこと。「良心の一」

火酒（かしゅ）アルコール度の強い蒸留酒。

華主（かしゅ）お得意の客。顧客。

歌手（かしゅ）歌をうたうことを職業とする人。

花樹（かじゅ）花をつける樹木。「北米産の一」

雅趣（がしゅ）上品で風雅な趣。雅致。「一に富む」

果寿（かじゅ）長寿の祝い。寿賀。としいわい。

加重（かじゅう）重さや負担が加わる。重すぎること。「一な税負担」↔軽減

過重（かじゅう）重すぎること。「一な税負担」↔軽減

果汁（かじゅう）果実をしぼった汁。「ー飲料」

我執（がしゅう）自分の見方にとらわれること。

画集（がしゅう）絵画を集めた一冊の本。

賀春（がしゅん）新年を祝うこと。賀正。

雅馴（がじゅん）【個所】特定の部文章が上品で穏やかなこと。

箇所（かしょ）【個所】特定の部分・場所。

加除（かじょ）加えたり除いたりすること。

仮称（かしょう）仮の名。仮につけた名称。

河床（かしょう）川底の地盤。かわどこ。「一川面」

過小（かしょう）小さすぎること。「一評価」↔過大

過少（かしょう）少なすぎる。「一申告」↔過多

過賞（かしょう）【過称】ほめすぎること。過褒れい。

寡少（かしょう）少ないこと。ごくわずか。「一力」

歌唱（かしょう）歌をうたうこと。歌。「民謡」

下情（かじょう）一般庶民の様子・実情。民情。

過剰（かじょう）必要以上に多い様子。余り。

箇条（かじょう）【個条】一つ一つの事柄。「一書」

画商（がしょう）絵の売買を職業とする人。

臥床（がしょう）寝床。病で床につくこと。

賀正（がしょう）【個条】新年を祝うこと。

牙城（がじょう）城の本丸。ある勢力の拠点。

賀状（がじょう）祝いの手紙。年賀状。翻

華飾（かしょく）【花飾】華美。ぜいたく。尊大。

貨殖（かしょく）財産を増やすこと。利殖。

過食（かしょく）食べすぎること。暴食。「ー症」

華燭の典（かしょくのてん）婚礼の儀。結婚式。

頭（かしら）あたま。一番上。かしらで。「一番上頭領」「盗賊の一」

齧る（かじる）【拍手】神前で両手を打ち鳴らす。

柏手（かしわで）【拍手】神前で両手を打ち鳴らす。

柏餅（かしわもち）柏の葉で包んだ餡でかみ取るように覚える。

花信（かしん）花が咲いたたより。花のたより。夏

過信（かしん）信じすぎること。信用しすぎる。

佳人（かじん）美しい女性。美人。「一薄命」

家人（かじん）家族。家の内の者（特に妻）。

歌人（かじん）和歌をよむ人。俳人。

雅人（がじん）風流な人。趣味の人。みやびお。

粕（かす）【滓】酒の残りかす。「酒ー」液体の底に残る不純物。「食ー」

滓（かす）液体の底に残る不純物。

かす－かたい

化す（か・す）形が変わって別のものになる。

貸す（か・す）返してもらう約束で与える。

瓦斯（ガス）燃料用の気体。濃霧。おなら。

微か（かす・か）【幽かほのか】わずか。

鎹（かすがい）物の合せ目をつなぎ留める道具。

数数（かず・かず）たくさん。多数。

粕汁（かすじる）【糟汁】酒かす入りのみそ汁。图

霞（かすみ）春の空にたなびく水蒸気。图

霞む（かす・む）ぼんやり見える。老眼などで見えにくくなる。

翳む（かす・む）されすに盗む。

翳める（かす・める）すれすれに通る。

絣（かすり）【飛白】かすれた模様の織物。

掠める（かす・める）【掠る・軽く触る。】

科する（か・する）【刑罰を負わせる。「懲役刑を－」】

課する（か・する）仕事や税などを割り当てる。

掠れる（かす・れる）【擦れる】字や声がかすれる。

枷（かせ）手足を拘束する刑具。「足－」

風（かぜ）空気の流れ。「－上」「先輩」图

風邪（かぜ）発熱・悪寒を伴う病気。

風当たり（かぜ・あたり）世間からの非難や攻撃。

化勢（か・せい）【火勢】火の勢い。

加勢（か・せい）助力すること。

仮性（か・せい）真性に類似した症状を示す病気。

苛政（か・せい）過酷な政治。唐政。「に苦しむ」

河清（か・せい）【濁流が澄むこと。かなわぬこと。】

家政（か・せい）家庭生活を処理する手段・方法。

苛税（か・ぜい）重いすぎる租税。酷税。

課税（か・ぜい）税の割り当て。割り当てた税。

火成岩（か・せいがん）マグマが固まってできた岩。

稼ぐ（かせ・ぐ）【仕事をして働き収入を得る。】

下拙（か・せつ）つたないこと。まずいこと。

仮設（か・せつ）【仮に設ける。「の避難所」】

仮説（か・せつ）説明のために立てられる仮定。

架設（か・せつ）橋などをかけ渡すこと。「工事」

風通し（かぜ・とおし）風の通り具合。かざとおし。

化繊（か・せん）「化学繊維」の略。合成繊維。

河川（か・せん）大小さまざまな川の総称。

架線（か・せん）送電線などをかけ渡すこと。

歌仙（か・せん）和歌の名人。「三六」

寡占（か・せん）少数の企業が市場を占めること。

果然（か・ぜん）通りの定。思った通り。やはり。

俄然（が・ぜん）急に。にわかに。

画仙紙（がせん・し）大判の書画用紙。

河川敷（かせん・しき）川の流域の堤防を含む敷地。

可塑（か・そ）圧力で変形する「－性」

過疎（か・そ）人口が少なすぎること。↔過密

下層（か・そう）下の階層・階級「社会」↔上層

火葬（か・そう）遺体を焼いて葬ること。茶毘。

仮装（か・そう）他の人や物にふん装すること。

仮想（か・そう）仮に想定すること。「－現実」

家相（か・そう）家の位置や間取りの吉凶。

家蔵（か・ぞう）自宅に所蔵していること。もの。

画像（が・ぞう）平面に表された姿形。「処理」

数え年（かぞ・え・どし）生年を一歳と数える年齢。

数える（かぞ・える）【算える】数に入れる。勘定する。

加速（か・そく）速度を増すこと。「度」↔減速

家族（か・ぞく）夫婦・親子・血縁関係の集団。

雅俗（が・ぞく）風流と野卑。雅語と俗語。

方（かた）方向。位置。形状。「当たり」「借金の－」

型（かた）形。形を作るもととなるもの。

形（かた）形状。

潟（かた）海と分離された湖や沼。干潟。

肩（かた）腕とのつながる部分「両－」

過多（か・た）多すぎること。過少

夥多（か・た）おびただしいこと。非常に多い。

過疎（か・そ）→

固い（かた・い）かたまっていて、ゆるぎない。あやまちが少ない。

堅い（かた・い）丈夫である。もろくない。

硬い（かた・い）しじめ。こわばっている。↔軟らかい

過急（か・きゅう）急ぎすぎ。

難い（かた・い）難しい。しにくい。↔易い

過大（か・だい）大きすぎること。↔過小

架台（か・だい）橋などを支える構造物。足場。

仮題（か・だい）正式名をつける前の仮の題名。

過題（か・だい）過度。

かたい〜かちき

- **課題**（かだい） 課された問題。解決すべき問題。
- **画題**（がだい） 絵画の主題。絵の題目・題材。
- **片意地**（かたいじ） 頑固なこと。「―を張る」
- **肩入れ**（かたいれ） ひいきすること。力添え。
- **片腕**（かたうで） 一方の腕。信頼できる補佐役。
- **片思い**（かたおもい） 一方的に恋慕うこと。
- **片親**（かたおや） 両親のうちの一親。
- **肩書き**（かたがき） 社会的身分・地位・役職。
- **方方**（かたがた） 皆さん。「ご来賓の―」ついでに。「散歩の―かねて」
- **片仮名**（かたかな） 「ア」など、かたく染めた文字の一つ。
- **型紙**（かたがみ） 染め物・洋裁の型に用いる紙。
- **片側**（かたがわ） 一方の側。半面。「―通行」⇔両側
- **肩代わり**（かたがわり） 代理で引き受けること。
- **敵**（かたき） 仇。恨みのある相手。

- **気質**（かたぎ） 身分・職業に応じた気性。「昔―」
- **堅気**（かたぎ） 実直。正業。「―になる」「―の人」
- **仇討ち**（かたきうち） 主君や近親のあだを討つこと。
- **仮託**（かたく） かこつけること。ことよせること。
- **家宅**（かたく） 家。住まい。住居。「―侵入罪」
- **頑な**（かたくな） 頑固で強情なさま。「―に拒む」
- **片栗粉**（かたくりこ） 片栗から取ったでんぷん。
- **堅苦しい**（かたくるしい） 厳格すぎて窮屈なさま。
- **肩車**（かたぐるま） 肩にまたがらせてかつぐこと。
- **片言**（かたこと） 不完全でたどたどしい言葉。
- **型式**（かたしき） 車・機械などの型・タイプ。
- **忝い**（かたじけない） もったいない。ありがたい。おそれ多い。
- **形代**（かたしろ） 神霊の代わりとして拝むもの。
- **肩透かし**（かたすかし） 相手の気勢をそぐこと。
- **片隅**（かたすみ） 一方の隅。「広間の―」

- **肩叩き**（かたたたき） 道具。「肩こりで肩を―」退職の勧告をほのめかすこと。
- **固唾を呑む**（かたずをのむ） 事のなりゆきを、息をこらして見守る。「勝敗の行方に―」
- **形**（かたち） 物の全体の姿。形状。形式。
- **片付く**（かたづく） 整理される。決着がつく。
- **片付ける**（かたづける） 整理する。処理する。物事や用事を。
- **片手間**（かたてま） 本業の余暇。あいま。
- **片時**（かたとき） ほんのわずかな時間。「―の夢」
- **象る**（かたどる） 物の形を写し模倣する。「石―」
- **刀**（かたな） 片刃の刃物。刀剣の総称。
- **形無し**（かたなし） 面目を失うこと。「色男も―」
- **肩慣らし**（かたならし） 軽く行う準備作業。
- **片肌脱ぐ**（かたはだぬぐ） 人に手を貸して助ける。

- **片腹痛い**（かたはらいたい） 笑止である。片止につけこけだ。気に入らない。
- **肩肘張る**（かたひじはる） いばる。構える。
- **帷子**（かたびら） 麻や絹で仕立てた夏の着物。
- **堅物**（かたぶつ） まじめで融通の利かない人。
- **固肥り**（かたぶとり） 堅太りで筋肉質で太った人。
- **片棒を担ぐ**（かたぼうをかつぐ） 事に加担する。「―」
- **固まる**（かたまる） かたくなる。定まる。集まる。
- **固まり**（かたまり） かたまった物。「塊」
- **形見**（かたみ） 思い出となる故人の品。「母の―」
- **肩身**（かたみ） 世間に対する面目。「―が狭い」
- **片道**（かたみち） 往路か復路の一方。「―切符」
- **傾く**（かたむく） 斜めになる。衰える。
- **偏る**（かたよる） 片寄る。一方に寄る。不公平。
- **型破り**（かたやぶり） 一風変わっているさま。
- **語り種**（かたりぐさ） 語り草。話のたね。話題。

- **語り手**（かたりて） 話を語る人。ナレーター。
- **騙る**（かたる） だます。偽名を使う。「名を―」
- **語る**（かたる） 話して聞かせる。物語る。
- **傍ら**（かたわら） そば。また一方で。「道の―」
- **片割れ**（かたわれ） 仲間の一人。壊れ物の一片。
- **下端**（かたん） 下の方のはし。⇔上端
- **加担**（かたん） 味方する。「―（荷担）」
- **花壇**（かだん） 草花を植えた一区画。
- **果断**（かだん） 思い切って実行すること。
- **歌壇**（かだん） 歌人の社会。「―の風雲児」
- **画壇**（がだん） 画家の社会。絵画界。
- **価値**（かち） 値打ち。有用性。「―利用」
- **雅致**（がち） 風雅な趣。雅趣。「―に富む」
- **搗ち合う**（かちあう） 衝突する。重なり合う。
- **勝ち気**（かちき） 他人に負けまいとする気性。

かちく―かっちゅう

家畜（かちく）役立てるために人が飼う動物。

勝ち鬨（かちどき）勝ち戦であげる声。凱歌。

勝ち抜く（かちぬく）トーナメント。「―戦」

勝ち目（かちめ）勝つ見込み。「―がない」

火中（かちゅう）燃える火の中。「―に投じる」

家中（かちゅう）家の中。藩士。一家の全員。戸主。

渦中（かちゅう）混乱の真っただ中。「疑惑の―」

家長（かちょう）一家のあるじ。主人。

課長（かちょう）会社組織の一課の責任者。

活（かつ）いきいきとする。「―を入れる」

渇（かつ）のどのかわき。「―をおぼえる」

喝（かつ）禅宗で、しかり悟らせる叫び声。

且（かつ）同時に。なお。「必要十分」

克（かつ）欲などを抑えつける。「己に―」

勝つ（かつ）相手を負かす。勝る。「試合に―」

割愛（かつあい）惜しみながら省略すること。

鰹節（かつおぶし）カツオを煮て干した食品。

閣下（かっか）身分の高い人に対する敬称。

学科（がっか）学問の履修課程。「英文―」「―試験」

学課（がっか）学問の課程。

学会（がっかい）学者・学問の社。

学界（がっかい）学者の社会。

各界（かっかい）様々な職務・職業の社会。

活火山（かっかざん）活動中の火山。⇔死火山

活眼（かつがん）本質を見抜く鋭い目。識見。

活気（かっき）はやる心。血気。いきいきとした気力。

客気（かっき）「―に駆られる」

学期（がっき）一学年の小区分。「―末」

楽器（がっき）音楽を演奏するための器具。

画期的（かっきてき）新時代を開くさま。[劃期的]

学究（がっきゅう）学問に打ち込む人。学者。「―肌」

学級（がっきゅう）学校のクラス。「―委員」

割拠（かっきょ）ある地域で勢力を張ること。

学況（がっきょう）活気ある状況。「―を呈する」

活魚（かつぎょ）活きている魚。生魚。「―料理」

担ぐ（かつぐ）物を肩や背に乗せる。だます。

楽曲（がっきょく）音楽の曲。器楽曲・声楽曲など。

学区（がっく）学校の通学区域。「―制廃止論」

滑空（かっくう）風力や上昇気流で空を飛ぶこと。

脚気（かっけ）ビタミンの欠乏。格闘場面の多い映画や劇。

活劇（かつげき）呼吸器からの血を吐くこと。

喀血（かっけつ）区別のために字を囲む記号。

各個（かっこ）一つ一つ。めいめい。「―撃破」

括弧（かっこ）

確固（かっこ）「確乎」確かなさま。「―たる信念」

格好（かっこう）[恰好]姿形。体裁。「―の相手」

滑降（かっこう）斜面を滑り降りること。「直―」

渇仰（かつごう）深く信仰すること。かつぎょう。

学校（がっこう）生徒が学問を学ぶ公的機関のこと。

合作（がっさく）共同で作品を制作すること。合計。

合算（がっさん）合わせて計算すること。合計。

活字（かつじ）活版印刷用の金属の字の型。

活写（かっしゃ）いきいきと表現すること。「―体」

滑車（かっしゃ）鎖や綱をかけて回転する装置。

合衆国（がっしゅうこく）連邦国家アメリカ合衆国。

合宿（がっしゅく）ある目的で同じ宿に泊まること。

合唱（がっしょう）二人以上で歌うこと。斉唱。

割譲（かつじょう）一部を分け与えること。「―領土」

合掌（がっしょう）手を合わせて拝むこと。

褐色（かっしょく）黒っぽい茶色。こげ茶色。

渇水（かっすい）降雨がなく水が干上がる。「―期」

渇する（かっする）のどが渇く。渇望。

活性（かっせい）化学反応しやすい性質。「―剤」

合戦（かっせん）敵と味方が出合って戦うこと。

豁然（かつぜん）広々と開けたさま。「―たる眺望」

合奏（がっそう）複数の楽器で演奏すること。

合葬（がっそう）複数の人を同じ墓に葬ること。

合体（がったい）合わさって一つになること。

闊達（かったつ）[豁達]心が広く小事にこだわらない。

滑脱（かつだつ）自在に変化すること。「円転―」

褐炭（かったん）火力の弱い褐色の石炭。

合致（がっち）ぴたりと合うこと。一致。

甲冑（かっちゅう）よろいかぶと。「―姿の武士」

かつて―かなん

勝手（かって）	わがまま。事情。台所。「―が違う」
曾て（かつて）	【嘗て】以前。今までに。昔。
合羽（カッパ）	雨よけの上着。
河童（かっぱ）	想像上の水生動物。泳ぎの達人。
喝破（かっぱ）	本質を見抜きはっきり言うこと。
活発（かっぱつ）	いきいきと動くこと。「―な議論」
活版（かっぱん）	活字を組んだ印刷版。「―刷」
合評（がっぴょう）	何人かが集まって行う批評。
割賦（かっぷ）	代金を何回かに分けて払うこと。
恰幅（かっぷく）	体つき。体格。「―がよい人」
割腹（かっぷく）	腹切り。切腹。「―自殺」
合併（がっぺい）	一つに合わせること。「町村―」

闊歩（かっぽ）	ゆったりと大手を振って歩くこと。
渇望（かつぼう）	切に望むこと。切望。熱望。
割烹（かっぽう）	和風に調理すること。「―料理」
刮目（かつもく）	目をこすってよく見ること。
活躍（かつやく）	めざましく活動すること。
活用（かつよう）	うまく使うこと。語形の変化。
滑落（かつらく）	登山中に滑り落ちること。髪型を作って頭にかぶる物。
活力（かつりょく）	活動する力。生活の力。
活路（かつろ）	窮地を脱する道。
糧（かて）	食糧。活力の本源。「心の―」
仮定（かてい）	事実とは無関係に想定すること。
家庭（かてい）	家族の集まり・集まる場所。
過程（かてい）	物事の進行する経路。プロセス。
課程（かてい）	学習や作業の範囲・順序。学科。

家電（かでん）	家庭用の電気器具。「―業界」
家伝（かでん）	代々家に伝わること・物。相伝。
角（かど）	物のすみ。とがったところ。曲り角。
過渡（かと）	移行・変動する途中。「―期」
合点（がてん）	納得すること。「―がいく」
廉（かど）	原因となる事項。条理。ふし。
門（かど）	家の外構えの出入り口。もん。
過度（かど）	度が過ぎること。過度。「―な競争」
下等（かとう）	品質が悪いこと。低級。⇔上等
過当（かとう）	適切な程度を超えていること。
果糖（かとう）	果実に含まれる糖分。「―甘味料」
可動（かどう）	移動できること。「―式」「―橋」
華道（かどう）	いけばな。「―の家元」
稼働（かどう）	働くこと。機械を運転すること。
家督（かとく）	相続されるべき家の跡目。嫡子。

門違い（かどちがい）	方向・目的が違うこと。
門出（かどで）	【首途】旅立ち。出立。出発。
角番（かどばん）	それを落とすと負けになる一戦。
門松（かどまつ）	新年に門前に立てる松飾り。［図］
拐かす（かどわかす）	【勾かす】だまして連れて行く。
仮名（かな）	音を表す日本の文字。⇔真名
家内（かない）	家の中。家族。自分の妻。
金網（かなあみ）	針金で編んだ網。
叶う（かなう）	望みが実現する。「夢が―」
適う（かなう）	当てはまる。「理に―」「時宜に―」
敵う（かなう）	匹敵する。「―者がいない」
鼎（かなえ）	三本脚の金属製のかま。

金切り声（かなきりごえ）	女性の鋭く高い声。
金具（かなぐ）	器具につける金属製の付属品。
金釘流（かなくぎりゅう）	筆跡がへたなこと。
金縛り（かなしばり）	身動きできなくされること。
悲しみ（かなしみ）	【哀しみ】悲しむこと。悲哀。
彼方（かなた）	あちら。向こう。「空の―」
仮名遣い（かなづかい）	仮名表記の決まり。
金槌（かなづち）	【鉄鎚】金属の槌。泳げない人。
奏でる（かなでる）	楽器で音楽を演奏する。「琴を―」
金棒（かなぼう）	【鉄棒】鉄製の棒。「鬼に―」
金仏（かなぶつ）	金属製の仏像。心の冷たい人。
金物（かなもの）	金属製の器具の総称。「―屋」
要（かなめ）	扇の骨を留める金具。最重要点。
必ず（かならず）	間違いなく。確かに。
家難（かなん）	一家の災難。「―の相」

かなん～かふん

禍難（かなん） わざわい。災難。「―に遭う」

果肉（かにく） 果実の可食部分。「―入り飲料」

蟹股（かにまた） 両膝が外側に向いていること。

加入（かにゅう） 加わること。仲間入りすること。

金（かね） 金属。貨幣。金銭。おかね。

鉦（かね） たたいて鳴らす金属製の器具。つりがねの音。

鐘（かね） つりがね。

兼ね合い（かねあい） 【つりあい】バランス。

予予（かねがね） 以前からずっと。

金繰り（かねぐり） 金銭・資金のやりくり。

曲尺（かねじゃく） 直角に曲がった金属製の物差し。

火熱（かねつ） 火の熱・熱さ。火気。火力。

加熱（かねつ） 熱を加えること。「―器」「―炉」

過熱（かねつ） 過度に熱くなること。熱心すぎ。

金遣い（かねづかい） 金銭の使い方。「―が荒い」

金蔓（かねづる） 入金の手がかり。資金の提供者。

予（かねて） あらかじめ。以前から。「―がよい」

金離れ（かねばなれ） お金の使いぶり。「―がよい」

金回り（かねまわり） 収入の具合。「―がよい」

金儲け（かねもうけ） 金銭をもうけること。

金持ち（かねもち） 財産家。富豪。⇔貧乏人

兼ねる（かねる） 複数の役割・機能をあわせもつこと。「―物」

可燃（かねん） 点火すると燃えること。「―物」

化膿（かのう） 傷口がうむこと。「―菌」

可能（かのう） できること。な し得ること。

可能性（かのうせい） 実現の見込み。潜在的な要素。

庚（かのえ） 十干の第七。

彼女（かのじょ） あの女性。恋人である女性。

辛（かのと） 十干の第八。

庇う（かばう） 害を受けぬよう守る。いたわる。

画伯（がはく） [巴] 画家に対する敬称。絵画の師匠。

蒲焼き（かばやき） たれをつけたくし焼き料理。

河畔（かはん） 川のほとり。川ばた。川岸。

過半（かはん） 半分を超えること。「―数」

過般（かはん） 先日。せんだって。この間。

鞄（かばん） 物を入れ持ち運ぶ道具。バッグ。

画板（がばん） 絵を描く画用紙の台である板。

可否（かひ） 良いか悪いか。賛否。「―を問う」

果皮（かひ） 果実の表面をおおっている皮。

歌碑（かひ） 和歌を彫りこむ石の碑。

黴（かび） 有機物質に寄生する菌類。圓

華美（かび） 華やかで美しいこと。⇔質実

加筆（かひつ） 文章などに筆を加えて直すこと。

画筆（がひつ） 絵画をかく筆。絵筆ふで。

画鋲（がびょう） 壁面などに紙片をとめる鋲。

黴びる（かびる） 「パン」に黴が生える。

佳品（かひん） 優れた上品な作品。よい作品。

花瓶（かびん） 花を挿し入れる瓶。「―に生ける」

過敏（かびん） 過剰に敏感なこと。「神経―」

下付（かふ） 政府が民間に下げ渡すこと。

寡婦（かふ） 夫を亡くした女性。未亡人。

株（かぶ） 木の切り株。株式。評判。

家風（かふう） その家特有の習慣やおきて。

歌風（かふう） 和歌の詠みぶり。

画風（がふう） 絵の描き方の特徴・作風・流儀。

株価（かぶか） 株式の相場の価格。株券の価格。

歌舞伎（かぶき） 日本固有の伝統的な演劇。

冠木門（かぶきもん） 門柱に冠木を渡した門。

禍福（かふく） わざわいと幸せ。不幸と幸福。

画幅（がふく） 掛け軸にした絵画。

株券（かぶけん） 株式の所有を示す有価証券。

被さる（かぶさる） おおいかかる。責任が及ぶ。

過不足（かふそく） 過剰と不足。足りないこと。

兜（かぶと） [甲] 頭にかぶる防御用の武具。

株主（かぶぬし） 株式会社の株の所有者。出資者。

齧り付く（かぶりつく） 食いつく。しがみつく。

被る（かぶる） 頭などをおおう。上から浴びる。

花粉（かふん） 花のおしべで生産される粉状のもの。

過分（かぶん） 分にすぎた処遇。分不相応。

寡聞（かぶん） 自らの見聞が狭いこと。「浅学―」

兜

かへ〜かやく

壁	かべ	外壁や屋内の仕切り。
貨幣	かへい	硬貨や紙幣。通貨。金銭。
画餅	がべい	絵に描いたもち。役立たず。
可変	かへん	変わりうること。「―資本」⇔不変
花弁	かべん	花びら。「―が開く」
加法	かほう	足し算。加算。⇔減法
果報	かほう	報い。幸運。「―は寝て待て」
家宝	かほう	伝来の宝。先祖伝来の宝物。
画報	がほう	写真や絵を主にした本・雑誌。
過保護	かほご	過剰に大事に世話した。
釜	かま	炊飯や湯沸かし用の金属製の器。
窯	かま	陶磁器・炭などを焼成する装置。
鎌	かま	草などを刈る具。魚の部位の一。
鎌鼬	かまいたち	皮膚が突然切れる現象。図
構う	かまう	気にする。干渉する。世話する。
竈	かまど	床や縁側のはしに渡した横木。
框	かまち	むしろを二つに折って作った袋。
鎌首	かまくび	蛇やかまがまえるような首。
蝦蟇口	がまぐち	口金つきの、袋状の財布。
構える	かまえる	構築する。整える。準備する。
窯元	かまもと	窯で陶磁器を作る所。
蒲鉾	かまぼこ	白身の魚のすり身を蒸した食品。
釜飯	かまめし	小型の釜で作る炊き込みご飯。
我慢	がまん	耐え忍ぶこと。辛抱すること。
喧しい	かまびすしい	やかましい。騒々しい。
神	かみ	信仰心の対象。
髪	かみ	頭の毛。頭の毛を結った形。
加味	かみ	他の要素をつけ加えること。
噛み合う	かみあう	互いに噛みつきあう。
神懸かり	かみがかり	「神憑り」神が乗り移る。
神隠し	かみかくし	急に行方不明になること。
神風	かみかぜ	神の威力で吹き起こる風。
上方	かみがた	京都や大阪周辺。「―漫才」
髪形	かみがた	「髪型」髪の形。ヘアスタイル。
紙屑	かみくず	不要になった紙。捨てられた紙。
噛み砕く	かみくだく	細かくする。平明にする。
噛み殺す	かみころす	噛んで殺す。抑制する。
上座	かみざ	上位の人が座る席。⇔下座
紙芝居	かみしばい	絵を見せて語る物語。
噛み締める	かみしめる	力を入れて噛む。
裃	かみしも	[上下]江戸時代の武士の礼服。
剃刀	かみそり	髪やひげをそるための刃物。
神棚	かみだな	家の中で神を祭ってある棚。
神頼み	かみだのみ	神に祈り助けを請うこと。
過密	かみつ	集中しすぎること。⇔過疎
噛み潰す	かみつぶす	歯でかんで押しつぶす。
上手	かみて	舞台の向かって右手。⇔下手
雷	かみなり	稲妻と大音響が起こる現象。図
紙一重	かみひとえ	わずかな違い。「―の差」
神代	かみよ	「神世」神話による時代。「―の昔」
神業	かみわざ	人間離れしたすばらしいわざ。
仮眠	かみん	ちょっとだけ眠ること。「―所」
噛む	かむ	「咬む」ものを歯で噛む。
擤む	かむ	たまった鼻汁を出してふき取る。
我武者羅	がむしゃら	無鉄砲に行動するさま。
瓶	かめ	[甕]底が深く内が広い容器。
下命	かめい	命令すること。言いつけ。
加盟	かめい	同盟や団体などに加わること。
仮名	かめい	実名を伏せてつける仮の名前。
家名	かめい	一家の名称。家の評判。
仮面	かめん	顔をかたどった面。偽りの姿。
画面	がめん	テレビや映画などの映像。
鴨居	かもい	障子の上側などの溝のある横材。
科目	かもく	分類した項目。教科の構成単位。学校で習う学科。
寡黙	かもく	口数の少ないこと。無口。寡言。
髢	かもじ	婦人の髪を結う時に添える毛。
醸す	かもす	醸造する。ある状態を作り出す。
貨物	かもつ	運搬・輸送する物資・輸送物。
下問	かもん	目下の者に問い尋ねること。
家門	かもん	家の門。一家一門の家柄。
家紋	かもん	家々のしるしとして定めた紋。
蚊帳	かや	寝床につるして蚊を防ぐ網。図
火薬	かやく	衝撃や点火で爆発する薬品。

かやく―かるいし

加薬（かやく） 薬味。料理にまぜる具。「―ご飯」

茅葺き（かやぶき） 屋根を茅で葺く。「―屋根」

粥（かゆ） 米を軟らかく水煮した食べもの。

痒い（かゆい） 皮膚がかきたい感じ。

通う（かよう） 節がつく。心が行き来する。

歌謡（かよう） 節をつけて歌う歌の総称。「―曲」

画用紙（がようし） 絵をかくための厚手の紙。

寡欲（かよく） [寡欲]欲が少ないこと。・人。

我欲（がよく） 自分一人の利益を求める気持ち。

空（から） [虚]何もないこと、実質のない。

殻（から） 外部を覆うかたいもの。

柄（がら） 模様。体格。品格。「―にもない」

唐揚げ（からあげ） [空揚げ]揚げ物の一つ。

辛い（からい） [鹹い]塩辛い。塩気が多い。

空威張り（からいばり） 上辺だけの強がり。

揶揄う（からかう） 相手を困らせて面白がる。

唐紙（からかみ） ふすまにはる紙。

辛辛（からがら） やっと。かろうじて。「命―」

唐草（からくさ） つる草がはう模様。唐草模様。

辛口（からくち） 辛味が強い。手厳しい。⇔甘口

辛くも（からくも） やっとのことで。

絡繰り（からくり） [韓紅]美しく濃い紅色。深紅色。

絡げる（からげる） [紮げる]縛る。まくり上げる。

空元気（からげんき） 見せかけの元気。

芥子（からし） [辛子]芥菜の種子の粉末。

硝子（ガラス） かたくてもろい透明な物質。

唐鋤（からすき） [犂]ウシやウマに引かせるくわ。

唐口（からくち） 線などを引く製図用具。

体（からだ） 肉体全部、特に胴の部分。胴体。

空焚き（からだき） 水を入れず風呂などをたく。

空っ風（からっかぜ） 乾いた強い北風。からかぜ。

空梅雨（からつゆ） 降雨量が少ない梅雨。

空手（からて） てぶら。手足で戦う武術。

空手形（からてがた） 融通手形。守れない約束。

辛党（からとう） 酒好きな人、左党。⇔甘党

空念仏（からねんぶつ） 実行の伴わない主張。

空振り（からぶり） 球に当たらない。外れる。

乾拭き（からぶき） 乾いた布で拭くこと。

空返事（からへんじ） うわべだけのそら返事。

空回り（からまわり） むだに動いて進まないこと。

絡む（からむ） 巻きつく。難癖をつける。

搦め手（からめて） 城の裏門。相手の手薄な面。

唐様（からよう） 中国風の様式。唐風。⇔和様

伽藍（がらん） 寺の建物の総称。「―堂」

仮（かり） 一時的な。かりそめ。偽りの。

狩り（かり） 野生の鳥や獣をとること。[図]

借り（かり） 借りること。金、心の負い目。

駆り集める（かりあつめる） 方々から集める。

刈り入れ（かりいれ） 作物を刈り取る。収穫。

借り入れ（かりいれ） 金や資財を借りること。

仮処分（かりしょぶん） 裁判所による暫定処置。

仮住まい（かりずまい） 一時的に住むこと。

仮初め（かりそめ） その場限り。「―の恋」

駆り出す（かりだす） 促して引っ張り出す。

駆り立てる（かりたてる） 行動を促す。

仮に（かりに） もしも。間にあわせに。

仮縫い（かりぬい） 暫定的に縫うこと。本縫いの前に仕上がりを見るためにあらく縫うこと。

仮免許（かりめんきょ） 暫定的に与えられた免許。

下流（かりゅう） 川下。社会の下の層。⇔上流

花柳（かりゅう） 芸者や遊女のいる町。「―界」「―状」

顆粒（かりゅう） 小さな粒。

我流（がりゅう） 自分だけの流儀。

狩人（かりゅうど） 狩猟する人。猟人。かりうど。[図]

加療（かりょう） 治療をすること。「入院を要す」

科料（かりょう） 軽微な犯罪に科す財産刑。

過料（かりょう） 法令違反に科す金銭罰。

雅量（がりょう） 度量が広いこと。大らかな度量。

火力（かりょく） 火の強さ・勢い。火器の勢い。

借りる（かりる） 返す約束で他人の物を使う。

刈る（かる） 草や稲などを根元から切り取る。

狩る（かる） 鳥獣などを追い求めて捕まえる。

駆る（かる） 追い払う。走らせる。急がせる。

軽い（かるい） 重くない。程度が低い。軽率。

軽石（かるいし） 溶岩からできた穴のある軽い石。

かるかる―かんい

第1段

軽軽（かるがる） 目方が軽そうに。簡単そうに。

軽軽（かろがろ）しい 軽はずみな。軽薄な。

軽口（かるくち） 軽妙でこっけいな話。口が軽い。

軽多（かるた） 絵や文字が描かれた札。

歌留多（カルタ） 曲芸。軽快なは。「―師」

彼（かれ） 第三者の男性。男の恋人や夫。

加齢（かれい） 新年や誕生日に年を取ること。

佳麗（かれい） 華やかで美しいさま。「―な演技」

華麗（かれい） 華やかで美しいさま。「―な演技」

枯（かれ）木 枯れた木。枯木。「―に花」図

瓦礫（がれき） 瓦や小石。値打ちのないもの。大体。〔彼是〕あれやこれや。

彼此（かれこれ）

枯山水（かれさんすい） 日本式庭園の様式。

彼氏（かれし） 彼。あの人。恋人の男性。

苛烈（かれつ） 厳しく激しいさま。「―を極める」

第2段

枯（か）れ野 草木の枯れ果てた野原。図

枯（か）れる しおれて死ぬ。物事のしはらく芸に味が出る。才能などが尽きる。

可憐（かれん） いじらしい。かわいらしい。

嗄（か）れる 声がかすれる。しゃがれる。

過労（かろう） 体や精神を使いすぎて疲れる。

画廊（がろう） 美術品などの展示場。ギャラリー。

辛（かろ）うじて やっとのこと。なんとか。

軽（かろ）んじる あなどる。軽くみる。

皮（かわ） 動植物の外面を包むもの。毛皮。

革（かわ） 獣皮をなめしたもの。「―ひも」

側（かわ） 物事の一つの面・方向・立場。

可愛（かわい）い 小さくて愛らしい。

可哀想（かわいそう） 気の毒。ふびんな。‡可愛相。

川上（かわかみ） 川の源流の方。上流。‡川下

第3段

川岸（かわぎし） 〔河岸〕川の岸。川のほとり。

皮切（かわき）り 物事のしはじめ。手はじめ。

乾（かわ）く 水気がなくなる。乾燥する。

渇（かわ）く 水が欲しくなる。渇望する。

革靴（かわぐつ） 〔皮靴〕皮革で作った靴。

革算用（かわざんよう） 不明確な事をあてこむ。

川下（かわしも） 川の流れる方。下流。‡川上

躱（かわ）す やりとりする。互いに交える。よける。避ける。

交（かわ）す 手形や証書による送金の方法。

為替（かわせ） 手形や証書による送金の方法。

川端（かわばた） 川のはた・へり。川辺。川べり。

川面（かわも） 川の表面。「―を渡る風」

厠（かわや） 便所。お手洗い。

瓦（かわら） 粘土を焼いた屋根をふく材料。

河原（かわら） 〔川原・磧〕川辺の平地。

第4段

土器（かわらけ） 土焼き・素焼きの陶器・杯。

代（か）わり 交代・代理する人や物。異常。違「―親―」

変（か）わり 変化。「―事」

変（か）わりだね 普通と違う種類。変種。

変（か）わり種 種類。変種。

変（か）わり映え 代わってよくなる。変化する。

変（か）わり身 転身。転向。「―が早い」

変（か）わり者 変人。奇人。

代（か）わる ほかの代わりをする。代理する。

変（か）わる 前と違う状態になる。変化する。

換（か）わる 交換する。取りかえる。

替（か）わる 交替する。入れかわる。

代（か）わる代（が）わる 交代に。交互に。

缶（かん） 〔罐〕金属で作った容器。「石油―」

巻（かん） 巻き物・書籍（を数える単位）。

第5段

疳（かん） 小児の慢性胃腸病。「―の虫」

貫（かん） 尺貫法の単位〔一貫＝三・七五キログラム〕。

勘（かん） 心の動き・働き。悟り。第六感。「―が働く」

感（かん） 思い。印象。反応。

観（かん） 観察。見方。見て悟る。「人生―」

棺（かん） 死体を収める桶。棺桶。

緘（かん） 閉じること。紙の封。封じ目。

燗（かん） 酒を温めること。「―をつける」

癇（かん） 怒りやすい性質。「―の―」

癌（がん） 悪性腫瘍。障害性「社会の―」

鐶（かん） 金属製の輪。引き手。取っ手。

奸悪（かんあく） 〔姦悪〕心がねじけて悪い。邪悪。

勘案（かんあん） 諸事情を考えあわせること。

簡易（かんい） 手軽な。簡単な。「―裁判所」

願意（がんい） 願いの主旨。願う心・気持ち。

かんいっぱつ―かんけん

間一髪（かんいっぱつ）事態が切迫し余裕がない。

姦淫（かんいん）みだらな肉体関係。不倫な情交。

観桜（かんおう）桜の花を観賞すること。花見。図

棺桶（かんおけ）死体を収める桶。ひつぎ。

看過（かんか）見過ごすこと。見逃すこと。

感化（かんか）影響を及ぼして自然に変えさせる。

閑暇（かんか）することのない状態。ひま。

管下（かんか）管轄の範囲内。「―区域」

眼下（がんか）見渡せる下の方。「―に見下ろす」

眼科（がんか）目に関する医学部門。「―医」

環海（かんかい）四方が海で囲まれていること。

感懐（かんかい）心に感じた思い。感想。「―を抱く」

干害（かんがい）[旱害]ひでりによる損害。

感慨（かんがい）心に深く感じる。「―にひたる」

灌漑（かんがい）田畑に水を引き入れること。

眼界（がんかい）視野。視界。考えの及ぶ範囲。

間隔（かんかく）二つのものの間の隔たり。「等―」

感覚（かんかく）本質を感じ取る心の働き。五感。「―な心」

寛闊（かんかつ）おおらかなさま。

管轄（かんかつ）権限で支配すること。「―区域」

管楽器（かんがっき）吹いて音を出す楽器の総称。

鑑みる（かんがみる）ほかと比べあわせて考える。

汗顔（かんがん）恥ずかしく感じる。「―の至り」

管貫（かんかん）目方をはかること。台ばかり。

乾期（かんき）[乾季]雨の少ない季節。⇔雨期

喚起（かんき）呼び起こすこと。「注意を―する」

寒気（かんき）寒さ。寒さの度合い。⇔暖気

勘気（かんき）主君・親からとがめられること。

寒気（かんき）寒さ。寒さの度合い。⇔暖気

換気（かんき）空気の入れかえ。「―扇」

歓喜（かんき）非常に喜ぶこと。大喜び。「―の声」

雁木（がんぎ）橋の上の桟。庇のある雪路。図

柑橘類（かんきつるい）ミカン・ダイダイ類の総称。

閑却（かんきゃく）おろそかにする。放置すること。

観客（かんきゃく）見物人。観衆。「―席」「―動員」

感泣（かんきゅう）ひどく感動して泣くこと。

緩急（かんきゅう）ゆるやかなことと急なこと。

眼球（がんきゅう）目の玉。めだま。

官許（かんきょ）政府から民間に与える許可。

閑居（かんきょ）静かな住まい。ひまな生活。

感興（かんきょう）興味を感じること。おもしろみ。

環境（かんきょう）生物に影響を及ぼす周囲の状態。

寒行（かんぎょう）寒中の苦行・修行。図

勧業（かんぎょう）産業を興すのを奨励すること。

眼鏡（がんきょう）めがね。「老―」

頑強（がんきょう）手ごわいこと。頑固なさま。

換金（かんきん）ものをうって現金にかえること。

監禁（かんきん）一定の場所に閉じ込めること。

元金（がんきん）もときん。起業のためのもとで。

甘苦（かんく）楽しみと苦しみ。「―を共にする」

管区（かんく）管轄する区域「―気象台」

艱苦（かんく）悩みや苦しみ。辛苦。なんぎ。

玩具（がんぐ）子どもの遊び道具。おもちゃ。

岩窟（がんくつ）[巌窟]岩にできたほら穴。岩屋。

雁首（がんくび）キセルの頭部。人の首・頭。

勘繰る（かんぐる）気を回して推する。邪推する。

奸計（かんけい）[姦計]悪だくみ。邪悪な策略。

関係（かんけい）かかわり。間柄。「密接な―」

歓迎（かんげい）喜んで迎えること。「―の辞」

寒稽古（かんげいこ）寒中の早朝・夜の練習。図

間隙（かんげき）すきま。へだたり。「―をぬう」

感激（かんげき）深く感じ気持ちがたかぶること。

観劇（かんげき）演劇をみること。芝居見物。「―会」

完結（かんけつ）完全に終わること。完了。「―編」

間欠（かんけつ）[間歇]一定時間をおいて起こる。

簡潔（かんけつ）簡単で要領を押さえている。

観月（かんげつ）[仲秋の]月を観賞する。月見。図

官憲（かんけん）警察関係の役所・役人。当局。

管見（かんけん）〔自分の〕狭い見識。「―によれば」

甘言（かんげん）相手の気に入るうまい言葉。

かんけん〜かんしょ

換言（かんげん）
言いかえること。「―すれば」

寛厳（かんげん）
寛大なことと厳格なこと。

還元（かんげん）
もとへ還ること。もとへ戻すこと。

諫言（かんげん）
目上の人をいさめること・言葉。

頑健（がんけん）
非常に健康で丈夫。

管弦楽（かんげんがく）
管・弦・打楽器による大合奏。「―の夕べ」

歓呼（かんこ）
喜んで叫ぶこと。

看護（かんご）
傷病人の手当て・世話をすること。

漢語（かんご）
音読する漢字の熟語。中国語。

頑固（がんこ）
考えを曲げないしつこい病状。

刊行（かんこう）
書物などを印刷して発行する。

完工（かんこう）
工事を完了して発行する。↔起工

勘考（かんこう）
よく考えて行う思案。思考。

敢行（かんこう）
断固として行う。決行。

感光（かんこう）
光線に感応して変化すること。

慣行（かんこう）
ならわし・習慣として行われる。

眼孔（がんこう）
眼球が入っているくぼみ。見識。

観光（かんこう）
景色や名所などを見物すること。

雁行（がんこう）
〈雁のように〉斜めに並んだりして進む。

箝口令（かんこうれい）
〈緘口令〉発言を禁じる命令。「―をしく」

勧告（かんこく）
説き勧めること。「辞職―」

監獄（かんごく）
罪人を入れる所。「刑務所」の旧称。

寒垢離（かんごり）
水を浴びて祈願すること。夏

閑古鳥（かんこどり）
閑寂なさま。カッコウ。図

監査（かんさ）
監督し検査すること。「―機関」

鑑査（かんさ）
調べて見分けること。鑑定。

完済（かんさい）
借金などを残らず返すこと。

管財（かんざい）
財産を管理し財務を行うこと。

奸策（かんさく）
〈姦策〉悪だくみ。「―を巡らす」

簪（かんざし）
女性が頭髪にさす装飾品。「花―」

贋作（がんさく）
絵画や工芸品などの偽物。

監察（かんさつ）
物事をよく検査して見ること。

観察（かんさつ）
注意して見ること。

鑑札（かんさつ）
役所の許可証・証票。「犬の―」

贋札（がんさつ）
偽造した紙幣。偽札。↔真札

換算（かんさん）
単位をかえて計算し直すこと。

閑散（かんさん）
ひっそりと静かなさま。

干支（かんし）
十干と十二支。えと。

看視（かんし）
注意して見守る。見つめること。

監視（かんし）
警戒して見張る。周囲を取り巻いて見ること。

環視（かんし）
「―の船」「―の一員」

鉗子（かんし）
手術で使う、物をはさむ道具。

漢詩（かんし）
中国・漢時代の詩。漢字の詩。

諫止（かんし）
いさめて思い留まらせること。

莞爾（かんじ）
にっこり笑うこと。微笑むこと。

幹事（かんじ）
相談役・世話役。まとめ役。

監事（かんじ）
法人の監査役。団体の庶務役。

漢字（かんじ）
中国で発生した表意文字。

雁字搦（がんじがらめ）
巻きからげて縛ること。

鑑識（かんしき）
真偽の見極め。犯罪捜査の鑑定。

乾湿（かんしつ）
かわきとしめり。乾燥と湿気を見分ける鑑定眼。

樏（かんじき）
〔橇〕雪上を歩く時の履物。図

眼識（がんしき）
ものの真偽を見分ける眼。

元日（がんじつ）
一年の最初の日。一月一日。新

官舎（かんしゃ）
役所の建物。公務員の住宅。

感謝（かんしゃ）
ありがたいと気持ちで。「―状」

奸邪（かんじゃ）
〈姦邪〉よこしまなさま・人。

患者（かんじゃ）
医者から治療を受ける病人。

癇癪（かんしゃく）
怒りっぽい性質。「―持ち」

閑寂（かんじゃく）
静かでひっそりしたさま。閑静。

看取（かんしゅ）
見てとる。察知すること。

看守（かんしゅ）
囚人を監視・監督する職員。

管守（かんしゅ）
保管し守護すること・人。番人。

監守（かんしゅ）
監督し守ること・人。

甘受（かんじゅ）
やむをえず、甘んじて受ける。

慣習（かんしゅう）
一般のしきたり。ならわし。

監修（かんしゅう）
書物の編さんを監督すること。

観衆（かんしゅう）
見物の人々。満員の大「―」

含羞（がんしゅう）
「―を秘める」

完熟（かんじゅく）
実や種が完全に熟れていること。

慣熟（かんじゅく）
物事になれて上手になること。

感受性（かんじゅせい）
外界の刺激を直感的に感じ取る力。感性。

寛恕（かんじょ）
心が広く思いやりがあること。

願書（がんしょ）
許可を求めて出す書類。「入学―」

かんしょう―かんたい

環状（かんじょう）
輪のような形状。「―線」「―道路」

感情（かんじょう）
喜怒哀楽などの気持ち。❖理性

勘定（かんじょう）
計算。支払い。見積もり。予想。

鑑賞（かんしょう）
芸術作品を味わい理解すること。

観賞（かんしょう）
景色や動植物を見つめて楽しむこと。

観照（かんしょう）
主観を交えず本質を見きわめる。

環礁（かんしょう）
環状のさんご礁。「ビキニ―」

癇性（かんしょう）
怒りっぽいさま。潔癖。

緩衝（かんしょう）
衝突をゆるめやわらげること。

感傷（かんしょう）
感じて心を痛めやすい。感じやすい。

勧奨（かんしょう）
勧め奨励すること。前略。

冠省（かんしょう）
手紙での前文を省くこと。

完勝（かんしょう）
完全に勝つこと。❖完敗

干渉（かんしょう）
他人・他国のことに立ち入る。

勧進（かんじん）
勧めの寄付を募る。寺

寛仁（かんじん）
思いやりがあり、心が広いさま。

肝腎・肝心（かんじん）
「肝腎」非常に重要なこと。肝要。

歓心（かんしん）
喜ぶ心。気に入ってほめる。「―を買う」

関心（かんしん）
気にかかる。心を打つ。「無―」

感心（かんしん）
心を打つ。感服。

感触（かんしょく）
外部の刺激に触れて感じ。「好―」

感じる（かんじる）
心に思う。悟る。肝を冷やす。受け取る。

寒色（かんしょく）
寒さを感じる色。冷色・温色

閑職（かんしょく）
仕事の少ない職務。

間食（かんしょく）
あいだぐい。おやつ。

官職（かんしょく）
官公庁での職務。重要な役目。

頑丈（がんじょう）
人や物の作りが堅固で丈夫。

岩礁（がんしょう）
海中にあり水上から隠れた岩石。

管制（かんせい）
強制的な管理や制限。「報道―」

慣性（かんせい）
惰性。物体の力に関する性質。

感性（かんせい）
直感的な心の動き。感受性。

歓声（かんせい）
喜んで上げる大声。歓呼の声。

喚声（かんせい）
興奮して叫ぶ声。「驚き」

喊声（かんせい）
大勢のわめき声。鯨波。

完成（かんせい）
最後まで完全にできあがること。仕上がる。

官製（かんせい）
政府が監督し製造すること。❖私製

陥穽（かんせい）
落とし穴。計略。

関する（かんする）
かかわる。たずさわる。

鹹水（かんすい）
塩水。海水。「―湖」❖淡水

灌水（かんすい）
大水で田畑の作物や作物に水を注ぐ。「―浴」

冠水（かんすい）
地殻に厚屋根が水をかぶる。

完遂（かんすい）
最後まで成し遂げる。仕上げる。

肝心要（かんじんかなめ）
最も肝要で、大切なこと。

完全（かんぜん）
欠点や不足がないこと。❖不全

艦船（かんせん）
軍艦と一般の船舶の総称。

観戦（かんせん）
試合・戦いを見る。

感染（かんせん）
病気がうつる。風習に染まる。

幹線（かんせん）
道路などの主要な。「―道路」

官選（かんせん）
政府が選ぶ。「―弁護人」❖民選

頑是無い（がんぜない）
幼くて聞き分けがないこと。

冠絶（かんぜつ）
無比なほど優れていること。

関節（かんせつ）
骨と骨との結合部分。「―炎」

間接（かんせつ）
物事を隔てて接すること。❖直接

冠雪（かんせつ）
上部に雪が積もること。「初―」

岩石（がんせき）
地殻で厚屋を成す鉱物。石と岩。

漢籍（かんせき）
中国の書籍。漢文の書籍。漢書。

関税（かんぜい）
輸出入品に国が課する租税。

閑静（かんせい）
ひっそりとしたさま。物静か。

寒帯（かんたい）
高緯度の寒冷地帯。❖熱帯

寒村（かんそん）
貧しい村。寂れた村。山間の―

観測（かんそく）
観察し、測定すること。「気象―」

贋造（がんぞう）
似せて作ること。偽造。その物。

含嗽（がんそう）
うがい。口をすすぐこと。「―剤」

肝臓（かんぞう）
胆汁を分泌する腹部右上の内臓。

歓送（かんそう）
別離に人を激励して送る。

感想（かんそう）
感じた思い。考え。所感。「―文」

間奏（かんそう）
曲間に楽器だけで演奏する部分。

完走（かんそう）
走り抜くこと。

乾燥（かんそう）
干からびること。乾く。

元祖（がんそ）
創始者。物事を始めた人。祖先。

簡素（かんそ）
簡易・手軽で質素なさま。「―化」

間然（かんぜん）
疑問・欠点を指摘し非難すること。

敢然（かんぜん）
思い切って勇敢に行動するさま。

かんたい―かんはい

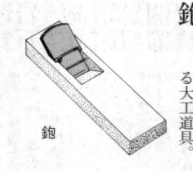

歓待（かんたい）[歓待]手厚い親切なもてなし。

艦隊（かんたい）二隻以上の軍艦による編制部隊。

寛大（かんだい）心が広いさま。寛容。「―な処分」

眼帯（がんたい）眼病の目を保護する医療用具。

甲高い（かんだかい）高く鋭い声の調子。

干拓（かんたく）湿地や湖、海などを陸地化する。

肝胆（かんたん）心の底。心中。「―相照らす」

感嘆（かんたん）[感嘆]感心し賞美・嘆息する。

簡単（かんたん）手間いらずで煩雑でない。手短。

寒暖（かんだん）寒さと暖かさ。「―計」

間断（かんだん）絶え間。途切れ目。「―なく物語る」

閑談（かんだん）静かに物語る。むだ話。閑話。

歓談（かんだん）[歓談]くつろいだ話し合い。

元旦（がんたん）一月一日の朝。元朝。元日。［新］

感嘆符（かんたんふ）感嘆・強調を表す符号「！」。

奸知（かんち）わるがしこい知恵。「―にたける」

感知（かんち）[感知]感づくこと。感じる能力。

関知（かんち）関係している。あずかり知る。

勘違い（かんちがい）うっかり間違って思い込む。

含蓄（がんちく）含み豊かである味わい深い内容。

寒中（かんちゅう）小寒から大寒の期間中。⇔水洗

眼中（がんちゅう）目の中。関心の範囲。「―にない」

干潮（かんちょう）ひき潮。海面が下がる。⇔満潮

官庁（かんちょう）役所。国の行政事務を行う機関。

間諜（かんちょう）回し者。スパイ。諜者。

浣腸（かんちょう）[灌腸]肛門から薬を注入する。

館長（かんちょう）博物館・図書館派を管理する長。仏教や神道の宗

管長（かんちょう）仏教や神道の宗派を管理する長。

艦長（かんちょう）一軍艦を指揮・統率する人。

完治（かんじ）病気が完全に治癒する。かんじ。

姦通（かんつう）男女間の不義な密通。不倫。

貫通（かんつう）抜け通ること。突き抜けること。

缶詰（かんづめ）缶に密封した保存用の食品。

貫邸（かんてい）大臣や知事などの官舎。公邸。

鑑定（かんてい）見て調べる。見分ける。目利き。

艦艇（かんてい）海軍関係の船の総称。いくさぶね。

貫徹（かんてつ）見通すこと。「初志―」

干天（かんてん）[旱天]日照り空。夏の空。夏

寒天（かんてん）冬の寒い空。天草の水産加工品。

観点（かんてん）見方。見地。

乾田（かんでん）畑にもできる水流のよい水田。

乾電（かんでん）電流にかかれる。電撃「―死」

乾電池（かんでんち）携帯に便利な小型の電池。

感度（かんど）感知する能力。「―良好」

巻頭（かんとう）巻物などのはじめ。巻首。⇔巻末

敢闘（かんとう）力の限り勇敢に戦うこと。「―賞」

勘当（かんどう）親子・師弟の縁切り。義絶。

感動（かんどう）深く感じ心ひかすこと。「―的」

間道（かんどう）主要道路から外れた道。⇔本道

感得（かんとく）感づく。微妙なる道理を悟り知る。

監督（かんとく）取り締まり指図すること。また人。

勘所（かんどころ）物事の重要な部分。「―をつかむ」

鉋（かんな）材木の表面を削る大工道具。

神無月（かんなづき）陰暦で十月の別称。図

堪忍（かんにん）こらえ忍ぶ。怒りをしずめ許す。

閂（かんぬき）門扉や戸を閉める横木。貫木。

神主（かんぬし）神社に仕える人の長。神官。

奸佞（かんねい）[姦佞]心が曲がる。へつらう。

観念（かんねん）頭の中の思念。あきらめること。

元年（がんねん）年号の改まった最初の年。

完納（かんのう）残らずすべて納めること。全納。

感応（かんのう）感覚器官の機能で感じる心物事に深く感じて「性的快感」

官能（かんのう）感覚器官の機能性的快感。

観音（かんのん）菩薩の一つ。「観世音」の略。

観音開き（かんのんびらき）左右に開くカイ戸。

悍馬（かんば）[駻馬]暴れウマ。気の荒いウマ。

看破（かんぱ）うそやたくらみを見抜くこと。見破る。

寒波（かんぱ）寒気団が残らずに寒くなる現象。図

完売（かんばい）商品を残らず売り切ること。

観梅（かんばい）梅花を観賞すること。梅見。圈

完敗（かんぱい）完全に負けること。⇔完勝

かんはい―かんゆう

乾杯（かんぱい）【乾盃】祝福して杯を飲み干す。

感佩（かんぱい）深く心に感じて忘れないこと。

関白（かんぱく）権力の強い者のたとえ。「亭主―」

芳しい（かんばしい）香りがよい。評判が高い。声が鋭い。

甲走る（かんばしる）雨が降らないこと。日照り。夏

早魃（かんばつ）雨が降らないこと。日照り。夏

間伐（かんばつ）間引きで樹木の生育を促すこと。

看板（かんばん）店先に掲げる目印。閉店時刻。

甲板（かんぱん）船の上部一面に張った広い床。

乾板（かんぱん）写真の感光板の一種。「写真―」

岩盤（がんばん）岩石でできた地盤層。「―崩落」

甘美（かんび）味がよいこと。うっとりと快い。

完備（かんび）十分に備わること。不足がない。

頑張る（がんばる）奮闘する。頑強に主張する。

煥発（かんぱつ）輝き現れること。「才気―」

官費（かんぴ）政府が支出する公費。「―生」

看病（かんびょう）病気やけがの介抱。看護。

干瓢（かんぴょう）【乾瓢】夕顔の実を干した食品。

患部（かんぶ）病気や傷のある部分。患所。

幹部（かんぶ）組織などの主な人。首脳。

完膚（かんぷ）無傷の皮膚。「―無きまで」

乾布（かんぷ）乾いた布。「―摩擦」

還付（かんぷ）もとへ戻すこと。返付。「―金」

完封（かんぷう）相手を完全に封する。「―勝利」

寒風（かんぷう）寒い風。「―吹きすさぶ」図

感服（かんぷく）深く感じて敬服・服従すること。

眼福（がんぷく）すばらしいものを見られた幸せ。

奸物（かんぶつ）【姦物】心がねじれた悪人。

乾物（かんぶつ）【干物】乾燥させた食料品。

贋物（がんぶつ）にせもの。偽物。まがいもの。

灌仏会（かんぶつえ）釈迦の降誕の仏事。圈

漢文（かんぶん）中国古来の文章。漢字だけの文。

完璧（かんぺき）完全で欠点や欠陥がないこと。

癇癖（かんぺき）すぐ怒る性質。かんしゃく。

岸壁（がんぺき）船を横づけする壁。波止場。

岩壁（がんぺき）【巖壁】壁のように切り立つ岩。

鑑別（かんべつ）よく調べ見分けること。目利き。

勘弁（かんべん）罪や過ちを許すこと。堪忍。

簡便（かんべん）手軽で便利なこと。軽便。

官房（かんぼう）官庁の特別事務を扱う機関。

感冒（かんぼう）風邪。呼吸器系の炎症疾患。

監房（かんぼう）罪人を収容する刑務所の部屋。

官報（かんぽう）官公庁が日々発行する公報文書。

漢方（かんぽう）中国伝来の医術。皇漢医学。「―薬」

願望（がんぼう）願い望むこと。願い。「―が強い」

灌木（かんぼく）高くならない木。低木。⇔喬木

翰墨（かんぼく）筆と墨。詩文。文事。

陥没（かんぼつ）落ち込むこと。攻め落とされる。

完本（かんぽん）全巻そろった書籍。⇔欠本・端本

刊本（かんぽん）刊行された本。版本。製版本。

元本（がんぽん）もとになる物件や権利。もと金。

巻末（かんまつ）巻物などの終わり。巻尾。⇔巻頭

干満（かんまん）潮のみちひき。干潮と満潮。

緩慢（かんまん）速度がゆるやかでないこと。「―な動作」

甘味（かんみ）甘み。甘い食品。味わい。「―料」

玩味（がんみ）【翫味】味わい。意味や物事をかみしめて味わうこと。

官民（かんみん）政府と民間。官吏と民間人。

冠（かんむり）頭にかぶるもの。漢字の部首。

感無量（かんむりょう）感慨で胸がいっぱいになる。

官命（かんめい）政府・官庁の命令。「―を帯びる」

感銘（かんめい）【肝銘】心に深く感じて刻まれる。

簡明（かんめい）簡単でわかりやすい。「―直截」

頑迷（がんめい）【頑冥】頑固で道理がわからないこと。

乾麺（かんめん）干して乾燥させためん類。

顔面（がんめん）顔の表面。つら。

緘黙（かんもく）口を閉じ黙り続けること。だんまり。

眼目（がんもく）主要なところ。主眼。「話の―」

雁擬き（がんもどき）野菜入りの油揚げ。飛竜頭。

喚問（かんもん）公に呼び出して問いただすこと。

関門（かんもん）関所の門。通過が難しい箇所。

簡約（かんやく）要点をまとめて短くすること。

丸薬（がんやく）小さく練った球状の薬。

肝油（かんゆ）魚の肝臓から採った薬。淡養剤

勧誘（かんゆう）勧めて誘いざなう。「―員」

含有（がんゆう）成分として含むこと。「―量」

かんよ―きおう

関与（かんよ）【干与】事に関係する。携わる。

肝要（かんよう）肝心。特に重要なこと。

涵養（かんよう）ゆっくり徐々に養成すること。

寛容（かんよう）心が広く人を受容すること。

慣用（かんよう）習慣的に使われること。「―手段」

元来（がんらい）もとより。本来。はじめから。

陥落（かんらく）陥ること。攻め落とされること。

歓楽（かんらく）よろこび楽しむ。快楽。「―街」

乾酪（かんらく）牛乳で製した食品。チーズ。

観覧（かんらん）景色や劇を見物すること。「―車」

官吏（かんり）政府の仕事を行う人。役人。

管理（かんり）取り締まる。統制する。「―職」

監理（かんり）監督・管理すること。「設計―」

監吏（かんり）監督する官吏。税関などの官吏。

元利（がんり）元金と利子。「―合計」

眼力（がんりき）物事を見分ける力。視察の能力。

簡略（かんりゃく）省いて簡単にすること。↔煩雑

貫流（かんりゅう）川などが地域を貫いて流れること。

寒流（かんりゅう）赤道へ向かう低温海流。↔暖流

緩流（かんりゅう）ゆるやかな流れ。↔急流

環流（かんりゅう）【還流】循環するような流れ。

完了（かんりょう）完全に終わること。↔未完

官僚（かんりょう）役人。上級官吏。政府の役人。

管領（かんりょう）支配。支配者。総轄。総轄者。

顔料（がんりょう）溶剤に溶けない細粉着色料。

感涙（かんるい）感動して出る涙。「―にむせぶ」

寒冷（かんれい）寒くて冷える。ならわし。「―前線」↔温暖

慣例（かんれい）ならわし。慣習。

還暦（かんれき）数え年六十一（満六十）歳の称。

関連（かんれん）もとのつながり。つながり。「―事業」

き

木（き）【樹】茎が木質化した多年生植物。

気（き）気象。空気。精神。雰囲気。

忌（き）喪に服すこと。喪服。「―明け」

癸（き）きのと。十干の第十。みずのと。

黄（き）きいろ。三原色の一つ。

期（き）とき。時節。期間。機会。一周。

機（き）きざし。徴候。機会。はずみ。要所。機械。

甘露（かんろ）甘くて味がよいこと。「―煮」

寒露（かんろ）二四節気で十月八日頃。[図]

貫禄（かんろく）【貫緑】堂々とした威厳。押し出し。重み。ぶ。ばかにする。

玩弄（がんろう）もてあそ

閑話（かんわ）むだ話。静かな談話。「―休題」

漢和（かんわ）中国と日本。漢語と日本語。

緩和（かんわ）制限をゆるめること。「―条件」

儀（ぎ）義理。すじ道。道理。意味。

義（ぎ）手本とすべきもの。礼式。典礼。

気合い（きあい）気持ち。呼吸。精神をこめる。

気悪（きあく）実際より悪く見せる。「―趣味」

気圧（きあつ）気体・大気の圧力。「―高―」「―計」

起案（きあん）もとの案や文書を作ること。起草。

議案（ぎあん）会議で検討する不思議。奇怪。

奇異（きい）奇妙。珍しい。相手の意思の敬意な考え。

貴意（きい）知ったかぶりで生意気。

利いた風（きいたふう）

一本（いっぽん）一つにまとまっていない気がないこと。

生糸（きいと）蘭から取り練った純枠で混じりがない絹糸。

生一本（きいっぽん）絵画や書の気品。品格。

気韻（きいん）【基因】物事が起こった原因。

起因（きいん）

議員（ぎいん）会議を組織する権利のある人。

議院（ぎいん）国会。衆議院と参議院。

気鬱（きうつ）気がふさぐ。晴れ晴れしない。

機運（きうん）なりゆき。時の動き。時勢。

気運（きうん）とき。おり。回。時機。

帰依（きえ）信仰してその力にすがること。

気鋭（きえい）意気込みが鋭いこと。「新進―」

喜悦（きえつ）喜ぶこと。うれしさ。

気炎（きえん）意気盛んな勢い。光や熱、火がなくなる。

消える（きえる）うせる。光や熱、火がなくなる。

奇縁（きえん）不思議な縁。妙な縁。「合縁―」

機縁（きえん）きっかけ。機会。因縁。ちなみ。

義捐（ぎえん）【義援】慈善の寄付。「―金」

既往（きおう）過ぎ去った物事。過去。「―症」

気負う（きおう）われこそと臨み意気込む。

きおく〜ききん

記憶（きおく） 覚え。覚えたこと。「―喪失」

気後れ（きおくれ） 圧倒されて弱気になること。

気落ち（きおち） がっかりすること。落胆。

気重（きおも） 不活発なさま。気分が沈みがち。

気温（きおん） 大気の温度。

擬音（ぎおん） 人工的に似せた音や声。「―化」

祇園（ぎおん） 祇園精舎。釈迦が説法した寺。

机下（きか） 机の下。手紙の脇付。案内。

気化（きか） 液体から気体に変化すること。

奇貨（きか） 意外な利益を生む品。機会。

奇禍（きか） 予期しない災難。不意のわざわい。

帰化（きか） 他国の国籍を得ること。「―人」

貴下（きか） 目下への敬称。脇付。

幾何（きか） 数学の一分野。「幾何学」の略。

起臥（きが） 起きふし。起居。日常の生活。

飢餓（きが） ひもじいこと。「―感」

戯画（ぎが） こっけいな絵。風刺画。「鳥獣―」

奇怪（きかい） 不思議。怪しいさま。きっかい。

器械（きかい） 道具・器具。「観測―」

機械（きかい） 動力をもつ装置。「―化」

機会（きかい） 折。好機。時機。チャンス。潮時。

危害（きがい） 危険。損害とわざわい。

気概（きがい） 困難に屈しない意地。

議会（ぎかい） 合議制の立法機関、特に国会。

着替え（きがえ） 着替えること。着替え用の衣服。

気掛かり（きがかり） もくろみ。計画。懸念。

企画（きかく） もくろみ。計画。計画を練ること。

規格（きかく） 工業製品などの公的な標準。

器楽（きがく） 楽器だけで奏する音楽。‡声楽

着飾る（きかざる） 衣服で身なりを飾る。盛装。

飢渇（きかつ） 飢えと渇き。食物の欠乏。飲

気兼ね（きがね） 心遣い。気配り。

気構え（きがまえ） 心構え。心の準備。

気軽（きがる） こだわらないさま。気さく。

気管（きかん） のどから肺に至る呼吸器の一部。

季刊（きかん） 年四回刊行すること・刊行物。

奇観（きかん） 珍しい眺め。変わった景色。

既刊（きかん） 刊行済みなこと。その書籍や雑誌。

帰還（きかん） 出先から任務を終えて帰ること。

基幹（きかん） おおもと。中心。根幹。土台。

亀鑑（きかん） 模範。手本。「教師の―」

期間（きかん） 一定の時または時日。「―限定」

器官（きかん） 生物を構成する機能を構成するおおもと。

機関（きかん） 組織。動力を起こす仕組み。

祈願（きがん） 神仏に祈り願う。願がけ。祈念。

危機（きき） 危ない状況・場面。「―を逃れる」

機関銃（きかんじゅう） 自動連射できる銃。機銃。

利き気（きき） 強情っぱりなこと・人。

義眼（ぎがん） 人工の眼球。入れ目。

技官（ぎかん） 技術関係に従事する公務員。

危急（ききゅう） 危難の差し迫っているさま。

気球（ききゅう） 空中に浮揚させる球状の袋。

希求（ききゅう） 請い求めること。願い望むこと。

帰休（ききゅう） 勤務を休んで家にいること。「一時―」

起居（ききょ） 立ち居振る舞い。日常の生活。安否。

義挙（ぎきょ） 正義のために起こす行動。

奇矯（ききょう） 言動が風変わりな様子。

帰京（ききょう） 都に帰ること。東京に帰ること。

帰郷（ききょう） 郷里に帰ること。帰省。

機宜（きぎ） 時機に適していること。時宜。

企業（きぎょう） 営利活動を行う事業体。「大―」

起業（きぎょう） 新しく事業を興すこと。「―家」

義侠（ぎきょう） 義に勇む心。任侠。男気。「―心」

戯曲（ぎきょく） 劇の台本。脚本形式の文学作品

棄却（ききゃく） 捨てて取り上げないこと。却下。

効き目（ききめ） 効能。「薬の―」「利き目」効力。

聞き耳（ききみみ） 聞いてもらさぬよう集中する耳。

聞き捨て（ききずて） 【聞き捨て】聞いても対処しない。

利き酒（ききざけ） 【利き酒】酒の味を鑑定すること。

疑義（ぎぎ） はっきりせず疑わしい事柄。

機器（きき） 【器機】器具・器械・機械の総称。

嬉嬉（きき） 【喜喜】楽しそうなさま。

鬼気（きき） 恐ろしい気配「―迫る」

寄金（ききん） 金銭を寄付すること。寄付金。「政治―」

飢饉（ききん） 【饑饉】作物の不作による食糧の欠乏。

基金	ききん	積み立て資金。準備金。基本金。
気配り	きくばり	細かく気を遣う。配慮。
寄寓する	きぐうする	人の家に身を寄せる。旅住まい。両手ですくう。
掬する	きくする	
寄寓	きぐう	意外な出会い。不思議な出会い。
奇遇	きぐう	
機具	きぐ	機械の器具。農機・器具。「実験ー」
器具	きぐ	道具。簡単な器械。「体操ー」
危惧	きぐ	心配しおそれること。◆確信
訊く	きく	「聞く」問い正す。答えを問う。
聴く	きく	音声が耳に入る。尋ねる。「話をー」
聞く	きく	耳で感じ理解する。聴取する。
効く	きく	効能がある。効果がある。
利く	きく	ききめがある。できる。働く。
規矩	きく	手本。規則。おきまり。
貴金属	ききんぞく	産出量が少ない高価な金属。

気位	きぐらい	気品。気構え。「ーが高い」
気苦労	きぐろう	心を砕き悩む心配。心痛。
貴君	きくん	同輩一の男への敬称。
奇形	きけい	生物の形態的異常。整わない形。
奇計	きけい	計略。奇抜な策。
詭計	きけい	考えや言動が奇抜なさま。
奇警	きけい	計略。術策。偽計。ペテン。
貴兄	きけい	同輩や親しい先輩への敬称。
技芸	ぎげい	美術工芸関係の技術・芸能。
喜劇	きげき	観客を笑わせる芝居。コメディ。
既決	きけつ	当然の結末。すでに決した。◆未決
帰結	きけつ	
議決	ぎけつ	合議して決めること。「ー権」
危険	きけん	危うい・危ないさま。◆安全
棄権	きけん	投票や競技などの権利を捨てる。

紀元	きげん	年数を数えるとの年。西暦。
起源	きげん	〖起原〗事の起こり。根源。
期限	きげん	あらかじめ決めた時期。
機嫌	きげん	心持ち。気持ち。感情。安否。
季語	きご	連歌・俳句で季節を表す語。
擬古	ぎこ	昔の様式になぞらえる。「ー文」
気候	きこう	天気。地域の年間を通じた天候。
奇行	きこう	奇怪な行為。風変わりな行動。
紀行	きこう	旅行中の日記。旅行記。「ー文」
帰航	きこう	船や飛行機が帰りの航路。復航。
帰港	きこう	船が出発した港に帰る。帰船。
寄港	きこう	〖寄航〗船が港に立ち寄ること。
起工	きこう	工事を始めること。◆落成・完工
起稿	きこう	原稿を書き始めること。◆脱稿
寄稿	きこう	原稿を新聞や雑誌に寄せること。

機構	きこう	機械・組織の内部の構造。
記号	きごう	ふちょう。符号。しるし。
揮毫	きごう	書画を毛筆で書く。「ー料」
技工	ぎこう	手で加工する技術・技術者。
技巧	ぎこう	巧みな手法。表現上の工夫。
疑獄	ぎごく	規模の大きな収賄事件。政治がからむ大事件。
気心	きごころ	本来もっている気質。
聞こし召す	きこしめす	屈従しない強い気性。気概。酒を飲む。「一杯ー」
気骨	きこつ	
樵	きこり	〖木樵〗山林伐採と。伐採を職とする仕事。
既婚	きこん	結婚していること。◆未婚
気障	きざ	嫌みなほど気取ったさま。
奇才	きさい	世にも珍しい優れた才能〔の人〕。
鬼才	きさい	人間離れした優れた才能〔の人〕。
記載	きさい	文書や帳簿に書き載せること。

機才	きさい	機に応じたすばやい才能〔の人〕。
器材	きざい	うつわもの。道具。「観測用ー」
機材	きざい	機械類の材料。「建設用ー」
后	きさき	〖妃〗天皇・王の配偶者。皇后。
奇策	きさく	奇抜なはかりごと。奇抜な策。
偽作	ぎさく	偽造。贋作。作権を侵害する著作。
生酒	きざけ	まぜ物のない清酒。生一本。
兆し	きざし	前兆。きざし。芽生え。「春のー」
階	きざはし	はしご段・階段・ものの順序。
貴様	きさま	同輩以下への呼称。
刻む	きざむ	細かに切る。彫る。記憶する。
如月	きさらぎ	陰暦二月の異称。
帰参	きさん	帰ること。旧主人に再び仕える。
起算	きさん	数えはじめる。数えはじめ。
棋士	きし	囲碁・将棋を職業とする人。

きし―きする

騎士(きし)
乗馬の武士。中世欧州の武士の階級。

木地(きじ)
木目。白木のままの木。

生地(きじ)
本来の性質・状態。織物・布地。

木目(きじ)
新聞・雑誌の文章。「三面―」

技師(ぎし)
高度な技術をもつ専門家。

義肢(ぎし)
義手・義足の総称。

義歯(ぎし)
入れ歯。

疑似(ぎじ)
【擬似】本物と似ている。「―ばる」作↔真性

議事(ぎじ)
会議する事柄。討議すること。

儀式(ぎしき)
式典。定め。法。「―通貨」

基軸(きじく)
物事を進める土台「―通貨」

機軸(きじく)
機関の軸。地軸。方法。「新―」

気質(きしつ)
性立て。気性。かたぎ。「学生―」

忌日(きじつ)
死んだ日の当日。命日。きにち。

期日(きじつ)
前から定められた日。期限の日。

岸辺(きしべ)
岸に沿った所。岸のほとり。

軋む(きしむ)
物がこすれあって音を立てる。

汽車(きしゃ)
蒸気の力で走る列車。鉄道列車。

記者(きしゃ)
記事を取材・執筆・編集する人。

喜捨(きしゃ)
進んで仏事や貧民に施すこと。

貴社(きしゃ)
相手方の神社・会社の敬称。

希釈(きしゃく)
【稀釈】溶液の濃度を薄めること。「―を放つ」

奇手(きしゅ)
想外な手段・対策。

旗手(きしゅ)
団体・列の先頭で旗を用いる。

騎手(きしゅ)
競走馬の乗り手。ジョッキー。

機種(きしゅ)
飛行機や機械の種類。

義手(ぎしゅ)
失った手を補うための人工の手。

喜寿(きじゅ)
七七歳、または喜の字の祝い。

奇習(きしゅう)
珍しい習慣・風習。風変わりな習慣。

奇襲(きしゅう)
油断をついて攻める。不意打ち。

既習(きしゅう)
すでに習ったこと。「―単元」

寄宿(きしゅく)
学校の寮。他家に身を寄せる。

奇術(きじゅつ)
仕掛けで客をだます芸能・手品。

記述(きじゅつ)
文章中ですでに述べたこと。叙述。

既述(きじゅつ)
文章中ですでに述べたわざ。

技術(ぎじゅつ)
理論を実際に応用するわざ。

帰順(きじゅん)
敵対するのをやめ服従すること。

基準(きじゅん)
基礎になる標準。「―賃金」

規準(きじゅん)
【稀書】規範。判断・行為の拠り所。

奇書(きしょ)
珍しい内容の書物。稀こう本。

希書(きしょ)
【稀書】数が少ない本。稀こう本。

偽書(ぎしょ)
似せて書いた書物・手紙。偽筆。

奇書(きしょう)
生まれつきの性格。性質。

気性(きしょう)
性立て。性質。

気象(きしょう)
大気中に起こる現象。

希少(きしょう)
【稀少】まれで少ない。「―価値」

起床(きしょう)
寝床から起き出ること。↔就寝

机上(きじょう)
机の上。「―の空論」「―プラン」

気丈(きじょう)
気持ちが確かなさま。気丈夫。

軌条(きじょう)
軌道として敷設した鉄条。線路。

偽称(ぎしょう)
いつわりの名称。詐称する。

偽証(ぎしょう)
他名・地位をかたる。詐称する。

気色(きしょく)
顔色。様子。気持ち。

気丈夫(きじょうぶ)
気心強い。心丈夫。

寄食(きしょく)
他家で養われること。居候。

軋る(きしる)
こすれて音いに憎み争う。

貴紳(きしん)
身分の高い人や金持ち。

寄進(きしん)
社寺に金品を寄付する。奉納。

帰心(きしん)
故郷へ帰りたいと思う心。

奇人(きじん)
【畸人】言動が普通でない変人。

鬼神(きじん)
化け物だけでしい神。きにん。

貴人(きじん)
身分・家柄の高い人。きにん。

疑心(ぎしん)
疑う心。疑い。「―を生ずる」

擬人(ぎじん)
人間になぞらえること。「―化」

義人(ぎじん)
義のためにつくす人。正義の人。

傷(きず)
【疵・瑕】欠点。

傷痕(きずあと)
【傷跡】傷を負ったあと。

既遂(きすい)
成し遂げたこと。↔未遂

奇数(きすう)
二で割り切れない数。↔偶数

基数(きすう)
一から九までの整数。↔序数

帰趨(きすう)
ゆきつく所。もむく所。帰結。

築く(きずく)
土石で建設する。努力して作る。

絆(きずな)
【維】断ちがたい情愛・綱。

帰する(きする)
ある所に落ち着く。集まる。

きする―きちし

記する(き) 書き留める。覚える。「感慨を―」。誓う。

期する(き) 予期する。期限を決める。あてがう。なぞらえる。まねる。

擬する(ぎ) 会議で意見をかわす。審議する。

議する(ぎ) 会議で意見をかわす。審議する。

気勢(きせい) 勢い。意気込み。「―を上げる」

希世(きせい) 〔稀世〕めったにないこと。代代。

奇声(きせい) 普通でない変な声。奇妙な声。

帰省(きせい) 一時的に故郷に帰る。帰郷。夏

既成(きせい) すでにできていること。「―品」

既製(きせい) あらかじめ作られている。「―品」★未成

寄生(きせい) 他の生物に寄生し生活すること。

規正(きせい) 悪いものを正し直すこと。

規制(きせい) 規則を定め活動を制限すること。

期成(きせい) 物事をやりとげけいと誓うこと。目的達成の代償。

犠牲(ぎせい)

擬声語(ぎせいご) 音声をまねた語。擬音語。

奇跡(きせき) 〔奇蹟〕不思議な出来事。「―的」

軌跡(きせき) 車輪の跡。足跡。

鬼籍(きせき) 死者を記す過去帳。点鬼簿。

議席(ぎせき) 議員の座席。議員の資格。

季節(きせつ) 四季。折々の時節。時季。時候。

既設(きせつ) すでに設けられている。★未設

気絶(きぜつ) 一時的に意識が絶える。失神。

煙管(キセル) 刻みたばこをつめて吸う道具。

気忙しい(きぜわしい) せかせかして落ちつかない。

汽船(きせん) 蒸気の力で動く船舶。蒸気船。

貴賎(きせん) 身分・地位の高い人と低い人。

機先(きせん) 事の起こる矢先。「―を制する」

毅然(きぜん) 意志が強く迷わない。

偽善(ぎぜん) 外面をとり繕う善行。★偽悪

起訴(きそ) 検察官が裁判所へ公訴すること。

基礎(きそ) 土台。おおもと。「―工事」「―的」

競う(きそう) 張り合う。争う。励ます。

奇想(きそう) 奇抜でとっぴな発想。「―を抱く」

起草(きそう) 草稿や草案を書きはじめること。

帰巣(きそう) 動物がもとの巣へ戻ること。「―本能」

寄贈(きぞう) 品物を贈る。寄贈。

偽装(ぎそう) ごまかし・見せかけること。航海に必要な準備を整えること。

擬装(ぎそう) 〔偽装〕

偽造(ぎぞう) 贋物を造ること。贋造。「―紙幣」

儀礼(ぎれい) 決まり。「就業―」「―的」

帰属(きぞく) 所属すること。従うこと。

貴族(きぞく) 高い家柄・身分の人。特権階級。

義足(ぎそく) 人工の足。義脚。

生蕎麦(きそば) そば粉だけで打ったそば。

既存(きぞん) すでに存在すること。きぞん。

毀損(きそん) こわすこと。傷つける。「名誉―」

北(きた) 東西南北の方向の一。「―風」★南

危殆(きたい) 流動し定形のない物質。ガス体。危険。危地。

危急(きたい) 流動し定形のない物質。ガス体。

気体(きたい) 流動し定形のない物質。ガス体。

希代(きたい) 〔稀代〕世にまれ。希世。不世出。

奇態(きたい) 奇妙なさま。風変わりな様子。

期待(きたい) 心待ちにする。待ち望む。「―薄」

機体(きたい) 飛行機の本体。

議題(ぎだい) 会議で検討する題目。討論事項。

擬態語(ぎたいご) 状態や動作を描写する語。

鍛える(きたえる) 金属をかたくする。鍛練する。

帰宅(きたく) 外出先から自宅へ帰ること。

寄託(きたく) 他人に預けて保管を頼むこと。

着丈(きたけ) 背丈にあわせた着物の寸法。

来す(きたす) 悪い結果をもたらす。「支障を―」

気立て(きだて) 心だて。気質。性質。

汚い(きたない) 〔穢い〕汚れている。下品。卑怯。

来る(きたる) やってくる。この次の。★去る

気団(きだん) 気流の集団。

奇談(きだん) 〔綺談〕不思議な話。珍しい話。奇聞。

疑団(ぎだん) 心中にわだかまる疑惑。

吉(きち) 縁起がよい。「―と出る」。凶ではない。

忌憚(きたん) 遠慮すること。「―のない意見」

危地(きち) 危ない場所・局面。「―を脱する」

既知(きち) すでに知っていること。★未知

基地(きち) 根拠とする地。「飛行―」

奇知(きち) 〔奇智〕奇抜な知恵。才知。ウィット。

機知(きち) 〔機智〕臨機応変に働く才知。ウィット。天才的な知恵。

鬼畜(きちく) 鬼と畜生。残酷で非情な者。

吉事(きちじ) 慶事。めでたいこと。★凶事

きちしつ―きね

吉日(きちじつ) めでたい日。縁起がよい日柄。

帰着(きちゃく) 帰り着くこと。行き着く「―点」

忌中(きちゅう) 喪に服する期間。

几帳(きちょう) 間仕切り用の室内調度。

記帳(きちょう) 帳簿に記入すること。帳付け。

基調(きちょう) 楽曲の中心となる音階。根底の考え。

貴重(きちょう) 非常に大切なこと。得がたい「―品」

議長(ぎちょう) 会議を運営する代表者。議院長。

機長(きちょう) 航空機乗務員中の最高責任者。

几帳面(きちょうめん) きちんとしきたりめいてきれい。厳格なさま。

吉例(きちれい) めでたい先例。

木賃宿(きちんやど) 粗末な安宿。木銭宿。

喫煙(きつえん) たばこを吸うこと。「―所」⇔禁煙

吃音(きつおん) どもること。つもった声音。

気遣い(きづかい) 心遣い。心配。懸念。

気疲れ(きづかれ) 気を遣うため精神的に疲れる。

吉凶(きっきょう) 吉事と凶事。禍福「―を占う」

喫驚(きっきょう) びっくりすること。

喫緊(きっきん) 差し迫って重要なこと。

着付け(きつけ) 着慣れている。着こなし方。

気付(きづけ) 手紙が同等または目上の先に張り合う。紹介所で張り合うこと。

拮抗(きっこう) 力が同等で張り合うこと。

亀甲(きっこう) カメの甲。紋所「―店」「―室」

喫茶(きっさ) 茶を飲むこと。「―店」「―室」

切っ先(きっさき) 〔鋒〕刃物の先端。先端。

生っ粋(きっすい) 混じりけがないさま。

喫水(きっすい) [吃水]水面と船底の距離。吸う。

屹然(きつぜん) 高くそびえ立つさま。孤高。

吉相(きっそう) 福々しい人相。吉事の前ぶれ。

吉兆(きっちょう) めでたいことの前ぶれ。「―の凶兆」

切符(きっぷ) 乗車券や乗船券。資格。権利。

気っ風(きっぷ) 気きまえ。気性。「―のいい男」

吉報(きっぽう) めでたい知らせ。果報。⇔凶報

気褄(きづま) 相手の思惑。機嫌。「―を合わす」

気詰まり(きづまり) きゅうくつな気分。

詰問(きつもん) 問いつめること。なじり問うこと。

屹立(きつりつ) 山や建物が高くそびえ立つさま。

既定(きてい) すでに決まっている。⇔未定

基底(きてい) 物事を支える土台。立体の底面。

規定(きてい) 決まり。規則として定めること。法令。

規程(きてい) 合議して決めさだめ。標準規則。

議定(ぎてい) 合議して決めること。「―書」

汽笛(きてき) 蒸気で鳴らす笛。その音。

奇天烈(きてれつ) 様子が極めて奇妙なさま。「奇妙―」

起点(きてん) 始まる所。出発点。⇔終点

基点(きてん) もととなる所。測量の基準点。

機転(きてん) [気転]心の機敏な働き。

貴殿(きでん) 同輩以上の男性への敬称。

疑点(ぎてん) 疑いのある部分。疑わしいふし。

企図(きと) くわだて。もくろみ。企て。

帰途(きと) 帰り道。帰路。「―につく」

木戸(きど) 城門。開き戸。興行場の出入口。

祈禱(きとう) 神仏に祈ること。儀式。「―師」

亀頭(きとう) 陰茎の先端部分。

気道(きどう) 鼻・口から肺までの空気の通路。

軌道(きどう) わだち。線路。天体が通る道。

起動(きどう) 働きを起こすこと。始動。「―機」

機動(きどう) 状況に応じ迅速に活動すること。

危篤(きとく) 今にも死にそうな状態。重態。

奇特(きとく) 行いが殊勝なこと。「―な人」

既得(きとく) すでに手に入れている。「―権」

気長(きなが) 気が長い。のんびり。⇔気短

着流し(きながし) 袴を付けないままの生地や糸。

生成り(きなり) さらさないままの生地や糸。

気取り(きどり) 体裁を飾る。上品ぶる。

記入(きにゅう) 書き入れること。書き込むこと。

帰任(きにん) もとの任地・任務に戻ること。

危難(きなん) 危ういこと。災難。難儀。

衣(きぬ) 着物。衣服。

絹(きぬ) 蚕から採った繊維。絹織物。

絹漉し(きぬごし) 絹でこすりめの細かな豆腐。

絹擦れ(きぬずれ) 衣服のすれ合う音。

砧(きぬた) [碪]布を打つ木や石の台。〔音〕

杵(きね) うすで餅をつく道具。

きねつか―きみ

杵柄 きねづか 杵のえ。技量。「昔とった―」

祈念 きねん 心を込めて祈り念じること。祈願。

記念 きねん 思い出に残る事「―撮影」

疑念 ぎねん 本当か否かを疑う気持「―を抱く」

昨日 きのう 今日の前の日。さくじつ。

帰納 きのう 個々の事実から普遍を導くこと。

機能 きのう 働き。作用。「―障害」「―的」

技能 ぎのう 技巧。腕前。技「―検定」「―特殊」

甲 きのえ 十干の第一。

茸 きのこ [菌胞子で増える大型菌類］。図

乙 きのと 十干の第二。

気の毒 きのどく 人の不幸など に心を痛める

着の身着のまま きのみきのまま 着ている服以外に何も持っていない「―で逃げ出す」

気乗り きのり その気になる。興味を感じる。

牙 きば 獣のとがった犬歯。「―をむく」

木場 きば 材木を蓄えておく場所。貯木場。

騎馬 きば ウマに乗ること。

気迫 きはく 〔気魄〕激しい気力。意気込み。

希薄 きはく 〔稀薄〕濃度や密度が薄いこと。

揮発 きはつ 沸点以下で気化すること。「―剤」「―油」

起爆 きばく 爆発させること。「―装置」

気晴らし きばらし うさ晴らし。気散じ。

気張る きばる 勇み立つ。奮発する。

規範 きはん 〔軌範〕よるべき標準。手本。

基盤 きばん 土台。基礎。

忌避 きひ 忌み避けること。嫌い除けること。

機微 きび 微妙でかすかな趣。きざし。

忌引き きびき 欠勤・欠席して喪に服す。

厳しい きびしい 〔酷しい〕厳か。厳重。厳格。「―しっぺ返す」

踵 きびす かかと。くびす。「―を返す」

起筆 きひつ 書きはじめること。←擱筆

偽筆 ぎひつ 他人の書に似せて書く。↔真筆

奇病 きびょう 奇妙な病気。珍しい病気。

気品 きひん 名誉・地位のある物腰。「―室」

貴賓 きひん 身分の高い客。「―室」

機敏 きびん 鋭いさま。素早いさま。敏活。

寄付 きふ 〔寄附〕公共事業などへの贈与。

棋譜 きふ 囲碁・将棋の対局の記録。

義父 ぎふ 義父。養父。配偶者の父。

気風 きふう 気質。気立。「―のよい」

忌服 きふく 喪中。服忌。喪に服すること。

起伏 きふく 高低。盛衰。感情の「―」

帰服 きふく 〔帰伏〕支配下に入り従う。帰順。

技法 ぎほう 技術と方法。手法。テクニック。

希望 きぼう 願い。望み。明るい見通し。

機鋒 きほう 〔鋒〕予気。切っ先。攻める勢い。

既報 きほう すでに報知した事。「―の通り」

気泡 きほう 液体中に包まれたあぶく。あわ。

義母 ぎぼ 養母。継母。配偶者の母。↔実母

規模 きぼ 構え。スケール。仕組み。「広大」

詭弁 きべん 言いくるめ、こじつけた議論。

奇癖 きへき 珍しいくせ。変なくせ。

義憤 ぎふん 正義感からの怒り。いきどおり。

奇聞 きぶん 不思議な話。奇妙なうわさ。

気分 きぶん 気持ち。雰囲気。趣。「―屋」

器物 きぶつ うつわもの。道具。「―損壊」

貴婦人 きふじん 身分の高い家柄の女性。図

着膨れ きぶくれ 重ね着して太って見える。図

気味 きみ 様子。趣。傾向。気持ち。「風邪―」

欺瞞 ぎまん だまごまかす。あざむくこと。

決まり きまり 〔極り〕決定法。決定例。「―手」

気儘 きまま わがまま。思いのまま。勝手。

期末 きまつ ある期間の終わり。↔期首

生真面目 きまじめ きわめてまじめ。

気紛れ きまぐれ 気分や天候が変わりやすい。

気前 きまえ 物惜しみしない気質。気立。

基本 きほん 土台。「―給」

気骨 きぼね 気を遣うこと。気苦労。心配。

擬宝珠 ぎぼし 欄干の柱の頭につける飾り。

黄身
卵黄（胚）の栄養となるもの。

君が代
日本の国歌。

気短
短気。怒りやすいたち。‡気長

気密
密閉されていること。「―室」

機密
国や組織の重要な秘密。「―費」

気脈
連絡。意思の通い合い。血管。

奇妙
珍しい様子。不思議な様子。

義務
当然なすべきこと。「―教育」

生娘
処女。うぶで子どもっぽい娘。

木目
【木理】もくめ。

肌理
皮膚などの表面の細かいあや。

記名
姓名を書き記すこと。「―投票」

偽名
偽りの名前。⇔実名

決め手
解決の証拠。決める方法。

決める
【極める】定める。確定する。

鬼面
鬼の顔。仮面。「―人を驚かす」

肝
【胆】肝臓。内臓。気力。「―試し」

肝煎り
気をとりもつこと。斡旋する。

起毛
織物の表面をけば立たせること。

気持ち
感情。心持ち。気分。考え。

肝玉
胆力。勇気。「肝っ―」

着物
衣服。衣装。和服。洋服。

鬼門
避けるべき方角。苦手。「―審」「視―詞」「除―」

疑問
さからう。規定。

規約
約束により定めた規則。規定。

偽薬
薬効のない薬。プラシーボ。

客員
客として待遇する人。かくいん。

客足
商店等への客の入り具合。

脚韻
詩句の末尾に踏む韻。⇔頭韻

偽客
さくら。

逆
さからう。

規数
その数になる数。

客人
客として来ている人。お客。

逆心
謀反の心。背く心。逆意。

客色
演劇などの脚本に仕立てること。

脚上
上気。血迷う。のぼせ上がる。

逆襲
反撃。攻勢に転じること。

客車
旅客を乗せる列車・車両。⇔貨車

逆算
さかのぼって逆に計算すること。

虐殺
なぶり殺し。残酷な殺し方。

逆縁
親が子の供養をする。⇔順縁

客演
他の劇団などに招かれ出演する。

逆接
文・句の接続関係の一。⇔順接

客席
劇場などで客が座る席。

虐政
人民を苦しめる政治。苛政。

客筋
客だね。客の種類。得意筋。

逆数
その数に掛けてその数になる数。

逆心
謀反の心。背く心。逆意。

客人
客として来ている人。お客。

脚色
演劇などの脚本に仕立てること。

脚力
歩く力。足の強さ。「―がある」

逆流
逆方向に流れること。

逆用
逆に利用すること。

客間
客をもてなす部屋。客室。

脚本
演劇などの手順を書いた台本。

逆風
進む方向と逆に吹く風。宙返り。⇔順風

客土
肥えた土を入れること。かくど。

逆転
関係・形勢が逆になる。「―注釈」

脚注
本文の下にある注釈。⇔頭注

客分
客としてもてなされること。人。

逆待
いじめること。残酷な扱い。

客体
行為や実践の対象。⇔主体

逆送
返送。もとへ返すこと。

脚線美
女性の、脚の曲線の美しさ。

華奢
【花車】ほっそりとして弱々しい。

気安い
遠慮がない。気安い。心安い。

気休め
その場限りの安心・満足。

着瘦せ
服を着るとやせて見える。

気立て
気立て。心立て。

脚立
【脚榻】はしご状の四脚の踏み台。

却下
訴訟や申請を退けること。棄却。

客観
認識や行動の対象。⇔主観

逆境
苦労の多い不幸な境遇。⇔順境

脚光
舞台で足元から射す光。逆光線。

逆行
反対の方向に進む。順序が逆。

脚絆
歩きやすいようにすねに巻く布。

脚立

きゃらーきゅうしゅつ

伽羅（きゃら） 沈香から採る香料。濃茶色。

灸（きゅう） もぐさを使う温熱療法。やいと。

急（きゅう） 速く激しい。切迫した。突然。

球（きゅう） 丸い立体形。玉。

杞憂（きゆう） 取り越し苦労。むだな心配。

義勇（ぎゆう） 正義のため勇気を奮うこと。

喜憂（きゆう） 喜びと憂い・嘆き。

求愛（きゅうあい） 異性の愛情を求めること。

旧悪（きゅうあく） 以前に犯した悪事。「―露見」

吸引（きゅういん） 吸い込む。引きつける。「―力」

吸飲（きゅういん） 吸って飲むこと。「アヘンの―」

休演（きゅうえん） 出演・公演を休むこと。

救援（きゅうえん） 困難から救い助ける。「―活動」

旧家（きゅうか） 古くからの由緒ある家柄。

休暇（きゅうか） 休むこと。「有給―」

休会（きゅうかい） 定例会や議会を休止すること。

球界（きゅうかい） 野球にかかわる人々の社会。

嗅覚（きゅうかく） においに対する感覚。臭覚。

休学（きゅうがく） 学校を一定期間休むこと。

休火山（きゅうかざん） ずっと活動していない火山。

久闊（きゅうかつ） 昔のすがた。「―を叙する」「―無音」

旧観（きゅうかん） ぶさた。無音。

休刊（きゅうかん） 定期刊行物の刊行を休むこと。

休館（きゅうかん） 美術館・映画館などの休業。

急患（きゅうかん） 急な手当てを要する傷病者。

休閑地（きゅうかんち） 耕作を一時休んでいる土地。

吸気（きゅうき） 気体を吸いこむ。呼気⇔排気

球技（きゅうぎ） ボールを使う運動競技。

球戯（きゅうぎ） 球を使う遊戯、特にビリヤード。

汲汲（きゅうきゅう） あくせくして余裕がない様子。

救急（きゅうきゅう） 急場の手当てをすること。「―車」

急遽（きゅうきょ） にわかに、慌てて。「―帰国する」

旧教（きゅうきょう） カトリック教。⇔新教

窮境（きゅうきょう） 苦しい境遇・身の上。窮地。

休業（きゅうぎょう） 営業・業務を休み。

究極（きゅうきょく） 窮極。果て、とどのつまり。

給金（きゅうきん） 給料として支払われる金銭。

窮屈（きゅうくつ） 狭いさま。気詰まり。堅苦しい。

休憩（きゅうけい） ひと休み。休息。「―時間」

求刑（きゅうけい） 検察官が被告に刑を求める。

球形（きゅうけい） ボールのような丸い立体形。

急激（きゅうげき） 突然で激しい様子。「―な変化」

吸血（きゅうけつ） 生き血を吸うこと。「―鬼」

急減（きゅうげん） にわかに減ること。⇔急増

救護（きゅうご） 救助して保護すること。「―班」

旧交（きゅうこう） 昔からの交際。「―を温める」

休校（きゅうこう） 学校または生徒が授業を休む。

休講（きゅうこう） 講義を休みにすること。

急行（きゅうこう） 急いで行くこと。「急行列車」の略。

糾合（きゅうごう） 「鳩合」人を集めること。

急降下（きゅうこうか） 飛行機が急角度で降下する。

救国（きゅうこく） 国難を救うこと。「―の英雄」

求婚（きゅうこん） 結婚の申し込み。プロポーズ。

球根（きゅうこん） 球状の地下茎や根。「―栽培」

窮困（きゅうこん） 貧乏で困り苦しむこと。困窮。

休載（きゅうさい） 新聞・雑誌で連載物を休むこと。

救済（きゅうさい） 助け救うこと。「―資金」

窮策（きゅうさく） 苦しまぎれの策略。窮余の策。

九死（きゅうし） ほとんど死にそうな危機状態。

旧址（きゅうし） 建物や事件のあった跡。旧跡。

休止（きゅうし） 一時休むこと。動きが止まる。

臼歯（きゅうし） 奥にある臼形の歯。奥歯。

急死（きゅうし） 突然死ぬこと。急逝せい。

灸治（きゅうじ） 灸をすえて治療すること。

休日（きゅうじつ） 休みの日。⇔出勤

給湿（きゅうしつ） 湿気を吸収すること。「―性」⇔除湿

旧式（きゅうしき） 古い型・様式・考え。⇔新式

給仕（きゅうじ） 飲食・雑用の世話、世話する人。

厩舎（きゅうしゃ） うまや。馬小屋。家畜小屋。

休車（きゅうしゃ） 車を使わず休ませること。

鳩首（きゅうしゅ） 数人が額を寄せ話し合う。「―凝議」

旧習（きゅうしゅう） 古い慣習。旧慣。旧風⇔新風

吸収（きゅうしゅう） 吸い込む。取り入れる。

急襲（きゅうしゅう） 不意をつき襲撃する。不意討ち。

急出（きゅうしゅつ） 危険な現場から救い出す。救助。

救恤（きゅうじゅつ） 困窮者を救うこと。救済。

きゅうしゅん―きゅうはん

急峻（きゅうしゅん） 山や坂などが険しい様子。

急所（きゅうしょ） 体の要所。大切な場所。「勘所」

救助（きゅうじょ） 危難から救い出すこと。「人命―」

急称（きゅうしょう） 以前の呼称。もとの呼び名。

旧情（きゅうじょう） 古い交際。昔よしみ。「―を温める」

旧場（きゅうじょう） 野球場。「神宮―」

球場（きゅうじょう） 野球の試合場をやること。

休場（きゅうじょう） 興行や出場をやめること。

窮状（きゅうじょう） 非常に困り苦しむ状態。

休職（きゅうしょく） 一定期間勤務を休むこと。

求職（きゅうしょく） 職を求めること。↔求人

給食（きゅうしょく） 学校・工場などで出される食事。

牛耳る（ぎゅうじる） 中心者となって支配する。

休心（きゅうしん） [休神]安心する。

休診（きゅうしん） 診察・診療を休むこと。「本日―」

急進（きゅうしん） 急いで進む。理想の実現を急ぐ。

求人（きゅうじん） 雇う人を探し求める。↔求職

吸塵（きゅうじん） ごみ・ちりを吸い取る。「―力」

求心力（きゅうしんりょく） 円の中心方向に働く力。

休す（きゅうす） 終わる。「万事―」

急須（きゅうす） 茶葉と湯を入れせん出す茶器。

吸水（きゅうすい） 水分を吸いこと。↔排水

給水（きゅうすい） 水を供給すること。

窮する（きゅうする） 行き詰まる。苦しむ。

旧制（きゅうせい） 古い制度。もとの制度。↔新制

旧姓（きゅうせい） もとの姓。改姓前の姓。

急性（きゅうせい） 急激に発病すること。↔慢性

急逝（きゅうせい） 突然亡くなること。急死。

救世（きゅうせい） 乱れた世を救うこと。「―主」

旧蹟（きゅうせき） [旧跡]歴史的事件や建物の跡。

救戦（きゅうせん） 戦いを一時やめること。停戦。

急先鋒（きゅうせんぽう） 一か所に集まり一致する。

泣訴（きゅうそ） 泣いて訴えること。

急造（きゅうぞう） 急いで造ること・人。

急息（きゅうそく） 体を休めること。休憩。「―所」

急速（きゅうそく） 進展が速いこと。すみやか。迅速。

急増（きゅうぞう） 急に数量が増す。↔急減

休息（きゅうそく） 体を休めること。休憩。「―所」

急速（きゅうそく） すみやか。迅速。

及第（きゅうだい） 試験に合格する。「―点」↔落第

旧態（きゅうたい） 旧来の状態。「―依然」

休題（きゅうだい） それまでの話をやめる。「閑話―」

糾弾（きゅうだん） [糺弾]罪状を厳しく問いただす。

球団（きゅうだん） プロ野球を事業とする団体。

旧知（きゅうち） 古くからの知り合い。

窮地（きゅうち） 苦しい立場。窮境。「―に立つ」

求知心（きゅうちしん） 知識を求める心。

吸着（きゅうちゃく） 吸いつくこと。「―力」「―剤」

宮中（きゅうちゅう） 宮殿の中。神宮の境内。禁中。

急追（きゅうつい） 激しく追い上げること。

窮追（きゅうつい） 逃げられないほど追いつめること。

休廷（きゅうてい） 法廷を一定期間閉じること。

宮廷（きゅうてい） 天皇・国王の住む御所。「―文学」

仇敵（きゅうてき） 憎き相手。かたき。あだ。

九天（きゅうてん） そら。全宇宙。天上。宮中。

急転（きゅうてん） 「情勢が―する」急に変わること。

宮殿（きゅうでん） 天皇・国王などの住む御殿。

急電（きゅうでん） 電力を供給する配電。

給電（きゅうでん） 電力を供給する配電。

旧套（きゅうとう） 古い形式や型。「―を脱しない」

急騰（きゅうとう） 物価や株が急に上がる。↔急落

給湯（きゅうとう） 湯を供給すること。「―設備」

弓道（きゅうどう） 弓で矢を射る武道の一つ。弓術。

求道（きゅうどう） 真理を求め努力する。ぐどう。

牛刀（ぎゅうとう） 差し迫った牛を裂く大きな肉切り包丁。

急難（きゅうなん） 差し迫った災難。事変。

救難（きゅうなん） 災難から救うこと。「―活動」

吸入（きゅうにゅう） 吸い込む。吸い入れる。「酸素―」

牛乳（ぎゅうにゅう） ウシの乳汁。ミルク。「―生」

旧年（きゅうねん） 去年。新年。昨年。

急派（きゅうは） 急いで派遣すること。

急場（きゅうば） 急いだ場合。せっぱ詰まった場面。

九拝（きゅうはい） 最敬礼。手紙の結語。「三拝―」

朽廃（きゅうはい） 朽ちて役に立たなくなること。

急迫（きゅうはく） 差し迫ること。せっぱ詰まる。

窮迫（きゅうはく） 行き詰まった状態。生活に困る。

急坂（きゅうはん） 傾斜の度合いが大きい坂。

吸盤（きゅうばん） タコなどの吸着する器官。

きゅうひ―きょうか

給費（きゅうひ）費用を支給すること。「―生」

給肥（きゅうひ）〖牛皮・白玉粉〗で作る和菓子の一。

急病（きゅうびょう）急に起こった病。

給付（きゅうふ）金品などを与える。交付する。

求聞（きゅうぶん）古くから伝わる話。以前から伝わる話。

旧弊（きゅうへい）古い悪習慣、それにとらわれる。

急変（きゅうへん）急に変わる。急に起こった変事。

急募（きゅうぼ）急いで募集すること。「―店員」

牛歩（ぎゅうほ）ウシのようにのろい歩み。

旧法（きゅうほう）廃止された古い法令。古い方法。

急報（きゅうほう）急いで知らせる。急の知らせ。

窮乏（きゅうぼう）貧乏に苦しむこと。「―生活」

旧盆（きゅうぼん）旧暦にて行う盂蘭盆会。

休眠（きゅうみん）活動をやめた静止状態。「―会社」

窮民（きゅうみん）貧乏に苦しんでいる人民。

急務（きゅうむ）急を要する仕事・任務。

究明（きゅうめい）真理を追究して明らかにする。

糾明（きゅうめい）〖糺明〗罪や悪事を明らかにすること。

救命（きゅうめい）人命を救うこと。「―胴衣」「―艇」

窮命（きゅうめい）極めて苦しい目にあうこと。

糾問（きゅうもん）〖糺問〗罪を問いただすこと。尋問。

旧約（きゅうやく）昔の約束。旧約聖書の略。

給油（きゅうゆ）燃料油の補給・潤滑油の注入。

旧友（きゅうゆう）古い友達。昔からの友。

給与（きゅうよ）金品を与えること。給料・手当。

窮余（きゅうよ）苦しまぎれに。「―の一策」

休養（きゅうよう）身心・体力を養う。

急用（きゅうよう）急ぎの用事。

旧来（きゅうらい）もとから。以前から。従来。

及落（きゅうらく）及第と落第。「―会議」

急落（きゅうらく）物価などが急に下がる。↔急騰

急流（きゅうりゅう）勢いの急な水の流れ。「―地帯」

給料（きゅうりょう）労力の報酬。金給。給与。

丘陵（きゅうりょう）丘・小山。低い山地。「―地帯」

旧暦（きゅうれき）陰暦。太陰暦。↔新暦

居（きょ）住む場所・住居。「―を構える」

挙（きょ）行動。「反撃の―に出る」「油断の―」

虚（きょ）役立つ行いをしない。「―をつく」

寄与（きよ）役立つこととなけなすこと。貢献。「町に―する」

毀誉（きよ）大きな悪・大悪人。「―を闘う」

巨悪（きょあく）大きな悪・大悪人。「―と闘う」

清い（きよい）汚れがない。きれい。「―心」

凶（きょう）よくない。運が悪い。↔吉

京（きょう）みやこ。京都の特称。「―人形」

経（きょう）仏の教えを記した文章。けい。

興（きょう）おもしろみ。「―を添える」

紀要（きよう）定期刊行の学術論文集。

今日（きょう）こんにち。本日。「―このごろ」

起用（きよう）人を取り立てて役割につける。

器用（きよう）手先が巧みなこと。要領がよい。「―な心」

狭隘（きょうあい）面積や度量が狭いこと。「―な心」

凶悪（きょうあく）〖兇悪〗極悪。残忍なこと。「―犯」

強圧（きょうあつ）強い力で押しつけること。「―な心」

胸囲（きょうい）胸の周り（の長さ）。バスト。

脅威（きょうい）おどし。おびやかすこと。

驚異（きょうい）非常に不思議な驚くべきこと。

境域（きょういき）さかい。区別された範囲。領域。

教育（きょういく）知識を授け、教え育てること。

教員（きょういん）学校の教師。先生。「―免許状」

強運（きょううん）強い運勢。「―の持ち主」

共栄（きょうえい）ともに栄えること。「―共存」

共営（きょうえい）事業などを共同して営むこと。

競泳（きょうえい）一定距離を泳いで速さを競う競技。

共益（きょうえき）共同の利益。団地の「―費」

恐悦（きょうえつ）〖恭悦〗かしこまって喜ぶこと。

共演（きょうえん）主役格の者が一緒に出演する。

競演（きょうえん）同じ劇や役を競って演じること。

饗宴（きょうえん）もてなしのための酒盛り。

饗応（きょうおう）〖供応〗酒食のもてなし。接待。

跫音（きょうおん）あしおと。「―空谷の―」

狂歌（きょうか）おどけた調子の和歌・短歌。

強化（きょうか）弱点を補い強くする。↔弱化

教化（きょうか）教えて善に導くこと。

恭賀（きょうが）つつしんで祝うこと。「―新年」

仰臥（ぎょうが）あおむけに寝ること。↔伏臥

きょうかい～きょうこう

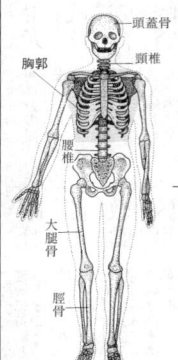

協会（きょうかい）会員が協力して組織する会。

教会（きょうかい）信徒が集会する所。信徒の組織。

教戒（きょうかい）〖教誡〗教え戒めること。訓戒。「━罪人を━する」

教誨（きょうかい）教えさとすこと。

境界（きょうかい）さかい。区切り。「━線」

境涯（きょうがい）身の上。境遇。立場。「不幸な━」

業界（ぎょうかい）同業者仲間の社会。「━紙」

凝塊（ぎょうかい）凝り固まったもの。かたまり。

胸郭（きょうかく）〖胸廓〗胸部を取りまく骨格。

侠客（きょうかく）男だて。任侠を看板にする男。

共学（きょうがく）男女が一緒に学ぶこと。「━校」

驚愕（きょうがく）ひどく驚いて心が乱れること。

教学（きょうがく）教育と学問。「━の刷新」

教唆（きょうさ）教えそそのかすこと。「━犯人」

仰角（ぎょうかく）上を見る視線と水平面のなす角。

経帷子（きょうかたびら）死者に着せる白い着物。

恐喝（きょうかつ）おどしつけて金品をゆする。

共感（きょうかん）他人の考えに同意する心。同感。

凶漢（きょうかん）〖兇漢〗悪者。悪漢。

叫喚（きょうかん）大声でわめき叫ぶこと。「━のるつぼ」

行間（ぎょうかん）文章の行と行の間。「━を読む」

凶器（きょうき）〖兇器〗殺傷に使われる道具。

狂気（きょうき）気が狂っていること。⇔正気

狂喜（きょうき）狂わんばかりに喜ぶ。「━乱舞」

驚喜（きょうき）思いがけず驚き喜ぶこと。

侠気（きょうき）男だての心。おとこぎ。

狭軌（きょうき）レールで狭いもの。⇔広軌

強記（きょうき）物覚えがよいこと。「博覧━」

強毅（きょうき）心が強く、しっかりしている。

協議（きょうぎ）寄り合って相談する。「━離婚」

狭義（きょうぎ）範囲を狭めた意味。⇔広義

教義（きょうぎ）その宗教の教えの旨。教理。

経木（きょうぎ）杉材などを薄く削ったもの。

競技（きょうぎ）技術を競い、優劣を争うこと。

行儀（ぎょうぎ）立ち居ふるまいの作法。

橋脚（きょうきゃく）橋げたを支える柱。脚柱。

供給（きょうきゅう）必要に応じ物を与えること。⇔需要

競競（きょうきょう）おそれてびくびくするさま。

仰仰しい（ぎょうぎょうしい）大げさなさま。

胸襟（きょうきん）胸の内。心胸。「━を開く」

教訓（きょうくん）教えさとすこと・言葉。

境遇（きょうぐう）身の上。巡りあわせ。「貧しい━」

行啓（ぎょうけい）〖夾撃〗皇太后・皇后・東宮などの外出。

挟撃（きょうげき）〖夾撃〗挟みうち。「━作戦」

凝血（ぎょうけつ）血液が固まること。固まった血。

凝結（ぎょうけつ）凝り固まる。気体が液体になる。

狂犬（きょうけん）狂犬病にかかったイヌ。

恭倹（きょうけん）慎み深く控えめにうやうやしい態度でへりくだること。

恭謙（きょうけん）うやうやしい態度でへりくだること。

強健（きょうけん）体がじょうぶなこと。⇔病弱

強権（きょうけん）強い権力。国家の強制的な権力。

狂言（きょうげん）日本の古典的な喜劇の一。うそ。「━強盗」精神が強くて固い。強堅。

凝固（ぎょうこ）液体が固まること。⇔融解

教護（きょうご）非行少年を教育し保護すること。

凝固（ぎょうこ）書状の結語。

恐惶（きょうこう）おそれ入ること。

恐慌（きょうこう）おそれ慌てること。経済の混乱。

凶行（きょうこう）〖兇行〗凶悪な行い。悪事。

強行（きょうこう）無理に行う。敢行。

強攻（きょうこう）強引に攻めること。「━策」

強硬（きょうこう）譲らず手ごわいさま。⇔柔軟

教皇（きょうこう）ローマカトリック教会の首長。

強豪（きょうごう）強くて手ごわい相手。「━チーム」

競合（きょうごう）競り合うこと。「━他社」

驕傲（きょうごう）おごりたかぶること。「━な態度」

行幸（ぎょうこう）天皇が外出すること。⇔還幸

きょうこう〜きょうせん

暁光（ぎょうこう） 明け方の光。

僥倖（ぎょうこう） 思いがけない幸い。偶然の幸運。

強行軍（きょうこうぐん） 無理な計画で実行すること。

峡谷（きょうこく） 深く険しい谷。V字谷。

強国（きょうこく） 軍事力・経済力をあわせ助け合う。「―組合」

教唆（きょうさ） 悪事をするようそそのかすのか。煽動（せんどう）。

共済（きょうさい） 力をあわせ助け合う。「―組合」

共催（きょうさい） 二つ以上の団体が共同主催する。

恐妻（きょうさい） 夫が妻に頭が上がらない。「―家」

凶作（きょうさく） 作物の実りがひどい。因豊作

狭窄（きょうさく） すぼまって狭いこと。「幽門―」

教材（きょうざい） 教授・学習に使う材料。

夾雑（きょうざつ） 中によけいなものが混じること。

興醒め（きょうざめ） 興味がそがれること。

共産（きょうさん） 財産などを共有すること。「―圏」

協賛（きょうさん） 趣旨に賛同し助力すること。

仰山（ぎょうさん） はなはだ多いさま。大げさな。

教師（きょうし） 先生。教員。宗派の指導者。

凶事（きょうじ） 不吉な出来事。因吉事

矜持（きょうじ） 誇り。プライド。自信。「矜恃」とも。

教示（きょうじ） 教え示すこと。「―を請う」

仰視（ぎょうし） 仰ぎ見ること。

凝視（ぎょうし） 目を凝らしてじっと見つめる。

行司（ぎょうじ） 相撲で勝負を判定する役・人。

行事（ぎょうじ） 日を決めて行う事柄。「年中―」

教室（きょうしつ） 授業・講義を行う部屋。習い事。

凶日（きょうじつ） 不吉で縁起の悪い日。因吉日

強者（きょうしゃ） 勢力や実力が強い人。因弱者

驕奢（きょうしゃ） おごり。うぬぼれ。ぜいたく。

業者（ぎょうしゃ） 商工業を営む者。同業者。「請負―」

強弱（きょうじゃく） 強いと弱い。強さの程度。

拱手（きょうしゅ） 何もしないこと。手をこまねく。

興趣（きょうしゅ） 面白み。おもむき。「―が増す」

享受（きょうじゅ） 自分の中に取り入れること。

教授（きょうじゅ） 教え授けること。大学などの教師。

業種（ぎょうしゅ） 事業や営業の種類。

教習（きょうしゅう） 技術を教え習わせること。「―所」

強襲（きょうしゅう） 激しい勢いで襲い攻める。

嬌羞（きょうしゅう） 女性の、なまめかしいはじらい。

郷愁（きょうしゅう） 故郷に寄せる思い。「―を覚える」

凝集（ぎょうしゅう） 一か所に集まり固まること。

恐縮（きょうしゅく） 申し訳なくおそれ入ること。

凝縮（ぎょうしゅく） 一つに固まり縮まること。凝結。

供出（きょうしゅつ） 農作物の割当量を政府に売る。

供述（きょうじゅつ） 尋問に対して述べること。「―書」

恭順（きょうじゅん） つつしんで命令や意思に従う。

教書（きょうしょ） 権力者が発する文書。「一般―」

行書（ぎょうしょ） 漢字書体の一つ。

協商（きょうしょう） 協議among国家間の協定。

狭小（きょうしょう） 狭くて小さいさま。因広大

凶状（きょうじょう） 身持ち、品行。死者の業績。

教条（きょうじょう） 教会公認の教義ドグマ。「―主義」

凶商（きょうしょう） 商品を売り歩く商売。「―品」

行商（ぎょうしょう） 商品を売り歩く商売。

凶状（きょうじょう） 罪状。罪の経歴。「―持ち」

教職（きょうしょく） 教育する職員。「―課程」

興じる（きょうじる） 面白がる。愉快である。

狂信（きょうしん） 異常なまでに信じる。「―者」

恭慎（きょうしん） 恭しくつつしむこと。

強震（きょうしん） 震度5の強い地震。「―計」

凶刃（きょうじん） [兇刃] 人殺しなどに使う刃物。

強靭（きょうじん） しなやかで非常に強いこと。

行水（ぎょうずい） たらいの水や湯で汗を流す。

供する（きょうする） 差し出す。役立たせる。「閲覧に―」

強請（きょうせい） 無理やり頼むこと。ゆする。

強制（きょうせい） 力ずくでさせる。無理じいする。「―的」

矯正（きょうせい） 欠点を正しく直すこと。「悪習を―する」「―術」

匡正（きょうせい） 正しく改めること。

共生（きょうせい） [共棲] ともに生活すること。

饗する（きょうする） ごちそうしてもてなす。

行政（ぎょうせい） 立法・司法以外の国家作用の一つ。

強請（きょうせい） 無理じいて頼む。「―的」

嬌声（きょうせい） 女性のなまめかしい声。

暁星（ぎょうせい） 夜明けに残る星。品行、身持ち、行状。「不―」

行跡（ぎょうせき） 品行。身持ち。行状。「不―」

業績（ぎょうせき） 事業や学術研究などの成果。

凝然（ぎょうぜん） じっとして動かない様子。

きょうそ―きょうほう

教祖（きょうそ） 宗教・宗派を最初に開いた人。

狂騒（きょうそう）【狂躁】狂ったように騒ぐこと。

強壮（きょうそう） 健康で強いこと。「―剤」強健。

競争（きょうそう） 競い合うこと。競り合い。競合。

競走（きょうそう） 走り比べ。「自転車―」

競漕（きょうそう） ボートレース。レガッタ。

胸像（きょうぞう） 人物の胸から上の彫刻・絵画。

形相（ぎょうそう） 顔かたち。顔つき。様子。

狂想曲（きょうそうきょく） 自由な手法の器楽曲。

協奏曲（きょうそうきょく） 弦楽器や管独奏楽器と管弦楽の合奏曲。

脇息（きょうそく） 座った時、脇に置くひじ掛け。

教則（きょうそく） 物事を教授する上での規則。

共存（きょうそん） ともに生存・存在する。「―共栄」

怯懦（きょうだ） 憶病で気が弱い。「―な性格」

強打（きょうだ） 強く打つこと。打力があること。

狂態（きょうたい） 正気とは思えない態度。色っぽい態度。

嬌態（きょうたい） 色っぽい態度。こびる様子。

兄弟（きょうだい） 親を同じくする間柄。同胞。

強大（きょうだい） 強く大きいこと。⇔弱小

鏡台（きょうだい） 姿見のための鏡を立てた台。

業態（ぎょうたい） 事業や営業の状態。「―小売」

供託（きょうたく） 金品などを一定の所に寄託する。

驚嘆（きょうたん） 【驚歎】大いに驚いて感心する。

凶弾（きょうだん） 【兇弾】暗殺などに使われた銃弾。

教団（きょうだん） 同一宗教の信者が作った団体。

教壇（きょうだん） 教室で教師が立つ壇。「―に立つ」

境地（きょうち） 立場。心境。「新―を開く」

胸中（きょうちゅう） 胸の中。心中。「―を察する」

共著（きょうちょ） 二人以上が共同して書いた書物。

凶兆（きょうちょう） 不吉な兆し。⇔吉兆

協調（きょうちょう） 譲り合って調和を図ること。⇔

強調（きょうちょう） 調子を強めること。力説する。

胸椎（きょうつい） 肋骨と連結するせき椎の一部。

共通（きょうつう） 二つ以上のどれにも通じること。

教程（きょうてい） 教育する手順・規則。教科書。

協定（きょうてい） 相談して決める。「労使―」

競艇（きょうてい） モーターボートのレース。「―場」

胸底（きょうてい） 心の奥。胸の底。

強敵（きょうてき） 強い敵。手ごわい敵。⇔弱敵

教典（きょうてん） 宗教上、または教育上の教典、主にお経の本。

経典（きょうてん）

仰天（ぎょうてん） 非常に驚くこと。「びっくり―」

暁天（ぎょうてん） 夜明けの空。明け方。「―の星」

共犯（きょうはん） 共同して罪を犯すこと。「―者」⇔主犯

教徒（きょうと） 宗教の信徒。信者。「仏―」

凶徒（きょうと） 【兇徒】凶悪な犯人。

強度（きょうど） 強さの度合い。

教頭（きょうとう） 小・中・高校での校長の次位の職。

共闘（きょうとう） 複数の組織が共同して闘争すること。

郷土（きょうど） 生まれ育った土地。故郷。「―色」

驚倒（きょうとう） 非常に驚くこと。

共同（きょうどう） ともに利用して関わる。

協同（きょうどう） 一緒に事に当たること。「―産学」

教導（きょうどう） 教え導くこと。

行頭（ぎょうとう） 行の最初の一字。⇔行末

享年（きょうねん） 死んだ時の年齢。行年。「―八十」

競売（きょうばい） 競り売り。オークション。

脅迫（きょうはく） 脅し迫ること。「―罪」

強迫（きょうはく） 無理強い。心に強くつきまとう。

今日日（きょうび） 今どき。今日このごろ。

恐怖（きょうふ） 恐ろしく感じること。「―感」

胸部（きょうぶ） 胸の部分。「―疾患」

強風（きょうふう） 強い風。「―注意報」

強兵（きょうへい） 強い軍隊。兵力。

共編（きょうへん） 共同で編集する本。

強弁（きょうべん） 無理に言い張ること。こじつけ。

教鞭（きょうべん） 授業用のむち。「―を執る」

競歩（きょうほ） 定距離を速く歩く陸上競技の一。

凶報（きょうほう） 悪い報告。死去の知らせ。悲報。

教報（きょうほう）

凶暴（きょうぼう） 【兇暴】荒々しく乱暴なさま。

狂暴（きょうぼう） 手に負えないほど乱暴なこと。

きょうぼう―きょくせつ

共謀（きょうぼう）共同して悪事をたくらむこと。

仰望（ぎょうぼう）仰いで見ること。尊敬して慕う。

共有（きょうゆう）共同して所有すること。‡専有

教諭（きょうゆ）免許をもつ常勤の、正規の教員。

協約（きょうやく）協議して約束すること。「労働―」

経文（きょうもん）経典の文章・文句。お経。

嬌名（きょうめい）あでやかなうわさ。高い評判。

驍名（ぎょうめい）武勇の評判。「―をはせる」

共鳴（きょうめい）他人の言動に同感する。共振。

業務（ぎょうむ）商売・事業としての務め。仕事。

興味（きょうみ）面白み。趣。「―深い」

驕慢（きょうまん）おごり高ぶる。人をみくびる。

教本（きょうほん）教えの根本。教則の本。教科書。

狂奔（きょうほん）夢中になり走り回る。奔走する。

喬木（きょうぼく）高い木。高木の旧称。‡灌木

享有（きょうゆう）生まれつき身にもっていること。

梟雄（きょうゆう）残忍でたけだけしい人物。

供与（きょうよ）利益を相手方に与えること。

共用（きょうよう）共同して使用すること。‡専用

供用（きょうよう）使わせる。使えるようにする。

強要（きょうよう）無理やり要求すること。「―罪」

教養（きょうよう）教え育てる。豊かな心・知識。

競落（きょうらく）競売にかけて競り落とすこと。

享楽（きょうらく）快楽にふける。「―主義」

狂乱（きょうらん）気が狂い乱れる。異常なさま。

狂瀾（きょうらん）荒れ狂う大波。混乱した情勢。

供覧（きょうらん）多くの人が見るようにする。

胸裏（きょうり）［胸裡］胸の内。腹の内。心中。

郷里（きょうり）生まれ育った土地。故郷。古里。

共立（きょうりつ）共同で設立すること。「―校」

凝立（ぎょうりつ）身動きもせずじっと立つこと。

恐竜（きょうりゅう）中生代に栄え滅びた巨大ハ虫類。

狭量（きょうりょう）度量が狭いこと。‡広量

橋梁（きょうりょう）橋。かけはし。「―工事」

協力（きょうりょく）力をあわせて努力すること。

強力（きょうりょく）力・作用が大きいこと。強い力。

強烈（きょうれつ）強く激しいさま。強い印象。

行列（ぎょうれつ）大人数が並んだ列。「―を作る」

共和（きょうわ）合議制による政治形態。「―政治」

協和（きょうわ）よくする。仲よくする。「―音」

峡湾（きょうわん）細長い入江。峡江。フィヨルド。

虚影（きょえい）うわべだけを飾るみえ。「―心」

魚影（ぎょえい）群れて泳ぐ魚の姿。「―が濃い」

御苑（ぎょえん）皇室の所有する庭園。「新宿―」

餃子（ギョーザ）中国料理で点心の一種。

炬火（きょか）たいまつ。かがり火。

許可（きょか）願いを聞き届ける。「―証」

漁火（ぎょか）夜に漁の舟でたく火。いさりび。

漁具（ぎょぐ）漁業に使用する道具。

漁区（ぎょく）漁獲を許された区域。

玉音（ぎょくおん）天皇の声。「―放送」

極右（きょくう）極端な右翼思想。「―勢力」‡極左

局外（きょくがい）ある事柄に直接関係のない立場。「―団」

曲技（きょくぎ）かるわざ。曲芸。

曲芸（きょくげい）見世物の一つ。軽わざなどの芸。

局限（きょくげん）範囲を一部に限定すること。

極限（きょくげん）限界。果て。「―状況」

極言（きょくげん）極端な主張を論じる。

極左（きょくさ）極端な左翼思想。「―集団」

玉砕（ぎょくさい）名誉・忠義を重んじて死ぬ。

極小（きょくしょう）極めて小さいこと。最小。‡極大

極少（きょくしょう）数量が極めて少ないこと。

曲折（きょくせつ）曲がりくねる事情。こみ入った事情。

魚介（ぎょかい）魚類と貝類。海産物の総称。

巨魁（きょかい）［渠魁］盗賊・悪漢などの首領。

漁獲（ぎょかく）水産物を捕ること。「―高」「―量」

巨額（きょがく）お金の量が非常に多額。

漁船（省略なし見えず）

巨漢（きょかん）体が非常に大きい男。大男。

巨岩（きょがん）［巨巌］非常に大きな岩。

虚偽（きょぎ）うそ。偽り。「―の証言」‡真実

虚業（きょぎょう）堅実ではない事業。‡実業

漁業（ぎょぎょう）水産物を捕獲・養殖する職業。

極（きょく）極み。果て。極点。電極。

曲（きょく）音楽や歌・メロディー。曲芸。

巨軀（きょく）大きな体。巨体。

曲線
曲がった線。カーブ。⇔直線

極大
きわめて大きなこと。⇔極小

極端
常識を外れたさま。一番はし。

局地
限られた地域。「―的解決」

極地
最果ての地。北極・南極。

極致
最高の境地。「美の―」

曲調
音楽の節。曲の調子。「哀切な―」

曲直
不正と正しいこと。「理非―」

極点
究極の到達点。北極点・南極点。

極度
これ以上ない程度。「―の緊張」

極東
アジア地域。ヨーロッパから見た東アジア地域。

局留め
郵便物を郵便局に留め置くこと。

玉杯
玉のさかずき。立派なさかずき。

曲筆
事実を曲げて書くこと。

局部
一部分。局所。陰部。「―麻酔」

局面
碁などの勝負の形勢。なりゆき。

曲目
音楽の曲の名。「―演奏」

極力
限り一杯。できる限り。「―控える」

玉露
上等の煎茶。玉のような露。

曲論
道理を非に曲げての議論。⇔正論

極論
論じ尽くすこと。極端な議論。

魚群
水中の魚の群れ。「―探知機」

御慶
お喜び。新年を祝う言葉。 [新]

挙行
儀式や行事を執り行うこと。

虚言
うそ。他人をあざむく言葉。

虚構
こしらえごと。フィクション。

倨傲
おごり高ぶる。傲慢。「―な態度」

巨財
大きな財産。「―を築く」

巨刹
大きな寺・寺院。大伽藍から。

巨資
巨額の資本金。「―を投じる」

挙止
立ち居振る舞い。挙動。「―進退」

御璽
天皇の御印。玉璽。「―御名」

挙式
式を挙げること。結婚式。

居室
ふだん居る部屋。居間。

虚実
虚偽と事実。無有と実々。

巨視的
体が弱いこと。ひよわ。「―の礼」

虚弱
体が弱いこととらえること。「―体質」

挙手
手を挙げること。進退。

去就
去ることととどまること。進退。

居住
住む・住まうこと。「―権」

居出
[糶出]金品などを出し合うこと。「―責任」

拠所
居住する場所。いどころ。

巨匠
文化・芸術分野などの大家。

挙証
証拠をあげること。「―責任」

魚礁
魚が多く集まる海底の岩場。

挙措
立ち居振る舞い。挙止。「―進退」

漁船
水産物を捕る船。「遠洋―」

拒絶
拒むこと。断るさ。「―承諾」

虚説
根拠のないうわさ。浮説。

虚勢
うわべだけの勢を張すること。

巨星
動物の生徒せん大きな人。偉大な人。「―墜つ」

御する
ウマを扱う。意のままに動かす。

巨数
数学で、実数での複数数。

虚心
心にわだかまりを持たないこと。

巨人
体の大きな人。大男。偉人。

虚色
うわべだけの飾り。みえ。虚栄。

拒食症
食事を拒絶する症状。「―家」

漁色
次々と女色を求めること。「―家」

虚飾
うわべだけの飾り。みえ。虚栄。

漁場
漁業に適した場所。ぎょば。

去年
昨年。今年の前の年。こぞ。

挙動
ふるまい。様子。挙止。「―不審」

巨頭
一つの政党全体などの代表・長。「―会議」

拠点
活動の足場となる場所。「―戦略」

極光
両極の空に現れるオーロラ。

曲解
ひねくれて解釈すること。誤解。

虚脱
体が弱り気力も尽きた状態。

魚拓
魚の拓本。「―をとる」

許諾
相手の要求を聞き入れる。承諾。

巨大
きわめて大きい。「―産業」⇔微細

巨体
「―をもてあます」

漁村
漁業で生計を立てている村。

虚像
実態とは異なるイメージ。

きよひ―きわ

巨費（きょひ） 巨額の費用。「―を投じる」

拒否（きょひ） 拒むこと。はねつける。拒絶。「―の決定」

許否（きょひ） 許すか許さぬかの意。

御物（ぎょぶつ） 天皇の持ち物。皇室の所蔵品。

虚聞（きょぶん） 偽りの情報。

虚報（きょほう） 偽りの知らせ。

巨砲（きょほう） 大きな大砲。野球の強打者。

虚妄（きょもう） うそ偽り。事実でないこと。

御名（ぎょめい） 天皇の名前。「―御璽」

虚名（きょめい） 実力以上の名声。虚聞。偽りの名。

漁民（ぎょみん） 漁業で生活している人々。

虚無（きょむ） 何もなくむなしいさま。空虚。「―感」

巨万（きょまん） 非常に多い数。巨額。「―の富」

許容（きょよう） 許して認めること。「―範囲」

去来（きょらい） 行ったり来たり。

魚雷（ぎょらい） 艦船攻撃用の魚形水中爆破装置。

清らか（きよらか） 汚れなく美しいさま。「―な心」

巨利（きょり） 大きな利益。

距離（きょり） 隔たり。二点間の長さ。「―走行」

居留（きょりゅう） 一時的に住むこと。仮住まい。

魚鱗（ぎょりん） 魚のうろこ。うろこ形の陣立て。

虚礼（きょれい） 形式だけの礼儀。「―廃止」

漁撈（ぎょろう） 〔漁労〕職として海産物を捕る。

気弱（きよわ） 気が弱いさま。「―な態度」

綺羅（きら） ぜいたくで美しい服。華やかさ。

嫌う（きらう） 好まない。いやがる。避ける。

気楽（きらく） 心配がないこと。のんき。安気。

帰来（きらい） 出先から帰ってくること。

雪花菜（きらず） 〔切らず〕おから。

煌めく（きらめく） 派手に飾る。きらきら光る。

錐（きり） 小さな穴を開ける大工道具。

霧（きり） 水滴が煙のようになる気象。困

切り（きり） 限区切り。段。終わり。

義理（ぎり） 交際上の守らねばならぬ道・礼儀。

切り上げる（きりあげる） 適当に終わらせる。

切り替える（きりかえる） 新しい物と改める。

切り口上（きりこうじょう） 改まった調子の物言い。「紀伊―」

霧雨（きりさめ） 霧のように細かく降る雨。

切り立つ（きりたつ） そそり立つこと。立ちふさがる。

規律（きりつ） 決まり。秩序。

切り詰める（きりつめる） 短くする。倹約する。

切り通し（きりどおし） 山などを切り開いた道。

切り抜ける（きりぬける） 困難から逃れる。

霧吹き（きりふき） 液体を霧状に吹きかける物。

切り札（きりふだ） 決め手。いちばん強い札。

切り干し（きりぼし） 細く切って干したもの。

錐揉み（きりもみ） 飛行機が旋回降下すること。「―縦横」

切り盛り（きりもり） 時に応じたはからいごと。

機略（きりゃく） 大気の流れ。物事をうまく住むこと。「上昇―」「乱―」

気流（きりゅう） 大気の流れ。

寄留（きりゅう） 一時的によそに住むこと。

器量（きりょう） 才能。顔立ち。人柄。手腕。

技量（ぎりょう） 〔伎倆〕腕前。手並み。

議了（ぎりょう） 議事が終わること。審議の終了。

気力（きりょく） 活動に耐える精神力。元気。

麒麟児（きりんじ） 将来有望な優れた若者。

切る（きる） 刃物で断つ・刻む・傷つける。

伐る（きる） 樹木を切り倒す。伐採する。

截る（きる） 〔切る〕はさみなどで布地を裁つ。

罷る（きる） 〔解雇する〕免職にする。

斬る（きる） 人などを刀できる。批判する。

着る（きる） 身につける。「恩に―」

切れ（きれ） 切れ具合。才能などの鋭さ。断片。織物。

切れ味（きれあじ） 切れ具合。才能などの鋭さ。

綺麗（きれい） 〔奇麗〕美しい。清らか。「―好き」

儀礼（ぎれい） 形式を整えた礼儀。礼式。「―的」

亀裂（きれつ） ひびが入ること。その裂け目。

切れ端（きれはし） 切れた跡。所の小部分。

切れ目（きれめ） 切れた跡。終わり。断片。

切れ者（きれもの） 才能・手腕・決断力のある人。

岐路（きろ） 別れ道。ふたまた道。「人生の―」

帰路（きろ） 帰えり道。戻り道。往路

記録（きろく） 記したもの。技の結果・成績。

議論（ぎろん） 互いの考えを論じ合うこと。

際（きわ） ある事のすぐ前の時のこと。

きわく〜きんしつ

疑惑（ぎわく） 疑い惑うこと。疑いの念。「―を抱く」

際立つ（きわだつ） 他との違いが明白で目立つ。

際疾い（きわどい） すれすれのところで危ない。困難なこと。「―性」

極まる（きわまる） 行き詰まる。極限に達する。

極み（きわみ） この上ない。限極限「―感」

極めて（きわめて） この上なく。非常に。

極め付き（きわめつき） 定評がある。折紙つき。

極める（きわめる） 極限まで達し尽くす。追究。

究める（きわめる） 学問などを調べ尽くす。追究。

際物（きわもの） 一時的流行に当て込んだ品。

金斤（きん） 尺貫法の重さの単位。

金（きん） 金属、将棋駒・曜日・色の一。菌類。細菌。ば菌「病原―」

菌（きん） 菌類・細菌。ば菌「病原―」

銀（ぎん） 金属、将棋駒・色の一。しろがね。

禁圧（きんあつ） 権力で圧迫し、禁止すること。

均一（きんいつ） 同じ様なこと。「―性」

金一封（きんいっぷう） 賞金など紙に包んだお金。

近因（きんいん） 近い原因。直接の原因。

近影（きんえい） 最近撮った人物の写真。「著者―」

近詠（きんえい） 詩歌を歌う・うたう（唱）。

吟詠（ぎんえい） 詩歌を歌う・うたう（唱）。

近縁（きんえん） 近い血縁の親類。近い種の生物。

禁煙（きんえん） 喫煙をやめる。喫煙の禁止。

近火（きんか） 近所に起こった火事。「―見舞」

金貨（きんか） 主に金で造った硬貨。

金貨（きんか） 主に金でよろこび申し述べる。硬貨。「記念―」

謹賀（きんが） 謹んでよろこび申し述べる。「―新年」

銀貨（ぎんか） 主に銀で造った硬貨。

銀河（ぎんが） 天の川。銀漢。「―星雲」

近海（きんかい） 陸地に近い海。「―航路」「―魚」

欣快（きんかい） 喜ばしく快い。大変よろこぶ。

金塊（きんかい） 精錬した金のかたまり。

金額（きんがく） 金高。金銭の額。「多大な―」

近刊（きんかん） 近く刊行されること・本。

金冠（きんかん） 金の冠。金冠をかぶせた歯。

禁忌（きんき） 忌み禁じること。タブー。

近眼（きんがん） 遠くがよく見えない目。近視。

近畿（きんき） 京都府付近の二府五県。畿内。

緊急（きんきゅう） 事が重大で急を要する。「―事態」

近況（きんきょう） 近頃の様子。近状。「―報告」

金玉（きんぎょく） 黄金と玉。珍重すべきもの。

禁句（きんく） 使ってはならない語句。タブー。

近景（きんけい） 近くの景色。手前に見える景色。

勤苦（きんく） 勤めつつ苦しむ。休まず努力する。

謹啓（きんけい） 手紙の最初に書くあいさつ語。

金欠（きんけつ） お金がなくて困ること。「―病」

銀行（ぎんこう） 公示文などの冒頭に用いる語。公示文などで行う金融機関。

筋骨（きんこつ） 筋肉と骨。体つき。「―隆々」

金婚式（きんこんしき） 結婚五十年目の祝い。

僅差（きんさ） わずかの差。「―で敗れる」

銀座（ぎんざ） 銀貨鋳造所。都市や町に近い村。近郷。繁華街。

近在（きんざい） 都市や町に近い村。近郷。

金策（きんさく） 金の工面。資金繰り。「―に走る」

近視（きんし） 遠方がよく見え、遠くが見えない。

禁止（きんし） 差し止める。命じてさせない。

近似（きんじ） よく似通っている。「―値」

近時（きんじ） この頃。近頃。最近。

近日（きんじつ） 近いうち。近々。「―中」「―開店」

禁鋼（きんこう） 監獄に入るが労役のない刑。

金庫（きんこ） 金銭や貴重品を保管する箱。

謹言（きんげん） 手紙の末尾の敬語「―恐惶」

金言（きんげん） 尊い言葉。格言。金句。

勤倹（きんけん） 仕事に精を出し、倹約すること。

金権（きんけん） お金の力による権力。「―政治」

金券（きんけん） 金銭の代わりに通用する券。

吟行（ぎんこう） 詩歌を作るため名所に出かける。

謹告（きんこく） 謹んで告げる。

近古（きんこ） 中古と近世の間の時代。

近郊（きんこう） 都市周辺の地域。郊外。「―農業」

均衡（きんこう） つり合いが取れること。「―農業」

欣幸（きんこう） 幸せに思い喜ぶこと。「―の至り」

金工（きんこう） 金の細工する工芸・職人。

金鉱（きんこう） 金の鉱石。それを埋蔵する鉱山。

近郷（きんごう） 近くの村。都市に近い村。

きんしつあいわす―きんらい

琴瑟相和す（きんしつあいわす） 夫婦仲がよい。
禁じ手（きんじて） 使うことを禁じられた手段。
金字塔（きんじとう） ピラミッド。不滅の業績。
筋腫（きんしゅ） 筋肉にできる良性腫瘍。
禁酒（きんしゅ） 飲酒をやめる・禁じること。
錦秋（きんしゅう） 紅葉して錦のように美しい秋。
禽獣（きんじゅう） 鳥と獣。畜生。
緊縮（きんしゅく） 引き締めること。切り詰めること。
近所（きんじょ） 近い所。近辺。「―迷惑」「隣―」
僅少（きんしょう） わずか。ほんの少し。「―の差」
今上（きんじょう） 在位中の天皇の称。「―陛下」
近状・近情（きんじょう） 最近の状況。近頃の様子。
吟誦（ぎんしょう）〔吟唱〕詩歌を節をつけて詠むこと。
吟醸（ぎんじょう） 吟味した原料を用いて醸造する。
禁じる（きんじる） 差し止める。やめさせる。

吟じる（ぎんじる） 詩歌をうたう。吟ずる。
近親（きんしん） 血統の近い親族。親しい家の人。
謹慎（きんしん） 反省し言動を慎む。外出禁止。
近世（きんせい） 現代に近い時代。近代。江戸時代。
禁制（きんせい） 慎しんである行為を禁止すること・品・法規。
均整（きんせい）〔均斉〕つり合いが整っていること。
謹製（きんせい） 慎んで製造すること。
近接（きんせつ） 近くにある。近寄ること。接近。
金銭（きんせん） お金。ぜに。貨幣。「―感覚」
琴線（きんせん） 琴の糸。心の奥の微妙な感情。「―に触れる」
欣然（きんぜん） 喜んで快く物事を行う様子。
禁足（きんそく） 外出を禁じ足留めする。
禁則（きんそく） 禁止事項を決めた規則。「―処理」
金属（きんぞく） 金属元素とその合金の総称。

勤続（きんぞく） 同じ職場に勤め続けること。
近代（きんだい） 現代に近い時代。近頃。「―文学」
金談（きんだん） 金銭の貸借などの相談。
禁断（きんだん） かたく禁じる。禁止。「―症状」
巾着（きんちゃく） 口をひもで締める布や革製の袋。
禁中（きんちゅう） 宮中。皇居。
近著（きんちょ） 最近の著述作。旧著
緊張（きんちょう） 引き締る。張り詰める。弛緩
謹聴（きんちょう） 謹んで聞く。「よく聞け」の意。
謹直（きんちょく） つつしみ深く実直。
欽定（きんてい） 君主の命によって選定すること。
謹呈（きんてい） つつしんで差し上げること。
金泥（きんでい） 金粉をにかわで溶いたもの。
金的（きんてき） あこがれの目標。「―を射とめる」
均等（きんとう） 差のないこと。平等。「―の機会」

銀杏（ぎんなん） イチョウの実。イチョウ。囮
近肉（きんにく） 動物の運動に必要な器官。すじ。
近年（きんねん） 最近の数年。近頃。
金杯（きんぱい）〔金盃〕金製のカップ。
緊縛（きんばく） きつくしばること。「―感」
金箔（きんぱく） 極薄にのばした金。肩書き。
緊迫（きんぱく） 情勢が切迫すること。「―感」
金髪（きんぱつ） 金色の毛髪。ブロンド。
銀髪（ぎんぱつ） 銀白色の頭髪。白髪の美称。
金盤（きんばん） 銀製の皿。スケートリンク。
金品（きんぴん） 金銀と品物。等しい割合に分け等分。
均分（きんぶん） 等しく割合に分け等分。
金粉（きんぷん） 金の粉。金色の合金の粉末。
勤勉（きんべん） 仕事・勉強に心に励むこと。勉励。
近辺（きんぺん） このあたり。近所。付近。近隣。

金星（きんぼし） 平幕力士が横綱に勝つ。大手柄。
銀幕（ぎんまく） 映写幕。スクリーン。映画界。
金満家（きんまんか） 金持ち。富豪。
金脈（きんみゃく） 金の鉱脈。資金のつながりが深く。
吟味（ぎんみ） 詳しく調べて選ぶこと。調べ正す。
緊密（きんみつ） 近接なこと。
勤務（きんむ） 職務に従事すること。勤め。
金無垢（きんむく） 純金の俗称。
禁物（きんもつ） 避けるべき事柄。「油断は―だ」
金融（きんゆう） 金銭の融通。資金の貸借。「―筋」
禁輸（きんゆ） 輸出入を禁じる品。
緊要（きんよう） さし迫り必要なこと。
禁欲（きんよく） 欲望（特に性欲）を抑えること。
銀翼（ぎんよく） 銀色に輝く航空機の翼。航空機。
近来（きんらい） 最近。近頃。このごろ。

きんり―くきょう

金利（きんり） 利子。利息。「―を引き上げる」

禁裏（きんり）【禁裡】皇居。御所。宮中。

斤量（きんりょう） はかりで量った重さ。目方。

禁猟（きんりょう） 狩猟の禁止。「―区」

禁漁（きんりょう） 魚・貝・藻類の漁を禁止する。

筋力（きんりょく） 筋肉の力。体力。

近隣（きんりん） 近辺。隣近所。

菌類（きんるい）【諸菌】きのこやかびなどの総称「藻―」

禁令（きんれい） ある行為を禁じる法令・命令。

勤労（きんろう） 仕事をすること。勤めにはげむこと。

く

句（く） 文中の区切り。俳句。「三の―」

苦（く） 苦しみ。悩み。難儀。「―もなく」

具（ぐ） 道具。材料。「み そ汁の―」

愚（ぐ） おろか。ばか。「―の骨頂」

具合（ぐあい）【工合】調子。加減。都合。「懐―」

具案（ぐあん） 手段の備えた案。

杭（くい）【杙】地中に打ち込む柱状のもの。

区域（くいき） 区切りのある特定の範囲「危険―」

食い違う（くいちがう） 互いに合わない。

食い詰める（くいつめる） 食糧に窮する。

食い扶持（くいぶち） 収入がない。食費に諸金。

悔いる（くいる） くやしく思う。悔やむ。悔悟。

食う（くう）【喰う】他事に託しほのめかすこと。費やす。受ける。

寓意（ぐうい） 他事に託しほのめかすこと。

空域（くういき） 空中に設定された区域。

空間（くうかん） 何もない所。無限の広がり。

偶感（ぐうかん） 偶然に浮かんだ考えや感想。

空虚（くうきょ） 何もない。からっぽ。むなしいさま。

寓居（ぐうきょ） 仮住まい。「一時の住居」

空隙（くうげき） 物と物とのすきま。ひま。

空言（くうげん） うわさだけの言葉。口先だけの言葉。

空港（くうこう） 航空機の発着する場所。飛行場。

空車（くうしゃ） 人や物を乗せていない車。

宮司（ぐうじ） 神社の最高の神主・神官。

空襲（くうしゅう） 航空機で空から襲撃すること。

偶数（ぐうすう） 二で割り切れる数。⇔奇数

寓する（ぐうする） 仮住まいをする。人をもてなす。扱う。

空席（くうせき） あいている席。欠員のある地位。

空説（くうせつ） 根も葉もない説。そらごと。浮説。

偶然（ぐうぜん） 前触れがないこと。思いがけなく。⇔必然

空前（くうぜん）「―の記録」

空疎（くうそ） しっかりとした内容がないこと。

空想（くうそう） 現実からかけはなれた考え。

偶像（ぐうぞう） 信仰対象の像。あこがれの対象。

空調（くうちょう）「空気調節」の略。エアコン。

空転（くうてん） からまわり。むだに推移する。

空洞（くうどう） からっぽ。うつろ。ほらあな。

空白（くうはく） 何も書いてない。限りなく広い。

空漠（くうばく） 限りなく広いさま。

空爆（くうばく） 航空機による爆撃。空中爆発。

空発（くうはつ） 偶然の発生。不意に起こること。不発。浪費。

空費（くうひ） 費用や時間のあるむだ遣い。浪費。

空腹（くうふく） 腹がへること。すき腹。⇔満腹

空母（くうぼ）「航空母艦」の略。「原子力―」

空包（くうほう） 音だけが出る弾薬。⇔実包

空砲（くうほう） 実弾が入っていない銃砲。

空輸（くうゆ） 飛行機での輸送。「空中輸送」の略。

空欄（くうらん） 何も記入されていない空白の欄。

空論（くうろん） 役に立たない議論や理論。

空話（くうわ） 教訓や風刺のむだな話。「たとえ話」

苦役（くえき） 苦しい労働。懲役。

寓話（ぐうわ） 教訓や風刺のこめられた話。「たとえ話」

空路（くうろ） 航空機の航路。「北へ向かう―」

久遠（くおん） 時を超越し無限に続くこと。

苦界（くかい） 苦しい社会。遊女のつらい境遇。

苦学（くがく） 働きながら苦労して学問する。

区画（くかく）【区劃】区切り。「―整理」

区間（くかん） 全体の中の特定の一区切り。

苦境（くきょう） 苦しい立場や環境。窮地。

愚挙（ぐきょ） 愚かな振舞いを企て。「―に出る」

釘付け（くぎづけ） くぎで固定すること。動けない。

釘（くぎ） 物に打ちこむとがった工具の一。

具眼（ぐがん） 物事の本質を見抜く力があること。

茎（くき） 草のみき。花や葉の節。

くきょう―くそく

苦行（ぎょう）苦しくつらい修行。[難行]

区切り（くぎり）[句切り]物事の切れ目。

苦吟（くぎん）苦心して詩歌や俳句を作ること。

九九（くく）一から九までの掛け算の覚え方。

区区（くく）小さくて取るに足りないさま。

括る（くくる）まとめる。締めて巻く。

潜る（くぐる）水中にもぐる。すき間を抜ける。

供花（くげ）[供華]仏前に花を供えること。

矩形（くけい）直角四辺形。長方形。

苦言（くげん）いさめる言葉。忠言。⇔甘言

愚見（ぐけん）自分の意見の謙称。愚考。

具現（ぐげん）実際に形に現す。具体化。

愚行（ぐこう）ばかげている愚かな行い。

愚考（ぐこう）自分の考えの謙称。愚慮。⇔賢慮

草（くさ）草本植物の俗称。雑草。まぐさ。

草木（くさき）草と木。植物。そうもく。

臭い（くさい）いやなにおい。疑わしい様子。

愚妻（ぐさい）愚かな妻。自分の妻の謙称。

句作（くさく）俳句を作ること。「―にふける」

愚作（ぐさく）つまらない作品。自作の謙称。

腐す（くさす）あしざまに言う。非難する。

草葉の陰（くさばのかげ）あの世。墓

草原（くさはら）草の生い茂った野原。くさわら。

楔（くさび）木や金属でできたV字形の道具。

草笛（くさぶえ）草の葉で作った笛。

草枕（くさまくら）旅先で寝ること。旅寝。

草むら（くさむら）[叢]草の生い茂る所。

草餅（くさもち）ヨモギの葉をまぜてついた餅。

草野球（くさやきゅう）素人が楽しんで行う野球。

鎖（くさり）金属の環をつなぎあわせたもの。

櫛（くし）毛髪をとかし飾りにする用具。

駆使（くし）自由に使いこなす。追い使う。

籤（くじ）吉凶・勝敗を占う方法の一つ。

挫く（くじく）ねじり痛める。勢いを弱める。

奇しくも（くしくも）不思議にも。怪しくも。

梳る（くしけずる）毛髪をくしで貫くようにとかす。

串刺し（くしざし）物をくしで貫くこと。

籤引（くじびき）くじを引くこと。

愚者（ぐしゃ）愚か者。ばか者。⇔賢者

嚔（くしゃみ）急に強い息を出す生理現象。⑧

苦汁（くじゅう）つらい思い。にがい経験。

苦渋（くじゅう）物事がうまく進まず苦しみ悩む。

駆除（くじょ）追い払い取り除くこと。「害虫―」

苦笑（くしょう）無理して笑うこと。にがわらい。

苦情（くじょう）不平不満を述べたてること。

具象（ぐしょう）形があること。↔抽象

鯨幕（くじらまく）白黒を交互に配した凶事用の幕。

抉る（くじる）えぐり出す。ほじる。かき回す。

苦心（くしん）心をくだき苦労する。考え悩む。

具申（ぐしん）事情を詳しく申し立てること。

愚図（ぐず）優柔不断で、きばき動けない人。

頽れる（くずおれる）衰える。気落ちする。倒れる。

屑籠（くずかご）捨てるゴミを入れるかごや箱。

葛切（くずきり）葛粉で作る細い菓子。

擽る（くすぐる）こそばゆく感じる。刺激する。

崩す（くずす）物を砕き壊す。両替する。乱す。

屑玉（くずだま）祝い行事に用いる飾り玉。

薬（くすり）病や傷の治療に使うもの。「胃―」

屑鉄（くずてつ）鉄や銅のくず。廃品の鉄製品。

燻る（くすぶる）よく燃えずに煙る。家にこもる。

葛餅（くずもち）葛粉をこねて蒸した菓子。

具す（ぐす）そなえる。そろえる。伴う。

癖（くせ）行動の個人的傾向や習慣的動作。

癖毛（くせげ）自然に波打つ性質の頭髪。

苦節（くせつ）苦しみに負けず信念を守り通す。

口舌（くぜつ）[口説]弁舌での争い。「―の種」

曲者（くせもの）怪しい者。油断できないもの。

苦戦（くせん）苦しみ不利な戦い。苦闘。

糞（くそ）ふん。大便。人をののしる語。

具足（ぐそく）十分備わっていること。道具。

愚息（ぐそく）自分の息子の謙称。豚児。

83

糞味噌（くそみそ）分別しないさま。さんざん。

管（くだ）細長い筒状のもの。「—を巻く」

具体（ぐたい）形象を備えるさま。「—策」

砕く（くだく）強い力を加えて破片にする。

件（くだり）【条】文章や話の一部分。「最後の—」

果物（くだもの）食用の草木の果実。フルーツ。

草臥れる（くたびれる）つかれる。疲労する。

下す（くだす）【下す】降参させる。

降す（くだす）低い所へ移動させる。申し渡す。

口裏（くちうら）話の裏の事情。「—を合わせる」

口入れ（くちいれ）仲介に立つこと。仲介人。

口当たり（くちあたり）口にした時の感じ。

口封じ（くちふうじ）秘密が漏れないようにする。

愚痴（ぐち）むだなことを言って嘆くこと。

口絵（くちえ）雑誌・書物の巻頭に入れる絵。

口惜しい（くちおしい）くやしい。残念だ。

口重（くちおも）物言いがうまくない。口が堅い。

口軽（くちがる）軽々しくものを言う。口が重。

朽木（くちき）腐った木。不遇な境涯。

口利き（くちきき）うまく話す人。仲介する人。

口汚い（くちぎたない）【口穢い】言い方があしざま。「—く罵る」

駆逐（くちく）敵などを追い払うこと。「—艦」

口癖（くちぐせ）頻繁に使う言葉。決まり文句。

口々（くちぐち）大勢がそれぞれ言うこと。

口車（くちぐるま）人をだます巧みな言い方。

口喧嘩（くちげんか）言い合うこと。言い争い。

口答え（くちごたえ）目上の人に逆らって言い返す。

口籠もる（くちごもる）発語が不明。言い渋る。

口先（くちさき）心にもないうわべだけの言葉。

漱ぐ（くちすすぐ）【嗽ぐ】口を清める。うがいをする。

口遊ぶ（くちずさぶ）詩や歌を軽く声に出し歌う。

口過ぎ（くちすぎ）生計。暮らしをたてること。

口添え（くちぞえ）ほかから言葉を添えてとりなすこと。

口出し（くちだし）ほかの人の話に割り込む。

口直し（くちなおし）他物を飲食し前の味を消す。

口伝（くちづて）【口伝】言い伝えること。伝える。

口達者（くちだっしゃ）口先や物言いがうまい（人）。

口止め（くちどめ）他言を禁じること。「—料」

口の端（くちのは）うわさ。風聞。「—にのぼる」

嘴（くちばし）【喙】鳥類の口先。「—を入れる」が黄色い」で「口出しする」「未熟」の意。

口走る（くちばしる）意識に言う。無失言に言う。

口八丁（くちはっちょう）話が巧みなこと。「—手八丁」

口幅ったい（くちはばったい）大言を言うさま。

唇（くちびる）口をふち粘る弁状粘膜。「—を反す」

口笛（くちぶえ）口をすぼめ音をふき鳴らすこと。

口振り（くちぶり）話し様子。言葉つき。

口下手（くちべた）言い方が巧みでないこと。

紅（くちべに）唇にさす紅。化粧品の一つ。

口元（くちもと）【口許】口きき出入口の近辺。

口喧しい（くちやかましい）言葉数が多くるさい。

苦衷（くちゅう）苦しくつらい心中。「—を察する」

駆虫（くちゅう）寄生虫や害虫を取り除くこと。

口調（くちょう）言葉の調子。言葉の言い回し。

愚直（ぐちょく）正直すぎて融通がきかないこと。

口汚し（くちよごし）相手への飲食物の謙譲語。

朽ちる（くちる）腐って壊れる。すたれる。

靴（くつ）【沓】歩行のために足にはくもの。

苦痛（くつう）心や体が苦しみや痛み。

覆す（くつがえす）ひっくりかえす。滅ぼす。

究竟（くっきょう）結局。最も優れていること。具合がいい。

屈強（くっきょう）非常に力の強いこと。剛直。

屈曲（くっきょく）折れ曲がった道。屈折。「—した道」

掘鑿（くっさく）【掘削】土などを掘り穴をあけること。

屈指（くっし）指折り。非常に優れていること。

靴下（くつした）素足に直接はく衣類。ソックス。

屈辱（くつじょく）屈伏させられる恥辱。

屈伸（くっしん）のびちぢみ。伸縮。「—運動」

屈する（くっする）かがむ。くじける。服従。

靴擦れ（くつずれ）靴で擦れた、足の擦り傷。

屈折（くっせつ）折れ曲がること。「—した心理」

屈託（くったく）気掛かりがあって心を配ること。

屈伏（くっぷく）【屈服】服従。おそれ従う。屈従。

くつべら―くらべる

靴箆（くつべら） 靴をはきやすくするための用具。

寛ぐ（くつろぐ） 落ち着く。ゆったりと休まる。

轡（くつわ） 馬の口に含ます綱や口の終わりにつける「。」記号。文の終わりにつける「。」記号。

口伝（くでん） 言葉で伝えること。口授。

諄い（くどい） しつこく何度も言う。どぎつい。

苦闘（くとう） 苦しい戦い。苦戦。「悪戦―」

駆動（くどう） 動力を与えて動かす。

愚答（ぐとう） 無意味なばかげた答。「四輪―」

句読点（くとうてん） 句点「。」と読点「、」。

口説く（くどく） しつこく何度も説得する。言い寄る。

功徳（くどく） 善行の報い。善の効力。

諄諄（くどくど） 繰り返し言う。長々話す。

愚鈍（ぐどん） 判断力が鈍い様子。

苦難（くなん） 苦しみや難儀。困難「―の道」

国（くに） 【邦】故郷。国土。田舎。

国柄（くにがら） その国や地方の特色「お―」

苦悩（くのう） あれこれと苦しみ悩む。「―の色」

苦肉の策（くにくのさく） 苦しまぎれの手段

苦杯（くはい） にがい経験。「―をなめる」

配る（くばる） 割り当てて渡す。行き届かせる。

句碑（くひ） 俳句を彫りつけた石碑。

軛（くびき） 車の長柄の横木。自由の妨げ。

具備（ぐび） 必要な物が十分に備わっている。

首筋（くびすじ） 【頸筋】首の後部。首根っこ。

首輪（くびわ） 【頸輪】猫や犬の頭にはめる輪。

工夫（くふう） 適切な方法などを考案すること。

区分（くぶん） 全体を区切って分けること。

区別（くべつ） 違いや種類によって分けること。

焼べる（くべる） 火に入れて燃す。「暖炉に薪を―」

凹む（くぼむ） 【窪む】へこむ。低く落ち込む。

隈（くま） 物かげ。奥まった所。「目の―」

愚昧（ぐまい） 道理に暗く愚か。愚鈍。

熊手（くまで） 落ち葉などをかき集める道具。

隈取り（くまどり） 歌舞伎で役者の化粧法。

隈無く（くまなく） 残る所なく。隅から隅まで。

組（くみ） 仲間。グループ。目的遂行のための共同組織。

組合（くみあい）

組み交わす（くみかわす） 杯をやりとりする。「組する」仲間となる。賛成する。

酌み交わす（くみかわす）

与する（くみする） 仲間となる。賛成する。

組み立て（くみたて） 構造。しくみ。

汲み取る（くみとる） 推しはかる。思いやる。

愚民（ぐみん） 愚かな人民。「―政策」

汲む（くむ） 水などをすくい取る。理解する。思いやる。

酌む（くむ） 器に入れて飲む。

組む（くむ） 編成・組織する。協力する。金品をやりくりすること。

工面（くめん） 算段。金品をやりくりすること。

雲形（くもがた） 雲のたなびく形。「―定規」

雲隠れ（くもがくれ） 雲に隠れて姿をくらます。

雲行き（くもゆき） 雲が空を覆っていく移りゆき。事のなりゆき。

雲間（くもま） 切れた雲の間・切れ目。晴れ間。

供物（くもつ） 供養のために神仏に供えるもの。

曇り（くもり） 雲のあしどり。状態。かげり。

苦悶（くもん） 苦しみもだえること。「―の表情」

愚問（ぐもん） つまらない質問。「―愚答」

悔しい（くやしい） 「口惜しい」残念でたまらない。

悔やむ（くやむ） 後悔する。哀悼の言葉を述べる。

具有（ぐゆう） 備えもっていること。具備。

燻る（くゆる） 燃えて煙が立つ。物思いに悩む。

供養（くよう） 霊前に物を供え冥福を祈ること。

蔵（くら） 【倉】家財などを保管するための建物。

鞍（くら） 人や物を乗せるための馬具。

位（くらい） 地位。等級。程度。数の桁が。

暗い（くらい） 光量が少なく見えない。陰気だ。

位負け（くらいまけ） 地位に実力が伴わない。

食らう（くらう） 飲み食いする。勤め場所や職を受ける。被る。

鞍替え（くらがえ） 勤め場所や職を替える。

暗がり（くらがり） 暗い所、暗やみ。

苦楽（くらく） 苦しみと楽しみ。

暮らす（くらす） 寝起き・飲食し生活していく。

蔵出し（くらだし） 倉庫から保管物を出すこと。

比べる（くらべる） 【較べる】比較する。競う。

く

晦ます【暗ます】居場所を隠す。ごまかす。

眩む【暗む】目が回る。判断できない。

暗闇 暗い所。人目につかない所。

庫裏【庫裡】寺の台所。住職の住む所。

繰り上げる 順に前に移す。

繰り合わす 都合をつける。

繰り返す 同じことを何度も行う。

繰り越す 残りを次に送る。

繰り言 同じ愚痴を繰り返しこぼす。

繰り出す 順に出す。出かける。

刳り貫く えぐり穴を開ける。

繰り延べる 日程を先にずらす。

苦慮 苦心して考え悩むこと。

来る 近づく。起こる。出現する。

刳る 刃物でえぐり穴をあける。

繰る 巻き取る。めくる。順に数える。

苦しい 堪えがたい。困難である。

苦し紛れ 苦しさの余り。

狂う 正常でなくなる。異常に熱中する。

踝 足首の両側の突き起こした骨。

車椅子 車輪付きの移動可能な椅子。

車座 大勢で輪になって座る。円座。

車寄せ 玄関先の車両乗降用の場所。

包む 巻くようにしてつつみこむ。

眩めく ぐるぐる回る。目が回る。

暮れ 夕方。終わり。年末。

呉呉も 念を入れるさま。なにとぞ。

愚劣 愚かで劣っていて、価値がない。

紅 鮮明な赤色。べに色。

暮れ泥む なかなか暮れない。

呉れる 与える。やる。つかわす。

暮れる 日が落ちて暗くなる。終わる。

紅蓮 燃える炎の色。赤いハスの花。

苦労 骨折り。心をはたらかし不自由を忍ぶ。

愚連隊 ぶらぶらしていくように励む不良集団。

愚弄 ばかにすること。ひやかすこと。

玄人 その道に熟達した専門家。本職。

玄人跣 黒くて光沢ある美しい毛髪。

黒髪 黒くて光沢ある美しい毛髪。

黒子 【黒衣】「後見役」のたとえ。

黒潮 日本列島付近を流れる暖流。

黒土 黒色の土。農作に適した土壌。

黒字 収入が支出を上回る。利益。

黒星 黒い星印。負け。失敗。

黒幕 黒い幕。暗躍する者。「政界の—」

黒山 大勢が群がる。「—の人だかり」

黒枠 死亡通知等の周囲を囲む黒い線。

愚論 愚かな議論。自分の議論の謙称。

鍬 土を掘り起こすために使う農具。

加える 【咥える】口に挟む。仲間に入れる。足す。増やす。

衛える 【委える】精通している。事細か。

区分け 全体を区切って分けること。

食わず嫌い 食べずに嫌うこと。

食わせ物 中身がいい加減なもの。

企てる もくろむ。計画する。たくらむ。

桑原 落雷よけのまじないの語。桑畑。

訓 漢字で日本語的な読み方。

軍 戦争のための兵力の集団単位。

郡 町・村を包括する行政区画。

群 むれ。むらがり。「—を抜く」

訓育 教え諭してよい方に導き育てる。

薫育 徳をもって導き育てる。薫化。

軍歌 軍隊の士気を高めるために作られた歌。

訓戒 【訓誡】教え諭しいましめる。

軍拡 軍備を拡張すること。◆軍縮

軍艦 水上戦等に用いる戦闘用の艦艇。

軍記 戦争や合戦の模様を記した書物。

軍旗 連隊のしるしの旗。戦場用の旗。

軍居 集まり住む。群で生活すること。

群詰 古い文字や語句の解釈。「―学」

訓詁 【訓誡】教え諭しいましめる。

軍告 いましめ教え告げること。

薫香 たきもの。におい。芳香。

勲功 国家に対する功績。名誉の手柄。

軍功 戦争で立てた手柄や功績。

くんこく〜けいかん

軍国（ぐんこく）軍事を主な政策とする国家。

君子（くんし）徳が高く品のある人。「聖人ー」

君主（くんしゅ）国家の元首。天子。

訓示（くんじ）上の者が下の者に教え示すこと。

訓辞（くんじ）教えいましめる言葉。教訓。

軍事（ぐんじ）軍備や戦争に関する事柄。「ー費」

軍資金（ぐんしきん）軍事行動に必要な資金。

君酒（くんしゅ）ニラなどの強い野菜と酒。

軍需（ぐんじゅ）軍事上の需要、または物資。

群衆（ぐんしゅう）群がり集まった人々。大衆。

群集（ぐんしゅう）一か所に群が集まる。「ー心理」

軍縮（ぐんしゅく）「軍備縮小」の略。「核」が勲功ある人に与える記章。

勲章（くんしょう）国家が勲功ある人に与える記章。

群小（ぐんしょう）多くの小さいもの。「ー国家」

群青（ぐんじょう）あざやかな青色。「ーの秋空」

軍人（ぐんじん）軍籍にある人々の総称。武人。

燻製（くんせい）肉などを煙でいぶした保存食品。

軍政（ぐんせい）軍が施行する行政。「ーを敷く」

群生（ぐんせい）同一植物が同所に群がり生える。

群棲（ぐんせい）同種の動物が集団で生活する。

軍勢（ぐんぜい）兵士の群。軍隊。

軍曹（ぐんそう）陸軍下士官の階級の一つ。「鬼ー」

軍像（ぐんぞう）多くの人々の活躍している姿。

軍隊（ぐんたい）一定規律で組織された軍人集団。

軍団（ぐんだん）軍と師団との中間の編制部隊。

軍手（ぐんて）太い木綿で編んだ作業用手袋。

勲等（くんとう）国家功労者に与える勲章の等級。

薫陶（くんとう）徳をもって相手を感化すること。

群島（ぐんとう）群がっている島々。諸島。

訓読（くんどく）漢字に日本語をあてて読むこと。

軍配（ぐんばい）指揮・行司用のうちわ形の道具。

軍配

軍閥（ぐんばつ）軍部中心の政治勢力。「ー政治」

群発（ぐんぱつ）大勢が一緒に踊る、その踊り。「ー地震」

軍備（ぐんび）国防や戦争への準備。「ー縮小」

群舞（ぐんぶ）大勢が一緒に踊る、その踊り。

薫風（くんぷう）初夏のさわやかな風。南風。[夏]

軍服（ぐんぷく）軍人が着用する制服。

軍律（ぐんりつ）軍隊の中での法律。軍法。軍規。

軍臨（くんりん）君主として国を治めること。

訓令（くんれい）上級官庁から下級官庁への命令。

訓練（くんれん）習熟するよう教え練習させること。

訓話（くんわ）教え諭すための話。「精神ー」

け

毛（け）表皮から生えるもの。頭髪。羽毛。

卦（け）易で算木に現れる印。占うもの。

毛脚（けあし）毛の生え具合。

毛穴（けあな）皮膚上の、毛が生える穴。

藝（げい）「毛氈」皮膚などの表面の毛。

刑（けい）法律によって犯罪者に科する罰。

芸愛（げいあい）尊敬し慕うこと。

敬愛（けいあい）尊敬の気持ちをもって親しむこと。

経緯（けいい）経線と緯線。いきさつ。事情。

敬意（けいい）尊敬の気持ち。「ーを表す」

経易（けいい）「ーが細かい」学問、技能、わざ。

軽易（けいい）手軽。簡単で楽。

芸域（げいいき）芸の深さや広さ。「ーを深める」

契印（けいいん）二枚にまたがって押す印。割印。

経営（けいえい）事業を営むこと。運営すること。

敬遠（けいえん）敬うふりをして近づかないこと。

軽音楽（けいおんがく）気軽に楽しめる音楽。

経過（けいか）時間が過ぎ行くこと。なりゆき。

慶賀（けいが）よろこび祝うこと。祝賀。慶祝。

軽快（けいかい）身軽で素早い。軽やかなさま。

警戒（けいかい）万一に備え注意し用心すること。

形骸（けいがい）命や内容を失い形だけ残ったもの。

謦咳（けいがい）「ーに接する」目上の話をうかがう。「謦咳」は「咳」の意。

圭角（けいかく）言動に角があり円満でないさま。

計画（けいかく）事前に方法など考える。企てる。

景観（けいかん）優れた景色。眺望。「都市ー」

警官（けいかん）警察官の通称。巡査。

炯眼（けいがん）鋭く光る目。慧眼。

慧眼（けいがん）本質を見抜く鋭い眼力。≠凡眼。

- **刑期**（けいき）刑が科せられる期間。受刑期間。
- **契機**（けいき）原因。物事のきっかけ。動機。
- **計器**（けいき）大きさや量・状態を測定する具。
- **景気**（けいき）社会経済の状況。活気。商況。
- **継起**（けいき）同類の事が引き続き起こること。
- **芸妓**（げいぎ）芸者。げいこ。
- **景況**（けいきょう）物事のありさま。景気の状態。
- **荊棘**（けいきょく）いばら。困難。乱れた状態。
- **警句**（けいく）巧みに鋭く心理をついた言葉。
- **敬具**（けいぐ）「謹んで申す」の意。手紙の結語。
- **軽軽に**（けいけい）かるがるしく。軽率に。
- **迎撃**（げいげき）攻めてくる敵を迎え撃つこと。
- **経穴**（けいけつ）灸（きゅう）や鍼（はり）のツボ。
- **経験**（けいけん）実際に見聞し、行ったこと。
- **敬虔**（けいけん）神仏などを心から敬い謹むさま。

- **軽減**（けいげん）減らして少なくする。⇕加重
- **稽古**（けいこ）学び習う。繰り返し練習する。
- **敬語**（けいご）相手に敬意を表すための言葉。
- **警護**（けいご）警戒して守ること。「要人の―」
- **経口**（けいこう）口から体内に入ること。「―投薬」
- **蛍光**（けいこう）蛍の光。ほたるび。「―灯」「―色」
- **傾向**（けいこう）状態などが一定の方向に傾く。
- **携行**（けいこう）携えて行くこと。携帯。「―食料」
- **迎合**（げいごう）相手が気に入るようにふるまう。
- **渓谷**（けいこく）【谿谷】谷間。深い谷。「―美」
- **経国**（けいこく）国家を経営し治める。「―済民」
- **傾国**（けいこく）絶世の美女。遊女。傾城（けいせい）。
- **警告**（けいこく）前もって戒め注意を促すこと。
- **掲載**（けいさい）新聞や雑誌などに載せること。
- **経済**（けいざい）生産や消費などの活動。倹約。

- **警察**（けいさつ）国民の安全を保つ行政機関。
- **計算**（けいさん）数量を数える。予測。「―ずく」
- **経産婦**（けいさんぷ）出産経験のある婦人。
- **刑死**（けいし）死刑に処せられて死ぬこと。
- **軽視**（けいし）軽んじて見下げること。⇕重視
- **継子**（けいし）ままこ。血縁のない子。⇕実子
- **継嗣**（けいし）跡継ぎ。後継者。跡取り。相続人。
- **警視**（けいし）警察官の階級で、警視正の下。
- **刑事**（けいじ）刑法上の事件。捜査する巡査。
- **計時**（けいじ）競技などの経過時間を計ること。
- **啓示**（けいじ）神が真理を人々に教え示すこと。
- **掲示**（けいじ）人目につく所に掲げ示す。「―板」
- **慶事**（けいじ）祝いごと。おめでた。⇕弔事
- **形而下**（けいじか）形をもったもの。有形。
- **形式**（けいしき）上べの形。一定の手続きや方法。

- **型式**（けいしき）構造や外形などで分類する型。
- **形而上**（けいじじょう）形式をこえたもの。無形。
- **形質**（けいしつ）形と性質。生物の形態上の特徴。
- **傾斜**（けいしゃ）傾くこと。傾きの程度。「―地」
- **芸者**（げいしゃ）宴会で座興を添える職業の女性。
- **慶祝**（けいしゅく）よろこび祝うこと。「―行事」
- **掲出**（けいしゅつ）見やすいように掲示すること。
- **芸術**（げいじゅつ）美を表現する活動の総称。「―家」
- **迎春**（げいしゅん）新年を迎えること。新
- **形象**（けいしょう）形。外に表れている物の姿。
- **形勝**（けいしょう）自然にできた要害の地。景勝。
- **景勝**（けいしょう）風景が優れていること。絶景。
- **敬称**（けいしょう）敬意を表す言葉。⇕謙称・蔑称
- **軽少**（けいしょう）少ない。ほんの少し。わずか。
- **軽症**（けいしょう）症状が軽いこと。⇕重症

- **軽傷**（けいしょう）浅い傷。軽いけが。⇕重傷
- **軽捷**（けいしょう）身軽ですばやいこと。軽快。
- **継承**（けいしょう）あとを受け継ぐこと。「王位―」
- **警鐘**（けいしょう）危険を知らせ警戒を促す鐘。
- **形状**（けいじょう）かたち。ありさま。形態。
- **刑場**（けいじょう）死刑を行う場所。仕置き場。
- **計上**（けいじょう）全体の数値に組み入れて数える。
- **啓上**（けいじょう）申し上げること。「一筆―」
- **経常**（けいじょう）常に一定で変わらない。「―利益」
- **敬譲**（けいじょう）敬って遜ること。「―の精神」
- **軽食**（けいしょく）簡単で軽い食事。手軽な食事。
- **敬神**（けいしん）神を敬うこと。「―の念」
- **系図**（けいず）先祖代々の血統の記録。系譜。
- **計数**（けいすう）計算すること。計算結果の値。
- **係数**（けいすう）変数にかけられている数・文字。

けいせい―けいやく

形成（けいせい） 形を成す。形作ること。「人格の―」
形勢（けいせい） ありさま。事のなりゆき。情勢。
警世（けいせい） 世間に警告を与えること。「―家」
形跡（けいせき） 何か物事があったことを示す跡。
形相（けいそう） 苦学すること。「―の功」
蛍雪（けいせつ） 〈蛍雪〉苦学すること。「―の功」
繋船（けいせん） 〈繫船〉港に船をつなぎとめること。
経線（けいせん） 赤道に垂直な経度の間隔で引いた線。経線表。
形線（けいせん） かたち。姿。本
罫線（けいせん） 一定の間隔で引いた線。罫線表。
係争（けいそう） 〈繫争〉訴訟人同士の争い。
軽装（けいそう） 身軽で動きやすい服装。
軽躁（けいそう） 軽はずみで騒々しい。軽はずみ。
恵贈（けいぞう） 贈り主への尊敬語。「ご―の品」
計測（けいそく） 器械を使って測ること。
繋属（けいぞく） 〈係属〉つながっている。訴訟中。

継続（けいぞく） 続くこと。受けつぐこと。「―的」
形体（けいたい） 物事の形。形状。
軽率（けいそつ） 〈軽卒〉軽はずみなさま。⇔慎重
形態（けいたい） 「です・ます調」の文体。「品」「電話」⇔常体
敬弔（けいちょう） 敬意を表してたずねること。恩恵。
境内（けいだい） 寺社の敷地の中。
携帯（けいたい） 身につけて持ち歩くこと。
恵沢（けいたく） めぐみ。恩恵。
啓蟄（けいちつ） 二十四節気で三月五日頃。
傾注（けいちゅう） 一事に専念して力を注ぐこと。
敬重（けいちょう） 軽いことと重いこと。重さ。
傾聴（けいちょう） 耳を傾けて熱心に聞くこと。
慶弔（けいちょう） 慶びと弔い。吉事と凶事。
頸椎（けいつい） 背骨のうち上部の七つの骨。
警笛（けいてき） 警戒を促すために鳴らす笛。

経典（けいてん） 聖人や賢人の著した書物。
毛糸（けいと） 羊などの毛を紡いだ糸。
軽度（けいど） 程度が軽いさま。⇔重度・強度
系統（けいとう） 一定の順序・道筋。血統・路線。
傾倒（けいとう） 心を傾けて熱中すること。傾注。
芸当（げいとう） 技芸の道。芸術
芸道（げいどう） 演技。曲芸。離れ業。「見事な―」
頸動脈（けいどうみゃく） 頭部に血液を送る血管。
芸人（げいにん） 芸能人。芸に巧みな人。多芸人。
芸能（げいのう） 大衆娯楽の総称。学問や技芸。
競馬（けいば） 競走馬による公認のレース。
敬白（けいはく） 〈啓白〉敬って申すこと。手紙の結語。
軽薄（けいはく） 思慮が浅く、軽々しいこと。軽佻。
啓発（けいはつ） 気づかせ教えわからせること。
刑罰（けいばつ） 国が罪を犯した人に科する罰。

閨閥（けいばつ） 妻の縁者が中心の勢力。「―政治」
警抜（けいばつ） 着想などがずぬけているさま。
経費（けいひ） 事を行うのに必要な費用。「諸―」
軽微（けいび） 少し。程度がわずかなさま。
警備（けいび） 警戒し備え守ること。「―員」
景品（けいひん） 売品に添えて客に贈る品。賞品。
迎賓（げいひん） 国賓などを迎えること。「―館」
系譜（けいふ） 同系列の物事のつながり。系図。
継父（けいふ） 実父・養父でない父。まま父。
軽侮（けいぶ） 相手を軽んじあなどること。
警部（けいぶ） 警察官の階級の一つ。警視の下。
継服（けいふく） 芸の持ち味。技ぶり。演じ方。
敬服（けいふく） 感心し敬い従う気を抱くこと。感服。
景物（けいぶつ） 四季折々の風物。景品。
軽蔑（けいべつ） 相手をあなどりさげすむこと。

軽便（けいべん） 簡単で便利なこと。手軽なさま。
敬慕（けいぼ） 心から尊敬して慕うこと。欽慕。
継母（けいぼ） 実母・養母でないまま母。
刑法（けいほう） 犯罪および刑罰を規定した法律。
警報（けいほう） 危険や災害などの知らせ。
閨房（けいぼう） 寝室。寝床。婦人の居間。
警防（けいぼう） 災害などを警戒し防ぐこと。
警棒（けいぼう） 警察官が腰に携帯する短い棒。
桂馬（けいま） 将棋の駒の一つ。「飛び」
軽妙（けいみょう） 軽快でうまみがある。
刑務所（けいむしょ） 受刑者を拘禁する施設。
軽侮（けいぶ） 〔鈍重にわとりのうまみが〕
鶏鳴（けいめい） にわとりの鳴き声。夜明け
芸名（げいめい） 芸人が芸道上で用いる別名。
啓蒙（けいもう） 無学者を啓発して教え導くこと。
契約（けいやく） 法律上の効力が生じる約束。

けいゆ—けこ

経由（けいゆ） ある地点を経て目的地に行く。

軽油（けいゆ） 引火点の低い石油系の揮発油。

恵与（けいよ） 恵み与えること。恵贈。

形容（けいよう） 姿・形状。たとえて言うこと。

掲揚（けいよう） 高く掲げること。「国旗―」

警邏（けいら） 見回って警戒すること。また、その人。

鶏卵（けいらん） にわとりの卵。

経理（けいり） 財政管理や会計等に関する事務。

計略（けいりゃく） はかりごと。策略。

繋留（けいりゅう） 【繋留】綱や鎖でつなぎとめる。

渓流（けいりゅう） 【谿流】谷間の川、谷川の流れ。

計量（けいりょう） 重量・分量を計ること。「―器」

軽量（けいりょう） 目方が軽いこと。「―級」‡重量

競輪（けいりん） 公営の自転車競走。ケイリン。

係累（けいるい） 【繋累】扶養すべき家族。

敬礼（けいれい） 敬って礼をすること。「最―」

経歴（けいれき） これまでに経てきた事柄。履歴。

系列（けいれつ） 組織的な順序や配列。「―会社」

経路（けいろ） 【径路】経てきた道筋。

毛色（けいろ） 毛の色。種類。性質。様子

敬老（けいろう） 年寄りを敬うこと。「―の日」

鶏肋（けいろく） 無用でも捨てるには惜しいもの。

稀有（けう） 【希有】めったにないこと。

気圧される（けおされる） 勢いに押される。

蹴落とす（けおとす） 蹴り落とす。失脚させる。

怪我（けが） きず。負傷。過失。「―の功名」

外科（げか） 病気を治療する医学部門。

下界（げかい） 地上の世界。人間界。‡上界

汚す（けがす） 【穢す】よごす。名誉を傷つける。

毛皮（けがわ） 毛のついた獣類の皮。

劇（げき） 芝居。ドラマ。図

檄（げき） 檄をとばす主張を訴える文「―を飛ばす」

激する（げきする） 激しくなる。怒る。荒くなる。檄。檄文を出す。

激甚（げきじん） 【劇甚】極めて激しい様子。甚大。

激戦（げきせん） 【劇戦】激闘。「―区」

激増（げきぞう） 急激に増加すること。‡激減

撃退（げきたい） 敵などを攻撃して追い返すこと。

撃沈（げきちん） 艦船などを撃ち沈めること。

劇団（げきだん） 演劇する団体。演劇を研究・上

撃墜（げきつい） 飛行機を撃ち落とすこと。

激痛（げきつう） 【劇痛】激しい痛み。鈍痛。

激怒（げきど） 激しく怒ること。激高。憤激。

劇的（げきてき） 劇のように感動的なさま。

激闘（げきとう） 激しく戦うこと。また、その戦い。

激動（げきどう） 激しくゆれ動くこと。「―期」

激突（げきとつ） 激しい勢いでぶつかること。

撃破（げきは） 敵を撃ち破ること。撃砕。

激発（げきはつ） 事件などが次々に発生するさま。

劇物（げきぶつ） 医薬品以外で毒性のある法定物質。

激変（げきへん） 急で激しい変化。

激務（げきむ） 【劇務】非常に忙しい勤務。

撃滅（げきめつ） 敵を攻撃して滅ぼすこと。

劇薬（げきやく） 用法を誤ると命の危険を伴う薬。

毛嫌い（けぎらい） 理由なく感情だけで嫌う。

激流（げきりゅう） 激しい水の流れ。奔流。

逆鱗（げきりん） 目上の人の怒り。「―に触れる」

激励（げきれい） 励まし元気づけること。「―文」

激烈（げきれつ） 【劇烈】極めて激しい様子。猛烈。

下血（げけつ） 内臓疾患で肛門から出血する。

怪訝（けげん） 不思議で合点がいかないさま。

下戸（げこ） 酒の飲めない人。‡上戸

劇化（げきか） 【劇化】前より激しくなる様子。

激化（げきか） 事件や小説を激しく脚色する。

激越（げきえつ） 感情が高ぶり言主張を訴える文「―を飛ばす」

激画（げきが） 物語性をもつ写実的な絵の漫画。

激減（げきげん） 急激に減ること。‡激増

劇作（げきさく） 演劇の脚本や戯曲を作ること。「―家」

劇賞（げきしょう） 演劇や映画などを上映する場所。

劇場（げきじょう） 演劇や映画などを上映する場所。

激賞（げきしょう） 激しくほめること。激しく高ぶりわ

激臭（げきしゅう） 【劇臭】刺激の強いにおい。

劇情（げきじょう） 激しく高ぶる感情。

激職（げきしょく） 【劇職】極めて忙しい職務。

激震（げきしん） 震度7の地震。最も激しい地震。

けこう―けつけい

見出し	読み	意味

下校（げこう） 学校から帰ること。⇔登校

下獄（げごく） 刑務所に入り服役すること。

今朝（けさ） 今日の朝。こんちょう。

下剋上（げこくじょう） 【下克上】下位が上位を凌ぐこと。

袈裟（けさ） 僧の肩にかけて衣を覆う布。

下座（げざ） 排便を促す薬。通じ薬。

下剤（げざい） 排便を促す薬。通じ薬。

下作（げさく） 下手な策略・手段。⇔上策

下策（げさく） 下手な策略・手段。⇔上策

下山（げざん） 山をくだること。⇔登山

夏至（げし） 二四節気で六月二一日頃。⇔冬至

下知（げち） 指図・命令する

消印（けしいん） 郵便局の受領を示す印。

嗾ける（けしかける） 唆かしてやらせたきつける。

怪しからぬ（けしからぬ） 無礼なさとけない。ふ

気色（けしき） 態度、様子ら。情。「―ばむ」表

景色（けしき） 山水・風物などの眺め。風景。

消し炭（けしずみ） 薪の火を消しできた炭。

下車（げしゃ） 電車や自動車から降りる。降車。図

下宿（げしゅく） 他人の家で間借りして住むこと。

下旬（げじゅん） 月の二一日以降末日まで。

下城（げじょう） 城から退出すること。⇔登城

化粧（けしょう） 顔や外観を美しく見せること。

化身（けしん） 神仏が生まれ変わり現れること。

消す（けす） 火をなくする。殺す。取

下水（げすい） 【下水道】の略。汚れた水や廃水。

毛筋（けすじ） 毛髪・櫛目あと。ごく小さい事柄。

下衆の勘繰り（げすのかんぐり） はとかく邪推する人「下種の―」とも書く。

削る（けずる） 薄くそぐ。取り去る。減らす。

解せない（げせない） 理解できない。わからない。

下世話（げせわ） 世間でよく言う話。「―な話」

下船（げせん） 船から降りること。⇔乗船

下賎（げせん） 品性が低いこと。低い身分。

懸想（けそう） 異性に思いをよせること。恋慕。

下足（げそく） 脱いだ履物。「―番」

下駄（げた） 台木に鼻緒を渡す横木。位どり。

懈怠（けたい） なまけること。「―心」げだい。

気高い（けだかい） 品格が高い。上品である。

蓋し（けだし） 思うに。つまり。確かに。正しく。

桁違い（けたちがい） 値を払い悟りの境地に大きく違う。

解脱（げだつ） 迷いを払い悟りの境地に達すること。

桁外れ（けたはずれ） 規模が標準よりはるかに違う。

毛玉（けだま） 衣類表面の繊維が集まった小玉。

獣（けだもの） 野生の哺乳動物。人でなし。

気怠い（けだるい） 何となくだるい。

斉爾（けち） 金品を惜しがる人。不吉の前兆。

蹴散らす（けちらす） 蹴り散らす。追い散らす。

穴（けつ） あな。しり。最後。どん尻。損失。

決意（けつい） 意志を決定すること。決心。

決定（けつい） 決定。決断。採決。決心。

欠員（けついん） 定員に足りないこと。「―補充」

血圧（けつあつ） 血管の壁にかかる血液の圧力。

血液（けつえき） 動物の体を循環する赤い液体。

血縁（けつえん） 血族。血のつながった親族。

結果（けっか） 原因により生じた最終の状態。所。月光の下。

月下（げっか） 月の光が当たる

血塊（けっかい） 血液のかたまり。

決壊（けっかい） 【決潰】切れて崩れること。

欠格（けっかく） 必要な資格がないこと。⇔適格

結核（けっかく） 結核菌の感染で起こる病気。

欠陥（けっかん） 欠点。不備。不良品・商品。

血管（けっかん） 血液の通る管血脈。「毛細―」

月間（げっかん） 一か月の間。「交通安全―」

月刊（げっかん） 毎月一回刊行する。「―誌」

血気（けっき） 激しい意気。盛んな若者。

決起（けっき） 【蹶起】決意して行動に移すこと。

決議（けつぎ） 会議などで物事を決めること。

月給（げっきゅう） 月俸。「―取り」

決居（けっきょ） 【―居】

欠勤（けっきん） 勤めを休むこと。

結局（けっきょく） つまるところ。ついに。最後に。

欠句（けっく） 詩の最後の句。「―」⇔出句

月経（げっけい） 子宮の定期的な出血。生理。

けつけいかん～けつらく

月桂冠（げっけいかん）月桂樹で作った冠。桂冠。

結語（けつご）文章などの結びの言葉。↔緒語

欠航（けっこう）船や航空機の運航を休むこと。

血行（けっこう）血液の循環。血の巡り。「―障害」

決行（けっこう）思い切って行うこと。敢行。

結構（けっこう）構成。つくり。立派な。十分な。

結合（けつごう）結びついて一つになること。

結婚（けっこん）夫婦になること。婚姻。「―式」

血痕（けっこん）血のついた跡。血の跡。

激昂（げきこう）[激高]激しく怒ること。げきこう。

決済（けっさい）精算し売買取引き定めること。「―日」

決裁（けっさい）最高責任者が裁き定めること。

潔斎（けっさい）神仏に仕えた心身を清める。

傑作（けっさく）優れてよくできた作品。滑稽こっけい―書

決算（けっさん）一定期間の収支の総計算。

月食（げっしょく）[月蝕]月が欠ける現象。「皆既―」

血色（けっしょく）顔の色。顔色のつや。「―が悪い」

欠食（けっしょく）貧困などで食事がとれないこと。

欠場（けつじょう）出るべき場所に出ない。↔出場

結晶（けっしょう）規則正しい形体。「努力の―」

決勝（けっしょう）最終的な勝負を決めること。「―戦」

欠如（けつじょ）欠けていること。足りないこと。

傑出（けっしゅつ）優れていること。ぬきんでている。

月収（げっしゅう）毎月々の収入。

結集（けっしゅう）まとめ集める。「総力を―する」

月謝（げっしゃ）共同目的達成のための授業料月々の謝礼金。

結社（けっしゃ）組織や団体を作るための会。

決して（けっして）どうしても。必ず。きっと。

結実（けつじつ）成果が現れること。実がなる。

決死（けっし）死をも覚悟して臨むこと。「―隊」

結託（けったく）悪事のために心を通じあわせる。

欠損（けっそん）欠けること。決算の損失。赤字

血族（けつぞく）血のつながる親族。「―結婚」

結束（けっそく）結び束ねること。一致団結する。

血相（けっそう）顔つき。表情。「―を変える」

決然（けつぜん）きっぱりと思い決めるさま。

決選（けっせん）最終当選者を決める。「―投票」

決戦（けっせん）最終的な勝敗を決める戦い。

結石（けっせき）体内の臓器内にできる石状の塊。

欠席（けっせき）出るべき場へ出ない。↔出席

血税（けつぜい）血のにじむ苦労をして納める税。

結成（けっせい）組織や団体を作る。

決する（けっする）決める。決まる。「―公判」

結審（けっしん）裁判で審理を終える。「―公判」

決心（けっしん）強く心に決めること。決意。

結尾（けつび）物語の筋などの終わり。

血判（けっぱん）指を切った血で印を押す。「―状」

欠番（けつばん）連続している番号配列や給与の支給が欠けること。

潔白（けっぱく）正しく清い。やましい所がない。

欠配（けっぱい）配給や給与の支給が欠けること。

血肉（けつにく）血と肉。血族。親子兄弟。骨肉。

結党（けっとう）党派を結成する。「―式」↔解党

血闘（けっとう）命がけで闘い勝負を決すること。

血糖（けっとう）血液中の糖類ぶどう糖「―値」

血統（けっとう）祖先から続く血すじ。「―書」

欠点（けってん）不備な所。落第点。↔美点

決定（けってい）はっきり決める。決まること。

決着（けっちゃく）決まりがつくこと。落着

結団（けつだん）団体を結成する。「―式」↔解団

決断（けつだん）迷わず考えをはっきりと決める。

欠落（けつらく）あるはずの物が欠けていること。

血脈（けつみゃく）血管。血のつながり。血統。

月末（げつまつ）月の終わり。締め。↔月初

結末（けつまつ）終わり。終末。しめくくり。

蹴躓く（けつまずく）「つまずく」を強めた言い方。

結膜（けつまく）まぶたの裏と眼球を覆う薄い膜。

欠本（けっぽん）そろっていない書物。「―全巻そろう」

月報（げっぽう）毎月一回発行する通知や報告。

月俸（げっぽう）月極めの給料。月々の報酬。

欠乏（けつぼう）必要な物が欠けとした別れ。不足。

決別（けつべつ）[訣別]きっぱりとした別れ。

潔癖（けっぺき）不潔や不正をひどく嫌う性質。

傑物（けつぶつ）特に優れている人物。傑士。

月賦（げっぷ）月割にして代金を支払うこと。

結氷（けっぴょう）氷が張ること。張った氷。図

けつるい〜けんか

血涙（けつるい） 悲憤哀惜のあまりに流す涙。

欠礼（けつれい） 礼儀を欠くこと。失礼。「―中」

月例（げつれい） 毎月定期的に行う。「―会」

月齢（げつれい） 月の満ち欠けを表す日数。

決裂（けつれつ） 意見の不一致で敵の囲みを切り開いて逃げる道。

血路（けつろ） 敵の囲みを切り開いて逃げる道。

結露（けつろ） 水蒸気が凝結し水滴になる現象。

結論（けつろん） 論じ詰めた末の判断や意見。

下手物（げてもの） もの珍奇な物。大衆向けの安物。

外道（げどう） 真理に背く説。目的外の釣魚。

解毒剤（げどくざい） 体内の毒を消す薬。

気取る（けどる） 気配から察知する。気づく。

健気（けなげ） 年少ながら勇ましく大胆なさま。

貶す（けなす） 悪く言う。そしる。

毛並み（けなみ） 毛の様子。性質。血統。

毛抜き（けぬき） 毛などを抜き取る道具。

解熱（げねつ） 高温で上がった熱をさましる。「―剤」

毛羽（けば） 紙や布の表面の短い繊維。

気配（けはい） 何となく感じられるらしい様子。

懸念（けねん） 気がかり。心配。「―を抱く」

下馬評（げばひょう） 世間の評判。

仮病（けびょう） 病気のふりをすること。

下品（げひん） 品がなく卑しく見える。

下卑る（げびる） 品が悪い。品格が下等なこと。

閲する（けみする） 読んで調べる。年月が経つ。

毛虫（けむし） 毛が多い、チョウなどの幼虫。

煙に巻く（けむにまく） 不可解な言動によってごまかしたり相手をとまどわせる。

煙（けむり） 〖烟〗物が燃えるときに出る気体。

獣（けもの） けだもの。毛のある四肢の動物。

下野（げや） 官職を退き民間に下ること。

下落（げらく） 物価・相場・価値が下がること。

下痢（げり） 液状の大便が出る症状。腹下し。

蹴る（ける） 足で物を強く当てる。拒絶する。

険しい（けわしい） 傾斜が急なさま。品性が卑しいさま。「品性―」

件（けん） ことがら。すじ。事柄。「例の―」

妍（けん） 容姿が美しい。「―を競う」で美女が集い人目を引く、花が咲き乱れる。

券（けん） 手形。切符。証拠となる紙片。

剣（けん） 両刃の刀。剣と「―のある顔」

険（けん） 険しさのあること。「―のある顔」

間（けん） 尺貫法の単位（約一・八二㍍）

腱（けん） 筋肉と骨を結びつける組織。

言（げん） 言葉。言を左右にする「俟また―まつもがない」逃れないの意。「―を俟たない」言わずもがな。

弦（げん） 〖絃〗弓の糸。楽器に張った糸。

舷（げん） ふなばた。ふなべり。船の側面。

験（げん） 縁起。前兆。効き目。「―をかつぐ」

険悪（けんあく） 討議されていまだ解決されていない問題。不穏なさまとげとげしさ

懸案（けんあん） まだ解決されていない問題。

原案（げんあん） 討議のための最初の案。

権威（けんい） 人を服従させる威力。第一人者。「―筋」

牽引（けんいん） 引き寄せること。引っ張ること。

検印（けんいん） 検査ずみを証明する印。

原因（げんいん） 物事を引き起こすもと。

減員（げんいん） 人員を減らすこと。⇔増員

原影（げんえい） まぼろし。「―におびえる」

検疫（けんえき） 伝染病の検査などの予防措置。

権益（けんえき） 権利とそれに伴う利益。「―侵害」

原液（げんえき） 薄められたりする前の液体。

現役（げんえき） 現に活動している人。

減益（げんえき） 利益が減ること。⇔増益

検閲（けんえつ） 許否を決めるために調べること。

倦厭（けんえん） 飽きていやになること。

嫌煙（けんえん） 他者の喫煙を嫌がること。「―権」

嫌悪（けんお） 憎み嫌うこと。「自己―」「―感」

犬猿の仲（けんえんのなか） 仲の悪い間柄。

玄奥（げんおう） 奥深くはかり知れないこと。

検温（けんおん） 体温を測ること。「―の時間」

嫌煙（けんか） —

喧嘩（けんか） 言い争いや殴り合い。「―両成敗」

原音（げんおん） 原語の発音。録音時の音。

検音（けんおん） —

玄化（げんか） —

献花（けんか） 霊前などに花を供えること。その花。

言下（げんか） 言い終えるやあと。即座。

けんか―けんさつ

原価【げんか】[元価]。仕入れ値。元値。生産費。

現下【げんか】いま。ただ今。現在。「―の情勢」

減価【げんか】価額を下げること。値下げ。

原画【げんが】複製でない、もとの絵。「―展」

見解【けんかい】ものの見かたや考え方。意見。

狷介【けんかい】意志が固く妥協しない。「―孤高」

限界【げんかい】ぎりぎりの境目。限度。「体力の―」

圏外【けんがい】範囲の外。枠外。「優勝―」

厳戒【げんかい】厳重に警戒すること。「―体制」

言外【げんがい】直接言葉には表さない部分。

見学【けんがく】実地に見て知識を広めること。

建学【けんがく】学校を創立すること。「―の精神」

幻覚【げんかく】実際にはないものをあると感じること。幻視。

厳格【げんかく】厳しくおごそかなさま。

弦楽【げんがく】[絃楽]弦楽器で演奏する音楽。

衒学【げんがく】知識・学識をひけらかすこと。

剣が峰【けんがみね】噴火口の周縁。瀬戸際。

検眼【けんがん】視力を検査すること。「―鏡」

玄関【げんかん】建物の正面の入り口。「―の候」図

厳寒【げんかん】非常に厳しい寒さ。「―の候」

嫌忌【けんき】いみきらうこと。「―の念」

嫌疑【けんぎ】疑い。容疑。「―書」

元気【げんき】活動のもととなる気力。健康。

衒気【げんき】見せつけて自慢したがる気持ち。

原義【げんぎ】本来の意義。原義。↔転義。

健脚【けんきゃく】足がじょうぶでよく歩けること。

研究【けんきゅう】詳しく調べ、深く考えること。

言及【げんきゅう】話が、ある事柄に及ぶこと。

原級【げんきゅう】もとの等級。「―にとどめる」

減給【げんきゅう】給与の額を減らすこと。↔加給

検挙【けんきょ】容疑者を警察に連れて行くこと。

謙虚【けんきょ】控えめで素直。↔横柄・尊大

兼業【けんぎょう】本業以外の仕事。↔専業

元凶【げんきょう】[元兇]悪事の原因。中心人物。原因。

現況【げんきょう】現在の様子。現状。「―報告」

現金【げんきん】手元にある金銭。その金。「政治―」

献金【けんきん】金銭を寄付すること。「政治―」

厳禁【げんきん】厳重に禁止すること。「火気―」

元勲【げんくん】国家に大きな功績を残した人。

賢兄【けんけい】賢い兄。他人の兄や同輩の敬称。

原形【げんけい】もとの形。進化する前の状態。

原型【げんけい】製作物のもとになる型。

減刑【げんけい】刑を軽くすること。恩赦の一つ。

厳刑【げんけい】きびしい刑罰。「―に処する」

献血【けんけつ】血液を無償で提供すること。

建言【けんげん】役所や上司に意見を述べること。

献言【けんげん】目上の人に意見を申し上げること。

権限【けんげん】職権を行使できる範囲。職務。

顕現【けんげん】明らかに現れること。神仏の―

堅固【けんご】容易に壊れないさま。すこやか。

言語【げんご】表現手段としての音声と文字。

言語【げんご】翻訳前のもとの言葉。↔訳語

原語【げんご】

原行【げんこう】物事を急いで行うこと。「昼夜―」

兼行【けんこう】

軒昂【けんこう】[軒高]意気高く奮い立つさま。「意気―」

健康【けんこう】じょうぶで元気なこと。「―診断」

剣豪【けんごう】剣道の達人。名人。

言行【げんこう】言葉と行い。「―一致」「―録」

原稿【げんこう】発表目的の文章を記載したもの。

検察【けんさつ】誤りや不正を調べること。「―官」

原作【げんさく】翻訳や脚色のもとになる作品。

検索【けんさく】情報を調べ探すこと。「情報―」

現在【げんざい】いま。ただいま。この世。「―地」

減殺【げんさい】減らして分量・効力を減ずること。削減。

顕在【けんざい】形にはっきり機能している。↔潜在

健在【けんざい】健康で生活十分に機能している。

検査【けんさ】基準に照らして取り調べること。

現今【げんこん】いま。現在。この時代。

拳骨【げんこつ】にぎりこぶし。げんこ。

原告【げんこく】訴訟を起こした当事者。↔被告

建国【けんこく】新しく国をつくること。「―の父」

現行犯【げんこうはん】犯行中に見つかった犯罪。

元号【げんごう】年号。平成など。

現行【げんこう】現に行われていること。

けんさつ―けんせい

賢察（けんさつ）相手が推察することの尊敬語。

検札（けんさつ）乗客の乗車券などを調べること。

研鑽（けんさん）学問などを深くきわめること。

見参（けんざん）目上の人に面会する。げんざん。

剣山（けんざん）生け花の花材を固定する道具。

検算（けんざん）【験算】計算の正誤を確かめる。

原産（げんさん）最初に産出されること。「―地」

減算（げんざん）差を求める算法。引き算。↕加算

剣士（けんし）剣術に巧みな人。剣客。「少年―」

検死（けんし）【検屍】変死体を検査すること。検屍。

検視（けんし）事件現場を観察すること。検屍。

絹糸（けんし）きぬいと。生糸をよったもの。

繭糸（けんし）まゆと糸。まゆからとった糸。

健児（けんじ）元気な若者。血気盛んな若者。

堅持（けんじ）考えや態度をかたく守ること。

検事（けんじ）検察官の階級の一つ。「―正」

顕示（けんじ）はっきり示すこと。「自己―欲」

原子（げんし）物質を構成する最小の粒子。

原始（げんし）物事のはじめ。自然の状態。

原資（げんし）もとになる資金。

減資（げんし）企業が資本金を減らす。↕増資

言辞（げんじ）言葉。言葉づかい。「―を弄する」

見識（けんしき）優れた意見や判断力。気位。

堅実（けんじつ）てがたく、危なげのないこと。

現実（げんじつ）今あるがまま。

源氏名（げんじな）芸妓やホステスなどの呼称。

賢者（けんじゃ）賢い人。賢人。「―の石」↕愚者

堅守（けんしゅ）かたく守ること。「城を―する」

元首（げんしゅ）一国の首長。「国家―」

原酒（げんしゅ）未加工の清酒。ウイスキー原液。

厳守（げんしゅ）かたく守ること。「秘密―」

研修（けんしゅう）学問や技術などを修めること。

拳銃（けんじゅう）ピストル。短銃。小型の銃。

減収（げんしゅう）収入や収穫が減ること。↕増収

現住（げんじゅう）現在そこに住んでいる。「―先」

原住民（げんじゅうみん）もとから住んでいる民族。

厳重（げんじゅう）極めて厳しいさま。「―注意」

厳粛（げんしゅく）おごそかなさま。厳しいさま。

検出（けんしゅつ）検査・実験して見つけ出すこと。

現出（げんしゅつ）実際にあらわれ出ること。出現。

幻術（げんじゅつ）人の目をくらます不思議な術。

険峻（けんしゅん）【嶮峻】山や坂のけわしくて高い。

原書（げんしょ）翻訳などのもとの本。洋書。

厳暑（げんしょ）厳しい暑さ。酷暑。「―の候」

肩章（けんしょう）肩につける階級を示す記章。

健勝（けんしょう）健康なこと。すこやかなこと。

検証（けんしょう）調査して証明すること。「現場―」

憲章（けんしょう）国家が理想として定めた原則。

謙称（けんしょう）へりくだった言い方。↕敬称

顕彰（けんしょう）功績などを世間に知らせること。

懸賞（けんしょう）賞金・賞品をかけること。「―金」

献上（けんじょう）さしあげること。奉呈。「―品」

謙譲（けんじょう）へりくだること。「―語」

現象（げんしょう）形をとって現れること。「社会―」

減少（げんしょう）減って少なくなること。↕増加

現状（げんじょう）もとの状態・形。「―を打破する」

原状（げんじょう）いまの状態。「―に戻す」者

健常（けんじょう）心身に障害のないこと。「―者」

原色（げんしょく）すべての色の基本となる色。

現職（げんしょく）現在の職業・職務。「―教員」

減食（げんしょく）食事の量や回数を減らすこと。

原子力（げんしりょく）原子のエネルギー。「―発電」

献じる（けんじる）さしあげる。献上する。

検針（けんしん）メーターの目盛りを調べること。

検診（けんしん）病気かどうか診察する。「ガン―」

健診（けんしん）「健康診断」の略。

献身（けんしん）自分の利害を考えずつくすこと。

賢人（けんじん）賢い人。徳のあ　る人。↕にごり酒

原人（げんじん）初期の人類。北京―

懸垂（けんすい）鉄棒等で行う運動

元帥（げんすい）将軍を統率する軍人。総大将

減衰（げんすい）少しずつ減って行くこと。漸減

原寸（げんすん）実物と同じ寸法。実物大。「―大」

現世（げんせ）三世の一つ。現在の世。この世。

牽制（けんせい）注意を引くこと。自由にさせないこと。

けんせい〜けんにん

権勢（けんせい） 権力と勢力。「―をふるう」「―家」

憲政（けんせい） 憲法に基づいて行う政治。

原生（げんせい） 原始のままであること。「―林」

原勢（げんせい） 現在の情勢。現在の勢力。

厳正（げんせい） 厳しく公正であること。「―中立」

減税（げんぜい） 税金を減らすこと。‡増税

譴責（けんせき） 過失などをとがめること。叱責。自分の発言に対する責任。

言責（げんせき） 自分の発言に対する責任。

原石（げんせき） 原料の鉱石。未加工の宝石。

建設（けんせつ） 建物を新たに造ること。‡破壊

言説（げんせつ） 言葉で説くこと。またその言葉。

懸絶（けんぜつ） かけ離れること。懸隔。隔絶。

源泉（げんせん） 水の出もと。物事がうごくみなもと。心ずみやかさま。正常。

健全（けんぜん）

厳選（げんせん） 基準にあわせて厳しく選ぶこと。

厳然（げんぜん） [厳然]近寄りがたく厳しいさま。

倹素（けんそ） 倹約で質素なさま。「―な生活」

元素（げんそ） もと。万物の基本的な構成要素。

険相（けんそう） けわしい顔つき。険悪な人相。

喧騒（けんそう） [喧噪]騒がしく落ち着かない。

建造（けんぞう） 大規模な建物などを造ること。

幻想（げんそう） とりとめのない空想。「―的」

幻像（げんぞう） 幻覚による影像。幻影。

現像（げんぞう） フィルムなどに映像を現すこと。

眷属（けんぞく） [眷族]血筋のつながった一族。

原則（げんそく） 基本的な規則や法則。

減速（げんそく） 速度を落とすこと。‡加速

還俗（げんぞく） 僧や尼がもとの俗人に戻ること。

謙遜（けんそん） 謙譲。へりくだること。‡不遜

現存（げんそん） 現実にあること。げんぞん。

厳存（げんぞん） 確かに存在すること。げんそん。

倦怠（けんたい） 飽きやすい心。倦惰。「―期」

献体（けんたい） 自分の遺体を解剖用に提供すること。

見台（けんだい） 読書の際に書物などをのせる台。

減退（げんたい） 少なくなること。衰える。‡増進

原題（げんだい） 翻訳・改題する前の元の題。

現代（げんだい） 今の世。今の時代。「―的」

原体験（げんたいけん） 人生に永らく記憶に残りその人の幼少時の特異な体験。

拳玉（けんだま） [剣玉]玉を操る玩具の一つ。

見地（けんち） 観察や判断のよりどころ。観点。

健啖（けんたん） 食欲旺盛なこと。大食い。「―家」

言質（げんち） 後で証拠となる言葉。「―をとる」

現地（げんち） 現に置かれている土地。現住地。

建築（けんちく） 建物を建てること。「―家」「―物」

顕著（けんちょ） 著しいさま。際立っていること。

原著（げんちょ） 翻訳や改作などのもとの著作。

堅調（けんちょう） 相場が上昇傾向にある「―」。軟調

幻聴（げんちょう） ないはずの音が聞こえるように感じる。

検定（けんてい） 検査して合否を決めること。

献呈（けんてい） 謹んでものを差し上げる。進呈。

限定（げんてい） 範囲や数量を限ること。「―版」

圏点（けんてん） 文字のわきにつけ、ここに意いをはやくすための符号。傍点。

原典（げんてん） 基になる書物。もとの書。

原点（げんてん） 基準になる点。物事の出発点。

減点（げんてん） 点数を減らすこと。「―対象」

喧伝（けんでん） 盛んに言いはやすこと。

限度（げんど） こえられない範囲・程度。限界。

見当（けんとう） 大体の方向。予測。

拳闘（けんとう） ボクシング。「―家」

健闘（けんとう） 精一杯よく戦う。奮闘。

検討（けんとう） よく調べ考えること。「再―」

剣道（けんどう） 武道の一つ。剣術。

厳冬（げんとう） 寒さの厳しい冬。厳寒。「―の候」

言動（げんどう） 言葉と行い。言行。「―を慎む」

原動（げんどう） 物事の運動のもとの力。「―力」

圏内（けんない） 範囲の枠内。勢力「―」。圏外

現に（げんに） 実際に。まのあたりに。

厳に（げんに） 厳しく。厳重に。「―いましめる」

検尿（けんにょう） 健康状態を知るための尿の検査。

兼任（けんにん） 複数の職務をかねる。‡専任

けんのう―けんろ

献納（けんのう） 寺社や国に金品を差し上げること。

権能（けんのう） 権利を主張し・行使できる力。

玄翁（げんのう） 【玄能】鉄製の大きな槌。

剣呑（けんのん） 危険なさま。ぶっそうなさま。

建白（けんぱく） 政府などに意見を申し立てる。

献杯（けんぱい） 〔献盃〕杯をさす謙譲語。

現場（げんば） 物事が実際に起こった場所。

原爆（げんばく） 「原子爆弾」の略。「―症」「―忌」

厳罰（げんばつ） 厳しく罰すること。厳しい罰。

原発（げんぱつ） 「原子力発電所」の略。「―事故」

犬馬の労（けんばのろう） 他人のため尽くす。

鍵盤（けんばん） 鍵楽器の、指で押さえる部分。

原板（げんばん） 焼きつけのもとになるネガ。

原版（げんぱん） 紙型などのもとになる活字組版。

原盤（げんばん） 複製に使用したもとのレコード。

兼備（けんび） かね備えていること。「才色―」

顕微鏡（けんびきょう） 物を拡大して観察する装置。

健筆（けんぴつ） 文章などをたくみに書くこと。

検品（けんぴん） 製品の質や個数を検査すること。

現品（げんぴん） 現にある品物。実際の品物。

厳封（げんぷう） 厳重に封をすること。

剣舞（けんぶ） 詩吟にあわせて舞う舞。

賢父（けんぷ） 厳しい父。他人の父の敬称。

賢夫人（けんぷじん） 〔賢婦人〕賢明な夫人。賢婦。

見物（けんぶつ） 催し物などを見ること。「―人」

現物（げんぶつ） 現にある品物。現品。「―支給」

見聞（けんぶん） 見たり聞いたりすること。「―録」

検分（けんぶん） 「見分」実際に立ち合って調べる。

原文（げんぶん） 翻訳や改作のもととの文章。

権柄（けんぺい） 権力に任せて行うこと。「―ずく」

源平（げんぺい） 源氏と平氏。敵味方。白と赤。

建蔽率（けんぺいりつ） 〔建坪率〕敷地に対する建築面積率。

検便（けんべん） 大便を検査すること。

健保（けんぽ） 「健康保険」の略。

原簿（げんぼ） いちばんもとになる帳簿。元帳。

拳法（けんぽう） こぶしや足を使う中国の格闘技。

憲法（けんぽう） 国の統治体制の基礎を定めた法。

減法（げんぽう） 引き算。減算。「―加法」

減俸（げんぽう） 給料の額を減らすこと。「―処分」

健忘症（けんぼうしょう） 記憶力が減退する症候。

原本（げんぽん） 根本。翻訳前のもとの書物。

献本（けんぽん） 書物を進呈すること。その書物。

研磨（けんま） 〔研摩〕とぎ磨くこと。「―剤」

減磨（げんま） 〔減摩〕すり減る。摩擦を減らす。

玄米（げんまい） 精白していない米。「―食」↔白米

剣幕（けんまく） 激しく怒っている顔つきや態度。

厳密（げんみつ） 厳重でこまかいさま。「―な審査」

玄妙（げんみょう） 奥深く微妙なる道理・技芸。

兼務（けんむ） 複数の職務をかねること。兼任。

賢明（けんめい） 事理に明るくかしこいこと。

懸命（けんめい） 精一杯に努力するこ。「一所―」

言明（げんめい） はっきり言い切ること。断言。

厳命（げんめい） 厳しく命じる。厳しい命令。

幻滅（げんめつ） 幻想からさめがっかりすること。

減免（げんめん） 刑罰や税金などの軽減・免除。

検問（けんもん） 問いただし調べること。「―所」

権門（けんもん） 官位が高く権力のある家柄。

原野（げんや） 自然のままの広大な野原。荒野。

倹約（けんやく） むだ遣いしないこと。節約。

原油（げんゆ） 精製しない石油。「―価格」

現有（げんゆう） 現在もっていること。「―勢力」

兼用（けんよう） 一つを複数の用途に使うこと。

顕要（けんよう） 地位が高く重要なこと・人。

絢爛（けんらん） きらびやかで美しいさま。

権利（けんり） 物事を自由に行える資格。「―金」

県立（けんりつ） 県が設立し、運営する。「―高校」

原理（げんり） 基礎となる大もとの法則や理論。

源流（げんりゅう） 流れのみなもと。物事の起こり。

賢慮（けんりょ） 賢明な考え。他人の考えの謙称。

見料（けんりょう） 見物料。見せてもらう料金。

原料（げんりょう） 製造・加工する前の材料。たね。

減量（げんりょう） 量が減ること。量を減らす。

権力（けんりょく） 他人を支配し服従させる力。

堅塁（けんるい） 守りが堅くとりつきにくい陣地。

険路（けんろ） 〔嶮路〕けわしい道。険道。

こ

眩惑（げんわく）人の目をくらましまどわすこと。目がくらんでどうすること。

幻惑（げんわく）人の目をくらましまどわすこと。

元老（げんろう）功労のあった老大家・老政治家。

言論（げんろん）言論により思想を発表すること。

堅牢（けんろう）堅固でじょうぶなさま。「―無比」

故意（こい）わざとすること。‡過失

濃い（こい）色が深い。味などの程度が強い。

恋（こい）異性を慕う気持ち。「―に落ちる」

小当たり（こあたり）試みに少し探ってみる。

小味（こあじ）細やかな味や趣。「―にきく」

期（ご）とき。時期。「ごのにおよんで」

碁（ご）黒白の石で争うゲーム。囲碁。

個（こ）物を数える語。「全―」

弧（こ）弓形。円周や曲線の一部分。

恋人（こいびと）恋の相手。恋愛中の交際相手。

鯉幟（こいのぼり）【幟】強く希望する。〔鬢〕コイの形に作ったのぼり。⑤

希う（こいねがう）強く希望する。

恋仲（こいなか）互いに恋い慕う間柄。恋人同士。

恋しい（こいしい）慕わしい。懐かしい。「―人」

碁石（こいし）囲碁で使う白と黒の小石。

恋路（こいじ）恋い慕う日々のたとえ。恋。

恋心（こいごころ）恋しいと思う気持ち。「―を抱く」

鯉濃（こいこく）輪切りのコイを煮込んだみそ汁。

鯉口（こいくち）刀のさやの口。「―を切る」

濃い口（こいくち）味が濃いよう。〘小詔〙しゃれているようす。薄口

小意気（こいき）しゃれているようす。

恋敵（こいがたき）自分と同じ人を恋する競争相手。

語彙（ごい）ある範囲で用いられる語の全体。

語意（ごい）言葉の意味内容。語義。「―をつかむ」

厚意（こうい）他人から受ける厚情。深い情。

好意（こうい）親しみ・親切な気持ち。‡悪意

考案（こうあん）工夫して考え出すこと。

公安（こうあん）社会秩序が保たれて安全なこと。

高圧（こうあつ）高い圧力・電圧。「―線」‡低圧

濠（ごう）〔壕〕城の周りのほり。「―が深い」

業（ごう）仏教で善悪の行い。「―が深い」

請う（こう）〔乞う〕頼む。望む。「教えを―」

恋う（こう）しのぶ。故郷を慕う。

候（こう）時候。伺う。兆し。新緑の―。

香（こう）よい香り。たきもの。「―をたく」

甲（こう）十干の第一。いちばん。

五韻（ごいん）【五音】五十音図の各行の五音。

恋煩い（こいわずらい）恋愛で悩み病むこと。

恋文（こいぶみ）恋慕の情を書きつづった手紙。

坑員（こういん）【鉱員】鉱山の採掘労働者。

光陰（こういん）とき。月日。歳月。「―矢のごとし」

行員（こういん）「銀行員」の略。

工員（こういん）工場で働く労働者。職工。

紅一点（こういってん）多数の男性の中の女性一人。

好一対（こういっつい）好ましい組み合わせ。

合一（ごういつ）一つにあわさること。「知行―」

後遺症（こういしょう）回復後に長く残る障害。

後逸（こういつ）野球で、球をうしろへそらすこと。

広域（こういき）広い区域。広い範囲。「―行政」

合意（ごうい）互いの意思が一致すること。

高位（こうい）高い地位。また、その人。‡低位

皇位（こうい）天皇の地位。「―継承」

更衣（こうい）衣服を着がえる。「―室」

行為（こうい）目的のある行い。意識的な動作。

校閲（こうえつ）文書などの誤りを調べて正すこと。

交易（こうえき）物品の交換や売買。貿易。

公益（こうえき）公共の利益。‡私益

後衛（こうえい）後方を守る競技者・軍隊。‡前衛

後裔（こうえい）子孫。すえ。後胤。「源氏の―」

光栄（こうえい）名誉なこと。誉れ。「身に余る―」

公営（こうえい）国や地方公共団体の経営。

耕耘（こううん）田畑を耕すこと。「―機」

幸運（こううん）運がよい。好運。‡不運・非運

豪雨（ごうう）激しく降る雨。大雨。「―量」

降雨（こうう）雨が降ること。雨降り。「―量」

強引（ごういん）物事を無理に行うさま。

後胤（こういん）同じ血筋の後代の人。子孫。

荒淫（こういん）過度に情欲にふけること。

拘引（こういん）【勾引】捕えて連行する。誘拐。

こうおん～こうき

高閲（こうえつ）文章に目を通すことの尊敬語。

口演（こうえん）講談などの話芸を人前で演じること。

公演（こうえん）演劇などを人前で演じること。

講演（こうえん）大勢の前で講義すること。「―会」

公園（こうえん）公衆の憩い・娯楽のための庭園。

広遠（こうえん）〈宏遠〉規模が大きく広いさま。

高遠（こうえん）高尚で遠大なさま。「―な理想」

好演（こうえん）見事に演技・演奏すること。

後援（こうえん）背後から応援・援助すること。

好悪（こうお）好き嫌い。「―の激しい人」

甲乙（こうおつ）優劣。「―つけがたい」

高音（こうおん）高い音。↔低音

高温（こうおん）高い温度。↔低温「―多湿」

恒温（こうおん）温度が一定なこと。定温。

号音（ごうおん）信号や合図の音。

轟音（ごうおん）とどろきわたる音。鳴り響く音。

公課（こうか）公法による租税以外の金銭負担。

考課（こうか）勤務成績の評価。「人事―」

効果（こうか）効き目。結果。「―が上がる」

高価（こうか）値段や価値が高いこと。↔安価

降下（こうか）高い所から降りること。「急―」

高架（こうか）高くかけわたすこと。「―線」

高歌（こうか）声高に歌うこと。「―放吟」

硬化（こうか）かたくなる。態度が強硬になる。

硬貨（こうか）金属製の貨幣。「百円―」↔紙幣

高雅（こうが）けだかく優雅なさま。↔卑俗

業火（ごうか）罪人を焼くという地獄の火。

劫火（ごうか）全世界を焼き尽くす大火。

業果（ごうか）前世の悪業の報い。業因

豪華（ごうか）ぜいたくで華やかなさま。「―版」

公海（こうかい）各国が自由に使える海。↔領海

公開（こうかい）公衆に開放すること。「―録音」

更改（こうかい）制度や契約などを改めること。

後悔（こうかい）あとになってやむこと。悔恨。

航海（こうかい）船で海を渡ること。渡海。「―士」

口外（こうがい）他人に話を漏らすこと。「―無用」

口蓋（こうがい）口の中の上側の部分。「―音」

公害（こうがい）不特定多数の人に与える害。

郊外（こうがい）都市に隣接した住宅地域。近郊

梗概（こうがい）物語のあらすじ。概要。

豪快（ごうかい）力強く堂々としているさま。

号外（ごうがい）臨時に発行する新聞。↔本紙

公会堂（こうかいどう）公衆のための、集会のための建物。

口角（こうかく）唇の両脇の部分。「―泡を飛ばす」

広角（こうかく）レンズの対応角度が広いもの。

甲殻（こうかく）から。こうら。「―類」

降格（こうかく）地位などが下がること。↔昇格

工学（こうがく）科学を工業に応用する学問。

光学（こうがく）光の現象などを研究する物理学。

向学（こうがく）学問に励もうと思うこと。「―心」

好学（こうがく）学問を好むこと。「―の士」

後学（こうがく）後進の学者。後日役立つ知識。

高額（こうがく）大きな金額。高い紙幣。↔低額

合格（ごうかく）試験や検査の条件を満たすこと。

狡猾（こうかつ）悪賢いこと。「―な手段」

公刊（こうかん）広く世間に出版すること。刊行。

公館（こうかん）官庁の建物。大使館や領事館。

交換（こうかん）物を取りかえること。入れかえ。

交歓（こうかん）〈交驩〉親しくし、ともに楽しむこと。「―の候」

向寒（こうかん）寒さに向かうこと。「―の候」

好感（こうかん）好ましい感じ。よい印象。

好漢（こうかん）好ましい感じの男性。↔悪漢

巷間（こうかん）世間。ちまた。「―の俗説」

後患（こうかん）後日の心配・難儀。「―を宿す」

高官（こうかん）地位の高い官職。

鋼管（こうかん）鋼鉄製の管。「―の足場」

高姦（こうかん）厚かましいさま。顔の皮の厚い。「―無恥」

紅顔（こうがん）若く血色のよい顔。「―の美少年」

睾丸（こうがん）ほ乳類の雄の生殖腺（せん）。

強姦（ごうかん）暴力により女性を犯す。↔和姦

公器（こうき）公共のためのもの。公共物。

広軌（こうき）標準より広いレール。↔狭軌

光輝（こうき）輝くこと。名誉。「―ある伝統」

好期（こうき）ちょうどよい時期。「―到来」

好機（こうき）よい機会。チャンス。

こうき―こうけん

後記（こうき）あとがき。後述。「編集―」

香気（こうき）よいにおい。「―が漂う」

校紀（こうき）学校内の風紀。「―を乱す」

校規（こうき）学校の規則。校則。「―に反する」

校旗（こうき）学校を象徴する旗。「―を掲げる」

高貴（こうき）身分が高いこと。高価で貴重。

綱紀（こうき）国を統治する根本の規律。

興起（こうき）盛んなこと。心がふるいたつこと。

巧技（こうき）たくみな技術・演技。

広義（こうぎ）言葉の、広範囲の意味。⇔狭義

交誼（こうぎ）〔交宜〕交際のよしみ。「―を結ぶ」

好誼（こうぎ）〔好宜〕相手が自分に寄せる好意。

厚誼（こうぎ）〔厚宜〕厚い親切・交際。「―への敬称」

高誼（こうぎ）相手からの交誼への敬称。

抗議（こうぎ）反対意見を強く主張すること。

講義（こうぎ）学説などの意義を解説すること。

剛毅（ごうき）意志が強固でくじけないこと。

豪気（ごうき）気性が強く勇ましいさま。

合議（ごうぎ）集まって相談すること。「―制」

好奇心（こうきしん）珍しい、未知の事への興味。

公休（こうきゅう）公式の休日。公休日。

考究（こうきゅう）よく考え、きわめること。

攻究（こうきゅう）道理・学芸を深く研究すること。

恒久（こうきゅう）いつまでも変わらないこと。

後宮（こうきゅう）皇后や妃などが住む宮殿。

高級（こうきゅう）等級・品質など方が高い。⇔低級

高給（こうきゅう）給料が高いこと。「―優遇」⇔薄給

降給（こうきゅう）減給。⇔昇給

硬球（こうきゅう）球技で使う硬い方の球。⇔軟球

号泣（ごうきゅう）大声で泣き叫ぶこと。慟哭。

公共（こうきょう）社会一般。公衆が利用すること。

広狭（こうきょう）広いことと狭いこと。

好況（こうきょう）景気のよいこと。好景気。⇔不況

工業（こうぎょう）原料を加工して製品を作る産業。

功業（こうぎょう）立派な事業。手柄。「―を立てる」

鉱業（こうぎょう）〔礦業〕鉱物に関する産業。「―権」

興行（こうぎょう）有料で見せる催し物。「―を打つ」

交響楽（こうきょうがく）管弦楽曲の総称。交響曲。

公金（こうきん）国や公共団体の所有する金銭。

抗菌（こうきん）有害な細菌の増殖を封じること。

拘禁（こうきん）とらえて外出させない。⇔釈放

皇居（こうきょ）天皇の住居。皇宮。宮城。

溝渠（こうきょ）給水・排水のためのみぞ。

高吟（こうぎん）声高に吟詠すること。⇔低吟・低唱

合金（ごうきん）二種以上の金属を融合した金属。

工具（こうぐ）工作に使用する器具・道具。

耕具（こうぐ）田畑をたがやすための道具。

航空（こうくう）航空機で空中を航行すること。

厚遇（こうぐう）手厚くもてなすこと。⇔冷遇

校訓（こうくん）その学校が定める教育的な標語。

行軍（こうぐん）軍隊が列を組んで行進すること。

香華（こうげ）仏前に供える香と花。こうばな。

高下（こうげ）高いことと低いこと。上がったり下がったり。優劣。「乱―」

口径（こうけい）円筒状の物の口の内側の直径。

光景（こうけい）目に映る景色。情景。ありさま。

後景（こうけい）背後の光景。舞台の背景画。

後継（こうけい）あとを継ぐこと。「―者」

工芸（こうげい）美術的な実用品をつくること。

合計（ごうけい）全部の数量を加えあわせること。

攻撃（こうげき）敵を攻めること。非難すること。

高潔（こうけつ）気高くけがれのない。高尚清白。

豪傑（ごうけつ）武勇に優れ、大胆な人。「―笑い」

膏血を絞る（こうけつをしぼる）重税を取り立てる。

公権（こうけん）参政権など公法上の権利。

効験（こうけん）効き目。効能。「―あらたか」

後見（こうけん）後ろ盾となって世話すること。

貢献（こうけん）力を尽くして役に立つ。寄与。

高見（こうけん）立派な意見の敬称。

公言（こうげん）人前で堂々と言うこと。明言。

広言（こうげん）〔荒言〕大きなことを言う。大言。

こうけん―こうしき

巧言（こうげん） 巧みに飾った口先だけの言葉。

高言（こうげん） いばって大きなことを言うこと。

光源（こうげん） 光を発するみなもと。

抗言（こうげん） 逆らって言い返す言葉。抗弁。

抗原（こうげん） 生体内で抗体の形成を促す物質。

高原（こうげん） 海抜高度が高く平らな土地。

合憲（ごうけん） 憲法の規定にかなっていること。

剛健（ごうけん） 心身ともに強くたくましいこと。「―体」

好古（こうこ） 昔のものを好むこと。「―趣味」

交互（こうご） 互い違い。かわるがわる。

好個（こうこ） ちょうどよいこと。好適。手頃。

口語（こうご） 話し言葉。現代の日常語。「―文」

豪語（ごうご） 偉そうに大きなことを言うこと。

口腔（こうこう） 口の中の空間。こうくう。

孝行（こうこう） 親を大切にし、よく仕えること。

航行（こうこう） 船舶や航空機を進めること。

皓皓（こうこう） 〔皎皎〕白々と明るいさま。

煌煌（こうこう） 〔晃晃〕きらきらと光り輝くさま。

膏肓（こうこう） 上下の歯の間のおくまりで、治療しにくいところ。

交合（こうごう） 男女の交わり。性交。交接。

咬合（こうごう） 歯のかみあわせ。「不正―」

皇后（こうごう） 天皇・皇帝の妻。きさき。「―陛下」

轟轟（ごうごう） 大勢の声がやかましい。「―喧喧」

囂囂（ごうごう） 物音がとどろきわたるさま。

神神しい（こうごうしい） 気高く荘厳な感じだ。

好好爺（こうこうや） 優しくて人のよいと人老人。

考古学（こうこがく） 人類の歴史を研究する学問。

公告（こうこく） 官公庁などが一般に公示すること。

広告（こうこく） 広く世間に宣伝すること。広報。

抗告（こうこく） 裁判所の決定への不服申し立て。

恍惚（こうこつ） 心を奪われうっとりすること。信念や意志が強いこと。「―漢」

硬骨（こうこつ）

後顧の憂い（こうこのうれい） 後々の心配。

公差（こうさ） 公式に許容された誤差の範囲。

交差（こうさ） 線状のものが一点で交わること。

考査（こうさ） 考え調べること。学力試験。

口座（こうざ） 簿記で項目別に記入するところ。

高座（こうざ） 寄席などで芸を演じる舞台。

講座（こうざ） 大学の学部構成上の単位。講義。

公債（こうさい） 国や公共団体が負う債券。

交際（こうさい） 人と人とがつきあうこと。「―家」

功罪（こうざい） 功績と罪。功過。「―相半ばする」

光彩（こうさい） 光を放つ。ひときわ目立つ。

工作（こうさく） 物を作ること。事前の働きかけ。

交錯（こうさく） 複数のものが入り交じること。

耕作（こうさく） 田畑を耕して作物を作ること。

鋼索（こうさく） ワイヤーロープ。索条。「―鉄道」

考察（こうさつ） 深く考えること。「原因を―する」

高札（こうさつ） 相手の推察の尊敬語。お察し。

絞殺（こうさつ） 首をしめて殺す「―死体」

高算（こうさん） 入札で最も高い値をつけた札。

公算（こうさん） 見込み。確率。「成功する―」

交差点（こうさてん） 二本以上の街路が交わる所。

降参（こうさん） 負けて服従する・閉口すること。

恒産（こうさん） 一定の、安定した財産・職業。

公私（こうし） 公事と私事。「―混同」

鉱山（こうざん） 鉱物を採掘する山・場所。「―学」

公使（こうし） 大使に次ぐ外交使節。「―館」

厚志（こうし） 厚い志。親切な気持ち。

行使（こうし） 権力や権利を用いる。「実力―」

厚志（こうし） 厚い志。親切な厚情。

格子（こうし） 細木を縦横に組んだもの。「―戸」

嚆矢（こうし） 物事のはじめ。「近代文学の―」

後嗣（こうし） 跡つぎ。子孫。後継ぎ。

小路（こうじ） 幅の狭い道。みち。「袋―」

工事（こうじ） 建築・土木などの仕事・作業。

公示（こうじ） 公の機関が一般に告知すること。

公事（こうじ） 公共に関する仕事。公務。↔私事

好餌（こうじ） 誘惑する手段。

麹（こうじ） 〔糀〕麹菌を繁殖させた穀類。

講師（こうじ） 講演などをする人。教職の一つ。

高次（こうじ） 高い次元。高い程度。↔低次

後事（こうじ） 自分の死後のこと。将来のこと。

合祀（ごうし） 一緒に神や霊を祭ること。

合資（ごうし） 複数の人が資本を出し合うこと。

公式（こうしき） 形式・方法に定められた

こうしき～こうすい

硬式（こうしき）硬球を使う競技の形式。◆軟式

高姿勢（こうしせい）相手を威圧する尊大な態度。

皇室（こうしつ）天皇とその一族。「―典範」

後室（こうしつ）後房。身分の高い人の未亡人。

硬質（こうしつ）硬い性質。「―ガラス」◆軟質

口実（こうじつ）弁解のための理屈。言い訳。

好日（こうじつ）よい日。佳日。「日日是―」

好事魔多し（こうじまおおし）とかくじゃまが入る。月に叢雲（むらくも）花に風。

公社（こうしゃ）国や公共団体が出資した法人。

巧者（こうしゃ）巧みなさま。巧者。「―試合」

後者（こうしゃ）後ろの方。後に続く者。まぁぇぃや。◆前者

校舎（こうしゃ）学校の建物。

降車（こうしゃ）車などから降りること。◆乗車

豪奢（ごうしゃ）豪華で派手なこと。「―な邸宅」

公爵（こうしゃく）爵位の一つ。五等爵の第一位。

侯爵（こうしゃく）爵位の第二位。

講釈（こうしゃく）意味などを説明すること。講談。

巧手（こうしゅ）技芸のみごとなこと。人。巧者。

好手（こうしゅ）囲碁や将棋でうまい手。悪手

好守（こうしゅ）じょうずな守り。好守備。「―抑守」

攻守（こうしゅ）攻めと守り。「―所を変える」

絞首（こうしゅ）首を締めて殺す。絞殺。「―刑」

口授（こうじゅ）口で伝え授ける。口伝。◆口受

口臭（こうしゅう）口から出るいやなにおい。

公衆（こうしゅう）社会を構成する一般の人々。

講習（こうしゅう）学問・技芸などを習うこと。

口述（こうじゅつ）口で述べること。「―筆記」

公述（こうじゅつ）公式の場で意見を述べること。「―人」

後述（こうじゅつ）あとで述べること。◆前述

高所（こうしょ）高い場所。高い立場。「―恐怖症」

皇女（こうじょ）天皇の娘。内親王。◆皇子

控除（こうじょ）金銭・数量などを差し引くこと。

口承（こうしょう）代々口づてに語り伝える。

口誦（こうしょう）くちずさむこと。声に出して読む。

工匠（こうしょう）大工など、工作物をつくる職人。

公称（こうしょう）表向きに発表されていること。

口傷（こうしょう）公務中の負傷。「―年金」◆私傷

交渉（こうしょう）かけあうこと。かかわること。

考証（こうしょう）昔の事を文献で調べて考察する。「時代の―」

好尚（こうしょう）好み。嗜好。流行り。「時代の―」

行賞（こうしょう）賞を与えること。「論功―」

哄笑（こうしょう）大口をあけて笑うこと。高笑い。

校章（こうしょう）学校の記章。

高尚（こうしょう）程度が高く上品なさま。◆低俗

工場（こうじょう）機械などで生産・修理する所。

口上（こうじょう）口頭での挨拶。役者のあいさつ。

向上（こうじょう）能力・程度がよくなること。「―性」

恒常（こうじょう）一定で変わりないこと。「―性」

豪商（ごうしょう）財力の豊かな大商人。

強情（ごうじょう）自説を貫く。「―を張る」◆剛情

公職（こうしょく）公務員・議員などの公の職務。

好色（こうしょく）情事を好むこと。色好み。「―家」

亢進（こうしん）「昂進」高ぶり進むこと。◆「心悸―」

交信（こうしん）無線などで通信をかわすこと。

行進（こうしん）隊列を組んで進むこと。「―曲」

更新（こうしん）改め、新しくすること。「記録―」

交情（こうじょう）親しみの気持ち。

厚情（こうじょう）相手からの手厚い情け・親切心。「ご―こまやかな」

恒心（こうしん）常に変わらない正しい心。

公人（こうじん）公職についている人。◆私人

行人（こうじん）道を歩いて行く人。旅人。

幸甚（こうじん）ありがたく思うこと。「―の至り」

黄塵（こうじん）黄色い土ぼこり。世間の俗事。

後信（こうしん）後であとで通信すること。

後進（こうしん）同分野の後輩。後れて進むこと。◆前進

後身（こうしん）前の形から変化した姿。◆前身

興信所（こうしんじょ）秘密に調べて報告する機関。

好人物（こうじんぶつ）善良な人。人柄の円満な人。

香辛料（こうしんりょう）香りや辛みを添える調味料。

後塵を拝する（こうじんをはいする）権力者に付き従う。後れをとる。先んじられる。

構図（こうず）絵や写真の素材の構成・配置。

香水（こうすい）化粧品。香料を溶かした品。

降水（こうすい）降雨・雪の現象。「―確率」「―量」

こうすい～こうたか

硬水[こうすい] カルシウムなどを多く含む水。

洪水[こうずい] 川の水があふれ出すこと。大水。

好事家[こうずか] もの好きな人。風流を好む人。

抗する[こうする] 抵抗する。さからう。争う。

高ずる[こうずる]【昂ずる】状態がひどくなること。

講ずる[こうずる] 適切な手段・方法をとる。

号する[ごうする] 雅号をつける。言いふらす。

公正[こうせい] 公平で正しいこと。是正。‡不当 **正しい判断**

攻勢[こうせい] 積極的に攻める態勢。‡守勢

更正[こうせい] 誤りを正しく改めること。立ち直ること。

更生[こうせい] 生き返ること。

厚生[こうせい] 暮らしを健康で豊かにすること。

後生[こうせい] のちの世。後代。あとから生まれてくる人。後輩。

恒星[こうせい] 位置を変えずに発光する星。

高声[こうせい] 大声。大きな声。‡低声

校正[こうせい] 文字や図版の誤りを正す作業。

構成[こうせい] 組み立てること。組み立て。

合成[ごうせい] 二つ以上をあわせて一つにする。

豪勢[ごうせい] 非常にぜいたくで優れたなさま。豪華。「—な食事」

功績[こうせき] 優れた働き。「—をたたえる」

鉱石[こうせき]【鉱石】有用金属を多く含む岩石。

航跡[こうせき] 船が通ったあとに残る波の筋。

洪積世[こうせきせい] 氷河時代。更新世。

公設[こうせつ] 公的機関の設立・運営。‡私設

巧拙[こうせつ] じょうずとへた。上手下手。

交接[こうせつ] 交際。つきあい。性交。交尾。

巷説[こうせつ] 世間のうわさ。世評。巷談。

降雪[こうせつ] 雪が降ること。降った雪。「—量」

高説[こうせつ] 優れた説。他人の考えの敬称。

口舌[こうぜつ] 口先だけの言葉。「—の徒」

豪雪[ごうせつ] 大量に雪が降ること。「—地帯」

口銭[こうせん] 売買の仲介をして得る手数料

公選[こうせん] 一般国民の投票による選挙。

交戦[こうせん] 戦いを交えること。「—国」

好戦[こうせん] 戦いを好むこと。「—的」「—的徹底」

光線[こうせん] 光の筋。「可視—」「太陽—」

黄泉[こうせん] 死者の行く所。あの世。よみ

鉱泉[こうせん] 鉱物成分を含む湧き水。

公然[こうぜん] 包み隠さないさま。「—と認める」

昂然[こうぜん] 自信にあふれ、「—たる意気」

浩然[こうぜん] 心が広くゆったりしているさま。

傲然[ごうぜん] 偉そうに人を見下す様子。傲慢

轟然[ごうぜん] 大きな音が鳴り響くさま。轟音。

公租[こうそ] 国税と地方税。

公訴[こうそ] 刑事事件での検察官による起訴。

控訴[こうそ] 一審に不服な場合の上訴。上告。

酵素[こうそ] 生体内の化学反応を助ける物質。

強訴[ごうそ]【嗷訴】集団で強訴すること。

広壮[こうそう]【宏壮】広くて立派なさま。

抗争[こうそう] 対立して争うこと。「派閥—」

香草[こうそう] よい香りのある草。ハーブ。

後送[こうそう] あとで送ること。後方へ送ること。

高僧[こうそう] 高位の僧。徳の高い僧。

高層[こうそう] 高く積み重なっている。「—建築」

構想[こうそう] 全体の構成や内容を考えること。

構造[こうぞう] 全体の組み立て。内部の組み立て。「—社会」

豪壮[ごうそう] 建物などが大きく立派なさま。

拘束[こうそく] 行動の自由を束縛する。‡解放

校則[こうそく] 学校の規則。校則。「—違反」

高速[こうそく] 速度が速いこと。高速道路。「—道路」

梗塞[こうそく] ふさがって通じなくなること。「—部隊」

後続[こうぞく] あとから続く。「—部隊」

皇族[こうぞく] 天皇の一族。「—一族」「—地方」

豪族[ごうぞく] 地方の権勢ある一族。「—一族」

小唄[こうた] 三味線の伴奏で歌う短い俗曲。

交替[こうたい]【交代】入れかわる。「—世代」

抗体[こうたい] 病原体に抵抗する物質。免疫体。

後退[こうたい] 引きさがること。勢いの衰え。

広大[こうだい]【宏大】広くて大きいこと。‡狭小

高大[こうだい] 高くて大きいこと。「—な理想」

皇太后[こうたいごう] 先代の天皇の皇后。

皇太子[こうたいし] 皇位を継承すべき皇子。「—宮」

甲高[こうだか] 足の甲が高く張り出している。

こうたく～こうなん

光沢(こうたく) 物の表面のつや。「—が出る」

強奪(ごうだつ) 力ずくで奪い取ること。「—事件」

降誕(こうたん) 神仏・聖人などが生まれること。

公団(こうだん) 政府などが出資する特殊法人。

講談(こうだん) 武勇伝や講演芸。

後段(こうだん) 文章などの後の段落。‡前段

巷談(こうだん) 世間のうわさ話。俗説。「—俗説」

公壇(こうだん) 講義や講演を行う壇。「—的」

豪胆(ごうたん) [剛胆] 物事に動じないさま。

巧遅(こうち) 巧みだが、仕上がりが遅いこと。

巧緻(こうち) きめ細かく巧みなこと。精巧。

拘置(こうち) 受刑者を監獄に拘禁すること。

狡知(こうち) [狡智] 悪賢い知恵。

耕地(こうち) 耕作して農作物を収穫する土地。

高地(こうち) 海抜の高い土地。「—栽培」‡低地

構築(こうちく) 組み立てて築くこと。「—物」

紅茶(こうちゃ) 茶の若葉を発酵・乾燥させたもの。

膠着(こうちゃく) かたくつくように動かないこと。

甲虫(こうちゅう) かたい前ばねにおおわれた昆虫。

好調(こうちょう) 調子や具合がよいこと。不調

紅潮(こうちょう) 顔が赤みを帯びること。

校長(こうちょう) 学校の最高責任者。学校長。

高潮(こうちょう) 満潮の極度。

高調(こうちょう) 調子が高まること。その調子。

公聴会(こうちょうかい) 公の機関が意見を聞く会。

硬直(こうちょく) かたくなって柔軟性を失うこと。

剛直(ごうちょく) 意思が強く信念を曲げないこと。

工賃(こうちん) 生産・加工に対する賃金。

交通(こうつう) 人や乗り物が行き来すること。

業突く張り(ごうつくばり) 欲が深く頑固。

更迭(こうてつ) ある地位の者を他の者にかえること。

好敵(こうてき) 実力が同等の競争相手。「—手」

好適(こうてき) 何かするのにちょうどよい状態。

豪邸(ごうてい) たいへん立派な家。豪壮な邸宅。

拘泥(こうでい) こだわること。「小事に—する」

高弟(こうてい) 弟子の中で特に優れた者。高足。

高低(こうてい) 高いことと低いこと。「—差」

校庭(こうてい) 学校の庭や運動場。「—開放」

校訂(こうてい) 古書の本文を異本と比べて正す。

行程(こうてい) 目的地までの距離。旅行の日程。

皇帝(こうてい) 帝国の君主。帝王。「ロシア—」

肯定(こうてい) 認めること。「—的」‡否定

公邸(こうてい) 高官が在職中に与えられる住宅。

公定(こうてい) 公共機関が定めること。「—価格」

工程(こうてい) 生産・工事の作業の手順・段階。

鋼鉄(こうてつ) 弾性をもつかたい鉄。はがね。

公転(こうてん) 惑星が恒星の周囲を回ること。

好天(こうてん) よい天気。晴天。「—に恵まれる」

交点(こうてん) 線と線、線と面が交わる点。

好転(こうてん) 事態がよい方に向かう。‡悪化

後天(こうてん) 生後に身につくこと。‡先天

荒天(こうてん) 風雨の激しい悪天候。

香典(こうでん) [香奠] 霊前に供える金銭・香料。

光度(こうど) 光の強度。恒星の明るさ。

高度(こうど) 高さ。程度が高いこと。「—差」

硬度(こうど) 金属や鉱物などの硬さの度合い。

高等(こうとう) 程度が高く優れていること。

高踏(こうとう) 俗世間を離れて高潔を保つこと。

高騰(こうとう) [昂騰] 物価が高くなる。騰貴。

口頭(こうとう) 言葉で述べること。「—試問」

公道(こうどう) 正しい道理。国道・県道・市道。

行動(こうどう) 行い。体を動かし活動すること。

坑道(こうどう) 鉱山などの内部。地下道。

香道(こうどう) 香を楽しむ芸道。

講堂(こうどう) 式・講演などを行う大きな建物。

黄道(こうどう) 地球から見た太陽の運行軌道。

強盗(ごうとう) 力ずくで金品を奪うこと・者。

合同(ごうどう) 複数のものが一つになること。

公徳(こうとく) 社会で守るべき道徳。「—心」

高徳(こうとく) 優れて高い人徳。「—の僧」

購読(こうどく) 書物などを買って読む。「—料」

講読(こうどく) 内容や意味を説明しながら読む。

坑内(こうない) 炭坑・鉱山の内部。「—火災」

構内(こうない) 建物や敷地の中。「駅の—」‡構外

後難(こうなん) 後日起こる災難。「—をおそれる」

こうなん〜こうほ

硬軟（こうなん）硬さと軟らかさ。「―取り混ぜ」

購入（こうにゅう）買うこと。購買。「―額」↔販売

公認（こうにん）国家などが正式に認めること。

後任（こうにん）前任者に代わり任務につくこと。

高熱（こうねつ）高い温度・体温。「―に苦しむ」

光熱費（こうねつひ）電気代やガスなどの燃料費。

光年（こうねん）光が一年間に進む距離。

行年（こうねん）ある時点で生きてきた年数。享年。

後年（こうねん）ずっとのちの年。

更年期（こうねんき）月経の時期。

効能（こうのう）効き目。効用。「―書き」

豪農（ごうのう）財産と勢力をもつ農家。↔貧農

光波（こうは）光の波。波動としての光。

硬派（こうは）強硬な主張をする党派。↔軟派

交配（こうはい）雌雄の配合。かけあわせ。「―種」

光背（こうはい）仏像の背にある光明を表す装飾。

（光背 illustration）

後輩（こうはい）年齢や経験が下の者。↔先輩

高配（こうはい）「他人の配慮」の尊敬語。「ご―にあずかる」↔国士の―

好配（こうはい）よい配偶者。成行き。よい配当。「―品」

向背（こうはい）従うこととそむくこと。成行き。

荒廃（こうはい）荒れ果てていること。

興廃（こうはい）盛んなことと衰えること。隆替。

勾配（こうばい）傾いていること。斜面。「急―」

購買（こうばい）買うこと。購入。「―力」↔販売

公倍数（こうばいすう）複数の整数に共通の倍数。

後背地（こうはいち）都市や港湾の周辺・後方地。

紅白（こうはく）赤と白。「―リレー」「―対抗戦」

広漠（こうばく）【宏漠】果てしなく広い様子。

香ばしい（こうばしい）【芳ばしい】香りがよい。

後発（こうはつ）後から出発・開発すること。↔先発

業腹（ごうはら）ひどく腹が立つ。いまいましい。

公判（こうはん）公開の法廷で行われる刑事裁判。

広範（こうはん）【広汎】広い範囲。「―な調査」

後半（こうはん）二つに分けた、あとの方の半分。

交番（こうばん）警察の派出所「交番所」の略。

降板（こうばん）投手が試合途中で退く。↔登板

合板（ごうはん）薄板を接着剤で張りあわせた板。

工費（こうひ）工事にかかる費用。「総―十億円」

公費（こうひ）国や公共団体の費用。↔私費

交尾（こうび）動物の雌雄の生殖行為。「―期」

後尾（こうび）列などの後方。「最―」↔先頭

合否（ごうひ）合格と不合格。「―を判定する」

公表（こうひょう）世間に発表すること。

好評（こうひょう）よい評判。「―評・悪評」↔不評

高評（こうひょう）高い評判。人の批評の尊敬語。

講評（こうひょう）説明しながら批評すること。

幸便（こうびん）よいついで。「―に託す」

交付（こうふ）国や役所がお金や書類を渡す。

後部（こうぶ）後ろの部分。「―座席」↔前部

公布（こうふ）法令などを国民に広く知らせる。

高風（こうふう）気高い風格。相手の人格の敬称。

校風（こうふう）学校に見られる気風。

光風（こうふう）陽光を吹きぬけるさわやかな風。

高腹（こうふく）飲み食い。口と腹。「―の欲」

口腹（こうふく）飲み食い。

幸福（こうふく）しあわせ。満ち足りた気持ち。

降伏（こうふく）【降服】戦いに負け服従すること。

硬筆（こうひつ）先がかたい筆記具。↔毛筆

公文書（こうぶんしょ）公の機関から出される文書。

興奮（こうふん）【昂奮】刺激により感情が高ぶる。

公憤（こうふん）社会の悪に対する怒り。↔私憤

構文（こうぶん）文章の構成。文の組み立て。

公平（こうへい）かたよりがなく正しいこと。

抗弁（こうべん）相手の主張に対し反論すること。

合弁（ごうべん）事業の共同経営。「―会社」

候補（こうほ）ある地位や資格の取得を望む者。

公募（こうぼ）広く一般から募集すること。

首（こうべ）【頭】首。頭。あたま。

鉱物（こうぶつ）地殻を構成する天然の無機物。

好物（こうぶつ）好きな食べ物や飲み物。「大―」

剛腹（ごうふく）太っ腹で度胸があるさま。豪胆。

剛愎（ごうふく）頑固で人の言うことに従わない。

酵母（こうぼ）イーストなど発酵を起こす菌類。

工法（こうほう）工事や加工の方法。「最新―」

公報（こうほう）官庁が国民に発表する報告書。

広報（こうほう）【弘報】広く一般に知らせること。

後方（こうほう）後ろの方。「―支援」⇔前方

工房（こうぼう）工芸家・美術家などの仕事場。

攻防（こうぼう）攻撃と防御。攻守。「―戦」

光芒（こうぼう）光の筋。光線。「―を放つ」

興亡（こうぼう）興ることと滅ぶこと。盛衰。

号砲（ごうほう）合図のためにうつ銃砲。その音。

合法（ごうほう）法律に適合すること。「―的」⇔非合法

公僕（こうぼく）国民に奉仕する人。公務員。

香木（こうぼく）香道で用いる香木材。

高邁（こうまい）気高く優れていること。高遠。

毫末（ごうまつ）ごくわずか。「―の疑いもない」

高慢（こうまん）おごり高ぶること。「―ちき」

傲慢（ごうまん）思い上がり、人を見下すこと。

香味（こうみ）飲食物の香りと味。「―野菜」

功名（こうみょう）手柄で名を上げること。「―心」

巧妙（こうみょう）非常にうまいこと。⇔拙劣

光明（こうみょう）明るく輝く光。「一筋の―」

公民（こうみん）参政権のある国民。「―館」「―権」

工務（こうむ）土木・建築の仕事。工場の事務。

公務（こうむ）国や公共団体の仕事。「―員」

被る（こうむる）【蒙る】他から受ける。「損害を―」

高名（こうめい）よい評判。相手の名の尊敬語。

合名（ごうめい）名前を一緒に書き連ねること。「―会社」

毫も（ごうも）少しも。「―慌てない」

剛毛（ごうもう）かたくて太い毛。

剛猛（ごうもう）【豪猛】つよくたけだけしいこと。

項目（こうもく）物事を小さく分けた一つ一つ。大まかな骨組みと細かい項目。

綱目（こうもく）大綱と細目。

肛門（こうもん）大便を排出する穴。しりの穴。

校門（こうもん）学校の出入口の門。

閘門（こうもん）運河などにある水量調節用の門。

拷問（ごうもん）苦痛を与え問いただすこと。

広野（こうや）【曠野】広々とした野原。ひろの。

荒野（こうや）あれはてた野原。

口約（こうやく）口頭で約束すること。口約束。

公約（こうやく）政治家が有権者に約束する政策。

膏薬（こうやく）あぶらで練り固めた外用薬。

公約数（こうやくすう）複数の整数に共通の約数。

香油（こうゆ）においのよい化粧用の油。

交友（こうゆう）友としてのつきあい。「―関係」

交遊（こうゆう）親しくつきあうこと。交際。

剛勇（ごうゆう）【豪勇】強く勇気があること。

豪雄（ごうゆう）すぐれた勇士・人。豪傑。

豪遊（ごうゆう）大金を使って派手に遊ぶこと。

公用（こうよう）おおやけの用事。公務。⇔私用

孝養（こうよう）親を大切にして面倒をみること。

効用（こうよう）使い道。効能。効き目。「薬の―」

紅葉（こうよう）秋に赤く色づく葉。もみじ。⇔黄葉

黄葉（こうよう）秋に黄色に色づく葉。⇔紅葉

高揚（こうよう）【昂揚】高まること。「精神の―」

綱要（こうよう）もととなる大切なところ。要点。

広葉樹（こうようじゅ）葉が幅広の樹木。⇔針葉樹

強欲（ごうよく）非常に欲が深いこと。貪欲。

甲羅（こうら）カメやカニの背を覆う堅いから。

光来（こうらい）人の来訪の尊称。「―を待つ」

行楽（こうらく）外に出かけて遊ぶこと。「―客」

高覧（こうらん）他人が見ることの尊敬語。貴覧。

公理（こうり）一般に通じる道理。

功利（こうり）功名と利益。「―説」「―主義」

行李（こうり）柳や竹で作った荷物入れ。

高利（こうり）不当な高率の利息。⇔低利

小売り（こうり）個人消費者に売ること。

合理（ごうり）道理にかなうこと。「―的」「―化」

強力（ごうりき）【剛力】強い力。山の案内人。

公立（こうりつ）公共団体の設立・運営のもの。

効率（こうりつ）一定時間での仕事の進む割合。率の高いこと。⇔低率

高率（こうりつ）率の高いこと。

攻略（こうりゃく）敵地に攻め入って負かすこと。

後略（こうりゃく）後の部分を省くこと。

勾留（こうりゅう）刑が確定しない者の留置。拘置。

拘留（こうりゅう）犯罪者を留置場に留める刑罰。

こうりゅう〜こきおろす

交流（こうりゅう） 交互に逆の向きに流れる電流。
合流（ごうりゅう） 一つにあわさること。‖「―点」
興隆（こうりゅう） 物事が盛んになり栄えること。
考慮（こうりょ） よく考えあわせること。
考量（こうりょう） いろいろ考え合わせて判断する。
広量（こうりょう）【宏量】度量の広いこと。‡狭量
香料（こうりょう） よいにおいを出す。香典。
荒涼（こうりょう）【荒寥】荒れさびしいさま。
綱領（こうりょう） 要点。政党などの根本方針。
効力（こうりょく） 効き目「はたらく「絶大な―」
光臨（こうりん） 人の来訪の尊称。「―を仰ぐ」
降臨（こうりん） 神仏などが地上に降りること。
好例（こうれい） よい例。ちょうど、適例。
恒例（こうれい） 決まって行われること。慣例。
高齢（こうれい） 年齢の高いこと。「―社会」「―者」

声（こえ） のどから出る音。いう意見。
港湾（こうわん） 港のまとめ。「―都市」
講話（こうわ） 説き聞かすこと。説き聞かす話。
講和（こうわ）【媾和】戦争終結・仲直り。‖宣戦
抗論（こうろん） 張り合って議論する。
公論（こうろん） 世間一般が認める正しい議論。
口論（こうろん） 口げんか。「―が絶えない」
高禄（こうろく） 多額の禄高。高給。「―をはむ」
高楼（こうろう） 高い建物。高殿。「―に登る」
功労（こうろう） 手柄。骨折り。「―者」
航路（こうろ） 船や航空機の通るみちすじ。
行路（こうろ） ゆきかいの道。世渡り。「人生―」
香炉（こうろ） 香をたくのに用いる容器。
号令（ごうれい） 集団に大声で指示する命令。

肥（こえ） 地味をこやすためのもの。肥料。

こうりゅう〜こきおろす

護衛（ごえい） つき添って危険から守ること。
五右衛門風呂（ごえもんぶろ） かまどの上に直接のせた据風呂ぶろ。

五右衛門風呂

肥える（こえる） ふとる。土地が豊かになる。
越える（こえる） ある地点・時間・範囲の外に出る。
超える（こえる） 基準を上回る。
小躍（こおどり） 非常に喜んで躍り上がる。
呼応（こおう） 互いに意思が通じていること。
凍る（こおる）【氷る】液体が寒さで固まる。図
古歌（こか） 古人がよんだ歌。いにしえの歌。
古雅（こが） 古風で風情がある。みやびやか。

戸外（こがい） 家の外。おもて。↑家内
子飼い（こがい） 幼児期から面倒をみること。
誤解（ごかい） 事実とは異なる間違った理解。
互角（ごかく） 互いに優劣がない。「―の戦い」
語学（ごがく） 外国語の学習。言語学。
木陰（こかげ）【木陰】木のかげ。「―で休もう」
焦がす（こがす） 焼いて黒くする。思い悩む。
小形（こがた） 形や作りが小さいこと。‡大形
小型（こがた） 同種類で小さい方。‡大型
小刀（こがたな） 小さいナイフ。「―細工」
枯渇（こかつ）【涸渇】水がかれる。乏しくなる。
小金（こがね） 少額の金銭。「―をためる」
黄金（こがね） きん。おうごん。「―色の稲」
小柄（こがら） 体格が小さいこと。細かい模様。
木枯らし（こがらし）【凩】初冬に吹く風。図

五感（ごかん） 五官を通して認識する感覚。
五官（ごかん） 目・耳・鼻・舌・皮膚の五器官。
股間（こかん）【胯間】またのあいだ。「―を待ち」
焦がれる（こがれる） 切なく恋い慕う。
互換（ごかん） 互いに取りかえること。
語感（ごかん） 言葉から受ける感じ。
語幹（ごかん） 用言の活用しない部分。‡語尾
護岸（ごがん） 堤防を保護して水害を防ぐこと。
古希（こき）【古稀】七十歳の祝い。七十歳のこと。
呼気（こき） 体外に吐き出す空気。↑吸気
狐疑（こぎ） 疑い深いから疑いためらう。
語気（ごき） 話す言葉の勢い。語調。「―が荒い」
誤記（ごき） 書き誤り、その字。「―を正す」
語義（ごぎ） 言葉の意味。語意。「―未詳」
扱き下ろす（こきおろす） ひどくけなしていう。

こきけん―こくち

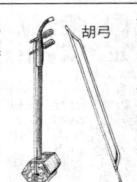

御機嫌【ごきげん】 機嫌の尊敬語。上機嫌。

小刻み【こきざみ】 細かく速く刻むこと。

小汚い【こぎたない】 なんとなくきたない感じだ。

漕ぎ着ける【こぎつける】 努力して到達する。

扱き使う【こきつかう】 遠慮容赦なく人を使う。

小切手【こぎって】 有価証券の一種。チェック。

小気味【こきみ】 気持ち。「―よい演技ぶり」

顧客【こきゃく】 お得意の客。「―リスト」会社の―

呼吸【こきゅう】 調子をすること。こつ。

胡弓【こきゅう】 [鼓弓]三味線に似た弦楽器。

胡弓

五経【ごきょう】 易経・書経・詩経・春秋・礼記。

故郷【こきょう】 ふるさと。「―に錦を飾る」

小奇麗【こぎれい】 整っていて気持ちよいさま。

石高【こくだか】 容積単位の一つ。一斗の十倍。

極【ごく】 極めて。「上品」「―普通」「―一種」

語句【ごく】 語と句。言葉のまとまり。

極悪【ごくあく】 この上なく悪いこと。「―非道」

国威【こくい】 国家の威光。「―発揚」

極意【ごくい】 道を極めた人が会得する核心。

刻一刻【こくいっこく】 次第次第に。だんだんに。

刻印【こくいん】 印を彫刻するだ。硬貨の縁のぎざ。

虚空【こくう】 何もない空間。「―をにらむ」

穀雨【こくう】 二四節気で四月二十日頃。

国運【こくうん】 国の運命・運勢。「―が傾く」

国営【こくえい】 国の経営。官営。「―事業」↔私営

国益【こくえき】 国家の利益。「―に沿う」

国王【こくおう】 一国の王。国の統治者。

黒鉛【こくえん】 炭素からなる黒く柔らかい鉱物。

国学【こくがく】 日本の精神を研究する学問。

国技【こくぎ】 国の代表競技。日本の相撲など。図

極月【ごくげつ】 陰暦十二月の異称。師走。

刻限【こくげん】 定められた時限。そこまでと限り。

国語【こくご】 自国の言葉。国民が使用する

極極【ごくごく】 「極」の強調表現。きわめて。至極。

国債【こくさい】 国家が発行する債券。「赤字―」

国際【こくさい】 二国以上の国の間に関係する。

極彩色【ごくさいしき】 きわめて緻密な彩色。

国策【こくさく】 国としてとるべき政策。

国産【こくさん】 国の生産物。「―牛肉」↔舶来

告示【こくじ】 公衆に告げ知らすこと。「内閣―」

国字【こくじ】 国語を表記する文字。和字。

国璽【こくじ】 国家のしるしとして押す印。

国事【こくじ】 国政に関する事柄。「―行為」

酷似【こくじ】 極めてよく似ている。そっくり。

獄死【ごくし】 獄舎の中で死ぬこと。牢死。

獄舎【ごくしゃ】 獄をおさめる建物。刑務所。ろうや。

酷暑【こくしょ】 極めてきびしい暑さ。猛暑。↔酷寒

極暑【ごくしょ】 【国状】その国のありさま。極めて暑いさかり。↔酷寒

国情【こくじょう】 国の【国状】その国のありさま。

極上【ごくじょう】 極めて上等。最上。「―の一品」

国辱【こくじょく】 国の恥。国家の恥辱。

国粋【こくすい】 一国の長所・美点。「―主義」

刻する【こくする】 彫る。刻む。書きしるす。

告訴【こくそ】 被害者が公的機関に訴えること。「―人」「弁護人」

国葬【こくそう】 国家の功労者を国費での葬式。

穀倉【こくそう】 穀物の貯蔵庫。穀物の主産地。

獄窓【ごくそう】 獄舎の中。「―の月」獄舎。

国賊【こくぞく】 国家に害をもたらす者。売国奴。

獄卒【ごくそつ】 囚人を扱う役人。地獄の鬼。

国体【こくたい】 国の体制。「国民体育大会」の略。

告知【こくち】 告げ知らすこと。「―板」告通知。

国税【こくぜい】 国が徴集する税。↔地方税

国籍【こくせき】 その国の国民であるという資格。

国選【こくせん】 国が選ぶこと。「―弁護人」

国勢【こくせい】 国の状態。国の勢い。「―調査」

国政【こくせい】 国の政治。「―を担う」

国是【こくぜ】 国家としての方針。「―を定める」

哭する【こくする】 大声で泣き叫ぶ。「墓前に―」

酷使【こくし】 ひどく使うこと。こきつかうこと。

こくち―こめ

小口(こぐち)
切り口。少額。「―の取引」

木口(こぐち)
木材を横に切った断面。切り口。

獄中(ごくちゅう)
監獄の中。獄内。「―記」

国賊(ごくつぶし)
食べるだけで働かない者。

黒点(こくてん)
黒い点。太陽面にある斑点。

国定(こくてい)
国家が認定すること。「―公園」

国土(こくど)
国家の領土。

国道(こくどう)
【国道】悪事や道路】県道・市道にかかわる危難。

国難(こくなん)
国家の存亡にかかわる危難。

告白(こくはく)
隠していたことを打ち明ける。

酷薄(こくはく)
むごくて薄情。非道。

告発(こくはつ)
第三者が犯罪をあばくこと。

国費(こくひ)
国が出す費用。「―を投じる」

極秘(ごくひ)
絶対に秘密にしておくこと。「―情報」

極微(ごくび)
非常に微小なこと。最小。

黒白を付ける(こくびゃくをつける)
物事の正邪・是非をはっきりさせる。

酷評(こくひょう)
手厳しい批評。「新作を―する」

小首を傾げる(こくびをかしげる)
少し考え込む。

国賓(こくひん)
国費で招待される外国人。

極貧(ごくひん)
極めて貧乏なこと。赤貧。

国富(こくふ)
その国の経済力。「―調査」「―論」

国風(こくふう)
その国独特の風俗。和歌。

克服(こくふく)
困難な状態を努力で切り抜ける。

極太(ごくぶと)
非常に太いこと。◆極細

国文(こくぶん)
日本語で書かれた文章。「―学」

告別(こくべつ)
死者に別れを告げること。「―式」

国宝(こくほう)
国の宝。「人間―」

国防(こくぼう)
外国の侵略に対する国のそなえ。

極細(ごくぼそ)
非常に細いこと。◆極太

国民(こくみん)
国を構成する人々。「―年金」

国務(こくむ)
国家の政務。「―大臣」「―長官」

克明(こくめい)
細かく丹念に。実直。「―な記事」

木暗い(こぐらい)
木が茂り、その下が暗い。

極楽(ごくらく)
仏教でいう安楽の世界。「―浄土」

国利(こくり)
国家の利益。国益。「―民福」

国立(こくりつ)
国家で経営維持する。「―大学」

国連(こくれん)
「国際連合」の略。「―大使」

穀類(こくるい)
食糧としての作物。穀物。

後家(ごけ)
夫の死後も家を守る婦人。未亡人。

固形(こけい)
一定の形があるもの。「―物」

互恵(ごけい)
国家間で互いに利益を与えあう。

虚仮威し(こけおどし)
見えすいたおどし。

虚仮にする(こけにする)
侮ってばかにする。

柿落とし(こけらおとし)
新築劇場の最初の興行。

転ける(こける)
「倒れる」の倒れる。

痩ける(こける)
やつれる。「やせ―」「ほおが―」

焦げる(こげる)
火に焼けて黒くなる。

沽券(こけん)
品位。体面。「―にかかわる」

護憲(ごけん)
憲法の精神を守ること。「―運動」

語源(ごげん)
変化した言葉のもとの形。「語原」

此処(ここ)
この場所。

個個(ここ)
おのおの。「―人」【箇箇】

古語(こご)
昔つかわれた言葉。古人の言葉。

午後(ごご)
正午から午前零時まで。◆午前

虎口(ここう)
非常に危険な所のたとえ。虎穴。

股肱(ここう)
いちばん頼もしいぶ下。

孤高(ここう)
一人超然としているさま。

古豪(こごう)
経験豊富な実力者・団体。◆新鋭

後光(ごこう)
菩薩などの体から発する光。光背。

呼号(こごう)
大声で呼ぶ。大げさに言うこと。

糊口を凌ぐ(ここうをしのぐ)
やっと生活する。

小声(こごえ)
小さい声。低い声。「―で話す」

凍える(こごえる)
寒さで感覚を失う。かじかむ。

故国(ここく)
ふるさと。郷里。故郷。

五穀(ごこく)
米・麦・アワ・キビ・豆で「―豊穣」

後刻(ごこく)
のちほど。あとで。◆先刻

護国(ごこく)
国の平和を守る。「―の鬼」

心地(ここち)
気分。感じ。「―いい」

小言(こごと)
しかりいましめ。「―を言う」

九重(ここのえ)
数多く重なること。皇居。宮中。

屈む(こごむ)
かがむ。しゃがむ。「床に―」

粉米(こごめ)
【小米】精米するときに砕けた米。

こごる−こしゆ

凝る（こごる）液体が冷えてゼリー状に固まる。

心（こころ）感情。思い。考え。情け。意味。

心当たり（こころあたり）思いつくこと。見当。

心意気（こころいき）積極的な態度。意気込み。

心得（こころえ）理解・承知。知識。

心得る（こころえる）理解・承知・用心する。

心置き（こころおき）遠慮。気兼ね。「—なく話す」

心掛け（こころがけ）【心懸け】ふだん何か起こる前の心の用意。

心構え（こころがまえ）心に決めた目的、厚意。「—の心」

志す（こころざす）しようと心に決める。「学に—」

志（こころざし）何かをしようと決めた目的、厚意。

心遣い（こころづかい）気配り。配慮。

心尽くし（こころづくし）思いやり。

心付け（こころづけ）忠告・祝儀。「—の品々」チップ

心積もり（こころづもり）事前に考えておくこと。

試み（こころみ）実際にやってみること。「新しい—」

心持ち（こころもち）気分。少し。「—大きい」

心許ない（こころもとない）何となく不安だ。

心安い（こころやすい）気遠慮しない間柄。

快い（こころよい）気持ちよい。眠りにつく。

古今（ここん）昔から今まで。「—未曽有」

誤差（ごさ）近似値と真の値の差。食い違い。

茣蓙（ござ）イグサを細かく編んだ敷物。

小才（こさい）手先の仕事。機転がきく。利口ぶって。

小細工（こざいく）利口ぶっての計略。

後妻（ごさい）あとに再婚した妻。

巨細（こさい）委細。一部始終。「—に報告する」

心強い（こころづよい）安心だ。心丈夫。↔心細い

心無い（こころない）思いやりがない。分別がない。

心憎い（こころにくい）憎らしく思うほど立派だ。

心根（こころね）心のあり方。「—優しい—の少女」

心残り（こころのこり）心配。残念。みれん。

心許り（こころばかり）少しばかりほんの気持ち。

心待ち（こころまち）心の中で期待してまつさま。

古刹（こさつ）由緒ある古い寺院。「—巡り」

小雨（こさめ）細かい雨。大降りの雨。↔大雨

古参（こさん）古くからいる者。「—新参」

誤算（ごさん）計算違い。見込み違い。

午餐（ごさん）昼食。昼食をとること。「—会」

御三家（ごさんけ）有名で有力な三人。「花の—」

輿（こし）人体の背骨の下部。昔の乗り物みこし。「玉の—」

腰（こし）

古紙（こし）【故紙】使い古しの紙。ほご。

枯死（こし）草木がすっかり枯れること。

古寺（こじ）歴史の古い寺。こさつ。「—旧跡」

固辞（こじ）かたく断ること。固辞。

固持（こじ）強く持ち続けかたく辞退する。

孤児（こじ）親をなくし身寄りのない子ども。みなしご。「—院」

故事（こじ）昔からの由来。「—成句」

居士（こじ）仏門にはいった在家の男性。

誇示（こじ）ほこらしげに見せびらかすこと。

五指（ごし）五本の指。「—優れたものの五つ」

誤字（ごじ）間違った字。脱字。「正字」

護持（ごじ）大切に守り保つこと。「—僧」

抉じ開ける（こじあける）無理に開ける。

腰折れ（こしおれ）へたな年寄りの和歌。

腰掛け（こしかけ）腰かける台。一時的。

来し方（こしかた）過去。「—行く末」きしかた

穀（こく）

古式（こしき）昔からのやり方。「—ゆかしい」

乞食（こじき）人に恵んでもらって暮らす者。

腰巾着（こしぎんちゃく）権力者につき回る者。

腰砕け（こしくだけ）事の進行中に勢いを失う。

固執（こしつ）考えをかたく守って変えない。

個室（こしつ）個人用の部屋、一人用の部屋。

故実（こじつ）法令・儀式などの昔の事例。

後日（ごじつ）今後の日。他日。いつか。「—談」

腰抜け（こしぬけ）小心なくじなし。

腰巻き（こしまき）女性が和装時に腰にのり下着。

誤射（ごしゃ）誤って撃つこと。撃ち間違い。

小癪（こしゃく）生意気で腹立たしい。「—なやつ」

語釈（ごしゃく）語義を説明すること。その説明。

固守（こしゅ）かたく守ること。「自説を—する」

こしゅう〜こたえる

呼集【こしゅう】 呼び集めること。「非常―」

小姑【こじゅうと】 配偶者の姉妹。夫または妻の兄弟。こじゅうとめ。

小舅【こじゅうと】 夫または妻の兄弟。こじゅうとめ。

古書【こしょ】 昔に書かれた書物。古本。

古称【こしょう】 昔の貴人の、敬称・居宅所・官名。呼び名。

御所【ごしょ】 名付けて呼ぶこと。

互助【ごじょ】 互いに助け合うこと。「―の精神」

故障【こしょう】 正常に働かなくなること。「―車」

呼称【こしょう】 名付けて呼ぶこと。

故障【こしょう】 正常に働かなくなること。

湖沼【こしょう】 みずうみとぬま。「―地帯」

誇称【こしょう】 自慢して大げさに言うこと。

古城【こじょう】 古い城。古びた城。

後生【こうせい】 来世。哀願する時の語。「―一生」

互譲【ごじょう】 互いに譲り合う心。「―の精神」

小正月【こしょうがつ】 一月一五日前後。
[副]

古色【こしょく】 古びた色つや・趣で。「―を帯びる」

誤植【ごしょく】 印刷の文字の間違い。

拵える【こしらえる】 作りあげる。整う。装う。

拗れる【こじれる】 すきまに物を入れて強くねじる。状態がさらに悪化する。「話が―」

小皺【こじわ】 こまかいしわ。「―が増えた」

古人【こじん】 いにしえの人。昔の人。

故人【こじん】 死んだ人。今の友人。「―を偲ぶ」

個人【こじん】 社会を構成する個々の人。私人

誤信【ごしん】 間違って信じこむこと。

誤診【ごしん】 医者の、誤った診断。「―責任」

誤審【ごしん】 誤った裁判・審判のこと。

護身【ごしん】 危険から身を守ること。「―術」

吾人【ごじん】 われわれ。われ。

御仁【ごじん】 人・他人の尊称。おひと。

御親父【ごしんぷ】 他人の父の敬称。＝御尊父

越す【こす】 越えていく。「峠を―」引っ越す。「度を―」

超す【こす】 ある基準より上になる。「度を―」

濾す【こす】 液体のかすを取り除く。

狡い【こすい】 ずるい。悪賢い。けち。

湖水【こすい】 みずうみ。また、その水。「―地方」

鼓吹【こすい】 勢いをつける。「志気を―」

午睡【ごすい】 昼間に寝ること。昼寝。

梢【こずえ】 木の幹や枝の先のほう。

狡辛い【こすからい】 うちならず。「―勇」

擦る【こする】 押しつけてすり動かす。「目を―」

伍する【ごする】 同等の位置に並ぶ。「列強に―」

個性【こせい】 個々の人の特有の性質。「―的」

小勢【こぜい】 少ない人数。こにんず。大勢

古戦場【こせんじょう】 昔、合戦のあった場所。

小僧【こぞう】 年少の男子。年少の僧。「―腕白」

護送【ごそう】 守って送る。監視して送ること。

姑息【こそく】 その場限り。一時的な言い訳。

御足労【ごそくろう】 来訪してもらうことの敬語。

刮げる【こそげる】 削り落とす。そぐ。「焦げを―」

戸籍【こせき】 家族関係を記した公文書。

古跡【こせき】 歴史的事件のあった所。

古拙【こせつ】 つたないが古風で趣のあること。

孤絶【こぜつ】 つながりがなく孤立すること。

小銭【こぜに】 小額の金銭。

小競り合い【こぜりあい】 少人数ぐっての争い。小さい争い。

互選【ごせん】 自分たちの中から選ぶ。

午前【ごぜん】 午前零時から正午まで。午後

御前【ごぜん】 貴人の前。貴人の敬称。

跨線橋【こせんきょう】 線路の上に渡した陸橋。

跨線橋

語勢【ごせい】 言葉の勢い。語気。「―を強める」

挙げる【こぞげる】 残らずそろって。「―参加する」

御存じ【ごぞんじ】 「知っている」の尊敬語。

固体【こたい】 一定の形・体積をもつもの。

個体【こたい】 一つの、独立した存在。「―発生」

古代【こだい】 遠い昔。大昔。中世以前の昔。

誇大【こだい】 実際より大げさ。「―広告」

五体【ごたい】 頭と両手両足。全身。「―満足」

応える【こたえる】 要請などに見合うよう応じる。

答え【こたえ】 質問・呼び掛けに対する返事。

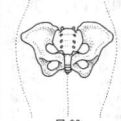

答える 返事をする。解答を出す。回答。

堪える 刺激を感じる。我慢する。保つ。

子宝 子という宝。「―に恵まれる」

御託 「御託宣」の略。くどくど言う。

小出し 少しずつ出すこと。

木立 群がって生えている木。「冬―」

火燵 [炬燵] 暖房器具の一。「―『掘』―」図

子種 子を産むもとになる。精子。継子。

御多分 [説]世間一般。「―にもれず」

木霊 樹木の霊。やまびこ。

拘る こだわる。さらりとしていないが趣がある。「学歴に―」

枯淡 とらわれることなく、あっさりとした中に深い趣があること。

誤断 間違って判断する。誤った判断。

東風 東の方から吹く風。春風。圏

故知 [故智]古人の知恵。知略。

御馳走 豪華な食事。

固着 かたくついて離れないさま。

壺中の天 別世界。狭いが楽しい世界。

誇張 大げさに表現すること。

語調 言葉の調子。イントネーション。

此方 当方。われわれ。こちら。

刻下 現在。ただいま。目下。「―の急務」

国家 領土と統治権をもつ政治組織。

国歌 国の象徴として演奏される歌曲。

国会 国の議会。「―議員」「臨時―」

小遣い 個人の、自由に遣える金銭。

骨格 [骨骼]骨組み。体つき。組立て。

骨柄 人がら。「人品―」

酷寒 厳しい寒さ。厳寒。図 ⇔酷暑

極寒 ひどい寒さ。極寒の時節。⇔極暑

克己 自分の欲に打ち勝つこと。「―心」

国旗 国家の象徴として定められた旗。

国教 国家が認定・保護する宗教。

国境 国と国との境界。くにざかい。

国禁 国家が法律で禁止していること。

小突く 少し突く。いじめ苦しめる。

滑稽 ばかばかしくて面白い。おどけ。

酷刑 残酷な刑罰。ひどすぎる刑罰。

国権 国家の統治権。国家権力。

国庫 国家の収入・支出を扱う機関。

国交 国と国との交際。「―断絶」

刻刻 時をきって刻一刻。こくこく。

骨子 骨組となる重要な事柄。要点。

骨髄 骨のずい。心の底。「―移植」

骨折 外力が加わり骨が折れること。

忽然 急に。たちまち。「―と消える」

小槌 小さいつち。打出の「―」

骨頂 この上ない。愚の「―」「真―」

小鼓 小さいつづみ。⇔大鼓

小包 小さい包み。郵便で送る小荷物。

骨董 希少価値のある古道具類。「―品」

骨肉 みうち。血縁の者。「―の争い」

木っ端微塵 粉々に砕ける。

骨盤 腰部にある大きく平たい骨。

小粒 粒・体・度量が小さいこと。

骨粉 動物の骨を粉にしたもの。

小面憎い つらしげに顔を見ても憎らしい。

骨盤

鏝 セメントなどを塗る道具。

籠手 よろいなどで腕を覆う道具。

後手 受け身。手遅れ。後攻。⇔先手

固定 一定の位置に定まり動かぬ状態。

鼓笛 太鼓と笛。「―隊」

小手先 ちょっとした技能。小才。

小手調べ 事前の軽い試み・練習。

古典 昔に作られ今も価値のある芸術。

個展 個人の作品を発表する展覧会。

御殿 貴人の家の敬称。豪邸。

古都 古いみやこ。旧都。「―鎌倉」

琴 邦楽の弦楽器の一つ。「―の調べ」

こたえる―こと

こと―こびる

糊塗(こと) ごまかして取り繕うこと。「―する」

孤島(ことう) はなれ島。「絶海の―」「陸の―」

鼓動(こどう) 心臓の収縮の音。「―が高まる」

誤答(ごとう) 誤って答える。‡正答

御当地(ごとうち) 相手の土地に対する尊敬語。

悟道(ごどう) 仏教の真理をさとること。

誤謬(ごびゅう) 誤り。間違い。「―を指摘する」

事欠く(ことかく) 不足する。「食糧に―」

事柄(ことがら) 事のありさま。事の内容。

事切れる(こときれる) 息が絶える。終わる。

孤独(こどく) ひとりぼっち。「―死」

五徳(ごとく) ①五つの徳。②鉄瓶を載せる台。

誤読(ごどく) 間違った読み方をすること。

悉く(ことごとく) 〔尽く〕残らず。みんな。

事事しい(ことことしい) ものものしい。大げさ。

事毎に(ことごとに) 事あるたびに。いつも。

事細か(ことこまか) 細かく詳しい。「―に伝える」

殊更(ことさら) わざと。とりわけ。「―若い」

今年(ことし) 今の年。本年。こんねん。

言霊(ことだま) 言葉に宿ると信じられた力。

如し(ごとし) ほかの物事と同じ。例の。

言伝(ことづて) 伝言。言伝(ことづ)け。

言付ける(ことづける) 〔託る〕①代行を頼む。②かこつける。

事足りる(ことたりる) 不足がない。間にあう。

殊に(ことに) とりわけ。「性格が―違う」

異なる(ことなる) 同じでない。

殊の外(ことのほか) ①案外。②特別。

事もなげ(こともなげ) 平気な様子。「―に言う」

詞(ことば) 〔辞〕〔歌詞。連語。閉会の―〕

言葉(ことば) 単語や文。ものの言い方。

言葉尻(ことばじり) 語尾。言い誤った表現。

言葉遣い(ことばづかい) 言葉の用法。「丁寧な―」

寿(ことほぐ) 祝いの言葉・儀式。「―を述べる」

寿ぐ(ことほぐ) お祝いを述べる。祝う「長寿を―」

子供(こども) 自分の子。幼児。幼い子。

事寄せる(ことよせる) かこつける。「仕事に―」

諺(ことわざ) 民衆に伝わるましめの言葉。

理(ことわり) すじみち。道理。理由。「自然の―」

断る(ことわる) 承知しない。あらかじめ言う。

粉(こな) 砕いて細かにしたもの。「―薬」

粉粉(こなごな) 非常に細かく砕けた様子。

粉微塵(こなみじん) こなごなに砕けた様子。

熟す(こなす) 消化する。処理する。「乗り―」

粉雪(こなゆき) さらさらした細かい雪。 図

誤認(ごにん) 認め間違い。見間違い。「―逮捕」

小人数(こにんずう) 人数が少ない。‡大人数

小糠雨(こぬかあめ) 霧のように細かい雨。霧雨。

捏ねる(こねる) ねりまぜる。しつこく言う。

近衛(このえ) 皇居を守る天皇の親兵。

木の葉(このは) 樹木の葉。きのは。 図

木の実(このみ) 樹木になる果実。きのみ。 秋

好む(このむ) 愛する。たしなむ。

木の芽(このめ) 木の若芽。きのめ。春

後場(ごば) 取引所で午後の立会い。‡前場

故買(こばい) 盗品と知りながら買うこと。

琥珀(こはく) 樹脂の化石化したもの。「―色」

誤爆(ごばく) 誤って最初の状態に戻す。

御破算(ごはさん) 物事を爆撃し破壊すること。

小走り(こばしり) こまたに走る。「―に行く」

鞐(こはぜ) 〔小鉤〕足袋などの合せ目の留具。

御法度(ごはっと) 禁じられている事柄。禁制。

小鼻(こばな) 鼻柱の両側のふくらんだ所。

小咄(こばなし) 〔小咄〕しゃれた短い笑い話。

小幅(こはば) 日本の織物の定型。小さい幅。

拒む(こばむ) 拒否する。「要求を―」諾する

小春(こはる) 陰暦十月の異称。小六月。「―日和」

湖畔(こはん) みずうみのほとり。「―の宿」

小判(こばん) 昔の金貨の称。判が小さいこと。

碁盤(ごばん) 碁を打つのに用いる木台。囲局。

御飯(ごはん) 「めし」の丁寧な言い方。

語尾(ごび) 言葉の末尾。言い終り。‡語頭

媚び(こび) こびること。

木挽き(こびき) 伐採した木を材木にする。

誤謬(ごびゅう) 誤り。間違い。「―を指摘する」

小兵(こひょう) 小柄な男。「―な力士」‡大兵

媚びる(こびる) 気に入られようと機嫌をとる。

瘤【こぶ】	皮膚のふくれ上がり。木の節。
鼓舞【こぶ】	気を奮い立たす。「士気を―する」
護符【ごふ】	〖御符/神仏の守りふだ〗
五分【ごぶ】	半分。百分の五。五分五分。互角。「―五分の五」
古風【こふう】	昔ふう。「―今風」
呉服【ごふく】	反物。絹織物。「―屋」
拳【こぶし】	指を握り固めた形。げんこつ。
小節【こぶし】	民謡などの装飾的な節回し。
古物【こぶつ】	〖故物〗古い物。由緒ある昔の品。
瘤付き【こぶつき】	〖小肥り〗少し子どもを連れていること。
小太り【こぶとり】	〖小肥り〗少し太っていること。
小振り【こぶり】	普通より形が少し小さい。
小降り【こぶり】	雨や雪の降り方が弱いこと。
古墳【こふん】	昔の権力者の墓。昔の塚。古い墓。
子分【こぶん】	〖乾児〗した。◆親分 部下のこと。
古文【こぶん】	古代の文章。古代の文字。
胡粉【ごふん】	貝から作つた白色の顔料。
誤聞【ごぶん】	聞き違い。「春を猿と―した」
語弊【ごへい】	不適切な言葉による悪影響。
語別【ごべつ】	〖個別〗別々。一個ごと。
個別【こべつ】	〖箇別〗それぞれ別々。一個ごと。
戸別【こべつ】	家ごと。一軒一軒。「―訪問」
語法【ごほう】	言葉を組み立てる法則。言い方。
誤報【ごほう】	間違った知らせや報道。虚報。
護法【ごほう】	仏法を守ること。病気を治す法力。
御坊【ごぼう】	〖御房〗僧・寺院への敬称。
古木【こぼく】	長年を経た樹木。老木。
毀れる【こぼれる】	欠ける。壊れる。「刃が―」
零れる【こぼれる】	〖溢れる〗あふれす。漏れ出る。
溢す【こぼす】	〖翻す〗外に落とす。ぐちを言う。
誤魔化す【ごまかす】	だまし取り繕う。
細かい【こまかい】	非常に小さい。勘定だかい。
駒絵【こまえ】	書物に挿入する版画。カット。
狛犬【こまいぬ】	神社にある獅子に似た獣の像。
古米【こまい】	前年に収穫した米。◆新米
護摩【ごま】	火をたいて仏に祈ること。「―壇」
独楽【こま】	回して遊ぶ玩具の一つ。🔲
齣【こま】	一つの画面・場面。「生活の―」
駒【こま】	ウマ。ウマの子。将棋の道具。
鼓膜【こまく】	耳の穴の奥にある、振動の音を伝える膜。
駒下駄【こまげた】	くりぬいて作ったげた。
細細【こまごま】	いかにも細かい仕事。「―した仕事」
胡麻塩【ごましお】	塩入りのごま。「―頭」
胡麻擂り【ごますり】	人にへつらうこと。
細やか【こまやか】	〖濃やか〗情が厚い。色が深い。
小間物【こまもの】	もの化粧品など細かな品物
小間使い【こまづかい】	身辺の雑用を組み傍観する女中
小町【こまち】	地域で評判の美しい娘。小町娘。
小股【こまた】	歩幅が狭い。「―が切れ上がる」
拱く【こまねく】	腕を組み傍観する。こまぬく。
困る【こまる】	苦しむ。迷惑す。「生活に―」
小回り【こまわり】	細かな動き。「―がきく」
塵【ごみ】	〖芥〗ちり。不要のもの。「―箱」
込み合う【こみあう】	〖混み合う〗混雑する。
込み上げる【こみあげる】	急に出る。「涙が―」
小耳【こみみ】	ちょっと耳にす。「―に挟む」
込む【こむ】	〖混む〗複雑に入りくんでいる。
込む【こむ】	中に入れる。まっている。
小結【こむすび】	相撲の三役の一つ。関脇の次位。
小叢【こむら】	木がむらがり生える早。茂み。
虚無僧【こむそう】	普化宗の有髪の僧。薦僧とも。
腓返り【こむらがえり】	〖蜚返り〗目じりと耳の間の部分。
顳顬【こめかみ】	耳の間の部分。
米俵【こめだわら】	米を入れる俵。米の入った俵。
米搗き【こめつき】	玄米をついて白米にする。
米粒【こめつぶ】	米のつぶ。ごはんのつぶ。
米櫃【こめびつ】	米を保管する箱。「―が空っぽ」
込める【こめる】	〖籠める〗入れる。含ませる。「力を―」
御免【ごめん】	許しを請うこと。免除の敬語。

こも−こい

薦
こも 【菰】あらく織ったむしろ。

薦被り
こもかぶり こもで包んだ酒だる。

五目
ごもく 種々の物が混入わる。「―そば」

子守
こもり 子供の世話をする人・人。おもり。

小物
こもの こまごまとした道具。小人物。

交交
こもごも かわるがわる。「悲喜―」

籠る
こもる ずっと外出しない。内に満ちる。

木洩れ日
こもれび 枝葉から漏れる日光。

小紋
こもん 布一面に染めた細かい模様。

小屋
こや 小さく粗末な家。興行用の建物。

顧問
こもん 相談される役の人。「―弁護士」

古文書
こもんじょ 史料となる古代の文書。

誤訳
ごやく 間違った翻訳。「―を正す」

肥やし
こやし 土に与える栄養分。肥料。こえ。

小止み
こやみ 小降りがやんだりになる。

固有
こゆう そのものだけにある。「―名詞」

今宵
こよい 今夜。今晩。「―の宴」

小用
こよう ちょっとした用事。小便。

雇用
こよう 【雇傭】やとうこと。「―保険」

御用
ごよう 用事の敬語。宮中・官庁の用事。

御用達
ごようたし 宮中・官庁に商品を納める。

誤用
ごよう 間違って使うこと。用法の誤り。

暦
こよみ 一年の月日などをよったもの。

紙捻り
こより 【紙縒り】和紙をよって細くよったもの。

古来
こらい 昔から今まで。

御来光
ごらいこう 山頂で見る日の出。御来迎。

堪え性
こらえしょう 忍耐できる性分。「―がない」

堪える
こらえる 【怺える】我慢する。「怒りを―」

娯楽
ごらく 遊びとして楽しむこと。「―施設」

凝らす
こらす 一点に集中させる。「目を―」

懲らす
こらす 制裁し懲りさせること。こらしめる。

御覧
ごらん 見るの敬語。してみなさい。~

垢離
こり 水を浴びて身を清める。水ごり。

懲り懲り
こりごり すっかりこりること。

凝り性
こりしょう 物事を徹底して行う性質。

孤立
こりつ 独りで仲間がいっだけで。

御利益
ごりやく 神仏に与えられる恵み。

顧慮
こりょ 気にかけ心配すること。顧念。

御陵
ごりょう 天皇・皇后の墓。みささぎ。

小料理
こりょうり ちょっとした手軽な料理。

懲りる
こりる 二度とするまいと思う。

五輪
ごりん オリンピック大会の俗称。「―旗」

孤塁
こるい 孤立した、ただ一つのとりで。

凝る
こる 熱中する。血行不良で固まる。

此れ
これ 【是・之】この物。ここ。「―幸い」

御霊前
ごれいぜん 香典・供物に書く上書き。

語呂
ごろ 「語路」言葉の響きの善し悪し。

頃合い
ころあい 適当な時機。適当な程度。

古老
ころう 【故老】昔のことを知る老人。

古陋
ころう 考えが古く狭いこと。「頑迷―」

転がる
ころがる 回転する。倒れる。横になる。

語録
ごろく 偉人などの言葉を集めたもの。

殺し文句
ころしもんく 気を引くうまい言葉と言う。

殺す
ころす 生命を奪う。勢いをおさえる。

転寝
ごろね ごろりと横になって寝ること。

転ぶ
ころぶ 体の安定を失って倒れる。

衣替え
ころもがえ 【衣更え】衣服をかえる。⦿

怖い
こわい 【恐い】おそろしい。おっかない。

強い
こわい つよい。かたい。「―飯」「手―」

声色
こわいろ 声の調子。声まね。「―を使う」

小脇
こわき 体のわき。「―に抱える」

小
こわく 人の心を魅し、惑わすこと。「―の一」

声高
こわだか おそるおそる。

蠱惑
こわく おそるおそる。

怖怖
こわごわ おそるおそる。

壊す
こわす 【毀す】破壊する。故障させる。

声音
こわね 声の音色・調子。こわいろ。

強談判
こわだんぱん 強い態度で行ううけあい。

強張る
こわばる 「表情が―」

強飯
こわめし 赤飯。おこわ。

強面
こわもて おそろしい顔つき。強硬な態度。おそれられる。優遇される。

坤
こん 八卦の一つ。南西の方角。

根
こん 気力。物事のも[とをつめる]と。「―をつめる」

紺
こん 色の一つ。紫を帯びた濃い青。

懇意
こんい 親しく交際している。昵懇。

こんいつ─こんぽん

混一（こんいつ）まぜて、一つにする。

婚姻（こんいん）夫婦になること。結婚。「―届」

婚家（こんか）嫁入り先、また婚入り先の家。

今回（こんかい）現在行われている、またはこれから行われる、この度。

婚冠（こんかん）物事の中枢の部分。「枝葉―」

懇願（こんがん）心から願い懇望するもの。

根気（こんき）物事を続ける気力。「―がない」

婚期（こんき）結婚に適した年頃。「―を逃す」

婚儀（こんぎ）結婚の儀式、婚礼。

困窮（こんきゅう）「事態に―する」

困窮（こんきゅう）貧乏で苦しむ。

根拠（こんきょ）理由。よりどころ。「―を示す」

勤行（ごんぎょう）僧の仏への勤め。

困苦（こんく）困り苦しむこと。「―欠乏」

根比べ（こんくらべ）【根競べ】根気強さの競争。

根元（こんげん）【根源】おおもと。もの根源。「─的な問題」

権現（ごんげん）神仏が仮の姿で現れる。化身。仏が日本の神の姿となったもの。

今後（こんご）将来。「─の予想」

混交（こんこう）【混淆】入りまじること「玉石―」

金剛（こんごう）非常にかたくてじょうぶなさま。

金剛石（こんごうせき）ダイヤモンドの別称。

混合（こんごう）まじりあわすこと。

昏昏（こんこん）意識のないさま。ねむる。

滾滾（こんこん）水などがわき出て尽きないさま。

懇懇（こんこん）親切にくり返し説明するさま。

混在（こんざい）入りまじって存在すること。

混雑（こんざつ）親しくり返し人や車が多く身動きがとれない。

恨事（こんじ）うらめしいこと。

根治（こんじ）根本から治ること。「千秋の―」

今昔（こんじゃく）古今。こんせき。今と昔。「―の感」

根性（こんじょう）根本的な性質、強い精神力。「ど―」

今生（こんじょう）この世。現世。「―の別れ」

紺青（こんじょう）あざやかな藍色「―の海」

懇情（こんじょう）思いやり深い行き届いた心遣い。

言上（ごんじょう）申し上げること。「―御礼」

渾身（こんしん）体中すべての力をこめる。

懇親（こんしん）親しみあうこと。親睦。「―会」

昏睡（こんすい）意識を失ってて覚めないこと。

混成（こんせい）まぜあわせてつくること。

懇請（こんせい）心をこめて願いに頼むこと。

痕跡（こんせき）あと、形跡。「―を残さない」

今節（こんせつ）このごろ。当節。現在の節。

懇切（こんせつ）極めて親切なさま。「―丁寧」

根絶（こんぜつ）すっかり絶やすこと。ねだやし。

混戦（こんせん）敵味方が入り乱れて戦うこと。

混線（こんせん）【混信】入りまじり通信線が入りまじり乱れること。「―入りまじり」

混然（こんぜん）【渾然】入りまじり不明瞭なさま。

混濁（こんだく）【溷濁】にごっている。不明瞭。

混立（こんだて）【献立】料理の品目。

懇談（こんだん）打ち解けて話し合うこと。「―会」

魂胆（こんたん）たくらみ。

昆虫（こんちゅう）節足動物の一種「―標本」

根底（こんてい）【根柢】基礎。物事や考え方の土台。

今度（こんど）このたび、今回。次の機会。次回。

昏倒（こんとう）目がくらんで倒れること。卒倒。

金堂（こんどう）寺の本尊を安置する建物。本堂。

混同（こんどう）区別せず一様にする。「公私―」

懇絶（こんぜつ）

混沌（こんとん）【渾沌】はっきりしないさま。

困難（こんなん）難しくて苦しむさま。「―呼（あえ）ぐ」

今日（こんにち）きょう。この時代。現代。

蒟蒻（こんにゃく）【蒟蒻】コンニャク芋で作る食品。

混入（こんにゅう）まじり入れること。

困憊（こんぱい）すっかり疲れはてる。「―疲労」

魂魄（こんぱく）たましい。霊魂。「―を呼ぶ」

今晩（こんばん）晩であるこの今夜。

今般（こんぱん）この度、今回。

金毘羅（こんぴら）❖先般。航海の安全を守る神。

紺碧（こんぺき）黒味を帯びた青色。「―の空」

混紡（こんぼう）違う二種類の繊維をまぜ紡ぐこと。

棍棒（こんぼう）先の太い棒。体操の用具。警棒。

梱包（こんぽう）包装しひもをかけ荷造りする。

根本（こんぽん）おおもと。土台。「―精神」「―的」

こんまけ―さいこう

根負け（こんまけ）根気が続かないで負ける。

根迷（こんめい）【昏迷】混乱してわからなくなる。

懇望（こんもう）心から切に望むこと。こんぼう。

婚約（こんやく）結婚の約束。「―者」「―指輪」

今夕（こんゆう）今日の夕方。今晩。こんせき。

混用（こんよう）種類が違うものをまぜて用いる。

混浴（こんよく）男女入りまじって入浴すること。

混乱（こんらん）乱れて秩序がないこと。「大―」

建立（こんりゅう）寺院・堂塔を建造立ぞう。

金輪際（こんりんざい）絶対に。「―許さない」

婚礼（こんれい）結婚の儀式。婚儀。「―衣装」

焜炉（こんろ）煮炊きの器具。「ガス―」

混和（こんわ）まぜあわすこと。

懇話（こんわ）打ち解けて話し合うこと。懇談。

困惑（こんわく）どうしたらよいか困り迷うこと。

さ

差（さ）違い。差引きの開き。「体力の―」

座（ざ）座る場所。地位。「―につく」

才（さい）優れた能力。知恵。「天賦の―」

最（さい）一番。第一。最も。「―たるもの」

歳（さい）年齢や年数の助数詞「満四十―」

際（さい）場合。とき。「この―」

差異（さい）【差違】比べた場合の違い。

最愛（さいあい）非常に愛していること。「―の妻」

最悪（さいあく）最も悪いこと。

罪悪（ざいあく）宗教や道徳に反する行い。「―感」

在位（ざいい）ある地位についている・期間。

最右翼（さいうよく）最も有力な・人。

才媛（さいえん）教養や才能に優れた女性。才女。

再演（さいえん）再度上演・出演すること。

菜園（さいえん）野菜を作る畑。野菜畑。家庭―。

塞翁が馬（さいおうがうま）人間の幸不幸は予測しがたいということ。「人間万事―」

災禍（さいか）天災などによるわざわい。災害。

財貨（ざいか）財産になる金銭や金品。財物。

罪科（ざいか）法に背いた刑罰。罪に対する刑罰。

罪過（ざいか）法に背いた行為。犯罪や過失。

再会（さいかい）再び会うこと。

再開（さいかい）再びはじめること。「試合―」

際会（さいかい）重要な局面や事件にでくわす。

災害（さいがい）天災などによる不時のわざわい。

財界（ざいかい）実業家や資本家の社会。経済界。

在外（ざいがい）外国にある・いること。「―法人」

才覚（さいかく）知恵の働き。金銭の算段。工面。

在学（ざいがく）学校に籍を置くこと。「―高校中―」

才幹（さいかん）才能。腕前。処理能力。

猜疑（さいぎ）理能力。手腕。

才気（さいき）優れた頭の働き。才知。「―走る」

再起（さいき）不振から立ち直ること。「―不能」

猜疑（さいぎ）失敗したことを再び行うこと。そねみ疑うこと。「―心」

再挙（さいきょ）失敗したことを再び行うこと。

最強（さいきょう）一番強いこと。

細菌（さいきん）単細胞の微生物の一種。「―学」

最近（さいきん）最も近い。この頃。近頃。

在勤（ざいきん）勤務についていること。在職。

細工（さいく）細かい物を作ること。計略。

採掘（さいくつ）地中の鉱物などを掘り出すこと。

細君（さいくん）他人の妻。自分の妻の謙称。

在家（ざいけ）僧ではない俗人。「―信者」⇔出家

財形（ざいけい）「勤労者財産形成制度」の略。

最恵国（さいけいこく）最も有利な処遇を受ける国。

採血（さいけつ）体内の血液を採取すること。

採決（さいけつ）参会者の賛否によって決める。

裁決（さいけつ）理非をさばき申し渡すこと。

歳月（さいげつ）年月。としつき。「―人を待たず」

再建（さいけん）建て直すこと。「―策」

債券（さいけん）国が発行する有価証券。

債権（さいけん）貸した人の権利。⇔債務

再現（さいげん）再びあらわれる・こと。再生。

際限（さいげん）終わり。きり。「―がない」

財源（ざいげん）必要な金銭の出所。「―確保」

最古（さいこ）最も古いこと。「史上―」

最期（さいご）死にぎわ。末期。臨終。

最後（さいご）物事の一番あと。最終。

在庫（ざいこ）品物が倉庫などにあること。「―品」

再考（さいこう）もう一度よく考えること。

さいこう−さいたい

再興(さいこう) 衰えたものを盛りかえすこと。

採光(さいこう) 外光をとり入れること。「―窓」

採鉱(さいこう) 鉱物を掘りとること。

最高(さいこう) 最も優れた。最も高い。‡最低

在校(ざいこう) 学校に在籍する。校内にいること。

在郷(ざいごう) いなか。郷里にいること。

最高潮(さいこうちょう) 最も高まった状態。

最高峰(さいこうほう) 最も高い山。最も優れた物。

催告(さいこく) ある行為の実行を求めること。

賽子(さいころ) 〖骰子〗正六面体の遊具。さい。

再婚(さいこん) ふたたび結婚すること。再縁。

再再(さいさい) たびたび。何度も。再三再四。

幸先(さいさき) 前兆。「よい出だし」

再三(さいさん) 何度も。「―注意する」「―再四」

採算(さいさん) 収支のバランス。「―割れ」

財産(ざいさん) 経済価値がある所有物。「―家」

才子(さいし) 頭脳的で才能に優れた人物。

妻子(さいし) 妻と子。つまこ。「―を養う」

祭司(さいし) 宗教上の儀式を執り行う人。

祭祀(さいし) 神や祖先をまつること。祭り。

細事(さいじ) 小さいことがら。詳しいことがら。

催事(さいじ) もよおしごと。「―場」

彩色(さいしき) いろどり。着色。

歳時記(さいじき) 年中行事や風物の解説書。

祭日(さいじつ) 祭りの日。国民の祝日。

材質(ざいしつ) 材料や木材の性質。「丈夫な―」

際して(さいして) あたって。「開会に―」

採取(さいしゅ) 目的のものをとり集めること。「昆虫―」

採集(さいしゅう) とり集めること。

最終(さいしゅう) 最も終わり。最後。「―報告」

在住(ざいじゅう) そこに住んでいること。「米国―」

歳出(さいしゅつ) 一会計年度の支出合計。

最初(さいしょ) 最もはじめ。当初。‡最後

才女(さいじょ) 頭がよくて才能ありか。才媛。

妻女(さいじょ) 妻となっている女性。妻と娘。

在所(ざいしょ) 郷里ありか。「―育ち」

宰相(さいしょう) 総理大臣。「国の―」首相。

最小(さいしょう) 最も小さいこと。‡最多・最長

最少(さいしょう) 最も少ないこと。「―限度」‡最大

斎場(さいじょう) 葬儀を営む場所。祭場。葬場。

最上(さいじょう) 最も上・最上等。「―の品」

罪証(ざいしょう) 犯罪を明らかにする証拠。

罪状(ざいじょう) 犯罪の詳しい内容。「―認否」

最小限(さいしょうげん) 最小限度。少なくとも。

菜食(さいしょく) 野菜類を常食にする。「―主義」

在職(ざいしょく) 職務についていること。在勤。

再診(さいしん) 二度目以降の診察。‡初診

再審(さいしん) 審理や審査をやり直すこと。

最新(さいしん) 最も新しいこと。「―技術」‡最古

細心(さいしん) 細やかに注意すること。「―熟慮」

砕心(さいしん) あれこれ気づかうこと。

才人(さいじん) 頭がよくて才能の優れた人物。

祭神(さいじん) その神社に祭った神。

座椅子(ざいす) 脚のない背もたれ椅子。

採寸(さいすん) 洋裁で、体の寸法を測ること。

在世(ざいせい) 生きている間、世にあること。

再生(さいせい) 生き返る。「再び生まれる」「―紙」

再製(さいせい) 別の製品にこしらえ直すこと。

最盛(さいせい) 最もさかんなこと。「―期」

財政(ざいせい) 国などの経済行為。金まわり。

砕石(さいせき) 岩石を砕くこと。砕いた石。「―機」

採石(さいせき) 石材を切り出すこと。「―場」

在籍(ざいせき) 学校などに籍があること。

細説(さいせつ) こまかく説明すること。詳説。

再選(さいせん) 選挙で同人を再び選ぶ「―当選」

賽銭(さいせん) 参詣して供える金銭。「―箱」

最前(さいぜん) 一番前。「―列」

最善(さいぜん) 最もよいこと。「―の策」

最前線(さいぜんせん) 戦地に最も近い、第一線。

細則(さいそく) 細かくとりきめた規則。‡総則

催促(さいそく) 急がせること。

最多(さいた) 数が最も多い。「―出場」‡最少

妻帯(さいたい) 妻をもつ。妻帯者。「―者」

臍帯(さいたい) へそのお。ほぞのお。

細大(さいだい) 小事も大事も。「―漏らさず」

さいたい―さいりゅう

最大（さいだい） 最も大きい。「―公約数」‡最小

採択（さいたく） 意見などを選びとること。

最たる（さいたる） 第一の。「美の―もの」

在宅（ざいたく） 家に居ること。「―勤務」

最短（さいたん） 一番みじかい。「―距離」‡最長

祭壇（さいだん） 祭事や礼拝を行うための壇。

裁断（さいだん） 布や紙を切る。判断して下す。

財団（ざいだん） 集合一目的の財産一法人「一体」「一法人」

才知（さいち） ［才智］才気と知恵。「―にたける」ちえ。

細緻（さいち） きめ細かく精密なこと。ちみつ。

最中（さいちゅう） 物事の進行途中。「真っ―」

最長（さいちょう） 中に入っていること。「明細書」‡最短・最年上。

才槌（さいづち） 小型の、木のつち。「―頭」

最低（さいてい） 程度や位置が最も低い。‡最高

裁定（さいてい） 是非を考えて決定すること。

最低限（さいていげん） 低い所の限界。最低限度。

最適（さいてき） 最もふさわしいこと。「―の人物」

採点（さいてん） 試験などの点数をつけること。

祭典（さいてん） 祭りの儀式を行う儀式。大きな催し。

祭殿（さいでん） 祭りの儀式を行う建物。

再度（さいど） 再び。もう一度。二度。「―試みる」

彩度（さいど） 色のあざやかさの度合い。

済度（さいど） 迷える人々を仏が救うこと。

再読（さいどく） 再び読み返すこと。「噛む」苦しめ悩ます。責める。

災難（さいなん） 不意に起こるわざわい。災禍。

在日（ざいにち） 来日して日本に住んでいること。

歳入（さいにゅう） の会計年度の収入の合計。‡歳出

再任（さいにん） 再び同じ職務につく・つかせる。

在任（ざいにん） 任務についていること。「―中」

罪人（ざいにん） 罪を犯した者。「―扱い」

再燃（さいねん） 再び燃え出す。再度問題になる。

才能（さいのう） 素質や能力。「―を生かす」

賽の目（さいのめ） 「采の目賽の面にある数。

再拝（さいはい） 繰り返し拝む。手紙のおわりの結語。

采配（さいはい） 指図。指揮。「―を振る」

栽培（さいばい） 植物を植え育てること。「―水」

菜箸（さいばし） 調理に使う長い箸。取り箸。

才走る（さいばしる） 才気がきわだちすぎる。

再発（さいはつ） ぶり返すこと。「病気の―」

採伐（さいばつ） 木を切りとること。伐採。

財閥（ざいばつ） 大実業家・大資本家の一団。

最果て（さいはて） 一番はずれ。「―の地」

再犯（さいはん） 再び罪を犯すこと。‡初犯

再版（さいはん） 同一の書物を再び刊行すること。

裁判（さいばん） 法律にのっとり争いをさばくこと。

採否（さいひ） 採用するか否か。採用と不採用。

歳費（さいひ） 一年間の入費。議員の年間手当。

砕氷（さいひょう） 氷を砕くこと。砕いた氷。「―船」

財布（さいふ） 金銭の入れ物。携帯用の入れ物。

細部（さいぶ） 細かい所。細部分。「―にこだわる」

細分（さいぶん） こまかく分けること。細別。「―化」

細別（さいべつ） 細かく区別すること。‡大別

再編（さいへん） 編成し直すこと。「組織を―する」

細片（さいへん） 砕けたかけら。細片。破片。

裁縫（さいほう） 布を裁ち、衣服などを縫うこと。

再訪（さいほう） ふたたびおとずれること。

細胞（さいぼう） 生物体の基本的単位。

財宝（ざいほう） 金銭や宝石など。財産と宝物。

歳末（さいまつ） 年の暮れ。年末。歳晩。「―商戦」「―図画」

細密（さいみつ） 細かく詳しいこと。細密。「―画」

催眠術（さいみんじゅつ） 意識をもうろうとさせる術。

債務（さいむ） 借金返済などの義務。‡債権

財務（ざいむ） 財政にまつわる事務。「―官」

罪名（ざいめい） 犯した罪の種類を示す名称。

細目（さいもく） 細かく決められた項目。‡大綱

材木（ざいもく） 建築物などの材料にする木。

在野（ざいや） 官に仕えず民間にあること。

災厄（さいやく） わざわい。災禍。「―除け」

採用（さいよう） とりあげ用いること。「―試験」

再来（さいらい） 再びくること。生まれかわり。ありきたり。

在来（ざいらい） 今までどおり。従来。「―線」

才略（さいりゃく） 才知による計略。

在留（ざいりゅう） 一定の地にとどまり住むこと。

さ

宰領（さいりょう）世話や監督をすること・人。

最良（さいりょう）最もよいこと。⇔最悪

裁量（さいりょう）自分の考えでとりさばくこと。

材料（ざいりょう）物を作るもとになるもの。資料。

財力（ざいりょく）費用の支出に耐えうる力。経済力。

祭礼（さいれい）祭り。祭りの儀式。祭儀。

催涙（さいるい）涙を出させる。「―弾」「―ガス」

再録（さいろく）再び記録・掲載すること。

採録（さいろく）とりあげて記録すること。

載録（さいろく）書物などに書いてのせること。

細論（さいろん）くわしく論じること。⇔概論

幸い（さいわい）よい運命。運よく。「不幸中の―」

才腕（さいわん）優れた処理能力。「―を振るう」

座員（ざいん）演劇一座に属する人。劇団員。

冴え（さえ）◂ 澄み切っている。鋭くはたらく。

差益（さえき）収益差で得られる利益。⇔差額

遮る（さえぎる）隔てる。邪魔をする。「行く手を―」

囀る（さえずる）鳥が続けて鳴く。よくしゃべる。

査閲（さえつ）実地に見て調べる。

冴える（さえる）澄みわたる。「頭が―」

竿（さお）木や竹の棒。物干し―」「旗」

棹（さお）舟を進める棒。「舵」

棹さす（さおさす）舟を進める。時流に乗る。

早乙女（さおとめ）〔仮〕勾配による田植えをする若い娘。夏

坂（さか）斜めになっている道。さかみち。

茶菓（さか）客をもてなす茶と菓子。ちゃか。

性（さが）生まれついての性質。ならわし。

座下（ざか）手紙の脇付の一つ。机下。足下。

座臥（ざが）[呉]しきり。「行住―」〔異〕分かれ目。境界。

境（さかい）

境目（さかいめ）境になるところ。「生死の―」

逆恨み（さかうらみ）逆に恨まれる。誤解して恨む。

栄える（さかえる）勢いが盛んになる。⇔衰える

逆落とし（さかおとし）逆さに落とす。急な坂。

差額（さがく）差し引きした額違いの額。

酒蔵（さかぐら）酒をつくり、貯蔵する蔵。

逆毛（さかげ）毛先から根もとにとかした毛。

逆子（さかご）[逆児]赤子が足から生まれ出る。

逆さ（さかさ）逆さま

逆様（さかさま）順序や位置が逆。反対。あべこべ。

逆さ語（さかさご）「さかさ言葉」の略

賢しら（さかしら）かしこい。生意気な利口ぶるようなこと。

賢しい（さかしい）かしこい。生意気な

捜す（さがす）見えなくなったものを追求する。

探す（さがす）欲しいものを見つけようとする。

杯（さかずき）[盃]酒をつぐ小さい器。猪口。

酒立ち（さかだち）手を地につけさかさに立つ。

酒樽（さかだる）酒を入れておくたる。

逆手（さかて）普通とは逆の持ち方。逆利用。「―をはずむ」

酒手（さかて）酒代。心づけ。

肴（さかな）酒を飲む時の副食物。「酒の―」

座金（ざがね）ナットの下に敷く金属板。

逆撫で（さかなで）気に障ることをわざとする。

酒盛り（さかもり）大勢で酒食を楽しむこと。

酒屋（さかや）酒を販売する店や人。造り酒屋。

月代（さかやき）頭髪を半月形にそった部分。

月代

遡る（さかのぼる）[溯る]上流に進む。過去に戻る。

酒場（さかば）酒を飲ませる店。

逆捻じ（さかねじ）あべこべにやりこめること。

逆巻く（さかまく）波が巻きたつ。「―激流」

逆剝け（さかむけ）爪の生え際の皮がむける。

逆夢（さかゆめ）吉凶の事実と反対の夢。⇔正夢

逆らう（さからう）反抗する。反対する。

盛り（さかり）勢いのよい時期「働き―」「男―」

盛り場（さかりば）町なかの人の集まる所。

下がる（さがる）低い方に行く。安くなる。

左官（さかん）壁を塗る職人。しゃかん。「―屋」

盛ん（さかん）勢いのよい様子。「―な声援」

先（さき）[前]まえ。将来。以前。「後と―との」

崎（さき）[埼]海中に突き出た陸地。岬。

詐欺（さぎ） 人をだまして金品を手に入れる。

先駆け（さきがけ）【魁】先頭を切る。先んじる。

先頃（さきごろ） このあいだ。過日。「ついー」

先先（さきざき） ずっと先。訪れた場所すべて。

先様（さきさま）「相手」の尊敬語。「ーのご都合」

先立つ（さきだつ） 先頭で行く。先に死ぬ。

先取（さきどり） 早く取る。期限以前に取る。

先に（さきに）【曩に・嚢に】以前に。昔。

先ばしり（さきばしり） でしゃばる。勇み足をする。

先走る（さきばしる） 前ぶれ。予報。

先触れ（さきぶれ） 手先になる。「おーをかつぐ」

先棒（さきぼう） 手先になる。「おーをかつぐ」

先細り（さきぼそり） ゆくゆく衰え、細くなる。

先程（さきほど） 今より少し前。今しがた。先刻。

先回り（さきまわり） 相手より先に到着している。

先物（さきもの） 将来受け渡しの売買契約をする。

砂丘（さきゅう） 砂が積もってできた丘。「内陸ー」

先行き（さきゆき） 将来の見通し。「ーが明るい」

作業（さぎょう） 仕事をすること。「単純ー」

先んじる（さきんじる） 人より先に行う。先んずる。

砂金（さきん） 砂にまじっている金の粒。しゃきん。

幸う（さきわう） 豊かに栄える。「言霊のー国」

座興（ざきょう） 宴席などに興をそえる遊芸。

柵（さく） 木材などを立て並べた囲い。

作（さく） 制作。作品。収穫「会心のー」

策（さく） はかりごと。計略。「ーを講じる」

咲く（さく）【咲く】花のつぼみが開く。‡散る

割く（さく） 切り分ける。引き離す。

裂く（さく）【裂く】引き破る。充[「ボロ布を－」]

作為（さくい） ことさら手を加え作ったふり。

作意（さくい） たくらみ。国の意図。趣向。制作

索引（さくいん） 書物中の事項などの一覧表。

作柄（さくがら） 農作物の生育や収穫の具合。

削減（さくげん） けずりへらすこと。「ー経費」

錯誤（さくご） あやまり。食い違い。「時代ー」

作詞（さくし） 歌詞を作ること。「新曲をーする」

作詩（さくし） 詩を作ること。作った詩。詩作。

作士（さくし） 計略や駆け引きの巧みな人。

昨日（さくじつ） きのう。きょうの前日。

作者（さくしゃ） 作品などをつくった人。著者。作家。

搾取（さくしゅ） 利益などをしぼり取ること。文章などの一部をけずりのぞく。

削除（さくじょ） 文章などの一部をけずりのぞく。

策する（さくする） 計略をめぐらす。ことをもくろむ。計略を立てる。

作成（さくせい） 書類や計画・法案を作ること。

作製（さくせい） 物品や印刷物を作ること。製作。

鑿井（さくせい） 井戸を掘ること。ボーリング。

作戦（さくせん）「策戦」勝つため手立ての筋道。

索然（さくぜん） 趣がなくなるさま。空虚になる。

錯綜（さくそう） 複雑に入りくむさま。繁盛。

作付け（さくつけ） 田畑に作物を植えること。

策定（さくてい） 計画にそって物事を巡らし行動すること。

策動（さくどう） 計略を巡らし行動すること。

搾乳（さくにゅう） 牛などの乳をしぼること。「ー場」

昨年（さくねん） 今年の前の年。去年。旧年。

索漠（さくばく）「索莫」ものさびしい様子。

昨晩（さくばん） きのうの夜。ゆうべ。昨夜。

作品（さくひん） 制作した品。芸術的制作物。

作風（さくふう） 作品の作風に表れる作風・傾向。

作文（さくぶん） 文章を作ること。作った文章。

策謀（さくぼう） はかりごと。計略。

作物（さくもつ） 田畑で栽培する植物。「ーの出荷」

昨夜（さくや） きのうの夜。ゆうべ。昨晩。

桜肉（さくらにく） 「馬肉」の別名。

桜餅（さくらもち） 桜の葉で包んだ和菓子。圏

桜湯（さくらゆ） 桜漬けに湯を注いだ飲み物。圏

策略（さくりゃく） はかりごと。謀略。「ーにはまる」

探る（さぐる） さぐること。「ーを入れる」

錯乱（さくらん） 入り乱れて混乱すること。

探り（さぐり） さぐること。「ーを入れる」

策略（さくりゃく） はかりごと。謀略。

探る（さぐる） さぐる。調べる。探求・探訪する。

炸裂（さくれつ） 爆弾などが破裂すること。

酒（さけ） アルコールをふくむ飲料。

酒粕（さけかす）【酒糟】酒をしぼった残りのかす。

酒癖（さけぐせ） 酒に酔った時のくせ。さけぐせ。

酒浸り（さけびた） いつも酒を飲んでいること。

蔑む（さげすむ）【貶む】見下す。軽べつする。

叫ぶ（さけぶ） 大声を出す。強く主張する。

さけめ―さする

裂さけ目め 破れた所。われめ。切れ分かれる。破れ離れる。
裂さける 切れ分かれる。破れ離れる。
避さける よける。のがれる。「人目を―」
下さげる 低くする。おろす。手につるす。持ちさげる。携帯。
提さげる 手にさげる。

雑ざこ魚 多種類の小魚。小物。↔大物
座ざ高こう 座面から頭頂までの高さ。
鎖さ国こく 外国との交流を禁じる。↔開国
鎖さ骨こつ 胸骨と肩をつなぐ骨。
座ざ骨こつ 臀部の後下部にある一対の骨。
雑ざ寝こ寝ね ひしめきあって寝ること。
些さ細さい 【瑣細】わずか。いささか。
支ささえ ささえるもの。もちこたえる。「心の―」
支ささえる 維持する。
笹ささ掻がき 根菜などのそぎ切りの方法。

囁ささやく 二人で向き合って小声で言う。
細ささやか 小さい。つつましい。「―な贈り物」
細ささめ雪ゆき 細かく・まばらに降る雪。
小さざ波なみ 【漣】水面に細かくたつ波。
査さ察さつ 調査どおりか視察する。
捧ささげる 心から差し上げる。たてまつる。

匙さじ 液体や粉末をすくいとる道具。
些さ事じ 【瑣事】些細な事。くだらぬ事。
座ざ視し 【坐視】見ているだけ。傍観。
差さし当あたり 今のところ。当座。
挿さし絵え 文章中に挿画。
差さし押おさえ 財産処分を禁じる。
差さし入いれ 慰労の物品を届ける。

指さし図ず さしいいつけ。命令指定。
差さし詰つめ つまり。当面は。結局。
差さし迫せまる 時期が間近になる。
差さし出だし人にん 郵便物を出す人。↔受取人
差さし出だす 前に出す。発送する。
差さし支つかえ 不都合が生じる。
差さし障さわり 不具合。支障。差支え。
差さし込こむ 入り込む。急に痛む。
座ざ敷しき 畳を敷いた部屋。客席。「―芸」「天井―」
桟さ敷じき 舞台周りなどの見物席。「天井―」
差さし金がね かね尺。陰で人を操ること。

座ざ食しょく 【坐食】働かずに暮らす。徒食。
挫ざ傷しょう 【坐傷】うちみ。「脳―」

差さし歯は 人工の歯をつぎたすこと。
差さし控ひかえる 遠慮する。ひかえる。数量を引く。
差さし引ひき 数量を引く。
差さし渡わたし 物の直径。「―を測る」
砂さ塵じん 【沙塵】砂ぼこり。「―が舞う」
刺さす 針や刀で突く。虫が針をさす。
差さす 光が照らす。「夕日が―」挟み入れる。
注さす 【注す】液体をそそぐ。加える。
指さす 指で示す。めざす。将棋をやる。
射さす 【差す】光が照らす。「夕日が―」
挿さす 間にさしはさむ。頭にかざす。
砂さ州す 【砂洲】入り江に発達する砂地。
流さす石が いかにも。なるほど。とはいえ。
授さずける 目上の人が与える。
流さすらい 【漂泊】さまよい歩く。「―の旅」
摩さする 【擦る】手や指で軽くこする。

詐さ取しゅ 人をだまして金品をとること。
査さ証しょう 調べたうえで受け取ること。入国許可証。ビザ。
些さ少しょう わずかなさま。少し。「―ながら」
詐さ称しょう 姓名などをいつわって言うこと。
座ざ礁しょう 【坐礁】船が浅瀬に乗り上げる。

指さし値ね 客が指定する売買の値。
差さし止とめる 禁止する。
差さし出でぐち口 でぐちよけいな口だし。
指さし物もの 板を組んでつくる家具類。
差さし向むかう 二人が向かい合う。
差さし向むける 向かうようにする。派遣する。
差さし水みず 水をたすこと。
刺さし身み 食用にする生の魚介類。「―包丁」
差さし伸のべる 伸ばして出す。手を貸して救いの手を―」

座する	ざする	[坐する] 座る。まきぞえになる。
座席	ざせき	すわる席。すわる場所。「―指定」
挫折	ざせつ	くじける。途中でだめになる。
左遷	させん	低い地位に落とすこと。⇔栄転
座像	ぞう	すわっている姿の像。⇔立像
座禅	ざぜん	[坐禅]静座して心を鍛錬する修行。
嗾う	そそのかう	同行をすすめる。
誘う	さそう	すすめる。さそう。
差損	さそん	収支差による損失。
沙汰	さた	しらせ。さぞかし。うわさ。しわざ。
定か	さだか	明らかなさま。確かなさま。
定卓	さたく	和室用の、脚の短い机。
定め	さだめ	決まり。規則。決定。運命。
定めし	さだめし	きっと。おそらく。
定める	さだめる	決める。しずめる。「条令を―」

座談	ざだん	すわって話しすること。「―会」
座長	ざちょう	一座の長。座頭かしら。
幸	さち	幸福。自然の産物。「海の―」
札	さつ	ふだ。かきもの。紙幣。切符。
殺意	さつい	殺そうとする意思。「―を抱く」
雑	ざつ	大ざっぱなこと。粗い。「―な仕事」
撮影	さつえい	写真や映画をとること。「―所」
雑音	ざつおん	不愉快な物音。種々雑多な種の音。
雑役	ざつえき	こまごました種々の雑多な仕事。
作家	さっか	小説や芸術作品を創作する人。
作歌	さっか	和歌を作ること。その和歌。
雑貨	ざっか	こまごました日用品。「―商」
殺害	さつがい	人を殺すこと。「―現場」
錯覚	さっかく	実際と異なる知覚。思い違い。
雑学	ざつがく	非系統的な多方面の知識や学問。

擦過傷	さっかしょう	すりきず。かすりきず。
雑感	ざっかん	まとまりのない種々の感想。
殺気	さっき	敵意がみなぎる緊張した空気。
皐月	さつき	陰暦五月。さつきつつじ。夏
雑記	ざっき	雑多な内容を書きつけること。
早急	さっきゅう	にわか。大いそぎ。そうきゅう。
五月晴れ	さつきばれ	梅雨の晴れ間。夏
雑居	ざっきょ	種々の人がまじり住むこと。「―家」
作曲	さっきょく	楽曲を作ること。
殺菌	さっきん	様々な種類の菌を死滅させること。滅菌
雑穀	ざっこく	粟や豆など、米・麦以外の穀類。
昨今	さっこん	ちかごろ。このごろ。「―の情勢」
冊子	さっし	簡単にとじた本。書物。「小―」
察し	さっし	推察すること。「―がいい」

雑誌	ざっし	定期的に刊行する出版物。
雑事	ざつじ	細かい用事。「―にかまける」
雑種	ざっしゅ	異種類の雌雄から生まれた個体。
雑傷	さっしょう	殺したり傷つけたりすること。
刷新	さっしん	弊害を除き新しくすること。「―的」「―事件」
殺人	さつじん	人を殺すこと。
殺陣	さつじん	映画などの斬り合い場面。たて。
撒水	さっすい	水をまくこと。さんすい。
察する	さっする	推量する。思いやる。「心中を―」
雑然	ざつぜん	ごちゃごちゃな様子。
颯爽	さっそう	姿や態度がきりっとした様子。
早速	さっそく	すぐさま。直ちに。
雑草	ざっそう	栽培にじゃまな種々の草。
雑多	ざった	色々入りまじっている。「種々―」
札束	さつたば	束になった紙幣。多額の金銭。

雑談	ざつだん	様々な内容の気楽な会話。雑話。
察知	さっち	推察してわかること。そうとわかること。
殺虫剤	さっちゅうざい	害虫を駆除する薬剤。
殺到	さっとう	大勢が同時に押し寄せること。
雑踏	ざっとう	[雑沓]人々でこみあうこと。
雑念	ざつねん	気を散らすあれこれの思い。
雑駁	ざっぱく	知識などがごちゃごちゃでまとまりのないさま。
殺伐	さつばつ	荒廃した様子。「―とした世相」
雑費	ざっぴ	こまごました費用。
札片	さつびら	紙幣。かねづか。「―を切る」
雑文	ざつぶん	気楽に書き流した軽い文章。
殺風景	さっぷうけい	興ざめで趣のない（風景）。
雑務	ざつむ	色々な細かい仕事。ぞうむ。
雑用	ざつよう	色々こまごました用事。
殺戮	さつりく	残忍なやり方で大量に殺すこと。

さてい―さらいしゅう

査定（さてい）調べて金額などを決めること。

抛措く（ほうさく）捨てておく。「冗談は―として」

砂鉄（さてつ）砂状になった磁鉄鉱の細かい粒。

蹉跌（さてつ）つまずき。行きづまり。

聡い（さとい）敏い。①かしこい。鋭い。②「利に―」

里（さと）[郷]人の住む村。人里。

左党（さとう）酒好きの人。

作動（さどう）機械やしかけが働くこと。動作。

茶道（さどう）茶の湯の作法。

里親（さとおや）親代わりに子を養育する人。

里帰り（さとがえり）実家へ帰ること。里開き。

里方（さとかた）妻または養子の実家や郷里。

里子（さとご）他家に預け養育を依頼した子。

里心（さとごころ）実家や郷里が恋しい気持ち。

諭す（さとす）静かに言い聞かせる。「非を―」

悟る（さとる）[覚る]真理に達する。気づく。

早苗（さなえ）苗代から田に移し植える苗。圓

最中（さなか）あたかも。ちょうど盛り。さいちゅう。「夏の―」

蛹（さなぎ）変態前の幼虫のあるさま。

然に非ず（さにあらず）そうではない。

実（さね）[核]果実の中心の堅い部分。②種。

左派（さは）左翼。急進派。↔右派

差配（さはい）[沙汰]所有者の代理で管理すること。

砂漠（さばく）[沙漠]乾燥地帯の荒原。「―気候」

捌く（さばく）扱う。売りはらう。日常のありさま。「残高を―」

裁く（さばく）理非を判定する。裁判すること。

茶飯事（さはんじ）日常のありふれたこと。

寂（さび）古めかしい趣。枯れた味わい。

錆（さび）[銹]金属に生じる酸化物。

寂しい（さびしい）[淋しい]索漠なさま。さみしい。

座標（ざひょう）点の位置を示す一組の数値。

寂れる（さびれる）荒廃する。衰える。

差別（さべつ）差をつけてふつうこと。「人種―」

座布団（ざぶとん）[座蒲団]敷いて座るふとん。

作法（さほう）振舞い方。物事の仕方。作り方。

砂防（さぼう）土砂の流出や崩壊を防ぐこと。

茶房（さぼう）喫茶店。

様（さま）名の下につける敬語。

様（さま）[態]見苦しい様子。「―を見ろ」

様様（さまざま）色々。くさぐさ。「―な種類」

様変わり（さまがわり）つめたくする。「―を失わす」

冷ます（さます）つめたくする。

覚ます（さます）[醒ます]意識のある状態に戻す。

妨げる（さまたげる）邪魔する。阻害する。

寒い（さむい）気温が低うく体が冷える。

五月雨（さみだれ）圓つゆ。梅雨。

彷徨う（さまよう）あてもなく歩く。迷い歩く。

瑣末（さまつ）[些末]重要でないこと。ささい。

作務衣（さむえ）禅僧が作務の時に着る衣服。

寒気（さむけ）寒くぞくぞくする不快な感じ。

寒寒（さむざむ）寒い「―とした風景」

寒空（さむぞら）寒い天気。冬の空。寒天。圓

侍（さむらい）[士]武士。気骨ある人物。

鮫肌（さめはだ）[鮫膚]ざらざらした皮膚。

冷める（さめる）冷たくなる。興味が薄らぐ。

覚める（さめる）眠りや迷いから戻る。「夢から―」

醒める（さめる）[覚める]酔いがぬける。

褪せる（さめる）色があせる。色がはげる。

座持ち（ざもち）その場の人々を楽しませる。

査問（さもん）質問し実情を調査すること。

莢（さや）豆の種子を包むから。「―豆」

鞘（さや）刀などを入れるもの。差額。

清か（さやか）はっきりとしたさま。「明か―」

座薬（ざやく）[坐薬]肛門などに入れるくすり。

白湯（さゆ）真水を沸かしただけの湯。

左右（さゆう）ひだりとみぎ。身近な所。身辺。

座右（ざゆう）身近な所。身辺。意のままに扱う。「―の銘」

小夜（さよ）夜。「―ふけて」「―時雨」

作用（さよう）働きかけること。「―・反―」

左翼（さよく）左の翼。革新的な思想。

皿（さら）平たく浅い食器・容器。「―受け」

更（さら）[新]新しいこと。未使用。「―の服」

再来月（さらいげつ）次の次の月。翌々月。

再来週（さらいしゅう）次の次の週。翌々週。

さらいねん―さんきょう

再来年（さらいねん） 次の次の年。翌々年。

浚う（さらう） [浚う]底のごみなどを取り去る。

攫う（さらう） 急に奪い取る。すべて奪う。

復習う（さらう） 復習する。「日本舞踊を―」

曝け出す（さらけだす） 隠さずすっかり出す。

更紗（さらさ） 種々の色模様を捺染した綿布。

更更（さらさら） 少しも。全く。「恨みは―ない」

晒し（さらし） [曝し]日にあて白くした布。夏

晒し者（さらしもの） [曝し者]人前で恥を晒す人。

晒す（さらす） [曝す]見せる。暴露する。

新地（さらち） [新地]何もない空き地。

更に（さらに） 重ねて。もっと。「―強くなる」

更目（さらめ） 結晶の大きい砂糖。ざらめ糖。

粗目（さらめ） 結晶の大きい砂糖。ざらめ糖。

新湯（さらゆ） まだ入浴中のない風呂。「―あらか」

申（さる） 十二支の第九。時刻の名。

去る（さる） その場を離れる。過ぎた。除く。「―とある。そのような」「―人物」

然る（さる） とある。そのような。「―人物」

笊（ざる） 竹で編んだ籠。「―そば」

猿轡（さるぐつわ） 声を出させぬための口かせ。

猿碁（さるご） 碁がへたなこと。へぼ碁。

猿芝居（さるしばい） 間の抜けたな芝居・策。

猿知恵（さるぢえ） 浅はかな考え・知恵。

猿股（さるまた） 男性用の下着。短いももひき。

猿真似（さるまね） うわべだけまねること。

猿回し（さるまわし） サルに芸をさせる見せ物。

然る者（さるもの） 相当な人。「敵も―」

砂礫（されき） 砂と小石。「―層」

曝れる（される） 雨風にさらされ白骨化した頭骨。

戯言（ざれごと） ふざけた言葉。冗談。

戯れ事（ざれごと） ふざけた行い。いたずら。

爽やか（さわやか） すがすがしい。あざやか。秋

騒ぐ（さわぐ） うるさくする。不穏になる。

茶話（さわ） 茶を飲みながらの話。「―会」

沢（さわ） 山間のある低湿地。谷川。「―登り」

戯れる（たわむれる） ふざける。たわむれる。

然れども（されども） しかし。そうではあるが。

障る（さわる） 差支える。害になる。「気に―」

触る（さわる） 手をふれる。接触する。

桟（さん） 床下の横木。障子などの骨組み。

酸（さん） 酸性の化合物。

賛（さん） 讃絵や書に添える詩文。画賛。

賛意（さんい） 賛成の気持ち。

散逸（さんいつ） [散佚]ちらばって失せること。

産院（さんいん） 出産を取り扱う病院。産科医院。

参加（さんか） 仲間に入ること。「会合に―する」

惨禍（さんか） むごいわざわい。惨害。「戦争の―」

産科（さんか） 妊娠・出産に関する医学の分野。

傘下（さんか） 支配を受ける立場。配下。翼下。

酸化（さんか） 物質が酸素と化合する。⇔還元

賛歌（さんか） [讃歌]ほめたたえる歌。

山河（さんが） 山と河。周囲の自然。さんか。

参賀（さんが） 皇居に行き祝賀を表すこと。

山査子（さんざし） 「―味」

参会（さんかい） 会合に出席すること。「―者一同」

散会（さんかい） 会合が終わり参会者が去ること。

散開（さんかい） 散らばること。散り広がること。

三界（さんがい） 仏教で、欲界・色界・無色界。

惨害（さんがい） ひどい損害。いたましい被害。

残骸（ざんがい） 破壊されて残ったもの・死体。

参画（さんかく） 計画の相談に参加すること。

山岳（さんがく） 高い山々。「―信仰」「―地帯」

産学（さんがく） 産業界と学校。「―協同」

産学（さんがく） 三角形の布。救急用の品の一。

三角巾（さんかくきん） 三角形の布。救急用の品の一。

三角洲（さんかくす） [三角州]河口が三角形の地。

山間（さんかん） 山に囲まれた地域。「―へき地」

参観（さんかん） 現場に行って見ること。「授業―」

山気（さんき） 山地特有の冷気。嵐気。山酔い。

参議院（さんぎいん） 国会の両院の一つ。参院。

算木（さんぎ） 占いに使う角棒。和算に使う角棒。

慚愧（ざんき） [慙愧]自分の行いを深く恥じる。

三脚（さんきゃく） カメラなどを支える三本脚の台。

残虐（ざんぎゃく） むごたらしいこと。「―な行為」

産休（さんきゅう） 出産のためにとる有給休暇。

山峡（さんきょう） 山と山の間のせまい谷間。谷峡。

蚕業（さんぎょう） 蚕から繭を取る事業。養蚕業。

さんきょう―さんせつ

産業(さんぎょう) ものを生産する事業。「―機械」

残響(ざんきょう) 鳴りやんだあとに室内に残る響き。

残業(ざんぎょう) 規定の勤務時間以後の労働。

残勤(ざんきん) 【参勤】出仕して主君に仕えること。

残金(ざんきん) 差し引いて残った金。未払い金。

参宮(さんぐう) 特に伊勢神宮に参拝する。

産気(さんけ) 出産のきざし。「―づく」

懺悔(ざんげ) 罪を告白して悔い改めること。

参詣(さんけい) 神社・仏閣にお参りすること。

惨劇(さんげき) むごたらしい悲惨な出来事。

酸欠(さんけつ) [残闕]空気中の酸素が不足すること。

残欠(ざんけつ) 欠け不完全なもの。

残月(ざんげつ) 明け方の空に残る月。有明の月。

三権(さんけん) 司法・行政・立法の権利。「―分立」

散見(さんけん) あちこちに見られること。

三弦(さんげん) 〖三絃〗三味線等の三楽器。

産後(さんご) 出産のあと。「―の肥立ち」

参考(さんこう) 考えをまとめるときに使う。

塹壕(ざんごう) 野戦で使う防御のみぞ。

残酷(ざんこく) 〖惨酷〗むごいこと。残忍。残虐。

三才(さんさい) 天と地と人。地球の万物。「―図」

山菜(さんさい) 山に生える食用植物。「―料理」

散在(さんざい) 散らばっていること。⇔密集

散財(さんざい) むやみに金銭を使うこと。

斬罪(ざんざい) 打ち首の刑罰。斬首。「―に処す」

散策(さんさく) そぞろ歩き。散歩。逍遥。

惨殺(ざんさつ) むごたらしく殺すこと。虐殺。

斬殺(ざんさつ) 刃物で切って殺すこと。「―死体」

三叉路(さんさろ) 〖三叉路〗道が三分する場所。

散散(さんさん) はなはだしく悪い様。

燦燦(さんさん) 光がきらきら輝く様子。

蚕糸(さんし) 生糸。絹糸。蚕と製糸。「―業」

惨事(さんじ) 悲惨な出来事。惨劇。「大―」

参事(さんじ) ある事務にあずかる職。「―官」

蚕糸(さんし)

散散(さんさん)

産児(さんじ) 生まれる子。出生間もない子。

賛辞(さんじ) 〖讃辞〗ほめ言葉。「―を呈す」

残滓(ざんし) 残りかす。「―」ざんさい。

残死(ざんし) むごたらしく死ぬこと。残渣。

暫時(ざんじ) 少しの間。しばらく。「―待った」

三次元(さんじげん) 縦・横・高さの空間の次元。

産室(さんしつ) 妊婦がお産をする部屋。

傘寿(さんじゅ) 八十歳の異称、またその祝い。

参酌(さんしゃく) 照合して参考にすること。参照。

参集(さんしゅう) 集まりくる。「会議に―する」

産出(さんしゅつ) 産物を生産すること。「―量」

算術(さんじゅつ) 計算して結果から数値を出すこと。数学。算数。

纂述(さんじゅつ) 〖讃述〗材料を集めて著述する。

賛助(さんじょ) 意図に同意して手を貸すこと。

残暑(ざんしょ) 立秋後の夏の暑さ。「―見舞」

参照(さんしょう) 照らし合わせる。参看。

参上(さんじょう) 目上の人のもとに行く。伺う。

惨状(さんじょう) むごたらしいありさま。

残照(ざんしょう) 日没後に空に残る日の光。残光。

惨殺(ざんしょう)

残照(ざんしょう)

蚕食(さんしょく) 次第に他国を侵すこと。

産褥(さんじょく) 妊婦が出産に使う寝床。

散じる(さんじる) 散らばる。なくなる。

三振(さんしん) 野球で打者のストライクアウト。

斬新(ざんしん) 趣向がきわだって新しいこと。

山水(さんすい) 山と川の自然の風景。「―画」

散水(さんすい) 〖撒水〗水撒き。

算数(さんすう) 初等の数学。計算。「―に弱い」

産する(さんする) うみだす。収穫できる。「米を―」

三途の川(さんずのかわ) 死後七日目に渡る川。

三竦み(さんすくみ) 三者が牽制し合うこと。

賛する(さんする) 〖讃する〗ほめる。

賛成(さんせい) 〖讃成〗同意。ほめる。

酸性(さんせい) 酸の性質をもつこと。「―雨」

参政(さんせい) 政治に参加すること。「―権」

三聖(さんせい) 釈迦も・孔子・キリスト。

三世(さんせ) 過去・現在・未来。

三世(さんせい) 三代目。親・子・孫。「日系―」

山積(さんせき) たくさんあること。「―の荷物」

賛成(さんせい) 同調すること。「―意見」⇔反対

残雪(ざんせつ) 消えずに残った雪。

さんせん〜さんよ

参戦（さんせん）
戦争・戦いにくわわること。

参禅（さんぜん）
師から禅の道を学ぶこと。「―者」

産前（さんぜん）
出産目前の臨月のころ。「―産後」

燦然（さんぜん）
きらめき輝く様子。「―と輝く」

酸素（さんそ）
呼吸や燃焼に欠かせぬ気体。

山荘（さんそう）
高原や山中の別荘。山の家。

残像（ざんぞう）
見たあとに目に残る姿形。

山賊（さんぞく）
山中で悪事を働く盗賊。「―水滸伝」

山村（さんそん）
山の中の村落。「―集*/**/落**」

残存（ざんそん）
人家が散在している村。「―勢力」

参内（さんだい）
皇居に行くこと。

残高（ざんだか）
差し引いた残りの金額。「―差引」

三嘆（さんたん）
〔三歎〕何度もなげく・感心する。

惨憺（さんたん）
〔惨澹〕いたましい。苦心する。

賛嘆（さんたん）
〔讃嘆〕感心してほめたたえる。

散弾（さんだん）
〔霰弾〕多数の弾が飛び出す弾丸。

算段（さんだん）
やりくり。工面。

三段跳び（さんだんとび）
陸上競技の一種。

産地（さんち）
物品を産する土地。「―直送」

山地（さんち）
山だらけの土地。山間の高地。

山頂（さんちょう）
山のてっぺん。頂上。

算定（さんてい）
計算して結果を一時的に決める。

暫定（ざんてい）
一時的に決めること。「―予算」

散点（さんてん）
あちらこちらに散らばること。点在。

<u>**参道**（さんどう）</u>
神仏のお宮に参る・訪問の敬称。「―表―」

参堂（さんどう）
寺社に参詣する道。「―表―」

桟道（さんどう）
急斜面に張り出してつくった道。

賛同（さんどう）
同意すること。賛成を得る。

残党（ざんとう）
戦いに敗れた集団の生き残り。

参入（さんにゅう）
あらたに加わること。入ること。

算入（さんにゅう）
計算に含み入れること。

残忍（ざんにん）
むごいことを平気で行うこと。

三人称（さんにんしょう）
自分と相手以外の代名詞。

残念（ざんねん）
くやしいこと。不満が残ること。

参拝（さんぱい）
寺社や皇族の墓のお参り。参詣。

惨敗（さんぱい）
みじめな負け。

三杯酢（さんばいず）
酢を主にした調味料。

三羽烏（さんばがらす）
ある分野で特に優れた三人。

桟橋（さんばし）
船と岸を結ぶ浮橋やかけ橋。

三度笠

三度笠（さんどがさ）
顔が覆い隠れるすげがさ。

散発（さんぱつ）
ときどき起こること。「―続発」

散髪（さんぱつ）
髪を切り整えること。理髪。

残飯（ざんぱん）
食べ残した料理や飯。「―処理」

賛否（さんぴ）
賛成と反対。「―両論」

賛美歌（さんびか）
〔讃美〕ほめたたえる。神やキリストを讃える歌。

産婦（さんぷ）
出産前後の女性。

散布（さんぷ）
〔撒布〕まき散らすこと。さっぷ。

三伏（さんぷく）
夏の、最も暑い酷暑。

産腹（さんぷく）
山頂と山ふもとの中間。山の中腹。

散文（さんぶん）
韻律にこだわらない普通の文章。

散歩（さんぽ）
そこらを歩くこと。「―研究の―」

三方（さんぼう）
気晴らしや健康目的に歩くこと。使う供え物や儀式に使う方形の台。

三宝（さんぼう）
仏・法・僧。ほとけ。「―荒神」

参謀（さんぼう）
作戦・指揮を担う将校。軍師。

三昧（ざんまい）
没頭する。「読書―」

三枚目（さんまいめ）
笑いをとる役回りの役者。

散漫（さんまん）
まとまりがない。集中できない。

酸味（さんみ）
すっぱい味。「―の強い果実」

山脈（さんみゃく）
山々が長く連なる地形。

残務（ざんむ）
やり残した事務。「―整理・処理」

三文（さんもん）
安いこと。「―三流」

山門（さんもん）
寺院の正門。延暦寺の異称。

三文判（さんもんばん）
できあいの安いはんこ。

山野（さんや）
山と野原。のやま。

三役（さんやく）
大関・関脇・小結と三つの重職。

散薬（さんやく）
粉末の薬。こなぐすり。散剤。

参与（さんよ）
相談に加わり協力すること。職。

残余（ざんよ）余り。残り。余。「―財産」

残容（ざんよう）山のかたち。すがた。「―水態」

算用（さんよう）計算すること。「胸―」「―数字」

産卵（さんらん）卵をうむこと。「―期」

散乱（さんらん）一面に散らばること。「―ごみ」

燦爛（さんらん）美しくきらめくさま。「―たる光輝」

残留（ざんりゅう）居残ること。「―塩素」「―孤児」

山陵（さんりょう）山と丘。天皇・皇后の墓。御陵。

山稜（さんりょう）山の尾根。峰すじ

山林（さんりん）山と林。山中の林。「―地帯」

山嶺（さんれい）山のみね。頂き。

三隣亡（さんりんぼう）建築を忌むという暦注の一つ。

参列（さんれつ）式に列席すること。「―者」

惨烈（さんれつ）非常にむごたらしいこと。

参籠（さんろう）社寺にこもって願をかけること。

山麓（さんろく）山すそ。山のふもと。↔山頂

し

士（し）立派な男子。武士。「同好の―」この方。みょうじ。名前の敬称。

氏（し）

市（し）いち。市場。町。行政区画の一つ。

死（し）死ぬこと。「急―」「安楽―」

師（し）先生。技術者。軍隊。「―の教え」

詞（し）言葉。文章。詩歌。

詩（し）リズムをもった形式の表現。「―歌」

字（じ）文字。漢字。筆跡。「―で書く」「大の―」

地（じ）土地。地面。本性。「―でいく」

痔（じ）肛門やその付近の病気の総称。

辞（じ）言葉。断り。別れを告げること。

試合（しあい）【仕合】武術や競技で勝敗を争う。

自愛（じあい）自分の体を大切にすること。

慈愛（じあい）いつくしみ愛すること。

仕上げ（しあげ）仕事の最終段階、その結果。

指圧（しあつ）指などで体の要所を押す療法。同じ強さで降り続く雨。

幸せ（しあわせ）【仕合わせ・倖せ】幸運。幸福。

私案（しあん）個人的な考えや提案。

思案（しあん）考え、もの思い。心配。「投げ首」

試案（しあん）試みに立てた仮の案。「―成案」

四囲（しい）まわり。周囲。

私意（しい）私見。私情。「―をさしはさむ」

思惟（しい）考えること。思考。

恣意（しい）自分勝手な考え。「―的」

示威（じい）威力を示すこと。「―運動」

自慰（じい）自ら慰めること。手淫。オナニー。

侍医（じい）宮中や貴人に仕える医者。

強いて（しいて）無理にさせる。強制する。

虐げる（しいたげる）むごく扱う。「―られた人々」

弑する（しいする）主君・父など目上の者を殺す。

飼育（しいく）飼い育てること。飼うこと。飼養。

詩歌（しいか）詩と短歌と俳句。詩文の総称。

辞意（じい）辞職、辞退する意志。「―を促す」

自意識（じいしき）自分自身に対する意識。

仕入れ（しいれ）原料や商品の買い入れ。

地色（じいろ）布などの、模様のない部分の色。

子音（しいん）母音以外の音。「―無声―」父音。

死因（しいん）死亡の原因。

試飲（しいん）試しに飲んでみること。「―会」

寺院（じいん）寺。「―建築」

時雨（しぐれ）ほどよく降る雨。しぐれ。図

仕打ち（しうち）他人に対する態度、扱い。

時運（じうん）その時の運勢。時勢。「―にのる」

地唄（じうた）地方の俗謡。上方唄。

慈雨（じう）恵みの雨。「旱天の―」

試運転（しうんてん）試しに運転してみること。

市営（しえい）市で経営すること。「―バス」

自営（じえい）自分で独立して経営すること。「―業」

自衛（じえい）自分で自分を守ること。「―官」

私益（しえき）個人的な利益。私利。↔公益

使役（しえき）人を使って何かをさせること。

支援（しえん）他人を助けること。援助。

私怨（しえん）個人的なうらみ。私恨。「―を抱く」

紫煙（しえん）紫色の煙。たばこの煙。

塩（しお）塩辛い調味料。食塩。「―味」

潮【しお】海水、その干満。ころあい。

潮風【しおかぜ】潮気を含む、海からの風。海風。

潮辛い【しおからい】塩気がつよい。しょっぱい。

潮辛【しおから】魚介類を塩漬けにした食品。

潮煙【しおけむり】海水のしぶき。

仕送り【しおくり】生活費や学費を送ること。

仕置き【しおき】こらしめのため罰すること。

塩【しお】塩けのしょっぱい。「―がたつ」

塩鮭【しおざけ】塩漬けのさけ。

潮騒【しおさい】満ち潮の時の波の音。しおざい。

塩納め【しおおさめ】これを最後にして行うこと。

塩漬け【しおづけ】魚などを塩で漬けること。

潮時【しおどき】【汐時】潮の干満の時。よい頃合。

塩花【しおばな】清めにふりまく塩。もりじお。

潮干狩り【しおひがり】浜で貝をとること。

塩焼き【しおやき】塩をかけて焼いた魚や肉。

潮焼け【しおやけ】潮風に吹かれ日に焼けた肌。

萎れる【しおれる】植物の葉がしぼむ。しょげる。

枝折り【しおり】【栞】手引。本など。

枝折り戸【しおりど】木の枝や竹で挟むもの。

私家【しか】個人。私的。私家集。

市価【しか】市場で売買する値段。市場価格。

字音【じおん】漢字の音読み。字訓⇔

歯牙【しが】歯と牙。「―にもかけない」歯牙にかけない。

直【じか】直接。じき。「―に話す」

自家【じか】自分の家。自分自身。「―用車」

時下【じか】【手紙文で】このごろ。目下。

時価【じか】時の市価。時の相場。

自我【じが】自己。自分自身。「―の目覚め」

司会【しかい】会などの進行を担当する係。

視界【しかい】見通せる区域。視野。「―ゼロ」

斯界【しかい】この分野。「―の権威」

市街【しがい】人家の集まった土地。街。「―地」

死骸【しがい】【屍骸】しかばね。死体。

自害【じがい】刀などで自殺すること。自尽。

耳介【じかい】頭の側面にある耳。外耳。耳殻。

自戒【じかい】自分で自分をいましめること。

仕返し【しかえし】相手にやり返すこと。報復。

紫外線【しがいせん】殺菌作用がある光線。

地顔【じがお】化粧をしていない顔。素顔。

死角【しかく】陰に隠れて見通せない範囲。

刺客【しかく】暗殺者。しきゃく。

視角【しかく】物の両端と目を結ぶ線がなす角。

視覚【しかく】物を見る感覚。「―神経」

資格【しかく】身分や地位、その必要条件。

志学【しがく】十五歳の異称。学問に志すこと。

私学【しがく】私立の学校。

視学【しがく】学校教育の視察指導を行う官職。

斯学【しがく】この学問。「―の権威」

字画【じかく】漢字を構成する点画、その数。

自覚【じかく】自分の状態や能力を知ること。

仕掛け【しかけ】するわざ。やりかけ。からくり。

四角張る【しかくばる】堅苦しくまじめくさる。

死火山【しかざん】活動した記録のない火山。

自画像【じがぞう】自分自身を描いた肖像画。

如かず【しかず】【ぼず】このように。これに及ばぬ。

然し【しかし】【併】けれども。だが。

然然【しかじか】物事のやりとり。からくり。

仕方【しかた】方法。手段。ふるまい方。「―ない」

地固め【じがため】地盤を固めること。下準備。

直談判【じかだんぱん】相手と直接交渉すること。「―問題」

死活【しかつ】死ぬか生きるか。生死。

自活【じかつ】独力で生計を立てていること。

鹿爪らしい【しかつめらしい】堅苦しい様子。

確と【しかと】確かに。はっきりと。

地金【じがね】下地の金属。本性。「―が出る」

屍【しかばね】なきがら。死体。死骸。「生ける―」

顰める【しかめる】不快で眉根にしわをよせる。

顰っ面【しかめつら】しかめた顔つき。渋面。

然も【しかも】【而も】さらに。にもかかわらず。

柵【しがらみ】笹木活中の垣。からみつくもの。

然るに【しかるに】それなのに。注意する。

叱る【しかる】【呵る】小言を言う。注意する。

士官【しかん】将校（佐官と尉官）吏官。【見習】

仕官【しかん】官吏になること。主君に仕える。

しかん―しきよう

史観(しかん) 歴史の根本的な考え方・見方。

弛緩(しかん) ゆるむこと。↔緊張

志願(しがん) 自ら望むこと。「―者」

次官(じかん) 大臣の次の官位。「政務・事務―」

時間(じかん) とき。時刻。時刻の限り。「―帯」「―給」

式(しき) 儀式。一定のやり方。かた。

四季(しき) 春夏秋冬の四つの季節。一年。

死期(しき) 死ぬときや終わる時期。命の終わる時期。

指揮(しき) 指図。演奏の統率。「―者」「陣頭―」

仕儀(しぎ) なりゆき。事の次第。

直(じき) 間もなく。直接。直取引。じか。

自棄(じき) すてばち。やけ。

時季(じき) 季節で区切られた時期。時節。

時期(じき) 一定の長さの時間・期間。時分。

時機(じき) 時宜。頃合。物事を行う好機。

磁気(じき) 磁石が鉄を引きつける作用。

磁器(じき) ガラス質の上質の白い焼き物。

字義(じぎ) 漢字の表す意味。

児戯(じぎ) 子どものたわむれ。「―に類する」

時宜(じぎ) よい頃合。好機。「―を得る」

辞儀(じぎ) [辞宜]頭を下げて挨拶するさま。

敷居(しきい) 開け閉めする戸の下部の横木。

識閾(しきいき) 意識が出現・消失する境目。

敷石(しきいし) 地面に敷かれた平らな石。「―道」

色感(しきかん) 色から受ける感じ。色彩感覚。

敷金(しききん) 借主が家主に預ける保証金。

識見(しきけん) 物事に対する正しい判断。見識。

色彩(しきさい) いろどり。いろあい。傾向。

色紙(しきし) 和歌などを書く四角い紙。

式次(しきじ) 式の行われる順序。式次第。

式辞(しきじ) 儀式で述べる挨拶の言葉。

識字(しきじ) 文字の読み書きができること。

直直(じきじき) 直接。じか。「―に指示を受ける」

識者(しきしゃ) 見識のある人。有識者。

敷島(しきしま) 大和国の別名。日本国の「―の道」

指揮者(しきしゃ) 合奏・合唱の指揮をする人。

色弱(しきじゃく) 程度の軽い色盲。

直書(じきしょ) 自ら直接書く、その文書。直筆。

色情(しきじょう) 男女間の情欲。色欲。

式場(しきじょう) 式をとり行う場所。「結婚―」

色素(しきそ) 色のもととなる物質。「―沈着」

直訴(じきそ) 直接上に訴えること。上訴。

色相(しきそう) 色あい。色の三要素の一つ。

色盲(しきもう) 色の識別が困難な色覚異常。

識別(しきべつ) 見分けること。見きわめること。

式服(しきふく) 式典で着用する衣服。礼服。

敷布(しきふ) 敷き布団に敷く布。シーツ。

直筆(じきひつ) 自分で直接書くこと。自筆。↔代筆

式典(しきてん) 儀式。祭典。「記念―」

直伝(じきでん) 師から弟子に直接伝授すること。

敷き詰める(しきつめる) すきまなく敷く。

色調(しきちょう) 色の濃淡などの調子。色合い。

敷地(しきち) 建築や造園のための土地。用地。

直談(じきだん) 直接の談判。かだんぱん。

仕来り(しきたり) 慣例。「―を破る」

式台(しきだい) [敷台]玄関先の一段低い板敷。

敷物(しきもの) 床の上・物の下に敷くもの。

色盲(しきもう) 色の識別が困難な色覚異常。

直門(じきもん) 師から直接教えを受ける人。

直虐(じぎゃく) 残虐なことを好むこと。「―的」

自虐(じぎゃく) 自分で自分を痛めつけること。

子宮(しきゅう) 女性の生殖器官。

支給(しきゅう) 金品をあてがい渡すこと。給付。

至急(しきゅう) 非常に急ぐこと。早急。「大―」

自給(じきゅう) 必要なものを自分でまかなうこと。

持久(じきゅう) 永く持ちこたえること。「―力」

死去(しきょ) (人が)死ぬこと。死亡。永眠。

辞去(じきょ) 挨拶して他人の所から去ること。

市況(しきょう) 株式または商品の市場での取引状況。

司教(しきょう) カトリック教会での僧の位。

至境(しきょう) 最もすぐれた境地。「―に達する」

詩興(しきょう) 作詩や詩歌にしたくなる気持ち。詩情。

仕業(しぎょう) 操作や運行の作業。「―点検」

しきょう―しこう

第1列（右端）

始業（しぎょう） 仕事や授業のはじめ。⇔終業

自供（じきょう） 自分から申し述べること。自白。

事業（じぎょう） 仕事。企業。社会・経済活動。

試供品（しきょうひん） 試しに使ってもらう商品。

支局（しきょく） 本局とは別の出先事務所。

色欲（しきよく）【色欲・色慾】男女間の情欲。色情。

試曲（しきょく） 私利のための不正。公正でない。

時局（じきょく） その時の情勢。

磁極（じきょく） 磁石の両端。極とS極。

仕切り（しきり） 間を隔てる。勘定をつける。

頻りに（しきりに） 頻繁に。はげしく。無性に。

直話（じきわ） 直接に話す話。直接に聞く話。

至近（しきん） 非常に近いこと。「―距離」

資金（しきん） 資本金。もとで。資本。「―繰り」

詩吟（しぎん） 漢詩に節をつけ吟じ詠じること。

第2列

試金石（しきんせき） 価値や力量を測る物。

軸（じく） 心棒。中心。まきもの。「―回転」

字句（じく） 文字と語句。文句。

時空（じくう）【仕種】時間と空間。「―を超越する」

仕草（しぐさ） 自分の行いに恥じ入るさま。

恟じる（じくじる） ことわざなどをもじりしゃれることに「試し掘りしてみる」

地口（じぐち） ことばなどをもじりしゃれること。

試掘（しくつ） 試しに掘ってみること。「―権」

仕組む（しくむ） 組み立てる。計画、企てる。

仕組み（しくみ） 組立て。計画。機構。

軸物（じくもの） 軸に巻くように表装された書画。

時雨（しぐれ） 初冬に降るにわか雨。「小夜―」[図]

字訓（じくん） 漢字の訓読み。⇔字音。

四君子（しくんし） 東洋画で梅・菊・竹・蘭。

第3列

時化（しけ） 風雨で海が荒れ人の考え。不漁。

地毛（じげ） 髢（かもじ）でない、自分の髪。地髪（じがみ）。

死刑（しけい） 犯罪者の生命を絶つ刑罰。死罪。

至芸（しげい） 最高の芸。芸の極致。名人芸。

自警（じけい） 自力で個人的に加える制裁。リンチ。「―団」

絲糸（しけいと） 繭の外皮からとった粗悪な生糸。

刺激（しげき）【刺戟】反応をひき起こすこと。「しばしば―を通う」

繁繁（しげしげ） 何回も。しばしば。「―足を通う」

繁く（しげく） 出入りを。「―通う」

止血（しけつ） 出血を止めること。血どめ。

自決（じけつ） 自分できめること。

時化る（しける） 海が荒れる。不景気になる。

湿気る（しける） しめりけを帯びる。しめる。

茂る（しげる）【繁る】草木が生い重なる。

第4列

私見（しけん） 自分の意見。個人の考え。私意。

試験（しけん） ためし。試み。学力などを試す物事。

私言（しげん） 本意を適切に言い表わした言葉。

資源（しげん） 自然に産出する生産材料。

事件（じけん） 事柄。出来事。「記者」「―難」

次元（じげん） 立場。数学概念の一つ。「―が低い」

時限（じげん） 時間割の単位。時間を限ること。

字源（じげん） 一つ一つの文字の起こり。

四顧（しこ） 周辺を見回すこと。

指呼（しこ） 指さして呼ぶ。「―の間」

死後（しご） 死んだのち。没後。死ぬ時。臨終の時。いまわ。

死期（しご） 現在は使われなくなった言葉。

私語（しご） ひそひそ話。さやき。

第5列（左端）

自己（じこ） おのれ。自分自身。自我。「―流」

事故（じこ） 人災。思いがけない災難。「―死」

事後（じご） 物事の終わった。あと。事前

至後（しご） このあと。そののち。以後。

爾後（じご） このうえなく優れていること。

志向（しこう） 思い、心が向かう。「本物―」

指向（しこう） ある方向を目指して進むこと。

私行（しこう） 私生活上での行為。

思考（しこう） 思い巡らすこと。考え。「―力」

施工（しこう） 工事を行うこと。せこう。

施行（しこう） 実地に行うこと。実施。せこう。

歯垢（しこう） 歯に付着するやわらかい汚れ。

試行（しこう） ためしにやってみること。

嗜好（しこう） たしなみこのむこと。このみ。

諡号（しごう） 死後におくる名。

しこう―ししゅ

事項（こう） 一つ一つの事柄。項目。「―を確認」

時好（こう） その時代の好み。「―に投じる」

時効（こう） 期間経過による権利の得失。

時候（こう） 四季の気候。時節。「―の挨拶」

時声（こえ） 生まれつきの声。裏声。

地声（ごえ） 生まれつきの声。

扱く（しごく） 手で引きこする。厳しく訓練する。

至極（しごく） 極めて。「―当然」「残念―」

自国（じこく） 自分の国。わが国。「―語」⇔他国

時刻（じこく） 時の流れの、一瞬。「―表」

地獄（じごく） 悪人が死後行く所。苦しい状態。

子午線（しごせん） 地球表面の経線。「―観測」

仕事（しごと） つとめ。職業。「―納め」「―場」

醜名（しこな） 【四股名】力士の呼び名。

仕込む（しこむ） 教えこむ。仕入れること。

凝り（しこり） 【痼り】筋肉のこり。わだかまり。

私恨（しこん） 密かな恨み。私怨。「―を晴らす」

紫紺（しこん） むらさきがかった紺色。

自今（じこん） 【爾今】今後。これから後。

示唆（しさ） それとなく教えること。暗示。じさ。

視座（しざ） 物事を認識する時の姿勢・立場

時差（じさ） 時刻の差。「―通勤」「―ぼけ」

子細（しさい） 【仔細】詳しいこと。詳しさわい。

司祭（しさい） カトリックの僧職の一つ。神父。

死罪（しざい） 罪人の生命を絶つ刑罰。死刑。

私財（しざい） 個人の財産。私有の財産。

資材（しざい） 生産のもととなる材料。「―建築―」

自在（じざい） 思いのままにあること。「自由―」

思索（しさく） 秩序立てて考え行動すること。

施策（しさく） 政策や方針を実行する・計画。

試作（しさく） ためしに作ること、その作品。

自作（じさく） 自ら作る、その作品。「―自演」

地酒（じざけ） その土地でつくった酒。

刺殺（しさつ） 刃物で刺し殺すこと。

視察（しさつ） 現地で実際の様子を見ること。

自殺（じさつ） 自ら生命を絶つ。自害。⇔他殺

四散（しさん） 四方に散ること。ちりぢり。分散。

試算（しさん） ためしに計算してみること。検算。

資産（しさん） 財産。企業の資産。「―家」

死産（しざん） 胎児が死んで生まれること。

持参（じさん） もってくること。「―金」

自賛（じさん） 【自讃】自ら自分をほめること。

四肢（しし） 両手と両足。手足。

死屍（しし） なきがら。死体。死骸。しかばね。

志士（しし） 国に尽す人。忠臣。「勤皇の―」

嗣子（しし） 家のあととり。あとつぎ。

支持（しじ） 賛成し助けること。支えること。

私事（しじ） 個人的な事情。わたくしごと。

指示（しじ） さし示すこと。指図すること。

師事（しじ） 師として人に教えを受けたこと。

侍史（じし） 手紙の脇付の一つ。侍曹。

時事（じじ） その時々の世の中の出来事。

爺（じじ） 老年の男性。

鹿威し（ししおどし） 水音で鳥獣を追払う仕掛け。

獅子吼（ししく） 雄弁をふるうこと。大演説。

私室（ししつ） 個人用の部屋。個室。⇔公室

資質（ししつ） 生まれつきの才能や性質。天性。

史実（しじつ） 歴史上の事実。

自失（じしつ） 気抜けする・ぽかんとやりすること。

痔疾（じしつ） 肛門部分に起る病気。痔。

事実（じじつ） 実際の事柄。本当に。「―関係」

使者（ししゃ） 命令をうけて使いする人。

死者（ししゃ） 死んだ人。死亡者。⇔生者

支社（ししゃ） 本社と分かれた出先事務所。

試写（ししゃ） 映画を公開前に見ること。「―会」

試射（ししゃ） ためしに撃ってみること。「―場」

自社（じしゃ） 自分の勤めている会社。⇔他社

寺社（じしゃ） 寺と神社。社寺。

磁石（じしゃく） 鉄を引きつける性質の物体。

自若（じじゃく） 物事に動じないさま。「泰然―」

死守（ししゅ） 命がけで守ること。

詩趣（ししゅ） 詩的なおもむき。詩的な味わい。

自主（じしゅ） 自分の判断で行うこと。「―性」

し

自首（じしゅ） 自分の犯罪を自ら訴え出ること。

死臭（ししゅう） [屍臭]死体から発する異臭。

刺繍（ししゅう） 布地に糸で縫い絵・模様を縫い表したもの。

詩集（ししゅう） 詩を集め収載した書物。「―を編む」

始終（しじゅう） 始めから終わりまで。常に。「一部―」「時間―」

侍従（じじゅう） 天皇のそばに仕え身体のそれに仕える役人。下―職」

止宿（ししゅく） 泊まること。下宿すること。

私淑（ししゅく） ひそかにその人を師とすること。

自粛（じしゅく） 自発的に言動を控えること。

私塾（しじゅく） 個人経営の学習塾。

支出（ししゅつ） 金銭や物品を支払う。‖収入

至純（しじゅん） このうえなく純粋。「至高―」

耳順（じじゅん） 六十歳の異称。

思春期（ししゅんき） 児童期から青年期への移行期。

支所（ししょ） 中央から分かれた出先事務所。

司書（ししょ） 図書館で庶務を扱う専門職。

四書（ししょ） 大学・論語・中庸・孟子の総称。

子女（しじょ） 息子と娘。女の子。「帰国―」

地所（じしょ） 財産や敷地としての土地。

字書（じしょ） 漢字を集めて解説した書。字典。

辞書（じしょ） 言葉を集めて説明した書。辞典。

自署（じしょ） 著者が自ら書いた序文。‖他序

自助（じじょ） 自力で事をなすこと。「―努力」

侍女（じじょ） そばづかえの女。腰元。

支障（ししょう） さしつかえ。妨げ。

死傷（ししょう） 死ぬことと負傷しすること。「―者」

私傷（ししょう） 公務中でない時の負傷。‖公傷

師匠（ししょう） 学問や技芸を教授する人。先生。

史上（しじょう） 歴史に見られる事柄。「―最大」

市場（しじょう） 売買取引を行う事柄。「青果―」

至上（しじょう） 最上。最高。「―の喜び」命令「―命令」

至情（しじょう） ごく自然なる情。真心。赤心。

私情（しじょう） 個人的な感情をさしはさむ。

紙上（しじょう） 紙の上。新聞の紙面。「―の空論」

誌上（しじょう） 雑誌の紙面。「―討論会」

試乗（しじょう） 試しに乗ってみること。試運転。

詩情（しじょう） 詩に表現したい欲求。詩趣。

自称（じしょう） 自分で名乗ること。一人称。

事象（じしょう） 出来事や現象。

自乗（じじょう） [二乗]同じ数の掛け算。平方。

自浄（じじょう） 自身の力できれいになること。

事情（じじょう） 様子。ことがら。わけ。「―通」

私小説（ししょうせつ） 作者が主人公の小説。

試食（ししょく） ためしに食べること。「―会」

辞職（じしょく） 自分から職をやめること。「―願」

自叙伝（じじょでん） 自分の伝記。

私書箱（ししょばこ） 郵便局の私人用有料郵便箱。

私信（ししん） 私用の手紙。内密の手紙・私書。

私心（ししん） 私的な考え。利己的な心。

指針（ししん） メーターの針。方針。道しるべ。

私人（しじん） 公人から離れた一個人。‖公人

詩人（しじん） 詩を作る人。詩を解する人。

自身（じしん） 自分。それ自体。「―の問題」

自信（じしん） 自分の力を信じる心。「―喪失」

地震（じしん） 地面が震動する現象。「―予知」

自刃（じじん） 刀や刃物で自殺すること。

自尽（じじん） 自殺。自害。

雌蕊（しずい） 花のめしべ。雄蕊‖

自炊（じすい） 自分で食事を作り生活すること。

指数（しすう） 物事のない数字で程度を表す指標。「知能―」

静か（しずか） 穏やかな様子。

滴（しずく） [雫]たれ落ちる水。液体の粒。「―と歩く」

静静（しずしず） 落ち着いた様子で。

地滑り（じすべり） 土石が滑り落ちること。

静まる（しずまる） 動かなくなる。落ち着く。

鎮まる（しずまる） 和らぐ。制圧され収束する。

沈む（しずむ） 水に落ち込む。気持ちが沈ぐ。

資する（しする） 役に立つ。「地域の発展に―」

侍する（じする） そばにいる。侍す。

持する（じする） 保つ。守る。「慎―」

辞する（じする） 挨拶する。断る。退職・退任する。

市井（しせい） 人家の集まった所。ちまた。

しせい―したい

市制	しせい	自治体としての市の制度。
市政	しせい	市の政治・行政。「―「命あり」
死生	しせい	生と死。生死。
至誠	しせい	誠実。真心。「―天に通ず」
私製	しせい	私人・民間で作ること・もの。「―方針」
施政	しせい	政治をとり行うこと。「―方針」
姿勢	しせい	体の構え。心構え。「高―」
資性	しせい	もちまえの性質や才能。天性。
自生	じせい	自然に生えること。「―植物」
自省	じせい	自分の言動を反省すること。
自制	じせい	自分の感情や欲望を抑えること。
自製	じせい	自分で作ること・もの。手作り。
時世	じせい	時代。世の中。時代(そのもの)。
時勢	じせい	時代の流れや勢い。「―に遅れる」
辞世	じせい	死ぬこと。臨終に残す詩歌など。

私生子	しせいじ	嫡出でない子ども。私生児。
史跡	しせき	【史蹟】史上の事件・建物の場所。
史籍	しせき	歴史に関する書物。史書。
歯石	しせき	歯茎に沈着した石灰分。
次席	じせき	首席の次の地位の人。「―検事」
自責	じせき	自分を責めること。「―の念」
事跡	じせき	【事蹟】事件のあと。
事績	じせき	その人の成した事業と功績。
私設	しせつ	私人・民間によって設立。「―道路」
使節	しせつ	特定の目的で派遣する使者。使臣。
施設	しせつ	ある目的のために設けられた建物。
自説	じせつ	自分の説。自分の意見。↔他説
持説	じせつ	唱え続けている意見。持論。
時節	じせつ	季節。折。時世。よい折。「―到来」
支線	しせん	本線から分岐した線。分線。

死線	しせん	生死の境。「―をさまよう」
私撰	しせん	個人が編むこと。↔勅撰
私選	しせん	個人が選ぶこと。「―弁護人」
視線	しせん	目で見る方向。目の向き。
自然	しぜん	森羅万象。そのまま。「―現象」
自薦	じせん	自分で自分を推薦する。↔他薦
自選	じせん	自分で選ぶこと。
次善	じぜん	最善の次によいもの。「―の策」
事前	じぜん	物事の起こる前。↔事後
慈善	じぜん	困っている人を助ける。「―事業」
始祖	しそ	先祖。創始者。元祖。
死相	しそう	死に顔。死に近づいた顔つき。
志操	しそう	主義・信念をかたく守る意志。
思想	しそう	考え。社会・人生への思考体系。
詞藻	しそう	文を美しく飾ることば。文才。

試走	しそう	ためしに走ってみること。「―車」
詩想	しそう	詩作の思想や感情。
死蔵	しぞう	活用せずむだに保管すること。
私蔵	しぞう	個人で所有していること。
地蔵	じぞう	地蔵菩薩。衆生を救済する菩薩。
子息	しそく	他人の息子。うじ。
氏族	しぞく	祖先が同じである血族。
自足	じそく	自ら満足する。自力で満たす。
時速	じそく	一時間当たりの速さ。「―百キロ」
持続	じぞく	永く持ち続けること。持久。
為損う	しそこなう	しくじる。機会を逃す。
子孫	しそん	祖先の血を引く代々の人々。
自存	じそん	自己の生存・存在。「―心」
自尊	じそん	自分の品位を尊ぶこと。「―心」
自損	じそん	自分でしたけが。「―事故」↔他損

舌	した	口の中の味覚と発音を司る器官。
自他	じた	自分と他人。「―ともに認める」
耳朶	じだ	【―】耳たぶ。みみたぶ。「―に触れる」
死体	したい	【屍体】しかばね。なきがら。死骸。
肢体	したい	手足。手足と体。五体。
姿態	したい	動作する姿・つき。容姿。
次第	しだい	順序。いきさつ。〜するやいなや。
字体	じたい	文字の形・字形。書体。「旧―」
自体	じたい	自分の体。それ自身。いったい。
事態	じたい	事のなりゆき。事のありさま。
辞退	じたい	遠慮すること。断ること。
地代	じだい	借地料。地価。
次代	じだい	次の時代。「―をになう青少年」
事大	じだい	強大なものにつき従う。「―主義」

したい―しちんさい

時代【じだい】世の中。現代。「―の趨勢(すうせい)」時が経つにつれて、徐々に。

次第に【しだいに】

慕う【したう】恋しく思う。倣う。

下請け【したうけ】請負い仕事を他者が請負う。不快時に舌を鳴らすこと。

舌打ち【したうち】

下絵【したえ】下書きの絵。地にかく絵。

従う【したがう】随う服従する。付いていく。

下書き【したがき】清書の前の試し書き。草稿。

従って【したがって】だから。それゆえに。並行して。

下着【したぎ】肌にじかにつける衣類。肌着。

支度【したく】[仕度]準備。用意。「金―」「旅―」

私宅【したく】私邸。個人の家。

自宅【じたく】自分の住む家。わがや。「―待機」

拉く【したく】押しつぶす。くだく。「踏み―」

下心【したごころ】悪だくみ。ひそかなもくろみ。用意。かねての準備。

下拵え【したごしらえ】

下先【したさき】舌の先。口先。「―三寸」

下触り【したざわり】舌で感じる食べ物の感じ。

下地【したじ】基礎。土台。本来の性質。醤油。「―弁当」

仕出し【しだし】料理して届ける。調理済みのもの。「―弁当」

下敷き【したじき】物の下に敷くもの。手本。

親しむ【したしむ】親しくする。なじむ。交わる。

下調べ【したしらべ】事前に調べておくこと。

親しい【したしい】仲がよい。なじみ深い。親密だ。

強か【したたか】ひどく。手ごわいさま。「―酔う」

強か者【したたかもの】一筋縄ではいかない人物。

認める【したためる】書き記す。食事をする。「朝状を―」

舌足らず【したたらず】発音が不明瞭でないさま。

滴る【したたる】滴がたれる。たれ落ちる。

舌鼓【したつづみ】おいしくて舌を鳴らすこと。

下っ端【したっぱ】身分や地位が低いこと・者。

下積み【したづみ】下に積むこと。下のほう。へりくだった態度。不遇。「―生活」

下手【したて】

仕立てる【したてる】用意する。作り上げる。裁縫。こしらえること。

下取り【したどり】古い品を売り、価格を値引く。

舌舐めずり【したなめずり】待ち構える。

下履き【したばき】戸外で足にはく、はきもの。

下働き【したばたらき】人の指揮下で働くこと・人。

下火【したび】火勢が衰える。勢いが弱まる。

下町【したまち】都市の中の低地。

下回る【したまわる】基準に達しない。「予想を―」

下見【したみ】前もって見ておくこと。下調べ。

滓む【したむ】滴にしたたらす。残らず搾りだす。

自堕落【じだらく】[自堕落]だらしないこと。ふしだら。

垂れる【したれる】[枝垂れる]長くたれさがる。

慕わしい【したわしい】恋しい。なつかしい。

指弾【しだん】排斥・非難すること。つまはじき。

師団【しだん】陸軍の編制単位の一つ。「―長」

示談【じだん】話し合いで争いを解決すること。

地団駄【じだんだ】[地団太]足をふみならす。

質【しち】質屋への担保の品物。抵当。かた。

死地【しち】非常に危険な所。死に場所。死所。

自治【じち】自ら治め処理する。「―体」

質種【しちぐさ】[質草]質に入れる物品。質物。

七五三【しちごさん】子の成長を祝う行事。

七難【しちなん】様々な災難。欠点。「―八苦」

七福神【しちふくじん】福の神とされる七人の神。

七面倒【しちめんどう】ひどくめんどうな様子。

自著【じちょ】自分の著書。

七曜【しちよう】週の、七日の曜日。「―表」

死中【しちゅう】死ぬしかないような窮地。

支柱【しちゅう】支える柱・棒。重要なもの。

試着【しちゃく】ためしに着てみること。「―室」

質屋【しちや】品物などを預かってお金を貸す商売。

七夜【しちや】生後七日目の夜、この祝い。

思潮【しちょう】その時代の一般の思想傾向。

視聴【しちょう】見ること聴くこと。注意。

試聴【しちょう】ためしに聴いてみること。

自重【じちょう】自分を大切にし品位を保つこと。

自嘲【じちょう】自分で自分をあざけること。

司直【しちょく】裁判官。「―の手にゆだねる」

七輪【しちりん】[七厘]土製のこんろ。

地鎮祭【じちんさい】工事の無事を祈る儀式。

しつい—しつすう

失意（しつい） 落胆する。「―のどん底」 ‡得意

実印（じついん） 印鑑登録された個人印。

止痛（しつう） 痛みをとめること。「―剤」

私通（しつう） 男女でひそかに情を通じること。

歯痛（しつう） 歯の痛み。はいた。

実益（じつえき） 実際の利益。実利。

実演（じつえん） 実際にやって見せること。

失火（しっか） 過失が原因で起こった火災。

膝下（しっか） 庇護のもと。生まれた土地。親もと。脇付の一。膝元の生まれの。

実家（じっか） 実質的な損害。

実害（じつがい） 実質的な損害。

悉皆（しっかい） 残らずすべて。すっかり。

失格（しっかく） 資格を失うこと。不適応なこと。

実学（じつがく） 実際の生活に役立つ学問。

確か（しっか）【聢か】堅固なさま。「―者」

疾患（しっかん） 病気。やまい。「胸部―」

質感（しっかん） 材質から受ける感じ。

実感（じっかん） 実際に感じること。実際の感情。

漆器（しっき） うるしぬりの器物。ぬりもの。

質疑（しつぎ） 疑問点を問いただす。「―応答」

失脚（しっきゃく） 失敗して地位を失うこと。

実技（じつぎ） 実際に行う演技や技術。「―試験」

失業（しつぎょう） 職に就けない。

実況（じっきょう） 実際の状況。「―放送」

失業（しつぎょう） 生産・経済に関する事業。「―家」

失禁（しっきん） 尿や便をもらすこと。

漆喰（しっくい） 消石灰が主原料の塗装材料。

躾（しつけ） 礼儀作法などを教え込むこと。

湿気（しっけ） しめりけ。「―を嫌う」

仕付け（しつけ） 仮に縫っておくこと。糸。失礼。無作法で用いる。

失敬（しっけい） 礼を欠くこと。失礼。無作法で用いる。

実兄（じっけい） 実の兄。同じ父母の兄。‡義兄

執行（しっこう） 実際に行うこと。実践すること。「―委員」

失効（しっこう） 効力がなくなること。‡発効

膝行（しっこう） ひざをついて進退すること。

実効（じっこう） 実際の効力。本当のききめ。

桎梏（しっこく） 自由の妨げとなるもの。束縛。

漆黒（しっこく） 黒々と光沢があるさま。「―の闇」

昵懇（じっこん）【入魂】親しい間柄。懇意。

実際（じっさい） 本当の姿。実地。全く。「―の様子」

実在（じつざい） 実際に存在すること。‡架空

失策（しっさく） やり損い。失敗。

執事（しつじ） 家政をとり行う人。

十指（じっし） 十本の指。衆目。「―に余る」

実子（じっし） 実の子。‡養子・継子

実施（じっし） 実際にとり行うこと。実行。

質実（じつじつ） 飾りけなくまじめ。質素。

実質（じっしつ） 正味の中身。「―賃金」

実写（じっしゃ） 実際の場面を写すこと。

実収（じっしゅう） 実際の収入・収穫量。手取り。

実習（じっしゅう） 実地に習うこと。「工場―」

湿潤（しつじゅん） 湿り気が多いさま。「―な土地」

失笑（しっしょう） 思わずふきだすこと。

実情（じつじょう） 実際の状況・状態。「現場の―」

実証（じっしょう） 事実によって証明すること。

実状（じつじょう） 実際の事情・実相。

失職（しっしょく）【失色】職を失うこと。失業。‡就職

失神（しっしん）【失心】正気を失う。気絶。

湿疹（しっしん） 皮膚の炎症性疾患。

実数（じっすう） 実際の数。有理数＋無理数。

実姉（じっし） 実の姉。同じ父母の姉。‡義姉

しつする〜しつれい

失する（しっする） うしなう。度が過ぎる。

叱正（しっせい） 叱って正すこと。「御—を乞う」

失政（しっせい） 政治を誤ること。誤った政治。

執政（しっせい） 政務を執り行うこと・人。政務を執り行う。

叱責（しっせき） 叱りとがめること。叱声。

失跡（しっせき） 行方がわからなくなる。失踪。

実績（じっせき） 実際の功績・業績・成績。

実戦（じっせん） 実際に戦闘・試合すること。

実践（じっせん） 実際に自分で行うこと。「―的」

実線（じっせん） 切れ目がない線。点線・破線。

質素（しっそ） 倹約なさま。飾りけのないさま。

失速（しっそく） 飛行の速度をくらす。勢い・実際の姿を失う。

疾走（しっそう） 非常に速く走ること。疾駆。

実像（じつぞう） 光が交わりでき像。実際の姿。

失踪（しっそう） 行方不明。

失存（しつぞん） [失体]不面目。「―を主義」

実存（じつぞん） 実際に存在すること。「―主義」

実体（じったい） 内に潜む本質。実像・実体・正体。

実態（じったい） 外に現れた実相。実情・状況・状態。

実弾（じつだん） 現実の弾丸。本物の現金。「買収の―」

湿地（しっち） 湿りけの多い土地。「―草原」

失地（しっち） 失った領土・地位。「―回復」

実地（じっち） 現場。「―検証」

失調（しっちょう） 調子を崩すこと。

失墜（しっつい） 名誉・信用などを失うこと。「権威—」

実直（じっちょく） まじめ。正直。律義。「―な性格」

実弟（じってい） 実の弟。同じ父母の弟。↔義弟

失点（しってん） 敵に与えた点数。失敗。↔得点

湿田（しつでん） 水気の多い田。↔乾田

嫉妬（しっと） ねたみ。そねみ。やきもち。「―心」

湿度（しつど） 大気中の水蒸気の割合。「―計」

失当（しっとう） 当を得ていないこと。不当。

執刀（しっとう） 手術でメスを執ること。手術。「―医」

実働（じつどう） 実際に労働すること。「―時間」

実動（じつどう） 実際に行動すること。「―訓練」

失念（しつねん） うっかり忘れること。度忘れ。

実年（じつねん） 実年齢。「五十・六十歳代の―世代」

実は（じつは） 本当のところは。本当のことを言えば。

失敗（しっぱい） しくじること。やりそこない。

十把一絡げ（じっぱひとからげ） 区別なく多くのものを、ひとまとめに扱うこと。

失費（しっぴ） 要した費用。入用。

櫛比（しっぴ） ぎっしりと並ぶこと。

執務（しつむ） 事務をとること。業務に取り組むこと。「―時間」

実務（じつむ） 実際に取り扱う業務。「―家」

失明（しつめい） 視力を失うこと。

字詰め（じづめ） 一行・一頁に収める字数。

実名（じつめい） 本当の名。本名。↔偽名・仮名

質問（しつもん） 疑問などを問いただすこと。

執拗（しつよう） 実際に役立つこと。「―新案」

実用（じつよう） 実際に役立つこと。「―新案」

字面（じづら） 文字の並びの感じ。示す意味。

設える（しつらえる） 設備などを用意する。きちんと用意する。

実利（じつり） 実際の利益。実際の効用。「―的」

質量（しつりょう） 物体の有する物質の量。量と質。

実力（じつりょく） 本当の力。実際の力。「―主義」

失礼（しつれい） 無礼。別れ・謝罪の際の言葉。「―な」

実例（じつれい） 実際にあった例。

実否（じっぴ） 本当かうそか。事実かどうか。

実費（じっぴ） 実際に必要とする費用。

執筆（しっぴつ） 筆をとること。文章を書くこと。

湿布（しっぷ） 患部治療に使う湿らせた布。

実父（じっぷ） 実の父。↔養父・継父

疾風（しっぷう） 激しい風。はやて。「―怒濤」

実物（じつぶつ） 実際の物体。偽物でないもの。「―大」

竹箆（しっぺい） 参禅者の戒めに打つ竹製の棒。

疾病（しっぺい） 病気・やまい。疾患。「―保険」

竹箆返し（しっぺいがえし） すぐやり返しかえしする。

尻尾（しっぽ） 動物の尾。ひもなどの末端。

失望（しつぼう） 望みを失うこと。落胆。「―感」

実母（じつぼ） 実の母。↔養母・継母

質朴（しつぼく） [質樸]飾らず素直なさま。質実。

実妹（じつまい） 実の妹。同じ父母の妹。↔義妹

137

失恋（しつれん） 恋が成就しないこと。❶得恋

実録（じつろく） 実際にあったことを記録したもの。

実話（じつわ） 実際にあった話。実談。実説。

仕手（して） [並]玉串や注連縄に下げるもの。する人。能・狂言の主人公。

四手（して） 子ども。子や弟。

子弟（してい） それと定めること。「―席」

指定（してい） 先生と生徒。師個人的な。プライベート。

私邸（してい） 自分の邸。❶公邸父兄。

師弟（してい） 匠と弟子。

私的（してき） 個人的な。プライベート。

指摘（してき） 問題となる点を示し示すこと。

詩的（してき） 詩の趣があるさま。❶散文的

自適（じてき） 自分の心のままに楽しむさま。「悠々―」

支店（してん） 本店と分かれて営業する店。

支点（してん） てこのささえとなる点。❶力点

始点（してん） 物事の始めの点。出発点。❶終点

視点（してん） 視線の位置。観点。「―を変える」

史伝（しでん） 歴史的記録にもとづいた伝記。

事典（じてん） 事物や内容を解説した書。「百科―」

字典（じてん） 漢字の意味や発音を解説した書。

辞典（じてん） 言葉の意味や用法を解説した書。

次点（じてん） 当選・入選に次ぐ点。❶公選

自転（じてん） 自ら回転すること。

自転車（じてんしゃ） 乗り足が足で二輪車。

自伝（じでん） 自分の伝記。自叙伝。

時点（じてん） 時間の流れのある一点。「現―」

使途（しと） 使いみち。用途。「―不明金」

至当（しとう） 当たりまえ。当然。妥当。適当。

死闘（しとう） 決死で闘う命がけの戦闘。

私党（しとう） 私的に結成した党。❶公党

しつれん─しぬし

私闘（しとう） 私の恨みによる闘争。

私道（しどう） 私有地内に設けた道路。❶公道

始動（しどう） 機械などが動き始めること。「―者」

指導（しどう） 教えみちびくこと。「―書」「―販売機」

自動（じどう） 機械などが自ら動く。

児童（じどう） 子ども、特に小学生。

粢（しとぎ） [糈]神前に供える長円形の餅。

自得（じとく） 会得。報いを受ける。満足する。すべきところ。場合。「思案の―」

蔀（しとみ） [蒔]座敷用。敷き布団。

茵（しとね） うちとり。日光や風雨をよける格子戸。

為所（しどころ） すべきところ。場合。「思案の―」

仕留める（しとめる） うちとる。殺す。

淑やか（しとやか） 落ち着いて上品なさま。

品（しな） 商品。品質。物の種類。「上等な―」

科（しな） なまめかしい様子。「―を作る」

市内（しない） 市の中。市の区域内。❶市外

竹刀（しない） 剣道の稽古に用いる竹の刀。

撓う（しなう） 折れずにたわむ。曲がる。しなる。

品薄（しなうす） 商品が不足ぎみなこと。品枯れ。

品切れ（しなぎれ） 売品がなくなること。

品定め（しなさだめ） 品の善し悪しの評価。品評。

撓垂れる（しなだれる） 甘えてこびる。寄り添う。

萎びる（しなびる） 生気がなくなる。しわがよる。

品物（しなもの） しろもの。商品。

地鳴り（じなり） 地盤が振動して響く現象。

至難（しなん） 非常に難しいこと。「―の業」

指南（しなん） 教導すること。またその人。

死に金（しにがね） 役立っていない金。むだ金。人を死に誘う金。

死に神（しにがみ） 人を死に誘う神。

死に様（しにざま） 死んだ時のようすや態度。

老舗（しにせ） 代々続いた古い店。ろうほ。

死に恥（しにはじ） 死後に残る恥。「―をさらす」

死に花（しにばな） 死後の栄誉。「―を咲かせる」

死に水（しにみず） 臨終に死者の口に入れる水。

死に目（しにめ） 死にぎわ。終命の対面。

死に物狂い（しにものぐるい） 決死で奮闘する。

屎尿（しにょう） 大便と小便。糞尿。「―処理」

死欲（しによく） 死が近づいて欲が深くなる。

死人（しにん） 死んだ人。死者。「―に口なし」

視認（しにん） 実際に目で確認すること。

自認（じにん） 自ら認めること。「過失を―する」

自任（じにん） 自分を適任と思うこと。自負。

辞任（じにん） 現職を自分からやめること。

死ぬ（しぬ） 命が絶える。活気がない。

地主（じぬし） 土地の所有主。

しねん―しぶん

思念(しねん) 心に思うこと。心に浮かぶ考え。

鎬を削る(しのぎをけずる) 激しく争う。わたりあう。

凌ぐ(しのぐ) 超える。切り抜ける。防ぐ。

四の五の(しのごの) つべこべ言うさま。

篠突く雨(しのつくあめ) 群生する細い竹や笹の俗称。どしゃぶり。

東雲(しののめ) 明け方。あかつき。「―の空」

篠竹(しのだけ) 群生する細い竹や笹の俗称。

忍び足(しのびあし) 音を立てないこっそりとした歩き方。

忍び込む(しのびこむ) こっそりと入りこむ。

忍び泣き(しのびなき) 声をたてずに泣くこと。

偲ぶ(しのぶ) 過去や面影をなつかしむ。追憶。

忍ぶ(しのぶ) 堪える。こっそり行う。「―堪え」

柴(しば) 山野に生える小さい雑木。「―刈」

地場(じば) 土地や地域。地元。「―産業」

磁場(じば) 磁力の作用する範囲。磁界。

支配(しはい) 取締り。統御。「―階級」「―力」

紙背(しはい) 紙の裏。文章の言外の意味。

賜杯(しはい) 〔賜盃〕皇族が賜る優勝杯。

芝居(しばい) 演劇。つくりごと。「―を打つ」

自白(じはく) 自分で罪を白状すること。自供。「―行為」

自爆(じばく) 自分で爆破すること。

暫し(しばし) 少しのあいだ。

地肌(じはだ) 〔地膚〕生来の肌。大地の表面。

瞬く(しばたたく) 〔屡叩く〕まばたきする。「目を―」

始発(しはつ) その日の最初の発車。起点。

自発(じはつ) 自らなすんで行うこと。「―的」

芝生(しばふ) 芝草のはえている場所。芝地。

自腹(じばら) 自分の支出。自発。「―を切る」

支払い(しはらい) 金銭の払い渡し。「―手形」

暫く(しばらく) 少しの間。やや長い期間。

縛る(しばる) くくる。自由を奪う。制限する。

市販(しはん) 商店や市場で販売していること。

死斑(しはん) 〔屍斑〕現れる斑点。

師範(しはん) 教授する人。「―学校」の略。

紫斑(しはん) 皮膚の内出血斑。「―病」

事犯(じはん) 刑罰に相当する事柄。「経済―」

地盤(じばん) 基礎となる土地。根拠地。「―沈下」

四半期(しはんき) 三か月ずつの制期間。

私費(しひ) 個人で出す費用。「―留学」

詩碑(しひ) 詩を刻んだ石碑。

自費(じひ) 自分の費用。私費。「―出版」

慈悲(じひ) 情け。いつくしむ心。

耳鼻科(じびか) 耳鼻の病気を治す医学。

字引(じびき) 字典。辞典。辞書。

地引き(じびき) 〔地曳き〕漁法の一つ。「―網」

試筆(しひつ) 〔始筆〕書き初め。[新年]

自筆(じひつ) 自ら書く。自書。❶他筆・代筆

地響き(じひびき) 音が動き響く音。地鳴り。

指標(しひょう) 何かを定める目印となるもの。

師表(しひょう) 世の中の手本・規範(となる人)

時評(じひょう) 時事の批評・批判。「社会―」

辞表(じひょう) 辞職を申し出る文書。

持病(じびょう) 治らない慢性病。直らない見込みのない悪い癖。

死病(しびょう) 助かる見込みのない病気。

師病(じびょう)

痺れる(しびれる) 〔漫痺〕寝床に置く小便用の容器。感覚が薄れる自由直らない悪癖。

尿瓶(しびん) 寝床に置く小便用の容器。

渋(しぶ) 渋柿から製した渋いまい味。

自負(じふ) 自分の能力に自信のある誇り。

支部(しぶ) 本部と分かれた出先事務所。

自父(じふ) 慈しみ深い父。父親の敬称。

飛沫(しぶき) とび散る細かい水玉。「水―」

至福(しふく) この上ない幸福。「―に浸る」

渋皮(しぶかわ) 樹木や果実の甘皮。「―がむける」

渋い(しぶい) 舌をしびれさす味。けち。地味。

紙幅(しふく) 紙のはば。原稿の分量。

私服(しふく) 個人の服。私服の刑事。官服

私腹(しふく) 自己の利益・財産。「―を肥やす」

雌伏(しふく) 力をためて活躍の場を待つこと。「―応じる」

渋渋(しぶしぶ) いやいやながら行うさま。

死物(しぶつ) 生命のない物。役立たないもの。

私物(しぶつ) 個人の所有する物。「―検査」

渋味(しぶみ) 渋い味。落ち着いた味わい。

事物(じぶつ) 「物・事柄」物事。事柄。「―具体的」

渋る(しぶる) 物事がすらすらいかない。

私憤(しふん) 個人的な怒り。❶公憤

脂粉(しふん) 紅と白粉。化粧。「―の香に惑う」

詩文(しぶん) 詩と文。漢詩と漢文。文芸作品。

自分(じぶん) その人自身。わたくし。「―勝手」

時分(じぶん) 時。頃合。「今―」「若い―」

私文書(しぶんしょ) 個人的の文書。⇔公文書

時分時(じぶんどき) 食事どきの頃。ずい分食事どきにすみません。

蕊(しべ)【蘂】花のおしべ・めしべ。さつ。

紙幣(しへい) 紙の貨幣。⇔硬貨

時弊(じへい) その時代特有の弊害・悪習。

自閉症(じへいしょう) 自分の世界にこもる症状。

時癖(じへき) 特定のことを好んでするくせ。

死別(しべつ) 死に別れること。⇔生別

四辺(しへん) あたり。近所。四方。周囲。

紙片(しへん) 紙の切れはし。かみきれ。

至便(しべん) 極めて便利なこと。「交通―」

しふん―しめしあわせる

思弁(しべん) 論理的に考えて判断すること。

事変(じへん) 異常な出来事。変乱。騒乱。

自弁(じべん) 自分で費用を出すこと。自腹。

思慕(しぼ) 思いしたうこと。「―の情」

字母(じぼ) 表音文字の一つ一つの字。

慈母(じぼ) 慈しみ深い母。「―観音」⇔慈父

四方(しほう) 東西南北の四方向。「―正面」

司法(しほう) 国が法律に基づいて行う裁判。

至宝(しほう) この上なく大切な宝。「角界の―」

私法(しほう) 個人の権益等を規制した法律。

死亡(しぼう) 死ぬこと。死去。

志望(しぼう) 望むこと。ねらえ、望願。

脂肪(しぼう) 動植物のあぶら。「―質」「皮下―」

時報(じほう) 時刻の知らせ。時々の報道。

死没(しぼつ)【死歿】死ぬこと。死亡。「―者」

萎む(しぼむ)【凋む】しおれちぢむ。「花が―」

絞る(しぼる) 水分を除く。無理に出す。「知恵を―」

搾る(しぼる) 締めて液を採る。無理に出させる。「限界まで―」

資本(しほん) 事業のもとになる資金。「―家」

島(しま) 四方が水に囲まれた陸地。「―国」

縞(しま) 織物に別の色で入れた筋。「横―」

仕舞(しまい) 能で、謡だけで舞う略式の舞い。

姉妹(しまい) 姉と妹。同系統のもの。「―都市」

終い(しまい)【仕舞い】終わること。最後。

終う(しまう)【仕舞う】終える。戻す。片づける。

自前(じまえ) 費用を自分で負担する。自弁。

島影(しまかげ) 島の姿。遠方に―が見える」

字幕(じまく) 映画の台詞などの画面表示。

島国(しまぐに) 周りを海に囲まれた小さい国。

始末(しまつ) 物事のしめくくり。いきさつ。

島流し(しまながし) 罪人を島や遠い国に送る刑罰。

閉まる(しまる) 開いている所がとじる。「戸が―」

締まる(しまる)【緊まる】緩みがなくなる。緩む。

自慢(じまん) 自分のことを他人に語る。「力―」

地回り(じまわり) 近在を歩き商売・商人。「―派手」

染み(しみ) しみてできた汚れ。皮膚の斑点。

地味(じみ) ひかえめなさま。「―な服」

滋味(じみ) 美味。深い味わい。「―豊か」

清水(しみず) 清らかな水。澄んだわく水。

地道(じみち) 心身に入って痛手堅く事を行うさま。着実。

沁みる(しみる) 心身に入って痛む。「身に―忠言」

染みる(しみる) 色がつく。そまる。「悪習に―」

滲みる(しみる)【浸みる】液体が入る。にじむ。

凍みる(しみる) こおる。「寒さで―」

市民(しみん) 市・都市の住人。「―運動」「―税」

寺務(じむ) 寺の事務。「―所」

事務(じむ) 主として机上でする仕事。「―所」

仕向ける(しむける) 働きかける。感情を交えず冷静な発送する。

事務的(じむてき) 事務をすること。締めること。

氏名(しめい) 氏と名。姓名。

死命(しめい) 生きるか死ぬかの命。「―を制する」

使命(しめい) 与えられた任務。「―を果たす」

指名(しめい) 名をさして命ずる。「―手配」

自明(じめい) 説くまでもなく明らか。「―の理」

注連飾り(しめかざり) 注連縄の飾り。

閉め切る(しめきる) すっかり閉めて開けない。

締め切る(しめきる) 打ち切る。閉めておく。

締め括る(しめくくる) 束ねしばる。まとめる。

示し合わせる(しめしあわせる) 相談しておく。

しめす―しゃくせん

示す【しめす】出して見せる。「手本を—」

注連縄【しめなわ】〖標縄〗神前などに張る縄。

注連縄

自滅【じめつ】自分の所為で自分が滅びること。

死滅【しめつ】死に絶えること。絶滅。

締め出す【しめだす】仲間に入れない。

紙面【しめん】紙の表面。新聞・手紙などの紙上。

絞める【しめる】首・手足を手で閉じる。殺す。

閉める【しめる】開いている口を閉じる。「窓を—」

占める【しめる】自分の物にする。得る。持つ。専有する。「味を—」

湿る【しめる】水分を含む。気持ちが沈む。

誌面【しめん】雑誌の紙面。誌上。「創刊号の—」

地面【じめん】大地の表面。土地。地所。

霜【しも】露・水蒸気の凝結したもの。

耳目【じもく】多くの人の注目。「—を集める」

下肥【しもごえ】人糞尿。こやし。肥料。

下座【しもざ】座席の下位。末席。末座。⇔上座

下下【しもじも】身分の低い人々。一般庶民。

下手【しもて】客席から舞台の左。⇔上手〖図〗

仕舞屋【しもたや】商店街の中の商店でない家。

霜月【しもつき】陰暦十一月の異称。〖図〗

下下【しもじも】※

地元【じもと】関係のある土地。住んでいる土地。

霜解け【しもどけ】〖霜融け〗霜がとける。〖図〗

地物【じもの】その土地の産物。

霜柱【しもばしら】地中の水分が凍ったもの。〖図〗

下膨れ【しもぶくれ】〖下脹れ〗下が膨らんだ状態。〖図〗

霜降り【しもふり】脂肪が網の目に入った牛肉。

僕【しもべ】〖下部〗召使い。「神の—」

霜焼け【しもやけ】下先に生じる軽い凍傷。〖図〗

霜除け【しもよけ】霜から保護する覆い。〖図〗

指紋【しもん】指先内側の皮膚の紋様。その紋。

試問【しもん】試験。試験のため質問すること。

諮問【しもん】有識者に意見を尋ね求めること。

紗【しゃ】布地に織り出した模様。

紗【しゃ】織り目の粗い絹織物。うすぎぬ。はす。

斜【しゃ】ななめ。「—に構える」

視野【しゃ】視界。思考・判断の及ぶ範囲。「—な心」

邪悪【じゃあく】よこしまで悪いこと。「—な心」

謝意【しゃい】お礼・お詫びの気持ち。

社員【しゃいん】会社の従業員。「新入—」

邪淫【じゃいん】男女のよこしまでみだらな情欲。

社運【しゃうん】会社の運命。「—をかけた事業」

社屋【しゃおく】会社の建物。

遮音【しゃおん】音をさえぎること。「—壁」

謝恩【しゃおん】受けた恩に感謝すること。「—会」

釈迦【しゃか】インドの聖人。仏教の開祖。

社会【しゃかい】共同生活を営む集団。世間。

社会悪【しゃかいあく】貧困、差別など社会の悪弊。

社会人【しゃかいじん】社会で働く実社会人。

舎監【しゃかん】寄宿舎の監督をする人。

邪気【じゃき】わるぎ。体を害する気。悪意。

邪教【じゃきょう】人心を惑わすよこしまな教え。

写経【しゃきょう】経文を書き写すこと。その写したもの。

勺【しゃく】尺貫法で一合の十分の一。

尺【しゃく】長さの単位(約三〇・三センチ)

酌【しゃく】酒を盃につぐこと。「—する」「独—」

癪【しゃく】腹が立つこと。さしこみ。「—に障る」

持薬【じやく】常時服用する薬。持ち歩く薬。

釈義【しゃくぎ】文章・語句の意味をときあかすこと。

借財【しゃくざい】金銭を借りること。借金。

杓子【しゃくし】飯や汁をよそう道具。「—飯」

弱視【じゃくし】視力の衰えた目。視力が弱いこと。

弱者【じゃくしゃ】弱い人。力なき者。⇔強者

錫杖【しゃくじょう】僧などが持つ、鉄の輪のついた杖。

綽綽【しゃくしゃく】ゆったりと余裕があるさま。

弱小【じゃくしょう】弱くて小さいこと。年若・弱年。

弱震【じゃくしん】震度3の地震。

寂する【じゃくする】僧が死ぬ。入寂。

尺寸【しゃくすん】極めて小さいこと。「—の庭」

釈然【しゃくぜん】こだわりが消え

しゃくそん―しゃてい

釈尊（しゃくそん） 釈迦の尊称。おしゃかさま。
弱体（じゃくたい） 弱い体・組織・体制。「―化」
借地（しゃくち） 土地を借りること。借りた土地。
蛇口（じゃぐち） 水道管の先に付けた金属製の口。
弱点（じゃくてん） 弱い個所。弱み。欠点。「―をつく」
尺度（しゃくど） ものさし。物事の判断の基準。
赤銅（しゃくどう） 銅に金・銀を加えた合金。「―色」
灼熱（しゃくねつ） 焼けつくように暑いさま。
若年（じゃくねん） 【弱年】年が若いこと。若者。
若輩（じゃくはい） 【弱輩】年が若い人。未熟な若者。
尺八（しゃくはち） 竹で作った縦笛。
釈放（しゃくほう） 解き放して自由にすること。
釈明（しゃくめい） 事情を説明し了解を得ること。
借家（しゃくや） 家賃を払って借りて住む家。
借用（しゃくよう） 借りて使うこと。「―証書」

嚼り上げる（しゃくりあげる） 激しい息で泣く。
酌量（しゃくりょう） 事情をくみとること。「情状―」
舎兄（しゃけい） 自分の兄を他人に言う語。
射撃（しゃげき） 銃でねらいうつこと。「―場」
車検（しゃけん） 自動車の定期的な車両検査。
車険（しゃけん） 【車倹】冷えた扱い。
車庫（しゃこ） 車を入れておく建物。「―証明」
社交（しゃこう） 社会の交際つきあい。世間つきあい。
遮光（しゃこう） 光をさえぎること。「―幕」
射倖心（しゃこうしん） 偶然の利益や幸運を望む心。
謝罪（しゃざい） 過ちや罪を詫びること。「―文」
射殺（しゃさつ） 銃などで撃ち殺すこと。
斜視（しゃし） やぶにらみ。流し目。
奢侈（しゃし） 過度なぜいたく。「―に流れる」

社寺（しゃじ） やしろと寺。神社仏閣。寺社。
謝辞（しゃじ） お礼やお詫びの言葉。
車軸（しゃじく） 車の心棒。「―を流すような雨」
写実（しゃじつ） ありのままの描写。「―主義」
射手（しゃしゅ） 弓または弾丸を発射する人。
射出（しゃしゅつ） 弾丸などを発射すること。発射。
車場（しゃじょう） 弓道場。射撃を行う場。
写真（しゃしん） 写真機で写したもの。「記念―」
邪心（じゃしん） よこしまな心。不正な心。
邪推（じゃすい） ひがみから悪く推測すること。
謝する（しゃする） 礼を言う。謝罪する。
社是（しゃぜ） 会社の経営方針・主張・標語。
写生（しゃせい） ものをありのままに写すこと。
射精（しゃせい） 精液を出すこと。

社説（しゃせつ） 新聞社の主張として載せる論説。
謝絶（しゃぜつ） ことわること。拒絶。「面会―」
邪説（じゃせつ） よこしまな説。不正・異端な説。
車線（しゃせん） 車の走行路線。「追い越し―」
斜線（しゃせん） ななめに引いた直線。
車葬（しゃそう） 会社が施主となって営む葬儀。
車窓（しゃそう） 車の、人や荷物のせる部分の。
車体（しゃたい） 会社所有の社員用住宅。
社宅（しゃたく） 会社所有の社員用住宅。
洒脱（しゃだつ） 俗気を離れあかぬけている様子。
社団（しゃだん） ある目的で設立された団体。
遮断（しゃだん） ふさぎとめること。遮ること。
鯱（しゃち）「鯱鉾屋根の棟の両端の飾り瓦。
鯱張る（しゃちばる） 緊張して、かたくなる。
社中（しゃちゅう） 会社などの内。同門の仲間。

社長（しゃちょう） 会社の代表者。会社の長。
弱化（じゃっか） だんだんに弱くなる。＝強化
借款（しゃっかん） 国際間の貸借契約。「政府―」
若干（じゃっかん） いくらか。多少。
若冠（じゃっかん） 二十歳の異称。年若いこと。
尺貫法（しゃっかんほう） 日本古来の度量衡法。
惹起（じゃっき） 事件・問題などをひきおこす。
借金（しゃっきん） 金銭を借りること。また、その金。
惹句（じゃっく） 広告などで人を惹きつける文句。
嚼り（しゃっくり） 【吃逆】横隔膜の痙攣的に出る音。
赤口（しゃっこう） 六曜の一。昼は吉で朝と夕が凶。
借景（しゃっけい） 外の風景を庭に取り入れること。
弱国（じゃっこく） 軍事・経済力の強国。
舎弟（しゃてい） 自分の弟。弟分。↔舎兄。
射程（しゃてい） 弾丸の届く最大距離。「―内」

しゃてき―しゅうかく

射的(しゃてき) 銃で的をねらって撃つこと。

社殿(しゃでん) 神社で神体をまつってある建物。

車道(しゃどう) 道路の、車が通行する部分。‡歩道

邪道(じゃどう) 不正な行い。やり方。‡正道

謝肉祭(しゃにくさい) カトリックの祝祭の一つ。

邪念(じゃねん) よこしまな心。

蛇の目(じゃのめ) ①太い環の紋様。②「―傘」の略。「―を張う」じゃのめがさ。

娑婆(しゃば) 仏教で、現世。浮き世。俗界。

蛇腹(じゃばら) 蛇の腹に似た伸縮自在なもの。

這般(しゃはん) これら。このたび。「―の情勢」

煮沸(しゃふつ) 煮え立たせること。「―消毒」

遮蔽(しゃへい) おおって見えなくすること。

喋る(しゃべる) ものを言う。口外する。話す。

写本(しゃほん) 書き写した本。‡版本・刊本

邪魔(じゃま) 妨げになること。

三味線(しゃみせん) 弦楽器の一つ。三弦。

社務(しゃむ) 神社や会社の事務。「―所」

赦免(しゃめん) 罪を許すこと。放免。「―状」

斜面(しゃめん) 傾いた面。はすの面。「急―」

杓文字(しゃもじ) 飯や汁をよそう道具。杓子。

借問(しゃもん) 試しに尋ねること。しゃくもん。

邪欲(じゃよく) よこしまな欲望。みだらな欲望。

洒落(しゃらく) 執着がなくさっぱりしている。

洒落臭い(しゃらくさい) 生意気なさま。

舎利(しゃり) 釈迦の遺骨。米粒。仏―/銀―

砂利(じゃり) 小石。小石の集まり。子ども。

車両(しゃりょう)【車輌】旅客などを輸送する車。

車輪(しゃりん) 車の輪。一生懸命の働き。「大―」

洒落(しゃれ) めかした冗談。気のきいた冗談。

謝礼(しゃれい) 謝意を表す言葉やお金。お礼。

社歴(しゃれき) 勤続年数。会社の歴史。

戯れる(じゃれる) まつわりついてたわむれる。

邪恋(じゃれん) よこしまな恋愛。不倫の恋。

朱(しゅ) 色の一つ。朱墨。添削。「―入れ」

主位(しゅい) 主となる地位。

主意(しゅい) 主な意味・考え。大意。「質問―書」

首位(しゅい) 第一位。一番。首席。

趣意(しゅい) 物事を始める際の意見・意味。

主因(しゅいん) 主要な原因。従因・副因

州(しゅう) 川の中にできた島。行政区分の一つ。

宗(しゅう) 経典の中心的な教え。教義流派。

週(しゅう) 七日をひと区切りとする期間。

衆(しゅう) 多くの人。なかま。若い―

私有(しゆう) 「一個人の所有」「―財産」‡公有

雌雄(しゆう) めすとおす。勝ち負け。優劣。

銃(じゅう) 弾丸を発射する武器。鉄砲。

自由(じゆう) 心のまま。規制を受けないこと。

事由(じゆう) 物事がそうなった理由・事情。

醜悪(しゅうあく) 醜いこと。けがらわしいこと。

重圧(じゅうあつ) 強い力による圧迫。「―感」

周囲(しゅうい) まわり。まわりの物・人・環境。

拾遺(しゅうい) もれ落ちたものを厳重に補うこと。

重囲(じゅうい) 浅重にも厳重に包囲すること。

獣医(じゅうい) 動物の傷病を診る医師。「―師」

秀逸(しゅういつ) 優れひいでていること。もの。

充溢(じゅういつ) 満ちあふれること。「気力―」

秋雨(しゅうう) 秋の雨。あきさめ。

驟雨(しゅうう) にわか雨。夕立。

舟運(しゅううん) 船による輸送。「―の便」交通。

収益(しゅうえき) 利益を収めること。実入り。

就役(しゅうえき) 役務や任務に就くこと。

終焉(しゅうえん) 人の命の終わり。末期。「―の地」

終演(しゅうえん) その日の上演が終わる。‡開演

重縁(じゅうえん) 縁家と重ねて縁組みすること。

衆寡(しゅうか) 大人数と小人数。「―敵せず」

集荷(しゅうか) 貨物や商品が集まること。「―駅」

集貨(しゅうか) 貨物や商品が集まること。

集火(しゅうか) 各地の産物を銃器による射撃。「―を交える」

銃火(じゅうか) 銃器による射撃。「―を交える」

周回(しゅうかい) 周囲。周囲を回ること。「―飛行」

集会(しゅうかい) 寄り合い。集まること。「―場」「定例―」

醜怪(しゅうかい) ひどくみにくいさま。

収穫(しゅうかく) 田畑の作物のとりいれ。成果。

臭覚(しゅうかく) においを感じる感覚。嗅覚。

しゅうかく―しゅうし

修学（しゅうがく） 学芸を習い修めること。「―証書」

就学（しゅうがく） 学校に入学すること。「―児童」

収監（しゅうかん） 牢に入れて監禁すること。

週刊（しゅうかん） 一週一度発行すること。「―誌」

週間（しゅうかん） 一週間。七日間。「安全―」

習慣（しゅうかん） ならわし。しきたり。慣習。

重患（じゅうかん） 重い病気。また、重病患者。

縦貫（じゅうかん） 縦・南北に貫くこと。「―道路」

周忌（しゅうき） 毎年に巡りくる命日。回忌。

周期（しゅうき） ひとまわりの期間。「―的」

秋期（しゅうき） 秋の期間。「―講習」 ⇄春期

秋季（しゅうき） 秋の時節。秋の季節。⇄春季

臭気（しゅうき） くさいにおい。悪臭。

終期（しゅうき） 物事の終わりの時期。⇄始期

祝儀（しゅうぎ） 婚礼、祝いの儀式。こころづけ。

衆議（しゅうぎ） 大人数による議論。「―一決」

什器（じゅうき） 日用の家具。うつわ。什物。

銃器（じゅうき） ピストル、小銃、機関銃の総称。

衆議院（しゅうぎいん） 国会を構成する議院の一つ。

週休（しゅうきゅう） 一週間ごとの決まった休日。

週給（しゅうきゅう） 一週間ごとに支払われる給料。

蹴球（しゅうきゅう） フットボール。サッカー。

住居（じゅうきょ） 人の住む家。住宅。

宗教（しゅうきょう） 神仏などを信仰し修める教え。主―家」

修業（しゅうぎょう） 学芸や技術を習い修めること。

就業（しゅうぎょう） 仕事や学問の授業を終えること。就労。「―時間」

従業（じゅうぎょう） 業務についていること。「―員」

終業（しゅうぎょう） 業務や学期の授業を終えること。

終局（しゅうきょく） 対局の終了。物事の結末。末期。

終極（しゅうきょく） 一番終わり。最後。果て。究極。

終曲（しゅうきょく） 音楽で、最後の楽章。フィナーレ。

褶曲（しゅうきょく） 平らな地層が波状になる現象。

集金（しゅうきん） 金銭を集めること、集めた金銭。

秀吟（しゅうぎん） 優れた詩歌。

秀句（しゅうく） 優れた俳句。

衆愚（しゅうぐ） 愚かな人々。「―政治」

重苦（じゅうく） 重々しい、耐え難い苦しみ。

従軍（じゅうぐん） 軍隊に加わって出陣すること。

集計（しゅうけい） 集めた数値を合計すること。

重刑（じゅうけい） 重い刑罰。厳刑。「―に処する」

従兄（じゅうけい） 年上の、男性の従兄弟。

襲撃（しゅうげき） 不意に敵を攻撃すること。

銃撃（じゅうげき） 銃砲で射撃・攻撃すること。

終決（しゅうけつ） 決着がついて終わること。物事が終わること。

終結（しゅうけつ） 物事が終わること。しまい。

集結（しゅうけつ） 一か所に集まる・集めること。

充血（じゅうけつ） 体の一部に血が集まる現象。

集権（しゅうけん） 権力を一か所に集めること。⇄分権

祝言（しゅうげん） 婚礼。祝いの儀式。祝詞。

銃剣（じゅうけん） 銃と剣。銃の先につける剣。

銃後（じゅうご） 戦闘に直接加わらない一般国民。

周航（しゅうこう） 船で各地を巡ること。「―」

就航（しゅうこう） 船や航空機のはじめての運航。

修好（しゅうこう） 親交。「―条約」

衆口（しゅうこう） 大勢の言うところ。「―一致」

秋毫（しゅうごう） わずか。いささか。細いさま。

習合（しゅうごう） 教義を折衷すること。「神仏―」

集合（しゅうごう） 集まること、そのあつまり。「―体」

重厚（じゅうこう） 落着いて重々しい。⇄軽薄

銃口（じゅうこう） 鉄砲の筒口。「―を向ける」

十五夜（じゅうごや） 陰暦八月十五日の夜。

重婚（じゅうこん） 既婚者によるほかの人との結婚。

秀才（しゅうさい） 才知・学問にひいでた人。英才。

重罪（じゅうざい） 重い罪。重科。

秀作（しゅうさく） 優れた作品。傑作や名作。

習作（しゅうさく） 練習用の作品。エチュード。

銃殺（じゅうさつ） 銃で撃ち殺すこと。「―刑」

集散（しゅうさん） 集まることと散ること。「離合―」

収支（しゅうし） 収入と支出。決算。

宗旨（しゅうし） 宗門の教義の主な趣旨。宗派。

秋思（しゅうし） 秋季のものおもい。⇄春愁

修士（しゅうし） 大学院前期課程修了の学位。

終止（しゅうし） 終わり。どんづまり。「―形」

終始（しゅうし） 始めから終わりまで。いつも。

修辞（しゅうじ） 言葉を効果的に使う技術。「―法」

しゅうし―しゅうたく

習字（しゅうじ）文字の書き方を習うこと。書道。

重視（じゅうし）重点としてみる。重要視。↔軽視

縦恣（じゅうし）ほしいまま。勝手気まま。

従事（じゅうじ）その仕事に携わること。

袖手（しゅうしゅ）労を惜しみ何もしない。供手。

従者（じゅうしゃ）主人に付き従う者。おとも。供。

終止符（しゅうしふ）ピリオド。物事の決着。「—を打つ」

十字架（じゅうじか）キリスト教の象徴の十字形。

終日（しゅうじつ）朝から晩まで。一日中。「—働く」

週日（しゅうじつ）平日。ウイークデー。

充実（じゅうじつ）豊かに満ちているさま。「—感」

収受（しゅうじゅ）受けとって収めること。

収拾（しゅうしゅう）混乱した状態をとりまとめる。「—策」

収集（しゅうしゅう）【蒐集】物を取り集める。

重重（じゅうじゅう）よくよく。かさねがさね。

収縮（しゅうしゅく）ちぢまること。↔膨張

習熟（しゅうじゅく）練習して十分に会得すること。

柔順（じゅうじゅん）素直でおとなしい。温順。

従順（じゅうじゅん）素直で逆らわないさま。

住所（じゅうしょ）住んでいる場所。その番地。「—録」

就床（しゅうしょう）寝どこにつく。就寝。↔起床

愁傷（しゅうしょう）嘆き悲しむこと。死を悼むこと。

重症（じゅうしょう）症状が重い。重い病。↔軽症

重傷（じゅうしょう）重い傷。ひどいけが。「—を負う」

重唱（じゅうしょう）各自の異なる声部による合唱。

秋色（しゅうしょく）秋らしい気配。秋の景色。[季]

修飾（しゅうしょく）きれいにつくろい飾ること。

就職（しゅうしょく）職業につくこと。↔退職・失職

愁色（しゅうしょく）憂いに沈んだ顔つき・様子。

住職（じゅうしょく）寺の、主たる僧りょ。住持。

執心（しゅうしん）ある物に強く心がひかれること。

修身（しゅうしん）行いを正すよう努めること。

終身（しゅうしん）命が終わるまで。一生。

終審（しゅうしん）裁判所の最終審理。「—裁判所」

就寝（しゅうしん）寝床に入ること。就床。↔起床

囚人（しゅうじん）刑務所に入っている人。服役者。

衆人（しゅうじん）多くの人々。大勢。

集塵（しゅうじん）ちりやごみを集めること。「—車」

重心（じゅうしん）重力の中心。重きを置く点。

銃身（じゅうしん）銃の円筒部分。

修整（しゅうせい）直し正すこと。写真の原板など訂正する。

修正（しゅうせい）直し正すこと。訂正。「軌道—」

終生（しゅうせい）【終世】命が終わるまで。一生。

習性（しゅうせい）習慣。その動物特有の行動様式。

収税（しゅうぜい）税金のとりたて。徴税。「—吏」

銃声（じゅうせい）銃を撃つ音。銃の発砲音。

重税（じゅうぜい）重い租税。苛税。「—にあえぐ」

集積（しゅうせき）集まり積み重なること。「—回路」

重責（じゅうせき）重い責任。「—を担う」

周旋（しゅうせん）世話。とりもち。あっせん。

終戦（しゅうせん）戦争が終わること。↔開戦

修繕（しゅうぜん）つくろい直すこと。修復。修理。

愁然（しゅうぜん）うれえ悲しみに沈むさま。

十全（じゅうぜん）完全であるさま。万全。「—な準備」

従前（じゅうぜん）これまで。以前。従来。「—通り」

愁訴（しゅうそ）嘆き訴える。その訴え。「不定—」

収蔵（しゅうぞう）物をしまっておくこと。

重奏（じゅうそう）各楽器が異声部を受け持つ演奏。

重曹（じゅうそう）重炭酸ソーダ。ふくらし粉。

銃創（じゅうそう）鉄砲によるきず。銃傷。「—貫通」

縦走（じゅうそう）尾根伝いに山を歩くこと。

収束（しゅうそく）おさまりがつくこと。紛糾終結する。

終息（しゅうそく）【終熄】終わる。やむ。

習俗（しゅうぞく）風俗。風習。

充足（じゅうそく）十分に満ちたり足りること。「—感」

従属（じゅうぞく）他のものにつき従うこと。

醜態（しゅうたい）恥ずかしいさま。「—をさらす」

重態（じゅうたい）【重体】傷病が重く危険なさま。

渋滞（じゅうたい）とどこおってかどらないこと。

縦隊（じゅうたい）縦に並んだ隊列。

重大（じゅうだい）容易ならぬ。大切な。「—責任」

集大成（しゅうたいせい）体系的に集め切にまとめること。

住宅（じゅうたく）人の住む家。家。住居。

収奪（しゅうだつ）強制的に奪い取ること。

愁嘆（しゅうたん）〖愁歎〗嘆き悲しむこと。「―場」

集団（しゅうだん）集まり。むれ。「―食中毒」

絨毯（じゅうたん）〖絨緞〗床に敷く毛織物。

銃弾（じゅうだん）小銃・ピストルなどのたま。

縦断（じゅうだん）たてに切断する。南北に抜ける。

周知（しゅうち）知れ渡る。知らせる。「―の事実」〖衆智〗多くの人の知恵。

羞恥（しゅうち）恥じること。恥。

修築（しゅうちく）建造物を修理すること。修造。

祝着（しゅうちゃく）喜んでめでたいこと。心が強くひかれること。「―心」

執着（しゅうちゃく）心が強くひかれること。「―心」

終着（しゅうちゃく）終点に到着すること。一か所に集まること。‡始発

集中（しゅうちゅう）一か所に集まる。‡分散

酋長（しゅうちょう）種族や部族の長。首長。

重鎮（じゅうちん）重きをなす人物。中心人物。

舟艇（しゅうてい）小形の舟。「上陸用―」

修訂（しゅうてい）書物などの誤りを直すこと。

従弟（じゅうてい）年下の、男性の従兄弟。‡従兄

終点（しゅうてん）終わりの地点。終着。‡起点

重点（じゅうてん）大切な点。重心。

充塡（じゅうてん）すきまに物をつめて満たすこと。

充電（じゅうでん）蓄電池に電気を蓄える。‡放電

姑（しゅうと）夫または妻の母。‡姑

舅（しゅうと）夫または妻の父。

宗徒（しゅうと）宗門の信者。信徒。

重度（じゅうど）病気などの症状が重いこと。

周到（しゅうとう）行き届いていて抜かりないさま。

充当（じゅうとう）当てはめること。充てること。

柔道（じゅうどう）日本古来の武術の一つ。

習得（しゅうとく）習っておぼえる。

修得（しゅうとく）学芸や技術を会得すること。「―物」

拾得（しゅうとく）落とし物を拾うこと。「―物」

収得（しゅうとく）受け取って自分の物にすること。

修道院（しゅうどういん）カトリック教の僧院。

柔軟（じゅうなん）しなやかなこと。‡強硬

十二支（じゅうにし）時・方角を表す十二の動物。

十二指腸（じゅうにしちょう）小腸の上の部分。

十二単（じゅうにひとえ）平安時代の女官の正装。

十二分（じゅうにぶん）多すぎるほど十分な様子。

収入（しゅうにゅう）入ってくる金品。「―源」‡支出

住人（じゅうにん）その土地・家に住む人。住民。

就任（しゅうにん）つとめや役職につく。‡辞任

重任（じゅうにん）重要な任務。再任。留任。

周年（しゅうねん）年中。一回目に当たる年。「五〇―」

執念（しゅうねん）強く思いこんだ動かない一念。

収納（しゅうのう）品々を受け取る。しまう。金

十能（じゅうのう）炭火を運ぶ柄のついた道具。

周波（しゅうは）波動の一循環。「―数」「高―」

宗派（しゅうは）宗教の分派。宗旨。宗門。流派。

秋波（しゅうは）いろめ。流し目。「―を送る」

集配（しゅうはい）集めることと配ること。

重箱（じゅうばこ）料理を重ね盛る方形の木製の器。

秀抜（しゅうばつ）対局や物事の最終段階。‡序盤

終盤（しゅうばん）対局や物事の最終段階。‡序盤

重版（じゅうはん）出版物の版数をかさねること。

重犯（じゅうはん）重ねて罪を犯す。重い犯罪。

従犯（じゅうはん）主犯の手助けをする罪。‡正犯

愁眉（しゅうび）うれい顔。心配「―を開く」

重病（じゅうびょう）重い病気。重症。大病。「―人」

修復（しゅうふく）修繕してもとどおりにすること。

重複（じゅうふく）幾度も重なってちょうふく。

秋分（しゅうぶん）彼岸の中日。九月二三日頃。‡春分

十分（じゅうぶん）〖充分〗満ち足り、不足のないさま。

習癖（しゅうへき）習慣から身に付いてしまった悪いくせ。

周辺（しゅうへん）まわり。ぐるりの周囲。「―海域」

衆望（しゅうぼう）多くの人の期待。「―を担う」

重宝（じゅうほう）貴重な宝物。

銃砲（じゅうほう）小銃と大砲。「―の不法所持」

従僕（じゅうぼく）召使いの男性。しもべ。

焼売（シューマイ）中国料理の点心の一つ。

従妹（じゅうまい）年下の、女性の従姉妹。‡従姉

終幕（しゅうまく）演劇の最後の幕。

終末（しゅうまつ）物事の終わり。果て。「―観」‡序幕

しゅうまつ―しゅくい

週末（しゅうまつ）週の終わり。土日。

充満（じゅうまん）いっぱいに満ちるさま。

臭味（しゅうみ）くさみ。身につけている悪い気風。

周密（しゅうみつ）行き届いて抜け目がないさま。

住民（じゅうみん）その土地に住む人。「―登録」

就眠（しゅうみん）眠りにつくこと。就寝。「―時刻」

襲名（しゅうめい）芸道で師匠の名を継ぐこと。

渋面（じゅうめん）不機嫌な顔つき。しかめっつら。

衆目（しゅうもく）多くの人の見るところ。十目。

什物（じゅうもつ）日常使う道具類。秘蔵の家宝。

終夜（しゅうや）よどおし。一晩中。「―運転」

集約（しゅうやく）集めて一つにまとめること。

重訳（じゅうやく）翻訳したものをさらに翻訳する。

重役（じゅうやく）重い役目。取締役・監査役など。

重油（じゅうゆ）原油から軽油を除いたあとの油。

周遊（しゅうゆう）あちこちを巡り遊ぶこと。「―券」

収容（しゅうよう）人や物を特定場所に入れること。

収用（しゅうよう）国などが強制的に買い取ること。

修養（しゅうよう）徳行を養い人柄を鍛えること。

重用（じゅうよう）人を重要な地位につけること。

重要（じゅうよう）大切。かんじん。「―文化財」

獣欲（じゅうよく）動物の本能のような欲望・性欲。

襲来（しゅうらい）おそいかかってくること。来襲。

集落（しゅうらく）【聚落】人家が集まっている所。

縦覧（じゅうらん）自由に見ること。

修理（しゅうり）破損部をつくろい直すこと。

修了（しゅうりょう）学業や課程を学び終えること。

終了（しゅうりょう）物事が終わること。↔開始

十両（じゅうりょう）相撲の番付で幕内と幕下の間。

重量（じゅうりょう）重さ。目方。「―超過」「―挙げ」

重力（じゅうりょく）地球が物体を引きつける力

蹂躙（じゅうりん）ふみにじること。「人権―」

秀麗（しゅうれい）優れて美しいこと。「眉目―」

秋冷（しゅうれい）秋の冷ややかな気候。↔春暖

収斂（しゅうれん）縮むこと。引き締めること。

修練（しゅうれん）努力や練習を重ね向上すること。

就労（しゅうろう）仕事に従事すること。「―時間」

収録（しゅうろく）書物などに掲載録音・録画。

集録（しゅうろく）集めまとめて記録すること。

宗論（しゅうろん）宗派間の、教義上の争論。

衆論（しゅうろん）衆人の意見・議論。

収賄（しゅうわい）わいろを受けること。↔贈賄

守衛（しゅえい）建物を警護する職務。番人。

受益（じゅえき）利益を受けること。「―者負担金」

樹液（じゅえき）樹木の分泌液。

主演（しゅえん）映画や演劇で主役を演じること。

酒宴（しゅえん）さかもり。うたげ。宴会。

儒家（じゅか）儒者の家、また儒者。

首魁（しゅかい）悪人の集団のかしら。張本人。

受戒（じゅかい）仏門に入り戒律を受けること。

樹海（じゅかい）海のように広大な森林。

主客（しゅかく）主人と客人。主語と客語。

主格（しゅかく）文法で主語を表す。

主幹（しゅかん）中心になって仕事する人。

主管（しゅかん）中心となって管理すること。「―者」

儒学（じゅがく）儒教を研究する学問。「―者」

主観（しゅかん）自我。自分だけの見方。↔客観

主眼（しゅがん）主要な点。かなめ。眼目。「―点」

受給（じゅきゅう）配給や年金などを受けること。

需給（じゅきゅう）需要と供給。「―のバランス」

守旧（しゅきゅう）古くからの習慣を守る。「―派」

主義（しゅぎ）常にもっている主張や考え。

酒気（しゅき）酒のにおい。酒気を帯びる。

手記（しゅき）自分が書き記したもの。

受業（じゅぎょう）学業や技芸を教わること。

授業（じゅぎょう）学業や技芸を教え授けること。

儒教（じゅきょう）孔子を祖とする政治道徳思想。

誦経（しょうきょう）経文の音読。暗唱。

修業（しゅぎょう）学問や技芸を習い修めること。

修行（しゅぎょう）仏道・武道・学芸に励むこと。

酒興（しゅきょう）酒に酔った気分。酒宴の座興。

主情（しゅじょう）→

珠玉（しゅぎょく）真珠と宝石。美しく尊いもの。

塾（じゅく）子弟を教育する私設の学校。

祝意（しゅくい）祝賀の気持ち。「―を表す」

宿怨（しゅくえん）年来のうらみ。宿恨。

宿宴（しゅくえん）喜び祝うこと。賀宴。祝延。慶賀。「―会」

祝賀（しゅくが）喜び祝うこと。慶賀。「―会」

宿願（しゅくがん）かねての願い。宿望。

祝言（しゅくげん）祝いの言葉。祝詞。「新年の―」

縮減（しゅくげん）量を減らし規模を縮めること。

熟語（じゅくご）二つ以上の漢字が結合した語。

祝祭（しゅくさい）祝いと祭り。「―日」

祝辞（しゅくじ）祝いの言葉。祝詞。「新年の―」

縮刷（しゅくさつ）版を縮小して印刷すること。

祝詞（しゅくし）祝いの言葉。祝辞。

熟思（じゅくし）よく考えること。熟慮。

祝柿（しゅくし）よく熟したカキ。

熟視（じゅくし）じっと見つめること。凝視。

熟字訓（じゅくじくん）熟字全体を訓読みすること。

祝日（しゅくじつ）祭日。国民が祝う休日。

宿舎（しゅくしゃ）やど。宿泊所。寄宿舎。「国民―」

宿写（しゅくしゃ）原形を小さく縮めて写すこと。

縮尺（しゅくしゃく）縮めて書くこと。縮小比。「―図」

粛粛（しゅくしゅく）静かでおごそかなさま。

淑女（しゅくじょ）しとやかで気品のある女性。

祝勝（しゅくしょう）勝利を祝うこと。「―会」

縮小（しゅくしょう）小さく縮めること。⇔拡大

縮図（しゅくず）原形を縮めた図面。社会の―

祝す（しゅくす）祝する。ことほぐ。

熟す（じゅくす）熟れる。上達する。好機となる。

宿酔（しゅくすい）二日酔い。

熟睡（じゅくすい）ぐっすり眠ること。熟眠。

粛正（しゅくせい）取り締まって正すこと。「綱紀―」

粛清（しゅくせい）抗う勢力を排除すること。追放

熟成（じゅくせい）じんだものが十分にできあがる。

粛然（しゅくぜん）厳かな様子。静まること。

宿題（しゅくだい）教師が課す家庭学習。残る課題。

熟達（じゅくたつ）熟練して上達すること。⇔未熟

宿知（しゅくち）十分に知っていること。精通

宿直（しゅくちょく）交代で泊まり当直に当たること。

熟知（じゅくち）昔からの敵。年来の敵。「―打倒」

祝典（しゅくてん）祝いの儀式。祝賀式。

祝電（しゅくでん）祝いの電報。⇔弔電

淑徳（しゅくとく）上品でしとやかな女性の美徳。

熟読（じゅくどく）味わい読むこと。

熟年（じゅくねん）人生経験を積んだ年頃。

宿場（しゅくば）昔、街道で宿泊所があった所。

祝杯（しゅくはい）[祝盃]祝いのさかずき。

宿泊（しゅくはく）自宅以外の所に泊まること。

祝福（しゅくふく）人の幸福を祈ること。祝うこと。

祝文（しゅくぶん）神に祈る文。祝いの文。のりと。

宿弊（しゅくへい）古くから続いている弊害・悪習。

宿便（しゅくべん）長い間腸内にとどまる便。

祝砲（しゅくほう）祝意を表す空砲・礼砲。⇔弔砲

宿坊（しゅくぼう）参詣者が泊まる寺の宿泊所。

宿望（しゅくぼう）従来の望み。宿願。しゅくもう。

宿命（しゅくめい）前世から定まっている運命。

熟覧（じゅくらん）十分に見ること。

熟慮（じゅくりょ）よく考えること。熟考。熟思

熟練（じゅくれん）慣れていてすぐれている。「―工」

主君（しゅくん）自分の仕えている君主・主人。

殊勲（しゅくん）特に優れたてがら。殊功。「―賞」

主計（しゅけい）会計を担当する職務・人。「―官」

手芸（しゅげい）手先で行うわざ。刺繍など。

受刑（じゅけい）刑の執行を受けること。「―者」

主権（しゅけん）国家を治める最高権力。「―在民」

受検（じゅけん）検査・検定を受けること。「―者」

受験（じゅけん）試験を受けること。「―者」「大学―」

修験者（しゅげんじゃ）修験道を修行する僧。山伏。

主語（しゅご）述語に対して主格となる語。

守護（しゅご）守ること。鎌倉・室町幕府の職名。

手交（しゅこう）公式文書などを手渡すこと。

首肯（しゅこう）うなずくこと。納得すること。

趣向（しゅこう）おもむきを与えるための工夫。「―料」

酒肴（しゅこう）酒と酒のさかな。酒のさかな。「―料」

酒豪（しゅごう）酒に強い人。大酒飲み。

受講（じゅこう）講義や講習を受けること。「―生」

手工業（しゅこうぎょう）人の力による小規模工業。

主査（しゅさ）中心となって調査を行うこと。

主宰（しゅさい）中心となって物事を行うこと。

主催（しゅさい）中心となって会などを催すこと。

しゅさい―しゅっかん

取材(しゅざい) 作品や報道の材料を集めること。

珠算(しゅざん) そろばんを使って行う計算。

授産(じゅさん) 失業者などに仕事を与えること。

主旨(しゅし) 話や文章の、中心となる意味。

種子(しゅし) 物の発生するもと。たね。

趣旨(しゅし) 目的やねらい。趣意。

主事(しゅじ) 一定の業務を主管する人。主任。

樹脂(じゅし) 樹木のやに。「合成樹脂」「―加工」

主治医(しゅじい) かかりつけの医者。

主軸(しゅじく) 中心となる軸。中心人物。

取捨(しゅしゃ) 必要なものを選び取ること。

儒者(じゅしゃ) 儒学を修めて講じる人。儒学者。

休儒(しゅじゅ) 背が異常に低い人。無見識の人。

種種(しゅじゅ) 色々。様々。「―雑多」「―相」

授受(じゅじゅ) 受け渡し。やりとり。「金品の―」

主従(しゅじゅう) 主君と家来。主と従。「―関係」

手術(しゅじゅつ) 患部を切開して治療すること。

呪術(じゅじゅつ) まじない。魔術。呪法。「―師」

主将(しゅしょう) 総大将。チームのキャプテン。

主唱(しゅしょう) 中心となって主張すること。

首唱(しゅしょう) まっ先に主張すること。

首相(しゅしょう) 内閣総理大臣。「―官邸」

殊勝(しゅしょう) けなげなこと。立派。奇特。

衆生(しゅじょう) 仏教で、生命のあるものすべて。

受賞(じゅしょう) 賞を受けること。「―式」

授賞(じゅしょう) 賞をさずけること。「―式」

受章(じゅしょう) 勲章や褒章を受けること。

授章(じゅしょう) 勲章や褒章をさずけること。

主食(しゅしょく) 食事で主となる食品。↔副食

酒色(しゅしょく) 酒と女色。「―にふける」

首席(しゅせき) 最上位の席次。第一位の席。

主戦(しゅせん) 戦闘を主張する。主力として戦う。

受信(じゅしん) 通信や放送を受ける人。↔発信

主人(しゅじん) あるじ。夫。自分が仕える人。

受診(じゅしん) 医師の診察を受けること。

主人公(しゅじんこう) 小説などの中心人物。

繻子(しゅす) なめらかでつやのある絹織物。

数珠(じゅず) 【珠数】珠を輪にした仏具。念珠。

取水(しゅすい) 水を水源から取り入れること。

入水(じゅすい) 水中に身を投げて自殺すること。

守成(しゅせい) 創業を受け事業を守ること。

守勢(しゅせい) 敵の攻撃を防ぐ態勢。

酒精(しゅせい) アルコール。「―飲料」

主精(しゅせい) 卵子と精子が結合する。「体外―」

授精(じゅせい) 人工的に受精させること。

主席(しゅせき) 国家・政府・団体などで最高位。

主審(しゅしん) 主となって審判する人。↔副審

首席(しゅせき) 最上位の席次。第一位の席。

守銭奴(しゅせんど) 金銭欲が強くけちな人。

呪詛(じゅそ) のろい。まじない。

酒造(しゅぞう) 酒を醸造すること。「―税」

受像(じゅぞう) 電波などを映し出す画像。

種族(しゅぞく) 共通の文化をもつ人間の集団。

主体(しゅたい) 物事の中心となるもの。↔客体

主題(しゅだい) おもな題目。作品の中心思想。

首題(しゅだい) 経典の最初の文句。

受胎(じゅたい) 妊娠すること。「―調節」

受託(じゅたく) 委託を受けること。頼みを引き受けること。

受諾(じゅだく) 頼みを引き受けること。承諾。

手段(しゅだん) しかた。方法。手立て。◆目的

趣致(しゅち) おもむき。風情。「―のある景観」

種畜(しゅちく) 繁殖用の家畜。種馬、種牛など。

手中(しゅちゅう) 手のうち。入手。「―に入れる」

受注(じゅちゅう) 【受註】注文を受ける。◆発注

主張(しゅちょう) 言い張ること。言い張った意見。

主潮(しゅちょう) その時代の中心となる潮流。

首長(しゅちょう) 組織や団体の長。主宰者。「―選挙」

腫脹(しゅちょう) 体の一部がはれあがること。

主演(しゅえん) 舞台などに出て主役を演じること。

術(じゅつ) わざ。技芸。方法。魔術や忍術。

出火(しゅっか) 火災が起こること。「―原因」

出荷(しゅっか) 品物を市場へ出す。↔入荷

出芽(しゅつが) 草木が芽を出すこと。芽生え。

述懐(じゅっかい) 過去への思いを述べること。

出棺(しゅっかん) 葬式で棺を家から送り出すこと。

出願(しゅつがん) 国家機関などに願い出ること。

しゅっきん—しゅのう

出金 しゅっきん 金銭を出すこと。出す金。 ⇔入金

出勤 しゅっきん 勤めに出ること。「—時間」 ⇔欠勤

出家 しゅっけ 僧になること。得度。 ⇔在家

出撃 しゅつげき 陣地を出て敵を攻撃すること。

出欠 しゅっけつ 出席と欠席。出勤と欠勤。「—薄」

出血 しゅっけつ 血が出ること。損害を被ること。

出現 しゅつげん あらわれ出ること。現出。

出庫 しゅっこ 倉庫・車庫から物品を出すこと。

述語 じゅつご 主語の動作・作用・性質を表す文節。

術後 じゅつご 手術を行った後。「—の経過」

術語 じゅつご 学術などの専門の語。学術語。

出向 しゅっこう 命令を受け他所で勤務すること。

出航 しゅっこう 船や航空機が出ること。 ⇔入港

出港 しゅっこう 船が港から出ること。 ⇔入港

熟考 じゅっこう じっくりと考えること。熟慮。

出国 しゅっこく 国外・外国へ行くこと。 ⇔入国

出獄 しゅつごく 刑務所から出ること。 ⇔入獄

述作 じゅっさく 書き記し著すこと。著述。著作。

術策 じゅっさく はかりごと。謀計。策略。術数。

出札 しゅっさつ 切符を売ること。「—係」「—口」

出産 しゅっさん 子を産むこと・分娩など。お産。

出仕 しゅっし 公職につくこと。公式の席に出る。

出資 しゅっし 資本を出すこと。「—額」

出自 しゅつじ 人の生まれ・出身。「—を調べる」

出社 しゅっしゃ 会社に出ること。出勤。 ⇔退社

出処 しゅっしょ 出仕することと民間に退くこと。出どころ。

出所 しゅっしょ 刑務所から出ること。出どころ。

出生 しゅっしょう 子が生まれること。「—届」「—地」

出場 しゅつじょう 競技や演技などに出ること。

出色 しゅっしょく ひときわ優れていること。

出身 しゅっしん その土地などの出であること。「—地」「—校」

出陣 しゅつじん 戦いに出ていくこと。「—式」

出水 しゅっすい 水があふれ出てみず。

出穂 しゅっすい 稲・麦などの穂が出ること。

出世 しゅっせ 成功して高い地位を得ること。

出征 しゅっせい 軍に加わり戦地におもむくこと。

出世魚 しゅっせうお 成長につれて呼称の変わる魚。

出席 しゅっせき 会や授業に出ること。 ⇔欠席

出来 しゅったい 事件などが起こること。成就。

出題 しゅつだい 試験などで問題を出すこと。その問題。

出立 しゅったつ 旅に出ること。旅だち。出発。

出張 しゅっちょう 業務のためほかの土地に行くこと。

術中 じゅっちゅう 計略。わな。「—におちいる」

出廷 しゅってい 法廷に出ること。 ⇔退廷

出典 しゅってん 故事・引用文などの出どころ。

出店 しゅってん 店を出すこと。

出土 しゅつど 化石・遺物が発掘されること。

出頭 しゅっとう 呼びだされ役所へ出向く。

出動 しゅつどう 警官隊などが活動のために出ること。

出入 しゅつにゅう 出ることと入ること。「—国」

出馬 しゅつば 馬に乗って出かけること。立候補。

出発 しゅっぱつ 目的地に向かって出かけること。

出帆 しゅっぱん 帆船が出航する。出港。船出。

出版 しゅっぱん 書物を発行・刊行すること。上梓。

出費 しゅっぴ 費用を出すこと。ものいり。出金。

出品 しゅっぴん 展覧会などに作品を出すこと。出展。

出兵 しゅっぺい 軍隊を出動させること。 ⇔撤兵

出没 しゅつぼつ 現れたり隠れたりすること。

出奔 しゅっぽん 逃げて行方をくらますこと。

出藍 しゅつらん 弟子が師に勝ること。「—の誉れ」

出猟 しゅつりょう 狩りに出かけること。

出漁 しゅつりょう 漁に出かけること。「遠洋への—」

出廬 しゅつろ 隠退者が再び世に出て活躍すること。

主都 しゅと その国の政府のある都市。首府。

首都 しゅと 主要な都市。大都会。

手動 しゅどう 機械などを手で操作すること。

主動 しゅどう 中心となって行動すること。「—権」

主導 しゅどう 中心となって導くこと。 ⇔能動

受動 じゅどう 他から働きを受けること。入手。

取得 しゅとく 自分のものとすること。入手。

受難 じゅなん 災難・苦難にあうこと。「—劇」

朱肉 しゅにく 朱色の印肉。

授乳 じゅにゅう 赤ん坊に乳を飲ませること。

主任 しゅにん 中心となって担当すること・人。

首脳 しゅのう 政府・団体などの中心人物。

しゆのう―しゆんかい

受納（じゅのう） 金品などを受け取り納めること。

酒杯（しゅはい）【酒盃】さかずき。「―をあげる」

呪縛（じゅばく） まじないで動けなくすること。

主犯（しゅはん） 中心となって犯罪を働いた人物。

首班（しゅはん） 席次の第一位。首相。

襦袢（じゅばん） 和服の下着。「―隊」

首秘（しゅひ） 秘密を守ること。「―義務」

守備（しゅび） まもり。かため。◆攻撃

守尾（しゅび） 始めと終わり。なりゆき。結果。

樹皮（じゅひ） 樹幹の外皮の組織層。木の皮。

主筆（しゅひつ） 新聞や雑誌の首席記者。

朱筆（しゅひつ） 朱墨をつけた筆。朱色の書き入れ。

種苗（しゅびょう） 植物のたねとなえ木。「―産業」

樹氷（じゅひょう） 木の枝などにできる霧氷。図

主賓（しゅひん） 一番大事な客。主な来賓。

主婦（しゅふ） 家庭を管理する一家の主人の妻。

首府（しゅふ） 一国の中央政府のある都市。首都。

主文（しゅぶん） 判決文中の主要な部分。

主分（しゅぶん） 劇中の主要人物。主人公。◆脇役

受粉（じゅふん） 雌蕊に雄蕊の花粉がつくこと。

授粉（じゅふん） 雄蕊の花粉を雌蕊につけること。

種別（しゅべつ） 種類で区別すること。区別。

手法（しゅほう） やり方。芸術作品の表現技法。

主砲（しゅほう） 軍艦の砲中で最も大口径の大砲。

首峰（しゅほう） その山脈で最も高い山。

主謀（しゅぼう）【首謀】悪事などの中心人物。

趣味（しゅみ） 味わい。好み。愛好する事柄。

寿命（じゅみょう） 命の長さ。物の使用可能期間。

主務（しゅむ） 中心となって取り扱う事務。

種目（しゅもく） 種類の名。種類の項目。「競技―」

撞木（しゅもく） 鐘を打ち鳴らす丁字形の棒。

樹木（じゅもく） 立ち木。木。〔特に〕高木立。

呪文（じゅもん） まじないやのろいの文句。

主役（しゅやく） 劇中の主要人物。主人公。◆脇役

須臾（しゅゆ） さずけ与えること。「表彰状の―」

授与（じゅよ） さずけ与えること。「表彰状の―」

主要（しゅよう） おもなこと。大切なこと。「―国」

腫瘍（しゅよう） 体内で異常に繁殖する病的細胞。

受容（じゅよう） 受け入れて取り込むこと。

需用（じゅよう） 電気、ガスなどの需要。「―電力」

需要（じゅよう） 必要として求める欲求。◆供給

主翼（しゅよく） 飛行機に揚力を与える最大の翼。

修羅場（しゅらば） 悲惨な場面。

酒乱（しゅらん） 酒に酔って暴れる、癖のある人。

受理（じゅり） 書類などを受けつけること。

手裏剣（しゅりけん） 敵に投げつける小剣。

樹立（じゅりつ） しっかりと作り立てること。

主流（しゅりゅう） 川の本流。中心となる勢力。

手榴弾（しゅりゅうだん） 手で投げる小型爆弾。

狩猟（しゅりょう） 野生の鳥獣を狩ること。かり。

首領（しゅりょう） 集団のかしら。頭目。領袖。

受領（じゅりょう） 金品を受け取ること。「―証」

主力（しゅりょく） 中心となる勢力。主な勢力。「―選手」

樹林（じゅりん） 樹木の多い林。

種類（しゅるい） 共通点をもつ集まり。同類。

樹齢（じゅれい） 樹木の年齢。「―三百年の老木」

手練（しゅれん） 熟練したてなみ。手際。「―の早業」

寿老人（じゅろうじん） 七福神の一人。長寿を授ける。

手話（しゅわ） 手や指を使う話法。「―通訳」

受話器（じゅわき） 電話で相手の話を聞く器具。

手腕（しゅわん） てなみ。技量。「―家」

旬（しゅん） 食べ頃の時期。最適の時期。

純（じゅん） 純粋・純真な様子。不純。

純愛（じゅんあい） 純粋な愛。むきな愛。

順位（じゅんい） 順序で決定した位置。「優先―」

純一（じゅんいつ） まじりけのないさま。純潔。

俊英（しゅんえい） 才能が優れていること。人・才能。俊秀。

純益（じゅんえき） 総収入から経費を引いた利益金。

巡演（じゅんえん） 各地を上演して回る。巡回上映。

順延（じゅんえん） 順に日のべすること。「雨天―」

春画（しゅんが） 男女の情交が描かれた絵。枕絵。

純化（じゅんか） 混じりけを取り除くこと。醇化。

馴化（じゅんか）【順化】その環境に適応すること。

巡回（じゅんかい） 方々を回ること。見まわり。

潤滑（じゅんかつ） 動きを円滑にすること。「―油」

春寒（しゅんかん） 春先の寒さ。春後の寒さ。立春後のまだ少し寒い間。

瞬間（しゅんかん） またたく間。ごく少しの間。

旬刊（じゅんかん） 十日ごとに発行する行事・刊行物。

旬間（じゅんかん） 特定の行事の行われる十日間。

循環（じゅんかん） 一回りしてもとへかえること。

春季（しゅんき） 春の季節。❖秋

春期（しゅんき） 春の期間。

準拠（じゅんきょ） よりどころとして従う。基準。

春暁（しゅんぎょう） 春のあかつき。春の夜明け。圕

殉教（じゅんきょう） 信仰のために命を失うこと。

順境（じゅんきょう） 都合よく進む境遇。❖逆境

巡業（じゅんぎょう） 方々を興行して回ること。

純金（じゅんきん） 混じりものない黄金。金無垢も。

順繰（じゅんぐ）り 順を追って物事を行うこと。

純血（じゅんけつ） 純粋な血統。「―種」❖混血

純潔（じゅんけつ） 心や体が汚れていないさま。清純。

峻険（しゅんけん） [峻嶮]山が高く険しいさま。「―な嶺」

峻厳（しゅんげん） 非常にきびしいさま。

竣工（しゅんこう） [竣功]工事の完成。起工

巡行（じゅんこう） 方々を巡り歩くこと。

巡幸（じゅんこう） 天皇が各地を視察すること。

巡航（じゅんこう） 船・航空機が各地を巡ること。

順行（じゅんこう） 順序に従い進むこと。❖逆行

巡査（じゅんさ） 警察官の最下位の階級。警官。

俊才（しゅんさい） [駿才]優れた才知。英才。

瞬時（しゅんじ） 少しの間。またたくま。瞬間。

巡視（じゅんし） 見まわること。「―艇」

殉死（じゅんし） 主君の後を追い自殺すること。

旬日（じゅんじつ） 十日（間）。旬月。わずかな日数。

遵守（じゅんしゅ） [順守]法律や教えを従い守ること。

俊秀（しゅんしゅう） 才能・才知が人にぬきんでている人。

春秋（しゅんじゅう） 春と秋。年月。年齢。「―に富む」

逡巡（しゅんじゅん） 決断をためらうこと。「遅疑―」

諄諄（じゅんじゅん） 丁寧に言い聞かせるさま。

順順（じゅんじゅん） 順序正しく。順番。手順。段どり。

順序（じゅんじょ） 順番。手順。段どり。

春宵（しゅんしょう） 春の宵。春の夜。「―一刻直千金」

純情（じゅんじょう） 素直で邪心のない心。「―可憐」

春色（しゅんしょく） 春の景色。色っぽい様子。春光。

潤色（じゅんしょく） 詩文を興味深くおもしろくすること。

殉職（じゅんしょく） 己の職務のため命を落とすこと。

殉（じゅん）じる 殉死する。主君と同行動をとる。なぞらえる。準ずる。

純真（じゅんしん） 心に汚れがなく清らかなさま。

純粋（じゅんすい） 混じりがないこと。きっすい。

純正（じゅんせい） 純粋で正しいこと。「―部品」

浚渫（しゅんせつ） 水底の土砂をさらうこと。「―船」

純然（じゅんぜん） それ以外の何ものでもないこと。

俊足（しゅんそく） 才知に優れた人。足が速い人。

駿足（しゅんそく） 馬の足が速いこと。俊足

準則（じゅんそく） 規則にのっとること。その規則。

春暖（しゅんだん） 春のあたたかさ。「―の候」❖秋冷

潤沢（じゅんたく） うるおい。豊富にあること。

馴致（じゅんち） 慣れさせなじませること。物事が調子よく進むこと。

順調（じゅんちょう） 物事のあたりさわりなく、普通の持ち方。❖逆手

順手（じゅんて） 手の、普通の持ち方。❖逆手

純度（じゅんど） 品質の純粋さの度合「高―の金」

春闘（しゅんとう） 労働組合の春の賃上げ闘争。圕

蠢動（しゅんどう） つまらぬ者が陰で策動すること。

順応（じゅんのう） 当たりまえのさま。環境の変化に適応すること。妥当

順当（じゅんとう） 当然なさま。妥当

駿馬（しゅんば） 駿足の馬。しゅんめ。❖駑馬

巡拝（じゅんぱい） 諸所を巡り歩き参拝すること。

純白（じゅんぱく） まじりけのない白。まっ白。

瞬発力（しゅんぱつりょく） 瞬間的に出す筋肉の力。

順番（じゅんばん） 順序通りに当たること。

準備（じゅんび） そなえ。したく。用意。「―万端」

俊敏（しゅんびん） 機転が利き行動が的確。

春風（しゅんぷう） 春の風。はるかぜ。「―駘蕩」

順風（じゅんぷう） 針路に吹く追い風。❖逆風

春分（しゅんぶん） 春の彼岸の中日。❖秋分

峻別（しゅんべつ） 厳しく分別すること。区別。

遵奉（じゅんぽう） 命令・教義をかたく守ること。

遵法（じゅんぽう） 法律を守り従うこと。「―闘争」

しゅんほく〜しょうかい

純朴（じゅんぼく）【淳朴】飾り気がなく素直なさま。

春眠（しゅんみん）ここちよい春の夜の眠り。

純毛（じゅんもう）羊毛だけを原料とした糸や織物。

準用（じゅんよう）規則をほかにも適用すること。

春雷（しゅんらい）春先に鳴る雷。

純良（じゅんりょう）混じりけがなく素直で善良なさま。「―な性格」

巡礼（じゅんれい）聖地・霊場を巡拝すること。・人。

巡歴（じゅんれき）各地を巡り歩くこと。遍歴。

峻烈（しゅんれつ）厳しく、妥協を許さないさま。

順列（じゅんれつ）順序の並べ方の一つ。順序・数学で数の並べ方。

順路（じゅんろ）順序が定められた道筋。道順。

書（しょ）書道。本。手紙。

自余（じよ）【爾余】このほか。それ以外。

升（しょう）尺貫法で容積の単位。「一升瓶」

抄（しょう）【鈔】抜き書き。「―に合う」

性（しょう）生まれつきの性質。「―に合う」

将（しょう）軍隊を率いる人。将官。「敗軍の―」

章（しょう）文中の区分。段落。印紙。序。

笙（しょう）管楽器の一つ。しょうの笛。

賞（しょう）ほうびの金品。「―に入る」

叙位（じょい）位を授けられること。

書院（しょいん）書斎。表座敷。「―造り」

諸悪（しょあく）多くの悪行や悪事。「―の根元」

所為（しょい）行い。わざ。ふるまい。せい。

書院造り

仕様（しよう）手段。方法。形式。性能。「―書」

私用（しよう）自分で用いること。自分の用事。「―人」

使用（しよう）使うこと。用いること。「―料」

枝葉（しよう）枝と葉。重要でない点。「―末節」

試用（しよう）試しに使うこと。「―期間」

丈（じょう）尺貫法の長さの単位。尺の十倍。

滋養（じよう）栄養となること。もの。「―強壮」

情愛（じょうあい）深い思いやりの気持ち。愛情。

掌握（しょうあく）思いのままにできること。入手。

小異（しょうい）少しの違い。「大同―」

傷痍（しょうい）けががいたで。「―軍人」

上位（じょうい）上の位、または位。⇔下位

情意（じょうい）感情と意思。気持ち。「―投合」

譲位（じょうい）君主が地位をゆずること。禅譲。

勝因（しょういん）勝利した原因。⇔敗因

上院（じょういん）二院制度で下院に対する議院。

冗員（じょういん）【剰員】組織などのむだな人員。

乗員（じょういん）乗り物に乗って勤務する乗務員。

小雨（こさめ）「―決行」

上映（じょうえい）映画を映写すること。「―会」

招宴（しょうえん）宴会へ招待すること。その宴会。

荘園（しょうえん）【庄園】貴族・社寺の私有地。

消炎（しょうえん）炎症を取り去ること。「―作用」

硝煙（しょうえん）鉄砲の火薬の煙。「―弾雨」

上演（じょうえん）劇を舞台で演じること。

情炎（じょうえん）燃え上がるほどの情欲。情火。

照応（しょうおう）互いに関連・対応しあうこと。

消音（しょうおん）音を聞こえないようにすること。

常温（じょうおん）つねに一定した温度。恒温。

昇華（しょうか）固体から直接気体になる現象。

消化（しょうか）食物をこなすこと。理解。会得。「―器」「―栓」

消火（しょうか）火を消すこと。「―器」「―栓」

消夏（しょうか）【銷夏】夏の暑さをしのぐこと。あき

商家（しょうか）商人の家。

唱歌（しょうか）歌唱。旧制小学校の教科の一つ。

頌歌（しょうか）神や人の功績をほめたたえる歌。

城下（じょうか）城の近く。城壁の外。「―町」

浄化（じょうか）汚れをなくしてきれいにすること。

哨戒（しょうかい）敵の攻撃を警戒して見張ること。

商会（しょうかい）商業を営む会社や組織。商社。

紹介（しょうかい）人と人とを引き合わせること。

照会（しょうかい）問い合わせること。

詳解（しょうかい）詳しい解釈・解説。「―略解」

生涯（しょうがい）生きている間。一生。「―教育」

渉外（しょうがい）外部と交渉・連絡すること。外交。

しょうかい―しょうこ

傷害（しょうがい）きずを負わせること。「―事件」

障害（しょうがい）さしつか え。邪魔をするもの。

昇格（しょうかく）位や階級があ がること。‡降格

小額（しょうがく）単位の小さい金 額。「―金」

少額（しょうがく）わずかな金額。 低額。‡多額

奨学（しょうがく）学問を奨励する こと。「―金」

城郭（じょうかく）城のまわり。城。 「城廓」城壁と囲い。

正月（しょうがつ）一年で最初の月。 新年を祝う期間。 二四節気で、一月五日頃。図

小寒（しょうかん）

小閑（しょうかん）わずかなひま。「―を得る」

召還（しょうかん）外国へ派遣した 者を呼び戻す。

召喚（しょうかん）役所・裁判所などへの出頭命令。

償還（しょうかん）債務を返済すること。返却。

賞翫（しょうがん）「賞玩」めでることと、味わうこと。

上官（じょうかん）上級の官。うわやく。‡下僚

情感（じょうかん）しみじみとした感情。感動。

正気（しょうき）気が確かなこと。本気。‡狂気

匠気（しょうき）芸術家などの意匠による顕示欲。

商機（しょうき）商売の好機。商取引の機密。

勝機（しょうき）勝てる機会。「―をつかむ」

詳記（しょうき）くわしく書きしるすこと。‡略記

床几（しょうぎ）「床机」折りたたみ式の腰かけ。

将棋（しょうぎ）相手の王将を詰めるゲーム。

娼妓（しょうぎ）遊女。公認された売春婦。公娼。

上気（じょうき）のぼせること。逆上すること。

条規（じょうき）条文・法令の規定。おきて。

常軌（じょうき）普通のやり方。「―を逸する」

蒸気（じょうき）蒸発した気体。水蒸気。「―圧」

定規（じょうぎ）「定木」線引きなどに用いる道具。

情義（じょうぎ）人情と義理。「―を欠く」

情宜（じょうぎ）「情誼」よしみ。友人間の情愛。

消却（しょうきゃく）消し去ること。消費。返済。

償却（しょうきゃく）負債を返却する。「減価償却」の略。

焼却（しょうきゃく）焼き捨てること。「―炉」

上客（じょうきゃく）正客。大切な客連。常連客。

常客（じょうきゃく）なじみの客。常上客。

乗客（じょうきゃく）乗りものを利用する客。

昇級（しょうきゅう）地位や等級があがる。「―試験」

昇給（しょうきゅう）給与の額があがること。‡降給

上級（じょうきゅう）位や等級が高いこと。「―生」

消去（しょうきょ）消してなくすこと。消火。「―法」

商業（しょうぎょう）商品の売買で利益を得る仕事。

上京（じょうきょう）地方から東京へ行くこと。

状況（じょうきょう）「情況」物事のその時々の様子。

消極（しょうきょく）率先して行わない。「―的」‡積極

正金（しょうきん）正貨。現金。「―払い」

賞金（しょうきん）褒美として与える金銭。「―稼ぎ」

償金（しょうきん）損害のつぐないとして払う金銭。

常勤（じょうきん）毎日一定時間勤務すること。

冗句（じょうく）むだな句。ふざけた句。冗談。

上空（じょうくう）空の上の方。上方の空。

将軍（しょうぐん）全軍の大将。軍隊の将官。「―家」

小計（しょうけい）一部分の合計。‡合計・総計

小径（しょうけい）細い道。「小逕」こみち。

小憩（しょうけい）「少憩」少しの休憩。小休止。

承継（しょうけい）近道。早道。手っ取り早い方法。

捷径（しょうけい）近道。早道。手っ取り早い方法。

勝景（しょうけい）優れてよい景色。景勝。

象形（しょうけい）物の形をかたどること。「―文字」

憧憬（しょうけい）あこがれ。「―の的」どうけい。

情景（じょうけい）「状景」人心を動かす場面。光景。

衝撃（しょうげき）激しい突き当たり。ショック。

猖獗（しょうけつ）悪事や病気がはびこること。

証券（しょうけん）株券・債券の総称。手形。

証言（しょうげん）事実を証明する言葉。「―台」

条件（じょうけん）ある物事の成立に必要な事柄。

上限（じょうげん）上方・初めの方の限界。‡下限

上弦（じょうげん）新月から満月までの間の月。

尚古（しょうこ）昔の文物を尊ぶこと。「―趣味」

称呼（しょうこ）呼び名。呼称。名前を呼ぶこと。

証拠（しょうこ）事実を証明する根拠。あかし。

正絹（しょうけん）混じりものなない絹。‡人絹

正午（しょうご）昼の十二時。午後零時。‡正子

鐘鼓（しょうこ）かねと太鼓。

上戸（じょうご）酒が飲める人。酒飲み。‡下戸

しょうこ—しょうしゅん

冗語【剰語】むだな言葉。余計な言葉。重言。

畳語 口の小さな器に液体や争いを移す道具。

漏斗 病気や争いが少し治まること。

小康 すこし考えること。‡長考

少考 のぼりくだり。「―機」「―口」

昇降 少尉以上の軍人。士官。

将校 商業と工業。「―組合」

商工 商船が出入りする港湾。貿易港。

商港 霊前で香をたいて拝むこと。

焼香 呼び名。栄誉の資格を表す名称。

称号 商業上に用いる商家。屋号。

商号 照らし合わせて比べること。

照合 箇条書きにした一つ一つの事柄。

条項 乗り降りすること。「―客」

乗降

情交 男女の性的なかかわり。「―を結ぶ」

症候群 特定の病変から出る症状群。

生国 その人の生まれた国。

上告 上級裁判所への再審理の請求。

性懲り 心底からこりる。「―もなく」

性根 一つのことを長くつづける根気。

商魂 商売に対する意欲や行動力。

傷痕 きずあと。「―生々しい」

小差 わずかの違い。僅差。‡大差

証左 証拠。

商才 商売上の才能。「―にたける」

詳細 詳しく細かいこと。「―な説明」

城塞 城砦。城とりで。城塁。

浄財 慈善活動や寺社に寄付する金銭。

錠剤 固形の、粒状の薬剤。丸薬。

上策 一番うまいやり方。良策。

称賛[賞讃] ほめたたえること。

勝算 勝てる見込み。勝ち目。

硝酸 窒素化合物の液体で爆薬の原料。

乗算 掛け算。‡除算

消散 消えて無くなる。また無くすこと。

笑殺 笑って取り合わないこと。黙殺。

状差し 手紙をさし入れておくもの。

笑止 ばかばかしい様子。「―千万」

焼死 焼けて死ぬこと。「―体」

証紙 支払いや品質などを証明する紙。

小事 ささいなこと。「大事の前の―」

少時 幼少時。しばらくの間。暫時。

正時 分と秒が0の、ちょうどの時刻。

商事 商業に関する事柄。商事会社。

障子 木枠に紙を貼った建具。図

上司 地位が上の人。上役の人。‡下僚

上肢 人間の手や腕、動物の前足。

上梓 書籍を出版すること。

城址 昔、城のあったところ。城跡。

情死 相愛の男女が一緒に死ぬこと。

常時 つねづね。ふだん。

情事 男女間の恋愛にかかわる事柄。

畳字 繰り返し符号「ゝ・々」など。

正直 正しく偽りがないこと。

常識 普通一般の知識や判断力。良識。

消失 消えてなくなること。「権利―」

焼失 焼けてなくなること。「―面積」「―紙」

上質 品質が上等なこと。良質。

情実 個人的な利害関係や事情。真心。

商社 商品取引を貿易により行う会社。

勝者 勝負や試合に勝った人。‡敗者

照射 光線や放射線などをあてること。

瀟洒 しゃれてあかぬけているさま。

乗車 自動車や列車などに乗ること。

情趣 しみじみとした味わい。情致。

成就 願いがかなうこと。完成。達成。

召集 (目上の者が)召し集めること。「犯―」

招集 (上下無関係に)招き集めること。

常住 定住。永久に存在すること。

抄出 一部分を抜き書きすること。‡略述

詳述 くわしくのべること。

頌春 新春をたたえることば。賀春。

照準 目標にねらいを定めること。

しょうしゅん―しょうたい

上旬（じょうじゅん）月のはじめの十日間。初旬。

小暑（しょうしょ）二四節気で、七月七日頃。

証書（しょうしょ）証明となる文書。証文。「卒業―」

詔書（しょうしょ）天皇が発する公文書。勅書。

少女（しょうじょ）年の若い女性。女の子。おとめ。

浄書（じょうしょ）きれいに書き直すこと。清書。

乗除（じょうじょ）掛け算と割り算。数量・程度の状態。「―加減」

少少（しょうしょう）病気や負傷の状態。ちょっと。

症状（しょうじょう）病気や負傷の状態。「―自覚」

清浄（しょうじょう）汚れなく清らかなさま。「―潔白」

賞状（しょうじょう）賞賛する言葉を記した贈る書状。

上昇（じょうしょう）のぼること。↓下降「―気流」

常勝（じょうしょう）戦うたびに勝つこと。「―軍」

上上（じょうじょう）このうえなくよいこと。上々。

上場（じょうじょう）取引所で売買対象とされること。

情状（じょうじょう）実情、諸事情。「―酌量」

小食（しょうしょく）[少食]食事の量が少ないこと。

常食（じょうしょく）主食として普段食べているもの。

生じる（しょうじる）はえる。できる。起こる。生ずる。

招じる（しょうじる）[請じる]まねく。招待する。

小心（しょうしん）臆病なこと。気が小さいこと。

乗じる（じょうじる）掛け算をする。つけこむ。

昇進（しょうしん）[陞進]官位・地位が上位に進む。

焼身（しょうしん）自分の身を火で焼くこと。「―自殺」

焦心（しょうしん）いらだつこと。思い悩むこと。

傷心（しょうしん）心をいためること。

小人（しょうじん）子ども。狭量な人。↔大人

焼尽（しょうじん）すっかり焼きつくす。

精進（しょうじん）仏道に励むこと。菜食。「―料理」

上申（じょうしん）上役などに意見や事情を述べる。

常人（じょうじん）普通の人。凡人。

情人（じょうじん）恋人。情のある人。じょうにん。

上手（じょうず）巧みなこと・人。お世辞。「お―」

憔悴（しょうすい）やせ衰える・やつれる。

祥瑞（しょうずい）めでたいことが起こる前ぶれ。

上水（じょうすい）上水道からの飲用水。↓下水「―場」

浄水（じょうすい）きれいな水。「手洗いの水」

小数（しょうすう）「―より小さいかず」「―点」

少数（しょうすう）数の少ないさま。↔多数「―民族」

賞する（しょうする）ほめる。たたえる。「罰する」

称する（しょうする）名のる。呼ぶ。偽る。ほめる。

証する（しょうする）証明する。保証する。「合格を―」

小生（しょうせい）男性の、自分の謙称。わたくし。

招請（しょうせい）頼んできてもらうこと。招待。

情勢（じょうせい）[状勢]現在の様子。なりゆき。

醸成（じょうせい）醸造すること。かもし出すこと。

上席（じょうせき）席次・階級の上位。↔末席

定石（じょうせき）決まったやり方。碁の打ち方「―図」

定跡（じょうせき）将棋で使う決まった指し方。

小雪（しょうせつ）二四節気で十一月二二日頃。

小説（しょうせつ）散文体の文学作品。ノベル。

詳説（しょうせつ）くわしく説く。その説明。細説。

常設（じょうせつ）常に設けてある。常置。

饒舌（じょうぜつ）おしゃべり。多弁。↔寡黙

商船（しょうせん）客船や貨物船などの商業用の船舶。

商戦（しょうせん）商売のうえでの競争。「歳末―」

承前（しょうぜん）前文のつづき。前文を継ぐこと。

悄然（しょうぜん）元気のないさま。「―孤影」

蕭然（しょうぜん）ひっそりともの寂しい様子。

乗船（じょうせん）[上船]船に乗ること。↔下船

勝訴（しょうそ）訴訟で勝つこと。↔敗訴

上訴（じょうそ）上級裁判所への再審査請求。

少壮（しょうそう）若くて意気盛んなさま。「―気鋭」

尚早（しょうそう）物事を行う時期が早すぎること。

焦躁（しょうそう）[焦燥]気があせっていらだつ。

肖像（しょうぞう）人の顔・姿を写した絵や写真。

上層（じょうそう）重なりの上の部分。上の階級。

情操（じょうそう）複雑で高尚な感情。「―教育」

醸造（じょうぞう）酒などを発酵作用でつくること。

消息（しょうそく）便り。様子。状態。「―不明」

装束（しょうぞく）身じたく。礼服。「旅―」「白―」

正体（しょうたい）隠れていた本当の姿。正気。

招待（しょうたい）客をまねきもてなすこと。

上体（じょうたい）上半身。「―を起こす」

しょうたい～しょうはつ

状態【じょうたい】 〖情態〗物事のある時点での様子。いつもの状態。普通の状態。

常態【じょうたい】 普通の状態。

沼沢【しょうたく】 「沼と沢」。「―地」。「―植物」。

妾宅【しょうたく】 めかけを住まわせる家。本宅を引き受ける家。‡本宅。「事後ー」

承諾【しょうだく】 承知して引き受けること。「ー」

冗談【じょうだん】 むだ話。ふざけて言う話。「―口」

商談【しょうだん】 商業上の用談。取引の相談。

昇段【しょうだん】 武道などで段位があがること。

賞嘆【しょうたん】 〖賞歎〗称えほめること。

上達【じょうたつ】 学術・技芸が巧みになること。

小胆【しょうたん】 気が小さいさま。小心。‡大胆。

松竹梅【しょうちくばい】 めでたいものの三等級。

掌中【しょうちゅう】 手のひらの中。力の及ぶ範囲。

焼酎【しょうちゅう】 麦や芋から造る蒸留酒。夏

常駐【じょうちゅう】 常に駐在していること。「―部隊」

情緒【じょうちょ】 そのもの独自の味わい。「―的」

小腸【しょうちょう】 胃と大腸の中間にある消化器官。

消長【しょうちょう】 衰えることと栄えること。盛衰。

象徴【しょうちょう】 抽象的な概念を表現する具象物。

上長【じょうちょう】 年上の人。目上の人。長上。

冗長【じょうちょう】 くだくだしく長いさま。‡簡潔

消沈【しょうちん】 〖銷沈〗気力が衰えること。「意気ー」

祥月【しょうつき】 故人の死去と同じ月。「―命日」

昇程【しょうてい】 天にのぼること。死去すること。

上天【しょうてん】 天につくほど勢いの盛んなさま。

商店【しょうてん】 商業上の営業をする所。みせ。「―街」

焦点【しょうてん】 光が集まる点。興味が集まる点。

衝天【しょうてん】 天をつくほど勢いの盛んなさま。

詳伝【しょうでん】 くわしく記した伝記。‡略伝

焦土【しょうど】 焼けてなにもなくなった土地。

譲渡【じょうと】 人に譲り渡すこと。「―人」

浄土【じょうど】 仏がいる清浄の世界。極楽浄土。

消灯【しょうとう】 灯りを消すこと。「―時間」

唱道【しょうどう】 人に先だって説をとなえること。

唱導【しょうどう】 先だって人を導くこと。「―師」

衝動【しょうどう】 発作的な心の動きをおこさせる力。「―買い」

上棟【じょうとう】 むねあげ。「―式」

上等【じょうとう】 上の等級。品質がよいこと。「―手段」

常套【じょうとう】 ありふれたやりかた。「―手段」

常道【じょうどう】 従うべき正しい道。「―論」

情動【じょうどう】 急激に起こる激しい感情。情緒。

生得【しょうとく】 生まれつき。せいとく。「―権」

頌徳【しょうとく】 功績や徳行をほめ称える。「―碑」

消毒【しょうどく】 薬品などで病原菌を殺すこと。

衝突【しょうとつ】 突き当たること。争うこと。

小児【しょうに】 幼い子ども。幼児。「―科」「―病」

鍾乳洞【しょうにゅうどう】 石灰岩地の地下の空洞。

上人【しょうにん】 立派な人。高僧。僧りょ名。「日蓮ー」

聖人【しょうにん】 徳の高い僧の呼び名。法然ー」

商人【しょうにん】 商業を営む人。あきんど。

昇任【しょうにん】 〖陞任〗地位が上がる。「―降任」

承認【しょうにん】 認めること。承知すること。

証人【しょうにん】 事実を証明する人。保証人。

常任【じょうにん】 つねにその任にある人。「―委員」

性根【しょうね】 心の持ちかた。根性。「―をすえる」

焦熱【しょうねつ】 こげるような熱さ。「―地獄」

情熱【じょうねつ】 燃えるような激しい感情。熱情。

少年【しょうねん】 若年者。男の子。「―院」「―犯罪」

情念【じょうねん】 心に湧き上がる消しがたい感情。

正念場【しょうねんば】 真価が問われる大事な局面。

小脳【しょうのう】 運動・平衡を司る脳の一部。

樟脳【しょうのう】 クスノキからとった薬品。

笑納【しょうのう】 贈答の際の挨拶語「ご―下さい」

上納【じょうのう】 政府や上級機関に金品を収める。

乗馬【じょうば】 馬に乗ること。「―服」‡下馬

勝敗【しょうはい】 勝ち負け。勝負。「―を決する鍵」

賞杯【しょうはい】 〖賞盃〗賞として贈る杯。カップ。

賞牌【しょうはい】 賞として贈る記章。盾。メダル。

商売【しょうばい】 あきない。売買。「―気」「―敵」

賞罰【しょうばつ】 賞と罰。「―無し」

蒸発【じょうはつ】 液体が気体となる。行方不明。

157

相伴【しょうばん】正客とともに接待を受けること。

消費【しょうひ】費やしてなくすこと。「―者」⇔生産

賞美【しょうび】ほめたたえること。賞賛。

冗費【じょうひ】むだな費用。浪費。

常備【じょうび】常にそなえておくこと。「―薬」

証票【しょうひょう】となる書き付け。自社商品につける標章。「―登録」

証憑【しょうひょう】ある事実を証明するある根拠。

傷病【しょうびょう】けがや病気。「―兵」「―手当」

商品【しょうひん】商売の対象となる品物。「―入選の―」

小品【しょうひん】小さい作品。短文。⇔大作

賞品【しょうひん】賞与品。「入選の―」

上品【じょうひん】気品がある。⇔下品

娼婦【しょうふ】娼妓。売春婦。女郎。

尚武【しょうぶ】武芸を尊ぶこと。「―の精神」

勝負【しょうぶ】勝ち負け。試合「真剣―」勝敗。

情夫【じょうふ】内縁関係にある愛人の男。

情婦【じょうふ】内縁関係にある女性。愛人の女。

丈夫【じょうぶ】健康なさま。堅固なさま。達者

妾腹【しょうふく】めかけから生まれる。その子

承服【しょうふく】「承伏」承知して従うこと。承引。

正札【しょうふだ】商品の正価を記した札。

成仏【じょうぶつ】解脱して仏となること。死ぬこと。

性分【しょうぶん】生まれつき、気性。性質。

冗文【じょうぶん】むだな文。よけいな文。

条文【じょうぶん】法律や条約の個条書きの文。

招聘【しょうへい】礼をつくして人を招くこと。招請。

障壁【しょうへき】仕切りにするかべ。じゃま。妨げ。

城壁【じょうへき】城の塀。塁壁。城郭のかべ。

掌編【しょうへん】「掌篇」きわめて短い文学作品。

小便【しょうべん】尿を出すこと。⇔大便

譲歩【じょうほ】意見を折り合うこと。

商法【しょうほう】商売の方法。商業上の法律。

勝報【しょうほう】「捷報」勝利の知らせ。戦勝報

詳報【しょうほう】詳しい知らせ・報告。⇔略報

消防【しょうぼう】火災を消すことと防止すること。

定法【じょうほう】決まったやりかた・法則。定石。

情報【じょうほう】判断や行動に必要な知識。「―源」

抄本【しょうほん】原本の一部の抜き書き。「戸籍―」

錠前【じょうまえ】鍵。じょう。

小満【しょうまん】二十四節気で五月二十一、二日頃。

冗漫【じょうまん】むだが多くまとまりがないさま。

正味【しょうみ】中身の目方。実質。実際の数量。

賞味【しょうみ】味わいつつ食べること。「―期限」

情味【じょうみ】人の心のあたたかみ。人情味。

静脈【じょうみゃく】血液を心臓に戻す血管。⇔動脈

唱名【しょうみょう】「称名」仏の名号をとなえること。

乗務【じょうむ】交通機関に乗って行う業務。

常務【じょうむ】日常の事務。「常務取締役」の略。

証銘【しょうめい】証拠だてる。「正真―」

照明【しょうめい】光で照らして明るくすること。

証明【しょうめい】真実であることを証拠だてる。

正面【しょうめん】真向い。真向う。前面。「―衝突」

消滅【しょうめつ】消えてなくなること。消失。

消耗【しょうもう】使い減らすこと。「―品」

上物【じょうもの】上等の品物。上玉。⇔下物。

証文【しょうもん】証書。書きつけ。「―の出し後れ」

定紋【じょうもん】その家の印である紋所。家紋。

縄文【じょうもん】土器の網目の文様。「―時代」

生薬【しょうやく】動植物が材料の医薬。きぐすり。

抄訳【しょうやく】原文の一部の翻訳。⇔全訳

条約【じょうやく】国家間の約束。協定「安保―」

定宿【じょうやど】「常宿」決まって利用する宿。

常雇い【じょうやとい】常時雇うこと。⇔臨時雇

常夜灯【じょうやとう】夜中つけておく灯火。

醤油【しょうゆ】大豆や小麦から作る液体調味料。

賞与【しょうよ】給与とは別に支給する金銭。「―金」「―価値」

剰余【じょうよ】余り。残り。

譲与【じょうよ】物や権利をゆずり与えること。

小用【しょうよう】ちょっとした用事。小便。

従容【しょうよう】落ち着き払って作ること。

称揚【しょうよう】「賞揚」ほめたたえること。賞賛。

商用【しょうよう】商売上の用事。商売上行われている。

逍遥【しょうよう】ぶらぶら歩き。そぞろ歩き。

慫慂【しょうよう】勧めること。誘うこと。

しょうよう〜しょくえん

賞用（しょうよう） ほめて用いること。「―の品物」

常用（じょうよう） ふだん、または続けて使用する。

情欲（じょうよく） 異性の肉体に対する欲望。色情。

招来（しょうらい） 招き寄せること。「危機を―する」

将来（しょうらい） 今後。未来。もってくること。

笑覧（しょうらん） 「ご覧ください」の意の謙譲語。

照覧（しょうらん） 神仏がご覧になること。

擾乱（じょうらん） 秩序の乱れ。乱れ騒ぐこと。

勝利（しょうり） 戦いに勝つこと。 ‡敗北

条理（じょうり） 物事の道理。筋道。「―にかなう」

情理（じょうり） 人情と道理。「―を尽くす」

上陸（じょうりく） 陸にあがること。「台風が―」

勝率（しょうりつ） 勝負・試合に勝つ割合。

省略（しょうりゃく） 一部をはぶくこと。「以下―」

商略（しょうりゃく） 商売上のかけひき・策略。

蒸留（じょうりゅう） [蒸溜] 気体を冷却し液体に戻すこと。「―の念」

上流（じょうりゅう） 川のかみ。社会的地位の高い層。

焦慮（しょうりょ） あせっていらだつこと。「―の念」

小量（しょうりょう） 度量の狭いこと。狭量。‡大度

少量（しょうりょう） わずかな分量・数量。 ‡多量

商量（しょうりょう） あれこれとかと考えること。

渉猟（しょうりょう） 広く探し求めて読みあさること。

精霊（しょうりょう） 死者の魂。「―流し」

省力（しょうりょく） 作業の手間やむだをはぶくこと。

常緑（じょうりょく） 一年中緑の葉をつけている。

浄瑠璃（じょうるり） 清元・義太夫などの総称。

省令（しょうれい） 各省の大臣が発する命令。

症例（しょうれい） 病気やけがの症状の例。

奨励（しょうれい） すすめはげますこと。「―金」

条令（じょうれい） 箇条書きされた法令や規則。条文。

条例（じょうれい） 地方公共団体が制定する法規。

常連（じょうれん） つねにくる客。いつもの仲間。

如雨露（じょうろ） 草木に水を注ぎかける道具。

如雨露

鐘楼（しょうろう） 境内の釣鐘の堂。かねつき堂。

抄録（しょうろく） 書き抜き。抜粋。抜き書き。

詳録（しょうろく） 詳しく記録する。詳しい記録。

詳論（しょうろん） くわしく論じること。詳説。

笑話（しょうわ） おかしい話。笑いばなし。

唱和（しょうわ） 一人に合わせて大勢がとなえる。

情話（じょうわ） 人情ばなし。恋愛ばなし。

性悪（しょうわる） 根性・性質が悪いこと・人。

上腕（じょうわん） 肩とひじの間の部位。二の腕。

初演（しょえん） 初めての上演・演奏。「本邦―」

助演（じょえん） 脇役として演じる・人。 ‡主演

女王（じょおう） 女性の君主。皇族の姫宮・王妃。

初夏（しょか） 夏のはじめ。圓 ‡晩夏

書家（しょか） 書道の専門家。書道家。能書家。

諸家（しょか） その方面で知名な人々。家々。

書架（しょか） 書物を置く棚。本棚。

初学（しょがく） 学びはじめたばかりの・人。

除外（じょがい） 取り除くこと。別にすること。「―例」

書画（しょが） 書と絵。書や画。「―骨董」

所轄（しょかつ） 管轄。管轄の範囲。所管。「―署」

所感（しょかん） 心に感じること。感想。「年頭の―」

所管（しょかん） 管理。所管の範囲。所轄。「―庁」

書簡（しょかん） [書翰]手紙。書状。「―文」「―箋」

初期（しょき） はじめの時期。「昭和―」 ‡末期

所期（しょき） 心に期していること・事柄。期待。

書記（しょき） 記録をとること。記録をとる役職。

暑気（しょき） 夏の暑さ。「―払い」 ‡寒気

序曲（じょきょく） 歌劇やで開幕前に演奏する楽曲。

除去（じょきょ） 除き去ること。のけること。

徐行（じょこう） よくない行い。しわざ。

所業（しょぎょう） 職業。仕事。勤め。「―を失う」

職（しょく） 職業・仕事。勤め。「―を失う」

食（しょく） 食事。食物。「―が細い」

私欲（しよく） 私腹を肥やそうとする欲望。

食中り（しょくあたり） 飲食物による中毒。食中毒。

職安（しょくあん） 「公共職業安定所」の略。

職域（しょくいき） 職務の範囲。職場。「―を広げる」

職員（しょくいん） 職務を担当する人。「―室」

処遇（しょぐう） 地位につりあう扱いをすること。

食塩（しょくえん） 調味料の一つ。精製された塩。

しょくぎょう―しょさん

職業（しょくぎょう）仕事。商売。家業。「―意識」

食言（しょくげん）約束をたがえること。「―行為」

贖罪（しょくざい）金品を出し刑罰を逃れること。出し贖刑。

殖産（しょくさん）産業を盛んにすること。「―興業」

食事（しょくじ）食物を食べること。その食物。

食指が動く（しょくしがうごく）（欲しがる）「食指」は人差し指のこと。ある物事を（欲しがる）したがる気持ちが起こる。

触手を伸ばす（しょくしゅをのばす）得ようと近づいたり働きかけたりする。

植樹（しょくじゅ）樹木を植えること。「―祭」

職種（しょくしゅ）職業・職務の種類。「―が異なる」

職掌（しょくしょう）つとめ。職務。「―柄」

食傷（しょくしょう）同じ物事が続いてあきること。

触診（しょくしん）患者の体に触れて行う診察。

嘱する（しょくする）頼む。ことづける。伝言する。

職制（しょくせい）職務配分に関する制度。管理職。

職責（しょくせき）職務上の責任。「―を果たす」

食前（しょくぜん）食事の前。「―酒」◆食後

食膳（しょくぜん）おぜん。食事。「―に供する」

燭台（しょくだい）ろうそくを立てる台。灯台。

食卓（しょくたく）食事をする台。ちゃぶ台。

嘱託（しょくたく）仕事を頼み任せること。「―殺人」

辱知（じょくち）知り合いであることの謙遜語。

食中毒（しょくちゅうどく）飲食物による中毒。食中り。

食通（しょくつう）料理や味に詳しいこと・人。

食道（しょくどう）喉から胃に通じている消化器官。

食堂（しょくどう）食事をする部屋。料理を出す店。

職人（しょくにん）手先の技術で物を作る職業の人。

職能（しょくのう）職務を果たす能力。固有の機能。

職場（しょくば）仕事をする場所。仕事場。「―結婚」

触発（しょくはつ）刺激を与え行動させること。

触媒（しょくばい）他の物質の反応に影響する物質。

食費（しょくひ）食事の費用。

食品（しょくひん）食べものとなるもの。食料品。

植物（しょくぶつ）生物の一つ。樹木・草木の類。

職分（しょくぶん）職務上果たすべき務め。職務。

食紅（しょくべに）食物を着色する紅色の染料。

嘱望（しょくぼう）人の将来に望みをかける。期待。「前途―」

職務（しょくむ）受け持っている任務。「―質問」

植毛（しょくもう）毛を植えつける。

嘱目（しょくもく）将来を期待して見守る。注目。

植民（しょくみん）〔殖民〕外国へ移住させること。

嘱目（しょくもく）

植物（しょくもつ）飲食物。食品。「―連鎖」

食用（しょくよう）食べられること。食品。「―油」

食欲（しょくよく）食べたいと思う欲望。くいけ。

食料（しょくりょう）食べ物全般。「―品」

食糧（しょくりょう）米など主食となる食べ物。

植林（しょくりん）山野に樹木をうえつける。造林。

職歴（しょくれき）経歴。職務上の経歴。

諸君（しょくん）対等以下の大勢を指す語。諸子。

叙勲（じょくん）勲等を授けて勲章等を与えること。

処刑（しょけい）刑、特に死刑に処すこと。

叙景（じょけい）景色を文章などに述べ記すこと。

諸兄（しょけい）多くの男性を指す語。諸姉。

女傑（じょけつ）傑出した女性。男まさりの女。

初見（しょけん）はじめて見る。はじめて会う。

悄気る（しょげる）失望して元気がなくなる。

所見（しょけん）見た結果。意見。考え。

書見（しょけん）書物を読むこと。読書。「―台」

諸賢（しょけん）大人数に対する敬称。皆さん。

助言（じょげん）意見を述べ助ける。その言葉。

序言（じょげん）前書き。端書き。緒言。まえがき。

書庫（しょこ）書物をしまっておく蔵。文庫。

諸公（しょこう）地位のある人々に対する敬称。

曙光（しょこう）夜明けの光。前途の光明。

徐行（じょこう）自動車などがゆっくり進むこと。

諸国（しょこく）もろもろの国。多くの国々。

初婚（しょこん）はじめての結婚。◆再婚

所作（しょさ）身のこなし。ふるまい。「―事」

所載（しょさい）書物などに載っている。所収。

書斎（しょさい）読書したり執筆したりする部屋。

所在（しょざい）ありか。「―ない」すみか。

如才（じょさい）手ぬかり。手ぬかり。「―ない」

初産（しょざん）はじめての子。ういざん。

所産（しょさん）うみだされたもの。「努力の―」

助産師(じょさんし) 出産を助ける職業〔の人〕。

助志(じょし) 講師の下の職名。

初志(しょし) 最初の決意。初心。「―を翻す」

庶子(しょし) 嫡出でない実子。

諸氏(しょし) 大人数の人を指す語。皆さん。「―先輩」

所持(しょじ) 身につけて持っている。

諸事(しょじ) 色々な事。多くの事。「―万端」

女史(じょし) 社会的地位のある女性の敬称。

序詞(じょし) 前置きの言葉。まえがき。◆序文。

女児(じょじ) 女の子ども。少女。⇔男児

序次(じょじ) 物事の順序。「―法」

叙事(じょじ) 事実のままに述べる。◆叙情

書式(しょしき) 公的文書の決まった書き方。

諸式(しょしき) 〔諸色〕いろいろの品位。物価。

除湿(じょしつ) 空気中から水分を取り除くこと。

書写(しょしゃ) 書き写すこと。学校の習字科目。

助手(じょしゅ) 手助けする人。職名。

初秋(しょしゅう) 秋のはじめ。秋口。⇔晩秋

所収(しょしゅう) 本などに収められていること。

初出(しょしゅつ) はじめて出てくること。⇔再出

庶出(しょしゅつ) 妻以外から生まれる。妾腹。⇔嫡出

叙述(じょじゅつ) 順序をおって述べる。

初春(しょしゅん) 春のはじめ。春先。◆晩春

初旬(しょじゅん) 月のうちの上旬。

処暑(しょしょ) 二四節気で八月二三日頃。🝢

所所(しょしょ) 〔処処〕ところどころ。「―方方」

諸所(しょしょ) 〔諸処〕いろいろな場所。

処女(しょじょ) 生娘。最初であること。「―航海」

書状(しょじょう) 手紙。書簡。

序章(じょしょう) 小説などの最初の章。◆終章

叙情(じょじょう) 〔抒情〕感情を表すこと。「―的」

徐徐に(じょじょに) そろそろ。ゆるゆる。段々。

女色(じょしょく) 女性との情事。女性の性的魅力。

初心(しょしん) 思い立った時の志。習い始め。

初診(しょしん) 最初の診察。「―料」⇔再診

初信(しょしん) 信じていること。信念。「―表明」

所信(しょしん) 信じている事柄・意見。「―表明」

所数(しょすう) 順序の順序を表す数。順序数。

処する(しょする) 位を授ける。裁く。処理する。文「難局に―」

叙する(じょする) 割り算をする。取り去る。

除する(じょする) 割り算をする。取り去る。

世する(よする) 世渡りする。「―訓」「―術」

女性(じょせい) おんな。婦人。女子。⇔男性

書生(しょせい) 他家に住み込んでいる学生。

女婿(じょせい) 娘の夫。娘むこ。

助成(じょせい) 研究や事業を助けること。「―金」

助勢(じょせい) 力をそえて助けること。助力。

書籍(しょせき) 本。書物。図書。「―小包」

除籍(じょせき) 戸籍・名簿から名を除くこと。

所説(しょせつ) 説くところ。述べた意見。説。

諸説(しょせつ) いろいろの説や意見。「―紛々」

除雪(じょせつ) 積雪を取り除くこと。

初戦(しょせん) 第一戦。最初の戦い・試合。

緒戦(しょせん) 始まったばかりの戦い・試合。

所詮(しょせん) つまるところ。結局。要するに。

諸相(しょそう) さまざまな姿・ありさま、そのもの。

所蔵(しょぞう) いろいろなもの。

女装(じょそう) 男性が女性にふんそうすること。

助走(じょそう) 勢いをつけること。

序奏(じょそう) 曲の導入部分の演奏。イントロ。

除草(じょそう) 雑草を取ること。草とり。「―剤」

所属(しょぞく) 団体や組織に属していること。

所存(しょぞん) 心に思っていること。おもわく。

書体(しょたい) 文字の書きぶり。文字の形。

所帯(しょたい) 〔世帯〕独立した生活を営む一家。

初代(しょだい) 一系統の最初の代。先人。「―横綱」

書棚(しょだな) 本棚。本を並べておく棚。書架。

除隊(じょたい) 兵役を解かれること。⇔入隊

処断(しょだん) はっきり決めること。決断。

書店(しょてん) 本屋。本を売る店。

処置(しょち) 始末。手当て。措置。

暑中(しょちゅう) 夏の、暑い時期・期間。「―見舞」

初潮(しょちょう) 最初の月経。「―年齢」

助長(じょちょう) 成長を助ける。傾向を強める。

職階(しょっかい) 職種と職責による等級。「―制」

触角(しょっかく) 節足動物の頭部の感覚器官。

触覚(しょっかく) 物にふれた時に起こる感覚。

食間(しょっかん) 食事と食事のあいだ。

しょっかん—しらは

触感（しょっかん）さわった時の感じ。てざわり。

食器（しょっき）食物を盛るうつわ。「―棚」

織機（しょっき）布を織る機械。はたおりき。

職権（しょっけん）職務上持っている権限。「―濫用」

燭光（しょっこう）ともしびの光。光度の旧単位。

書店（しょてん）本屋。本を売る店。書房。書肆。

所定（しょてい）定まっていること。「―の用紙」

諸島（しょとう）一定区域内にある島の集まり

初動（しょどう）最初の行動。「―捜査」

書道（しょどう）筆で文字を書く芸道。

所得（しょとく）一定期間の収入・利益。「―家」「―税」

初頭（しょとう）ある年代・期間のはじめ。初期。

初冬（しょとう）冬のはじめ。↔晩冬

初等（しょとう）最初の段階。初級。「―教育」

女難（じょなん）男性が女性関係で受ける災難。

初任（しょにん）はじめて職に就くこと。「―給」

叙任（じょにん）位を受け官に任じること。

序の口（じょのくち）相撲番付の最下級。

序破急（じょはきゅう）導入・展開・終結の構成。

処罰（しょばつ）罰すること。刑罰にする。

初犯（しょはん）はじめて罪を犯すこと。↔再犯

初版（しょはん）出版された書籍の最初の版。

諸般（しょはん）いろいろ。もろもろ。「―の事情」

初盤（しょばん）対局や物事の初期の段階。↔終盤

書評（しょひょう）本の内容の紹介・批評の文章。

書幅（しょふく）文字が書かれた掛け軸。

処分（しょぶん）始末すること。処罰すること。

序文（じょぶん）本の端書き・前書き。跋文。

初歩（しょほ）学問や技術の学びはじめ。初学。

処方（しょほう）てだて。しかた。薬の調合。

諸方（しょほう）あちらこちら。

書房（しょぼう）書斎。本屋。書店。

処方箋（しょほうせん）薬の処方が記された書類。

序幕（じょまく）芝居の最初の幕。↔終幕

除幕（じょまく）銅像などの幕を取除き披露する。

庶民（しょみん）一般大衆。ごく普通の人。「―的」

処務（しょむ）事務処理。処理する事務。

庶務（しょむ）一般の事務・種々の事務。「―係」

署名（しょめい）自分の姓名を書くこと。「―捺印」

助命（じょめい）命を助けること。「―嘆願」

除名（じょめい）団体や組織を脱退させること。

書面（しょめん）文面。書きつけ。手紙。文書。

所望（しょもう）欲しいと願うこと。望み。

初夜（しょや）新婚夫婦が迎えるはじめての夜。

除夜（じょや）おおみそかの夜。「―の鐘」図

助役（じょやく）市町村長や駅長を補佐する職務。

所有（しょゆう）持っていること。所持。「―権」

女優（じょゆう）女優の俳優。男優

所与（しょよ）与えられていること。もの。

所用（しょよう）用いること。用事。用件。入用。

所要（しょよう）必要なこと。必要とすること。

処理（しょり）物事を始末すること。「敗戦―」

女流（じょりゅう）女性（仲間）の。「―作家」「―文学」

所領（しょりょう）領有する土地。領地。「―地」

助力（じょりょく）力を貸す。手伝い。助勢。

書類（しょるい）かきつけ。事務・記録の文書。

序列（じょれつ）一定の基準によりならべた順序。

初老（しょろう）老いのはじめ。「―の紳士」

所論（しょろん）主張する事柄や意見。持論。

緒論（しょろん）本文に入る前の準備の論。序論。

序論（じょろん）本文に入る前に述べる概論。

白和え（しらあえ）豆腐や白ごまのあえもの。

地雷（じらい）地中に埋めて爆発させる兵器。

爾来（じらい）このかた。その後。以来。

白髪（しらが）白くなった頭髪。「―染」「若―」

白木（しらき）木地のままの材木。「―造り」

白子（しらこ）魚の精巣。

白白しい（しらじらしい）見えすいているさま。

白州（しらす）白い砂や小石を敷きつめた所。

白滝（しらたき）白い滝。糸こんにゃく。

白玉（しらたま）もち米の粉で作った白の団子。団

焦らす（じらす）わざと人をいらだたせる。

不知火（しらぬい）沖に光が現れる現象。国

白刃（しらは）さやから抜いた刀。抜き身。

しらは―しわけ

白羽 しらは 「白羽の矢が立つ」の白い矢羽。

素面 しらふ 【白面】酔っていない状態。

調べる しらべる 調査する。尋問する。演奏する。演奏する。

白む しらむ 夜が明ける。興ざめる。

尻 しり 腰の下の後ろの部位。臀部。

私利 しり 自分一人の利益。「―私欲」 ‡公利

事理 じり 物事の道理。「―をわきまえる」

知り合い しりあい 知り合った人。

尻上がり しりあがり 後になるほど良くなる。

尻軽 しりがる 言動が軽々しい。女の浮気なこと。

尻押し しりおし 後押し。

地力 じりき 本来備わっている力。底力。実力。

自力 じりき 自分一人の力。独力。 ‡他力

尻切れ しりきれ 中途で終わること。尻切り。

尻込み しりごみ 【後込み】ためらうこと。

尻窄まり しりすぼまり 終わりに勢いが衰えること。

退く しりぞく 後ろに下がる。引退する。

私立 しりつ 私人が設立・経営するもの。

市立 しりつ 市が設立・経営すること・施設。

而立 じりつ 「三十歳」の異称。

自立 じりつ 他に頼らず自力で行う。自活。 ‡他律

自律 じりつ 自分で自分を律する。 ‡他律

尻取り しりとり 言葉を言い合う遊びの一つ。

尻拭い しりぬぐい 人の失敗の後始末。

尻目 しりめ 【後目】横目。無視すること。

尻餅 しりもち 後ろに倒れて尻が地に着くこと。

支流 しりゅう 本流に注ぐ川。 ‡本流

時流 じりゅう その時代の一般の傾向・流行。

思慮 しりょ 深く考えること。「―分別」

史料 しりょう 歴史研究の遺物や材料。

資料 しりょう 研究や調査の基礎となる材料。

試料 しりょう 検査や分析の材・サンプル。

死霊 しりょう 死者の霊。怨霊。 ‡生き霊

飼料 しりょう 家畜などに与える食料。えさ。

視力 しりょく 物を見る、目の能力。「―検査」

死力 しりょく 必死の力。あらんかぎりの力。

資力 しりょく 資金を出せる力。財力。経済力。

磁力 じりょく 磁気の力。磁場の強さ。「―計」

四隣 しりん 近所近辺。四辺の国々。

汁 しる 物の中に含まれる液。吸い物。

知る しる 認める。覚えている。把握する。

汁粉 しるこ 餡の汁に餅を入れた食べ物。

印 しるし 【標】目印。証拠。合図。兆候。

徴 しるし 前兆。効能。効き目。霊験。

印す しるす 跡を残す。しるしをつける。

記す しるす 書きつける。心にとどめる。

導べ しるべ 【標】案内。「道―」

知る辺 しるべ 知人。知り合い。「―を頼る」

司令 しれい 軍隊を指揮統率すること・役。

指令 しれい 上から下への指図。命令。指示。

事例 じれい 前例となる事実・事件。実例。

辞令 じれい 任免を記した、本人に渡す文書。

痴れ言 しれごと ばかげた言葉。たわごと。

熾烈 しれつ 【試煉】勢いが盛んではげしいさま。

焦れる じれる いらだつ。心がはやる。

試練 しれん 【試煉】力や心の強さを試す苦難。

城 しろ 敵を防ぐために築いた建物。

素人 しろうと 本職・専門でない人。 ‡玄人

銀 しろがね ぎん。白銀色。「―細工」銀色。

四六時中 しろくじちゅう いつも。一日中。

白黒 しろくろ 善悪。無罪と有罪。モノクロ。

白酒 しろざけ もち米で作る濃厚な甘酒。

白妙 しろたえ 【白栲】白色。白い布。

白星 しろぼし 白い星印。丸印。勝ち星。 ‡黒星

白身 しろみ 卵白。白い魚肉。木材の白太。

白無垢 しろむく 白い祝事用の着物。

白論 しろん 持論。自分の論。

私論 しろん 私しに述べた論説や論文。「―たい―」

持論 じろん 個人的な意見や評論。自分の論。

時論 じろん いつも主張する意見。持説。その時事の議論。その当時の世論。

試論 しろん 試しに述べた論説や論文。

代物 しろもの 品物。人。「たい―」

鏃 やじり 【鏃】表面にできる細い筋。

咎い しわい けちだ。吝嗇だ。しわんぼ。

嗄れ声 しわがれごえ かすれた声。しゃがれた声。

仕訳 しわけ 【仕分け】簿記で、項目別に記入すること。

しわけ—しんく

仕分け（しわけ） 区別・分類すること。仕訳。

仕業（しわざ） あまりよくない行為・所業。

師走（しわす） 陰暦十二月の異称。しはす。[図]

咳寄せ（しわぶきよせ） せき。せきばらい。[図]

皺寄せ（しわよせ） 悪い影響が他に及ぶこと。

心（しん） こころ。精神。

芯（しん） 物の真ん中の、かたい部分。

真（しん） まこと。本物。「—の姿」

仁（じん） なさけ。思いやり。「—者」

親愛（しんあい） 親しみを感じること。「—の情」

仁愛（じんあい） 情け。慈愛。

塵埃（じんあい） ちりやほこり。俗事。世事。

新案（しんあん） 新しい思いつき。新考案。「—特許」

真意（しんい） 本当の心。真の意義。「—を問う」

深意（しんい） 深い意味。「—を語るない」

人為（じんい） 人のしわざ。人手を加えること。

神域（しんいき） 神社の境内。霊地。聖域。

真因（しんいん） 事件や事故の本当の原因。

人員（じんいん） 人数。人の数。「—整理」

真打ち（しんうち） 寄席に出る最上級の人。

新鋭（しんえい） 新しい勢いが鋭い人・物。「—気鋭」

親衛（しんえい） 国王や要人の身辺護衛。「—隊」

陣営（じんえい） 陣地。陣屋。軍営。勢力集団。

深淵（しんえん） 深いふち。底知れないさま。

深遠（しんえん） 奥が深くてはかりしれないさま。

臣下（しんか） 君主に仕える者。家臣。

深化（しんか） 深まること。「—思索の—」

真価（しんか） 本当の価値。「—が問われる」

進化（しんか） 物事が進歩・発展する。⇔退化

深海（しんかい） 深い海。「—魚」「—浅海魚」

心外（しんがい） 思いのほか。意外。残念。

侵害（しんがい） 他者の権利をおかし害を与える。

塵芥（じんかい） ごみ。「—焼却場」

塵界（じんかい） けがれた俗界。俗世間。塵土。

新開地（しんかいち） 新しく切りひらいた土地。

新顔（しんがお） 新しく仲間に加わった人。新人。

神学（しんがく） キリスト教を研究する学問。

進学（しんがく） 上級学校へ進む。「—塾」

人格（じんかく） 品格。品性。人物。「二重—」

新型（しんがた） 新しい型。流行の型。【新形】

殿（しんがり） 軍隊で追撃を防ぐ最後尾の部隊。心臓と肝臓。心底。「—に徹す」

心肝（しんかん） 心臓と肝臓。心底。「—に徹す」

神官（しんかん） かんぬし。神職。

森閑（しんかん） 【深閑】静まりかえっているさま。

新刊（しんかん） 新しく出版された書物。⇔旧刊

震撼（しんかん） 震え動くこと。震い動かすこと。

心眼（しんがん） 物事の真実を見抜く鋭い洞察力。

真贋（しんがん） 真物と偽物。「—を見分ける」

新奇（しんき） 目新しくて風変わり。

新規（しんき） 新しいこと。採用「—採用」「—の客」

辛気（しんき） 心晴れやかでないさま。「—臭い」⇔陳腐

心機（しんき） 気持ち、心持ち。「—を燃やす」

心悸（しんき） 心臓の鼓動・動悸「—亢進」

心気（しんき） 気持ち、心持ち。「—一転」

真義（しんぎ） 本当の意義。真の意味。

信義（しんぎ） 約束を守り務める。神わざ。「—体」

神技（しんぎ） 人間離れしている技。神わざ。

真偽（しんぎ） 本当かうそか。真否。正誤。

審議（しんぎ） 詳しく検討・論議すること。

仁義（じんぎ） 仁と義。人が実行すべき道徳。

新機軸（しんきじく） 新しい計画・工夫。

新旧（しんきゅう） 新しいものと古いもの。「—交替」

進級（しんきゅう） 学年や等級が上に進むこと。

鍼灸（しんきゅう） 【針灸】はりと、きゅう。「—院」

新居（しんきょ） 新しい住まい。「—を構える」

心境（しんきょう） 心持ち。「—の変化をきたす」

信教（しんきょう） 宗教を信じること。「—の自由」

進境（しんきょう） 進歩のあと。上達した様子。

蜃気楼（しんきろう） 光の異常屈折による現象[図]

呻吟（しんぎん） うめくこと。苦悩。

親近感（しんきんかん） 身近で親しみやすい感じ。

辛苦（しんく） 苦しむこと。苦しみを味わう。

深紅（しんく） 【真紅】濃い紅色。まっか。

寝具（しんぐ） 寝る時の道具。夜具。「—店」

しんく〜しんしゅつ

甚句（じんく） 七七七五の四句の俗謡。「相撲―」

真空（しんくう） 物質が全く存在しない空間。

神宮（じんぐう） 格式高い神社。伊勢神宮。

神経（しんけい） 知覚・運動・伝達を司る器官。

進撃（しんげき） 前進していって攻撃すること。

新劇（しんげき） 歌舞伎などに対する近代演劇。

心血（しんけつ） 真心。全精力。「―を注ぐ」

新月（しんげつ） 陰暦で月の初日の夜に見える月。

真剣（しんけん） 本物の刀。本気。まじめ。「―勝負」

親権（しんけん） 子を監督・管理上の人に意見を申し述べること。

進言（しんげん） 目上の人に意見を申し述べること。

森厳（しんげん） 極めておごそかなこと。「―な気」「静寂」

箴言（しんげん） 教訓的な短い言葉。格言。金言。

震源（しんげん） 地震が発生した場所。「―地」

人絹（じんけん） 「人造絹糸」の略。レーヨン。

人権（じんけん） 人間が生まれながらにもつ権利。

人件費（じんけんひ） 労働の対価に支払う経費。

人件（じんけん） 他国・敵地を攻め侵入すること。

新香（しんこう） 香りのもの。つけもの。「お―」

人後（じんご） 人の後ろ・下位。「―に落ちない」

信仰（しんこう） 神仏を心から信じうやまうこと。

侵攻（しんこう） 他国・敵地を攻め侵入すること。

進攻（しんこう） 前進し攻撃すること。進撃。

振興（しんこう） 盛んになること。盛んにすること。

深厚（しんこう） 内容が奥深い。恩徳が深く厚い。

進行（しんこう） 物事が進み、はかどること。

深更（しんこう） 夜ふけ。真夜中。

進講（しんこう） 身分の高い人に講義すること。

親交（しんこう） 親しくつきあうこと。「―を結ぶ」

新興（しんこう） 新しく興ること。「―宗教」「―国」

信号（しんごう） 合図。交通信号。「停止―」「赤―」

人口（じんこう） 一定地域の総人数。世間の評判。

人工（じんこう） 人手を加えること。⇔天然・自然

深呼吸（しんこきゅう） 深く息を出し入れすること。

申告（しんこく） 官庁・上司に申し出る。「―化」「確定―」

深刻（しんこく） ひどく重大で切実なさま。「―化」

親告（しんこく） 被害者の告訴。

真魂頂（しんこっちょう） 【神魂】たましい。全身全霊。「―を発揮」

新婚（しんこん） 結婚して間もないこと。「―旅行」

審査（しんさ） 調べて等級や良否をきめること。

震災（しんさい） 地震による災害。「―地」

新式（しんさい） 天の幹の中心部。赤身。⇔辺材

人災（じんさい） 人の不注意による災害。⇔天災

人材（じんざい） 有能な人物。役に立つ人物。

診察（しんさつ） 医者が病状を調べ判断すること。

心算（しんさん） 心づもり。皮算用。「―を立てる」

辛酸（しんさん） 苦しくつらいこと。にがい経験。

新参（しんさん） 新しく仲間に加わったもの。⇔古参

真摯（しんし） まじめ。本気。「―な態度」

新耳（しんじ） 心に思うことがらを察する

神事（しんじ） 神をまつる祭り。

人事（じんじ） 人間に関する事柄。⇔天変地異

人士（じんし） 教養や地位のある人。方がた。

仁慈（じんじ） めぐみ。情け。いつくしみ。

神式（しんしき） 神道のやり方・儀式。

新式（しんしき） 新しい方式や様式。⇔旧式

寝室（しんしつ） 寝る部屋。ねや。臥室。寝間。

信実（しんじつ） 誠実な心。真心。「―を傾ける」

真実（しんじつ） 偽りのない本当のこと。「―味」

尽日（じんじつ） 終日。みそか。大みそか。

深謝（しんしゃ） 厚く感謝すること。深くわびること。

親炙（しんしゃ） 親しく接して感化を受けること。

信者（しんじゃ） その宗教を信仰する人。信徒。

神社（じんじゃ） 神道の神をまつる所。やしろ。

斟酌（しんしゃく） 事情をくみ取ること。遠慮。

進取（しんしゅ） 進んで新しい事を試みること。

新種（しんしゅ） 新しい種類。新発見の品種。

真珠（しんじゅ） 貝類の体内にできる美しい玉。

人種（じんしゅ） 人類の形質的特徴上の区別。

心中（しんじゅう） 一緒に自殺すること。「無理―」

伸縮（しんしゅく） のびちぢみ。「―自在」

浸出（しんしゅつ） 液体にひたして溶かし出すこと。「汁の―」

滲出（しんしゅつ） 液体がしみ出ること。「汗の―」

しんしゅつ―しんたい

進出（しんしゅつ）進み出る。新方面に乗り出す。

鍼術（しんじゅつ）〔鍼術:針の先部〕仁を行う治療法。「医は—」

新春（しんしゅん）はつはる。新年。正月。囫

仁術（じんじゅつ）仁を行う治療法。「医は—」

浸潤（しんじゅん）次第にしみこみ広がること。

信書（しんしょ）個人の手紙。私信。書状。書簡。

親書（しんしょ）自筆の手紙。天皇や元首の手紙。

仁恕（じんじょ）思いやりがあり哀れみ罪過を許す。

心証（しんしょう）言動が与える印象。「—を害する」

心象（しんしょう）心に描く像。イメージ。「—風景」

辛勝（しんしょう）やっと勝つこと。⇔圧勝・楽勝

心情（しんじょう）心の中の思い。気持ち。「—的」

真情（しんじょう）真心。実情。本当の状態。「—吐露」

身上（しんしょう）財産。身代。「—をつぶす」

身上（しんじょう）身の上。取り柄。価値。「—書」

心酔（しんすい）深く傾倒すること。熱中すること。「—者」

人心（じんしん）人々の気持ち。民衆の気持ち。「—一新」

人身（じんしん）個人の身分。人体。「—事故」

深甚（しんじん）意味も気持ちも非常に深いさま。「—な謝意」

信心（しんじん）信仰の心。信仰すること。「—深い」

新進（しんしん）新しく進み出ること。「—作家」

深深（しんしん）夜が静かにふけるさま。奥深いさま。

津津（しんしん）あふれ出て尽きない。興味—。

心神（しんしん）精神と肉体。「—耗弱」

心身（しんしん）〔身心〕心と体。「—を鍛える」

寝食（しんしょく）就寝と食事。「—を忘れ打ち込む」

侵食（しんしょく）〔侵蝕〕徐々にむしばみ食いこむ。

浸食（しんしょく）〔浸蝕〕水がしみこみ削り取る。

尋常（じんじょう）普通。当たりまえ。殊勝な。

信条（しんじょう）日頃から堅く信じている事柄。

進水（しんすい）新造船をはじめて水に浮かべること。「—式」

浸水（しんすい）水びたしになること。「—家屋」

薪水（しんすい）炊事。家事。「—の労を取る」

心髄（しんずい）心底。中心。中枢。「—を探る」

神髄（しんずい）〔真髄・奥義〕精髄。「—を究める」

心神（しんしん）→しんしん

申請（しんせい）許可・認可などを願い出ること。

真正（しんせい）真実で正しい様。正真正銘。

真性（しんせい）天性。本物の病。⇔擬似・仮性

新生（しんせい）新しく生まれ出ること。新生活。

新制（しんせい）新しい制度。「—大学」⇔旧制

新星（しんせい）急に輝き出る星。急に出た人気者。

人世（じんせい）人の、この世の間。世間。浮世。

人生（じんせい）人が生きている間。一生。「—観」

仁政（じんせい）情け深いよい政治。⇔悪政

深窓（しんそう）邸宅内の奥の部屋。「—の令嬢」

深層（しんそう）奥深く隠された部分。「—心理」

新装（しんそう）新しいよそおい。「—開店」

心臓（しんぞう）血液循環の中枢器官。かなめ。

人造（じんぞう）人がつくること。「—湖」

腎臓（じんぞう）五臓の一つ。尿の排泄の器官。

親族（しんぞく）親戚。血族と姻族。「—会議」

迅速（じんそく）極めて速いこと。敏速。

親切（しんせつ）〔深切〕思いやりがあること。

新説（しんせつ）新しい学説や意見。「—を唱える」

新設（しんせつ）新しく設けること。「—合併」

新雪（しんせつ）降り積もったばかりの雪。初雪

親戚（しんせき）親類。親族。姻戚。類。縁。

新生面（しんせいめん）新しい分野。「—を開く」

神仙（しんせん）神や仙人。神通力のある仙人。

神饌（しんせん）神前に供える酒やよいお供えもの。

深浅（しんせん）深いことと浅いこと。色の濃淡。

新鮮（しんせん）新しくて生きがよいさま。清新。

親善（しんぜん）親しくて仲よくする。「—外交」

人選（じんせん）適任者を選ぶこと。「—を誤る」

真善美（しんぜんび）人間の理想の究極を具現したもの。

親疎（しんそ）親密さと疎遠。親密さの度合い。

真相（しんそう）事件などの本当の事情。「—究明」

心底（しんそこ）〔真底〕心の奥底。本当に。「—驚く」

真率（しんそつ）素直で飾り気がないこと。

新卒（しんそつ）その年に学校を卒業したこと。

身体（しんたい）人間の体。肉体。「—測定」

神体（しんたい）神が宿るものとされるもの。

進退（しんたい）進むことと退くこと。職の去就。

身代（しんだい）財産。家産。身上。「—限り」

しんたい―しんひ

寝台（しんだい）寝るために使用する台。ベッド。

靭帯（じんたい）骨と骨をつなぎとめる筋。

甚大（じんだい）極めて大きい。はなはだしい。

信託（しんたく）信用して任せること。「―会社」

申達（しんたつ）官庁の、上から下への文書指令。

進達（しんたつ）下へ宛ての上申を取り次ぐ。

心胆（しんたん）きも。肝玉。「―を寒からしめる」

薪炭（しんたん）たきぎとすみ。燃料。「―商」

診断（しんだん）患者を診察して病状を判断する。

人知（じんち）人類の知恵。「―の限り」

陣地（じんち）戦闘のため軍隊を配置した場所。

新築（しんちく）あらたに建築する・建物。

人畜（じんちく）人と家畜。「―無害」

新着（しんちゃく）届いたばかりであること・もの。

心中（しんちゅう）胸中。心の中。内心。

真鍮（しんちゅう）銅と亜鉛との合金。黄銅。

進駐（しんちゅう）軍が他国に進軍しとどまること。

陣中（じんちゅう）戦陣の中。戦いの最中。「―見舞」

伸長（しんちょう）長さや力などがのびる。増進。

伸張（しんちょう）勢力などがのび広がる。拡張。

身長（しんちょう）身の高さ。身のたけ。背たけ。

深長（しんちょう）意味が深く含蓄が多いさま。

新調（しんちょう）衣服などを新しく作ること。

慎重（しんちょう）注意深く軽々しくしないさま。

進捗（しんちょく）物事が進みはかどる。進行。

心痛（しんつう）ひどく心配すること。

陣痛（じんつう）分娩直前の周期的な痛み。

神通力（じんつうりき）何事もなし得る不思議な力。

進呈（しんてい）物をさしあげること。贈呈。

新訂（しんてい）新たに訂正すること。「―増補」

伸展（しんてん）勢いや範囲がひろがること。

進展（しんてん）物事が進歩・発展すること。

親展（しんてん）名宛人自身の開封を求める脇付。

神殿（しんでん）神を祭った殿堂。神社の正殿。

寝殿（しんでん）昔、天子が住んだ宮殿。「―造り」

寝殿造り

新天地（しんてんち）新しい活躍の場。新世界。

震度（しんど）地震のゆれの度合。「―計」

心頭（しんとう）心。念頭。「怒り―に発す」

神道（しんとう）日本古来の民俗信仰。「国家―」

浸透（しんとう）〔滲透〕しみとおること。

神童（しんどう）並はずれた才能を表す児童。

震動（しんどう）揺れ動くこと。「車体が―する」

震盪（しんとう）〔振盪〕激しく動かすこと。「脳―」

親等（しんとう）親族間の近さを表す等級。等親。

陣頭（じんとう）戦いの先頭、第一線。「―指揮」

陣取（じんど）る ある場所を占有する。

人徳（じんとく）その人にそなわる徳。人徳。

仁徳（じんとく）人を愛しいつくしむ徳。仁愛。

親日（しんにち）日本に好意的である。↔反日

侵入（しんにゅう）無理に押し入ること。「家宅―罪」

浸入（しんにゅう）水などが入りこむ。「濁流の―」

進入（しんにゅう）すすみ入る。「列車が駅に―する」

新入（しんにゅう）新たに仲間に加わること・人。

滲入（しんにゅう）水などがしみ込むこと。

信任（しんにん）信用してまかせること。「―投票」

新任（しんにん）あらたに任務につくこと・人。

親王（しんのう）天皇の子、息子または男の孫。

信念（しんねん）かたく信じて変わらない心。

新派（しんぱ）新しい流派。「新派劇」の略。

心配（しんぱい）気にかけること。「―性」↔安心

心拍（しんぱく）〔心搏〕心臓の鼓動。「―数」

神罰（しんばつ）神が下す罰。天罰。「―が下る」

侵犯（しんぱん）他国の領土・権利をおかすこと。

新版（しんぱん）新しい出版物。新刊。↔旧版

審判（しんぱん）審理し判決する。競技の判定。

審美（しんび）美と醜とを見わけること。「―眼」

神秘（しんぴ）人知では理解しがたい不思議。

真否（しんぴ）真実か否か。真偽。「―を糺す」

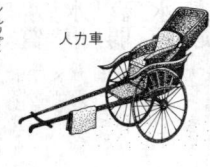

真筆(しんぴつ)
本当の筆跡。真跡。↔偽筆

信憑(しんぴょう)
「信用」すること。「―性」

人品(じんぴん)
人格。品性。「―卑しからざる」

神父(しんぷ)
カトリック教会の司祭の呼称。

新婦(しんぷ)
花嫁。「―新郎」

新風(しんぷう)
新しい方法や考え方。「―を送る」

心服(しんぷく)
[信状]信じて服従すること。心から敬い従うこと。

信服(しんぷく)
信じて従うこと。

振幅(しんぷく)
振動している物体の、揺れる幅。

震幅(しんぷく)
地震の揺れ幅。

神仏(しんぶつ)
神と仏。神道と仏道。「―習合」

人物(じんぶつ)
人品。ひとがら。「―好」

新聞(しんぶん)
社会の事柄を報道する刊行物。人類の文明・文化。人文科学・文

人文(じんぶん)
人類の文明・文化。人文科学・文

甚平(じんべい)
男が着る、筒袖の羽織の一。夏

身辺(しんぺん)
身のまわり。「―整理」

神変(しんぺん)
はかり知れない不思議な変化。

進歩(しんぽ)
物事が次第に発達すること。

心棒(しんぼう)
回転の中心の軸木。活動の中心。

辛抱(しんぼう)
耐え忍ぶこと。我慢。忍耐。

信望(しんぼう)
思想などを信じ尊ぶこと。人気。「―を得る」

信奉(しんぽう)
信仰と人望・人気が厚い。

人望(じんぼう)
世間の信頼。「―を深める」

神木(しんぼく)
神社の境内で特に祭られる樹木。

親睦(しんぼく)
仲よくまじわること。「―を深める」

新米(しんまい)
新人。その年に収穫した米。秋

新味(しんみ)
新しい感じ・趣。

蕁麻疹(じんましん)
発疹を生じる急性皮膚病。

親身(しんみ)
肉親のような心遣いをすること。

親密(しんみつ)
極めて親しい関係。「―度」↔疎遠

人脈(じんみゃく)
人々の個人的なつながり。

神妙(しんみょう)
けなげなこと。素直なこと。

人民(じんみん)
社会を構成する人々。平民。

新芽(しんめ)
新しく出た芽。

身命(しんめい)
体と命。一身。「―をなげうつ」

神明(しんめい)
かみ。神霊。「―に誓う」

人命(じんめい)
人の命。「―救助」

真面目(しんめんもく)
本来の姿。真価。実直。

進物(しんもつ)
人にさしあげる品物。贈り物。

審問(しんもん)
[訳網]裁判官などが問いただすこと。詳しく問いただすこと。

尋問(じんもん)
詳しく問いただすこと。

深夜(しんや)
よふけ。真夜中。深更。「―営業」

新約(しんやく)
新しい約束・契約。新約聖書。↔旧訳

新訳(しんやく)
新たに翻訳すること。

新薬(しんやく)
新しく開発・発売された薬品。

親友(しんゆう)
非常に親しい友人。「無二の―」

信用(しんよう)
信頼されていて確実と信じる。

陣容(じんよう)
組織を構成する人員。顔ぶれ。

針葉樹(しんようじゅ)
葉が針状の樹木。↔広葉樹

信頼(しんらい)
信じてたよること。「―に応える」

迅雷(じんらい)
はげしい雷鳴。「疾風―」

辛辣(しんらつ)
極めて手厳しいさま。「―な批評」

心理(しんり)
心の動きや、精神のありさま。

真理(しんり)
普遍的な法則。

審理(しんり)
法廷で事実関係を明らかにする。

心裏(しんり)
心[心内]心のうち。

神力(しんりき)
神の通力。神の不可思議な力。

侵略(しんりゃく)
[侵掠]他国に侵入し領地を奪う。

深慮(しんりょ)
深く考え巡らすこと。↔浅慮

診療(しんりょう)
病気を診察し治りょうする。「―所」

深緑(しんりょく)
こいみどり。ふかみどり色。

新緑(しんりょく)
初夏の若葉のみどり。夏

尽力(じんりょく)
人のために力をつくすこと。

森林(しんりん)
樹木の密生している一帯。「―浴」

人倫(じんりん)
人として守るべき道徳。人道。

親類(しんるい)
身内・親戚・血族と姻族。「―縁者」

人力(じんりき)
人間の力。じんりょく。「―車」

しんるい〜すいしゅん

人類（じんるい） 動物分類上での人間。「―学」

心霊（しんれい） たましい。不思議な精神現象。神・神の徳。人の魂。霊魂。

新暦（しんれき） 太陽暦。‡旧暦

神路（しんろ） 航路・行動すべき方向。

進路（しんろ） 進む道。方向。‡退路

心労（しんろう） 精神上の苦労。気苦労。気疲れ。

辛労（しんろう） 骨折り。つらいこと。「―辛苦」

新郎（しんろう） 花婿。「―新婦」

甚六（じんろく） 世間知らずの長男。「総領の―」

神話（しんわ） 民族の神を中心とした説話。

親和（しんわ） 互いに親しみ仲がよいこと。

す

巣（す） 生き物の、住みすみかとする所。

州（す） [洲] 積もってて水面に出た土地。こもりすむ所。

酢（す） [醋] 酸味の強い液状調味料。

鬆（す） 大根などのしんにできる穴。

図（ず） 絵図。図形。思い通り。「―にのる」

頭（ず） あたま。こうべ。「―が高い」

素足（すあし） はだし。靴下をはかない足。夏

素甘（すあま） 蒸したうるちと砂糖で作る菓子。

図案（ずあん） 色や形の組み合わせ。デザイン。

粋（すい） 優れたもの。いきであること。

蕊（ずい） [蘂]花のおしべ・めしべ。しべ。

髄（ずい） 骨の中の組織、物事の中心部。

水圧（すいあつ） 水による圧力。「―機」

水位（すいい） 川などの基準からの水面の年月の経過で変わること。

推移（すいい） 物事が年月の経過で変わること。

随意（ずいい） 心の思うままにすること。任意。

水域（すいいき） 海や川などに設けた一定の区域。

随一（ずいいち） 同類内で一番。「当代―の名筆」

随員（ずいいん） 高官などにつき従う人。随行員。

水運（すいうん） 水路による交通運輸。‡陸運

衰運（すいうん） 衰えゆく運命。‡盛運・隆運

水泳（すいえい） 水中を泳ぐこと・競技。圓

水煙（すいえん） みずけむり。塔の九輪上の飾り。

水温（すいおん） 水の温かさ。水の温度。「―計」

水火（すいか） 水と火。仲の悪いこと。「―の仲」

水禍（すいか） 水による災難。水死。

誰何（すいか） 人を呼びとめ問いただすこと。

水害（すいがい） 洪水などの水による被害。水禍。

透垣（すいがい） 竹や板で間を透かせた垣。

吸い殻（すいがら） たばこの、吸い終えたかす。

酔漢（すいかん） 酒に酔った男。酔いどれ。酩酊。

酔顔（すいがん） 酒に酔った顔つき。「―朦朧」

随喜（ずいき） ありがたく思うこと。「―渇仰」

瑞気（ずいき） 神々しくめでたい気配。瑞兆。

酔客（すいきゃく） 酒に酔った人。酔い客。すいかく。

水球（すいきゅう） ハンドボールに似た水上競技。

推挙（すいきょ） 推薦。ある地位に人を推すこと。推薦。

水郷（すいきょう） 川や湖のある景勝地。すいごう。

酔狂（すいきょう） [粋狂]ものずき。「―の極み」

水銀（すいぎん） 常温で液状の金属。「―灯」

水禽（すいきん） 水鳥。「―類」

吸い口（すいくち） 口で吸う部分。吸い物の付物。

垂訓（すいくん） 人に教えを説き示すこと。その教え。

推計（すいけい） およその数を算出すること。「―学」

水源（すいげん） 水の流れ出る源。「―地」

水耕（すいこう） 養分を含む水で植物を栽培すること。

推考（すいこう） 道理などを推し量って考える。

推敲（すいこう） 文章の字句を練り直すこと。

遂行（すいこう） 物事を最後までやりとげること。

随行（ずいこう） 供としてつき従い行く。随身。

水彩画（すいさいが） 水で溶く絵の具で書いた絵。

推察（すいさつ） 推し量って思いやること。推量。

水産（すいさん） 海・川・湖などの産物。「―業」

炊爨（すいさん） 飯をたくこと。炊事。「飯盒はんごう―」

水死（すいし） おぼれて死ぬこと。溺死。

炊事（すいじ） 食物を煮たきすること。「―場」

水質（すいしつ） 水の成分・性質。「―汚濁」

随時（ずいじ） 折々。必要に応じて。いつでも。

水車（すいしゃ） 水力を使って動力を得る装置。

衰弱（すいじゃく） 体力などが衰え弱る。

水腫（すいしゅ） むくみ。「脳―」浮腫。

随従（ずいじゅう） 人につき従うこと。言いなり。

水準（すいじゅん） 物事の標準となる高さ・レベル。

すいしょ〜すいよう

随所（ずいしょ）[随処]いたる所。どこでも。

水晶（すいしょう）鉱物の一種。石英の結晶。「―体」

推賞（すいしょう）[推称]すばらしいと他人にすすめること。「―の一品」

推奨（すいしょう）人にすすめること。「―品」

推薦（すいせん）人や物をすすめること。推挙。

推選（すいせん）[学校・図書]

垂涎（すいぜん）強くほしがること。「―の一品」

垂線（すいせん）直線や平面と直角をなす線。

瑞祥（ずいしょう）[瑞象]めでたい状態の気体。吉兆。

水蒸気（すいじょうき）水が蒸発した状態の気体。

水色（みずいろ）

水深（すいしん）水面から底までの深さ。「―計」

推進（すいしん）物事を推し進めること。「―力」

粋人（すいじん）いきな人。風流を好む人。粋者。

水生（すいせい）[水棲]水中にすむこと。⇔陸生

水性（すいせい）水に溶けやすい性質をもつこと。

衰勢（すいせい）勢いが衰え退勢。

彗星（すいせい）尾を引く形の天体。ほうきぼし。

水洗（すいせん）水で洗い流すこと。「―便所」

水素（すいそ）無色・無臭の最も軽い元素。

水葬（すいそう）遺体を水中に投じて葬ること。

水槽（すいそう）水をためて入れておく容器。

吹奏（すいそう）管楽器を演奏すること。「―楽団」

膵臓（すいぞう）血糖値を調節する臓器。「―炎」

随想（ずいそう）心に浮かぶまま感想。随感。

瑞相（ずいそう）吉兆。瑞祥。

推測（すいそく）推し量ること。推察。推量。

水族館（すいぞくかん）水生生物を見して迎え入れる施設。

衰退（すいたい）[衰頽]勢いが衰えること。衰退。

推戴（すいたい）団体の長に推薦して迎え入れる。

酔態（すいたい）酔い乱れた様子・姿。「―をさらす」

推断（すいだん）推測により判断して推定。推定。

水中花（すいちゅうか）水中で開かせる造花。

水中花

垂直（すいちょく）まっすぐなこと。鉛直。「―水平」

瑞兆（ずいちょう）めでたい兆し。吉兆。瑞験。

吸い付く（すいつく）ぴったり密着する。

推定（すいてい）推し量って決定すること。推断。

水滴（すいてき）水のしたたり。水のしずく。

水田（すいでん）水を引き入れた耕地。たんぼ。

水痘（すいとう）小児に多い伝染病。水ぼうそう。

水筒（すいとう）飲料水を入れる携帯用の容器。

水稲（すいとう）水田で栽培する稲。⇔陸稲

出納（すいとう）金銭や物品の収入と支出。「―簿」

水道（すいどう）飲料水供給の設備。水路。海峡。

隧道（すいどう）トンネル。地下通路。ずいどう。

水団（すいとん）団子状の小麦粉を汁で煮た食品。

水難（すいなん）船舶や家屋などの勢いが弱り減びるに関する災難。

水爆（すいばく）「水素爆弾」の略。「―実験」

炊飯（すいはん）米をたくこと。「―器」

垂範（すいはん）手本を示すこと。「率先―」

水盤（すいばん）生け花用の底が浅い器。

随伴（ずいはん）供としてつき従うこと。「―者」

衰微（すいび）勢いが衰えて弱まること。衰退。

随筆（ずいひつ）感想などを思うままに書いた文章。

水分（すいぶん）物の中に含まれる水の量。水気。

随分（ずいぶん）非常に。かなり。水面のようにひどいさま。

水平（すいへい）水面のようにたいらなさま。

水兵（すいへい）海軍に属する兵士。「―帽」

水平線（すいへいせん）空と海とをさぎる線。

水疱（すいほう）皮膚のはっしん。水ぶくれ。

水泡に帰す（すいほうにきす）勢力が弱り滅びること。⇔興隆

衰亡（すいぼう）勢力が弱り滅びること。骨折り損。徒労。

水墨画（すいぼくが）墨絵。「―の山水」

水没（すいぼつ）水上物が水中に沈むこと。

睡魔（すいま）眠気。「―におそわれる」

水脈（すいみゃく）地下水の流れの道すじ。みお。

睡眠（すいみん）眠ること。「―薬」「―不足」

衰滅（すいめつ）活力を失い滅びること。衰亡。

水面（すいめん）水の表面。水上。「―下で動く」

水門（すいもん）水流や水量を調節する門。

吸い物（すいもの）すまし汁。料理の汁物。

酔余（すいよ）酒に酔ったあげく。「―の失言」

水溶（すいよう）水に溶けること。「―性」「―液」

すいよく ― **すきん**

水浴すいよく 水で体を洗うこと。水浴び。
翠嵐すいらん 山の、みどりあふれる気。
水利すいり 運送・灌漑などの水の利用。
推理すいり 未知の事柄を推しはかること。
水陸すいりく 水と陸。陸路と水路。「―両用機」
水流すいりゅう 水の流れ。「―を変える」
水量すいりょう 水の分量。水かさ。「―計」
推量すいりょう 推しはかること。思いやること。
水力すいりょく 水の力。水の勢い。「―発電」
推力すいりょく 推し進める力。「ロケットの―」
水冷すいれい 水で冷却すること。⇔空冷
水練すいれん 水泳の練習。「畳の上の―」
水路すいろ 水の通路。船のかよい路。航路。
推論すいろん 推理により論を組み立てること。
吸うすう 液体などを口から引き入れる。

数学すうがく 数・量・空間などの学問。
数奇すうき 変化に満ちた運命。不遇な運命。
枢機すうき 重要な政務。
崇敬すうけい 敬いあがめること。「―の念」
崇高すうこう 気高く偉大なこと。「―な理念」
趨向すうこう 自然のなりゆき。傾向。
数字すうじ 数を表す文字。数回。数度。「算用―」「漢―」
数次すうじ 数式しき 数字や文字を記号で結んだ式。
枢軸すうじく 物事のかなめ。要所。「―国」
図図しいずうずうしい ずぶとく厚かましい。
趨勢すうせい 物事のなりゆき。動向。「時の―」
図体ずうたい 大きなからだ。体つき。体格。
数段すうだん はるかに。かなり。格段。
数値すうち 測定や計算で得られた値。

崇拝すうはい 敬い信仰すること。「英雄―」
枢密すうみつ 政治などの重要な機密。「―院」
枢要すうよう 非常に重要なこと。「―的」
数理すうり 数学的な計算。数学の理論。
数量すうりょう 物の数や分量。「―をはかる」
末すえ 終わり。はし。将来。結末。
据え置きすえおき そのままにしておく。
末恐ろしいすえおそろしい 行く末がどうなるか不安だ。将来が思いやられる。末頼もしい。
図会ずえ 図や絵を集めたもの。「名所―」
据え膳すえぜん 食膳を用意すること。
据え付けすえつけ 一定場所に取りつけること。
末永くすえながく この先いつまでも。永遠に。
末長くすえながく これから先ずっと。
末広がりすえひろがり 次第に栄えてゆくこと。

据えるすえる その場に置く。座らせる。
縋るすがる 依存する。頼る。「―追い―」
尽れるすがれる 枯れ始める。盛りを過ぎ衰える。
図鑑ずかん 絵図で説明した書物。図説。
素寒貧すかんぴん 非常に貧しいこと。
鋤すき 牛馬に引かせ土を掘り返す農具。畑や耕地を掘り起こす農具。
犁すき [透き]すき間。あいだ。油断。
隙すき 数寄すき [数奇屋]風流の道を好むこと。
好きすき 好み、もの好き。好色。「―嫌い」
好きこのんですきこのんで わざわざすんで。
隙間すきま [透き間]物の間のすいた所。
数寄屋すきや [数奇屋]庭園などの茶室。
鋤焼きすきやき 牛肉などを煮焼きする鍋料理。
過ぎるすぎる 時や物が過ぎ去る。超える。
頭巾ずきん 頭や顔をおおう布。「防災―」図

図解ずかい 絵図を用いて説明すること。
図画ずが 図と絵。絵をかくこと。「―工作」
饐えるすえる 食品が腐敗し酸っぱくなる。
頭蓋骨ずがいこつ 頭部の骨格がいこつ。
素顔すがお 化粧をしない顔。ありのまま。
透かしすかし すき間を作る。光で浮び出る絵。
素す すき間。機嫌をとる。言いくるめる。
透かすすかす すいて見る。ばらばらにする。
賺すすかす へらす。空腹に持ちがよい。「―腹」
空かすすかす
清清しいすがすがしい 爽やかで気持ちがよい。
姿すがた 体つき。身なり。「―形」
姿見すがたみ 全身を映し見る大きな鏡。
眇めるすがめる 片目を細める。「目を―」
図柄ずがら 図案の模様・構図。「派手な―」

すく
空く　まばらになる。腹が減る。すき間ができる。

透く
すき間から見える。

梳く
くしで髪の毛をとかす。

漉く
紙やのりを薄く平たく作る。

鋤く
すきやくわで土地を掘り起こす。

直ぐ
直ちに。すぐ近く。

掬う
くみ取る。持ち上げる。「汁を—」

救う
助ける。加勢する。恵む。

巣くう
巣を作りすむ。巣城を構える。

直ぐ様
直ちに。すぐ。「—始める」

少ない
【尠い】数や量がわずか。

竦む
おどろいて動けない。「立ちー」

選る
よいものを選び出す。えり。

優れる
【勝れる】他に勝てる。秀でる。

図形
【けい】点・線・面で構成される形。

菅笠
すげの葉を編んで作った笠。

助太刀
助けること・人。加勢して手助けする人。

助っ人
助太刀する人。助兵衛。

助平
好色な人。助兵衛。

箍げる
【捐げる】さし込む。はめ込む。

凄い
恐ろしい。ひどい。「—顔つき」

凄腕
能力が人並み以上であるさま。

凄む
凄そうで相手をおどすような様を見せる。

過ごす
時間を送る。暮らす。「寝—」

悄悄
【しょうしょう】元気なくその場を立ち去るさま。

頗る
たいそう。はなはだ。「—元気」

巣籠る
巣ごもり。雛鳥が巣に入る。

健やか
健康なさま。丈夫。達者。

遊び
気をまぎらす慰みごと。

荒ぶ
粗雑になる。荒れる。すむ。勢

退く
引きさがる。しりぞく。

凄まじい
恐ろしい。しさが強い。勢

杜撰
【ずさん】正確でないさま。いいかげん。

鮨
【鮓】酢飯と刺身で作る食品。

筋
物事の道理。手順。統。素質。

図示
絵・図にかいて示すこと。

厨子
仏像などを安置する仏具。

筋合い
確かな理由や根拠。間柄。

筋交い
【筋違い】斜めに交わること。

筋書
劇などのあらすじ。企て

筋金
金属製の補強棒・線。「—入り」

筋式
相互の関係を説明する図。

筋子
塩漬けにしたサケやマスの卵。

筋立
話の筋の立て方。あらすじ。

筋違
道理に外れていること。

鮨詰め
ぎっしり詰まっているさま。

筋道
物事を行うため道理。道理。

筋向かい
斜めに向かい合うこと。

筋目
【素性】生まれや経歴。血筋の家柄。

筋詰め
煙に混じる黒い粉末。油煙。

素姓
【素性】生まれや系統。血筋家柄。

煤
煙に混じる黒い粉末。油煙。

鈴
銀白色の金属元素。「—色」

雪ぐ
【漱ぐ】うがいする。「食前に口を—」

漱ぐ
汚れを洗い落とす。「汚名を—」

濯ぐ
すすで黒くなる古びて汚れる。

煤ける
心地よく冷やや涼しい。

涼しい

鈴生り
果実が群になるさま。

煤払い
前方へ向かっていく。煤やほこりを払い出す。図

進む
暑さを避け涼しい空気に当たる。

涼む
前に出す。進行する。

進める
行動するように誘い促す。勧誘。

勧める
人や物などを紹介する。推薦。

薦める
水を入れ墨をするための用具。

硯
吸い上げる。鼻水を吸い込む。

啜る
声を忍ばせて泣く。

啜り泣く
図や写真を掲げ衣服の下のふち。山のふもと。

図説

裾
衣服の下のふち。山のふもと。

裾野
山のふもとの原。「富士の—」

巣立つ
巣を離れ出る。社会に出る。

頭陀袋
【ずだぶくろ】修行僧が首にかける袋。

すたる―すやき

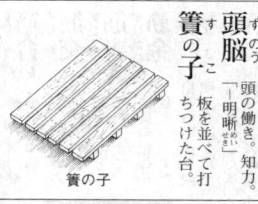

廃る(すた-る) 使われなくなる。衰える。「男が―」

簾(すだれ) 竹や華[草]で作るとんぼり。日よけ・目かくしなどに。

頭痛(ずつう) 頭の痛み。心配事。悩み。「―の種」図

捨て頓狂(すっとんきょう) 間の抜けたさま。

酸っぱい(すっぱい) 酸味がある。酸い。

素っ裸(すっぱだか) 何も身につけない状態。

素手(すで) 何も持たずに。手ぶら。

素敵(すてき) 優れているさま。素晴らしいさま。

捨て印(すていん) 訂正を予期して欄外に押す印。

捨て石(すていし) 趣をそえる庭石。碁の戦法。

素っ頓狂(すっとんきょう) → 頭頓狂

擦った揉んだ(すったもんだ) もめるさま。

捨て台詞(すてぜりふ) 去り際に残す言葉。

既に(すでに) もはや。以前に。

捨て値(すてね) 損得を度外視した安い値段。

捨て鉢(すてばち) やけになること。「―な態度」

捨て身(すてみ) 命をかけて事に当たること。

捨てる(すてる) 棄てる。見限る。投げ出す。

捨て置く(すておく) そのまま見過ごすこと。

素通し(すどおし) 丸見え。

素通り(すどおり) 立ち寄らないで通り過ぎること。

素泊まり(すどまり) 飲食などしない宿泊。

砂(すな) 細かい石の粒。まさご。「―浜」

砂嵐(すなあらし) 砂漠地方の砂が吹きつける強風。

素直(すなお) 性格が従順。温和。くせがない。

漁る(すなどる) 魚貝を捕る。

砂浜(すなはま) 細かい砂のほぼ一面に堆積した浜。さじはま。

砂埃(すなぼこり) 砂が一面に舞い上がり、細かい砂のほこり。じんじん。

即ち(すなわち) [乃ち]つまりは。

臑(すね) [脛]ひざから足首までの部位。

臑齧り(すねかじり) 親に養われていること・人。

拗ねる(すねる) 意地を張る。ひねくれる。

頭脳(ずのう) 頭の働き。知力。「―明晰」

簣の子(すのこ) 板を並べて打ちつけた台。

簀の子

巣箱(すばこ) 鳥の営巣・産卵のための木箱。

素肌(すはだ) [素膚]化粧をしていない肌。

素早い(すばやい) 動きや頭の回転がはやい。

素晴らしい(すばらしい) 立派で優れている。

昴(すばる) 牡牛座にあるプレアデス星団。

素版(すはん) 書物に掲載された図や写真。

図表(ずひょう) 数字や文字を記した図や表。

図太い(ずぶとい) 肝がすわった。「―態度」

図星(ずぼし) 的の中心。目当て。見込んだこと。

素振り(すぶり) 練習で竹刀などを振ること。

術(すべ) 手立て。手段。「―がない」

凡て(すべて) [全て]一つにまとめる。総括。「凡て・総て・全て」みんな。是非とも。

統べる(すべる) [総べる]一つに支配する。

滑る(すべる) なめらかに動く。

滑り込み(すべりこみ) 滑って入る。

滑り出し(すべりだし) 滑り始め。間に合わす。

窄む(すぼむ) 先が細まる。縮む。つぼむ。

住まい(すまい) 住んでいる家。住宅。

済ます(すます) [清ます]済む。借りを返す。しえる。果てる。

簀巻き(すまき) 簀でまく。魚捕り装置。

澄ます(すます) [清ます]きどる。木を燃やした燃料。木炭。図

炭(すみ) 木を燃やした燃料。木炭。図

墨(すみ) [角]書画に用いる黒色の液。墨汁。

隅(すみ) [角]奥まった場所。ほとり。かど。

住み処(すみか) [栖]住んでいる所。住家。

住み込み(すみこみ) 雇い主の家などに住む。

隅隅(すみずみ) 方々のすみ。あちこち。図

炭火(すみび) 木炭を使っておこした火。

速やか(すみやか) 迅速なさま。

澄み渡る(すみわたる) 一面が曇りなく澄む。

住む(すむ) 場所を決めて生活する。暮らす。

棲む(すむ) 鳥獣などが栖で生活する。

済む(すむ) 終わる。解決する。足りる。

澄む(すむ) [清む]清らかになる。↔濁る

図面(ずめん) 建築などの設計構造を表した図。

相撲(すもう) [角力]土俵で勝負する技。図

素焼き(すやき) うわ薬を塗らず焼いた陶器。

掏摸(すり) 懐中物を盗み取ること。人。

掏(す)り替(か)える 密かに入れかえる。

掏(す)り傷(きず) 肌をすりむいてできた傷。

擦(す)り切(き)り 容器のふちで一杯にする。

摺(す)り粉木(こぎ) すりばちの中の物をするのに使う棒。

擂(す)り鉢(ばち) 食物をすりつぶすための器。

摺(す)り減(へ)らす こすってへらす。

擂(す)り身(み) たたいてすりつぶした魚肉。

擦(す)り剥(む)く こすって皮などをむく。

擦(す)り寄(よ)る 接触するほど近づく。

刷(す)る 【摺る】文字などを印刷する。

為(す)る 行う。そうされる。感じられる。懐中物を抜き取る。すりを働く。

磨(す)る 【擂る】こすってみがく・減らす。食物などをつぶして細かくする。

擦(す)る こする。使い切ってなくなる。

鋭(するど)い とがる。優れている。「―鈍い」

狡(ずる)い 悪賢い。私利を追求する。

鯣(するめ) ひらいたイカを干した食品。

擦(す)れ枯(か)らし 世なれて悪くなる。

擦(す)れ違(ちが)う 粗略で手抜かりの多いこと。行きちがう。

杜漏(ずろう) 粗略で手抜かりの多いこと。

素浪人(すろうにん) 何もない浪人。ただの浪人。

座(すわ)る 【坐る】腰を下ろす。地位につく。とどまって動かない。動じない。

寸(すん) 尺貫法の長さの単位。短いこと。わずかなこと。

寸暇(すんか) わずかのひま。「―を惜しむ」

寸劇(すんげき) 短い演劇(特に喜劇)。コント。

寸隙(すんげき) 少しのすきま。少しのひま。

寸言(すんげん) 短くて深意のある言葉。警句。

寸毫(すんごう) 非常にわずか。ほんの少し。

寸刻(すんこく) わずかな時間。寸時。寸陰。

寸志(すんし) 心ばかりのちょっとした贈り物。少額の金を借りること。「―詐欺」

寸借(すんしゃく) 少額の金を借りること。「―詐欺」

寸前(すんぜん) わずか一歩手前。直前。「死の―」

寸楮(すんちょ) 短い手紙。自分の手紙の謙称。

寸断(すんだん) ずたずたに切り裂くこと。

寸詰(すんづ)まり 丈が少し短いこと。

寸鉄(すんてつ) 短い刃物。寸言。「―人を刺す」

寸胴(ずんどう) 上から下まで同じ太さの形状。

寸描(すんびょう) 簡単にしるした描写。スケッチ。

寸評(すんぴょう) 新聞などの短い批評。短評。

寸分(すんぶん) ほんの少しも。「―たがわず」

寸法(すんぽう) 長さ。大きさ。計画。段取り。

寸話(すんわ) ちょっとした話。短い話。

せ

背(せ) 背中。後ろ。身の丈。「山の―」

畝(せ) 尺貫法の土地面積の単位。

瀬(せ) 川の浅い所。急な流れの所。

是(ぜ) 道理にかなうこと。これ。非

姓(せい) みょう字。一族の名称。家すじ。

性(せい) 生まれつき。男女雌雄の別。

精(せい) たましい。気力。「―が出る」

所為(せい) しわざ。ゆえ。「人の―にする」

税(ぜい) 政府が徴収する金銭。「住民―」

贅(ぜい) むだ。ぜいたく。「―を尽くす」

井蛙(せいあ) 井の中の蛙。見識の狭い人。

性愛(せいあい) 男女間の本能的・肉体的な愛欲

制圧(せいあつ) 威力で相手を押さえつけること。

成案(せいあん) 考えや文案ができあがったもの。

勢威(せいい) 人を押さえつける権勢と威力。

誠意(せいい) 私欲に動かぬ心。真心。「―誠心」

声域(せいいき) 発声可能な高低音の範囲。

聖域(せいいき) 侵食不能な神聖な地域。

生育(せいいく) 生長。稲の―」

成育(せいいく) 人や動物が育つこと。

斉一(せいいつ) 一つに整いそろうこと。

精一杯(せいいっぱい) 力の限り行う。「―努力する」

正員(せいいん) 正式な資格のある人員。

成員(せいいん) 団体などを構成する人員。「―客員」

成因(せいいん) 物事を成り立たせる原因。

晴雨(せいう) 晴れと雨降り。晴天と雨天。

青雲(せいうん) 青く晴れた空。高位。「―の志」

星雲(せいうん) 雲のように見える星の集まり。

盛運(せいうん) 栄える運命。隆盛な運。←衰運

せいえい―せいけん

清栄（せいえい） 清く栄えること。「御―のこと」

精鋭（せいえい） 知力や体力が優れた人。「―の少数」

精液（せいえき） 雄性の生殖器から分泌される液。

声援（せいえん） 応援でかける声。「―に応える」

凄艶（せいえん） 非常にあでやかなさま。

製塩（せいえん） 食塩を製造すること。「―日」

西欧（せいおう） 西洋。ヨーロッパ西部。「―文化」

清音（せいおん） 濁音・半濁音をつけない音節。

静穏（せいおん） 穏やかで静かなさま。「―な日々」

正価（せいか） かけ値なしの価格。「―販売」

生花（せいか） いけばな。生き生きした自然の花。

生家（せいか） 生まれた家。実家。さと。

成果（せいか） 目的にかなう結果。いい結果。

声価（せいか） 世間の評判。聞こえ。「―が高い」

青果（せいか） 野菜と果物。「―市場」「―店」

盛夏（せいか） 夏の、最も暑い時期。真夏。圏

聖火（せいか） 神に供える火。五輪大会の灯火。

聖歌（せいか） 神聖な歌。賛美歌。「―隊」

精華（せいか） 最も優れよいところ。真髄。はな。

精華（せいか） 菓子を作ること。「―業」

製靴（せいか） くつを製造すること。「―業」

正解（せいかい） 解答や解釈が正しいこと。

清雅（せいが） 清らかで上品な様子。典雅。

政界（せいかい） 政治に関係する人々の世界。

盛会（せいかい） 会合が盛んなさま。「―を祈る」

正確（せいかく） 正しく確実なさま。的確。「―な図面」

精確（せいかく） 精密で確かなさま。

性格（せいかく） 人・物がもつ品性。たち。性質。

声楽（せいがく） 人の音声により奏する音楽。

生活（せいかつ） 生物が活動すること。暮らし。

生還（せいかん） 危険な場所から生きて帰ること。

性感（せいかん） 性的な快感。性的感覚。「―帯」

清閑（せいかん） 俗事に煩わされず静かなこと。

清観（せいかん） 立派で素晴らしい見もの・眺め。

精悍（せいかん） 表情が鋭く行動力のある面構え。

静観（せいかん） 物事のなりゆきを見守ること。

正眼（せいがん） 剣の先を相手の目に向ける構え。

青眼（せいがん） 人を喜んで迎えること。⇔白目

誓願（せいがん） 神仏に誓いを立てて願うこと。

請願（せいがん） 求めること。官庁などに願い求めること。「―書」

税関（ぜいかん） 輸出入品を管理する役所。

世紀（せいき） 百年を一期とする年代の単位。

正規（せいき） 規則にかなって正しい。「―採用」

正気（せいき） 天地の気。正しく大らかな気風。

生気（せいき） いきいきした気力。活気。元気。

精気（せいき） 生命の源泉となる元気、精力。

生起（せいき） 事件や現象が起こること。

性器（せいき） 生殖のための器官。生殖器。

正義（せいぎ） 人として正しい理義、道理。

世紀末（せいきまつ） 退廃的・懐疑の風潮。

請求（せいきゅう） 正当な権利として求めること。「―書」

性急（せいきゅう） 気短でせっかち。「―な催促」

逝去（せいきょ） 「死」の敬称。みまかること。

生魚（せいぎょ） 生きた魚。新鮮な魚。活魚。

成魚（せいぎょ） 十分成長した魚。⇔稚魚・幼魚

制御（せいぎょ） 「制禦・制馭」操ること。「―不能」

生協（せいきょう） 「生活協同組合」の略。

政教（せいきょう） 政治と宗教。祭政。「―分離」

盛況（せいきょう） 盛んで活気があるさま。

正業（せいぎょう） まともで、堅気な職業。

生業（せいぎょう） 生活するための仕事。なりわい。

盛業（せいぎょう） 事業や家業が盛んなさま。

政局（せいきょく） 政治の動向。「混沌たる―」

精勤（せいきん） 休まず勤め励むこと。「―手当」

税金（ぜいきん） 税として納める金銭。

成句（せいく） ことわざや格言。慣用句。「故事―」

背比べ（せいくらべ） 並んで背丈を比べること。

生計（せいけい） 生活するための手段・方法。

成形（せいけい） 形を作ること。

成型（せいけい） 型に入れて一定の形を成すこと。

整形（せいけい） 形を整えること。「―手術」

清潔（せいけつ） 汚れなく清らかなこと。⇔不潔

政見（せいけん） 政治についての考え。「―放送」

政権（せいけん） 政治を行う権力。

聖賢（せいけん） 聖人と賢人。聖者。清酒と濁酒。

制限（せいげん） 限りをつけること。「入場―」

税源（ぜいげん） 税の源泉となる収入や財産。

正誤（せいご） 正しいことと誤り。訂正。「―表」

制後（せいご） 生まれてこのか。「―三か月」

成語（せいご） 言いならわされた語。「故事―」

生硬（せいこう） 表現が未熟で練れていないさま。

成功（せいこう） 目的をとげること。↔失敗

性交（せいこう） 男女の性的な交わり。交合。

性向（せいこう） 性質の傾向。気立て。

性行（せいこう） 人の性質と行い。身もち。「―不良」

政綱（せいこう） その政党の、政策のおおもと。

盛行（せいこう） 広く盛んに行われること。

精巧（せいこう） 細かく巧みな仕かけ。「―な機械」

製鋼（せいこう） 銑鉄から鋼鉄を製造すること。

整合（せいごう） 矛盾なく合致すること。「―性」

正攻法（せいこうほう） 正々堂々と攻める方法。

正鵠（せいこく） 主要点。急所。「―を射る」

整骨（せいこつ） 骨折や脱きゅうを治療すること。

成婚（せいこん） 結婚が成り立つこと。「御―記念」

精根（せいこん） 精力と根気、気力。「―を尽くす」

精魂（せいこん） 魂。精神。心魂。「―をそそぐ」

性差（せいさ） 男女・雌雄の性別による差。

精査（せいさ） 細かい部分まで調べること。

正座（せいざ） 「正坐」足をくずさず座ること。

星座（せいざ） 恒星群を形で分けたもの。

静座（せいざ） 「静坐」静かな心で座ること。

正妻（せいさい） 正式な婚姻による妻。↔内妻

制裁（せいさい） 法や道徳にそむいた者への処分。

精彩（せいさい） 「生彩」いきいきと元気なさま。

精細（せいさい） 細かく詳しいこと。精密。詳細。

製材（せいざい） 原木から角材、板を作ること。

製剤（せいざい） 医薬品を調合・製造すること。

政策（せいさく） 政治方針。「協定」

制作（せいさく） 芸術的なものを作ること。

製作（せいさく） 物品を作ること。大量製造。

制札（せいさつ） 禁令などを記し立てた札。

省察（せいさつ） 自らかえりみて考えること。

精察（せいさつ） 詳しく観察・視察すること。

正餐（せいさん） 正式の献立による洋食の食事。

生産（せいさん） 物品を作り出すこと。↔消費

成算（せいさん） 成功するみ見通し。可能性。

青酸（せいさん） 劇毒性の酸性の液体。「―カリ」

凄惨（せいさん） 「凄惨」非常にむごたらしいさま。

清算（せいさん） 貸借や関係を始末する。「―人」

精算（せいさん） 計算し過不足を正すこと。「―所」

政治（せいじ） 国を治めること。「民主―」「―家」

青磁（せいじ） 青緑色のうわ薬で焼いた磁器。

正字（せいじ） 点や画の正しい文字。↔略字

静止（せいし） じっと動かないでいること。

制止（せいし） 言動などを押し止めること。「―をさまう」

誓止（せいし） 言動などを押し止めること。

誓詞（せいし） 誓う言葉。誓言。「―を交わす」

製紙（せいし） パルプから紙を作ること。「―業」

製糸（せいし） 繭から生糸を作ること。「―業」

精子（せいし） 生物の雄の生殖細胞。↔卵子

姓氏（せいし） 姓と氏。名字。苗字。氏姓。

生死（せいし） 生きるか死ぬか。「―をさまよう」

正視（せいし） まっすぐ見つめること。直視。

正史（せいし） 国家として編修した歴史書。

青山（せいざん） 木々が茂る山。骨を埋葬する地。

聖餐（せいさん） 最後の晩さんを記念する儀式。

盛時（せいじ） 若くて元気な時。栄えて盛んな時。

正式（せいしき） 定められた正しい方式。本式。

清拭（せいしき） 体をふき清潔にすること。

正室（せいしつ） 正妻。嫡子の世継ぎ。↔側室

性質（せいしつ） 人や物が生まれつきもつ特徴。

正邪（せいじゃ） 正しいことと邪悪なこと。

聖者（せいじゃ） 知徳の優れた人。聖人。殉教者。

静寂（せいじゃく） 静かでひっそりしていること。

誠実（せいじつ） 真心があり、まじめなこと。

脆弱（ぜいじゃく） もろくて壊れやすい様。

清酒（せいしゅ） 日本固有の米からつくる酒。

税収（ぜいしゅう） 税金による国や自治体の収入。

静粛（せいしゅく） 声を出さずに静かでいること。

成熟（せいじゅく） 十分に熟すこと。上達すること。

青春（せいしゅん） 年の若い時代。春。「―期」

せいしゅん―せいたく

清純（せいじゅん）心が清く汚れがないさま。

清書（せいしょ）きれいに書き直すこと。浄書。

聖書（せいしょ）キリスト教の経典。「新約―」

斉唱（せいしょう）同じ音律で一斉に歌うこと。

整序（せいじょ）秩序立てて整えること。

正常（せいじょう）普通であるさま。「―運転」 ⇔異常

清祥（せいしょう）【清勝】手紙のあいさつ語。健勝。

政商（せいしょう）政治家と結び利権を得る商人。

清浄（せいじょう）汚れなく清らかなさま。 ⇔不浄

性情（せいじょう）生まれもった性質と心情。気立て。

性状（せいじょう）人や物の性質・状態・行状。

政情（せいじょう）政учの状況。政局。

星条旗（せいじょうき）アメリカ合衆国の国旗。

青少年（せいしょうねん）青年と少年。若い人。

生色（せいしょく）顔色のいきいきとしたさま。

生食（せいしょく）なまのまま食べること。 ⇔火食

生殖（せいしょく）生物が子を産み増やすこと。「―者」

聖職（せいしょく）神聖な職業。「―者」

生新（せいしん）いきいきとして新しい様子。

清新（せいしん）新しくすがすがしいさま。

星辰（せいしん）ほし。星座。「―崇拝」

誠心（せいしん）まことの心。「―誠意」

精神（せいしん）心の働き。魂。根本の理念。

成人（せいじん）大人になること。二十歳以上の人。

聖人（せいじん）知徳が優れ他の師となすべき人。聖者。

星図（せいず）恒星の配置を記した図。恒星図。

製図（せいず）設計図などを作図すること。

盛衰（せいすい）盛んなことと衰えること。興廃。

精髄（せいずい）物事の最も重要なところ。神髄。

正数（せいすう）零より大きい数。 ⇔負数

製する（せいする）物を作る。こしらえる。

征する（せいする）従わない者を攻め支配する。征伐する。

制する（せいする）定める。抑える。

整数（せいすう）自然数・負数・零の総称。

生成（せいせい）物が生じること。作りあげること。

精製（せいせい）念入りにつくること。 ⇔粗製

精精（せいぜい）力の及ぶ限り。たかだか。

清清（せいせい）すっきりとさわやかなさま。

税制（ぜいせい）税に関しての制度。「―改革」

税政（ぜいせい）税務に関しての行政。

成績（せいせき）学業や仕事の出来具合。「―表」

聖跡（せいせき）【聖蹟】神聖な遺跡。旧跡。

凄絶（せいぜつ）すさまじいさま。「―な闘い」

生鮮（せいせん）新しく生きがいいこと。「―食品」

聖戦（せいせん）神聖な目的のために行う争い。

精選（せいせん）よいものを入念に選ぶ。厳選。

生前（せいぜん）生存していた時。死後

井然（せいぜん）秩序正しいさま。「―理路」 ⇔雑然

整然（せいぜん）乱れた所がなく整っているさま。

清楚（せいそ）飾らなく清らかなさま。

正装（せいそう）正式な服装。礼装。 ⇔略装

盛装（せいそう）華やかな服装。美装。 ⇔軽装

星霜（せいそう）としつき。年月。「幾―」

政争（せいそう）政治上での争い。政権の奪い合い。

清掃（せいそう）掃除すること。「―車」「―業」

精巣（せいそう）生物の雄の生殖器。 ⇔卵巣

製造（せいぞう）材料を加工し製品にすること。

成層圏（せいそうけん）地球の上層の大気層。

正則（せいそく）正しい規則や法則。 ⇔変則

生息（せいそく）【棲息】動物がすんでいること。

勢揃い（せいぞろい）人が一か所に集まること。

生存（せいぞん）生き長らえること。「―競争」 ⇔死体

正対（せいたい）相手と真正面に向き合うこと。

生体（せいたい）生きている体。「―実験」

生態（せいたい）生物の、生活し成熟した生物。「―系」

成体（せいたい）生殖可能ほどに成熟した生物。

声帯（せいたい）のどの発声器官。

政体（せいたい）国家の政治の形態。「―模写」「立憲―」

整体（せいたい）骨格のゆがみをととのえる療法。

静態（せいたい）静止している状態。 ⇔動態

臍帯（せいたい）へその緒。さいたい。

正大（せいだい）言行が正しく堂々としている。

盛大（せいだい）大きな規模で盛んなさま。

清濁（せいだく）清いことと濁ったこと。善悪。

贅沢（ぜいたく）多くの消費をすること。「―品」

せいたん―せいひょう

生誕(せいたん) 人が誕生すること。「―祭」

政談(せいだん) 政治に関する議論・談話。

星団(せいだん) 多くの恒星の密集した集団。

聖誕祭(せいたんさい) クリスマス。十二月二五日。

生地(せいち) 生まれた場所。出生地。出身地。

聖地(せいち) 神聖な土地。パレスチナ。

整地(せいち) 土地を耕すこと。地固め。

精緻(せいち) 緻密で細かいさま。「―な描写」

筮竹(ぜいちく) 占いで使う竹製の細い棒。

成虫(せいちゅう) 生殖可能に育つた昆虫。⇔幼虫

掣肘(せいちゅう) 自由な行動を妨げること。牽制。

正調(せいちょう) 曲の正しい調子。「―博多節」

生長(せいちょう) 植物などがおい育つこと。生育。

生長(せいちょう) 人や動物が一人前に育つこと。

成長(せいちょう) 育つこと。「第二次―期」

性徴(せいちょう) 男女の体の特徴。

声調(せいちょう) 声の調子。節回し。音調。

清澄(せいちょう) 清く澄んださま。「―な空気」

清聴(せいちょう) 相手の話に対する敬称。静かに耳を傾けること。

静聴(せいちょう) その事物に詳しい。最初の射精。

整腸(せいちょう) 腸の機能を整えること。「―剤」

精通(せいつう) その事物に詳しい。

制定(せいてい) 法律などを定め紙のあいさつ語。

政敵(せいてき) 対立する政治上の相手。

清適(せいてき) 無事を喜ぶ、手紙のあいさつ語。

聖哲(せいてつ) 知徳が優れて道理に通じる賢人。

製鉄(せいてつ) 鉄鉱石から鉄をつくること。

盛典(せいてん) 盛大に行われる儀式。盛儀。

晴天(せいてん) 空が晴れ渡るこ。好天。青天。

聖典(せいてん) 聖人の教えを説いた書物。聖書。

正殿(せいでん) 表となる本御殿。神社の本殿。

静電気(せいでんき) 物や人に静止している電荷。

青天の霹靂(せいてんのへきれき) 突然の衝撃。青空の雷(霹靂)の意から。突発的出来事。

生徒(せいと) 学校などで教育を受ける人。

制度(せいど) 社会的な定め。法律。「入試―」

精度(せいど) 正確さや精密さの度合い。

正当(せいとう) 道理に合うこと。合理。⇔不当

正統(せいとう) 正しい系統。直系。「―派」⇔異端

正答(せいとう) 正しく答えること。⇔誤答

征討(せいとう) 攻めて討つこと。征伐。討伐。

政党(せいとう) 政治的な同主義者の組織。

精到(せいとう) 細かく行き届いているさま。

製糖(せいとう) 砂糖を製造すること。

正道(せいどう) 正しい道。⇔邪道

政道(せいどう) 政治を行う方法。

聖堂(せいどう) 聖人を祭る堂。礼拝折の堂。

精読(せいどく) 詳しく読むこと。熟読。⇔乱読

整頓(せいとん) きれいに整えること。「整理―」

精肉(せいにく) 精選した品質のよい肉。「―店」

贅肉(ぜいにく) 体についた余分な肉や脂肪。

生年(せいねん) 生まれた年。生きた年数。

成年(せいねん) 成人となる年齢。二十歳。

青年(せいねん) 青春期の若い人たち。若者。

盛年(せいねん) 働き盛りの元気な年頃。

性能(せいのう) 機械などの特性と能力。「高―」

制覇(せいは) 権力を手にすること。優勝。

成敗(せいばい) 処罰すること。「けんか両―」

精白(せいはく) 米・麦などを白くすること。

整髪(せいはつ) 髪を整えること。理髪。「―料」

征伐(せいばつ) 背く者を攻め平らげること。退治。

精悍(せいかん) 筆勢が強く生きしたさま。運動や速力を抑え止めること。

制動(せいどう) 運動や速力を抑え止めること。

青銅(せいどう) 銅とすずとの合金。ブロンズ。

正犯(せいはん) 犯罪の直接の実行者。⇔従犯

製版(せいはん) 印刷のための版を作ること。

正反対(せいはんたい) 全く反対のこと。あべこべ。

正否(せいひ) 正しいか正しくないか。

成否(せいひ) 成功するか成否しないか。成敗。

整備(せいび) 整えて備えること。「―員」

静謐(せいひつ) 穏やかで安らかなさま。

製氷(せいひょう) 人工的に氷を製造すること。

せいひょう―せいれつ

性病（せいびょう）性行為により感染する病気。

正賓（せいひん）主となる客。主客。正客。

清貧（せいひん）貧しくとも行い品が潔白なこと。

製品（せいひん）加工し製造した品物。「―検査」

清風（せいふう）清らかな風。「―名月」

政府（せいふ）国を統治する機関。「―内閣」

制服（せいふく）定められている服装。↔私服

征服（せいふく）攻め従えること。相手の幸福を祝う手紙用語。

清福（せいふく）相手の幸福を祝う手紙用語。

整復（せいふく）骨折や脱きゅうなどを治すこと。

生物（せいぶつ）生命あるもの。「―学」

静物（せいぶつ）花・器具など動かない物。「―画」

製粉（せいふん）穀物をひいて粉をつくること。

正文（せいぶん）条約などの基準となる原文。

成分（せいぶん）物を構成している要素。

製本（せいほん）本の形にとじあわせること。

正本（せいほん）原本同様の効力をもつ文書。

制法（せいほう）税の徴収などに関する法律。

聖母（せいぼ）聖人の母。キリストの母マリア。 ↔図

歳暮（せいぼ）年の暮れ。年末の贈り物。

生母（せいぼ）生みの母。実母。↔養母

政変（せいへん）政治上の変動。政権の交代。

正編（せいへん）書籍の主要な部分。本編。↔続編

性別（せいべつ）男女・雌雄の別。「―不問」

生別（せいべつ）生き別れること。↔死別

成癖（せいへき）生まれつきの癖。さが。「―化」

成文（せいぶん）文に書き表すこと。もの。「―化」

精米（せいまい）玄米をついて白くした米。白米。

精密（せいみつ）細かく詳しいさま。「―機械」

精妙（せいみょう）細かく巧みにできているさま。

政務（せいむ）行政上の事務。「―次官」

税務（ぜいむ）税金に関する行政上の事務。

生命（せいめい）公式に明言すること。寿命。最も大切な部分。

声明（せいめい）公式に明言すること。「―文」

姓名（せいめい）苗字と名前。「―判断」氏名。

清明（せいめい）清く明らかなこと。二十四節気の一。

盛名（せいめい）盛んな名声。

正門（せいもん）正面に構える門。↔裏門

声門（せいもん）声帯の間にある、息の通る隙間。

声紋（せいもん）声の周波数を解析した図。

誓文（せいもん）誓いを記した文書。誓書。

聖夜（せいや）聖誕祭の前夜。クリスマスイブ。

誓約（せいやく）契約や約束が成立。必ず守ると約束すること。

成約（せいやく）契約や約束が成り立つこと。できあがること。

制約（せいやく）条件を課して制限すること。「―書」

製薬（せいやく）薬剤を製造すること。「―会社」

製油（せいゆ）石油などの油を製造すること。

精油（せいゆ）石油を精製すること。芳香油。

声優（せいゆう）声の吹き替えや出演する俳優。

清遊（せいゆう）風雅な遊び。旅の尊敬語。

西洋（せいよう）欧米諸国。「―料理」↔東洋

静養（せいよう）静かに養生すること。「自宅―」

性欲（せいよく）男女間の情欲。肉体的な欲望。

生来（せいらい）生まれてこのかた。天性。

青嵐（せいらん）青葉の頃に吹き渡る風。薫風。

生理（せいり）生体に起こる働き。月経。「―的」

整理（せいり）きちんと整え片づけること。

税吏（ぜいり）税務にかかわる役人。税務官吏。

税率（ぜいりつ）価格に対する税金の比率・割合。

成立（せいりつ）成り立つこと。

政略（せいりゃく）政治上の計略・策略。

税率（ぜいりつ）税金の割合。

清流（せいりゅう）清らかな水の流れ。↔濁流

政令（せいれい）政府が出す政治上の命令。

声量（せいりょう）声の大きさや強さの度合い。

清涼（せいりょう）さわやかで涼しいさま。「―剤」

勢力（せいりょく）勢い。威勢。「―分布」「―圏」

精力（せいりょく）活動の原動力。心身の元気。

政令（せいれい）政府が出す政治上の命令。

聖霊（せいれい）キリスト教の信徒を導く神の魂。

精霊（せいれい）死者の魂。万物に宿る魂。霊魂。

精励（せいれい）つとめて励むこと。「―刻苦」

西暦（せいれき）キリスト生誕が紀元の西洋の暦。

清冽（せいれつ）水が清らかで冷ややかなこと。

せいれつ―せきりょう

整列（せいれつ） 整然と順序よく並ぶ。「―乗車」

精練（せいれん） 繊維から不純物を除く。鍛練。

精錬（せいれん）【精練】鉱石から不純物を採る。

製錬（せいれん） 鉱石から金属を採る。

晴朗（せいろう） 晴れてのどかなさま。「―の天気」

蒸籠（せいろう） 食品を蒸すための器具。せいろ。

蒸籠〔図〕

政論（せいろん） 政治にかかわる議論。

正論（せいろん） 道理にかなう正しい議論・主張。

背負う（せおう） 背に負う。引き受ける。

世界（せかい） 地球全体。世間。特定の社会。

施餓鬼（せがき） 無縁の死者への供養。⑧

是が非でも（ぜがひでも） どうしてもぜひ。

倅（せがれ）【倅】息子の謙称。「うちの―」

咳（せき） のどから出すもの。⑧

席（せき） 座る所。集まりの座。寄席。

堰（せき） 水位などを調節する構造物。

関（せき） 支え止めるもの。関所。「―の人目の―」

籍（せき） 登録の所。「―を入れる」

積（せき） 積むこと。数をかけた値。数値・量。

積雲（せきうん） 夏に多い、垂直に重なる雲。

石英（せきえい） 陶磁器などの原料の鉱物。

赤外線（せきがいせん） 波長の長い電磁波。「―写真」

碩学（せきがく） 学識が広く深い人。博学な人。

隻眼（せきがん） 一つの眼。真実を見抜く眼。

関が原（せきがはら） 勝敗・運命を決する戦い。

咳き込む（せきこむ） 続けざまに激しくせく。

積載（せきさい） 車・船に荷を積むこと。「―量」

石材（せきざい） 建築など製作の材料となる石。

積算（せきさん） 加算すること。見積もり。

赤子（せきし） 生まれたての子。あかご。人民。

席次（せきじ） 座席の順番。席順。成績の順位。

昔日（せきじつ） むかし。往日。「―の感」

惜春（せきしゅん） 過ぎゆく春を惜しむ。「―の賦」

赤十字（せきじゅうじ） 傷病者救護の国際組織。

析出（せきしゅつ） 溶液から結晶が分離されること。

惜敗（せきはい） 惜しいところで負ける。↔辛勝

関所（せきしょ） 会合の場。座席の上。

脊髄（せきずい） 地表に降り積もる雪。「―量」

席上（せきじょう） 会合の場。座席の上。

関心（せきしん） 要所で旅人を調べた機関。関門。

寂然（せきぜん） 物寂しくひっそりしている様。

石像（せきぞう） 石材を刻んで造った像。

席題（せきだい） 歌会でその場で出す題。↔兼題

石炭（せきたん） 地中で植物が炭化したもの。

脊柱（せきちゅう） 脊椎を構成する背骨。「―動物」

石柱（せきちゅう） 脊椎を構成する骨格。背骨。

脊椎（せきつい） 岩石で造る日本庭園。いしにわ。

石庭（せきてい） 寄席。興行などを営業する人。

石亭（せきてい） 寄席。興行などを経営する人。

石塔（せきとう） 石製の仏塔。墓石。墓碑。

赤道（せきどう） 両極から等距離の緯度の基準線。

関取（せきとり） 大相撲で十両以上の力士。

責任（せきにん） なすべき任務や償い。「―転嫁」

積年（せきねん） 積み重ねた年月。「―の努力」

関の山（せきのやま） ここまでの限度。せいぜい。

惜別（せきべつ） 別れを惜しむこと。「―の情」

責務（せきむ） 責任をもつ務め。義務。「―を果す」

赤面（せきめん） 恥じて顔が赤くなる。

赤貧（せきひん） 極めて貧しいさま。極貧。「―洗うが如し」

石碑（せきひ） 文字を彫った石の記念碑。石塔。

責務（せきむ） 責任をもつ務め。義務。「―を果す」

赤裸裸（せきらら） 包み隠しのないさま。

石油（せきゆ） 地下採取する燃料などに使う油。

積乱雲（せきらんうん） 形が山のような入道雲。

赤痢（せきり） 発熱・下痢を伴う疾病。「―菌」

席料（せきりょう） 会場などを借りる料金。座敷代。

脊梁（せきりょう） 背骨。背すじ。「―山脈」

寂寥（せきりょう） 静かで物寂しいさま。「―感」

石碑〔図〕

せきわけ—せつこう

関脇（せきわけ） 大相撲の三役の一。大関の次位。

咳（せき）く せきをする。しわぶく。

急（せ）く はやる。急がせる。

塞（せ）く 堰（せ）く。流れを遮り隔てる。激しくなる。

勢子（せこ） [列卒] 狩りで獣を追い出す役。

世才（せさい） 世の中の出来事。世俗に明るい才。

世故（せこ） 世間のならわし。「―にたける」

世間体（せけんてい） 世間に対する体裁・体面。

世間（せけん） 社会。世の中。江湖（こうこ）。「―知らず」

施（せ）す 法事・供養の主人役。建てる。

世辞（せじ） 愛想。「―を言う」

世襲（せしゅう） 相続により代々受け継ぐこと。

世情（せじょう） 世間。巷間（こうかん）。世間の状態。「―のうわさ」

世上（せじょう） 世間の人情。

施錠（せじょう） 錠にかぎをかけること。「―確認」

世人（せじん） 社会・世の中の人。世間の人々。

背筋（せすじ） 背中に沿った背中の中心線。

是正（ぜせい） 欠点などの間違いを改めること。

世相（せそう） 世の中のありさま。世態。

世俗（ぜぞく） 世の中のならわし。世間の人。

世帯（せたい） 住居・生計が同じ人。所帯。

世代（せだい） それぞれの年齢層。

背丈（せたけ） 身の丈。身長。衣服の丈。

世知辛（せちがら）い [世知]世間で生きる知恵。世才。暮らしにくい。打算的。

世知（せち） 世間で生きる知恵。世才。

節煙（せつえん） 喫煙量を減らすこと。

絶縁（ぜつえん） 縁切り。電気や熱伝導を絶つ。

節介（せっかい） 自分の発言から受けるわずらい。

絶佳（ぜっか） すぐれてよい。美しい。風光―。

舌禍（ぜっか） 自分の発言から受けるわずらい。

切開（せっかい） 治療のため患部を切ること。

石灰（せっかい） 生石灰・消石灰の総称。「―岩」

節季（せっき） 季節の終わり。歳暮・盆と年末。

絶技（ぜつぎ） すぐれた技術。演技。妙技。

接客（せっきゃく） 客に面接し応対する。もてなし。

説教（せっきょう） 信仰を説く。教訓めいた忠告。

説経（せっきょう） 経典を解説して聞かせる。説法。

絶叫（ぜっきょう） あらん限りの声で叫ぶこと。

積極（せっきょく） 進んで物事に取り組む。⇔消極

接近（せっきん） 近づく。差がつまる。「―遭遇」

節句（せっく） [節供]五節句の式日。「雛（ひな）―」

責付（せっつ）く 催促する。せきたてる。

絶句（ぜっく） 言葉に詰まる。漢詩の一形式。

折檻（せっかん） 痛めつけ、責めこらしめること。

石棺（せっかん） 石で造られた棺おけ。

折角（せっかく） 骨折り。わざわざ。せいぜい。

雪害（せつがい） 降雪による損害。「―対策」

絶海（ぜっかい） 陸地から遠い海。「―の孤島」

接岸（せつがん） 船を岸に横づけすること。

切願（せつがん） 懇願に願うこと。ひたすら願う。

折衝（せっしょう） 意見・操。ふし。適度。風操。

拙悪（せつあく） へたで出来が悪いさま。へた。

設営（せつえい） 施設や会場を整えること。「―隊」

説（せつ） 意見。学説。説明。

節（せつ） 折。季節。時。

石器（せっき） 先史時代の遺物。石製の道具。

雪渓（せっけい） 夏でも雪が残る高山の谷間。夏

設計（せっけい） 工事や機械の構想・計画。「―図」

石窟（せっくつ） 岩石をくり抜いた住居。いわや。

節減（せつげん） 切り詰めて減らすこと。「経費―」

雪原（せつげん） 高山などで雪が溶け残った地域。

節言（せつげん） 厳しい忠言。

接見（せっけん） 懇切にしていうこと。節約。

節倹（せっけん） 質素にしていること。節約。

席巻（せっけん） [席捲]次々と攻め取ること。引見する。

赤血球（せっけっきゅう） 血中で酸素を運ぶ細胞。

雪月花（せつげっか） 四季ごとの美しい眺め。

絶景（ぜっけい） 非常に優れた景色。絶勝。

拙稿（せっこう） へたな原稿。自分の原稿の謙称。

石膏（せっこう） 鉱物の一。天然の硫酸石灰。

石工（せっこう） 石材を細工する職人。いしく。

斥候（せっこう） 敵情をひそかに探る。

絶後（ぜつご） 再度起こらない。息絶えたあと。

せつごう―せつぷく

接合（せつごう） つなぎあわせること。続きあう。

絶交（ぜっこう） 交わりを断つこと。つきあいをやめる。

絶好（ぜっこう） この上なくよいこと。「―の機会」

接骨（せっこつ） 骨折などを治療すること。骨つぎ。

切削（せっさく） 金属などを切り削る。「―工具」

拙作（せっさく） へたな作品。自分の作品の謙称。

拙策（せっさく） まずい策略。愚かな計略の謙称。

絶賛（ぜっさん） ほめたたえること。激賞。

摂氏（せっし） 「摂氏温度」の略。↔華氏

切実（せつじつ） 直接差し迫って強く感じるさま。

切者（せっしゃ） 武士が使った自称。小生。私。

窃写（せっしゃ） 被写体に接近して盗んで撮影すること。

接種（せっしゅ） 病毒を体に移植する。「予防―」

摂取（せっしゅ） 取り入れること。体内に吸収する。

節酒（せっしゅ） 飲酒の量・回数を節制すること。

接収（せっしゅう） 権力で強制的に取り上げること。

切除（せつじょ） 切り取って除くこと。「―手術」

折衝（せっしょう） 利害の一致しない相手との談判。交渉。

殺生（せっしょう） 生物を殺すこと。残酷なこと。

絶唱（ぜっしょう） 優れた詩や歌。熱唱すること。

絶勝（ぜっしょう） 優れた景色。

接触（せっしょく） 近づき触れること。交渉をもつ。

節食（せっしょく） 食事量をほどよく減らすこと。

絶食（ぜっしょく） 食を断つこと。「―療法」

雪辱（せつじょく） 不名誉や恥をすすぐこと。「―戦」

節水（せっすい） 水をむだにせず節約すること。

接する（せっする） 触れる。交わる。続く。

節する（せっする） 控えめにする。「飲酒を―」

絶する（ぜっする） 比類がない。尽きる。絶える。

摂生（せっせい） 健康に留意すること。養生。

節制（せっせい） 控えめにすること。自制。自重。

絶世（ぜっせい） 世に並ぶ者がないこと。比類なく優れる。

節税（せつぜい） 納税の負担を軽減すること。

切切（せつせつ） 思い迫る。熱心な。もの寂しい。

接戦（せっせん） 互角の勝負。近寄って戦うこと。

截然（せつぜん） 区別が明白なさま。「―たる差」

舌戦（ぜっせん） 言い争い。口論。論戦。筆戦。

節操（せっそう） 信念をかたく守ること。貞操。

拙速（せっそく） 下手だが作業は速い。↔巧遅

接続（せつぞく） つなぐ。つながる。「―詞」

雪駄（せった） （雪踏）底が革張りの竹皮草履。

接待（せったい） もてなし。ほどこし。「―費」

絶対（ぜったい） 比較・制限されないこと。必ず。

舌代（ぜつだい） 口上代わりの簡単なあいさつ文。

拙宅（せったく） 自分の家の謙称。陋屋。

切断（せつだん） 截断。切り離し断ち切ること。「―面」

接地（せっち） 地面に接触すること。アース。

設置（せっち） 作り設けること。設け置くこと。

接着（せっちゃく） つく。くっつけること。「―剤」

折衷（せっちゅう） 「折中」中ほどをとる。「―案」

拙著（せっちょ） 自分の著作物の謙称。

絶頂（ぜっちょう） 山の頂上。最上。「人気―」

雪隠（せっちん） 便所。かわや。はばかり。

設定（せってい） 作り定めておく。しらえておく。

接点（せってん） 〔切点〕二つの物が接する点。

節電（せつでん） 電気の使用量を節約すること。

節度（せつど） 規律、適度な程合い。調子。

窃盗（せっとう） 盗むこと。泥棒。「―犯」

説得（せっとく） 納得させること。説き伏すこと。「―力」

絶倒（ぜっとう） 笑い転げること。「抱腹―」

刹那（せつな） 非常に短い瞬間。「―主義」↔劫

切（せつ）に 心から。強く願うさま。「―願う」

切ない（せつない） 胸が締めつけられてつらい。

切羽詰（せっぱつ）まる 窮して手詰め寄せ段がない。

切半（せっぱん） 半分に分ける。二分。

切版（ぜっぱん） 出版を打ち切ること。その本。

設備（せつび） 備え設けること。その用意。「―投資」

絶筆（ぜっぴつ） 故人の最後の作品。筆を絶つこと。

拙筆（せっぴつ） 自分の筆跡の謙称。

絶品（ぜっぴん） またとない優れた品物・作品。

切腹（せっぷく） 腹を切って死ぬこと。割腹。

説伏（せっぷく） 説き伏せること。説得すること。

せつふん―せんえつ

節分(せつぶん) 特に立春の前日。二月三日頃。图

接吻(せっぷん) くちづけ。キス。

切迫(せっぱく) 非常に険しいがけ。「断崖―」

絶壁(ぜっぺき) 心から望むことがかなって希望する。

説法(せっぽう) 仏法を説きさとす。説教する。

絶望(ぜつぼう) 望みがまったくなくなること。失望。

舌鋒(ぜっぽう) 弁舌や議論が鋭いこと。

絶妙(ぜつみょう) このうえなく巧みなさま。

絶無(ぜつむ) 全くない。絶えてない。皆無。

説明(せつめい) 相手にわかるように述べること。

絶命(ぜつめい) 命が絶えること。死ぬこと。落命。

絶滅(ぜつめつ) 滅びること。この世からなくなる。

設問(せつもん) 問題を作ること。作られた問題。

節約(せつやく) むだを省くこと。倹約。「―経費」

説諭(せつゆ) 教えさとすこと。言い聞かせる。

切要(せつよう) 極めて大切なこと。肝要。

摂理(せつり) 代わって処理する。神の意志。

節理(せつり) 規則正しい岩石の割れ目。道理。

設立(せつりつ) 機関などを新しく作る。創立。

絶倫(ぜつりん) 並外れて優れている。「―精力」

拙劣(せつれつ) 下手。劣ること。まずい。

説話(せつわ) 伝説。神話。昔話。民話。

瀬戸(せと) 狭い海峡。瀬戸際の略。

瀬戸物(せともの) 茶わんなどの陶磁器の総称。

瀬戸際(せとぎわ) 勝敗などの大事な分かれ目。

背戸(せど) 裏口。裏門。家の後ろ。「―口」

背中(せなか) 体の後ろ側。背後。

銭(ぜに) 金属性の通貨。金銭。かね。

是認(ぜにん) よしと認める。許可。‡否認

背伸び(せのび) つま先立ちで体を伸ばす。

狭める(せばめる) 幅を狭くする。距離を縮める。

施肥(せひ) 農作物に肥料を与えること。

是非(ぜひ) 物事のよしあし。きっと。必ず。

世評(せひょう) 世間の評判。うわさ。風評。

背鰭(せびれ) 魚の背中にあるひれ。

背広(せびろ) 男性用の折り襟の平服。スーツ。

背骨(せぼね) 脊柱を構成する骨。

背踏(せぶみ) 打診すること。前もって試す。

狭い(せまい) 面積や幅が小さい。余裕や幅がない。

迫る(せまる) 【逼る】狭くなる。窮する。近づく。

蟬時雨(せみしぐれ) セミが鳴きたてるさま。图

攻め倦む(せめあぐむ) 攻め切れずいやになる。

責め苦(せめく) 責められる苦しみ。

責め苛む(せめさいなむ) 責めいじめて苦しめる。

閲ぐ(せめぐ) 恨み争い合う。互いに争う。

攻める(せめる) 攻撃する。敵を討つ。‡守る

責める(せめる) 非難する。なじる。せがむ。

競り(せり) 【糶】競争すること。競り売り。

迫り出す(せりだす) 上・前へ押し出す。

台詞(せりふ) 〔科白〕役者が劇中で話す言葉。

競る(せる) 競争する。競争して値を高くする。

施療(せりょう) 無料で貧乏な人を治療する病。

世論(せろん) 世間一般の方向。「―調査」

世話(せわ) 面倒をみること。間をとりもつ。

忙しい(せわしい) いそがしい。気ぜわしい。

栓(せん) 管や容器などの口をふさぐ物。仕切り方向。

線(せん) すじ。筋道

選(せん) 選び出すこと。「―にもれる」

善(ぜん) 「―は急げ」よい。正しい。‡悪

禅(ぜん) 解脱の境地に入る。「座禅」の略。

膳(ぜん) 食器や食べ物を載せる台。食事。

善悪(ぜんあく) 善と悪。善人と悪人。よしあし。

戦意(せんい) 戦おうとする気力。「―喪失」

遷移(せんい) 物事が移り変わること。推移。

繊維(せんい) 細い糸状の物質。「天然―」

善意(ぜんい) 善良な心。親切心。‡悪意

全域(ぜんいき) 地域・分野の全体。「市内―」

専一(せんいつ) 専らひたすら心を注ぐ。肝要。

船員(せんいん) 船舶の乗組員。「―保険」

全員(ぜんいん) 全部の人。総員。「―参加」

先鋭(せんえい) 鋭い。「―化」急進的。

前衛(ぜんえい) 前方の守り。‡後衛

戦役(せんえき) 戦い。いくさ。戦争。「日露―」

戦雲(せんうん) 戦いが起きそうな殺気立つ気配。

僭越(せんえつ) 〔失礼〕とがって進的。みだりに分を越えること。

専横（せんおう） 自分勝手。横暴。

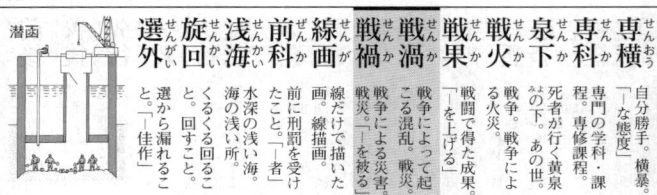

専科（せんか） 専門の学科・課程・専修課程。

泉下（せんか） 死者が行く黄泉の下。あの世。

戦火（せんか） 戦争。戦争による火災。

戦果（せんか） 戦闘で得た成果。「—を上げる」

戦渦（せんか） 戦争によって起こる混乱。

戦禍（せんか） 戦争による災害。戦災。「—を被る」

線画（せんが） 線だけで描いた画。線描画。

前科（ぜんか） 前に刑罰を受けたこと。「—一犯」

浅海（せんかい） 水深の浅い海。

前科（ぜんかい） 海の浅い所。

旋回（せんかい） くるくる回ること。回すこと。

選外（せんがい） 選から漏れること。「—佳作」

潜函

全会（ぜんかい） 会の人全体。全員。「—一致」

全快（ぜんかい） 病気がすっかり治ること。全快。

全開（ぜんかい） 開きること。全力を出す。

全壊（ぜんかい）【全潰】丸つぶれ。半壊。「—家屋」

先覚（せんかく） 人より先に見抜くこと。↔後覚

先学（せんがく） 学問の上での先輩。未熟なこと。浅い学問。

浅学（せんがく） 見識が未熟なこと。浅い学問。

全額（ぜんがく） 全部の金高。総額。

詮方（せんかた） しかた。方法。手段。「—無し」

専管（せんかん） 一手に管轄すること。「—水域」

戦艦（せんかん） 戦闘艦の略。大型軍艦。

潜函（せんかん） 水中や地下の基礎工事で使う箱。

洗眼（せんがん） 水や薬液などで目を洗うこと。

洗顔（せんがん） 顔を洗うこと。「—クリーム」

戦記（せんき） 戦争に関する記録。軍記。

戦機（せんき） 軍事上の機密。戦争の機運。

先議（せんぎ） 他の件に先立ち審議すること。

詮議（せんぎ） 評議して決めること。取り調べ。

前記（ぜんき） 上記。前に記した箇条。↔後記

先客（せんきゃく） 先にきた客。「—がある」

占拠（せんきょ） 場所を占有して立てこもること。

船渠（せんきょ） 船を造り修繕する施設。ドック。

選挙（せんきょ） 投票で代表者を選ぶこと。「—権」

鮮魚（せんぎょ） 新鮮な魚。生の魚。「—商」

仙境（せんきょう）【仙郷】俗界を離れた勝地。仙界。

船渠

宣教（せんきょう） 宗教を広めること。布教。「—師」

船橋（せんきょう） 船の上甲板にある司令台。

戦況（せんきょう） 戦いの状況。戦局。「—報告」

専業（せんぎょう） 専門の事業・職業。独占事業。

戦局（せんきょく） 戦争や試合のなりゆき・局面。

選曲（せんきょく） 楽曲を選ぶこと。選んだ楽曲。

千切り（せんぎり）【繊切り】野菜を線状に切る。

千金（せんきん） 千両。多額の金銭。「一刻—」

千鈞（せんきん） 千貫目。「—の重み」

先駆（せんく） 先に立つ人。先覚者。「—者」

先口（せんくち） 申し込みなどの順番が先なこと。

遷化（せんげ） 高僧が死去すること。入寂すること。

全景（ぜんけい） 全体の景色・眺め。全画角。

前掲（ぜんけい） 前に述べている。前出。

前景（ぜんけい） 手前のけしき。↔後景

前傾（ぜんけい） 体を前に傾けること。「—姿勢」

先決（せんけつ） 先に決定すべきこと。「—問題」

専決（せんけつ） 独りで決めること。「—独断」

鮮血（せんけつ） 生き血。流れ出た直後の赤い血。

先見（せんけん） 事前に見抜くこと。「—の明」

先賢（せんけん） 昔の賢人・偉人。先哲。前賢。

専権（せんけん） 権力をほしいままにすること。

浅見（せんけん） 浅はかな見識。「—」の謙称。

宣言（せんげん） 意見や方針を公に発表すること。

全権（ぜんけん） 一切の権限。完全な権利。

前言（ぜんげん） 前に述べた言葉。先人の言葉。

漸減（ぜんげん） だんだん減ること。↔漸増

千古（せんこ） 大昔。永久。永遠。「—不易」

戦後（せんご） 戦争のあと。終戦後。↔戦前

せんこう―せんしょう

前後（ぜんご） 前と後ろ。物の順序。先と後。▷「―の順」

善後（ぜんご） うまく後始末をつけること。

先攻（せんこう） 試合で先に攻めること。◆後攻

先行（せんこう） 先に進むこと。案内。

専行（せんこう） 自分だけの判断で行うこと。

専攻（せんこう） 専門に研究すること。専門。

穿孔（せんこう） 穴を開ける。ひらめき。

閃光（せんこう） 瞬間的にきらめく光。忍び歩き。▷「―機」

戦功（せんこう） 戦争の手柄。軍功。

潜行（せんこう） 水中を潜り行く。忍び歩き。

潜航（せんこう） 水中を航行する。ひそかな航海。

線香（せんこう） 香料を棒状に固めたもの。

選考（せんこう） 【銓衡】能力を調べ適任者を選ぶこと。

鮮紅（せんこう） 鮮やかな紅色。赤。▷「―色」

善行（ぜんこう） よい行い。▷「―を積む」◆悪行

戦国（せんごく） 国内全体。国中。その国の世上。

宣告（せんこく） 言い渡すこと。裁判の言い渡し。

先刻（せんこく） 先ほど。とっくに。▷「―承知」

善後策（ぜんごさく） 後始末の方法。▷「―を講じる」

全国（ぜんこく）

戦国（せんごく） 戦いの絶えない時代。▷「―の世」

仙骨（せんこつ） 非凡な風体。骨柱の下端の骨。

先座（せんざ） 落語で、真打ちの前に出る人。

前妻（ぜんさい） もとの妻。▷後妻

浅才（せんさい） 浅はかな才知。浅知恵。非才。

先才（せんさい）

戦災（せんさい） 戦争による災害。戦禍。▷「―孤児」

繊細（せんさい） ほっそりと優美。感情が細やか。

前栽（せんざい） 庭先の草木。草木を植えた庭園。

洗剤（せんざい） 汚れを洗い落すのに使う薬剤。

潜在（せんざい） 内に潜む。隠れている。◆顕在

前菜（ぜんさい） 最初の軽い料理。オードブル。

先史（せんし） 有史以前。▷「―時代」「―学」

詮索（せんさく） 細かく口出しする。憶測する。

戦士（せんし） 戦いに参加する人。▷「企業―」

戦死（せんし） 戦争で死ぬこと。戦没。◆「―体」

戦時（せんじ） 戦争中。▷「―平時」

禅師（ぜんじ） 高徳の僧。知識の高い禅僧の敬称。

漸次（ぜんじ） 次第に。徐々に。だんだんに。

先日（せんじつ） この間。過日。前日。

船室（せんしつ） 船の中のキャビン。船房。

洗車（せんしゃ） 車の汚れを洗い落とすこと。

戦車（せんしゃ） 戦闘に使う軍用車。装甲車。

選者（せんじゃ） 優れた作品を選定する人。

撰者（せんじゃ） 書物・文章などの作者。撰述者。

善哉（ぜんざい） ほめて、喜び祝う語。汁粉。

穿鑿（せんさく） 穴を開ける。細かく探り求める。

前者（ぜんしゃ） 二つのうち前のもの。◆後者

繊弱（せんじゃく） 細くて弱々しいさま。しなやか。

先借（せんしゃく） 先借りすること。

千社札（せんじゃふだ） 参詣して社殿にはる紙片。

先取（せんしゅ） ほかより先に取ること。▷「―点」

船主（せんしゅ） 船の持ち主。ふなぬし。

船首（せんしゅ） 船の最前端。▷船尾

選手（せんしゅ） 選ばれた競技者。▷「―権」「―宣言」

繊手（せんしゅ） 女性の、かぼそくしなやかな手。

千秋（せんしゅう） 千年。長い年月。▷「一日―」

専修（せんしゅう） 一事を専門に修めること。専攻。

選集（せんしゅう） 代表作をいくつか選び集めた書。

撰集（せんしゅう） 詩歌・文章を集め編集すること。

先住（せんじゅう） 先に住んでいること。▷現住

専従（せんじゅう） その事だけに専ら従事すること。

選出（せんしゅつ） 選び出すこと。選抜で。▷「―者」

前述（ぜんじゅつ） 前に述べたこと。前陳。◆後述

戦術（せんじゅつ） 戦ううえでの方策・兵法。▷「―家」

全書（ぜんしょ） 特定の事項を全部集めた書。

選書（せんしょ） 多くの著作から適切な処置をすること。

選処（せんしょ） 適切な処置をすること。

善処（ぜんしょ）

千秋楽（せんしゅうらく） 興行の最終日。雅楽の曲。

禅宗（ぜんしゅう） 仏教の一派。禅で悟りを開く。

先勝（せんしょう） 【戦捷】戦いに先に勝つ。▷「―国」◆戦敗

戦勝（せんしょう） 数試合中で先に勝つこと。六曜の一つ。

僭称（せんしょう） 身分以上の称号を勝手に称すること。

選奨（せんしょう） 優れたものを選びすすめること。

洗浄（せんじょう） 【洗滌】洗い清める。▷「―剤」

扇情（せんじょう） 【煽情】情欲・感情をあおること。

せんしょう―せんてら

戦場（せんじょう）いくさの場。戦いの陣。戦地「古―」

戦勝（せんしょう）すべての勝負に勝つこと。‡全敗

全焼（ぜんしょう）全部焼けること。丸焼け。‡半焼

禅譲（ぜんじょう）権力を徳のある人に譲ること。譲位。

前哨戦（ぜんしょうせん）小手調べ。準備的活動。

扇状地（せんじょうち）扇形に広がる沖積地。

染色（せんしょく）染料で染めること。

染織（せんしょく）糸や布を染めることと織ること。

煎じる（せんじる）煮詰めて発達する。「漢方薬を―」

専心（せんしん）一つの物事に心を注ぐ。専念。

先進（せんしん）ほかより進歩・発達している。

千尋（せんじん）【千仞】非常に深い・高い。ちひろ。

先人（せんじん）前代の人。祖先。亡父。‡後人

先陣（せんじん）一番乗り。先頭。「―争い」‡後陣

戦陣（せんじん）いくさの陣営。戦場。戦争。

戦塵（せんじん）戦いの騒ぎ。「―を避ける」

全身（ぜんしん）体全体。「―像」‡半身

前身（ぜんしん）以前の身分や職業・組織の形態。

前進（ぜんしん）前へ進むこと。‡後退

漸進（ぜんしん）少しずつ進むこと。‡急進

扇子（せんす）「おうぎ（扇）」であおぐ。

泉水（せんすい）庭にある池。いずみ。

潜水（せんすい）水にもぐること。「―病」「―艦」

先生（せんせい）教師。専門家に対する敬称。

先世（せんせい）現世に生まれる前の世。前生。

宣誓（せんせい）誓い。誓いの言葉を述べること。

専制（せんせい）先手を取ること。機先を制すること。

全盛（ぜんせい）物事や政治を独断で行うこと。

善政（ぜんせい）最も盛んな時期。栄華の極。‡一期

善政（ぜんせい）よい政治。正しい政治。‡悪政

先祖（せんぞ）代々の人々。家系の初代。祖先。

船倉（せんそう）【船艙】船の中の倉庫。ふなぐら。

戦争（せんそう）国家間の武力争闘。戦闘。競争。

前奏（ぜんそう）楽曲の冒頭部分。物事の始まり。

禅僧（ぜんそう）禅宗の僧。禅坊主。

漸増（ぜんぞう）徐々に増えること。‡漸減

占星術（せんせいじゅつ）星の運行で占う術。「西洋―」

戦跡（せんせき）戦場の跡。

戦績（せんせき）戦いや試合の成績・結果。

宣戦（せんせん）戦争開始の宣言。「―布告」

戦線（せんせん）戦闘の最前線。戦闘の区域。

戦前（せんぜん）戦争の前。第二次大戦の前。

戦戦（せんせん）戦場。寒暖気団の境目。「―恐々」「寒冷―」

全然（ぜんぜん）全く。非常に。少しも。

善戦（ぜんせん）力を尽くして十分に戦うこと。

先祖（せんぞ）代々の人々。家系の初代。祖先。

専属（せんぞく）一つの会社・組織だけに属す。

喘息（ぜんそく）あえぐ、呼吸困難に陥る病気。

全速力（ぜんそくりょく）最高の速力。フルスピード。

船体（せんたい）船の本体。船の姿。船舶。

先代（せんだい）前の代の当主。前の時代。‡当代

全体（ぜんたい）全部。すべて。‡部分

洗濯（せんたく）衣服などを洗う。「―機」

選択（せんたく）適するものを選び取る。「―肢」

先達（せんだつ）指導者。案内者。先輩。

先達（せんだって）先頃。この間。先日。「―来」

膳立て（ぜんだて）【食事の準備】をする。よい働きをする存在。「お―が整う」

善玉（ぜんだま）善人。よい働きをする存在。

先端（せんたん）【尖端】物の一番先の部分。「―的」

戦端（せんたん）戦いのきっかけ。「―を開く」

専断（せんだん）【擅断】自分の考えで処理する。

船団（せんだん）船の集団。船を組む。「捕鯨―」

全治（ぜんち）傷病が完全に治る。全快。

煎茶（せんちゃ）せんじて飲む緑茶。中級の茶葉。

先着（せんちゃく）ほかより先に着くこと。「―順」

船長（せんちょう）船の乗組員の長。

全長（ぜんちょう）全体の長さ。「―百メートルの橋」

前兆（ぜんちょう）事が起こる兆し。予兆。前ぶれ。

疝痛（せんつう）腹部の発作性の激痛。

先手（せんて）相手より先に行うこと。‡後手

前手（ぜんて）【前】枝木などを刈り込む。整枝。

剪定（せんてい）枝木などを刈り込む。整枝。

選定（せんてい）多くの中から選び決める。

前提（ぜんてい）土台となる条件。前置きの「―条件」

銑鉄（せんてつ）鉄鉱石を溶かしてつくった低純度の鉄。

前轍（ぜんてつ）前車の車輪の跡。「―を踏む」

禅寺（ぜんでら）禅宗の寺院。禅林。禅

せんてん〜せんぽう

先天（せんてん）
生まれ持った性質。「―的」 ⇔後天

宣伝（せんでん）
広く伝え知らせる。言いふらす。

遷都（せんと）
都をほかの土地に移すこと。

先途（せんと）
瀬戸際。運命の分かれ目。最期。

前途（ぜんと）
行く手。将来。「―を祝す」

鮮度（せんど）
新鮮さの度合い。

先頭（せんとう）
いちばん先。真っ先。

全土（ぜんど）
国土全体。国じゅう。「日本―」

先導（せんどう）
先に立って導くこと。

戦闘（せんとう）
武力で戦うこと。「―員」

銭湯（せんとう）
入浴料を払う湯屋。公衆浴場。

尖塔（せんとう）
屋根が細長くとがった塔。

扇動（せんどう）
〔煽動〕あおること。おだてること。「―車」

船頭（せんどう）
船をこぐ職業。ふなのり。船長。

善導（ぜんどう）
よく導き教えること。「―思想」

蠕動（ぜんどう）
うごめくこと。胃腸の消化運動。

詮無い（せんない）
かいない。仕方ない。無益。

千成り（せんなり）
〔千生り〕たくさん実がなる。

禅尼（ぜんに）
仏門に入り髪をそった女性。

全日制（ぜんにちせい）
昼に授業する教育制度。

潜入（せんにゅう）
ひそかに入り込む。水中に潜る。

先入観（せんにゅうかん）
はじめに抱いた固定観念。

仙人（せんにん）
不老不死で神変自在な人。神仙。

先任（せんにん）
先にその任務に就いたこと・人。

専任（せんにん）
専ら一つの仕事に従事すること。

選任（せんにん）
人を選び任にあたらせること。

前任（ぜんにん）
先任。先任の人。前の任務。

善人（ぜんにん）
善良な人。お人好し。⇔悪人

栓抜き（せんぬき）
瓶などの栓を抜く道具。

潜熱（せんねつ）
内にひそみ表面に現れない熱。

先年（せんねん）
前の年。過ぎ去った年。往年。

専念（せんねん）
一つの事に集中し励む。専心。

洗脳（せんのう）
思想や主義を改めさせること。

全能（ぜんのう）
できないことがない。「全知―」

前納（ぜんのう）
期限前に納める。事前に納める。「―金」

前場（ぜんば）
証券取引所の午前の立ち合い。

専売（せんばい）
独占して売ること。「―特許」

先輩（せんぱい）
経験や年齢が上の人。⇔後輩

全敗（ぜんぱい）
すべて負けること。⇔全勝

全廃（ぜんぱい）
全部廃止すること。「制度の―」

浅薄（せんぱく）
考えや知識が浅いこと。「―皮相」

船舶（せんぱく）
人や貨物を輸送する大型の船。

選抜（せんばつ）
多数の中からぬき出すこと。選考。

先発（せんぱつ）
先に出発すること。「―隊」⇔後発

染髪（せんぱつ）
髪を染めること。毛染め。染毛。「―剤」

千羽鶴（せんばづる）
多数の折鶴を連ねたもの。

洗髪（せんぱつ）
髪を洗うこと。

千万（せんまん）
状態がはなはだしい。「迷惑―」

旋盤（せんばん）
物を回転させ、工作する機械。

先般（せんぱん）
過日。この間。先日。

戦犯（せんぱん）
「戦争犯罪人」の略。「A級―」

前半（ぜんはん）
前後の前の半分。「―戦」⇔後半

全般（ぜんぱん）
総体。全体。「―的」

船尾（せんび）
船の後ろの部分。⇔船首

戦備（せんび）
戦争のための準備や設備。軍備。

戦費（せんぴ）
戦争に要する費用。

善美（ぜんび）
善と美。立派で美しいさま。

前非（ぜんぴ）
過去の悪事や過ち。前の非。

線描（せんびょう）
線ばかりでかくこと。「―画」

先鋒（せんぽう）
先頭を進むもの。前鋒。「急―」

先方（せんぽう）
相手方。相手。当方。

羨望（せんぼう）
うらやましく思うこと。「―の的」

先鞭（せんべん）
人に先んじて着手すること。先手。「―をつける」

餞別（せんべつ）
別れのしるしに贈る金品。餞（はなむけ）。

選別（せんべつ）
基準を設けて選び分けること。

煎餅（せんべい）
米粉・小麦粉を練り焼いた菓子。

全幅（ぜんぷく）
ありったけ。あらん限り。「―の―」

潜伏（せんぷく）
隠れ潜むこと。「―期間」

扇風機（せんぷうき）
風を吹き送る電気器具。[夏]

旋風（せんぷう）
つむじ風。突発。

全部（ぜんぶ）
すべて。全体。一部。

宣布（せんぷ）
公に広く知らせること。流布（るふ）。

先負（せんぷ）
六曜の一。午前は凶、午後は吉。

選評（せんぴょう）
選んだものを批評する。選後評。

せんほう―そう

戦法（せんぽう） 戦いの方法。戦術。「―を変える」

全貌（ぜんぼう） 全体の姿や様子。全容。「事件の―」

潜望鏡（せんぼうきょう） 潜水艦から水上を探る望遠鏡。

戦没（せんぼつ）【戦歿】戦争で死ぬ。戦死。「―者」

発条（ぜんまい）【撥条】渦巻状の弾力のあるばね。

千枚通し（せんまいどおし） 紙に孔を開けるきり。

賤民（せんみん） 最下層の身分の人々。

専務（せんむ） 専門の仕事。「専務取締役」の略。

鮮明（せんめい） 際立って明らかなさま。あいまいでない。

闡明（せんめい） 道理を明らかにすること。

殲滅（せんめつ） 皆殺し。全滅。「掃討し、―戦」

全滅（ぜんめつ） すべてが残らず滅びる。絶滅。

洗面（せんめん） 顔を洗うこと。「―所」

全面（ぜんめん） あらゆる方面。「―的」

旋毛（せんもう） 渦巻状の毛。つむじげ。

繊毛（せんもう）「極めて細い毛」「―運動」

専門（せんもん） 一事を専ら行うこと。「―家」「ちぐはぐ」で難

禅問答（ぜんもんどう） 解しにくい問答。

仙薬（せんやく） 不老・不死の薬。霊薬。

先約（せんやく） 前の約束。他の人との先の約束。

煎薬（せんやく） 煮出して飲む薬。煎じ薬。湯薬。

全訳（ぜんやく） 原文全部の翻訳・抄訳完訳。

全癒（ぜんゆ） 傷病が完全に治ること。全快。

占有（せんゆう） 自分の所有とすること。「―権」

専有（せんゆう） 独りで所有する。独占。 ⇔共有

戦友（せんゆう） ともに戦った軍隊での同僚。

宣揚（せんよう） 広く世に示すこと。「国威―」

占用（せんよう） 独占して使用すること。

専用（せんよう） 特定の人だけが使う。⇔共用

全容（ぜんよう） 全体の姿。全貌。「―の解明」

善用（ぜんよう） よいことにうまく使う。⇔悪用

全裸（ぜんら） 何も身にまとわないさま。丸裸。

戦乱（せんらん） 戦いで世の中が乱れる。戦争。

千里眼（せんりがん） 未来や人心を見通す力。

旋律（せんりつ） 曲の節。メロディー。「―主」

戦慄（せんりつ） おそれて震えること。「―が走る」

戦略（せんりゃく） 戦いの駆け引き。戦術。策略。

戦利品（せんりひん） 戦った敵から奪われた品物。

前略（ぜんりゃく） 手紙などで前文を省くときの語。

川柳（せんりゅう） 滑稽味と風刺を特色とする短詩。

千慮（せんりょ） 十分な思慮。「―の一失」「―一得」

浅慮（せんりょ） 思慮が浅いこと。浅見。⇔深慮

千両（せんりょう） 価値が高いこと。「―役者」

占領（せんりょう） 他国に侵入し武力で支配する。

染料（せんりょう） 繊維を染める原料。「天然―」

善良（ぜんりょう） 性質が素直でよい。正直なこと。

選良（せんりょう） 選ばれた人。エリート。代議士。

全力（ぜんりょく） あらん限りの力。全部の力。働き手。

戦力（せんりょく） 戦いを遂行する力。

善隣（ぜんりん） 隣国同士が仲よくする。「―友好」

先例（せんれい） 以前あった同種の例。前例。

洗礼（せんれい） キリスト教徒になる儀式。精神のすべて。「―を受ける」

全霊（ぜんれい） 以前の先。前例。「―に倣う」

前例（ぜんれい） 以前の例。先例。

前歴（ぜんれき） 今にいたるまでの経歴。前身。

戦列（せんれつ） 戦闘部隊の隊列。「―を離脱する」

鮮烈（せんれつ） 鮮やかではっきりしたこと。

洗練（せんれん）【洗煉】磨き上げる。あか抜ける。

線路（せんろ） 鉄道の軌道。レール。

千六本（せんろっぽん）【繊六本】大根の千切り。

禅話（ぜんわ） 禅の教理や思想などの講話。

■■■そ

祖（そ） 先祖。元祖。大もと。「古力学の―」

粗悪（そあく） 粗末で品質が悪いこと。「―品」

素案（そあん） 大もとの案。「―品」

添い寝（そいね） 寄り添って寝ること。

素因（そいん） 原因。病気になりやすい素質。

相（そう） 姿。吉凶の現れ。「水難の―」

僧（そう） 仏門に入った男性。坊さん。

想（そう） 思い。考え。「―を練る」

層（そう） 重なり。階層。地層。「―が厚い」

箏（そう） 十三弦の琴。撥弦楽器。

艘（そう） 船を数える助数詞。「三―の小舟」

沿う（そう） 離れずに伝っていく。「方針に―」

そう〜そうきん

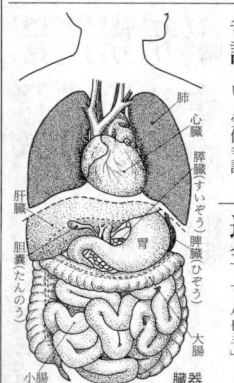

添う（そう）・副う（そう） そばにいる。付き従う。かなう。「寄り―」「［添う］期待に―」

像（ぞう） 形。神仏や物をかたどったもの。

相愛（そうあい） 互いに愛すること。「相思―」

草案（そうあん） 下書きの文章。審議の原案。

草庵（そうあん） 草ぶき屋根の粗末な小屋。草屋。

創案（そうあん） 新しく考え出すこと。考え出したもの。

相違（そうい） 比べた違い。「―点」「―ない」

創意（そうい） 独創的な考え・思いつき。

創痍（そうい） 刃物によるきず。損害。「満身―」

僧衣（そうい） 僧が着る衣服。法衣。

総意（そうい） 全員に共通する意見や意思。

僧院（そういん） 僧の住む寺院。修道院。

層一層（そういっそう） さらに。ますます。

増員（ぞういん） 人員を増やすこと。⇔減員

躁鬱（そううつ） 興奮状態とゆううつ状態が交互に広がる局地的な雲。「―病」

層雲（そううん） 低空で層状に広がる局地的な雲。

叢雲（そううん） むらがっている雲。

造営（ぞうえい） 神社・寺院などを建築すること。

造影（ぞうえい） X線で映し出すこと。「―剤」

増益（ぞうえき） 利益の増加。「増収―」⇔減益

造園（ぞうえん） 石や草木で庭・公園を造ること。

増援（ぞうえん） 人数を増やして助けること。

憎悪（ぞうお） 激しく憎むこと。嫌う「近親―」

相応（そうおう） つりあう。ふさわしい。「身分―」

騒音（そうおん） 騒がしい音。雑音。「―公害」

喪家（そうか） 家を失う。喪中の家。「―の狗」

挿画（そうが） 書物の、文中のさしえ。

造化（ぞうか） 宇宙を造った神。天地・宇宙。

造花（ぞうか） 紙や布などで作った花。⇔生花

爽快（そうかい） さわやかで快いこと。「―な朝」

壮快（そうかい） 元気が満ちあふれて快い。豪快。

増加（ぞうか） 数量が増えること。⇔減少

掃海（そうかい） 海中の危険物を取り除くこと。

総会（そうかい） 全構成員が集まる会。

霜害（そうがい） 霜による農作物などの損害。

総掛かり（そうがかり） 全員で一事にあたる。

奏楽（そうがく） 音楽、特に雅楽を演奏すること。

総額（そうがく） すべてを合計した額。全額。

増額（ぞうがく） 金額を増やす。⇔減額

総括（そうかつ） 別々のものを一つにまとめる。

総轄（そうかつ） 全体を取り締める。

壮観（そうかん） 壮大で立派な眺め。偉観。

相姦（そうかん） 社会通念上禁じられた性行為。

相関（そうかん） 互いに関係があること。「―関係」

送還（そうかん） もとへ送り返すこと。「強制―」

創刊（そうかん） 定期刊行物を新たに発行する。

増刊（ぞうかん） 定期以外で臨時に発行すること。

総監（そうかん） 全体を統率し監督する官・人。

象眼（ぞうがん） ［象嵌］金などをはめ込む工芸。

双眼鏡（そうがんきょう） 両目にあてて見る望遠鏡。

早期（そうき） 時期が早いうちに。早いうち。

想起（そうき） 過去のことを思い起こす。回想。

総記（そうき） 全体のまとめを記述したもの。

争議（そうぎ） 意見の衝突、争い。労働争議。

葬儀（そうぎ） 死者を弔う儀式。葬式。「―屋」

雑木（ぞうき） 用材にならない雑多な木。「―林」

臓器（ぞうき） 内臓の諸器官。「―移植」

早急（そうきゅう） 大急ぎ。至急。さっきゅう。

壮挙（そうきょ） 壮大な企てや行動。壮図。

早暁（そうぎょう） 夜の明け方。あかつき。早朝。

創業（そうぎょう） 事業を新しくはじめる。「―者」

操業（そうぎょう） 機械を動かして仕事をする。

増強（ぞうきょう） さらに強くする。機能を高める。

送金（そうきん） 金銭を送ること。「―小切手」

肺
心臓
肝臓 膵臓（すいぞう）脾臓（ひぞう）胃
大腸
小腸 臓器 胆嚢（たんのう）

そうきん—そうしゃ

雑巾（ぞうきん） 汚れをふく掃除用の布。「—掛け」

走禽類（そうきんるい） やせた体。痩身。

痩軀（そうく） やせた体。痩身。

装具（そうぐ） 武具や登山の装備。化粧品類。

遭遇（そうぐう） 思わぬ事に出会うこと。

巣窟（そうくつ） 悪者などの根城。隠れ家。悪の—」

宗家（そうけ） 一門の本家。家元。そうか。

僧家（そうけ） 僧侶。寺院。俗家。

象牙（ぞうげ） 象の門歯。「—の塔」「—色」

早計（そうけい） 早まった考え。はやがてん。

総計（そうけい） 全体の合計。通計。総締め。

送迎（そうげい） 送り迎え。「—会」

造形（ぞうけい） [造型] 形体を作り上げること。

造詣（ぞうけい） 学問などに深く通じること。

総毛立つ（そうけだつ） 身の毛がよだつ。

造血（ぞうけつ） 体内で血液を作り出すこと。

増血（ぞうけつ） 血液中の赤血球が増加すること。

増結（ぞうけつ） 列車の車両を連結し増やすこと。

双肩（そうけん） 両方の肩。一身。「—に担う」

総決算（そうけっさん） 収入・支出を総計すること。

壮健（そうけん） 体がじょうぶなこと。達者。

送検（そうけん） 容疑者・犯罪者を検察庁へ送ること。

創見（そうけん） 新しい見解。新発見。「—に富む」

創建（そうけん） はじめて建てること。創立。

総見（そうけん） 団体全員が興行を見物すること。

草原（そうげん） 草の生えている広い原っぱ。「—の幅」

増減（ぞうげん） 増加と減少。

倉庫（そうこ） 物品を保管する建物。くら。

壮語（そうご） 意気盛んな言葉。壮言。「大言—」

相互（そうご） お互い。代わる代わる。交互。

造語（ぞうご） 新語。新しい語を作ること。

壮行（そうこう） 旅立ちや門出を励まし送ること。「—距離」

走行（そうこう） 車などが走ること。「—距離」

奏功（そうこう） 事がうまく運ぶこと。成功する。

奏効（そうこう） 効き目があること。効果が出る。

草稿（そうこう） 下書き。草案。原稿。

装甲（そうこう） 武装。船体・車体に鉄板を張る。

操行（そうこう） 行い。品行。行儀。素行。

霜降（そうこう） 二四節気で、十月二三日頃。⛅

糟糠（そうこう） 粗末な食事。無価値なもの。

相好（そうごう） 顔つき。表情。「—を崩す」

総合（そうごう） [綜合] 一つにまとめあげること。

相克（そうこく） [相剋] 対立する両者が争うこと。

早婚（そうこん） 若いうちの結婚。↔晩婚。

創痕（そうこん） 切り傷のあと。きずあと。

荘厳（そうごん） 威厳があり厳かなさま。「—なお寺」

雑言（ぞうごん） いろいろな悪口。「悪口—」

捜査（そうさ） 警察が犯人を捜し証拠を調べる。

操作（そうさ） 機械などを操る。「雑作」手間取る。もてなし。手段。

造作（ぞうさ） 差し引きして帳消しにすること。

相殺（そうさい） 差し引きして帳消しにすること。

葬祭（そうさい） 葬式と祖先の祭事。「冠婚—」

総裁（そうさい） 全体をつかさどる長。「日銀—」

惣菜（そうざい） [総菜] 普段の副食物。おかず。

捜索（そうさく） 捜し求めること。

創作（そうさく） 創意で作品を作り出すこと。

造作（ぞうさく） 建物内部の仕上げ。顔の作り。

増刷（ぞうさつ） 刊行物を追加して刷ること。

総浚い（そうざらい） 総復習。仕上げの稽古。

早産（そうざん） 予定日より早い月足らずの出産。

増産（ぞうさん） 生産量・額を増やす。↔減産。

壮士（そうし） 意気盛んな若者。

相思（そうし） 互いに慕い思うこと。「—相愛」

草紙（そうし） [草子・双紙] とじこんだ書物のこと。「—者」

創始（そうし） 物事の始め。始まり。「—者」

相似（そうじ） 性質・形が互いに似ること。「—形」

送辞（そうじ） 送別のあいさつ。はなむけの言葉。

掃除（そうじ） ごみを除き汚れをふき整備すること。

増資（ぞうし） 資本金を増やすこと。↔減資。

葬式（そうしき） とむらい。葬儀。告別式。

総辞職（そうじしょく） 全員が辞職すること。「内閣—」

喪失（そうしつ） 失うこと。なくなること。「自信—」

総じて（そうじて） 概して。一般に。全体として。

壮者（そうしゃ） 壮年の人。若者。働き盛りの人。

走者（そうしゃ） 競技の走り手。ランナー。

そうしゃ〜そうたい

奏者（そうしゃ） 演奏する人。天子に奏上する人。

掃射（そうしゃ） 一掃するように機関銃を撃つ。

双手（そうしゅ） 両方の手。両手。「ー隻手」

宗主（そうしゅ） 本家の長。諸侯を支配する盟主。

爽秋（そうしゅう） さわやかな秋。「ーの候」

操縦（そうじゅう） 自由に操り動かす。運転する。

増収（ぞうしゅう） 収穫や収入が増える。↔減収

早熟（そうじゅく） 早く熟す。↕晩熟

創出（そうしゅつ） 物事を新たに作り出すこと。

槍術（そうじゅつ） やりを武器として使う武術。

早春（そうしゅん） 春のはじめ。初春。圉↔晩春

草書（そうしょ） 行書をくずした書体。「一体」

叢書（そうしょ） 同じ体裁で刊行するシリーズ本。

蔵書（ぞうしょ） 蔵した書物。所蔵する書物。

宗匠（そうしょう） 俳句・和歌・茶道などの師匠。

相称（そうしょう） 上下・左右が対応していること。

創傷（そうしょう） 体を傷つけること。切り傷。

総称（そうしょう） ひっくるめて呼び・呼び名。

奏上（そうじょう） 天子に申し上げること。上奏。

相乗（そうじょう） 掛け合わせること。「ー効果」

僧正（そうじょう） 僧官の最高の位。「大ー」

増上慢（ぞうじょうまん） おごり高ぶる自信過剰。

騒擾（そうじょう） 騒いで秩序を乱すこと。暴動。

草食（そうしょく） 草を食物とする。植物。↕肉食

装飾（そうしょく） 飾り。飾りつけ。装い。「ー音」

増殖（ぞうしょく） 増えて多くなること。増やす。

送信（そうしん） 通信信号を送ること。↔受信

喪心（そうしん） 正気を失うこと。気絶。【喪神】

総身（そうしん） 全身。体じゅう。「たんー」「一術」

痩身（そうしん） やせた体。「一短軀（く）」

増進（ぞうしん） 能力などを増やす。「食欲ー」

装身具（そうしんぐ） 身につける装飾品。

添水（そうず） ししおどし。図

添水

送水（そうすい） ポンプなどで水を送る。「一管」

総帥（そうすい） 全体を指揮する人。総大将。

増水（ぞうすい） 水かさが増す。「一期」↔減水

雑炊（ぞうすい） 野菜や魚介と煮込んだかゆ。図

奏する（そうする） 奏上する。成功する。「応募ー」

草する（そうする） 下書きを作る。原稿を書く。

蔵する（ぞうする） 所蔵する。心中に含んでいる。

早世（そうせい） 若くして死ぬこと。早死に。

草草（そうそう） 【匆匆】手紙の結語。簡略なさま。

草創（そうそう） 最初。手はじめ。創始。創業。

葬送（そうそう） 【送葬】死者を墓まで見送ること。

錚錚（そうそう） 特に優れたさま。「ーたる顔ぶれ」

創造（そうぞう） 新しいものをはじめて造り出す。

想像（そうぞう） 頭の中に思い描くこと。「一力」

騒騒（そうぞう）しい うるさい。やかましい。

総則（そうそく） 全般に関した法則・規則。

宗族（そうぞく） 共通の祖先をもつ一族・一門。

相続（そうぞく） 財産や組織を受け継ぐこと。

曾祖父（そうそふ） 祖父母の父。ひいじじ。

曾祖母（そうそぼ） 祖父母の母。ひいばば。

曾孫（そうそん） 孫の子。ひいまご。ひこ。

操舵（そうだ） かじを操り船を進めること。

早退（そうたい） 定刻より早く退出すること。早びき。

創世（そうせい） 世界のはじまり。世界の出来始め。

創製（そうせい） 物をはじめて作り出すこと。

叢生（そうせい） 【簇生】草木が群がり生えること。

総勢（そうぜい） すべての人数。総員。

造成（ぞうせい） 造り上げること。「宅ー」「ー地」

増税（ぞうぜい） 税率を上げること。↔減税

双生児（そうせいじ） 同一分娩で生まれた二児。

踪跡（そうせき） 足あと。あとかた。行方。

創設（そうせつ） 施設などを新たに設ける。創立。

壮絶（そうぜつ） 非常に勇ましく盛ん。壮烈。

増設（ぞうせつ） 設備などを増やすこと。

騒然（そうぜん） 騒がしいさま。不穏。「物情ー」

造船（ぞうせん） 船を設計し建造すること。「一所」

総選挙（そうせんきょ） 衆議院議員全員を選ぶ選挙。

早早（そうそう） 急ぐさま。はやばやと。「新年ー」

そうたい―そうへつ

相対（そうたい） 向かい合うこと。相互に関係する。

僧体（そうたい） 僧の姿。法体ホッタイ。‡俗体

総体（そうたい） 全体。総じて。「—的」元来。

総代（そうだい） 関係者全員の代表。「友人—」

壮大（そうだい） 立派で大きいさま。雄大。

総立ち（そうだち） その場の全員が一斉に立つ。

増大（ぞうだい） 増えて大きくなること。‡減少

送達（そうたつ） 送り届ける。訴訟文書の手続き。

争奪（そうだつ） 争って奪い合う。「—戦」

相談（そうだん） 話し合い。「—役」談合。「評議」

装弾（そうだん） 銃砲に弾丸をこめること。

増反（ぞうたん） 作付面積を増すこと。‡減反

装置（そうち） 仕掛けや機材を備えつけること。

送致（そうち） 書類などを送ること。送達。

増築（ぞうちく） 在来の建物に建て増しすること。

早着（そうちゃく） 定刻より早く着くこと。‡延着

装着（そうちゃく） 器具や装具を取りつけること。

早朝（そうちょう） 朝の早いうち。早旦。「—出勤」

荘重（そうちょう） 厳かで重々しいさま。「—な儀式」

総長（そうちょう） 全体を管理する長。大学長。

増長（ぞうちょう） はなはだしくなる。つけあがる。

総出（そうで） 全部そろって出ること。「一家—」

壮丁（そうてい） 成年に達した男。一人前の男性。

送呈（そうてい） 物を送り差し上げること。進呈。

装丁（そうてい） [装釘]書物の表装。装本。

想定（そうてい） 仮定して情況を考えること。「—場」

漕艇（そうてい） ボートをこぐこと。「—場」

贈呈（ぞうてい） 人に物を贈ること。進呈。「—式」

争点（そうてん） 争いの中心になる重要な点。

装填（そうてん） 物を詰め込む。弾薬を詰める。

相伝（そうでん） 代々受け伝えること。「子—」

送電（そうでん） 電流を送ること。「—線」‡給電

壮図（そうと） 大きな計画や事業。壮挙。雄図

壮途（そうと） 勇ましい門出。旅。雄途。

双頭（そうとう） 頭が二つある。両頭。「—の鷲」

相当（そうとう） 当てはまる。かなり。釣

想到（そうとう） 考えが及ぶことに思いいたること。

掃討（そうとう） [掃蕩]敵などを討ち払うこと。

総統（そうとう） 全体を統括する職・人。

草堂（そうどう） 草ぶきの家。庵いおり。自宅の謙称。

騒動（そうどう） 騒ぎ立てて秩序が乱れること。

贈答（ぞうとう） 物や詩歌のやりとり。「—品」

総動員（そうどういん） 全体の人や物を集めること。

総嘗（そうな）め 全体に及ぶ。全部を負かす。

遭難（そうなん） 山や海で事故に遭うこと。「—者」

僧尼（そうに） 僧と尼。男女の出家者。「—令」

雑煮（ぞうに） もちを野菜などと煮た物。新

挿入（そうにゅう） さし込むこと。さし入れること。

壮年（そうねん） 血気盛んな年頃。壮齢。「—期」

想念（そうねん） 考え。観念。思索。思念。

争覇（そうは） 覇権を争うこと。優勝を競うこと。

走破（そうは） 一定の距離を走り通すこと。

相場（そうば） 時価。投機的な取引。為替相場。

糟粕（そうはく） 酒のかす。残りもの。「—をなめる」

蒼白（そうはく） 青白い。血色が悪い。「顔面—」

増配（ぞうはい） 株の配当が二つ結ぶ。‡減配

双発（そうはつ） 発動機が二つ結ばれた。‡単発

総髪（そうはつ） 髪全体を束ねて結んだ男の髪形。

増発（ぞうはつ） 運転本数や紙幣の発行を増やす。

総花（そうばな） 客が関係者全員に出す祝儀。

早晩（そうばん） 遅かれ早かれ。いずれ。いつか。

造反（ぞうはん） 反体制的運動。権力を批判する。

造美（ぞうび） 壮大で美しいこと。崇高な美。

装備（そうび） 必要な備品を整えつけること。

総評（そうひょう） 全般にわたっての批評。概評。

贓品（ぞうひん） 不法に手に入れた財物。

送付（そうふ） 品物や書類を送り届けること。

増便（ぞうびん） 交通機関の便数を増やすこと。

臓腑（ぞうふ） 五臓六腑。内臓。

送風（そうふう） 風や空気を送ること。「—機」

送幅（そうふく） 電圧・電流の振幅を大きくすること。「—局」

双幅（そうふく） 二つで一組の掛二つ一組。対幅。

増幅（ぞうふく） 電圧・電流の振幅を大きくすること。

造幣（ぞうへい） 貨幣を鋳造すること。「—局」

双璧（そうへき） 優れた一対のもの。両雄。

送別（そうべつ） 別れていく人を見送る。「—会」

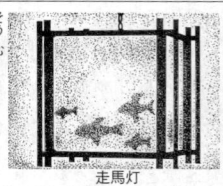

増補（ぞうほ） 補って加えること。「―改訂」

双方（そうほう） 両方。片方。

奏法（そうほう） 楽器を奏でる方法。演奏法。

双眸（そうぼう） 両方のひとみ。両目。

相貌（そうぼう） 顔かたち。顔つき。容貌。

僧坊（そうぼう） 〖僧房〗僧の住む部屋・建物。

想望（そうぼう） 思い慕うこと。待ち望むこと。

蒼氓（そうぼう） 青々として広いさま。「―たる大洋」

蒼茫（そうぼう） 人民。国民。蒼生。

蒼俸（そうぼう） 給料を増やすこと。「―減俸」

草本（そうほん） 茎が木質でない植物。草稿。

総本（そうほん） 製本・装丁などの書物製作作業。

総本山（そうほんざん） 宗派の本山の寺院。

草昧（そうまい） 世の中が未開で文化が未発達。

総捲り（そうまくり） 残らず明らかにすること。

走馬灯（そうまとう） 影絵が回転する灯ろう。夏

走馬灯

総務（そうむ） 全体の事務を処理する職・人。

聡明（そうめい） さとく賢い。賢明。「―な判断」

奏鳴曲（そうめいきょく） 器楽曲の形式の一。ソナタ。

掃滅（そうめつ） 残らず討ち滅ぼすこと。皆殺し。

素麺（そうめん） 〖索麺〗小麦粉で作る細い乾麺。「―料理」

草木（そうもく） 草と木。植物の総称。「山川―」

臓物（ぞうもつ） 内臓。はらわた。

総模様（そうもよう） 婦人の和服で全体に模様があること、またその着物。⇔褄模様

僧門（そうもん） 僧家。仏門。「―に入る」

総門（そうもん） 屋敷の外構えの大門。正門。

贈与（ぞうよ） 金や物を贈り与えること。「―税」

掻痒（そうよう） かゆい所をかく。

騒乱（そうらん） 争いで世が乱れること。「―の世」

争乱（そうらん） 世間を混乱させる騒動。「―罪」

総覧（そうらん） 〖綜覧〗全体を通すこと。

総攬（そうらん） 一手に掌握して治めること。

総理（そうり） 全体を総括する。内閣総理大臣。

草履（ぞうり） わらなどで編んだ履物。「ゴム―」

創立（そうりつ） はじめて設立すること。創設。

僧侶（そうりょ） 出家した人。僧。

送料（そうりょう） 送り賃。郵送料。「―別達」

爽涼（そうりょう） 気候がさわやかで涼しいさま。

総量（そうりょう） すべての量。全重量。「―規制」

総領（そうりょう） 〖惣領〗一番目の子。跡取り。

総領事（そうりょうじ） 最上級の領事。「―官」

増量（ぞうりょう） 分量を増す。増えた量。⇔減量

総力（そうりょく） すべての力。全体の力。「―戦」

増輪（そうりん） 仏塔の最上層の装飾部分。

相輪

叢林（そうりん） 樹木が群生している林。禅寺。

造林（ぞうりん） 樹木を植える。植林。

壮齢（そうれい） 血気盛んな年頃。壮年。

壮麗（そうれい） 雄大で美しい。

葬礼（そうれい） 弔い。葬式。葬儀。「―を営む」

壮烈（そうれつ） 勇ましく勢いが盛ん。壮絶。

葬列（そうれつ） 弔い・葬式の参列者の行列。

走路（そうろ） 車が走る道。競走路。逃げ道。

候う（そうろう） 〖ある〗〖おる〗いる」の丁寧語。

早老（そうろう） 実際の年齢より老けていること。

早漏（そうろう） 性交の際の射精が早すぎる症状。

争論（そうろん） いさかい。言い争い。「―に及ぶ」

総論（そうろん） 全般に関する議論。⇔各論

送話（そうわ） 電話などで先方へ話を送ること。

挿話（そうわ） 本筋の合間に入る小話。逸話。

総和（そうわ） すべての合計。総計。

贈賄（ぞうわい） わいろを贈ること。⇔収賄

添え書き（そえがき） 文書に添えて書く文。

添え木（そえぎ） 〖副え木〗草木を固定・保護するための堅い板。副木ぼく。

添え物（そえもの） 〖副え〗付加したもの。おまけ。景品。

添える（そえる） 〖副える〗付け加える。彩りな

そえん―そくはく

疎遠（そえん） 交際が途絶え親交が薄れる。

租界（そかい） 治外法権区域の外人居留地。

疎開（そかい） 戦禍を避けて地方へ移り住むこと。

阻害（そがい） ［阻碍］妨げる。邪魔する妨害。

疎外（そがい） 邪魔して間を隔てる。

阻隔（そかく） 邪魔して間を隔てること。「―工作」

組閣（そかく） 内閣を組織すること。

遡及（そきゅう） 「溯及」過去にさかのぼること。

訴求（そきゅう） 宣伝広告で購買欲を高めること。

遡（そ）る 「溯る」さかのぼる。勢いを弱める。

即（そく） 直ちに。すぐに。

殺（そ）ぐ 「削ぐ」削る。

俗（ぞく） 卑しい。ありふれた。世間。

賊（ぞく） 盗賊。謀反人。不忠な者。

俗悪（ぞくあく） 卑しくて下品。趣味が悪く醜い。

即位（そくい） 君主が位に就く。践祚。◆退位

惻隠（そくいん） 哀れに思うこと。同情。「―の情」

続映（ぞくえい） 映画の上映期間を延長すること。

続演（ぞくえん） 演劇などの上演期間を延長する。

即応（そくおう） その状況にすぐに応じること。

続音（ぞくおん） 発音で、つまる音。「っ」「ッ」。

促音（そくおん） 発音で、つまる音。「っ」「ッ」。

賊軍（ぞくぐん） 支配者に反逆する軍勢。

俗気（ぞくけ） 世俗的な気風。俗臭。ぞっけ。

塞源（そくげん） 害悪の根本をふさぐ。「抜本―」

俗言（ぞくげん） 世間で使う俗語。

俗諺（ぞくげん） 通俗のことわざ。俚諺。

即座（そくざ） その場。すぐさま。即席。

即死（そくし） その場で死ぬこと。

息災（そくさい） 壮健。無事。健康。「無病―」

即時（そくじ） すぐその時。すぐその時。即刻。

俗字（ぞくじ） 正体ではない漢字。◆正字

俗事（ぞくじ） 世俗の雑事。細々とした雑用。

側室（そくしつ） 貴人のめかけ。そばめ。◆正室

即日（そくじつ） その日。当日。

速射（そくしゃ） 素早く次々に続けて発射すること。

即修（そくしゅう） 入門時に師に贈呈する謝礼。

俗臭（ぞくしゅう） 世俗的な感じ。俗っぽい。俗気。

俗習（ぞくしゅう） 世俗間の習慣。

続出（ぞくしゅつ） 続いて起こること。次々現れる。

俗称（ぞくしょう） 他人の娘の敬称。お嬢様。息女。

促進（そくしん） 促してどんどん進めること。

俗信（ぞくしん） 民間で信じられている迷信。

俗人（ぞくじん） 僧でない人。風流心のない人。

即（そく）する 合わせる。適応する。◆外れる

則（そく）する ある基準に従う。のっとる。よる。

属（ぞく）する 従属する。その系統につながる。

俗世（ぞくせ） この世の中。俗世間。ぞくせい。

即製（そくせい） 直ちに作ること。その場で作る。

促成（そくせい） 人工で早く生長させる。促進。

速成（そくせい） 早めに成しとげる。早くできる。

属性（ぞくせい） 属する性質。本質をなす特徴。

即席（そくせき） その場ですぐ行う。間に合わせの。

足跡（そくせき） あしあと。旅の業績。

俗世間（ぞくせけん） 俗事の多い世。俗世。俗界。

俗説（ぞくせつ） 世間に言い伝わる説。通説。

即戦力（そくせんりょく） 準備なしで即戦える力。

続々（ぞくぞく） 切れなく引き続くさま。陸続。

束帯（そくたい） 正式な装束を着る。正式な礼服。

速達（そくたつ） 速やかに届く。「速達郵便」の略。

即断（そくだん） 即座に判断する。即決。速い決断。早まった判断。速決。

測地（そくち） 土地を測量すること。「―学」

属地（ぞくち） 付属の土地。土地に属すること。

測定（そくてい） 長さ・重さ・速さなどをはかる。

速度（そくど） 進む速さ。スピード。「―計」

即答（そくとう） すぐにその場で答えること。

速答（そくとう） 素速く答えること。返答。

速投（そくとう） 同一人が投げ続けること（「務―」術）

速読（そくどく） 本などを速く読むこと。

俗念（ぞくねん） 名誉欲や物欲、世俗的な考え。

即納（そくのう） すぐにその場で納めること。

即売（そくばい） 陳列品などをその場で売ること。

俗輩（ぞくはい） 俗人。学問・教養のないやから。

束縛（そくばく） 制限して自由を奪うこと。縛る。

そくはつ―そくそく

束髪(そくはつ) 明治・大正期の婦人の洋風髪形。

続発(ぞくはつ) 続けざまに発生すること。

速筆(そくひつ) ものを書くのが速い。‡遅筆

続筆(ぞくひつ) 私利私欲にとらわれた人間。

俗物(ぞくぶつ) 私利私欲にとらわれた人間。

俗物的(ぞくぶつてき) 事を実体に即して考える。

即聞(そくぶん) 側聞。間接的にちょっと聞く。

続編(ぞくへん) 映画や小説の続。‡正編

速歩(そくほ) 速い足どりで歩くこと。早足。

速報(そくほう) 素速く知らせて報告すること。

即妙(そくみょう) 臨機に機転がきくこと。「当意―」

俗名(ぞくみょう) 出家前の名前。生前の名前。

側面(そくめん) 左右の一面。脇物事の一面。

俗謡(ぞくよう) 民謡。小唄・長唄などの総称。

続落(ぞくらく) 連続して下落すること。‡続伸

測量(そくりょう) 土地の位置・面積などの測定。

属領(ぞくりょう) 本国に属している領地。植民地。

速力(そくりょく) 速さ。速度。スピード

俗論(ぞくろん) 世俗の論議。卑俗な意見。

鼠蹊部(そけいぶ) ももの付け根の内側の部位。

狙撃(そげき) ねらい撃つこと。「―兵」「―手」

削げる(そげる) 容器などの下部。真の力。心中「殺げる」けずられる「ほおが―」

其処(そこ) その場所。その事。

齟齬(そご) 食い違い。行き違い。「―を来す」

底意(そこい) 隠された意図。心の底。

底意地(そこいじ) 心に隠しもつ意地。

底入れ(そこいれ) 相場が底値に達した状態。

素行(そこう) 普段の品行。日常の行い・態度。

粗鋼(そこう) 精錬されていない未加工の鋼。

粗肴(そこう) 客に出す料理の謙称。「粗酒―」

遡行(そこう) 流れをさかのぼる。「遡上」

遡航(そこう) 船でさかのぼる。逆航。

祖国(そこく) 先祖代々が住んだ国。母国。

底力(そこぢから) いざという時に発揮する力。

底忽(そこつ) 壊す・害すし損じる「機嫌を―」不注意なる過ち。

損なう(そこなう) 底がわからない。そこぬけ。

底抜け(そこぬけ) 底がない。まりがない。

底値(そこね) 取引で相場の最低の値段。

底無し(そこなし) いくらか。多少。

若干(そこばく) いくらか。多少。

底冷え(そこびえ) 体のしんまで冷える。[図]

素材(そざい) もとになる材料。原料。原材。

粗雑(そざつ) 大ざっぱで、ぞんざいでいい加減。

粗餐(そさん) 人にふるまう食事の謙称。

阻止(そし) 拒みとめる。「沮止」

素志(そし) 以前からの考え。志望。素意。

素地(そじ) もととなるもの。下地。素養。

措辞(そじ) 言葉の用い方。言葉遣い。

組織(そしき) 組み立てて系統立てること。構造

素質(そしつ) 人が持った性質。本来の能力。

粗品(そしな) 人に贈る品物の謙称。そひん

咀嚼(そしゃく) かみ砕く。味わい理解する。

租借(そしゃく) 他国の領土を借りて統治する。

祖述(そじゅつ) 先人の説に基づき述べること。

訴状(そじょう) 訴訟を起こすための書類。

俎上(そじょう) 「―にのせる」

遡上(そじょう) 「遡上」川上にさかのぼること。

訴訟(そしょう) 裁判所への裁判の要求。「民事―」

粗食(そしょく) 粗末な食事。「粗衣―」‡美食

疎水(そすい) 発電用の水路。「疏水」「灌漑―」

素数(そすう) その数と1でしか割れない整数。

組成(そせい) 作り方が粗雑。組み立てる。その要素・成分。

粗製(そせい) 「―濫造」‡精製

蘇生(そせい) 生き返る。よみがえる。

租税(そぜい) 税金。年貢。負担金。回生

礎石(そせき) 建物の土台の石。

祖先(そせん) 一家の初代。先祖。「―崇拝」

楚楚(そそ) 鮮やかで、さっぱりしずしくしい。

阻喪(そそう) 気持ちがくじけること。「沮喪」

粗相(そそう) 不注意による過ち

塑像(そぞう) 粘土や石こうで作った像。

注ぐ(そそぐ) 「灌ぐ」水をつぎ込む。集中する。

雪ぐ(そそぐ) 汚名を取り除く。すすぐ。「恥を―」

そそのかす―そぶり

唆す（そそのか・す） 言葉で悪い方へ誘い導く。

聳り立つ（そそ・り たつ） 高く険しくそびえ立つ。

漫ろ（そぞ・ろ） 落ち着かない。何となく。軽率。

粗朶（そだ） たきぎ用の切り取った木の枝。柴。

粗大（そだい） 粗くて大きいこと。大ざっぱ。

育つ（そだ・つ） 成長する。大きくなる。

措置（そち） 取り計らい。処置。処の仕方。

粗茶（そちゃ） 人にふるまう茶の謙称。

其方（そちら） 相手に近い方角・物。相手の側。

卒（そつ） 下級の兵士。「卒業」の略。

訴追（そつい） 起訴。裁判官の罷免請求。

疎通（そつう） 「疎通」文脈なく通じること。

足下（そっか） 足もと。手紙の脇付。

俗化（ぞっか） 卑俗になる。世俗に感化される。

俗界（ぞっかい） 俗なこの世の中。俗世間。

俗解（ぞっかい） 通俗的な解釈。ぞくかい。

速記（そっき） 符号などを用い速く書く技術。

即興（そっきょう） その場の興味。座興。即詠。

卒業（そつぎょう） 一定の学業を修了すること。🔃

即金（そっきん） その場で支払うお金。現金。

側近（そっきん） そば近くで仕える人。

俗気（ぞっけ） 世俗的な気風。俗臭。ぞくけ。

即決（そっけつ） その場で決めること。「―裁判」

素っ気無い（そっけな・い） 愛想のない態度。

速決（そっけつ） すみやかに決めること。

即行（そっこう） すぐに行うこと。

即効（そっこう） 薬などの即座な効き目。「―性」「―薬」

速効（そっこう） 効き目がはやい。「―薬」⇔遅効

速攻（そっこう） 素速く攻撃すること。「―戦術」

側溝（そっこう） 道路のはしの、排水用の溝。

続行（ぞっこう） 引き続き行うこと。「試合の―」

測候所（そっこうじょ） その地方の気象観測所。

即刻（そっこく） すぐさま。即時。

属国（ぞっこく） 他国の法に従う国。従属国。

卒爾（そつじ） 「率爾」軽はずみな。急な。

卒寿（そつじゅ） 九十歳の異称。九十歳の祝い。

率先（そっせん） 先立って行うこと。さきがける。

卒然（そつぜん） 「率爾」軽率。出し抜け。

卒中（そっちゅう） 脳出血で急に倒れる病気。「脳―」

卒直（そっちょく） 「卒直」すなお。ありのまま。

卒倒（そっとう） 突然意識を失って倒れること。

率読（そつどく） 急いでざっと読み終える。読了。

外方（そっぽう） よその方。別の方。「―を向く」

袖（そで） 衣服の、腕を覆う部分。たもと。

袖の下（そでのした） わいろ。心付け。「―を使う」

粗糖（そとう） 精製していない砂糖。⇔精糖

素読（そどく） 意味を考えずに棒読みすること。

外面（そとづら） 見せかけ。うわべ。表面。⇔内面 容器の外側の寸法。⇔内法

外法（そとのり） 容器の外側の寸法。⇔内法

卒塔婆（そとば） 塔。供養の板。「卒塔婆供養」

外堀（そとぼり） 「外豪」城の外側の堀。⇔内堀

外孫（そとまご） 他家に嫁いだ娘の子。⇔内孫

外股（そとまた） 足先が外に向く歩き方。⇔内股

備える（そな・える） 「具える」準備する。設備する。

供える（そな・える） 神仏に物をささげる。手向ける。

其方（そなた） あなた。お前。そちら。

嫉む（そね・む） うらやみねたむ。しっとする。

其方（そなた） あなた。お前。そちら。

園（その） 「苑」庭園。庭園場所。「学びの―」

園生（そのう） 草木の生えている庭。庭園。

其の筋（そのすじ） その道。警察。「―のお達し」

其の儘（そのまま） 今まで通り。そっくり。

側（そば） 「傍」かたわら。わき。すぐに。

蕎麦（そば） そば粉をこねて作った食べ物。

雀斑（そばかす） 顔面にできる褐色のもの。

聳つ（そばだ・つ） 「峙つ」険しく高くそびえ立つ。

欹てる（そばだ・てる） 一方を高くする。注意を向ける。「耳を―」

側目（そばめ） 第三者の目。「―にも可哀相だ」

側める（そば・める） 細める。「目を―」

側杖（そばづえ） 「傍杖」とばっちり。

聳える（そび・える） 高く立つ。そそり立つ。

聳やか（そび・やか） 高く目立つ。「肩を―」

聳やかす（そびやか・す） 高く上げる「肩を―」

側める（そばめる） 細める。「目を―」

素描（そびょう） 単色線で表した絵。デッサン。

粗描（そびょう） 大まかな描写。粗筋を描くこと。

祖父（そふ） 父母の父。おじいさん。⇔祖母

素振り（そぶり） 様子。気配。態度。

そ

祖母(そぼ) 父母の母。おばあさん。‡祖父

粗放(そほう) [疎放]大ざっぱ。いい加減。

粗暴(そぼう) 性質・挙動などが荒々しいさま。

素封家(そほうか) [素樸]飾らない財産家。考え方が単純。代々の金持ち。

素朴(そぼく) [素樸]飾らない。考え方が単純。

粗末(そまつ) 品質が悪いこと。雑に扱うこと。

杣山(そまやま) 材木用の木を植える山。そま。

染まる(そまる) 色がつく。感化を受ける。

背く(そむく) [叛く]逆らう。背をむける。

疎密(そみつ) [粗密]粗いこと、と細かいこと。

染める(そめる) 色をつける。紅潮する。「筆を—」動作の始まりを表す「初め」も。

染め物(そめもの) 布などを染めた、その織物。

初める(そめる) 動作の始まりを表す「明け—」

梳毛(そもう) 羊毛などの長い繊維をそろえた毛糸。

抑(そもそも) 最初に。いったい。もともと。

粗野(そや) 言動が荒々しく下品なこと。

素養(そよう) 学び身についた知識・教養。

微風(そよかぜ) そよそよと吹く風。びふう。

戦ぐ(そよぐ) 風でそよかに動く。

空言(そらごと) [虚言]いつわりごと。

逸らす(そらす) 外す。違う方へ向ける。「話を—」

反らす(そらす) 弓なりに曲げる。曲げる。「身を—」

空空しい(そらぞらしい) 見えすいてわざとらしい。

空惚ける(そらとぼける) 知らないふり。

空泣き(そらなき) 泣くふりをする。うそ泣き。

空似(そらに) 他人なのによく似ているさま。

空寝(そらね) 狸寝入り。寝ぬふり。

空耳(そらみみ) 聞き違い。聞かぬふり。

空模様(そらもよう) もよう。天気。雲行き。物事の成行き。

空夢(そらゆめ) 見たように上げた夢。空想。

諳んじる(そらんじる) そらで覚える。暗記する。

反り(そり) 刀身の曲り具合。「—が合わない」

橇(そり) 雪や氷の上を滑る乗り物。

反り身(そりみ) 上半身を後ろへ反らす姿勢。

粗略(そりゃく) [疎略]おろそか。

反る(そる) 弓なりに曲がる。のけぞる。

疎林(そりん) [疎略]疎略な林。‡密林

剃る(そる) かみそりで毛を根もとから切る。

其れ(それ) なにがし。わたくし。

逸れる(それる) 思わぬ方へ行く。はずれる。

疎漏(そろう) 雑でぬかりがあること。

揃う(そろう) 整い集まる。並ぶ。致する。

算盤(そろばん) 計算に使う器具。勘定。打算。「—な役」不利益。‡得

損(そん) 不利益。失う。‡得

ソンエイ—ソンネン

尊影(そんえい) 人の写真・肖像の敬称。

損益(そんえき) 出費と収益。財産の増減。

損壊(そんかい) 壊れること。壊しくずすこと。損失。

損害(そんがい) 損なうこと。不利益「—賠償」

尊顔(そんがん) お顔。思いのほか。案外。人の顔の敬称。

存外(そんがい) 思いのほか。案外。

損気(そんき) 損をする気質。お顔。「短気は—」

尊敬(そんけい) 尊び敬うこと。

尊厳(そんげん) 尊く厳かなこと。「—死」

尊公(そんこう) 対等の男性間で用いる敬称。

蹲踞(そんきょ) うずくまってしゃがむ礼。

存在(そんざい) ある。現存する。「—価値」「—感」

損失(そんしつ) 損をする。利益を失う。

尊称(そんしょう) 尊んで呼ぶ敬称。尊号。敬称。

損傷(そんしょう) 傷つき損なわれること。「車の—」

尊続(そんぞく) 続いて存在すること。現存する。「一期間」

存する(そんする) ある。現存する。残る。

損じる(そんじる) 壊れる。悪くする。間違う。

遜色(そんしょく) 劣る様子。見劣り。「—ない」

遜譲(そんじょう) へりくだって人に譲ること。

存属(そんぞく) 父母と同列以上の血族。

尊大(そんだい) 横柄な態度。傲慢さ。‡謙虚

尊台(そんだい) 目上の人の敬称。貴台。

忖度(そんたく) 他人の気持ちを推し量る。推察。

存置(そんち) 既存のものを残すこと。‡廃止

存知(そんち) 承知。知っていること。

尊重(そんちょう) 尊び重んじること。大事にする。

損得(そんとく) 損失と利益。「—抜き」

存念(そんねん) いつも思い、考え。

尊皇（そんのう）【尊王】天皇を尊ぶ考え。「―攘夷」
存廃（そんぱい）存続・保持と廃止。「制度の―」
存否（そんぴ）有るか無いか。健在か否か。
尊卑（そんぴ）身分の高い者と低い者。貴賤（きせん）。
尊父（そんぷ）他人の父の敬称。お父上。「御―」
村夫子（そんぷうし）田舎の学者。物知り。
存分（ぞんぶん）思いのまま。十分。「―に遊ぶ」
存亡（そんぼう）残るか滅ぶか。興廃。「組織の―」
尊名（そんめい）人の姓名の敬称。尊い称号。芳名。
存命（ぞんめい）生きている。生き長らえている。
損耗（そんもう）使って減ること。使って傷むこと。
尊容（そんよう）人・仏像の容姿の敬称。
村落（そんらく）村。村里。「―共同体」⇔都市
存立（そんりつ）存在し成り立つこと。「会の―」
損料（そんりょう）損耗品の借用料。借り賃。貸し賃。

た

田（た）イネなどを植える土地。田んぼ。
他（た）ほかの。よその。別の。「その―」
体（たい）身体。形。状態。「名は―を表す」
隊（たい）人の集団。軍の組織。「―を組む」
他意（たい）ほかの考え。隠している考え。
台（だい）ものをのせるもの。物見台。
第（だい）物事の順序・序列。段階。次第。
題（だい）内容を短く表す言葉。表題。
体当たり（たいあたり）全力でぶつかっていく。
耐圧（たいあつ）圧力に耐えること。「―力」
大安（たいあん）万事によいとされている日。
対案（たいあん）ある提案に対する別の案。
代案（だいあん）代わりの案。
大意（たいい）大体の意味。あらまし。要旨。
体位（たいい）体格などの程度。体の構え・位置。
退位（たいい）位を退くこと。⇔即位
題意（だいい）題や問題の意味する内容。
体育（たいいく）健康な身体発育のための教育。
第一（だいいち）最初。最も大切。まず。何よりも。
第一線（だいいっせん）最も重要な立場。最前線。
太陰（たいいん）月。太陽の対。「―暦」
退院（たいいん）療養を終え病院を出る。⇔入院
退嬰（たいえい）新しいことに消極的。⇔進取
体液（たいえき）体内の液体。リンパ液など。
退役（たいえき）軍人が兵役を退くこと。「―将校」
対応（たいおう）向き合うこと。応じること。
大往生（だいおうじょう）安らかに死ぬこと。
体温（たいおん）動物や人体の温度。「基礎―」
大恩（だいおん）大きな恩。厚恩。深い恵み。
大音声（だいおんじょう）大きな声。大声。大きな音。
大火（たいか）大きな火事・火災。⇔小火（ぼや）
大家（たいか）その道の権威。大きな家。屋家。
大過（たいか）大きな間違い・失敗。⇔小過
対価（たいか）報酬として受け取る利益。
耐火（たいか）高熱に耐えること。「―建築」
退化（たいか）進歩したものがもとに戻ること。
滞貨（たいか）輸送できずにたまった貨物。
大河（たいが）大きな川。中国の黄河。「―小説」
台下（だいか）相手を敬って用いる手紙の脇付。
代価（だいか）値段。代金。行動に対する犠牲。
大会（たいかい）大勢が集まる会。大きな会合。
大海（たいかい）広々した海原。大洋。「―の一滴」
退会（たいかい）会から退くこと。脱会。⇔入会
大概（たいがい）ほとんど全部。あらまし。多分。
対外（たいがい）外部または外国に対すること。
対角（たいかく）多角形の隣りあわない角。「―線」
体格（たいかく）体つき。体軀（たいく）。「―検査」
退学（たいがく）学校をやめること。退校。中退。
大喝（だいかつ）大声でしかりとばす。「―一声」
代替わり（だいがわり）主人が次の代になる。
大患（たいかん）大きな心配ごと。重い病気。重病。
体感（たいかん）体に感じること。「―温度」
退官（たいかん）官職を去ること。⇔任官
耐寒（たいかん）寒さに耐えること。「―服」
大願（たいがん）大きな願望。だいがん。「―成就」
対岸（たいがん）川や湾などの向う岸。「―の火事」
大寒（だいかん）二十四節気で一月二十日頃。図
大気（たいき）地球を取りまく空気。「―圏」
大器（たいき）優れた人物。「未完の―」⇔小器

たいき―たいさい

待機（たいき） 準備して機会を待つこと。

大義（たいぎ） 重要な道理・意義。「―にもとる」

大儀（たいぎ） 重大な儀式。面倒なこと。億劫。

代議士（だいぎし） 衆議院議員。選良。

大吉（だいきち） 運勢・縁起が非常によいこと。

退却（たいきゃく） 負けて退くこと。撤退。↕進撃

大逆（たいぎゃく） この上なく無道な行い。「―無道」

耐久（たいきゅう） 長く持ちこたえること。「―性」

大休（たいきゅう） 休日働く代わりにとる休み。

大挙（たいきょ） 壮大な計画。大人数で繰り出す。

退去（たいきょ） 立ち退くこと。退き去ること。

大魚（たいぎょ） 大きな魚。「―を逸する」↔小魚

大凶（だいきょう） この上なく運勢が悪い。↔大吉

大局（たいきょく） 物事の全体のなりゆき。「―的」

対局（たいきょく） 相対して碁や将棋をすること。相

対極（たいきょく） 反対の極点。

太極拳（たいきょくけん） 中国の拳法の一つ。

大金（たいきん） 多額のお金。

退勤（たいきん） 勤め先を退く。退社。↔出勤

代金（だいきん） 品物に対して支払う金。代価。

体躯（たいく） 体つき。

大愚（たいぐ） 非常に愚かなこと。

大工（だいく） 主に木造建築に従事する職人。

対空（たいくう） 空からの攻撃に対すること。

滞空（たいくう） 空中を飛び続けること。「―時間」

待遇（たいぐう） もてなし。給料などの取り扱い。「―しのぎ」

退屈（たいくつ） 時間をもてあます。「―しのぎ」

大軍（たいぐん） 兵の多い軍隊。「―に関わらず」

大群（たいぐん） 動物などの大きな群れ。

大家（たいけ） 大金持ちの家。

大兄（たいけい） 男同士で同輩以上の友人の敬称。

大系（たいけい） 著作などをまとめたもの。

体系（たいけい） 個々を有機的に統一した全体。「―を練る」

大計（たいけい） 大きな計画。「一年の―」

体刑（たいけい） 体に直接与える刑罰。自由刑。

体形（たいけい） 体の形。形態。姿。「―を整える」

体型（たいけい） 体格の型。「肥満―」

隊形（たいけい） 戦う際の隊の形。隊のなり。

台形（だいけい） 対辺が一組だけ平行な四辺形。

対決（たいけつ） 相対して勝負を決めること。

体験（たいけん） 身をもって経験すること。

帯剣（たいけん） 腰またはその剣。

大言（たいげん） 大げさな言葉。豪語。「―壮語」

代言（だいげん） 活用しない語。名詞・代名詞。

体言（たいげん） 代わりに弁論すること。代表人。

体現（たいげん） 具体的な形にあらわすこと。

太古（たいこ） 大昔。有史以前。原始時代。

太鼓（たいこ） ばちで音を出す打楽器の一種。「―を組む」

隊伍（たいご） 隊を組んで並んだ列。「―を組む」

大功（たいこう） 大きな手柄。大事業。

大綱（たいこう） 物事の根本。おもむき。↕細目

大行（たいこう） 向かい合うこと。対面。

対向（たいこう） 張り合うこと。「―策」

対校（たいこう） 学校間の対抗。校合のこと。

退行（たいこう） 退くこと、前の状態に戻ること。

退校（たいこう） 退学すること。下校すること。

代行（だいこう） 本人に代わって行うこと。人。

太公望（たいこうぼう） 釣りの好きな人。釣師。

大国（たいこく） 国土が広い国。国力が強い国。

大黒天（だいこくてん） 七福神の一つ。

大黒柱（だいこくばしら） 家で最も太い柱。中心人物。

太鼓判（たいこばん） 絶対確実という保証。

太鼓持ち（たいこもち） おべっか使い。男芸人。

醍醐味（だいごみ） 真の楽しさや味わい。

大差（たいさ） 大きな差。↔小差

対座（たいざ） 互いに向かい合って座ること。

退座（たいざ） 退席すること。退席。

台座（だいざ） 仏像をのせる台。

大祭（たいさい） 盛大な祭り。天皇自らも行う祭り。

大罪（たいざい） 重い罪。大きな罪。だいざい。

滞在（たいざい） ほかの所に行ってとどまること。

たいさい―たいせい

題材（だいざい） 作品の題目・内容となる素材。

題字（だいじ） 書物の巻頭に書く表題文字。

大作（たいさく） 優れた作品。大規模な制作物。

対策（たいさく） 相手・事件に対する方案・手段。

退散（たいさん） 逃げ去る。立ち去り帰ること。

代参（だいさん） 本人に代わって参拝すること。

第三者（だいさんしゃ） 当事者以外の人。

大使（たいし） 国を代表する最上位の外交使節。

大志（たいし） 大きな志。大望。「―を抱く」

太子（たいし） 皇太子。聖徳太子。

対峙（たいじ） 双方が向き合って動かないこと。

胎児（たいじ） 母の胎内で成育しつつある子ども。

退治（たいじ） 滅ぼすこと。無くすこと。

大師（だいし） 仏・菩薩等の尊称。弘法大師。

台紙（だいし） 写真や図面を張りつける紙。

大事（だいじ） 重大な事件や事柄。大切。

大して（たいして） それほど。さほど。「―強くない」

耐湿（たいしつ） 湿気に耐えること。「―性」

体質（たいしつ） 体や組織などに備わった性質。

退室（たいしつ） 部屋から出て行くこと。⇔入室

大した（たいした） 驚くべき。ほどの。「―男だ」

大赦（たいしゃ） 国の慶事に行わる刑の減免。

代謝（たいしゃ） 新旧の入れかわり。「新陳―」

退社（たいしゃ） 会社をやめる。社を退出する。

大蛇（だいじゃ） 大きなヘビ。うわばみ。おろち。

貸借（たいしゃく） ものや金の貸し借り。「―関係」

帝釈天（たいしゃくてん） 仏法を守る天上界の王。

大車輪（だいしゃりん） 忙しく働く。大奮闘する。

大樹（たいじゅ） 大きな木。大木。「寄らば―の陰」

大衆（たいしゅう） 多くの人々。一般の庶民。民衆。

体臭（たいしゅう） 体のにおい。独特の持ち味。

体重（たいじゅう） 体の重さ。「―測定」

退出（たいしゅつ） その場から引き下がって帰る。

帯出（たいしゅつ） 備品などを持ち出すこと。「―禁―」

大書（たいしょ） 大きな字で書く。「特筆―する」

大暑（たいしょ） 二四節気で七月二三日頃。夏。

太初（たいしょ） 天地の開けたはじめ。太始。

対処（たいしょ） 物事に対し適切な処理を行う。

対蹠（たいしょ） 正反対の関係にある。たいせき。

代書（だいしょ） 本人に代わって書くこと。代筆。

大将（たいしょう） 軍の最高将官・一団のかしら。

大笑（たいしょう） 大いに笑うこと。大笑い。「呵呵―」

大勝（たいしょう） 圧倒的な差で勝つこと。大敗。

大賞（たいしょう） 最優秀者の受賞。グランプリ。

対称（たいしょう） 互いが対応しつりあうこと。

対照（たいしょう） 照らし合わせる。見比べる。「好―」

対象（たいしょう） 考えや行動の目標・目的。

対人（たいじん） 人に対すること。「―恐怖症」

大人（たいじん） 徳の高い立派な人。巨人。「―国」

対陣（たいじん） 敵と向かい合って陣取ること。

退陣（たいじん） 軍隊を後ろに移す。引退。退職。

大尽（だいじん） 大金持ちで豪遊する客。富豪。

大臣（だいじん） 内閣を構成し国政をとり行う人。

耐水（たいすい） ぬれても水がしみない。「―性」

対する（たいする） 向かい合う。応じる。対抗する。

代数（だいすう） 数学の一分野。「代数学」の略。

大成（たいせい） 物事を完全に成しとげる。一流になる。

大勢（たいせい） 物事の大体のありさま。形勢。

体制（たいせい） 社会や組織の構造・体系。「反―」

体勢（たいせい） 行動するときの体の姿勢や構え。

態勢（たいせい） 物事に対する身構え・態度。

耐性（たいせい） 薬に抵抗して菌が生きる力。

退色（たいしょく） 《褪色》色あせること。あせた色。

耐食（たいしょく） 《耐蝕》腐食しにくいこと。「―性」

退職（たいしょく） 現職をやめる。辞職。「―金」「定年―」

大身（たいしん） 身分の高いこと。⇔小身

耐震（たいしん） 地震に耐えること。「―建築」

体色（たいしょく） 生物の、体の表面の色。

大食（たいしょく） 多量に食べる。

大丈夫（だいじょうぶ） 心配がない。立派な男性。「―漢」

大上段（だいじょうだん） 相手を威圧する態度。

大乗（だいじょう） 万人の救済を説く仏法。⇔小乗

退場（たいじょう） その場を去る。及ぼした損害に至る。代価。

代償（だいしょう） その場を出る。退場する。

隊商（たいしょう） 隊を組んで砂漠を旅する商人。

たいせい〜たいはちぐるま

胎生（たいせい） 胎内で発育し生まれる。●卵生

泰西（たいせい） 西洋諸国。欧米。「―名画」●泰東

体積（たいせき） 立体的の容量。もののかさ。

対席（たいせき） 双方が向き合って着席すること。

退席（たいせき） 席を立って立ち去ること。

堆積（たいせき） 滞り積もること。うずたかく積み重なる。「岩―」

滞積（たいせき） 難間が―する。貴重事にすること。

大切（たいせつ）

大雪（たいせつ） 二四節気で一二月七日頃。【図】

大戦（たいせん） 激しい戦い。大規模な戦争。

対戦（たいせん） 敵と味方が相対して戦うこと。

大葬（たいそう） 天皇・皇后・皇太后などの葬儀。

大層（たいそう） 非常に。たいへん。ひどく。

体操（たいそう） 規則的な体の運動。「ラジオ―」

大それた（だいそれた） とんでもない。おおそれた。

怠惰（たいだ） 怠けてだらしないこと。●勤勉

大体（だいたい） 大方。主要な部分。総じて。

大腿（だいたい） 脚の付け根からひざ。ふともも。

代替（だいたい） ほかのもので代えること。「―品」

代代（だいだい） 歴代。何代も続くこと。

大大的（だいだいてき） 極めて多数、全体の大部分。

大多数（だいたすう） 大がかり・大規模なさま。

対談（たいだん） 向かい合って話すこと。対話。「―記事」

退団（たいだん） 団体から抜けること。●入団

大胆（だいたん） 度胸があること。「―不敵」●小胆

大団円（だいだんえん） 小説・劇などの終わり。

対置（たいち） 物事を相対する位置におくこと。

大地（だいち） 広大な地。地上。「―に根を下ろす」

台地（だいち） 小高い平らな土地。高台。

大著（たいちょ） 偉大な著作。他人の著作の敬称。

体長（たいちょう） 動物・生物の体の長さ。

体調（たいちょう） 体の調子。コンディション。

退庁（たいちょう） 役所から退出すること。●登庁

退潮（たいちょう） 潮がひくように衰えること。

隊長（たいちょう） 一隊を指揮する長。

大腸（だいちょう） 消化器官の一種。「―菌」

大抵（たいてい） 大もとになる帳簿。原簿。おおむね。総じて。たぶん。

大敵（たいてき） 強敵。大勢の敵。「油断―」●小敵

退廷（たいてい） 法廷から退出すること。●入廷・出廷

帯電（たいでん） 物体が電気を帯びること。

泰斗（たいと） その道の大家として尊ばれる人。

態度（たいど） そぶり。心構え。身構え。「勤務―」

擡頭（たいとう） 【台頭】勢力を得て進出してくる。

対等（たいとう） 相当すること。つり合う。相等しいさま。同等「―に扱う」

対当（たいとう） 相当すること。つり合う。その額。

帯刀（たいとう） 腰に刀をつけること。また、その刀。

駘蕩（たいとう） のどかなさま。「春風―」

胎動（たいどう） 胎児が母の胎内で動くこと。

帯同（たいどう） 同伴・同行すること。

大同（だいどう） 大体同じこと。

大道（だいどう） 幅の広い道。行うべき正しい道。

大統領（だいとうりょう） 共和国の元首。「―選挙」

大脳（だいのう） 精神作用を営む脳の主器官。

代納（だいのう） 金銭の代わりに物品で納める。

滞納（たいのう） 【怠納】期限内に金品を納めない。

耐熱（たいねつ） 高温の熱に耐えること。「―鋼」

退任（たいにん） 任務を退くこと。

大任（たいにん） 重い役目。重要な任務。大役。

滞日（たいにち） 外国人が日本に滞在すること。

大難（たいなん） 大きな災難・苦労。●小難

台無し（だいなし） 物事がすっかりだめになる。

対内（たいない） 内部に対すること。●対外

胎内（たいない） 妊婦の腹の中。「―くぐり」

体内（たいない） 体の内部。●体外

台所（だいどころ） 食べ物を調理する所。炊事場。

代読（だいどく） 本人に代わって読むこと。

体得（たいとく） 体験して身につけること。会得。

大統領（だいとうりょう） 〔既出〕

大道（だいどう）〔既出〕

退場（たいじょう）

大破（たいは） ひどく壊すこと。●小破

大敗（たいはい） 大差で負けること。●大勝

退廃（たいはい） 【頽廃】道徳が乱れ不健全になる。

台場（だいば） 海防のためにつくられた砲台。

大の字（だいのじ） 手足を広げて寝転んだ姿。

大八車（だいはちぐるま） 大形の、二輪の荷車。

たいはつ―たえき

体罰（たいばつ） 体に直接苦痛を与える罰。

大半（たいはん） おおかた。半分以上。大部分。

胎盤（たいばん） 胎児と母体の連結器官。「前置―」

大磐石（だいばんじゃく） 大きな岩。堅固なさま。

対比（たいひ） 比較・対照すること。「―的」

待避（たいひ） その場を離れ通過するのを待つ。

退避（たいひ） 危険を避け逃れること。避難。

堆肥（たいひ） 草などを積み腐らせた肥料。

貸費（たいひ） 学費などを貸すこと。「―学生」

代筆（だいひつ） 本人の代わりに書くこと。代書。

大病（たいびょう） 重い病気。重い大患。

大兵（たいひょう） 体格が立派なこと。「―肥満」

代表（だいひょう） 多数の人に代わって意思を示す。

大分（だいぶ） おおかた。かなり。相当。

台風（たいふう） 暴風雨を伴う熱帯低気圧。

大福（だいふく） 大福もち。福の多いこと。

対物（たいぶつ） 物・物件に対すること。「―保険」

大仏（だいぶつ） 巨大な仏像。「―開眼」

大部分（だいぶぶん） おおかた。半分以上の部分。

太平（たいへい） 世の中が穏やかなさま。

太平楽（たいへいらく） 大まかなさま。勝手気まま。

大別（たいべつ） 大まかに区別すること。↔細別

大変（たいへん） 一大事。重大な事。非常に。

大便（だいべん） 肛門からの排出物。くそ。

代弁（だいべん） 代わって弁償・弁解すること。

退歩（たいほ） 後戻り。前より劣ること。退化。

逮捕（たいほ） 警察が犯人などをとらえること。

大砲（たいほう） 大きな弾丸を発射する兵器。

耐乏（たいぼう） ものが乏しい状態に耐えること。

待望（たいぼう） 待ち望むこと。期待すること。

大木（たいぼく） 大きな立ち木。大樹。「独活の―」

台本（だいほん） 動作をせりふなどからとられる本。

大麻（たいま） 植物の麻。そこからとれる麻薬。

大枚（たいまい） 多額のお金。大金。

松明（たいまつ） 松などを束ねて火をつけた照明。

怠慢（たいまん） 怠けておろそかにすること。↔勤勉

大名（だいみょう） 江戸期の一万石以上の領主。

題名（だいめい） 本・映画などの表題。タイトル。

対面（たいめん） 面会すること。向かい合うこと。

体面（たいめん） 世間に対する体裁。面目。

大望（たいもう） 大きな望み。野心。たいぼう。

題目（だいもく） 表題。主題。題目。

大厄（たいやく） 大きな災難。最も重い厄年。

大役（たいやく） 大事な役目。責任の重い役目。

逮夜（たいや） 葬儀・忌日の前夜。

対訳（たいやく） 原文に並べて訳文を示すこと。

代役（だいやく） 役目を代わりに担うこと・人。

貸与（たいよ） 貸し与えること。貸与。↔借用

大洋（たいよう） 大きな広い海。おおうなばら。

大要（たいよう） 大筋。あらまし。要点。

太陽（たいよう） 太陽系の中心となる恒星。日輪。

耐用（たいよう） 使用に耐えること。「―年数」

代用（だいよう） 代わりに使うこと。まにあわせ。

大乱（たいらん） 国家が大いに乱れること。

内裏（だいり） 皇居。御所。内裏びな。

代理（だいり） 代わって物事を処理する・人。

大力（だいりき） 非常に力が強いこと。「―無双」

大陸（たいりく） 広大な陸地。「―的」「―性気候」

大理石（だいりせき） 石灰岩の一種。マーブル。

対立（たいりつ） 互いに反対して張り合うこと。

大略（たいりゃく） あらまし。大筋。概要。大体。

対流（たいりゅう） 熱が加えられて起こる循環運動。

滞留（たいりゅう） 滞ること。「―地」

大量（たいりょう） 分量の多いこと。「―生産」↔少量

大漁（たいりょう） 漁で魚が多くとれること。豊漁。

体力（たいりょく） 体の力・運動機能。「―測定」

大輪（たいりん） 花が普通より大きい。だいりん。

隊列（たいれつ） 大勢が秩序正しく並んだ列。

退路（たいろ） 退却するみち。逃げ道。「―を断つ」

第六感（だいろっかん） 直観。勘。「―が働く」

対論（たいろん） 対抗して議論すること。対談。

対話（たいわ） 向かい合って話すこと。

田植え（たうえ） イネの苗を田に植える。囿

妙（たえ） 優れて立派なこと。「―なる」

唾液（だえき） 口中のつば。つばき。

たえたえ―たききのう

絶え絶え（たえだえ）途切れそうなさま。

絶え果てる（たえはてる）全くつきる。死ぬ。

絶え間（たえま）途切れて中断した間。合間。

絶える（たえる）我慢する。任に―。

耐える（たえる）応じられる。値する。持ちこたえる。

堪える（たえる）とぎれる。滅ぶ。やむ。「命が―」

楕円（だえん）【楕円】小判形の、細長い円。「―形」

倒す（たおす）横にする。殺す。滅ぼす。「敵を―」

斃す（たおす）【斃す】殺す。銃で獲物を―

嫋やか（たおやか）姿や動作がしなやかなさま。

手弱女（たおやめ）たおやかな女性。⇔益荒男

手折る（たおる）手で折る。手に入れる。

多寡（たか）多いことと少ないこと。多少。

箍（たが）おけを締め固める竹や金の輪。

高上がり（たかあがり）高所に上る。上座につく。

高い（たかい）上方にある。・のびているさま。

他界（たかい）死後の世界。死ぬ。

互い（たがい）向こうとこちら。双方。「相身―」

打開（だかい）解決の道を見いだすこと。「―策」

互い違い（たがいちがい）代わる代わる。交互。

高が知れる（たかがしれる）程度がわかる。

多角（たかく）角のあること。多方面。「―化」「―的」

多額（たがく）金額が多いこと。⇔少額

多潮（たかしお）海面が異常に高くなる現象。

高島田（たかしまだ）根を高く結った島田まげ。図

駄菓子（だがし）安価な庶民向けの菓子。

鷹匠（たかじょう）タカを飼育・訓練する人。図

高台（たかだい）周囲より高く平らな場所。

高高（たかだか）せいぜい。たいへん高いさま。

高坏（たかつき）食物などを盛る脚つきの台。

打楽器（だがっき）打って音を出す楽器。

高跳び（たかとび）空高く逃げる。【高跳び】陸上競技の「走り―」

高飛び（たかとび）遠方へ逃げる。

高波（たかなみ）【高浪】高い波。大波。

高鳴る（たかなる）高く鳴り響く。どきどきする。

高値（たかね）高い値段「―をつける」⇔安値

高根（たかね）【嶺】はがねで作ったのみ。

高望み（たかのぞみ）身分や能力以上に望むこと。

高派（たかは）妥協しない強硬派。⇔鳩派

鷹派（たかは）頭ごなしで威圧的なさま。

縮ねる（たがねる）一つにまとめる。つかねる。

高飛車（たかびしゃ）

高笑い（たかわらい）大きな声で笑うこと。

高を括る（たかをくくる）見くだす。見くびる。

多感（たかん）感じやすく、傷つきやすいさま。

兌換（だかん）正貨と紙幣を引きかえること。

集る（たかる）群がる。金品をせしめる。

宝物（たからもの）宝とされるもの。たからもの。

宝船（たからぶね）宝と七福神が乗った帆船。新

宝の持ち腐れ（たからのもちぐされ）持ちながらそれを利用しないこと。

宝くじ（たからくじ）公共団体などで売り出すくじ。

宝籤（たからくじ）

耕す（たがやす）田畑の土を掘り返す。「土壌を―」

高みの見物（たかみのけんぶつ）傍観。

高枕（たかまくら）高い枕。安心して眠ること。

昂る（たかぶる）【高ぶる】自慢する。おごる。

滝（たき）高所から落下する流水。瀑布。夏

多岐（たき）多方面にわたっていること。

多義（たぎ）多くの意味があること。「―語」

唾棄（だき）さげすんで、忌み嫌うこと。

惰気（だき）なまける心。怠け心。「―を払う」

炊き合わせ（たきあわせ）別個に煮あげた数種の具材を一つの器に盛りあわせたもの。

抱き合わせ（だきあわせ）二つのものを組み合わす。粗悪品を組み合わせて売ること。「―販売」

焚き落とし（たきおとし）たきぎを燃やしたあとに残る、火や炭のようなもの。燠。

抱き籠（だきかご）夏、涼しくして寝るため竹で編んだ円筒形のかご。竹夫人。夏

薪（たきぎ）燃料にする細枝や割り木。

薪能（たきぎのう）薪をたいて行う夜の野外能。春

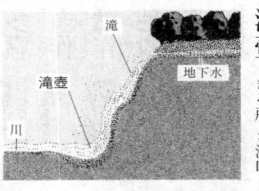

た

抱き締める しっかりと抱く。

焚き出し 災難時に飯を炊いて配る。

焚き付ける 燃やす。唆す。

滝壺 滝水が落ちて溜まる所。 →滝口

焚き火 暖をとるためにたく火。

薫き物 練り香。香をくゆらすこと。

他郷 よその土地。他国。異郷。

妥協 双方が折れ合い中心が分散している状態。

多極化 双方が折れ合い中心が分散している状態。

滾る（たぎる） 沸き上がる。煮えたつ。「血が―」

宅（たく） わが家。自分の夫。「おーに伺う」

卓（たく） ものを置く台。机。テーブル。

炊く 食べ物を煮る。「釜飯を―」

焚く（狂く） 香をくゆらす。「ふろを―」「お香を―」

薫く 香をくゆらす。「お香を―」

抱く（たく） 腕の中にかかえ込む。いだく。

沢庵（たくあん） 大根が材料の漬物。たくわん。

諾意 承諾する意志。

択一 複数のものから一つだけ選ぶこと。

卓越 抜群に優れているさま。卓絶。

濁音 濁点をつけて表される音。↔清音

沢山 多いこと。多数。十分なこと。

卓識 高い判断力。優れた考え。卓見。

託児所 乳幼児を預かり保育する施設。

卓出 ぬきんでて優れていること。卓越。

託生 「託生」ほかを頼って生きること。

卓上 机の上。食卓の上。「―演説」

託す ほかの人に依頼する。ゆだねる。

拓殖 未開の地を開拓し住みつくこと。

託宣 神のお告げ。神託。「御ー が下る」

卓絶 ずば抜けて優れていること。

卓説 優れた意見。「名論―」

濁水 濁った水。濁り水。↔清水

諾諾 人の言いなりになるさま。

託送 人にことづけて送らせること。

宅地 家屋の敷地。住宅用の土地。

濁点 濁音を表すためにつける点々。

宅配 荷物などを家に配達すること。

托鉢 僧尼が修行で施しをもらい歩く。

卓抜 飛び抜けて優れていること。卓越。

諾否 承諾するか否か。承諾と拒絶。

拓本 碑などの文字を写しとったもの。

妥結 対立者が折れあい話がつくこと。

猛猛しい（たけだけしい） 勇ましく強い。図太い。

打撃 打ちたたくこと。損害。痛手。

匠（たくみ） 職人。大工。木工職人。工匠。

巧み じょうず。手際がよい。「―な技」

企む（たくらむ） 悪事などを企てる。陰謀を―」

濁流 濁った水の流れ。↔清流

手繰る（たぐる） 手元に引きよせる。たどる。

卓論 優れた議論・論説。

蓄える（たくわえる） 「貯える」ためる。とっておく。

丈（たけ） 高さ。身長。長さ。あるかぎり。

多芸（たげい） 種々の学問・芸能に通じている。

竹馬（たけうま） 二本の竹ざおで歩く遊具。

多幸（たこう） 幸せが多いこと。「―多福」

胼胝（たこ） 角質化し厚くなった皮膚の一部。

凧（たこ） 糸をつけ空中にあげて遊ぶもの。

多言（たげん） 口数多く言う。「―を要しない」

多元（たげん） 根源・要素が多いこと。「―元」

闌ける（たける） たけなわになる。盛りをすぎる。

長ける（たける） 優れている。長じている。

猛る（たける） 大声で叫ぶ。ほえる。「狼が―」暴れる。荒れ狂う。「荒波が―」

竹藪（たけやぶ） 竹が群生している所。竹林。

竹光（たけみつ） 刀身の代わりに使った竹の刀。

酣（たけなわ） まっ最中。最盛期。「宴ー」

たこう～たちあい

蛇行(だこう) 蛇のように曲がりくねって進む。
他国(たこく) ほかの国。異国。外国。↔自国
他恨(たこん) 恨みや悲しみがたげん。→無用
他言(たごん) 他人に話すこと。たげん。→無用
多才(たさい) 各方面の才能をもつこと。多能。
多彩(たさい) 種類が多いこと。色とりどり。
多作(たさく) 作品を多くつくること。↔寡作
多作(たさく) つまらない拙作。
多産(たさん) 子や卵を多く産むこと。↔自殺
他殺(たさつ) 他人に殺されること。↔自殺
駄作(ださく) つまらない作品。秀作。
打算(ださん) 損得を勘定すること。計算高い。
他事(たじ) よそごと。余事。
打算(ださん) よそごと。
出し(だし) 【出汁】方便にするもの。出し汁。圓祭礼のとき引き回す飾り車。
確か(たしか) 間違いのないこと。確実。多分。
山車(だし)

確かめる(たしかめる) はっきりと確認する。
多湿(たしつ) 湿度が多いこと。「高温ー」
他日(たじつ) いつか。ほかの日。後日。
嗜む(たしなむ) 愛好する。身につける。口調の「酒をー」
窘める(たしなめる) 穏やかな口調で注意する。
出し抜け(だしぬけ) 不意に行うこと。突然。
多謝(たしゃ) 厚く礼を述べる。深く詫びること。
舵手(だしゅ) 船のかじを取る人。かじとり。
駄洒落(だじゃれ) 移りが悪いさま。「ー恨」
多少(たしょう) 多いか少ないか。少し。いくらか。
多情(たじょう) 感じやすいさま。
打診(だしん) 指先でたたいて診察。様子を探る。加える。不足を補う。すませる。表す。
出す(だす) 外へ移す。発送
多数(たすう) 数が多いこと。「絶対ー」↔少数

多数決(たすうけつ) 同意数が多い方に決める。
襷(たすき) 和服のそでをたくしあげるひも。
助ける(たすける) 手にさげる。救う。力を貸す。
携える(たずさえる) 手にさげる。引き連れる。伴う。
訪ねる(たずねる) 訪れる。訪問する。「友人宅をー」
尋ねる(たずねる) さがす。問う。「真意をー」
多勢(たぜい) たくさんの人。「ーに無勢」
惰性(だせい) 従来の癖。今までの習慣。慣性。
他薦(たせん) 他者が推薦すること。↔自薦
黄昏(たそがれ) 暮れ方。夕方。夕暮れ。
蛇足(だそく) よけいなもの。むだなつけ足し。
唯(ただ) 無料。普通のあるさま。「ーの人」
只(ただ) 一つのことだけに限定すること。
多大(ただい) 数量や程度が非常に大きいこと。
堕胎(だたい) 人工的な妊娠中絶。「ー罪」

只今(ただいま) 【唯今】すぐさま。目下。「ー発売中」
称える(たたえる) 【讃える】ほめる。称賛する。
湛える(たたえる) 一杯に満たす。「顔に笑みをー」
戦う(たたかう) 戦争・試合などで勝負する。
闘う(たたかう) 困難に負けまいとする。闘争。
叩き(たたき) 【三和土】セメントで固めた土間
叩き上げ(たたきあげ) 苦労して一人前になる。
叩く(たたく) 【敲く】続けて打つ。ぶつ。
只事(ただごと) 【徒事】普通のこと。「ーではない」
但し(ただし) しかし。あるいは。
正しい(ただしい) 道理に合う。誤っていない。
但し書き(ただしがき) 本文に追加する説明文
正す(ただす) 誤りや乱れを正す。「姿勢をー」
糺す(ただす) 【糾す】取り調べる。「罪をー」
質す(ただす) 尋ねて明らかにする。疑問をー。

直に(ただちに) 【只・乍ち】単に。ただ。
直中(ただなか) 【只中】真ん中。真っ最中。
佇む(たたずむ) 時をおかずすぐに。直接に。立ち止まる。しばらく居る。
佇まい(たたずまい) ありさま。雰囲気。「静かなー」
畳(たたみ) ワラを芯にした敷きもの。
畳み掛ける(たたみかける) 続けざまに行う。
畳む(たたむ) 折り重ねて小さくする。「帯をー」
漂う(ただよう) 浮かんで揺れ動くようすまよう。
祟り(たたり) 神仏や死霊によるわざわい。
爛れる(ただれる) 皮膚や肉が破れ崩れる。
質(たち) 生まれつきの性質。持ち前。
踏鞴(たたら) 【踏鞴】足でふむ鞴。
立ち会い(たちあい) 立ち会うこと。第三者。取引所の売買。「ー演説」

たちあい―たて

立ち合い（たちあい） 相撲の拳動の一つ。

立ち居（たちい） [起居]日常の動作。「―振舞」

立ち入る（たちいる） 中に入る。関係する。

立ち往生（たちおうじょう） 止まったまま動かない。

太刀打ち（たちうち） 太刀で戦う。互角の勝負。

立ち後れ（たちおくれ） [立遅れ]着手の遅れ。

立ち木（たちき） 地に生えている木。生木。

立ち消え（たちぎえ） 物事が中途でやむこと。

立ち食い（たちぐい） 立ったまま食べること。

立ち眩み（たちくらみ） 立った時めまいがする。

立ち込める（たちこめる） 辺り一面をおおう。

立ち竦む（たちすくむ） 立ったまま動けない状態に陥る。

立ち所に（たちどころに） すぐさま。即座。

立ち直る（たちなおる） もとのよい状態に戻る。

立ち退く（たちのく） 土地や家を明け渡す。

立場（たちば） 立っている所。考え方。地位。

立ち塞がる（たちふさがる） 前に立って遮る。

忽ち（たちまち） 急に。にわかに。「―売り切れる」

立ち回る（たちまわる） 奔走する。うまく動く。

立ち見（たちみ） 立ったまま見ること。「―席」

駄賃（だちん） 使いに対するお礼の金品。

辰（たつ） 十二支の五番目。りゅう。想像上の動物。

竜（たつ） 立ち上がる。風などが起こる。

建つ（たつ） 建造物ができる。建立する。

経つ（たつ） 時がすぎる。「五分―」「月日が―」

発つ（たつ） 出発する。「日本を―」「旅に―」

絶つ（たつ） それ以上続けない。「縁を―」終わらせる。

断つ（たつ） 切断する。やめる。遮る。

裁つ（たつ） [截つ]布や紙を切る。裁断する。

達意（たつい） 考えが他の人によく伝わること。

奪取（だっしゅ） 奪い取ること。「領土を―する」

達者（たっしゃ） 壮健。巧みなさま。達人。「芸―」

脱字（だつじ） 文書の中で抜けている字。衍字。

脱獄（だつごく） 監獄・刑務所から逃げ出すこと。

脱穀（だっこく） 穀物の実を穂から取り離すこと。

脱稿（だっこう） 原稿を書き終わること。↔起稿

卓見（たっけん） 優れた意見や見識。卓識。

卓臼（たっきゅう） 関節の骨がずれること。

卓球（たっきゅう） 室内球技の一つ。ピンポン。

脱却（だっきゃく） 抜け出ること。捨て去ること。

奪還（だっかん） 奪い返すこと。奪回。「王座―」

達観（たっかん） 広い視野で全体を見通すこと。

奪回（だっかい） 奪い返すこと。奪還。「政権―」

脱会（だっかい） 所属している会を抜ける。退会。

脱衣（だつい） 衣服を脱ぐこと。「―場」 ↔着衣

脱党（だっとう） 所属党派から抜ける。↔入党

脱兎（だっと） 非常に素早いたとえ。「―の勢い」

脱退（だったい） 団体・組織・会から退く。↔加入

脱走（だっそう） 抜け出して逃げること。逃走。

脱線（だっせん） 線路からそれる。本筋からそれる。

脱税（だつぜい） 不法に納税義務を逃れること。

達成（たっせい） やりとげること。「悲願を―する」

立つ瀬（たつせ） 自分の立場。面目。「―なし」

達する（たっする） 及ぶ。届く。果たす。「半数に―」

脱水（だっすい） 水分を除去すること。「―症状」

達人（たつじん） 学問・技芸に深く通じた人。

脱色（だっしょく） 色を抜くこと。いろぬき。

脱出（だっしゅつ） 逃げ出すこと。

脱臭（だっしゅう） においを除去ること。「―剤」

縦（たて） 上下あるいは前後の方向。

盾（たて） [楯]敵の矢弾を防ぐ武具。

脱漏（だつろう） 漏れること。「―を防ぐ」遺漏。

脱力（だつりょく） 体の力が抜けること。「―感」

脱略（だつりゃく） [脱掠]無理に奪いとること。

脱落（だつらく） 抜け落ちること。漏れること。「―者」

脱毛（だつもう） 毛が抜けること。除毛すること。

巽（たつみ） 方位の一つ。南東の方向。

竜巻（たつまき） 激しい空気のうず巻。旋風。

脱帽（だつぼう） 帽子を脱ぐこと。敬意を表すこと。

達弁（たつべん） 弁舌が達者。能弁。↔訥弁

達筆（たっぴつ） 字がじょうず。能筆。↔悪筆

脱皮（だっぴ） 古い表皮や考えを捨てること。

手綱（たづな） 馬のくつわにつける操縦用の綱。

貴ぶ（たっとぶ） [尊ぶ]とうとぶ。敬う。あがめる。

たて―たぶん

殺陣（たて） 劇中の格闘場面。立回り。「―師」

伊達（だて） はでな行動。みえをすらすら支払っておく。

竪穴（たてあな） 地面を縦に掘った穴。

縦糸（たていと） 【経糸】織物の縦の糸。

立て板に水（たていたにみず） 話すさま。

立て売り（たてうり） 家を建てて売ること。

建て替え（たてかえ） 代わって支払っておく。

縦髪（たてがみ） ウマやライオンなどの首筋の長い毛。

建具（たてぐ） 戸など開閉できる仕切り。

竪琴（たてごと） 楽器の一つ。ハープ。

立て込む（たてこむ） こみ合う。用が重なる。

立て籠もる（たてこもる） にこもる。

盾突く（たてつく） 【楯突く】従わず反抗する。

立て付け（たてつけ） 建具の開閉の具合。

立て続け（たてつづけ） 続々行われる様。続け様。

建坪（たてつぼ） 建物が占める土地の面積の坪数。

建札（たてふだ） 道端などに立てておく掲示板。

立て膝（たてひざ） 片ひざを立てて座る姿勢

立て前（たてまえ） 【建て前】表向きの方針。棟上げ。上棟式。

奉る（たてまつる） 献上する。敬う。「頼み―」

建物（たてもの） 建てたもの。家。建造物。建築物。

立て役者（たてやくしゃ） 中心人物。立て役。

立てる（たてる） 起こす。面目を保つ。「顔を―」

点てる（たてる） 抹茶を入れる。「薄茶を―」

建てる（たてる） 建物をつくる。「家を―」

打電（だでん） 電報を打つこと。受電

打倒（だとう） 打ち倒すこと。打ち負かすこと。

妥当（だとう） 適切である。よく合っている。

例えば（たとえば） 例を挙げれば。仮に。

譬える（たとえる） 【喩える】似た物になぞらえる。

辿る（たどる） 探し求めてゆく。「家路を―」

炭団（たどん） 炭の粉を練り固めた燃料。

棚（たな） ものをのせる台。水平に渡したもの。図

棚上げ（たなあげ） 処理事項を一時保留する。

棚卸し（たなおろし） 【棚卸】在庫調査。商人の悪口。

店子（たなこ） 家主から見た借家人。大家

掌（たなごころ） 手のひら。「―を指す」

棚浚え（たなざらえ） 全在庫品を廉価処分する。

店晒し（たなざらし） 売れないで店先にある商品。

店賃（たなちん） 家賃。借家代。

七夕（たなばた） 陰暦七月七日夜の星祭り。

棚引く（たなびく） 雲や煙が横に長く漂う。

多難（たなん） 災難や困難が多いこと。「前途―」

谷（たに） 山と山の間の低い所。「―底」

谷間（たにあい） 谷の中。たに。「―の村」

他人（たにん） 自分以外の人。親族でない人。

狸寝入り（たぬきねいり） 眠ったふりをすること。

種（たね） 果実などの種子。しかけ。材料。

胤（たね） 血のつながった子。「―を宿す」

種明かし（たねあかし） しくみを明かすこと。

種本（たねほん） 著作などのもとになる本。

種蒔き（たねまき） 【種播き】種をまくこと。春

他年（たねん） 後年。将来の年。

多年（たねん） 長い年月。多く「―に期す」「―草」

多能（たのう） 多才。多芸。「多芸―」

楽しむ（たのしむ） 機能。「多芸―」

頼む（たのむ） 依頼する。懇願する。

頼もしい（たのもしい） 頼りになる。「―味方」

束（たば） 【把】ひとまとめにしたもの。

打破（だは） 打ち破る・障害を取り除くこと。

駄馬（だば） 荷物を運ぶ馬。下等な馬。

謀る（たばかる） 思案する。策略をたくらむ。

煙草（たばこ） 【莨】火をつけて吸う嗜好品の一つ。

手挟む（たばさむ） 手に挟み持つ。わきに持つ。

多発（たはつ） 多く発生すること。「―事故」

束ねる（たばねる） 束にする。まとめる。

足袋（たび） 和装で足にはく袋状のもの。図

度（たび） 何度も、幾度も。おり。そのとき。回数。とき。

度重なる（たびかさなる） 何度も続いて起こる。

旅路（たびじ） 旅の行程。行路。旅行先。「心の―」

度度（たびたび） 何度も、幾度も。「―訪れる店」

荼毘に付す（だびにふす） 死者を火葬にする。

誑かす（たぶらかす） 巧言しだます。

他聞（たぶん） 他人の耳に入る。「―をはばかる」

たふん―たるむ

多分（たぶん）たくさん。おおかた。おそらく。

駄文（だぶん）つまらない文章。下手な文章。

食べ物（たべもの）食べるもの。食料。食品。

食べる（たべる）飲食物をとる。生計を立てる。

駄弁（だべん）むだ口。くだらないおしゃべり。口数が多いこと。

拿捕（だほ）捕獲。

他方（たほう）ほかの方向や方面。一方では。

多忙（たぼう）非常に忙しいこと。「―を極める」

多望（たぼう）将来性があること。「前途―」

多方面（たほうめん）いろいろな方面・分野。

打撲（だぼく）打ったりうたれたりする。「―傷」

玉（たま）【珠】宝石。美しい・大切なもの。電球・弾丸など。

弾（たま）銃弾・弾丸「砲身に―をこめる」

球（たま）球技用のボール。「―拾い」

玉石（たまいし）庭や石垣に使われる丸い石。

玉石（たまいし）神社の周囲に巡らす垣。瑞垣。

玉串（たまぐし）サカキの枝に紙をつけた奉納物。

魂消る（たまげる）とても驚く。仰天する。

卵（たまご）鳥などの雌が産むもの。未熟者。

偶さか（たまさか）たまたま。偶然。「―の旅行」

魂（たましい）霊。精霊。心。気力。

騙る（たまる）うそをつく。欺く。ちょうどその時。

偶に（たまに）偶然に。時たま。

玉手箱（たまてばこ）物を大切にしまっておく箱。

偶の（たまの）めったにない。「―休日」

玉の輿（たまのこし）女が結婚で得る富貴の身分。

玉虫色（たまむしいろ）どうにでも解釈できること。

賜（たまもの）【賜物】恵みの物。おかげ。成果。

堪らない（たまらない）我慢できない。最高によい。

溜まる（たまる）集まる。とどまる。「ごみが―」

黙る（だまる）言うのをやめる。口をつぐむ。

賜る（たまわる）【給わる】頂く。ちょうだいする。

民草（たみぐさ）人民。たみくさ。「―を憂える」

惰眠（だみん）怠けて眠ること。「―を貪る」

手向ける（たむける）神仏に供える。

屯する（たむろする）一か所に群れ集まる。

為（ため）利益・理由・目的。「雨の―中止」

駄目（だめ）役に立たない。よくないさま。

駄目押し（だめおし）念を入れ確定的にする。

溜め息（ためいき）失望の時など出る長い息。

例（ためし）過去の実例「見たーがない」

試し（ためし）試すこと。「―に行ってみる」

試す（ためす）ころみる。調べてみる。

矯めつ眇めつ（ためつすがめつ）じっくり見る。迷って決心がつかない。

躊躇う（ためらう）迷って決心がつかない。

貯める（ためる）お金を蓄える。

溜める（ためる）蓄える。滞らせる「仕事を―」

矯める（ためる）改め直す。矯正する。「悪癖を―」

多面（ためん）多くの平面・多方面「―体」

保つ（たもつ）所持する。持ちこたえる。存続させる。

袂（たもと）和服のその下、袋状の部分。

絶やす（たやす）存続させない。「酒を―」

容易い（たやすい）やさしい。難しくない。

弛む（たゆむ）油断するなまける。「―だらけ」

多用（たよう）用事が多いこと。頻繁に用いる。

多様（たよう）いろいろの様子・さまざま。種々。

便り（たより）消息・手紙。情報。「風の―」

頼る（たよる）すがる。依存する。「辞典に―」

盥回し（たらいまわし）ものを洗うのに使う平たい容器。順送りに送り回すこと。

堕落（だらく）身を持ち崩すこと。落ちぶれる。

誑し込む（たらしこむ）うまくだます。

垂らす（たらす）垂れるようにした。したたらす。

他力（たりき）ほかからの助力。仏の本願などの力。

他律（たりつ）ほかの流儀・流命令による行動

他流（たりゅう）ほかの流儀・流派。「―試合」

多量（たりょう）分量が多いこと。沢山。$\leftrightarrow$少量

足りる（たりる）必要なだけある。足る。十分ある。

惰力（だりょく）惰性の力。習慣のなごり。

樽（たる）酒などを入れる木製の器。「―酒」

怠い（だるい）【懈い】脱力感を覚える。倦怠感

達磨（だるま）中国禅宗の祖、達磨大師の人形。

弛む（たるむ）ゆるむ。たわむ。だれる。「気が―」

たれ―たんしゅん

誰 だれ	知らない人。不定の人。「―区別なく」
誰彼 だれかれ	あの人この人。
垂れ込み たれこみ	警察などへの密告。
戯け たわけ	ふざけること。おどけ。愚か者。
戯言 たわごと	ふざけた言葉。ばかげた言葉。
戯れる たわむれる	ふざける。こすって汚れを取る道具。
撓む たわむ	曲がる。傾く。気力が弱る。
束子 たわし	むしゃむしゃくちゃ。
俵 たわら	穀物を入れるワラ製の袋「米―」
痰 たん	気管から出る粘液性の分泌物。
段 だん	階段。くぎり。一局面。等級。一段高くなった所「―ひな」
壇 だん	一段高くなった所「―ひな」
弾圧 だんあつ	権力で抑えつけること「―思想」
断案 だんあん	最終的判断。最終決定案。
単位 たんい	履修量を計る基準。数量的基準。

単一 たんいつ	一つ・一人。混じりけがない。
団員 だんいん	団体構成員。団体に所属する人。
担架 たんか	病人などを乗せて運ぶ用具。
炭化 たんか	有機物が燃えて炭素が残ること。
単価 たんか	商品の一定単位当たりの値段。
短歌 たんか	三十一音から成る和歌の一形式。
譚歌 たんか	物語風の歌曲。バラード。
檀家 だんか	布施で寺の財政を助ける家。
団塊 だんかい	かたまり。「―の世代」
段階 だんかい	順序。過程。等級。区切り。
断崖 だんがい	切り立った険しいがけ。「―絶壁」
弾劾 だんがい	罪や不正を調べ出し訴えること。
啖呵を切る たんかをきる	鋭く言いまくる。
嘆願 たんがん	切に願うこと。「―書」
弾丸 だんがん	鉄砲の弾。速いもののたとえ。

探求 たんきゅう	探し求める。探索。原因の一
探究 たんきゅう	本質を探り見極める。「―心理」
談義 だんぎ	解説して示す。聞かせること。
暖気 だんき	温かい気候・気温。暖かみ。
短期 たんき	短い時間・期間。「―国債」⇔長期
短気 たんき	気みじか。せっかち。⇔気長
短軀 たんく	背丈が低いこと。体格。⇔長軀
短靴 たんぐつ	くるぶしくらいまでの浅い靴。
端倪 たんげい	始めから終わりまで。「―すべからざる」で、成り行きが推測
団結 だんけつ	人々が力をあわせ結びつくこと。
探検 たんけん	【探険】未知の土地を冒し実地に調べる。
短見 たんけん	浅はかな考え。目先の判断。
短剣 たんけん	短い剣。あいくち。⇔長剣
単元 たんげん	学習における教材の一区分。

断言 だんげん	断定して言う・言いきること。
単語 たんご	語。言語の最小単位「英―」
端午 たんご	陰暦五月五日の男子の節句。[夏]
断固 だんこ	「断乎」強い意志で押し切るさま。
団子 だんご	穀物の粉をこね丸めた和菓子。
炭坑 たんこう	石炭を採り出す穴。石炭坑。
炭鉱 たんこう	【炭礦】石炭を採掘する鉱山
断交 だんこう	交際を絶つこと。国交の断絶。
断行 だんこう	押しきって行うこと。「―熟慮」
談合 だんごう	話し合う。相談。「―入札」
弾痕 だんこん	大砲・銃の弾丸の当たったあと。
探査 たんさ	探り調べること。「―機」
段差 だんさ	道路上などの高低のずれ。
淡彩 たんさい	あっさりした彩色。「―画」

断裁 だんさい	紙・布をたち切ること。裁断。
断罪 だんざい	罪を裁くこと。打ち首の刑。
探索 たんさく	探したずねること。探り求めること。
短冊 たんざく	【短尺】和歌などを書く細長い紙
炭酸 たんさん	二酸化炭素が水に溶けた弱い酸。
端子 たんし	電気機器接続用の金具。
男児 だんじ	男の子。男子。「日本―」⇔女児
断食 だんじき	一定期間食を食べないこと。絶食。
短日 たんじつ	冬の、昼間の短いこと。
断じて だんじて	必ず。けっして。
単車 たんしゃ	オートバイ。スクーター。
男爵 だんしゃく	爵位の第五位。
胆汁 たんじゅう	肝臓から分泌する消化液。「―質」
短縮 たんしゅく	時間などを短く縮める。⇔延長
単純 たんじゅん	簡単。混じりのない。「―音」

たんしょ―たんに

短所（たんしょ） 劣っている点。欠点。⇔長所

端緒（たんしょ） 手掛かり。糸口。たんちょ。

探勝（たんしょう） 景勝地を訪ねること。

短小（たんしょう） 短くて小さいこと。⇔長大

嘆賞（たんしょう）【歎賞・嘆称】感心してほめる。

誕生（たんじょう） 生まれること。新しくできること。

短章（たんしょう） 文章の断片・詩文の一部分。

談笑（だんしょう） 打ちとけて楽しく話しあう。

壇上（だんじょう） 壇などの上。

単色（たんしょく） 単一の色。七原色の個々の色。

暖色（だんしょく） 暖かさを感じる色。⇔寒色

嘆じる（たんじる）【歎じる】なげく。感心する。

弾じる（だんじる） 弦楽器を奏でる。弾奏する。

談じる（だんじる） 話しあう。かけあう。相談する。

単身（たんしん） ただ独り。単独。「―赴任」

短身（たんしん） 背が低いこと。短軀。⇔長身

短信（たんしん） 短い便り。小さなニュース。

短針（たんしん） 時計の針。短い方。⇔長針

箪笥（たんす） ものを整理・保存する収納家具。

淡水（たんすい） 塩分を含まない水。真水。「―湖」

断水（だんすい） 水道・給水が止まること。

単数（たんすう） 数が一つのこと。⇔複数

丹青（たんせい） 絵の具。赤い色。色彩。

丹誠（たんせい）【丹精】心を込めた。「―した画」

丹精（たんせい） 真心。赤心。「―込めた贈り物」

嘆声（たんせい） 嘆声。感心の声。嘆く声・ため息。

端正（たんせい）【端整】美しく整っているさま。

男性（だんせい） おとこ。一般に成年の男子。

弾性（だんせい） 変形したものがもとに戻る性質。

旦夕（たんせき） 朝夕。常々。今晩朝夕。

胆石（たんせき） 胆のうや胆管にできる結石。

断絶（だんぜつ） 切れる・絶える。とだえること。

単線（たんせん） 一本の線・単線軌道。⇔複線

丹前（たんぜん） 広袖で綿が入った防寒用の和服。

湛然（たんぜん） 静かで動かないさま。静寂。

断然（だんぜん） きっぱりと。断固。ずばぬけて。

端然（たんぜん） 姿勢などがきちんと整ったさま。

炭素（たんそ） 非金属元素の一つ。カーボン。

鍛造（たんぞう） 金属を鍛えもので造ること。

男装（だんそう） 女性が男性の身なりをすること。

断層（だんそう） 地層がずれること。食い違い。

弾倉（だんそう） 連発銃で弾丸を込めておく部分。

探測（たんそく） 探り測ること。観測。「気象―」「気球―」

嘆息（たんそく）【歎息】嘆き。ため息をつくこと。

断続（だんぞく） 切れたり続いたりすること。

単体（たんたい） ただ一種の元素からなる物質。

団体（だんたい） 共通の目的をもつ人の集団。

坦坦（たんたん） 平穏無事にすぎる。平らなさま。

眈眈（たんたん） 鋭い目でねらうこと。「虎視―」

淡淡（たんたん） あっさりしたさま。「―と語る」

段段（だんだん） しだいに。階段状。「―畑」

探知（たんち） 探り知ること。「―機」「逆―」

団地（だんち） 住宅や工場を集合させた地区。

段違い（だんちがい） 格段に差があること。

単調（たんちょう） 単一な調子で変化がないこと。

短調（たんちょう） 短音階でつくられた曲の調子。

団長（だんちょう） 団の長。集団の代表者「応援―」

断腸（だんちょう） 非常な悲しみや辛さ「―の思い」

探偵（たんてい） 事情をこっそり探ること・人。

断定（だんてい） きっぱりと判断を下すこと。

端的（たんてき） 率直。明白。てっとり早いさま。

耽溺（たんでき） 酒や女にふけりおぼれること。

炭田（たんでん） 多量の石炭が採掘される地域。

檀徒（だんと） 寺の信徒。檀家の人々。

担当（たんとう） 受け持つこと。「―者」「―者」

短刀（たんとう） 短い刀。あいくち。⇔長刀

弾頭（だんとう） 弾薬を装着した砲弾の先端部分。

暖冬（だんとう） 例年に比べて暖かい冬。「―異変」

弾道（だんどう） 発射した弾丸の進む筋道。

断頭台（だんとうだい） 首切り台。ギロチン。

単独（たんどく） ただ一つ。「―行動」

耽読（たんどく） 夢中になり読みふけること。

段取り（だんどり） 手順。準備・順序。

旦那（だんな）【檀那】主人・夫。檀家。施主。

単に（たんに） ただ。単純に。「―言っただけ」

たんにん〜ちからすく

担任（たんにん） 担当。クラスを受け持つ。「―先生」

断熱（だんねつ） 熱が伝わらないようにすること。

丹念（たんねん） 誠意をもって念入りにすること。

断念（だんねん） きっぱりとあきらめること。

堪能（たんのう） 習熟している。

短波（たんぱ） 波長の短い電波。「―放送」

探梅（たんばい） 梅花を探し見て回ること。

短髪（たんぱつ） 髪を切ること。女性の短い髪形。

単発（たんぱつ） 一発ずつの発射。「―銃」⇔連発

淡泊（たんぱく）〔淡白〕あっさりしていること。「―な性格」

蛋白質（たんぱくしつ） 生物細胞の主要物質。

断判（だんぱん） かけあい。交渉。「直―」

耽美（たんび） 美に浸り陶酔すること。「―主義」

単品（たんぴん） 一種類の品物。一個の品物。

単文（たんぶん） 主述関係が一つの文。⇔複文

短文（たんぶん） 短い文。ごく簡単な文。⇔長文

短兵急（たんぺいきゅう） だしぬけさま。いきなり。

短編（たんぺん） 小説などの短い作品。⇔長編

断片（だんぺん） 切れ端。一部分。

田圃（たんぼ） 田になっている土地。水田。

担保（たんぽ） 債務を保証する提供品。抵当。

探訪（たんぼう） 実地に出向いて調べること。

暖房（だんぼう） 屋内・室内を暖めること。⇔冷房

断末魔（だんまつま）〔断末摩〕臨終の苦しみ。

短命（たんめい） 短い命。若くして死ぬ。

断面（だんめん） 切り口の面。物事の一面。

反物（たんもの） 一反に仕上げた織物。呉服。

弾薬（だんやく） 弾丸と火薬。「―庫」

男優（だんゆう） 男の俳優。⇔女優「―主演」

短絡（たんらく） 物事を性急に結びつけること。

短文（たんぶん） 短い文。ごく簡単な文。⇔長文

段落（だんらく） 文章中の段。物事の区切り。

団欒（だんらん） 集まって和やかに楽しみ過ごす。

単利（たんり） 元金だけに対する利子。⇔複利

暖流（だんりゅう） 熱帯から流れる高温な海流。

短慮（たんりょ） 浅はかな考え。短気。「―軽率」

胆力（たんりょく） 事にのおじしない精神力。度胸。

弾力（だんりょく） はね返す力。とに戻る力。

鍛錬（たんれん）〔鍛練〕金属を鍛える。修行する。

端麗（たんれい） 整っていて美しいさま。「容姿―」

暖炉（だんろ） 〔煖炉〕火をたいて暖める炉。

談話（だんわ） 話すこと。会話。非公式な意見。

ち

血（ち） 血液。血筋。「―騒ぐ」「―を引く」

知（ち） 知恵。知性。「―をめぐらす」

血合い（ちあい） 魚肉の血の多い赤黒い部分。

治安（ちあん） 国・社会の秩序が保たれた状態。

地位（ちい） 社会や組織での立場。身分。

地異（ちい） 地震や洪水などの地上での異変。

地域（ちいき） 土地の区域。区画された土地。

地育（ちいく） 知能・知識を向上させる教育。

知恵（ちえ） 正しい判断をして処理する能力。

地縁（ちえん） 同じ地域に住むことで生じる縁。

遅延（ちえん） 予定より遅れて長引くこと。

地下（ちか） 地面の下。表立たない所。「―街」

地価（ちか） 土地の売買価格。「―の高騰」

地下（ちか） 政権や国家の支配・統治下。

近い（ちかい） へだたりが少ない。親しい。⇔遠い

地階（ちかい） 建築物で、地下につくられた階。

誓う（ちかう） かたく約束する。誓約する。

違う（ちがう） 同じでない。外れる。誤る。

知覚（ちかく） 感覚器官で判別、意識すること。

地核（ちかく） 地球の中心部。コア。

地殻（ちかく） 地球の表層部分。「―変動」

地下茎（ちかけい） 地中にある植物の茎。

近頃（ちかごろ） このごろ。最近。

近近（ちかぢか） 近いうち。もうすぐ。きんきん。

近付く（ちかづく） 近くへ寄る。期日が迫る。

近所（ちかじょ） 近くの所。近間。

地下鉄（ちかてつ） 地下鉄道。メトロ。

近場（ちかば） 距離の近い所。

近道（ちかみち） 早くできる方法。⇔遠道

近寄る（ちかよる） 接近する。

力（ちから） 体力。能力。変化の起因となる作用。精

力一杯（ちからいっぱい） 力の限り。一杯。

力瘤（ちからこぶ） 二の腕にできる筋肉の出し尽くす。

力尽く（ちからずく） 強引に行う。

ちからぞえ―ちたい

力添え 助けること。加勢。援助。

力試し 力量を試すこと。

力強い 力があふれている。心強い。

力任せ 力の限り行う。

力負け 力の入れ間違いで負ける。

力業 力仕事。力を頼りに行う業。

置換 位置や順序を置きかえること。

痴漢 女性にみだらな行為をする男。

知己 親友。知人。知友。子ども一人。「十年来の―」

稚気 子どもっぽい様子。幼稚な気風。

地球 人類が住む太陽系の第三惑星。

稚魚 生まれて間もない魚。↔成魚。

地峡 二つの陸地をつなぐ狭い陸地。

契る かたく約束する。情交する。

千切る 指先で細かく裂く。

地区 指定された特定の地域。「風致―」

逐一 一つ一つ順を追って。何もかも。

遂遇 認められて手厚く待遇される。

蓄音機 レコードを再生する装置。

逐語 一語一語の意義を忠実にたどる。

蓄財 金銭や財産を蓄えること。貯財。

畜産 家畜を飼育し生活に利用する事業。

千草 種々の草。多くの草花。

逐次 次々。順々。順を追う。

畜生 獣。ののしりの言葉。「あん―」

築城 城を築くこと。

蓄積 蓄えていること。たまったこと。

築造 ダム・堤防・城などを築くこと。

逐電 逃げて姿をくらますこと。出奔。

蓄電 電気を蓄えること。「―器」

乳首 乳房の先の部位。乳頭。

竹林 竹やぶ。竹の林。「―の七賢」

竹輪 筒形の、魚肉の練り製品。

畜類 家畜。けだもの。

竹煙 飛び散る多量の血。ちけぶり。

地形 地表の高低や起伏の有様。「―図」

地検 「地方検察庁」の略称。

知見 見て知ること。知識による見解。

稚児 幼児。祭礼に出る子。

地溝 断層の間にある細長いくぼ地。

遅効 ゆっくり効くこと。↔速効。

遅刻 定刻に遅れること。遅参。

恥骨 外陰部のすぐ上にある骨盤。

治山 植林などにより山を整えること。

治産 財産の管理・処分。

地誌 地域の地理的現象を記した書物。

致死 死なすこと。「過失―」「―量」

知事 都道府県を代表する事務。役職。

血潮 ほとばしり出る血。熱情。

知識 知って理解する事柄。「―欲」

地軸 南北に貫く地球の自転軸。

地質 地層の状態や土地の性質。「―学」

知悉 知り尽くすこと。精通。

地上 地面の上。この世。

遅日 日暮れが遅い春の日。「―圏」

知者 知恵のある人。賢人。もの知り。

知将 知恵があり作戦の巧みな大将。

痴情 色情に動かされる心。「―関係」

恥辱 はじ。はずかしめ。屈辱。

知人 知っている人。知り合い。知己。

地図 地表の状況を縮尺し表わす図。

治水 水流・水路を整備し利便を図る。

血筋 血のつながり。血縁者。血統。

地勢 土地のありさま。地形の状態。

治世 太平の世。国を治めること。

知性 物事を考え判断する能力。「―的」

地積 土地の面積。

治績 政治上の功績。国を治めた実績。

稚拙 子どもじみてつたない。「―を競う」

地層 土砂・泥などが積み重なった層。

遅速 遅いか速いか。

地帯 特徴をもつ一定の地域・場所。

遅滞 期日に遅れること。遅くなり滞る。

痴態 愚かなふるまいや態度。

ちたい―ちゃくもく

第1段

地代（ちだい） 借地料。土地の価格。土地の価。

遅遅（ちち） 進行が遅い。「―として進まず」

千千（ちぢ） 数が非常に多いこと。さまざま。

乳臭い（ちちくさい） 幼い。幼稚な。未熟な。

縮む（ちぢむ） 小さくなる。短くなる。低く・短くなる。

縮れる（ちぢれる） うねるなどしてちぢむ。

地中（ちちゅう） 土の中。地下。「―植物」

蟄居（ちっきょ） 外出せずに閉じこもる。籠居とも。

秩序（ちつじょ） 物事の正しい順序・決まり。

窒素（ちっそ） 無色無臭の気体元素の一つ。

窒息（ちっそく） 呼吸ができなくなること。「―死」

地底（ちてい） 大地の底。地面のずっと下の方。

知的（ちてき） 知識に関するさま。知性が豊か。

地点（ちてん） 地上の一か所。一定の場所。

知徳（ちとく） 知識と道徳。学識と人格。

第2段

千歳（ちとせ） 千年。一年年。永遠。

遅遅（ちどりあし） 酒に酔った人の足つき。

千鳥足（ちどりあし） 酒に酔った人の足つき。

遅鈍（ちどん） のろくて鈍いこと。　‡鋭敏

血腥い（ちなまぐさい） 血のにおいがする。「―事件」

因みに（ちなみに） ついでに言うなら。関連

因む（ちなむ） 関係。関連のある。

知日（ちにち） 外国人が日本に詳しい。「―家」

知能（ちのう） 頭の働き。判断力。「―指数」

血の気（ちのけ） 肌の血色。赤み。

血糊（ちのり） 乾ききらずに、ねばねばする血。

地の利（ちのり） 場所や地形で有利なこと。

遅配（ちはい） 配給や配達などが遅れること。

血走る（ちばしる） 目が充血して赤くなる。

遅筆（ちひつ） 文章を書くのが遅い。　‡速筆

地表（ちひょう） 地球や土地の表面。「―水」

第3段

千尋（ちひろ） 限りなく高い・深いこと。

恥部（ちぶ） 陰部。恥ずべき点。「日本の―」

乳房（ちぶさ） 女性の、胸の乳汁が分泌する器官。

地平線（ちへいせん） 空と地の境界線。地平。

血反吐（ちへど） 血が混じったへど。

地変（ちへん） 地震・噴火などの土地の異変。

地歩（ちほ） 自分のいる地位・立場。地盤。

地方（ちほう） 一定の地域。首都以外の地域。

知謀（ちぼう） 巧みなはかりごと。上手な作戦。

粽（ちまき） ササの葉に包んだ餅などの食物。

巷（ちまた） 街路。まちなか。世間。「―の声」

血祭り（ちまつり） 敵を殺し気勢を上げること。

血眼（ちまなこ） 血走った目。夢中になるさま。

血塗れ（ちまみれ） 血だらけ。血みどろ。

血迷う（ちまよう） 興奮して理性を失う。・逆上し

第4段

地味（ちみ） 地質の善し悪し。土地の生産力。

血道（ちみち） 血管。血脈。「―を上げる」

緻密（ちみつ） きめが細かい。細かく詳しい。

地名（ちめい） 土地の名称・呼び名。

知名（ちめい） 世間に名が知れていること。

致命傷（ちめいしょう） 命取りの傷。大打撃。

地目（ちもく） 田・畑など用途別の土地の名称。

茶（ちゃ） 葉をこす飲料。茶道。

茶請け（ちゃうけ） 茶に添える菓子。茶菓子。

茶化す（ちゃかす） 冗談にする。からかう。

茶釜（ちゃがま） 茶の湯に使う湯沸かし釜。

茶殻（ちゃがら） 茶を入れたあとの残りかす。

茶器（ちゃき） 茶の湯に使う道具。茶入れ。

茶巾（ちゃきん） 茶の湯で、茶わんなどをふく布。

着衣（ちゃくい） 衣服を着ること。着ている衣服。

第5段

着眼（ちゃくがん） 着目すること。目のつけどころ。

着色（ちゃくしょく） 色をつけること。色つけ。「―剤」

嫡出（ちゃくしゅつ） 正妻から生まれること。　‡庶出

嫡子（ちゃくし） 正妻の子。あと継ぎ。　‡庶子

着実（ちゃくじつ） 落ち着いて確実に行う。堅実。

着手（ちゃくしゅ） 取りかかること。手をつけること。

着水（ちゃくすい） 水面に降りること。‡離水

着席（ちゃくせき） 席に着くこと。席に座ること。

着想（ちゃくそう） 思いつき。考え。糸口となる考え。

着地（ちゃくち） 地面に降り立つこと。着陸。

着脱（ちゃくだつ） 取りつけたり外したりすること。

着着（ちゃくちゃく） 順を追って。はかどるさま。

着任（ちゃくにん） 任地に到着するさま。職務に就くこと。

着服（ちゃくふく） こっそり自分のものにすること。

着目（ちゃくもく） 目をつけること。着眼。

ちゃくよう―ちゅうしん

着用（ちゃくよう）衣服などを身につけること。

着陸（ちゃくりく）空から地上に降り着く。↔離陸

嫡流（ちゃくりゅう）本家の系統。

茶室（ちゃしつ）茶会を催す部屋。数寄屋。囲い。

茶渋（ちゃしぶ）茶わんなどにつく茶のあか。

茶人（ちゃじん）茶道に通じた人。風流人。さじん。

茶席（ちゃせき）茶会をもよおす席。茶会。茶室。

茶杓（ちゃしゃく）抹茶をすくう小さなさじ。茶びしゃく。

茶筅（ちゃせん）抹茶をたてる際に使う道具の一。

茶筅

着火（ちゃっか）火をつけること。

茶茶（ちゃちゃ）妨害。邪魔。「―を入れる」

茶簞笥（ちゃだんす）茶器や食器の収納家具。

茶托（ちゃたく）茶わんをのせる小さな皿状の台。

茶番（ちゃばん）ふざけきわまったふるまい。「―劇」脚付きの低い茶卓。

卓袱台（ちゃぶだい）脚付きの低い茶卓。

茶店（ちゃみせ）茶や菓子を売り休息させる店。

茶目（ちゃめ）いたずらっぽい。

茶屋（ちゃや）製茶を売る店。茶店。小茶屋。

茶碗（ちゃわん）茶や飯を入れる器「湯飲み―」

治癒（ちゆ）病気やけがが治ること。全快。

宙（ちゅう）「―に浮く」空中。暗記。

忠（ちゅう）忠実。忠義。忠誠。「―を尽くす」

注（ちゅう）【注】本文中の語句などの説明。

知勇（ちゆう）【智勇】知恵と勇気を配ること。忠告。「―兼備」

注意（ちゅうい）気を配ること。忠告。用心。

中央（ちゅうおう）まんなか。中心。首都。「―集権」

中華（ちゅうか）中国。漢民族が呼んだ自国の称。

仲夏（ちゅうか）陰暦五月の異称。夏の半ば。夏

仲介（ちゅうかい）なかだち。「―者」

註解（ちゅうかい）【註解】注をつけ説明すること。

中外（ちゅうがい）内部と外部。国内と国外。

宙返り（ちゅうがえり）空中で回転すること。

中核（ちゅうかく）重要な部分。中心。核心。

中間（ちゅうかん）二つのものの間。中ほど。途中。

注記（ちゅうき）【注記】注をつけること。また、その注。

忠義（ちゅうぎ）君主に真心を尽くすこと。忠節。

鋳金（ちゅうきん）金属を溶かし鋳型で器をつくる。

中空（ちゅうくう）空の中ほど。内部が空なこと。

中継（ちゅうけい）中間で受け継ぐ。「中継放送」の略。

中堅（ちゅうけん）組織・集団の中心になる人。

忠犬（ちゅうけん）主人のためによく仕えるイヌ。

中元（ちゅうげん）七月十五日頃の進物。

忠言（ちゅうげん）真心からいさめる言葉。忠告。

中古（ちゅうこ）いったん衰えたものをまた盛り返す。新品でない中古品「―車」困

中興（ちゅうこう）いったん衰えたものをまた盛り返す。

忠告（ちゅうこく）真心をもってさとすこと。

中腰（ちゅうごし）腰を半分浮かせた姿勢。

中座（ちゅうざ）会合などの途中で席を外すこと。

仲裁（ちゅうさい）両者の間に入って和解させる。

駐在（ちゅうざい）派遣された地にとどまること。「―人」

注視（ちゅうし）注意してじっと見ること。注目。

中耳（ちゅうじ）聴覚器官の一部。「―炎」

中軸（ちゅうじく）中央を貫く。中心となる人。

忠実（ちゅうじつ）まじめに仕えるありのまま。

注射（ちゅうしゃ）薬液を針で体内に注入すること。

駐車（ちゅうしゃ）車をとめておくこと。「―禁止」

注釈（ちゅうしゃく）【註釈】本文の解説。注解。「―書」

中秋（ちゅうしゅう）陰暦八月十五日。秋の半ば。困「―の名月」盛秋。

仲秋（ちゅうしゅう）陰暦八月の異称。

抽出（ちゅうしゅつ）抜き出す。引き出すこと。

中旬（ちゅうじゅん）月の十一日から二十日まで。

仲春（ちゅうしゅん）陰暦二月の異称。春の半ば。春

中傷（ちゅうしょう）根拠のない悪口で人を傷つける。

抽象（ちゅうしょう）個から一般化した概念をつくる。

衷情（ちゅうじょう）うそ偽りのない心。「―を訴える」

昼食（ちゅうしょく）昼の食事。ランチ。

中心（ちゅうしん）真ん中。最も重要な位置。重心。

ちゅうしん―ちょうく

中震（ちゅうしん） 震度4の地震。

注進（ちゅうしん） 事件を急いで報告すること。

衷心（ちゅうしん） 本当の気持ち。心底。

虫垂（ちゅうすい） 盲腸の下の細長い突起。「―炎」

中枢（ちゅうすう） 中心となる大事な所。「国家の―」

誅する（ちゅうする） 罪あるものを殺す。成敗する。

中世（ちゅうせい） 中世紀。鎌倉・室町時代。

中正（ちゅうせい） 偏らないで公平なこと。中庸。

中性（ちゅうせい） 中間の性質。「―紙」「―洗剤」

忠誠（ちゅうせい） 忠実で正直な心。忠義。「―心」

中背（ちゅうぜい） 中ぐらいの身長。「中肉―」

忠節（ちゅうせつ） 主君への忠義を貫くこと。

中絶（ちゅうぜつ） 中途でやめること。妊娠中絶。

抽選（ちゅうせん） 「抽籤」くじを引くこと。くじ引き。

鋳造（ちゅうぞう） 金属を溶かし鋳型で成形する。

中退（ちゅうたい） 「中途退学」の略。

紐帯（ちゅうたい） 二つのものを結びつけるもの。

中断（ちゅうだん） 中途で切る。中途でとだえる。

躊躇（ちゅうちょ） 決行に迷うこと。ためらうこと。

宙吊り（ちゅうづり） 空中にぶらさがった状態。

中天（ちゅうてん） 天の真ん中。天心。中空。

中途（ちゅうと） 道中の中ほど。「―半端」

中道（ちゅうどう） 偏らず穏当なこと。「―路線」

中毒（ちゅうどく） 毒素による機能障害。「ガス―」

駐屯（ちゅうとん） 軍隊がある地にとどまる。「―地」

中日（ちゅうにち） 彼岸のなかの日。春分・秋分の日。

中年（ちゅうねん） 青年と老年の間の年頃。「―太り」

注入（ちゅうにゅう） 注ぎ入れること。つぎ込むこと。

中盤（ちゅうばん） 中ほどまで進んだ時期・局面。

中腹（ちゅうふく） 山の頂上とふもととの中間。山腹。

中葉（ちゅうよう） 時代の中頃の一時期。中期。

中庸（ちゅうよう） 偏らずほどよいこと。凡庸。

注油（ちゅうゆ） 機械などに油をさすこと。

昼夜（ちゅうや） 昼と夜。日夜。いつも。「―兼行」

注文（ちゅうもん） 【註―】依頼・希望・条件。

注目（ちゅうもく） 注意している・関心をもって見る。

稠密（ちゅうみつ） 一か所に多く集まっていること。

忠僕（ちゅうぼく） 忠実なしもべ。忠実な家来。

厨房（ちゅうぼう） 台所。くりや。調理場。

中立（ちゅうりつ） 間に立ちどちらにも味方しない。

中略（ちゅうりゃく） 文章などの中間を省くこと。

駐留（ちゅうりゅう） 軍隊が長期間滞在すること。

駐輪（ちゅうりん） 自転車やバイクをとめること。

中流（ちゅうりゅう） 川の流れの中ほど。中位の階層。

中和（ちゅうわ） 異質のものが融合し特性を失う。

著（ちょ） 書物を著す。書物。著作。明らか。

千代（ちよ） 千年。一億の長い年月。ちとせ。

兆（ちょう） きざし。一万倍の数。

長（ちょう） おさ。かしら。年長。長所。

腸（ちょう） 胃の下に続く消化器の一つ。

寵愛（ちょうあい） 特別に目をかけかわいがること。

帳合い（ちょうあい） 現金・商品・帳簿の照合。

懲悪（ちょうあく） 悪をこらしめること。「勧善―」

弔意（ちょうい） 死を悼み悲しむ気持ち。哀悼。

弔慰（ちょうい） 死者を慰める。「―金」

弔位（ちょうい） ［弔位］死者を弔う遺族

潮位（ちょうい） 基準面からの海面の高さ。潮高。

調印（ちょういん） 条約・文書に署名押印すること。

懲役（ちょうえき） 監獄に拘置して労役を科す刑。

超越（ちょうえつ） 程度がはるかに越える。

超音波（ちょうおんぱ） 耳に聞こえない高周波音波。

弔花（ちょうか） 人の死を悼んで贈る花。花輪。

釣果（ちょうか） 釣りの成果・数。獲物・量。

超過（ちょうか） 一定の程度・数をこえること。

懲戒（ちょうかい） 不正・不当な行為に対する制裁。

超（ちょう） 「―中枢」「―器」

長官（ちょうかん） 官庁で、その官の最高の人。

鳥瞰（ちょうかん） 高所から見下ろすこと。「―図」

朝刊（ちょうかん） 日刊で朝発行する新聞。↔夕刊

弔旗（ちょうき） 弔意を表しる旗。半旗。

長期（ちょうき） 期間が長いこと。「―休暇」↔短期

長久（ちょうきゅう） 長く続くさま。永久。「武運―」

調教（ちょうきょう） 馬・犬などを訓練する。「―師」

長距離（ちょうきょり） 距離が長いこと。「―電話」

彫金（ちょうきん） たがねで金属に彫刻する技法。

長駆（ちょうく） 長い距離を一気に走ること。

長軀 ちょうく 背が高いこと。長身。「痩身ホ―」

長兄 ちょうけい 一番上の兄。末弟・長姉。

帳消し ちょうけし [徴候] ものの起こるきざし。＊少考 貸借の消滅・棒引き。

長考 ちょうこう 長時間かけて考えること。

朝貢 ちょうこう 外国の使いが貢物を奉ること。

聴講 ちょうこう 講義・講演を聴くこと。「―生」

調合 ちょうごう 薬剤などを数種類あわせること。

長広舌 ちょうこうぜつ 長々としゃべり続けること。

彫工 ちょうこう 彫刻師。彫刻作品。彫刻師。彫刻作品。

彫刻 ちょうこく 木石や金属に図打ちかつこと。「国勢―」

超克 ちょうこく 困難を乗り越え打ちかつこと。

調査 ちょうさ 事柄を調べただ打ちかつこと。「国勢―」

調剤 ちょうざい 薬を調合すること。調薬。「―師」

銚子 ちょうし 酒を入れ盃につぐ器。徳利。

調子 ちょうし 音調。拍子。語調。具合。「―本―」

弔事 ちょうじ おくやみごと。＊慶事

弔詞 ちょうじ 弔の言葉・文。弔詞。＊祝辞

庁舎 ちょうしゃ 官公庁の建物。役所の建物。

寵児 ちょうじ 愛いし子。もてはやされる人。

長者 ちょうじゃ 金持ち。富豪。

聴取 ちょうしゅ 事情や情況を聞き取る。事情「―」

長寿 ちょうじゅ 寿命が長いこと。長生き「不老―」

徴収 ちょうしゅう お金を取り立てる。納入

徴集 ちょうしゅう 呼び集めること。発券。

聴衆 ちょうしゅう 演奏・講演などを聴きにきた人。

調書 ちょうしょ 調査事項を記した文書。調書事項を記した文書。

長所 ちょうしょ 優れている面。美点。＊短所

長女 ちょうじょ 最初に生まれた娘。＊長男

嘲笑 ちょうしょう あざけり笑う。あざ笑い。冷笑。

重畳 ちょうじょう 幾重にも重なる。極めて満足。

頂上 ちょうじょう 山のいただき。＊頂。

帳尻 ちょうじり 帳簿の決算の結果。つじつま。

長じる ちょうじる 成長する。年長。人に勝る。ほか

長身 ちょうしん 身長が高い。長い方。丈

長針 ちょうしん 時計の、長い方の針。分針。

聴診 ちょうしん 体内の音を聴く診察。診察。「―器」

超人 ちょうじん 並外れて優れた能力のある持ち主。

調製 ちょうせい 注文に合わせてつくる。調達。

調整 ちょうせい 正常な状態に手直しする。調節。

手水 ちょうず 手や顔を洗う水。用足し。便所。

朝夕 ちょうせき 朝晩。あさゆう。常にいつも。

徴税 ちょうぜい 税金を取り立てる。租税の徴収。

潮汐 ちょうせき 毎日の周期的な潮の満ちひき。

調節 ちょうせつ 調子をほどよく整える。「微―」

超然 ちょうぜん ほかより飛び抜けて優れている。困難に立ち向かう。世俗にとらわれず平然なさま。

挑戦 ちょうせん 難に立ち向かう。

超俗 ちょうぞく 世俗を超越していること。超脱。

彫塑 ちょうそ 彫刻と塑像。彫塑で像をつくる。彫刻した像。

彫像 ちょうぞう 彫刻で像をつくる。彫刻した像。

長足 ちょうそく 進行が速い。「―の進歩を遂げる」

長蛇 ちょうだ 長くて大きな蛇。「―の列」

超大 ちょうだい 長く続くたとえ。超脱。

頂戴 ちょうだい もらう・食べることの謙譲語。

長大息 ちょうだいそく 大きなため息。長嘆。

彫琢 ちょうたく 宝石を磨く。詩文を練り上げること。

調達 ちょうたつ 品物を取りそろえること。

長短 ちょうたん 長いと短い。長さ。長所と短所。

打擲 ちょうちゃく 打ちたたくこと。なぐる。ぶつ。

長調 ちょうちょう 長音階で作られた曲の調子。

提灯 ちょうちん 中にろうそくをともす照明具。

蝶番 ちょうつがい 開き戸などにつける開閉用金具。

腸詰め ちょうづめ ソーセージ。

帳面 ちょうづら 帳面に記入された表向きの収支。

朝廷 ちょうてい 天子が政治を行う所。「大和―」

調停 ちょうてい 両者の争いを和解させる。仲裁。

頂点 ちょうてん 最高点。多角形の辺の交点。

弔電 ちょうでん 弔意を述べる電報。＊祝電

長途 ちょうと 遠い道のり。長い旅路。遠路。

丁度 ちょうど ぴったり。ほどよく。あたかも。

調度 ちょうど 日常用いる家具・道具。「―品」

ちょうときゅう―ちょくめん

超弩級（ちょうどきゅう） ずば抜けて強大なこと。

手斧（ちょうな） 〖斧〗木材の荒削りに使う道具。

長男（ちょうなん） 最初に生まれた息子。⇔末弟

長波（ちょうは） 波長の長い電波。「―通信」

跳馬（ちょうば） 長くのばした用具を使う体操競技。

帳場（ちょうば） 商店で帳付けや勘定をする所。

長髪（ちょうはつ） 長くのばした髪。⇔短髪

挑発（ちょうはつ） しむけること。「―的」

徴発（ちょうはつ） 軍が物資を人民から駆り集めること。

調髪（ちょうはつ） 髪を切り形を整えること。

懲罰（ちょうばつ） こらしめ罰すること。

丁半（ちょうはん） さいころの目の、偶数と奇数。

掉尾（ちょうび） 最後に勢いづくこと。「―を飾る」

貼付（ちょうふ） はりつけること。「てんぷ」

重複（ちょうふく） 同じものが何度か重なること。

弔文（ちょうぶん） 弔意を述べる文章。弔辞。

徴兵（ちょうへい） 国が兵役のため国民を徴集する。

長編（ちょうへん） 詩・小説・映画などの長い作品。

帳簿（ちょうぼ） 金銭・物品の出納を記す帳面。

弔砲（ちょうほう） 死者を悼んでの礼砲。⇔祝砲

重宝（ちょうほう） 〖調法〗大切なもの。便利なこと。

諜報（ちょうほう） 敵の秘密を探り知らせること。

眺望（ちょうぼう） 広く見渡すこと。見晴らし。

長方形（ちょうほうけい） 菊の節句。⇔長矩形など。

張本人（ちょうほんにん） 事件などを起こした人。

調味（ちょうみ） 食物に味をつけること。「―料」

長命（ちょうめい） 長生き。長寿。⇔短命

澄明（ちょうめい） 澄みきって明るい。「―な秋空」

帳面（ちょうめん） ノート。帳簿。

弔問（ちょうもん） 遺族を訪問し悔やみを述べる。

聴聞（ちょうもん） 利害関係者の意見を聞くこと。

跳躍（ちょうやく） 跳ね上がること。飛び上がること。

長幼（ちょうよう） 年上と年下の者。「―の序」

重用（ちょうよう） 人を重く扱うこと。じゅうよう。

重陽（ちょうよう） 陰暦九月九日の菊の節句。⇔

凋落（ちょうらく） 落ちぶれること。没落。衰退。

調理（ちょうり） 食物を料理すること。「―師」

調律（ちょうりつ） 楽器の音調を正しく調節すること。

潮流（ちょうりゅう） 潮・海水の流れ。時勢の動き。

跳梁（ちょうりょう） 悪人などが勝手にふるまう。

張力（ちょうりょく） 引っ張り合う力。「表面―」

潮力（ちょうりょく） 潮の干満で生じるエネルギー。

鳥類（ちょうるい） 脊椎動物の一種。とり類。

朝礼（ちょうれい） 始業前の、朝の集会。朝会。

調練（ちょうれん） 兵士を訓練すること。「―場」

長老（ちょうろう） 経験豊かで指導的な立場の人。

嘲弄（ちょうろう） あざけりもてあそぶこと。愚弄。

調和（ちょうわ） つりあいがとれ自然なこと。

千代紙（ちよがみ） 模様が色刷りでそめられた和紙。

貯金（ちょきん） 金銭をためる。ためられた金銭。

直営（ちょくえい） ほかを介さず直接経営すること。

直撃（ちょくげき） 直接打撃を与え。命中する。

直言（ちょくげん） 遠慮せず思うままを言うこと。

直後（ちょくご） すぐあと。⇔直前

勅語（ちょくご） 天皇の言葉。みことのり。

直裁（ちょくさい） すぐ裁決する。直接裁決する。

直視（ちょくし） 目をそらさずに見る。

勅使（ちょくし） 勅旨を伝えるための使者。

直写（ちょくしゃ） じかに写すこと。ありのままに写す。

直射（ちょくしゃ） 直接に照りつける。「―日光」

直進（ちょくしん） まっすぐにためらわず進むこと。

直接（ちょくせつ） じかに接する。「―話す」⇔間接

直截（ちょくせつ） 回りくどくないこと。「―簡明」

直線（ちょくせん） まっすぐな線。⇔曲線

勅撰（ちょくせん） 勅命で撰定し編集すること。

直送（ちょくそう） 直接送ること。「産地―」

直属（ちょくぞく） 直接その下に属すること。「―の部下」

直通（ちょくつう） 直接に通じること。「―電話」

直答（ちょくとう） 即座に答える。直接消費者に売ること。

直売（ちょくばい） 宛名人の開封を請う。親展。

直披（ちょくひ） 宛名人の開封を請う。親展。

直筆（ちょくひつ） 事実をありのままに書く。⇔曲筆

勅命（ちょくめい） 天皇の命令。みことのり。

直面（ちょくめん） 直接に物事に対することすること。

ちょくやく−ちんちゃく

直訳(ちょくやく) 原文の通りに訳する。↔意訳

直喩(ちょくゆ) 直接ほかのものにたとえる表現。

直立(ちょくりつ) まっすぐに立つこと。垂直。

直流(ちょくりゅう) 大きさと方向が一定の正負の電流。

直列(ちょくれつ) 電池を正負の順に接続すること。

直口(ちょこ) 小形のさかずき。ちょく。

猪口才(ちょこざい) 生意気。こしゃく。

著作(ちょさく) 書物を書き著す。「―権」

著者(ちょしゃ) 書物を書き著した人。著述者。

著述(ちょじゅつ) 書物を書き著すこと。著作。

著書(ちょしょ) 書き著した書物。

貯水(ちょすい) 水をたくわえること。「―池」

貯蔵(ちょぞう) ものをたくわえること。「―庫」

貯蓄(ちょちく) [儲蓄]財をたくわえること。「―高」

直下(ちょっか) まっすぐに下る。すぐ下。「急転―」

直角(ちょっかく) 九十度の角。「―三角形」

直覚(ちょっかく) 直接に感じ知る。直観。

直轄(ちょっかつ) 直接の支配・管轄。「―学校」

直感(ちょっかん) 直ちに心で感じ取ること。

直観(ちょっかん) 推論でなく直接本質をとらえる。

直径(ちょっけい) 円や球の中心に通る線分。

直系(ちょっけい) 直接的・直線的につながる。

直結(ちょっけつ) 寄り道せずまっすぐつながること。

直行(ちょっこう) 間に何も挟まず直接行くこと。

直航(ちょっこう) 寄港せず直接目的地へ航行する。

一寸(ちょっと) しばし。わずか。かなり。「―見」

著名(ちょめい) 有名。高名。「―人」「―な作家」

佇立(ちょりつ) たたずむこと。

丁髷(ちょんまげ) 昔の男子の髪形の一つ。

散らす(ちらす) まき散らす。散らかす。散

散り散り(ちりぢり) ばらばらになるさま。

塵取り(ちりとり) ごみをすくって取る道具。

鏤める(ちりばめる) 宝石などを散らしてはめ込む。

縮緬(ちりめん) 細かなしじらや縮みのある絹織物。

知略(ちりゃく) [智略]才知に富んだ策略。

知慮(ちりょ) 賢い考え。先を考える能力。

治療(ちりょう) 病気などを治す。加療。

地力(ちりょく) その土地の生産力。

知力(ちりょく) [智力]知恵の働き。知的能力。知性。

散る(ちる) 花や葉が落ち散らばる。

痴話(ちわ) 男女の戯れ話。「―喧嘩」

塵(ちり) 埃。ほんの少し。小さなごみ。ちりし。

地理(ちり) 土地の状態・地表の有様。「―学」

塵紙(ちりがみ) 使い捨ての粗末な紙。ちりし。

治乱(ちらん) 世が、治まることと乱れること。

亭(ちん) 庭園内に建てた小屋。あずまや。わ。

朕(ちん) 天皇の自称。われ。

賃上げ(ちんあげ) 賃金の額を上げること。

鎮圧(ちんあつ) 押し鎮めること。気分がふさぐ。

沈鬱(ちんうつ) 気分が沈むこと。「地盤―」↔隆起

沈下(ちんか) 沈み下がること。「地盤―」↔隆起

鎮火(ちんか) 火事が消える。火事を消すこと。

珍客(ちんきゃく) 珍しくて奇妙な客。

珍奇(ちんき) 珍しく、予想しないこと。「―な事件」

鎮魂(ちんこん) 死者の霊を慰め鎮める。「―歌」

沈降(ちんこう) 沈み下ること。↔隆起「―海岸」

鎮護(ちんご) 反乱を鎮め国家を守ること。

賃金(ちんぎん) 労働の報酬に支払われる金銭。

沈金(ちんきん) 漆塗りに金箔を押した細工。

鎮座(ちんざ) 神霊がどっかり座る。

椿事(ちんじ) 珍しい、意外な出来事。椿事。思いがけない事件。変事。珍事。

陳謝(ちんしゃ) 訳を言って謝ること。

賃借(ちんしゃく) 料金を払って借りること。「―権」

鎮守(ちんじゅ) その土地を守護する神・神社。

珍獣(ちんじゅう) 数が少なく、生態を要請する対策。

陳述(ちんじゅつ) 口で述べる。申し述べる。「―書」

陳情(ちんじょう) 実情を述べ対策を要請する。

沈静(ちんせい) 落ち着き穏やかになる。静まる。

鎮静(ちんせい) 騒動や興奮を静まらせる。「―剤」

陳説(ちんせつ) [椿説]変わった話。珍しい意見。

沈潜(ちんせん) 沈み込んで深く没頭する。

沈滞(ちんたい) 停滞すること。活気がないこと。

賃貸(ちんたい) 料金を取って貸すこと。↔賃借

沈着(ちんちゃく) 落ち着いて動じない。「―冷静」

ちんちょう―つうかん

珍重(ちんちょう) 珍しいものとして大切にする。

沈痛(ちんつう) 深い悲しみに沈み胸を痛めること。

鎮痛(ちんつう) 痛みを抑え鎮めること。「―剤」

鎮定(ちんてい) 反乱をしずめ平静を取り戻す。

沈澱(ちんでん) 【沈殿】底に沈んでたまること。

闖入(ちんにゅう) 断りなく突然入り込む。

陳腐(ちんぷ) 古くさい。平凡で面白みが無い。

珍品(ちんぴん) 珍しい品物。珍品貴重な品。

陳弁(ちんべん) 訳を言って弁解する。申し開き。

沈没(ちんぼつ) 水中に沈み前えること。◆浮上

珍本(ちんぽん) 珍しい本。入手しがたい本。

珍妙(ちんみょう) 変わっていて滑稽だ。奇妙。

珍味(ちんみ) めったに味わえない味〔食べ物〕。

珍無類(ちんむるい) 何とも奇妙でおかしいこと。

沈黙(ちんもく) 口をきかないこと。静かなこと。

陳列(ちんれつ) 見せるために物品を並べること。

つ

津(つ) 船着き場。渡し場。港。港町。

対(つい) 二つで一組となるもの。ペア。「―のすみ」「―の別れ」

終(つい) 最後。「―のすみか」

潰える(ついえる) 壊れる。敗れる。

費える(ついえる) むだにすぎて乏しくなる。

追憶(ついおく) 過去を思いしのぶこと。追想。

追加(ついか) あとから補い加えること。

追記(ついき) あとから書き加えること・文章。

追及(ついきゅう) 問い詰める。追い詰める。

追求(ついきゅう) 追い求めること。探求。

追究(ついきゅう) 【追窮】調べきわめること。究明。探究。

対句(ついく) 形や意味が一対の二つの句。

追撃(ついげき) 逃げる敵を追いかけ討つ。追討。

追試(ついし) 試験後に行う試験。追試験。

築地(ついじ) 土で作った垣根。土塀。築地塀。

追従(ついじゅう) 人の意見にそのまま従うこと。

追従(ついしょう) こびへつらうこと。「―笑い」

追伸(ついしん) 手紙で追記の冒頭の語。二伸。

追随(ついずい) あとを追うこと。追尾。「―者」

追跡(ついせき) あとを追うこと。追尾。追跡調査。

追善(ついぜん) 冥福を祈り法事を行う。追福。

追訴(ついそ) 初めの訴えに追加して訴える。

終ぞ(ついぞ) いまだかつて一度も…ない。見送る。

追送(ついそう) あとから再度送る。見送る。

追体験(ついたいけん) 物語の出来事や他人の体験を自らの体験として再現する。

衝立(ついたて) 室内に立てる仕切り用の家具。

追徴(ついちょう) あとから不足分を取り立てる。

就いて(ついて) それに関して。

序で(ついで) 他事をあわせて行うよい機会。

次いで(ついで) つぎに。引き続いて。それから。

追悼(ついとう) 死者をしのび、悼み悲しむこと。「―の辞」

追突(ついとつ) 後ろからぶつかること。「―事故」

追儺(ついな) 節分の豆まき。鬼やらい。[図]

追認(ついにん) あとにさかのぼって認めること。

追納(ついのう) 過去の不足分をあとから納めること。

遂に(ついに) 【終・竟】しまいに。とうとう。

啄む(ついばむ) くちばしでつついて食う。

追慕(ついぼ) 死者や去った人を思い慕うこと。

追放(ついほう) 追いはらう。職から退ける。公

追録(ついろく) あとから書き加えること・もの。その道によく通じている者。

墜落(ついらく) 高い所から落ちること。「―事故」

費やす(ついやす) 使い減らす。むだに使う。

通(つう) その道によく通じている者。

通院(つういん) 病院に治療を受けに通うこと。

通運(つううん) 荷物を運ぶこと。貨物の運搬。

通貨(つうか) 一国内で認められている貨幣。

通過(つうか) 通りすぎること。無事に通ること。

通学(つうがく) 学校へ通うこと。「―路」「―電車」

痛快(つうかい) 非常に愉快なこと。「―極まる話」

通観(つうかん) 全体を見渡すこと。

通関(つうかん) 税関を通過すること。「―手続き」

痛感(つうかん) 深く心に感じる。身にしみること。

つうき―つかる

通気（つうき） 空気が出入りすること。「―性」

通暁（つうぎょう） 詳しく知っていること。「―に一事情通。

通勤（つうきん） 勤務先へ通うこと。「―手当」

通苦（つうく） 痛み苦しむこと。「―病の一」

通撃（つうげき） 手ひどい打撃。手厳しい攻撃。

痛言（つうげん） 手厳しく言うこと・言葉。直言。

通交（つうこう） 【通好】国と国とが親しく交際する。

通行（つうこう） 道を通って行く。広く行われる。

通告（つうこく） 告げて知らせること。「最後―」

痛哭（つうこく） ひどく泣くこと。大いに悲しみ嘆く。

痛恨（つうこん） ひどく残念に思う。

通算（つうさん） 全体をまとめた計算。「―打率」

通史（つうし） 歴史を通観した記述。「日本―」

通釈（つうしゃく） 全体にわたって解釈すること。

通称（つうしょう） 一般に通用する名称。とおりな。

通商（つうしょう） 外国と商取引をすること。貿易。

通常（つうじょう） 普通。一般的な状態。「―臨時」

通じる（つうじる） 通う。届く。わかる。通用する。

通信（つうしん） 便り。情報を伝達すること。

痛心（つうしん） ひどく心配すること。心痛。

通人（つうじん） もの知りな人。いきな人。

痛惜（つうせき） ひどく惜しむこと。「―の念」

通説（つうせつ） 世間一般の解説。全体の解説。

痛切（つうせつ） 身にしみて強く感じるさま。

通則（つうそく） 全体に通用する規則。⇔変則

通俗（つうぞく） わかりやすく広く好まれている。

通達（つうたつ） 告げ知らせる。知らせ。熟達している。

通知（つうち） 告げ知らせること・知らせ。

通帳（つうちょう） 金銭の出し入れを記す帳簿。

通牒（つうちょう） 書面で通知する。通達。「最後―」

通底（つうてい） 基底の部分で共通すること。

通電（つうでん） 電流を通すこと。

通読（つうどく） はじめから終わりまで通して読むこと。

通年（つうねん） 一年を通して行うこと。「―営業」

通念（つうねん） 一般に共通した考え。「社会―」

通罵（つうば） 痛烈なのしり。罵倒。

痛風（つうふう） 関節がはれ激しく痛む病気。

通風（つうふう） 風を通して換気すること。「―孔」

通弊（つうへい） 一般に共通した弊害。

通報（つうほう） 告げ知らせること。通知。

痛棒を食らわす（つうぼうをくらわす） 厳しく叱る。「痛棒」は師が座禅で打ち懲らす棒。

通覧（つうらん） 全体にわたって一通り見ること。

痛痒（つうよう） 痛みとかゆみ。さしさわり。

通例（つうれい） 世間一般のしきたり。通常。

痛烈（つうれつ） 非常に激しいさま。「―な批判」

通路（つうろ） 通り道。道路。「地下―」

通論（つうろん） 全般にわたった論議。定論。汎論。

通話（つうわ） 電話で話すこと。「―料」

杖（つえ） 歩行の助けとする棒。支え。

柄（つか） 刀剣などの握る部分。筆の軸。

束（つか） 本の厚さ。束柱。「新刊の―見本」

塚（つか） 土を盛り上げた所。墓。「一里―」

番い（つがい） 二つで一組み。雌雄の一対。

使い勝手（つかいがって） 使用法。用途。「―に困る」

使い途（つかいみち） 使用。役立つように用いる。

使う（つかう） 用いる。費やす。働かせる。

支える（つかえる） とどこおる。ふさがる。

仕える（つかえる） 目上の人のそばで働く。仕官する。

番える（つがえる） 二つのものを組み合わせる。

司る（つかさどる） 【掌る】職務にあたる。支配する。

司（つかさ） 役人。職務。官職。官位。役所。

束の間（つかのま） 少しの間。ちょっとの間。

捕まえる（つかまえる） 【捕まえる】取り押さえる。

仕る（つかまつる） する・行うの謙譲語。「失礼―」

摑む（つかむ） 手で握る。理解する。入手する。

浸かる（つかる） 水の中に入る。ひたる。「湯に―」

つかれる―つたえる

疲れる 体力が弱る。たびれる。衰弱。
遣わす 命じて行かせる。派遣する。
月 一か月。「―払い」地球の衛星。
次 すぐあと。すぐ下。隣。「三の―」
付き合い 交際。交際上の義理。
月影 月の光・姿。月の光に映るもの。
月掛け 一定金額を毎月積み立てる。
突き当たり 道の行きづまり。
突き合わす 相対する。照合する。
接ぎ木 枝を他の木に接ぐこと。園
月極め【月決め】一か月単位の契約。
築地 海などを埋めて造った土地。
付き添う そばに付き世話をする。
次次 あとから続いて。順々に。
突き付ける 目前にさし出す。

突き詰める 調べ、考えつくす。
突き止める さがしあてる。
月並み【月次】毎月。陳腐。
継ぎ接ぎ 寄せ集めてつなぐこと。
尽き果てる すっかりなくなる。
突き放す 突き飛ばす。関係を絶つ。
付き人 そばで世話する人。付添い。
接ぎ穂 台木に接ぐ芽や枝。「話の―」
付き纏う たえず離れないでいる。
月見 月を観賞すること。
継ぎ目 つなぎあわせた部分。
築山 庭園などに土石で築いた小山。
月夜 月が照る夜。「―闇夜」
尽きる 終わる。極みに達する。「運が―」
付く【附く】跡が残る。付着する。従う。

就く [即く]地位・場所に身を置く。
着く 到着する。身を置く。
吐く 口から出す。言う。「うそを―」
突く ものの先で強く押す。攻める。
搗く きねなどで打つ。
撞く 棒の先端を打ち当てて鳴らす。
点く 点火する。つける。「灯が―」点灯
憑く もののけ・霊がのりうつる。
告ぐ 知らせる。申し上げる。
次ぐ 後に続く。位がすぐ下。「取り―」
注ぐ 液体を注ぎ入れする。「杯に酒を―」
継ぐ 相続する。修繕する。「引き―」
接ぐ つなげる。つける。「骨を―」
机 読み書きに使う台。「―に向かう」
尽くす 出し切る。ほかのために働く。

佃煮 海産物を味濃く煮た食品。
熟 深く感じ入るさま。入念に。
償う 弁償する。埋め合わせる。
捏ねる こねあげる。やぐねて丸める。
蹲う うずくまる。
噤む 口を閉じてものを言わない。「はい―」
旁 漢字の字形の右側部分。‡偏
作る こしらえる。栽培する。装う。
造る 大きなものをこしらえる。醸造。
創る [作る]新たに生みだす。始める。
繕う 直す。整える。うまく処理する。
付け あとでまとめて支払うこと。
付け合わせ 料理などに添えるもの。
付け入る 機会に乗じる。「―隙」
告げ口 こっそり言いつけること。

付け加える つけ足す。追加する。
付け込む 好機をとらえ利用する。
付け足す 追加する。補足する。
付け届け 義理による贈りもの。
付け根 ものと合する相手が接する根もと。
付け値 買手が言い値。つける値。
付け目 つけ込む相手の弱点。
漬け物 塩やぬかなどに漬けた野菜。
漬ける 水に浸す。「塩に―」漬物
付け焼き刃 間にあわせの知識。
都合 事情・便宜・計り。合計。
辻 十字路。街頭。路上。
辻強盗 道で通行人を襲う強盗。
辻褄 話の筋道。道理。
伝える 知らせる。伝授する。「情報を―」

つたない―つま

拙い（つたな・い） 下手。いたらない。運が悪い。

槌（つち） 【鎚】ものをたたく柄つきの工具。

土塊（つちくれ） 土のかたまり。

培う（つちか・う） 養い育てる。草木を育てる。

戊（つちのえ） 十干の第五。

己（つちのと） 十干の第六。

筒（つつ） 丸くて長い中空のもの。銃身。

恙無い（つつがな・い） 健康である。異常がない。

続柄（つづきがら） 血縁の関係。続き合い。

続く（つづ・く） つながる。連なる。連続する。

続く様（つづくさま） 続いて起こる。物事が引き続いて起こる。

突っ切る（つっき・る） 通りぬける。横ぎる。

突っ慳貪（つっけんどん） 冷たくとげとげしい。

突っ込む（つっこ・む） 突入する。追及する。

慎む（つつし・む） 控えめにする。気をつける。

謹む（つつし・む） かしこまる。敬意を表する。

筒抜け（つつぬけ） 話がすぐに漏れ伝わること。

突っ撥ねる（つっぱ・ねる） はねつける。断る。

突っ張る（つっぱ・る） 強く張る。虚勢を張る。

突っ伏す（つっぷ・す） 急にうつぶせになる。

慎ましい（つつまし・い） 控えめなさま。質素で控えめ。簡略。簡素。

約まやか（つづまやか） 質素で控えめ。簡略。簡素。

堤（つつみ） 土手。堤防。ため池。

鼓（つづみ） 手で打ち鳴らす革張りの楽器。

包む（つつ・む） ものを紙や布などで覆う。

包み隠す（つつみかく・す） 見させない。秘密にする。隠す。

約める（つづ・める） 短くする。簡略にする。「話を―」

美人局（つつもたせ） 情婦に男を誘い、衣服などを入れる蓋つきの箱。

葛籠（つづら） 衣服などを入れる蓋つきの箱。

葛折り（つづらおり） 【九十九折】折れ曲がった坂道。

綴る（つづ・る） つなぎあわせる。文章を作る。

伝手（つて） 【伝言って】介・縁故で「その―」

苞（つと） わらづと。みやげ。あらまき。

都度（つど） そのたびごと。毎回。「その―」

集う（つど・う） 朝早く。幼時に。集まる。寄り合う。集合する。

夙に（つとに） 朝早く。幼時に。ずっと前から。

努める（つと・める） 【勉める】精を出す。励む。努力。

務める（つと・める） 役目を担う。任務を果たす。

勤める（つと・める） いそしむ。修行する。勤労する。

繋ぐ（つな・ぐ） 太くてじょうぶなもの。結びつけて切れないようにする。助け。

綱（つな） 太くてじょうぶなもの。結びつけて切れないようにする。助け。

津波（つなみ） 【津浪】地震などで起こる高波。

常（つね） いつも変わらないこと。

常常（つねづね） いつも。ふだん。へいぜい。

抓る（つね・る） 指先で肌を強くつまんでねじる。

角（つの） 動物の頭上にある骨状の突起物。

角隠し（つのかくし） 和装の花嫁がかぶる角帽子。

角樽（つのだる） 朱塗りの祝儀用の酒樽。柄杓。

角目立つ（つのめだ・つ） にらみつけて角だつ。

唾（つば） 【鍔刀剣・釜・帽子の一部分。だ液。つばき。

募る（つの・る） 招き集める。ますます強まる。

鍔（つば） 【鐔】

翼（つばさ） 鳥や飛行機の羽。

鍔迫り合い（つばぜりあい） 際どい互角の争い。

粒（つぶ） 小さく丸いもの。穀物の種。「砂―」

具に（つぶさに） 【備に】もれなく詳しく。「―語る」

潰す（つぶ・す） 形を崩す。機能を失わせる。

粒揃い（つぶぞろい） よりすぐりの人などの集合。

礫（つぶて） 【飛礫】投げる小石。「なしの―」

粒（つぶ）呟く（つぶや・く） 小声でひとりごとを言う。

円ら（つぶら） 丸くてふっくらなさま。「―な瞳」

瞑る（つぶ・る） 目を閉じる。つむる。

坪（つぼ） 面積の単位。約三・三平米。

壺（つぼ） 口が小さく胴の膨れた容器。

局（つぼね） 宮中の女官の部屋。女房。女官。

蕾（つぼみ） 【莟】咲き開く前の花の状態。

窄む（つぼ・む） しぼむ。狭く小さくなる。

妻（つま） 夫の配偶者。刺身の配偶者に添えるもの。

つま—つるき

褄（つま） 着物のすその、左右両端の部分。

爪音（つまおと） 琴を弾く音。馬のひづめの音。

爪繰る（つまぐる） 指先で順に送り繰る。

爪先（つまさき） 足の指の先。「—立ち」「—上り」

倹しい（つましい） 質素なさま。約やかなさま。

躓く（つまずく） 足でつまずく。中途で失敗する。

詳らか（つまびらか） 詳しい。委細。

爪弾き（つまはじき） 嫌ってのけものにすること。

摘む（つまむ） 〔撮む〕指先で挟んで取る。

詰まり（つまり） 結局。要するに。終わり。「とどの—」

爪楊枝（つまようじ） 小形のようじ。

詰まる（つまる） 一杯になる。ふさがる。縮まる。

罪（つみ） 処罰。悪い行いや過ちへの責任。

積み重ねる（つみかさねる） 重ねてふやす。積んで高くする。繰り返し行う。「討議を—」

積み木（つみき） 木製の、子どもの用の玩具。

積み立て（つみたて） 金銭を積んで貯える。

積み荷（つみに） 船や車に積んだ荷物。

罪滅ぼし（つみほろぼし） 善により罪を償うこと。

錘（つむ） 〔紡錘〕糸をつむぎ紡ぐ装置。

詰む（つむ） 指先でつまみ切る。先を切る。

摘む（つむ） 上へ重ねる。載せる。

積む（つむ） 王将を取られる間がない。

紬（つむぎ） つむぎ糸で作った織布。「—糸」

紡ぐ（つむぐ） 綿や繭の繊維をよって糸にする。

旋毛曲がり（つむじまがり） へそまがり

爪（つめ） 指先にある角質物。「—を研ぐ」

爪痕（つめあと） たてた爪のあと。被害のあと。

詰め襟（つめえり） 立ち襟。立ちえりの洋服。

詰め掛ける（つめかける） 大勢が押し掛ける。

詰め込む（つめこむ） できるだけ押し入れる。

冷たい（つめたい） 温度が低い。人情がない。

詰め腹（つめばら） 強制された切腹。辞職。

詰め寄る（つめよる） 相手のそばへ迫る。

積もり（つもり） 心ぐみ。心算。「勝つ—で挑む」

艶（つや） 光沢。みずみずしさ。面白み。

通夜（つや） 葬る前の死者と終夜すごすこと。濡れ事。

艶事（つやごと） 男女間の情事。濡れ事。色ごと。

艶めく（つやめく） つやつやしていて色っぽい。色ごと。

汁（つゆ） 〔液〕液汁。水蒸気が冷えてできた水滴。吸物。つけ汁。

露（つゆ） 夏至を中心にしてできた水滴。

梅雨（つゆ） 梅雨の季節外れの寒さ。夏

梅雨寒（つゆざむ） 梅雨の季節外れの寒さ。

露払い（つゆはらい） 先導者。前座をつとめる人。

強い（つよい） 体がじょうぶなさま。力がある。

強気（つよき） 気が強く強硬。積極的な態度。

強腰（つよごし） 態度が強硬で譲らない。⇔弱腰

強火（つよび） 火力の強い火。⇔弱火

強味（つよみ） 強さの程度。頼りになる点。

強面（つよもて） 強さを売りにする性格。

辛い（つらい） 耐えがたいほど苦しい。冷酷な。

面当て（つらあて） あてつけの言葉や態度。「馬に—」

面構え（つらがまえ） 顔つき。「ふて—」

面魂（つらだましい） 気迫や強い性格が現れた顔つき。

連なる（つらなる） 〔列なる〕並び続く。つながる。

面憎い（つらにくい） 顔を見るのも憎い。

面汚し（つらよごし） 名誉を傷つけること。

貫く（つらぬく） 突き通す。最後までやり通す。

面（つら） 顔面。表情。表面。

氷柱（つらら） 軒下などに下がる氷の棒。图

釣り（つり） 釣り銭。魚を釣ること。「磯—」

釣り合い（つりあい） 平衡。調和。均衡。

釣り書（つりがき） 〔取交す〕身上書。系図。

釣り鐘（つりがね） 〔吊鐘〕寺院につるした大きな鐘。

釣り革（つりかわ） 〔吊革〕乗客用の紐付きの輪。

釣り竿（つりざお） 魚釣りに使う竹・金属の竿。

釣り銭（つりせん） 有料で代価を引いて戻すお金。

釣り橋（つりばし） 〔吊橋〕吊り下げてある橋。

釣り堀（つりぼり） 弓や弦楽器に張る糸。「琴の—」

弦（つる） 弓や弦楽器に張る糸。「琴の—」

鉉（つる） 鍋などの取っ手。「土瓶の—」

蔓（つる） 伸びた茎（状）の物。「眼鏡の—」

釣る（つる） 魚を捕る。だます。巧言で—。

吊る（つる） ぶらさげる。かけ渡す。「首を—」筋が強張る。「足が—」「引き—」

攣る（つる） 筋が強張る。

剣（つるぎ） たち。けん。刀剣。「—太刀」

つるべ

釣瓶（つるべ） 井戸の水をくみ上げる桶[注]。

連れ（つれ） 仲間。同伴者。同行者。

連れ合い（つれあい） 配偶者。配偶者。仲間。

連れ添う（つれそう） 夫婦になる。連れあう。

徒然（つれづれ） することがなく手持ち無沙汰。

悪阻（つわり） 妊娠初期の吐き気などの症状。

強者（つわもの） [兵]非常に強い人。武士。軍人。

劈く（つんざく） 激しい勢いで破る。「耳を―」

て

手（て） 連中。手あわせ。対局。触っついた汚れ。「―のついた」人々の外出・動きはじめの具合。

手合い（てあい） 仲間。対局。

手垢（てあか） 触っついた汚れ。「―のついた」

出足（であし） 人々の外出・動きはじめの具合。

手厚い（てあつい） 親切で丁寧な。「―看護」

手当（てあて） 基本給以外の支給金。「家族―」

手当（てあて） 用意。準備。傷病の処置。

手洗い（てあらい） 手を洗う。手を洗う所。便所。

手荒（てあら） 丁寧でないさま。乱暴なさま。

手編み（てあみ） 手で編むこと。⇔機械編み

手合わせ（てあわせ） 相手になって勝負する。

出歩く（であるく） 外出して方々歩き回る。

丁（てい） 十干の第四番。甲・乙・丙の次。

艇（てい） こぶね。はしけ。ボート。「―を成す」「―巡視」

体（てい） 風情。形。「―を成す」

提案（ていあん） 案をあらかじめ決めて提出した案。

定員（ていいん） 決められた人数。

庭園（ていえん） 規模が大きく立派に整った庭。

帝王（ていおう） 君主国の元首。皇帝・王。

低音（ていおん） 低い音。低い声。⇔高音

低温（ていおん） 低い温度。「―保存」⇔高温

低下（ていか） 低く下がること。程度が落ちる。

定価（ていか） 前もって決められた値段。

定額（ていがく） 一定の金額。「―貯金」

停学（ていがく） 学生の登校を一時禁止する処分。

定款（ていかん） 社団法人や会社の規約。

諦観（ていかん） 本質を見極めあきらめ悟る。

定期（ていき） 一定の期限。決まった期間。

提起（ていき） 問題として差し出す。「問題―」

定義（ていぎ） 概念や意味を明確に定めたもの。

低級（ていきゅう） 程度や質が低く劣る。⇔高級

定休（ていきゅう） 決まった休み。「―日」

提供（ていきょう） 差し出して相手の用に供する。

低空（ていくう） 地面・水面に近い空。「―飛行」

定形（ていけい） 一定の決まった形。「―郵便物」

定型（ていけい） 一定の決まった型。「―詩」

提携（ていけい） 協力して事業などを行うこと。

締結（ていけつ） 条約や契約を結ぶこと。締約。

定見（ていけん） しっかりした一定の意見。

低減（ていげん） 減る。減らす。値が安くなる。

逓減（ていげん） 次第に減少する。漸減。⇔逓増

提言（ていげん） 意見や考えを出すこと。

抵抗（ていこう） 手向かい。反発。反対に働く力。

定刻（ていこく） 決められた一定の時刻。定時。

帝国（ていこく） 皇帝の統治する国家。「―主義」

体裁（ていさい） 外観。面目。一定の形式。

偵察（ていさつ） 敵の情勢をひそかに探ること。

停止（ていし） 差しだして止めること。中途で止まる。

呈示（ていじ） 持ちだして見せること。開示。

提示（ていじ） 差しだして見せること。提出。

定時（ていじ） 一定の時期。定時。定刻。

定式（ていしき） 一定の方式。様式。「―化する」

抵触（ていしょく） [牴触]規則や法律に触れること。

定職（ていしょく） 決まった職業。「―につく」

定食（ていしょく） 飲食店などの献立による食事。

提唱（ていしょう） 意見を示して、呼びかけること。

貞女（ていじょ） 操をかたく守る女。貞節な女。

提出（ていしゅつ） 必要なものとして人に出すこと。

貞淑（ていしゅく） 女の操がかたくしとやかなこと。

定住（ていじゅう） 一定の場所に住居すること。

定収（ていしゅう） 決まって入る収入。定収入。

亭主（ていしゅ） その家の主人。あるじ。夫。

停車（ていしゃ） 車が止まること。「急―」⇔発車

低湿（ていしつ） 土地が低く湿気が多い。⇔高燥

定時制（ていじせい） 夜間に授業を行う教育制度。

低姿勢（ていしせい） 相手に対して出た態度。⇔低姿

低次元（ていじげん） 次元が低くと。低級。

停職（ていしょく）一定期間職務につかせないこと。

丁字路（ていじろ）「丁」形の道路。T字路。

泥水（でいすい）正体を失うほど酒に酔うこと。

泥酔（でいすい）正体を失うほど酒に酔うこと。

挺する（ていする）自ら進んで投げ出す。「身を—」

訂正（ていせい）誤りを正しく直すこと。修正。

呈する（ていする）差し出す。進呈する。示す。

定数（ていすう）一定の数・人数。「—是正」

定説（ていせつ）一般に認められている説。

帝政（ていせい）帝王が行う政治。「—ロシア」

貞節（ていせつ）妻が夫に対して貞操を守ること。

停船（ていせん）船を止めること。船が止まること。

停戦（ていせん）戦争を一時中断すること。

定礎（ていそ）着工に際し土台石を据えること。

提訴（ていそ）訴訟を起こすこと。⇔応訴

低層（ていそう）建物の階が低いこと。「—住宅」

貞操（ていそう）異性関係の純潔を守ること。

逓送（ていそう）荷物を次々と先に送ること。

逓増（ていぞう）数量が次第に増えること。漸増

定則（ていそく）一定の法則・決まり。定規。

低俗（ていぞく）低級で卑しいこと。下品で俗っぽい。

定足数（ていそくすう）必要最小限度の出席議員数。

停滞（ていたい）はかどらないこと。滞ること。

手痛い（ていたい）激しい。ひどい。「—打撃」

邸宅（ていたく）大きく立派な家。屋敷。「大—」

鼎談（ていだん）三人で行う議論や話し合い。

泥炭（でいたん）泥状の質の低い石炭。「—地」

低地（ていち）低い土地。周囲より低い土地。

定置（ていち）一定の場所に置くこと。「—網」

定着（ていちゃく）しっかり定まること。固定する。

丁重（ていちょう）〔鄭重〕礼儀正しく手厚いこと。

低調（ていちょう）程度が低いこと。調子が出ないこと。

低潮（ていちょう）干潮の、極限に達した状態。

蹄鉄（ていてつ）馬のひづめに打つ鉄。

定点（ていてん）位置の定まった点。「—観測」

停電（ていでん）送電が一時的に止まること。

程度（ていど）度合い。限度。範囲。標準。

低頭（ていとう）頭を下げること。うなだれる。

抵当（ていとう）貸し手に与える保証。担保。

提督（ていとく）艦隊の司令官。海軍の将官。

停頓（ていとん）はかどらないこと。行き詰まる。

蹄鉄

諦念（ていねん）道理を悟った心。あきらめの気持ち。

碇泊（ていはく）〔停泊〕船が碇を下ろしとまる。

剃髪（ていはつ）髪をそり落とし仏門に入ること。

定評（ていひょう）世間に認められているよい評判。

底辺（ていへん）三角形の頂点に対する辺。下層。

堤防（ていぼう）河岸・海岸に築く堤や土手。

底木（ていぼく）丈の低い木。灌木。⇔高木

定本（ていほん）原本に最も近く標準となる本。

底本（ていほん）翻訳や校訂の際のもとになる本。

低迷（ていめい）低く漂うこと。活動が鈍ること。

底面（ていめん）底の面。立体の底の部分。

締約（ていやく）契約や条約を結ぶこと。締結。

丁寧（ていねい）〔叮嚀〕注意深く礼儀正しいさま。

定年（ていねん）〔停年〕法規により退職する年齢。

弟妹（ていまい）弟と妹。⇔兄姉

提要（ていよう）要領を掲げ示す、またその書物。

低落（ていらく）低くなる。値が下がる。⇔高騰

廷吏（ていり）裁判所で事務に従事する職員。

低利（ていり）安い利息。低い利率。⇔高利

定理（ていり）定義や公理で証明された命題。

出入り（でいり）ではいり。支出と収入。

低率（ていりつ）低い利率。低い割合。⇔高率

定率（ていりつ）一定の割合・比率。「—償却」

鼎立（ていりつ）三者が互いに対立すること。

底流（ていりゅう）底の方の流れ。表に出ない動き。

停留（ていりゅう）とどまること。止まる。「—所」

泥流（でいりゅう）多量の泥土が混じった奔流。

定量（ていりょう）決められた分量。一定の分量。

手入れ（ていれ）直し。修理。世話。検挙。

定例（ていれい）定期的に行われている。

ていれつ―てく

低劣(ていれつ) 程度が低く劣っている。俗悪。

低廉(ていれん) 値段が安いこと。廉価。「―な価格」

定論(ていろん) 人々に認められている論。定説。

手薄(てうす) その備えが不十分なさま。人手が少ない。

手打(てう)ち 事の成立に手を打ち鳴らす。そばなどに手を打ち鳴らす。「―うどん」

手堅(てがた)い 確実で危なげない。堅実。

手柄(てがら) 立派な働き。功績。「―顔」

手軽(てがる) 簡単でたやすいさま。安直。

手涸(てか)らし 味が薄くなったもの。

敵(てき) 争いの相手。↔味方。

出来(でき) でき具合。できばえ。収穫。

出来合(できあ)い 既製のもの。間にあわせ。

溺愛(できあい) むやみにかわいがること。

適応(てきおう) 環境に合うように変わること。

適温(てきおん) ほどよい温度。

滴下(てきか) しずくとなって落ちること。

摘果(てきか) 余分な果実を初期に摘み取る。

摘芽(てきが) 果樹栽培でむだな芽を摘み取る。

敵愾心(てきがいしん) 敵に対して憤る気持ち。

適格(てきかく) その資格に当てはまる。「条件に―する」↔失格

的確(てきかく) 確実で間違いがないこと。

適宜(てきぎ) ほどよいこと。随意。適当。

適合(てきごう) よく当てはまる。

出来心(できごころ) ふとわいた悪い心。

適材(てきざい) その仕事に適した才能をもつ人。

敵視(てきし) 敵とみなす。敵対者と見なす。

適時(てきじ) 適当な時期。よい機会。「―性」

溺死(できし) 水におぼれて死ぬこと。水死。

敵手(てきしゅ) 敵の支配下。競争相手。「好―」

敵襲(てきしゅう) 敵が襲ってくること。敵の襲撃。

摘出(てきしゅつ) 手術で、患部をえぐりだすこと。つまみだすこと。暴きだすこと。

別出(べつしゅつ) （※誤植の可能性）

敵情(てきじょう) 敵の情勢・状況。「―偵察」

敵陣(てきじん) 敵の陣営・陣地。「―突破」

適性(てきせい) 物事に適した性質。「―検査」

適正(てきせい) 適当で正しい。妥当「―規模」

適する(てきする) うまく合う。適合する。至当。

敵前(てきぜん) 敵の目の前で。「―逃亡」

敵対(てきたい) 敵として張り合う。はむかう。

出来高(できだか) できた量。収穫量。「―払い」

敵地(てきち) 敵の領地。敵の勢力範囲。

的中(てきちゅう) 【適中】予想が当たること。命中。

適当(てきとう) ふさわしいこと。ほどよい。その任務に適してあてはまる。

適度(てきど) 程度がちょうどよい。

適任(てきにん) 其の任務に適した役目。適役。

出来栄(できば)え 【出来映え】仕上り具合。

摘発(てきはつ) 悪事を暴き公表すること。

手傷(てきず) 【手創・手疵】戦いで負った傷。

適否(てきひ) 適することと適さないこと。

手厳(てきび)しい 極めて厳しい。「―評価」

適評(てきひょう) 適切な批評・評価。「―を下す」

適法(てきほう) 法にかなうこと。合法。↔違法

覿面(てきめん) 結果がすぐにあらわれるさま。

適役(てきやく) その人に適した役。はまり役。

適訳(てきやく) 適切な翻訳・訳語。

適用(てきよう) 当てはめ用いること。準用。

摘要(てきよう) 要点を抜き出し記したもの。

適量(てきりょう) 適度な分量。

適例(てきれい) よく当てはまる例。適切な例。

適齢(てきれい) 規定や条件に適する年齢。「―期」

手際(てぎわ) 処理のしかた。技量。腕前。

手偶(でく) 【木偶】木彫りの人形。役立たずの人。

手掛(てが)かり 問題を解決する糸口。

手掛(てが)ける 相手に応じて調節すること。

手械(てかせ) 【手枷】手にはめる刑具。「足枷」

出稼(でかせ)ぎ 他郷で働くこと。「―農民」

手形(てがた) 手の形。有価証券の一。「為替―」

手加減(てかげん) 相手に応じて調節すること。

手鏡(てかがみ) 手に持って使う柄のついた鏡。

手落(てお)ち 手続きや手段に不備のある。「―のクマ」

手負(てお)い 傷を負うこと。「―のクマ」

てくせ―てつい

手癖【てくせ】無意識に行う手の動き。盗癖。

手管【てくだ】人を巧みにだます手段や方策。

手捌き【てさばき】ものを扱う手つき。扱い方。

手提げ【てさげ】手にさげて持つ袋・鞄。

手摺【てすり】橋や階段などに渡した横木。

手口【てぐち】やりかた。犯行のやりくち。

出口【でぐち】外へ出るための口。‡入口

梃子【てこ】重いものを動かす時使う棒。🖙梃子摺る

手心を加える【てごころをくわえる】手加減をする。

手古摺【てこずる】扱いにちょう扱いづらい。

手応え【てごたえ】表面に起伏がある状態。「―道」

凸凹【でこぼこ】表面に起伏がある状態。「―道」

手頃【てごろ】簡単に勝てるほど強い。適合する。

手強い【てごわい】農作物が盛んに出回る。

出盛り【でさかり】農作物が盛んに出回る。

手先【てさき】指の先。手下として働く者。

出先【でさき】外出先。出張先。「出先機関」の略。

手探り【てさぐり】手先の感じで探る。模索。

手下【てした】手先となって行動する人。子分。

手塩に掛ける【てしおにかける】大切に育てる。手塩に掛けた愛弟子

弟子【でし】師について教えを受ける人。

手触り【てざわり】手で触った時の感じ。

手品【てじな】奇術。

手酌【てじゃく】自分で酒をついで飲むこと。

手順【てじゅん】物事を進める順序。段取り

手錠【てじょう】［手鎖］罪人の手首にはめる錠

手数【てすう】手間。骨折り。面倒。

手透き【てすき】［手隙］手が空いていること。

手遊び【てすさび】手先でもてあそぶこと。

手筋【てすじ】技芸などの素質。手段。方法。

手相【てそう】手のひらの筋に現れた運勢。

手狭【てぜま】住居や部屋の空間が狭いこと。

手製【てせい】手作り。自分で作る品。お手製。

手摑み【てづかみ】手で直接つかむこと。

哲学【てつがく】根本原理を探究する学問。

鉄器【てっき】鉄製の道具・器具。「―時代」

出揃う【でそろう】残らず出る。全部集まる。

出初め【でぞめ】消防の出初式。

出出し【でだし】しかけること。よけいな世話。

手出し【てだし】始まり。物事の滑り出し。

手助【てだすけ】仕事の手伝いをすること。

手立て【てだて】事を行う順序。方法。対策。

手玉に取る【てだまにとる】思いどおりに操る

出鱈目【でたらめ】軌道。

手近【てぢか】かたわら。そば。卑近

手違い【てちがい】行き違い。当てはずれ。

手帳【てちょう】［手帖］覚書きに使う小さい帳面。

鉄【てつ】金属の一つ。堅固のたとえ。

轍【てつ】車輪の跡。わだち。先例。

鉄火【てっか】熱した鉄。勇み肌。生のマグロ。

鉄鎖【てっさ】鉄の鎖。厳しい束縛のたとえ。

鉄骨【てっこつ】建築の骨組みにする鋼材。

撤回【てっかい】取り下げること。引っ込めること。

撤去【てっきょ】取り去ること。取り除くこと。

鉄橋【てっきょう】鉄製の橋。鉄道が通る橋。

鉄筋【てっきん】コンクリート補強用の軟鋼の棒。

手付け【てつけ】契約の保証金。「―金」

鉄拳【てっけん】握りこぶし。「―制裁」

鉄工【てっこう】鉄材による工作。鉄を扱う職人。

鉄鉱【てっこう】鉄の原料となる鉱石。「赤―」

鉄鋼【てっこう】鉄とはがね。銑鉄・鋳鉄と鋼鉄。

撤収【てっしゅう】取り去ってしまうこと。撤退。

徹宵【てっしょう】夜通し。一晩じゅう。徹夜。

鉄条網【てつじょうもう】有刺鉄線の網状の柵。

哲人【てつじん】見識や知徳の高い人。哲学者。

鉄人【てつじん】強い体をもった人。不死身の人。

徹する【てっする】押し通す。貫く。しみる。「夜を―」

鉄則【てっそく】変更できない厳しい決まり。

撤退【てったい】陣地をひき払い退去すること。

撤する【てっする】取り払う。引き払う。「陣を―」

手伝う【てつだう】手助けする。援助する。

鉄槌【てっつい】かなづち。ハンマー。「―を下す」

捏ち上げる【でっちあげる】うそを作る。

て

手続き 物事を行う順序・方法・手順。

出突っ張り 出続けの出演。十分に行き届く。貫き通す。

徹底 こと。貫き通す。

鉄塔 鉄の塔。鉄骨を組んだ柱。

鉄道 交通・運輸用の鉄の軌道。

手っ取り早い 手早く簡単。

撤廃 制度・法規をやめること。

鉄扉 鉄製の扉。「—を閉ざす」

鉄板 鉄の板。「—焼き」

鉄筆 印刷に使う小刀。鉄製ペン。

鉄瓶 湯を沸かす鉄製の容器。

鉄分 成分として含まれる鉄。

撤兵 軍隊を引き揚げ出兵

鉄壁 非常にかたい守り。「—の守備」

てっぺん ものの一番高い所。頂。頂上。「山の—」

鉄棒 鉄製の棒。器械体操を使う器具。

鉄砲 火薬を使う武器の一種。小銃。

手詰まり 手段・方法図々しいことで、困る。

鉄面皮 図々しい人。厚顔。

徹夜 一晩中起きていること。徹宵。

哲理 哲学上の理論。奥深い道理。

手蔓 手掛かり。つて。縁故。

鉄腕 鉄のように強い腕。腕力。

出所 [出処]出たもと。出るべき時。

出刃 「出刃庖丁」の略。前方に反った前歯。でっぱ。

掌 [手の平]手の内側。たなごころ。

手の内 胸中。腕前。勢力の範囲。

手緩い 厳しさが足りない。

手拭い 手や顔をふく木綿布。

手抜かり 不完全な手段。チッキ。

手慣れる [手馴れる]扱い慣れる。

手習い 習字。けいこ。「六十の—」

出払う 残らず出ていなくなる。

出番 出演する番。出勤の当番。

手控える 控えめにする手ほどき。導案内。

手引き 手加減せず厳しい。「批判」

手酷い しい。「批判」

手拍子 手をたたいて取る拍子。

手広い 範囲などが広い。「―交遊」

手袋 防寒・装飾に手にはめる物。

出無精 [出不精]外出したがらない。

手札 トランプなどの持ち札。

手解き 初歩を教える。

手本 模範とする本。見本・標準。

手間 かかる時間や労力。手数。「—賃」

手前 自分の前。こち自分。対面。

出花 たてたばかりの香りのよい茶。

出始め 「手初め」物事を行うはじめ。

手始め 「手初め」物事を行うはじめ。

手配 犯人逮捕の指令。配置。

出歯 前歯が前方に反った歯。でっぱ。

出端 [出鼻]しはじめ。「—をくじく」

て出前 注文先に届ける。仕出し。

出任せ でたらめ。「口から―」

手枕 腕を曲げて枕にすること。腕枕。

出窓 外側に張り出して作られた窓。

手放す 手に渡す。人

手招く 来るように手で合図する。

手鞠 手でつく手まり。[新]手でで遊ぶまり。

手間隙 [手間暇]労力と時間。

手間取る 手数・時間がかかる。

手回し 前もってする準備。手配。

出回る 品物があちこちで売り出される。

手短 手っ取り早い。簡単。「—に話す」

出店 本店から分かれ出た店。支店。

出窓

てみやげ—てんさく

手土産（てみやげ） 訪問用の簡単なみやげもの。

手向かう（てむかう） はむかう。抵抗する。

出迎え（でむかえ） わざわざ出向いて迎える。

手持ち（てもち） 手もとに持っていること。

手元（てもと） 「手許」手つき。手ぢか。「―金」

出戻り（でもどり） 離婚して実家に帰ること。

出す（でらす） 見せびらかす。ひけらかす。

寺子屋（てらこや） 昔の庶民の教育機関。

照らす（てらす） 光を当てて明るくする。比較する。

寺銭（てらせん） ばくちの場所に払う金。

手料理（てりょうり） 手作りの料理。

照る（てる） 光を放つ。輝く。「日が―」

照れ隠し（てれかくし） 照れくささを取り繕う。

照れる（てれる） 決まり悪くはにかむ。

手渡す（てわたす） 直接手から手にわたす。

手分け（てわけ） 何人かで分担すること。

電圧（でんあつ） 二点間の電位差（単位はボルト）。

天（てん） 空。神。運命。

転位（てんい） 位置が変わる。

転移（てんい） 場所が変わること。商店に勤める人。販売員。「ガンの―」

店員（てんいん）

田園（でんえん） 田畑。緑豊かな郊外。田舎。

天下（てんか） 全世界。全国。世の中。支配下。

点火（てんか） 灯をともすこと。火をつけること。

転化（てんか） 状態が移り変わる・変化する。

転嫁（てんか） 罪や責任をほかにかずけつける。

添加（てんか） 添え加えること。「―物」「―無」

転訛（てんか） 本来の発音がなまり変わること。

典雅（てんが） 美しく品がよい。みやび。↕粗野

伝家（でんか） その家に代々伝わる。「―の宝刀」

殿下（でんか） 天皇と三后以外の皇族への敬称。

電化（でんか） 電力を利用するようになること。

展開（てんかい） 繰り広げる。発展すること。「―図」

転回（てんかい） 方向などを変えること。「回転」「―期」

天涯（てんがい） 空のはて。異郷。「―孤独」

天蓋（てんがい） 仏像や棺の上にかざすもの。

天解（でんかい） 「電気分解」の略。「―質」

田楽（でんがく） 民俗芸能の一つ。「田楽焼き」の略。

転換（てんかん） 別の方向に変える。「―期」

癲癇（てんかん） けいれんなどを伴う脳疾患。

天気（てんき） 空模様。天候。晴天。人の機嫌。

転機（てんき） 転換の機会・つかけ。転換期。

伝奇（でんき） 不思議な物語。幻想に富む物語。

伝記（でんき） 個人の一生を記したもの。

電気（でんき） 電荷、電気エネルギー。「―静」

電器（でんき） 電力を使う器具。「家庭―」「―商」

電機（でんき） 電力・電流を使う機械。「―工業」「―重」

電球（でんきゅう） 電灯のたま。「豆―」「裸―」

典拠（てんきょ） 正しいよりどころ。出典。

転居（てんきょ） 住居を移転すること。引っ越し。

転業（てんぎょう） 職業や商売を変えること。転職。

電極（でんきょく） 電流の出入り口。

転勤（てんきん） 勤務する場所が変わる。転任。

天狗（てんぐ） 想像上の怪物。自慢する人。

天空（てんくう） 果てしなく広い大空。

天恵（てんけい） 天の恵み。神の恵み。天恩。

天啓（てんけい） 天の啓示。天の導き。

典型（てんけい） 規範となるもの。代表的なもの。

電撃（でんげき） 電流による衝撃。急で激しいこと。

点検（てんけん） 一つ一つ細かく検査すること。

電源（でんげん） 電力・電流を供給するもとあと。

点呼（てんこ） 名を呼び人数を調べること。

天候（てんこう） 空模様。天気の状態。「悪―」

転校（てんこう） 生徒がほかの学校に移ること。

転向（てんこう） 方向・立場・主義主張を変える。

篆刻（てんこく） 木や石などに文字を彫ること。

天国（てんごく） 天上の世界。極楽。↕地獄

伝言（でんごん） ことづけ。「―板」

天才（てんさい） 天性のずば抜けた才能の持ち主。

天災（てんさい） 地震など自然の災害。↕人災

転載（てんさい） 既他の記事などをほかにも載せる。

点在（てんざい） 散らばって存在すること。散在。

転作（てんさく） 従来とは別種類の農作物を作る。

てんさく～てんにん

添削(てんさく) 人の文章などを手を入れて直すこと。

天子(てんし) 天上界の人。帝王。天皇。

天使(てんし) 天界からの神の使者。「白衣の―」

点字(てんじ) 突起した点によって人々に示す盲人用の文字。

展示(てんじ) 並べて人々に示すこと。「―会」

電子(でんし) 原子を構成する素粒子の一つ。

篆字(てんじ) 篆書体の文字。

天竺(てんじく) インドの古称。「―木綿」の略。

電磁波(でんじは) 電気が磁場の変化で起こる波動。

転写(てんしゃ) 写しうつすこと。ほかに写しかえる。

電車(でんしゃ) 電気を動力源とした鉄道車両。

転借(てんしゃく) 人が借りたものを借りる。又借。

天守(てんしゅ) 城の最も高い物見やぐら。「―閣」

店主(てんしゅ) 店の主人。

天寿(てんじゅ) 天から授けられた寿命。天命。

伝授(でんじゅ) 奥義を教え授けること。⇔伝受

点出(てんしゅつ) 絵画で、目立つように描くこと。

転出(てんしゅつ) 使者や贈り物にほかの地へ移住すること。「―届」

添書(てんしょ) 使者や贈り物に添える文書。

天上(てんじょう) 天。空の上。「―界」。「―天下」

天井(てんじょう) 部屋の上方を覆う板張り。「青―」

殿上(てんじょう) 宮殿や殿堂の上。

伝承(でんしょう) 風習などを受け継ぎ伝えること。

天職(てんしょく) 生来の性質に適した職業。

転職(てんしょく) ほかの職業に変わること。転業。

伝書鳩(でんしょばと) 通信文を運ぶハト。

転じる(てんじる) 変わる。移る。身分・職業など巡る。「話題を―」を変える。転向。

点数(てんすう) 評点・得点の数。品物の数量。

天水(てんすい) 雨水。空と水。「―桶」

天成(てんせい) 生まれながらにできあがる。「―の要害」

天性(てんせい) 生まれながらの性質。「―の画家」

転生(てんせい) 別の性質のものに変わること。「輪廻―」

転成(てんせい) 別の性質のものに変わること。

典籍(てんせき) 書籍。本。

転籍(てんせき) 本籍・学籍などをほかに移す。

伝説(でんせつ) 昔から語り伝えられてきた話。

点線(てんせん) 点の連続による線。⇔実線

転戦(てんせん) 場所を変えて各地で戦うこと。

恬然(てんぜん) こだわらずのんびりしたさま。

伝染(でんせん) 伝わり移ること。「―病」

伝線(でんせん) ほころびが線状に広がること。

転送(てんそう) 送られたものを再びほかへ送る。

伝送(でんそう) 次々送り伝えること。「―路」

電送(でんそう) 電流や電波で信号を送ること。

転属(てんぞく) ほかの管轄に移ること。転籍。

天体(てんたい) 宇宙に存在する物体の総称。

転貸(てんたい) 住居をほかへ移すこと。転居。「―禁止」⇔転借

電卓(でんたく) 「電子式卓上計算機」の略。

伝達(でんたつ) 指令・連絡事項を伝えること。

恬淡(てんたん) 「恬淡あっさりして欲がない」

天地(てんち) 天と地。宇宙。上下。「―創造」

転地(てんち) 住む土地を変える土地。「―療養」

田地(でんち) 田として利用する土地。でんじ。

点茶(てんちゃ) 抹茶をたてること。

天誅(てんちゅう) 天の下す罰。天罰。「―が下る」

転調(てんちょう) 曲の途中で調子を変えること。

点綴(てんてい) ほどよく散りばっている。点在。

天敵(てんてき) 宿命的に外敵である生物。

点滴(てんてき) 水のしたたり。滴。点滴注射。

転転(てんてん) 次々移るさま。

店頭(てんとう) 店の前。みせさき。「―販売」

点灯(てんとう) 灯をともすこと。⇔消灯

転倒(てんとう) 順序が逆になる。倒れること。

伝統(でんとう) 代々受け継いできたしきたり。

電灯(でんとう) 電気エネルギーによる明かり。

伝道(でんどう) 教えを伝え広める。布教。「―師」

伝導(でんどう) 熱や電気を伝わる。「熱―」

殿堂(でんどう) 広大で立派な建物。「美の―」

恬として(てんとして) 平然として。「―恥じない」

転入(てんにゅう) ほかの土地から移り住むこと。

転任(てんにん) ほかの任務・任地に変わること。

てんねん〜とうあん

天然（てんねん）人の手が加わらず自然のまま。

天皇（てんのう）日本国また日本国民の象徴。

天王山（てんのうざん）天下分け目の戦い。局面。

伝播（でんぱ）伝わり広まる。

電波（でんぱ）おもに通信に利用する電磁波。波動が広がる。

転売（てんばい）人から買ったものをほかへ売る。

天罰（てんばつ）天が下す罰。「—観面」

典範（てんぱん）手本となる正しい事柄。おきて。

天火（てんぴ）蒸し焼きにする器具。オーブン。

天日（てんぴ）太陽の光熱。「—干し」

天引き（てんびき）一定額を引き去る。

点描（てんびょう）点で描く画法。簡単な部分描写。

伝票（でんぴょう）取引の要件を記載する紙片。

天秤（てんびん）はかり。

天賦（てんぷ）天から受けた性質・才能。天与。

添付（てんぷ）書類などにつけ添えること。

臀部（でんぶ）尻の部分。しり。

転覆（てんぷく）【顛覆】ひっくりかえる。滅びる。

澱粉（でんぷん）イモや米に含まれる炭水化物。

電文（でんぶん）電報の文。

天麩羅（てんぷら）衣をつけ油で揚げた料理。

天袋（てんぶくろ）押入れなどの上にある袋戸棚。

伝聞（でんぶん）人づてに伝え聞くこと。「—表現」

店舗（てんぽ）商品を並べて販売する建物。店。

転変（てんぺん）移り変わり。変遷。「有為—」

展望（てんぼう）事のなりゆきを見晴らし。「一台」

伝法（でんぽう）乱暴な言動。勇み肌の（女性）。

電報（でんぽう）電信に送る通信文・通信文。

天幕（てんまく）野宮のための幕。テント。

伝馬船（てんません）荷物を運送する平底の船。

顛末（てんまつ）はじめから終わりまでの経緯。

天窓（てんまど）採光や換気用に屋根につけた窓。

天命（てんめい）天が与えた使命。運命。天運。

点滅（てんめつ）明かりがついたり消えたりする。

纏綿（てんめん）まつわりつくこと。情が細やかで。

天文（てんもん）天体や宇宙の諸現象。「—台」

点訳（てんやく）目薬をさすこと。点眼薬。

点眼（てんがん）目薬をさすこと。点眼薬。

店屋物（てんやもの）店屋の品物。出前の食べ物。

転用（てんよう）本来の目的以外に用いること。

伝来（でんらい）外国から伝わる。代々伝わること。

転落（てんらく）【顛落・転げ落ち】叡覧から。堕落する。

天覧（てんらん）天皇が観覧する。「—試合」

展覧（てんらん）広げ並べて見せること。「—会」

天理（てんり）自然の道理。「—に従う」

と

戸（と）家の出入口にたてる扉。「網—」

斗（と）容積の単位。升の十倍。

度合い（どあい）程度。ほどあい。「濃淡の—」

投網（とあみ）水面に投げて魚をとらえる網。

樋（とい）水を送り流す屋根のしかけ。

問い（とい）質問。問題。「—に答える」

問い合わせ（といあわせ）尋ね確かめること。

吐息（といき）ため息。ほっとつく息。「青息—」

電流（でんりゅう）電気の流れ。単位はアンペア。

電力（でんりょく）電流の仕事量。単位はワット。

典礼（てんれい）一定の儀式・作法。「—即位の—」

典例（てんれい）典拠となる先例。前例。「—法規」

伝令（でんれい）命令を伝えること。人。

電話（でんわ）電話機（による通信）。「長距離—」

砥石（といし）刃物を研ぐための石。

問い質す（といただす）問い責め明らかにする。

塔（とう）高くそびえる細長い建造物。

党（とう）仲間。政治上の結社。政党。

胴（どう）体の中心となる部分。胴体。

堂（どう）神仏を祭る建物。集会する建物。

胴上げ（どうあげ）祝福して人を空中に持ち上げ。

等圧（とうあつ）気圧が等しいこと。「—線」

答案（とうあん）試験などで解答を書いたもの。

等圧線

とうい―とうきよく

等位（とうい） 等級・位。等しい等級・位置。

同意（どうい） 同じ意見。同じ意味。賛成。

統一（とういつ） 多くのものを一つにまとめる。

同一（どういつ） 同じこと。差がないこと。平等。

同一視（どういつし） 同様だと見なすこと。同視。

党員（とういん） 政党に属している人。

登院（とういん） 議員が議院に出る。⇔退院

動員（どういん） 人やものを駆り集めること。

投影（とうえい） 影を映し出すこと。反映させること。

倒影（とうえい） 逆さに映った影。倒景。「富士の―」

等温（とうおん） 温度が等しいこと。「―線」

同音（どうおん） 同じ音声。同じ音色。「―異語」

灯下（とうか） ともしびの下。明かりのそば。

灯火（とうか） ともしび。「―親しむべし」

投下（とうか） 投げ落とすこと。資金などの投入。

透過（とうか） 透き通ること。通り抜けること。

等価（とうか） 価格や価値が等しいこと。同価。

同化（どうか） 周りの異質のものと一体化する。

銅貨（どうか） 銅で造った貨幣。「十円―」

動画（どうが） 連続画像。アニメーション

倒壊（とうかい） 倒れ壊れること。破壊。

韜晦（とうかい） 才能や本心を他事で隠すこと。

当該（とうがい） そのことに当てはまること。

凍害（とうがい） 作物が寒さや霜に受ける害。

等外（とうがい） 定められた等級に入らないこと。

当確（とうかく） 「当選確実」の略。

倒閣（とうかく） 内閣を倒すこと。「―運動」

頭角（とうかく） 頭の先。才能。優れた才能。「―を現す」

同格（どうかく） 同じ格式。同じ資格。

同学（どうがく） 同じ学校や師に学ぶこと。同窓。

同額（どうがく） 等しい金額。価格。

導火線（どうかせん） 火薬に火をつける線。

薹が立つ（とうがたつ） 盛り・年頃をすぎる。

統括（とうかつ） 全体を一つにまとめる。統合。

統轄（とうかつ） 全体をまとめ取り仕切ること。

恫喝（どうかつ） 〔恫喝〕おどすこと。威嚇。

唐辛子（とうがらし） 〔唐芥子・蕃椒〕

投函（とうかん） 郵便物をポストに入れること。

等閑（とうかん） いいかげんに行うこと。なおざり。

統監（とうかん） 政治・軍隊を支配・監督する。

同感（どうかん） 同じように考え、感じる。共感。

導管（どうかん） 〔道管〕水などを導き送る管。

童顔（どうがん） 子どもの顔。幼い顔。

冬季（とうき） 冬の季節。冬の時期。⇔夏季

冬期（とうき） 冬の期間。冬の間。⇔夏期

当期（とうき） この時期、今期。この期間。

投棄（とうき） 投げ捨てること。「不法―」

投機（とうき） 市価変動を利用した商取引。

党紀（とうき） 党の風紀や規律。「―委員会」

党規（とうき） 党の規則。党則。「―改正」

登記（とうき） 権利・身分を公簿に示す。「―簿」

陶器（とうき） 焼き物。瀬戸物。陶磁器。

騰貴（とうき） 物価や相場が上昇。下落

党議（とうぎ） 党内での討論や決議。

討議（とうぎ） 意見を述べ論じ合うこと。討論。

闘技（とうぎ） 力や技の優劣を競う。格闘競技。

同期（どうき） 同じ時期。同じ年度。「―生」

同悸（どうき） 〔動気〕心臓がどきどきすること。

動機（どうき） 決心や行動の原因。きっかけ。

同義（どうぎ） 同じ意味。同義。「―語」⇔異義

胴着（どうぎ） 〔胴衣〕防寒用の下着。「救命―」

道義（どうぎ） 人の行うべき正しい道理。道徳。

動議（どうぎ） 会議中に出る予定外の議題。

投球（とうきゅう） 投手が打者に投げる、その球。

闘牛（とうぎゅう） 人と牛との闘技。「―士」

等級（とうきゅう） 同じ等級・学級・生。「―の品」「―生」

同級（どうきゅう） 同じ等級・学級・生。「―の品」「―生」

撞球（どうきゅう） ビリヤード。玉つき。

統御（とうぎょ） 全体を取り仕切ること。「―の才」

同居（どうきょ） 一緒に住むこと。⇔別居

同郷（どうきょう） 郷里が同じなこと。「―のよしみ」

道教（どうきょう） 中国の老子が開いた宗教。

同業（どうぎょう） 同じ職業・業種。「―組合」「―者」

当局（とうきょく） そのことに責任をもつ機関。

とうきん〜とうししゃ

同衾（どうきん） 男女が一緒に寝ること。ともね。

道具（どうぐ） 仕事や家事用の用具。調度。

盗掘（とうくつ） 鉱物・埋蔵物を無断で採掘する。

洞窟（どうくつ） ほらあな。岩屋。洞穴(けつ)。

当家（とうけ） この家。「―の主人」

峠（とうげ） おどけた言動。道化師。

道化（どうけ） おどけた言動。道化師。

統計（とうけい） 特性を数量的に把握すること。

闘鶏（とうけい） 鶏同士を戦わせる遊び。鶏(けい)合(あわせ)。

陶芸（とうげい） 陶器を作る工芸。「―家」「―展」

同形（どうけい） 同じかたち。同じ形。異形(ぎょう)。

同系（どうけい） 同じ系統・系列。「―交配」「―色」

同慶（どうけい） 互いにめでたい、ともに喜ぶこと。

凍結（とうけつ） 凍りつく。固定。使用の禁止。

刀剣（とうけん） かたなとつるぎ。

闘犬（とうけん） 犬同士を戦わせる遊び、その犬。

同権（どうけん） 権利が平等であること。「男女―」

桃源郷（とうげんきょう） 俗世を離れた別世界。仙郷。

倒語（とうご） 語を「ねた」とするような逆さ語。

銅壺（どうこ） 銅製の湯沸し器。銅(どう)・鉄の―。

刀工（とうこう） 刀剣を鍛冶する刀匠。刀工。刀匠。

投光（とうこう） 光を集めて照らすこと。「―器」

投降（とうこう） 自ら降参すること。降伏。「―兵」

投稿（とうこう） 掲載目的で原稿を送る。寄稿。

陶工（とうこう） 陶磁器を作る職人。焼き物師。

登校（とうこう） 学校へ行くこと。「―拒否」⇔下校

投合（とうごう） 心などが一致する。「意気―」

統合（とうごう） 二つ以上のものを一つにする。

等号（とうごう） 等しいことを示す符号「=」。

同好（どうこう） 好みが同じなこと。「―会」

動向（どうこう） 物事が変わりゆく方向・傾向。

瞳孔（どうこう） 眼球の中心にある穴。ひとみ。

投獄（とうごく） とらえて監獄に入れること。

慟哭（どうこく） 大声で泣き叫ぶこと。号泣。

闘魂（とうこん） 戦おうとする意気込み。闘志。

当今（とうこん） このごろ。いまどき。当節。

同根（どうこん） 根本が同じであること。兄弟。

等差（とうさ） 等級をつけることの等級の格差。

踏査（とうさ） 実際に出かけて行って調べる。

当座（とうざ） その場。当面。「当座預金の略」

動作（どうさ） 体の動き。挙動。「―が鈍い」

当歳（とうさい） その年生まれ。その年。今年。

搭載（とうさい） 積み込む。装置などを積み込む。

登載（とうさい） 新聞などに文章を載せる。掲載。

同行（どうこう） 連れ立って行く。同道。同伴。

同罪（どうざい） 同じ罪。同じ責任。「全員―」

倒錯（とうさく） 逆さまになるこ。異常な行動。

盗作（とうさく） 他人の著作物の無断使用。剽窃(ひょうせつ)。

盗撮（とうさつ） 無断でこっそり撮影すること。

洞察（どうさつ） 見通す。見抜く。洞見。

倒産（とうさん） 経営難で企業がつぶれること。

動産（どうさん） 移動可能な財産。

投資（とうし） 利益を得る目的で出す資本。

凍死（とうし） 寒さのために凍え死ぬこと。

透視（とうし） 透かして見ること。千里眼。

盗視（とうし） 盗み見ること。ひそかに見る。

闘士（とうし） 戦おうとする人。主義のために活動する人。

冬至（とうじ） 二四節気で一二月二二日頃。⇔夏至

当時（とうじ） その時。その昔。「新婚―」

杜氏（とうじ） 造り酒屋の職人のかしら。とじ。

悼辞（とうじ） 人の死を悼み悲しむ言葉や文。

湯治（とうじ） 温泉に入って行う療法。「―場」

答辞（とうじ） 受けた式辞に返す言葉。⇔送辞

同士（どうし） 同類。仲間。似たもの。「男―」

同志（どうし） 同じ志をもつ人々。盟友。「―愛」

動詞（どうし） 動作・状態を表す言葉。

導師（どうし） 法会を執り行う僧。仏。菩薩(ぼさつ)。

道士（どうし） 道教を修めた人。仙人。僧。

同時（どうじ） 同じ時間。「―通訳」「―進行」

童子（どうじ） 【童児】幼い子供。児童。わらべ。

同士討ち（どうしうち） 仲間同士の争い。

等式（とうしき） 等号で結ぶ二つ以上の数式。

陶磁器（とうじき） 陶器と磁器。焼き物。

当事者（とうじしゃ） 直接の物事の関係者。

とうしつ―とうぞく

等質(とうしつ) 性質などがひとしいこと。均質。

当日(とうじつ) その日。この日。「ー券」「ー試験」

同室(どうしつ) 同じ部屋に居住・宿泊すること。

同質(どうしつ) 性質・実質が同じ。

投射(とうしゃ) 光の像や影を映し出す。投影。

透写(とうしゃ) 書き写すこと。写しとる。「ー版」

謄写(とうしゃ) 書き写すにうつす。「ー紙」

投手(とうしゅ) 野球のピッチャー。「ー戦」

党首(とうしゅ) 党の最高責任者。「ー会談」

同種(どうしゅ) 同じ種類。同じ人種。◆異種

踏襲(とうしゅう) それまでの方法を受け継ぐこと。

投宿(とうしゅく) 宿を取ること。旅館に泊まる。

同宿(どうしゅく) 同じ宿屋に泊りあわせること。

当初(とうしょ) はじめ。最初。「ーの計画」

投書(とうしょ) 新聞や雑誌に意見などを送る。

島嶼(とうしょ) 大きな島と小さな島。島々。

倒叙(とうじょ) 遡って事柄を叙述すること。

童女(どうじょ) 女の子。おとめ。幼女。「ーどうにょ」

刀匠(とうしょう) 刀作りの職人。刀工。刀かじ。

凍傷(とうしょう) 寒冷によっておきる傷症。[図]

闘将(とうしょう) 闘志の盛んな大将。働き手。

搭乗(とうじょう) 船・飛行機などに乗ること。

登場(とうじょう) 舞台に現れる。世の中に出る。

同上(どうじょう) 前に述べたものと同じこと。

同乗(どうじょう) 一緒に乗る。

同情(どうじょう) 他人の身になって思いやること。

道場(どうじょう) 仏道の修練所。武芸練習所。

投じる(とうじる) 投げる。投げ入れる。つぎ込む。

動じる(どうじる) 心が動き騒ぐ。動揺する。

刀身(とうしん) 刀の中身。刀の、やいばの部分。

答申(とうしん) 上司の問いに意見を申し述べる。

等身(とうしん) 身の丈と同じ高さ。「ー大」

投身(とうしん) 身投げ。「ー自殺」

灯心(とうしん) 【灯芯】ランプなどの火をともす芯。

唐人(とうじん) 中国人。外国人。「ー笛」

蕩尽(とうじん) 使い果たすこと。破れ果てること。

同心(どうしん) 中心が同じこと。破れ果てること。

童心(どうしん) 子どものような無邪気な心。

同人(どうじん) 仏道を信じる心。道徳心。良心。

陶酔(とうすい) 気持ちよく酔ううっとりする。

統帥(とうすい) 軍隊をまとめる率いること。「ー権」

党是(とうぜ) 党が実行するとした基本方針。

当世(とうせい) 現代。現在の世の中。「ー風」

党勢(とうせい) 党派の勢力。党の勢い。

統制(とうせい) 一定の規則により取り締まること。「ー」騰貴の勢い・傾向。◆落勢

騰勢(とうせい) 騰貴の勢い・傾向。◆落勢

同姓(どうせい) 同じ姓。「ー同名」

同性(どうせい) 性が同じこと。「ー愛」◆異性

同棲(どうせい) 未婚の男女が一緒に住むこと。

動静(どうせい) 様子。動向。ありさま。動き。

同勢(どうせい) 同行の人々。連れの人たち。

投石(とうせき) 石を投げつけること。その石。

党籍(とうせき) 党員としての籍。「ー離脱」

透析(とうせき) 血液中の老廃物除去。「人工ー」

同席(どうせき) 同じ会に居合わす。同じ席次。

当節(とうせつ) この時節。当今。近頃。

当選(とうせん) 選挙で選出されること。◆落選

当籤(とうせん) くじに当たること。「ー番号」

逃走(とうそう) 逃げ去ること。「ー経路」

刀創(とうそう) 刀できられた傷。刀傷。刀痕。

党争(とうそう) 党派間の争い。

凍瘡(とうそう) しもやけ。

痘瘡(とうそう) 法定伝染病の一つ。天然痘。

闘争(とうそう) 争い闘う。「激しいー」

同窓(どうそう) 同じ学校で学ぶこと。「ー会」

銅像(どうぞう) 青銅で作ったブロンズ像。

党則(とうそく) 党の規則。党規。

盗賊(とうぞく) どろぼう。ぬすびと。

とうぞく～とうひょう

同族（どうぞく） 同じ血筋に属する人。「―一族」。

道祖神（どうそじん） 旅の安全を守る神様。

統率（とうそつ） まとめて率いること。「―力」

淘汰（とうた） よいものを選び残すこと。「自然―」

灯台（とうだい） 灯光を放つ航路標識。「―守」

当代（とうだい） 現代。当主。「―一の当世」「―一着陸」

同体（どうたい） 同じ体。体勢。一体。「―心」

動態（どうたい） 動く・変動している物体。状態。「―を伝える物体。

胴体（どうたい） 体のもの中心部分。「―着陸」

導体（どうたい） 熱・電気をよく伝える物体。

銅鐸（どうたく） 釣り鐘形の青銅器。

到達（とうたつ） 目的や結論などに行きつくこと。

登壇（とうだん） 演説などで壇上にあがること。

当地（とうち） この土地。地方。「―の名産」

倒置（とうち） 位置・順序を逆にすること。

統治（とうち） 国土・人民を治めること。「―権」

到着（とうちゃく） 目的地に着く。到達。≠出発

撞着（どうちゃく） 時につじつまが合わないこと。矛盾。

道中（どうちゅう） 旅の途中。旅。「―記」

登庁（とうちょう） 官庁に出勤すること。≠退庁

盗聴（とうちょう） 無断でこっそり聞くこと。「―器」

登頂（とうちょう） 山の頂上に登ること。とうてい。

同調（どうちょう） 同じ調子。人の意見に賛同する。

当直（とうちょく） 当番で宿直・日直をすること。「―医」

童貞（どうてい） 性的経験がない男性。≠処女

到底（とうてい） つまるところ。どうしても。

疼痛（とうつう） ずきずきうずく、その痛み。

道程（どうてい） 道のり。行程。過程。

投擲（とうてき） 放り投げること。「―競技」の略。

透徹（とうてつ） 透き通ること。一貫すること。

読点（とうてん） 文中の切れ目につける点（、）。

盗電（とうでん） 金を払わず電力をひそかに使う。

同点（どうてん） ほかと同じ点数。得点数が同じ。

動転（どうてん） 非常に驚き慌てること。

凍土（とうど） 凍りついた地面。「―帯」

陶土（とうど） 陶磁器の原料となる粘土。

尊い・貴い（とうとい） 大切で尊重すべきもの。地位や価値が上で貴重である。

到頭（とうとう） ついに。結局。「―出来た」

滔滔（とうとう） 盛んに流れる。よどみなく話す。

蕩蕩（とうとう） 広々としているさま。穏やかな。

同等（どうとう） 等級がまた程度が等しい。

堂塔（どうとう） 寺院の堂と塔。「―伽藍」

同道（どうどう） 一緒に行くこと。同行。

堂堂（どうどう） 立派で気品があるさま。公然と。人が守るべき行為の規準。「―心」

道徳（どうとく） 人が守るべき行為の規準。「―心」

唐突（とうとつ） だしぬけ。不意。「―な発言」

頭取（とうどり） 銀行の取締役の首席。音頭取り。

盗難（とうなん） 金品を盗まれる災難。「―品」

投入（とうにゅう） 投げ込む。注ぎ込む。「資金の―」

豆乳（とうにゅう） 大豆から作る汁の液。大豆乳。

導入（どうにゅう） 導き入れること。取り入れること。

糖尿病（とうにょうびょう） 尿に糖分を含む病気。

当人（とうにん） その事に直接かかわる人。本人。

当年（とうねん） この年。今年。当歳。

党派（とうは） 主義主張や利害が同一の団体。

踏破（とうは） 長く困難な道を歩き通す。

塔婆（とうば） 墓に立てる供養の板。そとば。

同輩（どうはい） 学校や職場に同期に入った仲間。

堂堂（どうどう） 立派で気品があるさま。

党閥（とうばつ） 他党の者を排斥すること。派閥。

討伐（とうばつ） 兵を派遣して討つこと。征伐。

登攀（とうはん） 高い所へよじ登ること。とはん。

当番（とうばん） 仕事の番に当たること。≠非番

同伴（どうはん） 連れ立って行く。同行。「―保護者」

銅板（どうばん） 銅製の板。「―画」「―印刷」

銅版（どうはん） 銅版の印刷版。

同否（どうひ） 正当か否か。当たりはずれ。

当否（とうひ） 正当か否か。当たりはずれ。

逃避（とうひ） 避けて逃れる。

逃避行（とうひこう） 人目を忍び隠れて暮らす。

投票（とうひょう） 選挙・採決で票を入れること。

投錨（とうびょう） 船がいかりをおろすこと。碇泊。

闘病（とうびょう） 病気と闘うこと。「―生活」

道標（どうひょう） 方向や距離を示す札。道しるべ。

235

とうひょう―とうわく

同病どうびょう 同じ病気。「―あい憐(あわ)れむ」

盗品とうひん 盗んだ品物。「―故買」

豆腐とうふ 大豆を加工した軟らかい食品。

東風とうふう 東の風。春風。こち。

同封どうふう 手紙に別のものを一緒に入れる。

同腹どうふく 母が同一の子。一腹。↔異腹

動物どうぶつ 生物のうち植物以外のもの。

胴震いどうぶるい 寒さや恐怖でしばらくは全身が震える。

等分とうぶん 数量を等しく分けること。「三―」

当分とうぶん 差し当り。当座。

糖分とうぶん 糖類の成分。甘み。

同文どうぶん 同じ文章・文字。「―以下」

盗癖とうへき 盗みぐせ。

等辺とうへん 辺の長さが等しい。「二―三角形」

答弁とうべん 質問に答えて弁明する。「国会―」

唐変木とうへんぼく 気の利かない人。

当方とうほう こちら。自分の先方。

逃亡とうぼう 逃げ出すこと。「―犯」「―敵前―」

同胞どうほう 兄弟姉妹。同一の国民・民族。

謄本とうほん 原本を全部写し文書「戸籍―」

胴巻きどうまき 金銭を入れ胴に巻く袋。

胴間声どうまごえ 調子外れの太く下品な声。

動脈どうみゃく 心臓から血を送る血管。↔静脈「―硬化」

灯明とうみょう 神仏に供える灯火。みあかし。

冬眠とうみん 動物が冬季活動しないこと。[图]

透明とうめい 透きとおって見えるさま。「無色―」

同名どうめい 名が同じ。同名前。「―異人」

同盟どうめい 同一行動をとる約束。連盟。

当面とうめん 面と向かうこと。差し当たり。

獰猛どうもう 性質が荒々しく残忍なさま。

頭目とうもく かしら。おやかた。頭首。首領。

瞠目どうもく 目をみはること。「―に値する」

胴元どうもと [筒元]ばくちのもとじめ。親分。

同門どうもん 同じ師につく。その同門下。

陶冶とうや 鍛えること。養成する。「―性」

投薬とうやく 薬を処方して与えること。投薬。

投与とうよ 差し当たれて使用すること。投薬。

灯油とうゆ 灯火用の油。石油製品の一つ。

東洋とうよう アジアの東・南部の総称。↔西洋

盗用とうよう [登庸]人を引き上げて使うこと。

登用とうよう 同じようなさま。「新品―」

動揺どうよう 気持ちや物体が揺れ動くこと。

童謡どうよう 子ども向けの歌。わらべ歌。

到来とうらい 時機がくること。到着。「―線上」

当落とうらく 当選と落選。「―線上」

騰落とうらく 物価や相場の上がり下がり。

道楽どうらく 趣味として楽しむこと。放蕩三昧。

胴乱どうらん 植物採集用の円筒形容器。

倒卵形とうらんけい 鶏卵を逆さにしたような形。

動乱どうらん 戦いや暴動で世の中が乱れる。

倒立とうりつ 逆さまに立つ。逆立ち。「―像」

道理どうり 物事の正しい筋道。理由。わけ。

党略とうりゃく 党派・政党の利害としての謀略。

倒了とうりょう 対局で一方が負けを認めること。

逗留とうりゅう 旅先に一定期間とどまる。「―客」

登竜門とうりゅうもん 立身出世の関門。

党略とうりゃく 党としての策略。「党利―」

棟梁とうりょう 大工のかしら。重臣。統率者。

投了とうりょう 対局で一方が負けを認めること。

頭領とうりょう [統領]まとめ治める人。頭目。

同僚どうりょう 同じ職場に勤める人。同輩。

動力どうりょく 機械を動かすエネルギー。「―源」

動輪どうりん 動力を受けて車輪を駆動させる。

同類どうるい 同じ仲間。「―項」

同例どうれい 先方の礼に応じ度・地位。同じ程返礼。

同列どうれつ 同じ列。同じ程度・地位。

答礼とうれい 先方の礼に応じ度・地位。返礼。

登録とうろく 公の帳簿に記載すること。「―商標」

登楼とうろう 高殿に登ること。遊郭で遊ぶこと。

灯籠とうろう 火をともす用具。石灯籠。[図]

道路どうろ 人・車が通る整備された道。

討論とうろん 互いに議論しあうこと。「―会」

童話どうわ 子ども向けに作られた物語。

道話どうわ 人が行うべき道を説く話。

当惑とうわく 迷いとまどう。途方にくれる。

とおあさ―とくし

遠浅 とおあさ
岸から沖までが浅い。「―の海」

遠い とおい
距離がへだたる。時間がへだたる。

遠縁 とおえん
血縁が遠い親戚。↔近縁

通す とおす
通わせる。中へ入れる。貫く。

遠出 とおで
遠くへ出かけて行くこと。

遠退く とおのく
遠くなる。疎になる。

遠吠え とおぼえ
長く尾を引くようにほえる。

遠巻き とおまき
遠くから取りまくこと。

遠目 とおめ
遠方から見る。遠くから見える。

遠回し とおまわし
それとなく言い表すさま。

通り とおり
道路。往来。伝わる程度。評判。

通り雨 とおりあめ
さっと降ってすぐやむ雨。

通り一遍 とおりいっぺん
形式的な。誠意のない。

通り魔 とおりま
通行人に危害を加える者。

透る とおる
透けて見える。内部に達する。

咎 とが
【科】過ち。罪。欠点。短所。

都会 とかい
人口が密集した繁華な地区。

度外視 どがいし
全く問題にしないこと。

ト書き とがき
脚本で俳優の動作を示した部分。

溶かす とかす
固形物を液状にする。溶解する。

咎める とがめる
責める。怪しむ。心が痛む。

利鎌 とがま
鋭利な鎌。よく切れる鎌。

尖る とがる
先が細く鋭くなる。鋭敏になる。

土管 とかん
粘土製の素焼管。

時 とき
時刻。時間。時勢。時期。

【鯨波】 とき
戦闘開始の際に発する声。

伽 とぎ
退屈を慰めること・人。

土器 とき
素焼の焼き物。かわらけ。

怒気 どき
おこった様子。怒り。「―を含む」

時折 ときおり
ときどき。おりおり。

解き櫛 ときぐし
髪を梳かすくし。↔挿し櫛

時時 ときどき
おりおり。たまに。

時の人 ときのひと
そのとき世間で評判の人。

時偶 ときたま
おりおり。たまに。

時折 ときおり
おりおり。ときたま。

解き放す ときはなす
自由にする。解き放つ。

度胸 どきょう
物事に動じない心。胆力。肝玉。【度胆】ーを抜く

読経 どきょう
声を出して経文を読むこと。読誦(じゅ)。

徒競走 ときょうそう
かけっこ。

途切れる とぎれる
途中で切れる。

常磐 ときわ
永久に変わらない。永久不変。

鍍金 ときん
メッキ。表面だけ飾ったもの。

得 とく
もうけ。利益。「―損して ー取れ」

徳 とく
優れた人格・品性。恩恵。得。

解く とく
ほどく。解決する。解除する。

説く とく
言って聞かせる。説明する。

研ぐ とぐ
【磨ぐ】刃を鋭くする。みがく。

毒 どく
毒物。毒薬。害をもたらすもの。

退く どく
しりぞく。居場所から移る。

特異 とくい
他と比べて特に異なる。「―体質」

得意 とくい
満足。自慢。優れたもの。顧客。

徳育 とくいく
道徳心を育てる教育。

土偶 どぐう
縄文文化の土製の人形。土人形。

土偶

独演 どくえん
共演者なしで独りで演じること。

毒牙 どくが
毒液を出す牙。悪らつな手段。

篤学 とくがく
学問に熱心なこと。「―の士」

独学 どくがく
独力で学ぶこと。独習。自修。

特技 とくぎ
特に優れた技能。「―を生かす」

得業 とくぎょう
定められた課程を学び終える。

独吟 どくぎん
詩歌を独りで吟じること。

毒気 どっけ
有毒な成分。わるぎ。どっけ。

独語 どくご
ひとりごと。ドイツ語。

独裁 どくさい
特定の個人や団体による支配。

得策 とくさく
有利な方策。うまいやり方。

独策 どくさつ
毒物・毒薬による殺害。

特撮 とくさつ
「特殊撮影」の略。「―場面」

特産 とくさん
特にその地方に産するもの。

特使 とくし
特別に遣わされた使者。「―の派遣」

篤志 とくし
社会事業などに熱心なこと。

毒死 どくし
毒物・毒薬によって死ぬこと。

とくし—とくほう

独自（どくじ） 独行。単独。特有なこと。「―性」

特質（とくしつ） それだけの性質。特性。

得失（とくしつ） 利益と損失。利害。成功と失敗。

特実（とくじつ） 誠実で親切。人情に厚く実直。

特写（とくしゃ） 特別に写真を撮ること。「本誌―」

特赦（とくしゃ） 恩赦の一つ。確定者の刑の免除。

読者（どくしゃ） 本などの読み手。購読者。「―層」

毒蛇（どくじゃ） 毒腺・毒牙をもつヘビ。毒へび。

独酌（どくしゃく） 相手なしにひとりで酒を飲むこと。

特殊（とくしゅ） 普通とは違うこと。特別。‡一般

特種（とくしゅ） 特別な種類。「―免許」

特需（とくじゅ） 特別な需要。「―景気」「―産業」

特集（とくしゅう） 特定の問題に関して編集する。

独習（どくしゅう） 独自で習い学ぶこと。

特出（とくしゅつ） 特にぬきんでている。特別出演。

特上（とくじょう） 特に上等なこと・もの。「―の一週間」

独唱（どくしょう） 独りで歌うこと。ソロ。「―曲」

特色（とくしょく） ほかとは特に異なっている点。

瀆職（とくしょく） 職務をけがすこと。汚職。「―罪」

特進（とくしん） 特別に昇進すること。「二階級―」

篤信（とくしん） 信仰心が厚いこと。「―者」

得心（とくしん） 心から承知する。納得。「―がいく」

独身（どくしん） 配偶者のない人。ひとりみ。「―者」

読唇術（どくしんじゅつ） 唇の動きで言葉を理解する術。

読心術（どくしんじゅつ） 表情などから心を見抜く術。

毒する（どくする） 悪い影響を与える。悪くする。

特性（とくせい） ほかにない特有の性質。特別性。

特製（とくせい） 特別に作る・もの。特別製。

徳性（とくせい） 道徳心のある正しい人格・品性。

特設（とくせつ） 特別に設けたもの。「―会場」

毒舌（どくぜつ） 辛らつな皮肉や悪口。「―家」

特撰（とくせん） 特に入念に作ること・もの。

特選（とくせん） 特別に選ぶこと・選ばれること。

独占（どくせん） ひとりじめ。占有。「―販売」

独善（どくぜん） ひとりよがり。「―的」

毒素（どくそ） 毒性の高い物質。「抗―」

毒草（どくそう） 毒を含む草・薬草。‡

独走（どくそう） 独りで引き離して走ること。

独奏（どくそう） 独りで演奏すること。ソロ。

独創（どくそう） 独自の考えでつくりだすこと。

督促（とくそく） うながすこと。催促の計らい。「―状」

独断（どくだん） 自分だけの考えで決めること。

独壇場（どくだんじょう） 独擅場（どくせんじょう）ひとりぶたい。

戸口（とぐち） 家の出入口。門口。

特注（とくちゅう） 「特別注文」「特別発注」の略。

特長（とくちょう） 他と比べて優れている美点。長所。

特徴（とくちょう） それが持つ特有な点。「―もない」

毒突く（どくづく） ひどい悪口を言う。

特定（とくてい） 特別に指定すること。「―銘柄」

特典（とくてん） 特別の恩典や扱い。特別の待遇。

得点（とくてん） 競技や試験で得た点数。‡失点。「―調べる」

特筆（とくひつ） 特に取り立てて書く。「―大書」

篤（とく）と よく。つくづく。

得度（とくど） 仏門に入り僧になること。

禿頭（とくとう） はげ頭。「―病」

特等（とくとう） 一等の上の、特別の等級。「―席」

得得（とくとく） 満足気なさま。満足な様子。

独特（どくとく） 【独得】それだけがもつどきつい。

毒毒しい（どくどくしい） 憎々しい。

戸口（とぐち） 家の出入口。門口。

特派（とくは） 特別に派遣すること。「―員」

読破（どくは） 最後まで読み通すこと。読了。

特配（とくはい） 特別に配給の配当。特別の配当。

特売（とくばい） 特別に安い値段で売る。「―品」

独白（どくはく） 相手なしで言う。独り言。

特筆（とくひつ） 特に取り立てて書く。「―大書」

独票（どくひょう） 皮肉や悪意に満ちた文章。

得票（とくひょう） 選挙で得た票。「―数」

特別（とくべつ） 一般と違っているさま。格別。

毒物（どくぶつ） 毒性を含んだ物質・薬物。

毒婦（どくふ） 腹黒く人に害を与える女。奸婦。

特報（とくほう） 特別の報道・報告。「―番組」

徳望（とくぼう） 徳が高く人望があること。「―家」

独房（どくぼう） 一人だけ入れる監房。独居房。

とくほん―としよう

読本（とくほん）昔の国語教科書。入門書。「文芸―」

毒味（どくみ）[毒見]毒が入ってないかを調べる。

特務（とくむ）特別の任務。特殊な任務。

匿名（とくめい）実名を隠すこと。「―希望」

特命（とくめい）特別の命令や任命。「―全権大使」

徳目（とくもく）忠・孝・仁など徳を分類した名称。

特約（とくやく）特別の条件で結ばれた契約。「―店」

毒薬（どくやく）毒を含む劇薬。

特有（とくゆう）それだけに特に備わる。【得用】割安なこと。

徳用（とくよう）[得用]割安なこと。❷通有

独利（とくり）[徳利]酒を入れる口の狭い細長い容器。

独立（どくりつ）独りだちの。単独。❷従属

読了（どくりょう）すっかり読み終わること。

独力（どくりょく）自分一人だけの力。自力。

特例（とくれい）特別に設けた例外。特別の例。

解ける（とける）[融ける]固体が液状になる。【溶ける】溶解。【解ける】解消する。「雪が―」

溶ける（とける）ほどける。目的を成就する。

遂げる（とげる）目的を成就する。「発展を―」

土建（どけん）土木と建築。「―業者」

床（とこ）ねどこ。ゆか。床の間。「万年―」

刺刺しい（とげとげしい）意地悪で角立っている。

吐血（とけつ）胃などから出た血を吐くこと。

土下座（どげざ）地面にひざまずく拝礼。

時計（とけい）時間をはかるための機械。「腕―」

溶け込む（とけこむ）なじんで一体となる。

解け合う（とけあう）隔たりなく打ち解ける。

刺（とげ）[棘]植物・動物の針状の突起。

髑髏（どくろ）頭がい骨。されこうべ。

蜷局（とぐろ）[蜷蛇]蛇が渦巻状に体を巻く状態。

督励（とくれい）監督して励ますこと。

何処（どこ）[何所]どの場所。

床上げ（とこあげ）病気が治り床を取り払う。

渡航（とこう）船・飛行機で外国へ行くこと。

怒号（どごう）怒り叫ぶ声。風波の荒れ狂う音。

床擦れ（とこずれ）長い病床により皮膚のただれ。

常夏（とこなつ）気候がいつも夏のようなこと。

床離れ（とこばなれ）寝床から起き出ること。全快。

床の間（とこのま）座敷上座に一段高くした所。

常世（とこよ）永久に変わらないこと。「―の国」

所（ところ）[処]場所。住所。現場。最中。

心太（ところてん）テングサで作った食品。圓

土左衛門（どざえもん）水死体。

鶏冠（とさか）鶏の頭部にある肉質の突起。

屠殺（とさつ）食肉や革用に家畜を殺す。畜殺。

塗擦（とさつ）薬を塗りこむこと。「―剤」

登山（とざん）山登り。「―隊」圓 ❷下山

年（とし）[歳]時の単位で一年。年齢。

都市（とし）都会。みやこ。「―国際―」

刀自（とじ）主婦。年配の女性。

途次（とじ）道のついで。道すがら。

年甲斐（としがい）年齢にふさわしい分別。

年嵩（としかさ）年上。年長。高年齢。としがさ。

度し難い（どしがたい）わからずやで救いようがない。

年格好（としかっこう）同齢で外見で推測される年頃。

年子（としご）同齢で一つ違いの兄弟姉妹。

年越し（としこし）新年に移ること。「―そば」

閉じ籠もる（とじこもる）外に出ないでいる。圖

閉じ込める（とじこめる）出られなくする。

年頃（としごろ）ここ数年。適齢期。大体の年齢。

年玉（としだま）新年に子どもなどに与える金銭。

年波（としなみ）年を取ること。「―寄る」

年の市（としのいち）年末の正月用品売り市。圓

年の暮れ（としのくれ）年末。歳末。

年の功（としのこう）年を重ねた経験豊富なこと。

年の瀬（としのせ）年の暮れ。年末。圖

年端（としは）年のほど。年齢。「―もいかぬ子」

年増（としま）娘盛りをすぎた女性。

戸締まり（とじまり）戸を閉め鍵をかける。

年回り（としまわり）年齢による吉凶。「―が悪い」

吐瀉（としゃ）嘔吐と下痢。

土砂（どしゃ）土と砂。「―くずれ」

土砂降り（どしゃぶり）土砂が激しく降る雨。

徒手（としゅ）手に何も持たないこと。「―空拳」

図書（としょ）書物。書籍。本。

徒渉（としょう）[渡渉]川を歩いて渡ること。

としよう―とどう

年寄り〔としよ-〕年老いた人。「―じみた話」

綴じる〔と-〕重ねて綴りあわせる。「紙を―」

閉じる〔と-〕閉める。閉まる。終わる。「目を―」

年忘れ〔としわすれ〕一年の労苦を忘れる宴。図

妬心〔としん〕ねたむ心。嫉妬心。

都心〔としん〕都市の中心地。東京都のごみごみした雰囲気。

都塵〔とじん〕都会のごみや雑踏。

賭する〔と-〕かける。なげだす。「命を―」

渡世〔とせい〕世渡り。生業。稼業。

怒声〔どせい〕怒った声。どなり声。

土石流〔どせきりゅう〕土砂が一気に流れ出る現象。

途上〔とじょう〕ある地点・目的地に向かう途中。

土壌〔どじょう〕事物が育つ基盤「政治の―」

図書館〔としょかん〕図書を閲覧させる公共施設。

徒食〔としょく〕何もせず遊び暮らすこと。「無為―」

途絶〔とぜつ〕〔杜絶〕途中が切れてとだえる。

土壌〔どそう〕

渡船〔とせん〕渡し船。「―場」

屠蘇〔とそ〕屠蘇散を浸した正月用の酒。新

塗装〔とそう〕塗料を塗ること。「―工事」「―業」

土葬〔どそう〕死体を焼かずに埋葬すること。

土蔵〔どぞう〕土や漆喰で四面を厚く塗った蔵。

土足〔どそく〕履き物を履いたままの足。

土俗〔どぞく〕その土地の風俗

土台〔どだい〕建物・物事の基本。もともと。

途絶える〔とだ-〕〔跡絶える〕とぎれる。

戸棚〔とだな〕戸のついている棚。「―食器」

途端〔とたん〕ちょうどその時。直後。「―の苦しみ」

塗炭〔とたん〕とても苦しい境遇。「―の苦しみ」

土壇場〔どたんば〕切羽詰まった最後の場面。

土地〔とち〕大地。地所。その地方。「―柄」

土地鑑〔とちかん〕〔土地勘〕その土地に詳しい。

土着〔どちゃく〕その土地に長く住みつくこと。

途中〔とちゅう〕道なか。なかば。「―下車」

怒張〔どちょう〕血管などが腫れあがる。「―した」

特化〔とっか〕ある物事を特別扱いにすること。

特価〔とっか〕特別の価格。特に安い値。「―品」

徳化〔とっか〕徳によって感化すること。

読解〔どっかい〕文章を読んで内容を理解させること。

突貫〔とっかん〕一気に完成させること。「―工事」

突起〔とっき〕突き出ること。突き出たもの。

特記〔とっき〕特別に書き記すこと。特筆。

特急〔とっきゅう〕「特別急行」の略。特に急ぐこと。

特許〔とっきょ〕特別に与える許可。特許権。

独居〔どっきょ〕独りで住むこと。「―生活」

嫁ぐ〔とつ-〕嫁にゆく。妻になる。

特訓〔とっくん〕特別な訓練・練習。特別訓練。

突撃〔とつげき〕突進して攻撃すること。「―隊」

特権〔とっけん〕特定の人が有する特別な権利

特効〔とっこう〕特に著しい効きめ。「―薬」

徳行〔とっこう〕道徳にかなった行い。善行。

独行〔どっこう〕独力で行う。独立。

咄嗟〔とっさ〕一瞬。あっという間。「―の判断」

突出〔とっしゅつ〕突き出ぬきんでること。

突如〔とつじょ〕だしぬけ。突然。「―現れる」

突進〔とっしん〕勢いよくまっしぐらに進むこと。

突然〔とつぜん〕予想外のことが急に起こること。

突端〔とったん〕突き出たはし。先端。とっぱな。

取っ手〔と-て〕〔把っ手把手〕取って持つ突出部分。

突堤〔とってい〕海に長く突きでた堤防。

訥訥〔とつとつ〕〔訥吶〕つかえつかえ話すさま。

突入〔とつにゅう〕激しい勢いで突き入ること。

突破〔とっぱ〕突き破る。超える。「―口を開く」

突破口〔とっぱこう〕解決の糸口。「―的」

突発〔とっぱつ〕突然起こるさま。「―事故」

突飛〔とっぴ〕非常に奇抜なさまだしぬけ。

突風〔とっぷう〕突然強く吹く風

訥弁〔とつべん〕滑らかでない話し方。↔能弁

独歩〔どっぽ〕独立して事を行うこと。「独立―」

凸面〔とつめん〕突出した面。「―鏡」↔凹面

土手〔どて〕土を盛って造った堤。堤防。

徒弟〔とてい〕弟子。年季奉公の少年。「―制度」

途轍〔とてつ〕すじみち。道理。「―もない」

迚も〔とても〕なかなか。非常に。

縕袍〔どてら〕防寒用の綿入りの着物・丹前図

徒党〔ととう〕悪事をもくろむ仲間。「―を組む」

とうとう―ともびき

怒濤（どとう） 荒れ狂う大波。「疾風―」

届く（とどく） 着く。達する。及ぶ。通じる。

届け出（とどけで） 役所などに届け出ること。官庁・会社に申し出ること。

届ける（とどける） つかえて先へ進まない。たまる。

滞る（とどこおる） そう入。まとまった。息の根を止める最後の一撃。

整う（ととのう） きちんとする。「材料が―」

調う（ととのう） 【留まる・動かず・止まる・止む】その場所にいる。均整。「息が―」

整える（ととのえる） 大きく響きわたる。有名になる。

轟く（とどろく） 声に出して読む。主張する。

止める（とどめる） 【留】名づけて言う。称する。呼ぶ。

唱える（となえる） 声に出して読む。主張する。

称える（となえる） 名づけて言う。称する。呼ぶ。

土鍋（どなべ） 素焼きの、土製のなべ。

隣（となり） すぐ近くに並び続いているもの。

怒鳴る（どなる） 大声を出す。大声でしかる。

兎に角（とにかく） いずれにせよ。ともかくも。

殿（との） 殿様。主君の敬称。敬語の一つ。

土嚢（どのう） 堤防などに使う土を詰めた袋。

殿方（とのがた） 女性から、男性を敬っていう語。

砥の粉（とのこ） 刀磨きなどに使う砥石の粉。

賭場（とば） 賭博場。鉄火場。

賭博（とばく） 金品をかけて勝負をすること。

帳（とばり） 【帷・室内に下げる仕切り布。

都鄙（とひ） 都会といなか。

飛び石（とびいし） 庭園の通路用におく石。

飛び交う（とびかう） 入り乱れてとぶ。

飛び切り（とびきり） 程度がずば抜けていること。

鳶職（とびしょく） 建築に携わる職人。とび。

跳び箱（とびばこ） 木枠を重ねた、体操用具の一つ。

飛び火（とびひ） 火が燃え移る。火の粉が散る。

扉（とびら） 開き戸の戸。本の巻頭のページ。

土瓶（どびん） 湯茶を煮る陶製の器。「―蒸し」

塗布（とふ） 塗りつける。一面に塗る。「―剤」

飛ぶ（とぶ） 空中を進む。急いで行く。「空を―」

跳ぶ（とぶ） 跳躍する。飛び越える。はねる。「板―」

溝（どぶ） 汚水を流すため下の雨戸を開けた雨戸をしまっておく所。

戸袋（とぶくろ） 開けた雨戸をしまっておく所。

土塀（どべい） 土で築いた塀。

徒歩（とほ） 何にも乗らずに歩くこと。かち。

土俵（どひょう） 土をつめた俵。相撲をする場所。

土俵入り（どひょういり） 相撲で、化粧まわしを付けた力士が土俵で行う儀式。「横綱の―」

（横綱の土俵入り／太刀持ち／露払い）

途方に暮れる（とほうにくれる） 手立てがなくなり、どうしたらいいかわからなくなる。

途方もない（とほうもない） とんでもない。

惚ける（とぼける） 【恍ける】知らぬふりをする。

乏しい（とぼしい） 少ない。不足している。貧しい。

土木（どぼく） 土石・木材・鉄を使う工事。

苫（とま） スゲやカヤで編んだむしろ。

土間（どま） 屋内で床がなく地面のままの所。

塗抹（とまつ） 塗りつけること。塗りつぶすこと。

戸惑う（とまどう） 勝手がわからずまごつく。

泊まる（とまる） 宿泊する。「客船が―」

留まる（とまる） 固定される。心に残る。「目に―」

富（とみ） 豊かさ。豊かな財産。「―と名声」

土饅頭（どまんじゅう） 土を丸く盛った墓。土墳。

頓に（とみに） 急に。にわかに。「―老けてきた」

富む（とむ） 財産を多く持つ。豊富である。

弔う（とむらう） 死を悲しみ悼む。法要を営む。

留め金（とめがね） あわせ目を留める金具。

友（とも） 親しい人。親しんでいるもの。

供（とも） 主人につき従う人。従者。

巴（ともえ） 丸い渦の模様。「三つ―」

共稼ぎ（ともかせぎ） 夫婦共に働き生計を立てる。

輩（ともがら） 仲間。やから。同類。「職場の―」

共食い（ともぐい） 同類のものが害し合うこと。

灯火（ともしび） 【灯火】灯。ともした火。

点す（ともす） 【灯す】明かりをつける。とぼす。

友達（ともだち） 日常親しく交わる人。「―の一人」

纜（ともづな） 【纜綱】船をつなぎとめる綱。

伴う（ともなう） 連れる。付随する。均整して。

友引（ともびき） 六曜の一。葬儀を忌むという。

と

吨る 言葉がつかえる。

土用[どよう] 立秋前の十八日間の称。夏

響めく[どよめく]【響動めく】鳴り響く。ざわめく。

銅鑼[どら] 円盤状の、青銅製の打楽器。

寅[とら] 十二支の三番目。時刻の名。

虎の子[とらのこ] 大切な品物。

虎の巻[とらのまき] 兵法の秘伝書。あんちょこ。

捕らえる[とらえる]【捉える】捕まえる。つかむ。

渡来[とらい] 外国から海を渡ってくること。

酉[とり] 十二支の十番目。時刻の名。

鳥居[とりい] 神社の参道入口に立てる門。

取り合わせ[とりあわせ] 組み合せ。寄せ集め。

取り急ぐ[とりいそぐ]【急ぐ】いそいで行う。

取り扱う[とりあつかう] さしあたって。処理する。

取り敢えず[とりあえず] 使う。

取り入る[とりいる]【取得】長所・役立つ点。

取り柄[とりえ]【取得】長所・役立つ点。

取り行う[とりおこなう]【執り行う】行事を挙行する。

取り返す[とりかえす] 取り戻す。もとに戻す。

取り替える[とりかえる] 取り換える。互いに相手のものとかえる。

取舵[とりかじ] 船首を左に転じる舵。⇔面舵

取り交わす[とりかわす] やりとり。決定する。約束する。

取り決める[とりきめる] 決定する。約束する。

取組[とりくみ] 相撲の組み合わせ「好ー」

取り組む[とりくむ] 物事に対処する。

取り消す[とりけす] 決めたことをやめる。

虜[とりこ]【擒】捕虜。「恋のー」熱中。

取り越し苦労[とりこしぐろう] 将来までああれこれと、とらぬ心配をすること。

取り込む[とりこむ] 中に入れる。ごたごたする。

取り壊す[とりこわす]【取り毀す】取り崩す。

取り沙汰[とりざた] 世間のうわさ。評判。

取り締まる[とりしまる] 管理する。監督する。

取り調べる[とりしらべる] 詳しい調査をする。

取り揃える[とりそろえる] そろって、もれなく集める。

取り次ぐ[とりつぐ] 仲介する。

取り繕う[とりつくろう] 手入れする。ごまかす。

取り付ける[とりつける] 装着する。買付ける。

砦[とりで] 軍事の拠点となる小規模の城。

取り留める[とりとめる]【執り成す】命が助かる。

取り成す[とりなす]【執り成す】仲裁する。

酉の市[とりのいち] 十一月の酉の日の祭り。図

取り計らう[とりはからう] うまく処理する。

鳥肌[とりはだ] 鳥の肌のように粟立った肌。

取引[とりひき] 売買の契約。利益の交換。「裏ー」

取り巻く[とりまく] 取り囲む。うまく包囲する。

取り回す[とりまわす] 散らかす。処理する。

取り乱す[とりみだす] 即ち。つまり。理性を失う。

取りも直さず[とりもなおさず] 即ち。つまり。

塗料[とりょう] 物体表面に塗る液体。「蛍光ー」

度量[どりょう] 長さと容積。

度量衡[どりょうこう] 長さ・容積・重さ。

努力[どりょく] つとめ励むこと。精を出すこと。

取り寄せる[とりよせる] 注文して送らせる。

取り分け[とりわけ] 格別に。ことさらに。

取る[とる] 持つ。奪う。除く。得る。「資格をー」

泥[どろ] 水分を含んだ軟らかな土。「ー靴」

吐露[とろ] 心の中を残さず述べること。

奴隷[どれい] 自由のない人。とりこ。

土鈴[どれい] 土を固め焼いて作った鈴。

撮る[とる] 撮影する。「映画をー」「写真をー」

採る[とる] 採取する。採用する。「血をー」

執る[とる] 持って行う。「事務をー」「扱」

捕る[とる] つかまえる。捕獲。「鳥獣をー」

獲る「魚貝をー」
穫る「作物をー」
摂る「栄養をー」
盗る「金品をー」

徒労[とろう] むだな骨折り。「ーに終わる」

泥臭い[どろくさい] 土くさい。やぼったい。

吐く[とろく] 溶け軟らかくなる。うっとりする。

泥仕合[どろじあい] 欠点をあばきあう醜い争い。

泥縄[どろなわ] 事が起きてから慌てて準備する。

鳥居

とろぬま—ないしょう

泥沼（どろぬま） 抜け出せない悪い環境。「—化」

泥棒（どろぼう） 盗むこと・人。盗賊。「—根性」

泥水（どろみず） 泥のまじった水。汚水。「—渡世」

泥濘（どろみず／どろねい） ぬかるみ。

薯蕷（とろろ） とろろいも。山の芋の料理の一。

問わず語り（とわずがたり） ふと忘れて思い出せない。一方的に自ら話す。

度忘れ（どわすれ） ふと忘れて思い出せない。

鈍化（どんか） 勢いなどがにぶくなること。

鈍角（どんかく） 直角より大きく二直角未満の角。

鈍感（どんかん） 感覚が鈍いこと。気が利かない。

鈍器（どんき） 鋭くない刃物など。凶器。

頓狂（とんきょう） 急に調子外れの言動をするさま。

団栗（どんぐり） カシ・クヌギナラなどの実。

鈍行（どんこう） 各駅停車の普通列車。⇔急行

鈍根（どんこん） 才知に乏しいこと。⇔利根

頓挫（とんざ） 行き詰まる。挫座。

鈍才（どんさい） 頭の働きが鈍い。愚鈍な人。

頓死（とんし） 急にあっけなく死ぬこと。急死。

豚児（とんじ） 自分の子の謙称。豚大。愚息。

頓首（とんしゅ） 敬意を示す手紙の結語。「—再拝」

遁辞（とんじ） 言い逃れ。逃げ口上。

遁世（とんせい） 俗世を去って仏門に入る。隠居。

遁走（とんそう） 逃げ走ること。逃走。「—曲」

豚汁（とんじる） 豚肉入りの味噌仕立ての汁。

緞子（どんす） 厚手でつやのある絹織物。

貪食（どんしょく） むさぼり食うこと。たんしょく。

鈍重（どんじゅう） 鈍くてのろいこと。「—敏捷」

頓着（とんちゃく／とんじゃく） 気にかけること。こだわり。

遁足（とんそく） 逃げる足。駿足足と。

鈍知（どんち） 即座に出る知恵。機知。「—が働く」

頓着（とんちゃく） 物事を深く心に掛ける。拘泥。

緞帳（どんちょう） 厚手の織物で作られた垂れ幕。

丼（どんぶり） 厚手で深い陶製の鉢。

丼勘定（どんぶりかんじょう） 大ざっぱな金勘定。

鈍馬（どんば） まぬけなこと。しくじり。

鈍麻（どんま） 磨り減ってにぶくなること。

問屋（とんや） 卸売りをする商店。といや。「—街」

貪欲（どんよく） 強欲なこと。貪婪。「—恬淡」

頓珍漢（とんちんかん） わけのわからないさま。

頓痛（とんつう） 鈍く重苦しい痛み。激痛。

曇天（どんてん） 曇った天気。晴天。雨天。

鈍物（どんぶつ） 愚鈍な人。才。

頓服（とんぷく） 症状が現れる度に服用する薬。

な

名宛（なあて） 小包などの受取人。

菜（な） 食用の草の総称。菜っ葉。青菜。

亡い（ない） 死亡してこの世にいない。

無い（ない） 存在しない。心の中の考え。内々の意向。 類

内意（ないい） 内々に目上の人に面会すること。

内謁（ないえつ） 神社・皇居の内の庭。⇔外苑

内苑（ないえん） 法律上の婚姻外の夫婦関係。

内縁（ないえん） 内部の奥深い所。心の中の奥。

内奥（ないおう） 内臓疾患を手術以外で扱う医学。

内科（ないか） 陸地に囲まれた海。

内海（ないかい） 心の中の世界。意識の内面。

内界（ないかい） 内部と外部。国内と海外。前後。

内外（ないがい） 多角形の内側にある角。⇔外角

内角（ないかく） 国の最高の行政機関。政府。

内閣（ないかく） 無視して軽蔑するさま。侮る。

蔑ろ（ないがしろ） 内部のわずらい。心配事。⇔外患

内患（ないかん） 内部の規定。部の規約。

内規（ないき） 職場の内部の勤務。⇔外勤

内勤（ないきん） 伊勢の皇大神宮。⇔外宮

内宮（ないくう） 心が内に向かう。⇔外向

内向（ないこう） 内々の告示。

内示（ないじ） ～から～まで。あるいは。又は。

乃至（ないし） 内部に含まれ存在する。

内在（ないざい） 内縁関係の妻。⇔正妻・本妻

内妻（ないさい） 内部に沿った周りの長さ。⇔外周

内周（ないしゅう） 内々の需要。⇔外需

内需（ないじゅ） 拡大。

内耳（ないじ） 耳の最も奥の部分。⇔外耳

内実（ないじつ） 内部の実情。内情。実際は。

内緒（ないしょ） 内々のこと。内密。「—話」

内出血（ないしゅっけつ） 体内での出血。

内助（ないじょ） 内々からの援助。「—の功」

内情（ないじょう） 内部の事情。内実。

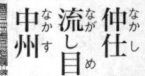

内職 (ないしょく)
本職のほかにする仕事。副業。

内心 (ないしん)
心の内部。心中。胸中。内意。

内申 (ないしん)
内々に報告すること。書類。

内親王 (ないしんのう)
天皇の娘や孫にあたる女子。

内政 (ないせい)
国内の政治。「―干渉」⇔外政

内省 (ないせい)
自分を深くかえりみること。内観。

内戦 (ないせん)
同じ国民同士の戦い。内乱。

内線 (ないせん)
内部連絡用の電話機。建物の内部の設備・装飾。⇔外線

内装 (ないそう)
内部に持っていること。内包。

内蔵 (ないぞう)
内部にある諸器官の総称。

内諾 (ないだく)
内々に承諾すること。

内談 (ないだん)
内々に話し合うこと。密談。

内地 (ないち)
国内の領土内。本土。

内通 (ないつう)
ひそかに相手に通じる。密通。

内定 (ないてい)
非公式に決まっていること。

内偵 (ないてい)
内々にひそかに探ること。

内的 (ないてき)
内部に関するさま。内面的。

内内 (ないない)
表立たないこと。内輪。うちうち。

内部 (ないぶ)
内側。⇔外部

内服 (ないふく)
薬を飲むこと。うちぐすり。内用。内江。

内紛 (ないふん)
ものの乱れ。組織や集団の中の争い。内訌。

内憤 (ないふん)
表立たないで、内心の憤り。

内分 (ないぶん)
線分を二分する。

内聞 (ないぶん)
内々にひそかに聞くこと。内分。

内包 (ないほう)
概念の共通属性を内に持つ。

内密 (ないみつ)
表向きにしないこと。秘密。

内務 (ないむ)
国内の行政事務。⇔外務

綯い交ぜ (ないまぜ)
混交して一つにする。

内命 (ないめい)
表向きでない命令。内密の命令。

内面 (ないめん)
ものの内部。心の中。⇔外面

内約 (ないやく)
内々に約束すること。やくそく。

内用 (ないよう)
うちわの用事。内服。「―薬」

内容 (ないよう)
ものの中身。もの実質。

内乱 (ないらん)
内部の騒乱。内訌。国内の非公式に見ること。「―会」

内覧 (ないらん)
非公式に見ること。

内陸 (ないりく)
海から遠く離れた地帯・大陸。

綯う (なう)
糸をよりあわせて一本にする。

苗 (なえ)
発芽して間のない草や木。早苗。

苗木 (なえぎ)
樹木の苗。

苗床 (なえどこ)
樹木や野菜などの苗を育てる所。

萎える (なえる)
[萎]力が抜けてぐったりとする。

尚 (なお)
そのうえに。さらに。

尚且つ (なおかつ)
そのうえでもまた。

尚更 (なおさら)
一段と。ますます。「―の事」

等閑 (なおざり)
あまり注意を払わないさま。

治る (なおる)
病気やけがが治る。

直る (なおる)
誤りや悪いところが正しくなる。

流し目 (ながしめ)
流し目を引く目つき。

中州 (なかす)
【中州】川の水面に出ている地面。

仲仕 (なかし)
船の荷物を陸揚げする人「沖―」

中州

長月 (ながつき)
陰暦九月の異称。菊月。圏

中継ぎ (なかつぎ)
途中でつなぐこと。

長丁場 (ながちょうば)
長時間かかる長期戦。

長談義 (ながだんぎ)
長時間話すこと。「下手の―」

中弛み (なかだるみ)
途中で緊張がゆるむこと。

仲立ち (なかだち)
【媒】間に立ち、仲を取りもつ。

仲違い (なかたがい)
仲が悪くなること。不仲。

流す (ながす)
液体を低い方へ移動させる。

長袖 (ながそで)
丈の長いそで。⇔半袖

名折れ (なおれ)
名声を傷つけ不名誉。

長雨 (ながあめ)
何日にもわたり降り続く雨。

仲居 (なかい)
客を接待する世話をする女。

永い (ながい)
時間がずっと続く。

長い (ながい)
隔たりが大きい。⇔短い

長居 (ながい)
訪問先に長くとどまる。長尻。

長生き (ながいき)
長く生きること。

長唄 (ながうた)
三味線を伴奏に歌う長い謡物。

中落ち (なかおち)
売買の仲立ちをはかる。「―人」魚の中骨部分。

仲買 (なかがい)

長靴 (ながぐつ)
ひざの辺までの長い靴。

中頃 (なかごろ)
中ほどの所。中途。中間。

なかつり〜なぞ

中吊り（なかづり）電車内の吊り下げ広告。

仲直り（なかなおり）仲違いが直ること。和解。

中中（なかなか）容易に。随分。「—上手」

長長（ながなが）とても長いさま。「—と続く」

長話（ながばなし）長時間話をすること。また、その話。

中庭（なかにわ）建物に囲まれた庭。内庭。坪庭。

半ば（なかば）半分。ある程度。真ん中辺り。

中見世（なかみせ）【仲店】社寺の境内の商店街。

仲間（なかま）一緒に物事をする人。同類。

中身（なかみ）【中味】同じ。

中程（なかほど）真ん中の辺り。中頃。「—の成績」

長引く（ながびく）のびのびに手間取る。

眺める（ながめる）見つめる。見渡す。のぞむ。

長持ち（ながもち）変わらずに長い間役に立つこと。

長屋（ながや）長い平屋を数戸に区切ったもの。

中指（なかゆび）五本の指のうちの、中央の指。

仲良し（なかよし）【仲好し】仲のよいこと。

乍ら（ながら）「—つつ」という意のしつこい。

勿れ（なかれ）【莫れ】してはいけない。「驚く—」

流れ弾（ながれだま）目標をそれて飛ぶ弾丸。

長患い（ながわずらい）長く病気にかかる。長病み。

泣かんずく（なかんずく）その中でとりわけ。特に。

凪（なぎ）海面の平穏な状態。

亡骸（なきがら）死骸ね。しかばね。死体。遺体。

泣き声（なきごえ）泣いている声。涙声。

鳴き声（なきごえ）鳥・虫・獣などの鳴く声。

泣き言（なきごと）不運を嘆いたり愚痴ること。

渚（なぎさ）【汀】波が打ち寄せる所。みぎわ。

泣き喚る（なきじゃくる）声を出し泣きつづける。

泣き上戸（なきじょうご）酔うと泣く性質・人。

薙ぎ倒す（なぎたおす）横に払って倒す。

泣き面に蜂（なきつらにはち）不運（幸）が重なる。

泣き所（なきどころ）弱点。弱み。

長刀（なぎなた）【薙刀】刃に長い柄のついた武器。

無きにしも非ず（なきにしもあらず）まったくないわけではない。少しはある。「方法は—」

泣き寝入り（なきねいり）ぼろう めくじらにあきらめ

泣き黒子（なきぼくろ）目じりにある黒子。

泣き虫（なきむし）すぐに泣くこと・人。

泣き喚く（なきわめく）大声を出して泣く。

泣く（なく）涙を流す。つらい思いをする。

鳴く（なく）【啼く】獣・鳥などが声を出す。

凪ぐ（なぐ）風がやみ海面が穏やかになる。

薙ぐ（なぐ）横にはらって切る。「雑草を—」

慰み（なぐさみ）気を紛らせる手段。楽しみ。

慰める（なぐさめる）心を和ませる。元気づける。

亡くす（なくす）死なして失う。「病で妻を—」

無くす（なくす）失する。「金を—」「紛失する。

殴る（なぐる）【撲る】力を込めて打つ。たたく。

殴り書き（なぐりがき）乱暴に書く。書いたもの。

擲つ（なげうつ）【抛つ】惜しげなく差し出す。

投げ売り（なげうり）利益無視で安値で売る。

嘆く（なげく）【歎く】悲しむ。残念に思う。

嘆かわしい（なげかわしい）嘆くほどに悲しく情けない。

投げ首（なげくび）策がなくくれなさま。思案にくれるさま。

長押（なげし）日本建築で柱と柱をつなぐ横木。

投げ出す（なげだす）途中であきらめてやめる。

投げ遣り（なげやり）無責任な態度。

投げる（なげる）ほうり出す。途中で止しめる。

仲人（なこうど）結婚の仲立ちをする人。媒酌人。

和む（なごむ）なごやかになる。やわらぐ。

名残（なごり）あとに残るもの。惜別の気持ち。

余波（なごり）風が止んだあとも残る波。

情け（なさけ）人間みのある温かい心。人情。

情けない（なさけない）嘆かわしい。無情だ。

済し崩し（なしくずし）徐々に片づけること。

成し遂げる（なしとげる）最後までやり通す。

梨の礫（なしのつぶて）音さたがない。なしのなし。

馴染む（なじむ）なれて親しくなる。なつく。

詰る（なじる）過失を問いただして責める。

成す（なす）【為す】ある行為を行う。「大事を—」

為す（なす）あるものを作り上げる。「群を—」

泥む（なずむ）進行が妨げられ難渋する。

擦る（なする）こすりつける。すりつける。

謎（なぞ）意義不明・不可解なこと。

なぞらえる―なまひょうほう

なぞらえる　準える ほかのものに見立てる。似せる。

なだ　灘 風波の荒い航行の難所。

なだい　名代 名高い。評判なこと。著名。

なだい　名題 歌舞伎・浄瑠璃の標題。

なだかい　名高い 評判が高い。有名である。

なだたる　名立たる [評判の]建築家。

なだめすかす　宥め賺す おだてたり和らげる。機嫌をとる。

なだめる　宥める 和らげる。静める。

なだれ　雪崩 積雪がくずれ落ちる現象。圈

なだれる　雪崩れる 勢いよく押し寄せる。

なついん　捺印 印を押す。押印。

なつがけ　夏掛け 夏用の薄い掛け布団。

なつかしい　懐かしい 思い出に心がひかれる。

なつがれ　夏枯れ 暑さで夏の商売不振。

なつく　懐く なれ親しむ。慕う。「飼い犬が—」

なづけおや　名付け親 命名する人。

なづける　名付ける 名をつける。命名する。

なっとう　納豆 大豆を発酵させて作る食品。図

なっとく　納得 理解して認める。同意。

なっぱ　菜っ葉 葉が食用とされる野菜。

なつばて　夏負け 暑さで体が衰弱すること。

なつやすみ　夏休み 夏季の休暇。暑中休暇。夏

なでがた　撫で肩 なだらかに下がっている肩。圈

なでぎり　撫で斬り 敵を残らず斬り倒す。

なでる　撫でる 静かにこする。

なとり　名取り 評判の高い有名人。

なな　七重 七つの重なり。多くの重なり。

ななくさがゆ　七草粥 春の七草を入れた粥。新

ななころびやおき　七転び八起き 何度失敗しても屈せず、奮起すること。七転八起。

ななひかり　七光 親の威光が大きく及ぶこと。普通と違っている。

ななめ　斜め 傾いている。だれそれ、いく、「何の—」

なにがし　某 だれそれ、いくらかの。「何の—」

なにくわぬかお　何食わぬ顔 意図がないさり気ない顔。

なにげない　何気無い 意図がないさり気ない。

なにごと　何事 いかなる事柄。どのような事柄。

なにとぞ　何卒 どうぞ。何とか。「—よろしく」

なにぶん　何分 いろいろと。何分。いくらい。どれくらい。

なにほど　何程 どれくらい。いかに。

なにもの　何者 どのような人。何という人。

なにゆえ　何故 どういうわけで。どうして。

なにわぶし　浪花節 三味線を伴奏にした語り物。

なのる　名乗る 名や身分を明らかにする。

なびく　靡く 風などでゆらぐ。服従する。

なふだ　名札 名を記したふだ。ネームプレート。

なぶる　嬲る からかいもてあそぶ。いじめる。

なべ　鍋 食物を煮る器。

なべぞこ　鍋底 鍋の底。悪い状態が続くこと。

なべもの　鍋物 鍋で煮ながら食べる料理。

なへん　那辺 [奈辺]どのへん。どのあたり。

なまあげ　生揚げ 厚揚げ。不十分な揚げ方。

なまあたたかい　生暖かい なんとなく暖かい。

なまいき　生意気 偉そう。こしゃく。「―盛り」

なまえ　名前 氏名。姓に対しての名。名称。

なまかじり　生齧り 本質をよく理解していない。

なまがわき　生乾き 十分に乾いていないこと。

なまき　生木 生えている木。切りたての木。

なまきず　生傷 受けたばかりの傷。◆古傷

なまぐさい　生臭い 腥い。生魚のにおいがする。

なまくら　鈍 切れ味のにぶい刀。怠け者。

なまけもの　怠け者 よく怠ける人。働き者

なまける　怠ける 働かなくずける。「[懈ける]働かなくずける。

なまごろし　生殺し 半殺し。中途半端の「―をのむこむ」

なまつば　生唾 口中のつばき。「―をのみこむ」

なまづめ　生爪 指に生えているままの爪。

なまなか　生中 [半中]中途半端なさま。生半可。

なまなましい　生生しい 十分あざやか鮮やかなさま。

なまに　生煮え 十分煮えていない状態。

なまぬるい　生温い 少しぬるい。緩慢なさま。

なまはんか　生半可 十分でない。いい加減で不完全。生半可。

なまびょうほう　生兵法 中途半端な知識や技術。

なまへんじ―なわとび

生返事（なまへんじ） あいまいな、気のない返事。
生身（なまみ） 生きている体。「―の人間」
生水（なまみず） 沸かしていない水。
艶かしい（なまめかしい） あでやかな色っぽい。
生焼け（なまやけ） 十分に焼けていないこと。
生易しい（なまやさしい） たやすい。簡単。
生茹で（なまゆで） ゆで方が不十分なこと。
鉛（なまり） 蒼白色の金属。
訛（なまり） その地方独特の発音や言い方。
訛る（なまる） 方言などで発音が崩れる。
鈍る（なまる） 軟らかくて重い切れが悪くなる。にぶる。「体が―」
波（なみ） 水面の上下運動。「逆巻く―」
並（なみ） 同類。同程度。普通。「世間―」
並居る（なみいる） そこに並んでいる。
波打ち際（なみうちぎわ） 波の打ち寄せる所。渚。

波風（なみかぜ） 波と風。もめごと。「家庭にごたごたを立てた。」
並木（なみき） 一列に植えた木。「―道」「―銀杏」
波路（なみじ） 波路、船が通る道筋。航路。
波雨（なみあめ） 〔浪雨〕雨筋、降る雨。
涙（なみだ） 〔涙〕涙腺から分泌する液。
涙金（なみだきん） 小額の手切れ金。
涙大抵（なみだいてい） ひと通り。普通の程度。
涙脆い（なみだもろい） 泣きそうな声。泣き声。
涙声（なみだごえ） 情け深い。涙を流しやすい。
並並（なみなみ） 人並み。通り。普通。「―ならぬ努力」
波の花（なみのはな） 白く泡立つ波。塩。〔図〕
波外れ（なみはずれ） 「―の体力」
波間（なみま） 波と波の間。波の谷。
波枕（なみまくら） 船中で旅寝すること。波の旅。
鞣す（なめす） 動物の皮を柔らかくする。

舐める（なめる） 舌で唇などを回す。「なめ回す」
滑らか（なめらか） すべすべした。「―なめらかによどみない。」
嘗める（なめる） 〔嘗める〕舌で触れる。見下す。
納屋（なや） ものをしまっておく小屋。物置。
悩む（なやむ） 困る。思い煩う。苦しむ。「伸び―」
習い（ならい） しきたり。習慣。「世の常」
倣う（ならう） 先例をまねる。「ひそかに―」
習う（ならう） 教えを受けに学ぶ。「書道を―」
奈落（ならく） 地獄。舞台の床下。「―の底」
均す（ならす） 平らにする。平均する。「地を―」
馴らす（ならす） 手なずける。訓練する。「馬を―」
慣らす（ならす） なじませる。「肩を登山に―」
奈良漬（ならづけ） ウリ類の粕漬け。
並びに（ならびに） また、および。「親族・友人―」
並ぶ（ならぶ） 列になる。隣になる。匹敵する。

習わし（ならわし） 〔慣わし〕風習。習慣。しきたり。
成り上がり（なりあがり） 急に出世する人・人。
成り代わる（なりかわる） 代理になる。
成金（なりきん） 急に金持ちになった人。「―風」
成り済ます（なりすます） 別のものになりきる。
鳴り響く（なりひびく） 音が一面に広く伝わる。
形振り（なりふり） 服装や態度。「―かまわず」
鳴り物入り（なりものいり） 派手に宣伝して、騒ぎたてるどうしての新人」
成り行き（なりゆき） 物事の移り変わる過程。
生業（なりわい） 生活していくための仕事。家業。
成る（なる） 実を結ぶ。生じる。できあがる。構成される。
為る（なる） 変化して、ある状態になる。
鳴る（なる） 音が出る。世間に知れ渡る。

鳴子（なるこ） 音で鳥を追い払うしかけ。
成る丈（なるたけ） できるだけ。なるべく。
成る程（なるほど） 確かに。いかにも。本当に。
馴れ合う（なれあう） 親しみ合う。ぐるになる。
馴れ初め（なれそめ） 親しみ合う。恋愛関係のきっかけ。
馴れ馴れしい（なれなれしい） 気やすいさま。
成れの果て（なれのはて） 落ちぶれた結果。
狎れる（なれる） 親しみすぎてけじめを失う。
馴れる（なれる） 人や動物がなつく。
慣れる（なれる） 習慣になる。応ずる。
熟れる（なれる） ほどよく熟成する。旨くなる。
縄（なわ） 繊維をよりあわせた太いひも。
苗代（なわしろ） 稲の苗を育てる水田。〔図〕
畷（なわて） あぜ道。長くまっすぐな道。
縄跳び（なわとび） 縄を回して跳びはねる遊び。

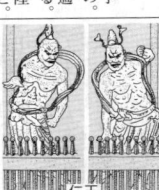

な

縄張り（なわばり） 勢力範囲。「―争い」

難（なん） 困難。「―を避ける」欠点。難点。「住宅―」「―癖」「―儀」わざわい。

難易（なんい） 難しいことと容易なこと。「―度」

難化（なんか） 難しくなること。

南下（なんか） 南の方へ進むこと。↔北上

軟化（なんか） 柔らかくなる。穏やかになる。↔硬化

難解（なんかい） 理解・解釈しにくい。

難関（なんかん） 切り抜けにくい場面や事態。

難儀（なんぎ） 物事の困難なこと。まめんどう。

難詰（なんきつ） 欠点を挙げて非難すること。

難球（なんきゅう） 軟式競技で使うボール。

軟球（なんきゅう） 軟式競技で使うボール。↔硬球

南極（なんきょく） 地軸の南端の地。「―大陸」

難曲（なんきょく） 演奏に高度な技術を要する楽曲。

難局（なんきょく） 処理しにくい困難な事態・局面。

軟禁（なんきん） まめんどう事態。

難癖（なんくせ） 程度の緩い監禁「―状態」

難くせ　非難すべき欠点。

喃語（なんご） 男女で囁きあう睦言。乳児の発声。

軟膏（なんこう） 半固形の軟らかい膏薬。↔硬膏

難航（なんこう） 物事が容易にはかどらないこと。

軟骨（なんこつ） 弾力のある軟らかい骨。↔硬骨

難産（なんざん） 困難な出産。成立しがたいこと。

難治（なんじ） 病気が治りにくいこと。なんち。

汝（なんじ） ［爾］おまえ。なた。

難事（なんじ） 処理するのが困難な事柄。

難質（なんしつ） 軟らかい性質。↔硬質

軟弱（なんじゃく） 弱々しいさま。「―外交」↔強硬

難渋（なんじゅう） 事が思うように進行しないこと。

難所（なんしょ） 往来の難しい所。危険なところ。

軟弱（なんじゃく） 難しいとしぶる様子。「―を示す」

難色（なんしょく）

軟水（なんすい） 鉱物質含有量の少ない水。

難題（なんだい） 難しい問題。難問。「無理―」

南端（なんたん） 陸地などの南のはし。↔北端

軟調（なんちょう） 取引相場の下落傾向。

難聴（なんちょう） 聴覚が弱く聞こえにくいこと。

難敵（なんてき） てごわい争い相手。「―を下す」

難点（なんてん） 欠点。解決する必要のある点。

納戸（なんど） 衣類や道具などをしまう部屋。

難度（なんど） 難しさの程度。

何時（なんどき） 何時にも。「いつ―」

難読（なんどく） 漢字の読みが難しいこと。「―語」

垂んとする（なんなんとする） ほぼそうなる。そうしつつある。

軟派（なんぱ） 意見や主義が軟弱な派。

難破（なんぱ） 暴風雨で破船すること。「―船」

南蛮（なんばん） 昔用いた、東南アジアの呼称。

難病（なんびょう） 治療の困難な病気。「―奇病」

難物（なんぶつ） 扱いにくい人・もの・事柄。

難文（なんぶん） 読解の困難な文章。難解な文章。

何遍（なんべん） 何度。何回。たびたび。

難民（なんみん） 戦禍などで故国を逃れた人。

難問（なんもん） 解答の困難な問題。「―奇問」「―に挑む」

難役（なんやく） 難しい役目・役割。

南洋（なんよう） 太平洋の赤道付近の海域と島々。

難路（なんろ） 通行の困難な道。険しい道。

に

荷（に） 荷物。負担。手数のかかるもの。

似合う（にあう） 釣合いがとれ、調和する。適当である。

荷揚げ（にあげ） 船の積荷を陸に揚げること。

新妻（にいづま） 結婚間もない妻。新婚の妻。

新盆（にいぼん） 死後最初に迎える盆。初盆。

贄（にえ） みつぎもの。神へのお供え物。

煮え返る（にえかえる） 沸騰したい。腹立たしい。

煮え滾る（にえたぎる） 煮えて沸き立つ。

煮え湯（にえゆ） 煮え立った湯。熱湯。

匂い（におい） 香り。つや。趣。美しさ。「花の―」

匂う（におう） よい香りがする。色が際立つ。

臭い（におい） 悪臭。くさみ。「不正が―」

臭う（におう） 不審。「犯罪の―」

仁王（におう） 寺門の左右にある金剛力士像。

荷重（におも） 荷・負担・責任が重いさま。

苦い（にがい） 不快な味。つらい。「―経験」

似顔（にがお） 人面に似せて描いた絵。似顔絵。

にがて

苦手(にがて) 扱いにくい嫌なもの相手。不得意。

苦苦しい(にがにがしい) 非常に不愉快。

苦味(にがみ) 辛い心情。苦い味。「―走る」

苦む(にがむ) 不愉快な顔つきをしたのとえ。

苦虫を噛み潰したよう(にがむしをかみつぶしたよう) たいへん不愉快そうな顔つきのたとえ。

苦汁(にがり) 海水から食塩を晶出させた残液。

膠(にかわ) 皮骨などを煮固めた接着剤。

苦笑い(にがわらい) 仕方なくする苦々しい笑い。

二期作(にきさく) 同じ田で年二回米を作る。

二義的(にぎてき) 根本的でない二次的。

賑賑しい(にぎにぎしい) 非常ににぎやかなさま。

面皰(にきび) 思春期にできる吹き出物。

賑やか(にぎやか) 活気あるさま。

握り鮨(にぎりずし) 握ったの酢飯に種をのせた鮨。陽

握り飯(にぎりめし) 握り固めた飯。おむすび。

握る(にぎる) つかむ。自分のものにする。

賑わう(にぎわう) 活気がある。繁盛する。

憎い(にくい) 憎らしい。憎らしいほど見事な。

肉眼(にくがん) 眼鏡などで矯正しない視力。

肉食(にくしょく) 鳥獣の肉を食べること。↔菜食

肉親(にくしん) 血族関係にある人。血縁。

肉声(にくせい) 直接出る生の声。

肉体(にくたい) 生きている人間の体。↔精神

肉付き(にくづき) 体の、肉のつく具合。

肉迫(にくはく) 運動で筋肉が切れること。自業。

肉薄(にくはく) すぐ近くで迫ること。自業。

肉筆(にくひつ) 実際に手で書いたもの。

肉太(にくぶと) 文字の線が太いもの。↔肉細

憎まれ口(にくまれぐち) 憎らしい言葉や態度。

にかてーにつかん

憎む(にくむ) 憎いと思う。強く嫌う。

肉欲(にくよく) 肉体上の欲情・欲望。性欲。

憎らしい(にくらしい) しゃくにさわる。憎らしい。

荷車(にぐるま) 人や牛馬の力で荷物を運ぶ車。

逃げ足(にげあし) 逃げる際の足どり・速度。

逃げ失せる(にげうせる) 逃げて姿を消す。

逃げ隠れ(にげかくれ) 責任を逃れ人目を避ける。

逃げ口上(にげこうじょう) 逃げようとする口実。

逃げ腰(にげごし) 逃げようとする気持・態度。

逃げ水(にげみず) 蜃気楼の一種。圏

逃げ道(にげみち) 逃げる方向・避ける方法。

逃げる(にげる) のがれる。責任を回避する。

二元(にげん) 根本となる二つのもの・場所。

和毛(にこげ) 短く柔らかな毛。綿毛。産毛。

煮凝り(にこごり) 固めた魚の煮汁の食品。图

濁る(にごる) 不透明になる。汚れる。↔澄む

西(にし) 方角の一。日の沈む方角。↔東

虹(にじ) 空に架かる七色の弧状の帯。

二次(にじ) 二番目の。第二回。副次。「―会」

錦(にしき) 生地の厚い華麗な模様の絹織物。

錦の御旗(にしきのみはた) 自分の主張や行動を権威づけるために掲げる名分。

西日(にしび) 西に傾いた太陽、その光。夏

滲む(にじむ) しみて広がる・ぼやける。

煮染め(にしめ) 煮て味を染みこませた料理。

二重唱(にじゅうしょう) 二人での合唱。デュエット。

二乗(にじょう) 同じ数を二個掛けあわせること。

躙る(にじる) 座ったまま膝でじりじりと動く。

二心(にしん) ふたごころ。疑う気持ち。

偽(にせ) 本物に似せたもの。「―医者」

似たり寄ったり(にたりよったり) 質の程度に差がなくみな同じであるさま。

煮立つ(にたつ) 煮えてぐらぐらと沸く。内容

尼僧(にそう) 出家した女性の僧。あま。↔僧

偽者(にせもの) 本人に見せかけた別人。

偽物(にせもの) 【贋物】本物に似せた物。模造品。

偽札(にせさつ) 【贋札】偽造の紙幣。がんさつ。

日常(にちじょう) ふだん。へいぜい。「―生活」

日没(にちぼつ) 太陽が西に沈むこと。日の入り。

日夜(にちや) 昼と夜、絶えず。いつも。「―励む」

日用(にちよう) 毎日の生活に使うこと。「―品」

日輪(にちりん) 太陽。天日でん。

日課(にっか) 毎日割り当て行う仕事。

日刊(にっかん) 毎日刊行すること。「―紙」

肉感(にっかん) 性欲をそそる感じ。にくかん。

にっき―にゅうらい

日記（にっき）毎日の出来事や感想の記録。

日給（にっきゅう）一日単位の給料。「━制」

荷造り（にづくり）運びやすく荷物をまとめる。

日光（にっこう）太陽の光。日の光。「━浴」

日参（にっさん）毎日神仏へ参る。毎日訪問する。

日誌（にっし）毎日の出来事の記録。「学級━」

日射病（にっしゃびょう）直射日光による病気。➡熱射病

日照（にっしょう）太陽が地上を照らす。「━時間」

日章旗（にっしょうき）日の丸の旗。日本の国旗。

日食（にっしょく）【日蝕】太陽が欠けて見える現象。

二進も三進も（にっちもさっちも）「どうにもこうにも」「いかない」さま。

日中（にっちゅう）①その日の日直。昼間の当番。②一日の予定。毎日。

日直（にっちょく）その日の日直。昼間の当番。

日程（にってい）一日の予定。毎日。

日当（にっとう）一日単位の手当。日給。

日報（にっぽう）毎日行う報告。新聞。「時事━」

煮詰まる（につまる）煮えて水気がなくなる。

担う（にな・う）①かつぐ。「引き受ける」「重責を━」

二の足を踏む（にのあしをふむ）ためらう。

二の腕（にのうで）肩とひじの間の部分。

二の句（にのく）次の言葉。「━が継げない」

二の次（にのつぎ）二番め。その次。あと回し。

二の舞い（にのまい）前の人と同じ失敗をくりかえすこと。「━を演じる（する）」

二番煎じ（にばんせんじ）煎じたものをもう一度煎じる。既出の趣向のまね。「━の作品」

鈍い（にぶ・い）切れ味が悪い。鋭敏でない。

荷札（にふだ）宛名などを書き荷物につける札。

煮干し（にぼし）煮て干した出汁魚・干物。

二枚舌（にまいじた）うそを言うこと。二言。

二枚目（にまいめ）美男子。美男優。

二毛作（にもうさく）同じ耕地で年二回収穫する。

荷物（にもつ）運ぶべきもの。負担になるもの。

煮物（にもの）煮た料理。食物を煮ること。

煮やす（に・やす）怒りを激しくす。「業を━」

入院（にゅういん）治療で病院に入ること。➡退院

入荷（にゅうか）商店や市場に商品が入ること。「━金」

入会（にゅうかい）会に入ること。➡退会

入閣（にゅうかく）大臣として内閣の一員になる。

入学（にゅうがく）生徒として学校に入ること。

入居（にゅうきょ）住宅に入って住むこと。➡者

入金（にゅうきん）金銭が手元に入ること。出金

入業（にゅうぎょう）牛乳や乳製品を製造する事業。

入庫（にゅうこ）物品や車を倉庫に入れること。

入港（にゅうこう）船が港に入ること。➡出港

入国（にゅうこく）他国に入ること。「━査証」➡出国

入獄（にゅうごく）監獄に拘禁されること。➡出獄

入魂（にゅうこん）作品などに精神を注ぎ込むこと。

入札（にゅうさつ）売買や請負等に出す見積り。

入社（にゅうしゃ）社員として会社に入る。➡退社

乳児（にゅうじ）生後一年ぐらいまでの子。嬰児。

入寂（にゅうじゃく）高僧が死去すること。入滅。

入手（にゅうしゅ）手に入れること。所有すること。

柔弱（にゅうじゃく）精神・体質が弱いこと。軟弱。

入場（にゅうじょう）会場・場内に入ること。➡退場

入信（にゅうしん）信仰の道に入る。帰依する。

入籍（にゅうせき）戸籍に加わること。➡除籍

入選（にゅうせん）審査に合格すること。➡落選

入隊（にゅうたい）軍隊に入ること。入営。➡除隊

入団（にゅうだん）団体の一員となること。➡退団

入党（にゅうとう）政党に入ること。➡離党・脱党

入道雲（にゅうどうぐも）積乱雲。雲の峰。雷雲。➡夏

入念（にゅうねん）念入り。注意を粗略

乳歯（にゅうし）永久歯が生える前の乳幼児の歯。

入梅（にゅうばい）梅雨の季節に入ること。➡夏

乳鉢（にゅうばち）固形物を粉末にすりつぶす鉢。

入幕（にゅうまく）大相撲で幕内力士になること。

入門（にゅうもん）弟子入り。学びはじめ。「━書」

入用（にゅうよう）必要。出費。費用。いりよう。

入浴（にゅうよく）風呂に入ること。ゆあみ。入湯。

入来（にゅうらい）はいってくること。来訪。「御━」

にゅうりょく〜ぬく

入力（にゅうりょく）機械に信号や情報を入れること。

如和（にゅうわ）穏やかなさま。性質が優しい。

如意（にょい）思いのままになること。

尿（にょう）小便。小水。

尿意（にょうい）小便がしたい気持。「―を催す」

女房（にょうぼう）〔自分の妻〕「―詞に」

女房役（にょうぼうやく）そばで補佐する役目（の人）。

如実（にょじつ）現実のままに。あたかも。

睨む（にらむ）鋭い目つきでじっと見る。

二流（にりゅう）質が最上より劣ること。「―品」

似る（にる）互いに同じように見える。

煮る（にる）水や汁に入れ熱する。

庭（にわ）敷地内・家屋の周りの空地。

俄雨（にわかあめ）急に降り出しすぐにやむ雨。

俄（にわか）急に。突然。

俄仕込み（にわかじこみ）急場しのぎに覚える。

庭先（にわさき）縁側近くの庭。庭の辺り。縁先。

庭師（にわし）庭園を作り手入れをする職人。

任意（にんい）心まかせ。随意。

認可（にんか）公の機関が許可すること。認許。

任官（にんかん）官職に任じられること。⇔退官

人気（にんき）人々の評判。世間の評判。「―者」

任期（にんき）職務のある一定の年限。

任許（にんきょ）適当と認めて許すこと。認可。

任俠（にんきょう）〔俠〕男らしい気性に富む気風。

人魚（にんぎょ）海にすむ想像上の生き物。

人形（にんぎょう）人の姿に似せて作った玩具。

忍苦（にんく）苦しみを耐え忍ぶこと。

人間（にんげん）ひと。人類。人物。人柄。「―味」

認識（にんしき）よく知り正しく理解すること。

忍従（にんじゅう）耐え忍び従うこと。「―の生活」

忍者（にんじゃ）忍びの者。忍術使い。

忍術（にんじゅつ）武芸の一つ。忍びの術。

認証（にんしょう）公の機関が証明すること。

人情（にんじょう）情け。思いやり。「―味」

刃傷（にんじょう）刃物で人を傷つけること。「―沙汰」

任じる（にんじる）役につける。担当させる。

妊娠（にんしん）懐妊。受胎。

人数（にんずう）人員。多くの人。

人相（にんそう）人の顔かたち。人の運勢。「―見」

忍耐（にんたい）耐え忍ぶこと。辛抱。「―力」

任地（にんち）任命された職務を行う土地。

認知（にんち）はっきりと認めること。

人体（にんてい）身なりなどから認められる品格。

認定（にんてい）公の機関が認め決定すること。

認否（にんぴ）認めるか認めないか。「罪状―」

人非人（にんぴにん）人の道に外れた悪人。非人。

妊婦（にんぷ）妊娠している女。「―服」

任命（にんめい）役目。職務。責任。「―の遂行」

任務（にんむ）職務。責務。

任免（にんめん）任命と罷免。

任用（にんよう）地位や職務を命じること。職務を与えて人を使うこと。

ぬ

縫い代（ぬいしろ）縫い込みの幅。

縫い取り（ぬいとり）色糸で縫う、その模様。

縫い物（ぬいもの）衣服などを縫うこと。裁縫。

縫う（ぬう）糸つきの針で運ぶ。

糠（ぬか）精白の際に出る玄米の表皮の粉。こぬか。

糠雨（ぬかあめ）非常に細かい雨。

吐かす（ぬかす）【抜かす】生意気を言う。ほざく。

額ずく（ぬかずく）頭を地につけ礼拝する。

糠喜び（ぬかよろこび）当てが外れてしまった喜び。

糠漬け（ぬかづけ）ぬかみそに漬けた漬け物。

抜かり（ぬかり）油断して失敗する所。手落ち。

泥濘（ぬかるみ）雨雪でぬかった所。「―にはまる」

抜かる（ぬかる）油断して失敗する。

抜き足（ぬきあし）つま先を立てそっと歩く。

緯糸（ぬきいと）織物の横糸。経糸に⇔

抜き打ち（ぬきうち）予告なしに行うこと。

抜き書き（ぬきがき）要点を書き抜くこと。

抜き差し（ぬきさし）処置。身動き。

抜き身（ぬきみ）さやから抜き放ったる刀。

抜んでる（ぬきんでる）【擢んでる】抜群にすぐれる。

抜く（ぬく）引き取る。追い越す。省く。

脱ぐ（ぬぐ）身につけているものを取る。

ぬ

温い（ぬくい） あたたかい。圏

温温（ぬくぬく） あたたかさ。のんびりしている。

温み（ぬくみ） あたたかさ。

温もり（ぬくもり） あたたかみ。

拭う（ぬぐう） ふき取る。恥などを消し去る。

盗み食い（ぬすみぐい） こっそり食べること。

盗み聞き（ぬすみぎき） 話をこっそり聞くこと。

盗人（ぬすっと） 泥棒。盗人。「―猛々しい」

主（ぬし） 主人。所有者。神に捧げる供物。御幣に住みついたもの。

幣（ぬさ） 幣帛へい。

抜け目（ぬけめ） 手抜かり。油断。「―がない」

抜け道（ぬけみち） 裏道。逃げ道。逃れる手立て。

抜け毛（ぬけげ） 抜け落ちた毛。

抜け殻（ぬけがら） 「脱け殻」脱皮したあとの殻。

抜け駆け（ぬけがけ） 人を出し抜くこと。

抜け穴（ぬけあな） 通り抜け・逃れられる穴。

盗見（ぬすみみ） こっそり見ること。

盗む（ぬすむ） 他人のものをひそかに取る。

鰻（うなぎ）※〔実際は「饅」〕 野菜や魚介の酢味噌和え。

布（ぬの） 織物の総称。きぬ。「―地」

布子（ぬのこ） 木綿の綿入れ。

布地（ぬのじ） 衣服に仕立てる前の織物。

布目（ぬのめ） 布の織り目、またその模様。

沼（ぬま） 泥土が多い深くない池。「―地」

絖（ぬめ） 薄く滑らかでつやのある絹布。

滑り（ぬめり） ぬるぬるしたもの。粘液。

塗り絵（ぬりえ） 輪郭だけの絵に着色し楽しむ。

塗る（ぬる） 表面にすりつける。なする。

温い（ぬるい） 生ぬるい。厳しくない。

微温湯（ぬるまゆ） 温度の低い湯。安楽な状態。

濡れ縁（ぬれえん） 戸の外側の雨に濡れる縁側。

ね

根（ね） 植物の養分吸収器官。起源。

子（ね） 十二支の第一番。時刻の名。

音（ね） おと。声。「鐘の―」「―を上げる」

ひげ根 ごぼう根 枝状根
根

濡れる（ぬれる） 水がしみ込む。

濡れ場（ぬれば） 芝居で情事の場面。濡れ幕。

濡れ鼠（ぬれねずみ） 全身ずぶ濡れの様子。

濡れ手で粟（ぬれてであわ） 苦労なく利を得る。

濡れ衣（ぬれぎぬ） 無実の罪。根も葉もない話。

寝息（ねいき） 睡眠中の呼吸。「―をうかがう」

寝首（ねくび） 睡眠中の人の首。「―をかく」

寝所（ねぐら） 鳥の寝る所。自分の家・寝所。

寝被り（ねかぶり） おとなしく見せること。

猫車（ねこぐるま） 土砂などを運ぶ手押しの一輪車。

猫
猫車

寝苦しい（ねぐるしい） なかなか寝つけない。

寝入り端（ねいりばな） 寝入ったばかりの時。

寧日（ねいじつ） 平穏無事な日。「―なし」

佞姦（ねいかん） 外見は従順でも内心は腹黒い。

値上げ（ねあげ） 値段を高くすること。

寝汗（ねあせ） 睡眠中にかく汗。盗汗。しんかん。

値色（ねいろ） その音にも特有な音の感じ。

値打ち（ねうち） そのものにある価値。

寝起き（ねおき） 起きた直後。生活すること。

寝押し（ねおし） 衣類を布団の下に敷いて寝ること。

願い下げ（ねがいさげ） 取り消すこと。

願う（ねがう） 祈願する。望む。頼む。希望する。

寝顔（ねがお） 眠っている時の顔つき。

寝返り（ねがえり） 眠りの中で向きを変えること。

寝労う（ねぎらう）〔犒う〕 骨折りをいたわる。

値切る（ねぎる） 値段をまけさせる。

値崩れ（ねくずれ） 供給過多で価格が急落すること。

猫糞（ねこばば） 拾得物を自分のものにすること。

猫撫で声（ねこなでごえ） こびを含んだ作り声。

寝言（ねごと） 睡眠中に発する言葉。たわごと。

根刮ぎ（ねこそぎ） 根絶すること。すっかり。

猫背（ねこぜ） 背が曲がっている姿勢・体つき。

猫舌（ねこじた） 熱いものを飲食できない人。

ねこむ―ねりあるく

寝込む 熟睡する。床につく。眠るのに適当な病

値頃 買うのに適当な値段。割安な値段。

寝転ぶ 横になる。ごろりと寝る。

寝下げ 安値のため寝る。値下げ。

寝酒 寝る前に飲む酒。

値差す 値段をつける。基づく。由来する。

寝覚め 眠りから覚めること。

捩じける [捩子]締めつけ固定する部品。ねじれ曲がる。ひねくれる。

螺子 ねじれ曲がる。ひねくれる。

捩じ込む 押し込む。抗議をする。

寝静まる 寝入って静かになる。

捩じ伏せる [捻じる]ひねる。くねらせる。押さえつけ負かす。

捩じる [捻じる]ひねる。くねらせる。

根城 活動の根拠地。出城。

鼠算 急速に増加するたとえ。

寝相 睡眠中の格好。「―が悪い」

根太 床板を支える横木。

妬む うらやみ憎む。しっとする。

根絶やし 残らず取り除く。根絶。

強請する 甘えて欲しがるせがむ。

値段 売買の相場。価格。「―が張る」

寝違える 寝て首筋などを痛める。

熱 熱さの度合い。体温。高温。情熱。

熱意 熱烈な意気込み。

熱愛 熱心に愛すること。その愛情。

熱演 熱心に演じること。その演技。

熱気 熱い空気。興奮した意気込み。

熱狂 夢中になり興奮するさま。「―漢」

熱血 激しい情熱、烈な意気。「―漢」

熱情 激しい感情。熱心な気持ち。熱

熱心 精神を集中し熱中して行うこと。

熱する 加熱する。興奮する。夢中になる。

熱戦 熱のこもった勝負・試合。

捏造 事実のように作り上げること。

熱帯 赤道と南北回帰線の熱地帯。

熱中 心を傾け夢中になること。

熱湯 煮え立っている湯。煮え湯。圏

熱闘 熱のこもった激しい闘い。熱戦。

熱風 高温を含む風。

熱弁 熱のこもった話しぶり。

熱望 熱心に希望すること。切望。

熱い 熱深い。根強い。「―人気」

熱量 熱のエネルギー量。カロリー。

熱涙 非常に感激して流す涙。感涙。

熱烈 熱心で激しいこと。「―歓迎」

寝床 寝るための床。寝る場所。

寝泊まり 宿泊する。暮らすこと。

根無し草 浮き草の生活。圏

粘り気 粘る力。粘る程度。

粘り強い べたつく。根気よく頑張る。

粘る 根気

涅槃 悟りの地境。脱。釈迦の死。

寝冷え 睡眠中に冷えること。

寝袋 登山などで使う袋状の寝具。

値引き 値段を引くこと。値下げ。

寝不足 睡眠時間が足りないこと。

値踏み 値段を見積もること。評価。

舐る しゃぶる。なめる。

寝坊 朝遅くまで寝ていること・人。

寝惚ける 寝起きでぼんやりする。

根掘り葉掘り 細部執拗に聞きただすさま。こまごまとしつこく。

寝間着 寝るとき着る衣服。

根回し 前もって手を打つこと。

寝耳に水 不意のできごとにびっくりすること。青天の霹靂。

眠気 眠りたい気持ち・状態だ。

眠い 眠りたい気持ち。

眠る 目を閉じて無意識の状態になる。

閨 寝室。寝間。夫婦の寝室。

根元 [根本]物事の基本。

根雪 溶けずに冬を越す残雪。図

狙う 目標を定め命中させようとする。狙撃。

狙い撃つ 目標を定め撃つこと。狙撃。

練り歩く 列を組みゆっくり歩く。

ねりいと—のう

練り糸（ねりいと） 精練した柔らかい絹糸。

練り絹（ねりぎぬ） 精練した柔らかい絹布。

練り塀（ねりべい） 瓦と練土で作った塀。

寝る（ねる） 眠る。横になる。寝床に入る。

煉る（ねる） [煉瓦] 火に掛けてこねる。

練る（ねる） 「練る刀を焼きねばせる」

錬る（ねる） よく考える。ここねまぜ粘らせる。

根分け（ねわけ） 根を分けて移し植える。

寝技（ねわざ） [寝業]倒れた姿勢でかける技。

念入り（ねんいり） 注意深いさま。丁寧なさま。

粘液（ねんえき） 粘りけのある液体。「—質」

年賀（ねんが） 新年の祝賀。「—状」[新]

年間（ねんかん） 一年間。年が年中通して。「—所得」

年鑑（ねんかん） 一年間の統計などを載せた本。

念願（ねんがん） ひたすら望み願うこと。宿願。

年忌（ねんき） 毎年の命日。回忌。祥月命日。

年季（ねんき） 奉公人の契約期。「—奉公」の略。一年単位の奉給。年俸。一年期。

年給（ねんきゅう） 年俸。

年金（ねんきん） 毎年定期的に支給される金銭。

年貢の納め時（ねんぐのおさめどき） その物事に対しあきらめなくてはならないとき。

年月（ねんげつ） としつき。歳月。期間。「—が経つ」

年限（ねんげん） 一年単位で定めた期間。「有効—」

年功（ねんこう） 長年にわたる功績。多年の熟練。

年号（ねんごう） 「平成」などと年につける称号。

懇ろ（ねんごろ） 親切で丁寧。親しい。「—になる」関節をねじりじく、その損傷。

捻挫（ねんざ）

年始（ねんし） 年のはじめ。新年の祝賀。[新] 新

年次（ねんじ） 一年ごと。年の順序。「—休暇」

念珠（ねんじゅ） 数珠じゅ。ねんず。

念珠

念誦（ねんじゅ） 心に念じ仏名を唱える。ねんず。

年収（ねんしゅう） 一年間の収入。

年中（ねんじゅう） 一年間。いつも。「—無休」

捻出（ねんしゅつ） やりくりしてひねり出す。「たえず、—」

年初（ねんしょ） 年のはじめ。年頭。[新] ≒年末

年少（ねんしょう） 年の若いこと。「—者」⇔年長

燃焼（ねんしょう） もえる。力を出し尽くす。

念書（ねんしょ） 証拠のために作成する書面。

念じる（ねんじる） 深く心に思う。祈願する。

年代（ねんだい） 経過した年月。時代。世代。

粘着（ねんちゃく） 粘り着くこと。「—力」「—剤」

年長（ねんちょう） 年齢が上なこと。年上。⇔年少

捻転（ねんてん） ねじれて向きが変わる。「腸—」

年度（ねんど） 便宜上の一年の期間。「会計—」

粘土（ねんど） 水分により粘り気を生じる土。

年頭（ねんとう） 年のはじめ。年始。「—所感」[新]

念頭（ねんとう） 心。考え。胸中。「—に置く」

年配（ねんぱい） 「年輩」年の頃。相当な年齢。

燃費（ねんぴ） 走行などで使用する燃料消費率。

年表（ねんぴょう） 歴史上の事柄を順序に記した表。

年譜（ねんぷ） 個人の履歴をに記した記録。

念仏（ねんぶつ） 阿弥陀仏の名号を唱えること。

年俸（ねんぽう） 一年ごとに定めた給料。「—制」

年報（ねんぽう） 事業などの一年間の報告書。

粘膜（ねんまく） 内臓の内壁を覆う粘液を出す膜。

年末（ねんまつ） 年の暮れ。歳末。「—調整」≒年始

年余（ねんよ） 一年を超える期間。一年あまり。

年来（ねんらい） 数年来、ここ数年。長年。

念力（ねんりき） 意志の力。超能力。

年輪（ねんりん） 樹木の横断面の、同心円状の輪。

燃料（ねんりょう） 燃やして熱や光を得る材料。

粘力（ねんりょく） 粘る力。粘りの強さ。

年齢（ねんれい） 生まれてからの年数。とし。

年輪

の

能（のう）の 広い平地。野原。田畑。「—を耕す」能力。取り柄。効き目。能楽。

のう【脳】 頭蓋骨中の神経中枢部。頭脳。

のういっけつ【脳溢血】 脳の血管が破れる病気。

のうえん【脳炎】 脳の炎症性疾患の総称。

のうえん【農園】 園芸作物を栽培する農場。

のうえん【濃艶】 あでやかで美しいさま。

のうか【農家】 農業で生計を立てる家。「兼業―」

のうかい【納会】 その年の最後に催す会合。自己宣伝の文句。

のうがく【能楽】 室町時代にできた舞楽。能。

のうかん【納棺】 遺体を棺に納めること。入棺。

のうかんき【農閑期】 農作業のひまな時期。

のうき【納期】 税金や商品を納める期限。

のうきょう【納経】 書写した経文を寺社に納めること。

のうきょう【農協】 「農業協同組合」の略。JA。

のうぎょう【農業】 耕作や家畜の飼育などの産業。

のうきん【納金】 金銭を納めること。また、そのお金。

のうぐ【農具】 農業に使う器具や道具。農器具。

のうげい【農芸】 農業の技術。農業と園芸。

のうこう【農耕】 田畑を耕すこと。農作。「―民族」

のうこう【濃厚】 とても濃い。⇔淡泊

のうこうそく【脳梗塞】 脳の血管が詰まったりして血液が流れなくなることで発症する病気。

のうこつ【納骨】 遺骨を納骨堂や墓に納めること。

のうこん【濃紺】 濃い紺色。「―の制服」

のうさつ【悩殺】 性的魅力で男の心を乱すこと。

のうさん【農産】 農業の生産・産物。「―物」

のうし【脳死】 脳の回復不可能な機能停止。

のうじ【農事】 農業に関する仕事・事柄。「―暦」

のうじゅ【納受】 受納。神仏が祈願を聞き入れること。

のうしゅく【濃縮】 液の濃度を高めること。「―還元」

のうしょ【能書】 文字を巧みに書くこと。「―家」

のうじょう【農場】 農業経営を行う設備のある場所。

のうしんとう【脳震盪】 一時的な意識障害。

のうずい【脳髄】 脳。脳みそ。

のうぜい【納税】 税金を納めること。「―者」⇔徴税

のうそっちゅう【脳卒中】 脳血管の障害による病気。

のうそん【農村】 住人の多くが農業従事者の村。

のうたん【濃淡】 濃いことと薄いこと。「―の色―」

のうち【農地】 耕作に使われる土地。「―改革」

のうてん【脳天】 頭のてっぺん。脳頂。

のうてんき【脳天気】 のんきで軽薄。

のうど【濃度】 液体などの濃さ。「アルコール―」

のうどう【能動】 積極的にほかに働きかけること。

のうどう【農道】 耕地などに設けた農作業用の道。

のうにゅう【納入】 金銭や品物を納めること。納付。

のうは【脳波】 脳の活動による微量の電流変化。

のうはんき【農繁期】 農作業の忙しい時期。

のうひつ【能筆】 字が巧みなこと。悪筆・拙筆。

のうひん【納品】 品物を納入すること。「―書」

のうふ【納付】 国や役所に金品・弁舌の巧みなこと。「―家」

のうべん【能弁】 弁舌の巧みなこと。

のうみそ【脳味噌】 脳髄の俗称。頭の働き。

のうみつ【濃密】 濃くて濃やかなさま。⇔希薄

のうみん【農民】 農業を生業とする人。農夫。

のうむ【濃霧】 濃い霧。「―注意報」

のうめん【能面】 能楽を演じる時にかぶる面。

のうらん【悩乱】 悩み苦しんで心が乱れること。

のうり【能吏】 事務処理の能力に優れた役人。

のうり【脳裏】 「脳裡」頭の中。心中。「―に刻む」

のうりつ【能率】 一定時間内にできる仕事量。

のうりょう【納涼】 暑さを避けてすずむこと。「―船」⑩

のうりょく【能力】 物事をなし得る力。「―処理―」

のうりん【農林】 農業と林業。

のがれる【逃れる】 逃げる。免れる。「責任を―」

のき【軒】 張り出した屋根の「―戸口の―」

のきさき【軒先】 軒の先端。家の戸口の前。軒口。

のきなみ【軒並み】 軒先・軒に近い所。「―の桜」

のきば【軒端】 その場を去るしりぞく。

のく【退く】 あおむけに反り返る。

のけぞる【仰け反る】

のけもの【退け者】 仲間はずれにされる。

のける【除ける】 どかす。見事にやる。「やって―」除外する。のぞく「不良品を―」

のこぎり―のみこむ

鋸（のこぎり）木材・金属などを引き切る工具。

残す（のこす）【遺す】残るようにする。とどめる。

残り香（のこりが）人が去ったあとに残る香り。

残り滓（のこりかす）食べ残し。残った不要物。

残る（のこる）余る。とどまる。存在し続ける。

遺る（のこる）【残る】後世に伝わる。存在し続ける。

野晒し（のざらし）野外で風雨にさらされる。

熨斗（のし）進物用の細長い六角形の色紙。

野路（のじ）野の中の道。野道。

伸し歩く（のしあるく）横柄に威張って歩く。

伸し上がる（のしあがる）位が次第に上がる。

伸す（のす）【伸】「しわを—」のばして平らにする。「勢力を—」のびる。発展する。

野宿（のじゅく）野山や屋外で宿泊すること。

熨す（のす）のばして平らにする。

野末（のずえ）野の果て。野の外れ。

乗せる（のせる）乗り物にのらせる。だます。

載せる（のせる）積む。紙面に出す。上に置く。

覗き見（のぞきみ）こっそりうかがいみること。

除く（のぞく）排除する。除外する。のける。

覗く（のぞく）隙間から見る。一部分が現れる。

野育ち（のそだち）放任され躾を受けずに育つ。

望む（のぞむ）遠くから眺める。願う。「成功を—」

臨む（のぞむ）野外で行う。出席する。対面する。出会う。

野点（のだて）野外で行う茶の湯。野掛け。

宣う（のたまう）「言う」の尊敬語。おっしゃる。

野垂れ死に（のたれじに）行き倒れに惨めな死。

後（のち）ある時よりあと。将来。後世。

後添い（のちぞい）後妻。二度めの妻。

後後（のちのち）将来。あとあと。

後程（のちほど）少しあとで。のちほど。

喉（のど）【咽】口の奥まった所。歌う声。

長閑（のどか）【閑】穏やかで静かな様子。

喉自慢（のどじまん）歌唱のうまさを自慢する。

喉笛（のどぶえ）喉の中ほどの空気管が通う部分。

喉仏（のどぼとけ）喉の胸部に近い甲状軟骨の突出部。

喉元（のどもと）喉の入口部分。のどの辺り。

罵る（ののしる）大声で口汚い悪口を言う。

伸ばす（のばす）長くする。伸張。発展。

延ばす（のばす）長引かせる。付加える。延長。

野放し（のばなし）鳥や家畜の放し飼い。放任。

野原（のはら）草などの生えた広々とした平地。

則（のっと）【法る】模範・手本とする。

乗っ取る（のっとる）攻め入って奪い取る。

退っ引きならない（のっぴきならない）することもできない。「—事情で欠席する」

延び（のび）引っ張り長くなる。緩む。発展。

伸び（のび）延びる。緩む。発展。

延び延び（のびのび）時間が長くなる。延長。

伸び伸び（のびのび）開放的で自由なさま。

伸び縮み（のびちぢみ）伸びることと縮むこと。

野火（のび）初春に野山の枯草を焼く火。

延べ（のべ）重複も一つと数える計算。合計。

野辺（のべ）野原。野の辺り。火葬場。

延べ板（のべいた）平らに延ばした板状の金属。

野辺送り（のべおくり）亡骸を墓地まで見送る。

述べる（のべる）順を追って説く。記述する。

鑿（のみ）

柄頭／柄／首／穂裏／刃先／口金／かつら

幟（のぼり）竿に通し目印にした旗印。

逆上せる（のぼせる）血迷う。上気する。取り上げる。

野放図（のほうず）広げて敷く。「床を—」横柄に。際限のないさま。

上せる（のぼせる）のぼらせる。取り上げる。

上る（のぼる）上方・都へ行く。「坂を—」

上り坂（のぼりざか）上りの坂。盛んになるさま。

上り調子（のぼりちょうし）よい方向に向かうさま。

昇る（のぼる）高く移動する。「天に—」↔沈む

登る（のぼる）高所へよじのぼる。「山木に—」

鑿（のみ）木材・石材を加工する工具。

飲み口（のみくち）飲んだ時の口当たり。

飲み込む（のみこむ）喉などを通す。理解する。

のみしろ―はいかい

飲み代【のみしろ】酒を飲む代金。酒代。酒手。
飲みとまど【飲みと惑】生懸命に探す目つき。
蚤の市【のみのいち】古物市。フリーマーケット。
飲み干す【のみほす】残らず飲む。
飲み物【のみもの】飲むための液体。飲料。
飲む【のむ】のどから体内に流しこむ。
呑む【のむ】丸のみにする。受け入れる。
喫む【のむ】たばこを吸う。
野良【のら】野。野原。田畑。「―仕事」「―犬」
野焼き【のやき】野原の枯草を焼くこと。圉
糊【のり】ものを貼る際に使う接着剤の一種。
海苔【のり】食用の海藻の一種。「青」「岩」
法【のり】[則・矩]おきて。手本・道理・寸法。
乗り合い【のりあい】乗り物に一緒に乗る。
乗り移る【のりうつる】乗りかえる。取りつく。

乗り掛かる【のりかかる】し始める。着手する。
乗り気【のりき】進んで事に当たる気持ち。
乗り切る【のりきる】困難を切り抜ける。
乗組員【のりくみいん】船や飛行機などの乗務員。
乗り越す【のりこす】予定より先まで乗る。
糊代【のりしろ】糊付けのために残した部分。
祝詞【のりと】神に向かって唱える言葉。
海苔巻き【のりまき】海苔で巻いた鮨子。
乗り物【のりもの】人を乗せて運ぶ交通機関。
乗る【のる】上に置かれる。加わる。
載る【のる】掲載される。
伸るか反るか【のるかそるか】一か八か。「―の大ばくち」
暖簾【のれん】店先に垂らす布。店の信用。
鈍い【のろい】動きが遅い。頭が―

呪う【のろう】[詛う]災いを祈る。強く恨む。
惚ける【のろける】恋人などのことを得意気に語る。
野分【のわき】[野分き]秋から冬に吹く強い風。園
鈍間【のろま】気楽な心配のないさま。
暢気【のんき】[呑気]気楽な心配のないさま。
野分【のわけ】秋から冬に吹く強い風。園
狼煙【のろし】[烽火]合図のためにあげる煙。
飲ん兵衛【のんべい】[呑兵衛]大酒飲み。

は

刃【は】刀などの、物を切る鋭い部分。
派【は】有志による有力なグループ。「―閥」「急進―」
葉【は】植物の同化・呼吸を営む器官。
歯【は】食物をかみくだく口中の突起。
端【は】へり。ふち。はし。ほとり。
覇【は】天下を治めること。「―を唱える」
場【ば】物事の行われる時機・局面。

場【ば】とき。境遇。おり。状況。
場合【ばあい】時機。境遇。状況。
把握【はあく】しっかりつかむこと。理解すること。
場当たり【ばあたり】その場だけの思いつき。
灰【はい】物が燃えたあとに残る粉末。
杯【はい】[盃]さかずき。「―を重ねる」
肺【はい】呼吸器の主要器官。肺臓。
牌【はい】字の記されたふだ。麻雀のパイ。
倍【ばい】同数量を重ねる。二倍。「―の人数」
這い上がる【はいあがる】苦境から抜けだす。
廃案【はいあん】採択せず廃止した議案。
灰色【はいいろ】ねずみ色系の淡い色。疑惑の比喩。
敗因【はいいん】敗れた原因。
梅雨【ばいう】六月から七月に降り続く雨。圉
背泳【はいえい】泳法の一つ。せおよぎ。
拝謁【はいえつ】「目上の人に会う」の謙譲語。

肺炎【はいえん】細菌などによる肺の炎症。
排煙【はいえん】煙突などから出る煙。煙の排出。
廃園【はいえん】荒れ果てた庭園。営業中止の園地。
梅園【ばいえん】梅を多く植えた庭園。圉
煤煙【ばいえん】すすやけむり。石炭の煙。
廃屋【はいおく】あばらや。住人のいない家。
配下【はいか】支配下の者。手下。
拝賀【はいが】目上の人にお祝いを言うこと。
胚芽【はいが】植物の種の中にある芽。「―米」
俳画【はいが】俳味のある墨絵。俳句の淡彩画。
売価【ばいか】売る時の値段。売り値。
倍加【ばいか】二倍になること。倍価
俳諧【はいかい】[俳諧]発句・連句の総称。俳句。
俳徊【はいかい】歩き回る。ぶらつくこと。彷徨。
拝外【はいがい】外国の文物・思想を崇拝する。

はいかい―はいせき

排外（はいがい）外国の文物・思想を排斥する。

媒介（ばいかい）双方の間をとりもつこと。仲立。

灰神楽（はいかぐら）湯水がこぼれ燃焼後のガスなどが立つ灰。

配管（はいかん）ガス管や水道管などの設置。

拝観（はいかん）寺社の宝物を観覧すること。

廃刊（はいかん）定期刊行物の刊行をやめにかかる。

拝顔（はいがん）「会う」の謙譲語。おめにかかる。

排気（はいき）空気を外へ出す。排出されるガス。「―口」「―量」

廃棄（はいき）不要なものとして捨てること。

売却（ばいきゃく）売り払うこと。「―資産」

配給（はいきゅう）割り当てて支給すること。

排球（はいきゅう）バレーボール。

倍旧（ばいきゅう）前よりも程度を増すこと。

廃墟（はいきょ）[廃虚]荒れ果てた城や建物の跡。

背教（はいきょう）教えに背くこと。信仰に背くこと。

廃業（はいぎょう）商売をやめる。↔開業

拝金（はいきん）金銭をあがめること。「―主義」

背筋（はいきん）背中の筋肉の総称。

徽菌（ばいきん）有害な細菌。バクテリア。

俳句（はいく）五・七・五の十七字の短詩。

拝具（はいぐ）手紙の結語。申し上げる。

配偶者（はいぐうしゃ）夫婦の片方から見た他方。

拝啓（はいけい）手紙の冒頭語。申し上げる。敬具。

背景（はいけい）絵の背後の部分。舞台装置。

拝見（はいけん）「見る」の謙譲語。「お手紙―」

背後（はいご）後ろ。内部事情。「―関係」

排撃（はいげき）退けようと非難・攻撃すること。

廃坑（はいこう）坑道・炭坑を廃棄する。廃鉱。

廃鉱（はいこう）廃棄した鉱山・炭鉱。閉山。廃山。

廃校（はいこう）学校が廃止になること。

俳号（はいごう）俳人の雅号。

配合（はいごう）取り合わせ。組み合わせ。

廃合（はいごう）廃止と合併。「部の―統―」

売国（ばいこく）私利のため自国を配合。よい配合。「天の―」

配剤（はいざい）薬の調合。よい配合。「天の―」

拝察（はいさつ）「推察する」の謙譲語。

灰皿（はいざら）たばこの灰や吸い殻を入れる器。

敗残（はいざん）戦いに負けて生きのこる。廃残。

廃残（はいざん）おちぶれて生き残る。

廃止（はいし）従来の制度・習慣をやめること。

拝辞（はいじ）「辞退する」の謙譲語。↔拝受

配車（はいしゃ）車両を必要な場所へ回すこと。

敗者（はいしゃ）勝負や試合に負けた者。↔勝者

廃車（はいしゃ）登録を抹消し廃棄した車両。

歯医者（はいしゃ）歯を治療する医師。歯科医。

廃借（はいしゃく）「借りる」の謙譲語。「お手を―」

媒酌（ばいしゃく）媒介的結婚を取りもつこと。「―人」

拝受（はいじゅ）「受け取る」の謙譲語。↔拝辞

買収（ばいしゅう）買い取る。金を与え味方にすること。

排出（はいしゅつ）外に押し出すこと。排せつ。

輩出（はいしゅつ）優れた人材が次々に出ること。

売春（ばいしゅん）女が金で男に身を売る。売淫。

買春（ばいしゅん）男が女の身を買う。かいしゅん。

排除（はいじょ）取りのけること。押しのけること。

拝承（はいしょう）「聞く」「承知する」の謙譲語。

賠償（ばいしょう）与えた損害を償うこと。「―損害」

配色（はいしょく）色の配合・取りあわせ。色どり。

敗色（はいしょく）負けそうな様子。敗勢。「―濃厚」

陪食（ばいしょく）貴人とともに食事をすること。

背信（はいしん）信義に背くこと。裏切り。「―行為」

俳人（はいじん）俳句を作る人。俳諧師。

廃人（はいじん）通常の生活を営めない人。

陪審（ばいしん）公民が裁判に参加する制度。

配水（はいすい）水を方々に配ること。「―管」

排水（はいすい）余分な水を排出すること。放水。

廃水（はいすい）使用済みで捨てる汚水。

配する（はいする）くばる。配布する。配置する。

拝する（はいする）敬礼する。拝む。拝見する。拝命する。

廃する（はいする）廃止する。退ける。「私情を―」

倍する（ばいする）倍になる。増やす。加える。

敗勢（はいせい）敗色。負けそうな気配。「―勝勢」

排斥（はいせき）従うことをやめること。「―運動」

はいせき―はう

陪席（ばいせき）貴人や目上の人と同席すること。

排泄（はいせつ）不要物を体外に出すこと。「―物」

廃絶（はいぜつ）すたれ絶えること。なくすこと。

杯洗（はいせん）酒宴でさかずきをすすぐ器。

廃線（はいせん）電線を引くこと。導線で結ぶこと。

配線（はいせん）路線・通信線の営業を廃止すること。使用を中止した線路。

敗戦（はいせん）戦いに敗れること。敗北。負け戦。

配膳（はいぜん）食事の膳を客に配ること。「―係」

廃船（はいせん）使用を中止し廃棄した船。

焙煎（ばいせん）茶葉などを火熱で煎る。「自家―」

配送（はいそう）配達と発送。送り届けること。

敗訴（はいそ）訴訟に負けること。↔勝訴

敗走（はいそう）戦いに負けて逃げること。

肺臓（はいぞう）呼吸をつかさどる胸部の内臓。

倍増（ばいぞう）二倍にふえること。倍化。↔半減

配属（はいぞく）部署を割り当て所属させること。

排他（はいた）仲間以外のものを排除すること。

胚胎（はいたい）みごもること。物事の原因が生じる。

敗退（はいたい）戦いに負けて退くこと。敗北。

廃退（はいたい）廃れ衰えること。「―類」

媒体（ばいたい）媒介となる物質。情報手段。

背馳（はいち）食い違うこと。反する。背くこと。

拝読（はいどく）【開く】の謙譲語。謹んで聞くこと。「新聞―」

配達（はいたつ）物を配り届けること。

配置（はいち）適切な位置に割り当てること。

蠅帳（はいちょう）食品を入れる小さな戸棚。

這い蹲る（はいつくばる）這うようにうずくまる。

配転（はいてん）部署などが変わる。配置転換。

拝殿（はいでん）拝礼するお宮の本殿。

配電（はいでん）電力を供給すること。「―盤」

売店（ばいてん）物を売る小さな店。「駅の―」

佩刀（はいとう）刀を身につけること。その刀。

配当（はいとう）割り当て。利益の分配。「―金」

拝読（はいどく）【読む】の謙譲語。謹んで読むこと。「―拝読」

背徳（はいとく）道徳に背くこと。「―的」

梅毒（ばいどく）伝染性の性感染症。シフィリス。

胚乳（はいにゅう）種子の中の発芽のための養分。

排尿（はいにょう）尿を体外に出すこと。放尿。

背任（はいにん）任務に背くこと。「―罪」「―行為」

売買（ばいばい）売り買い。商売。「―契約」

背反（はいはん）背くこと。むほんすること。

拝眉（はいび）おめにかかること。拝顔。

配備（はいび）手配りして備えること。「緊急―」

肺腑（はいふ）肺。心の底。「―をえぐる金言」

配付（はいふ）関係者各々に配り渡すこと。

配布（はいふ）広く行き渡るように配る。領布。

拝復（はいふく）手紙の返信に書く冒頭語。敬復。

廃物（はいぶつ）役に立たなくなったもの。廃品。

俳文（はいぶん）俳味のある簡潔な散文。

配分（はいぶん）割り当てて配ること。分配。

俳文（はいぶん）文章を作り生計を立てること。

排便（はいべん）大便をすること。脱糞。

売文（ばいぶん）文章を作り生計を立てること。

敗亡（はいぼう）戦いに負けて減びる・死ぬこと。「―宣言」

敗北（はいぼく）戦いに負けること。

配本（はいほん）出版された書物を配布すること。

拝味（はいみ）俳諧にふさわしい洒脱しゃだつでおもしろみ。

配命（はいめい）官命に任命される。命令を承る。

売名（ばいめい）名を世間に広めること。「―行為」

廃滅（はいめつ）すたれ滅びること。廃絶。

背面（はいめん）後ろ側。背後。隠された別の面。

配役（はいやく）芝居などでの役の割り当て。

売約（ばいやく）売る約束をすること。「―済」

売薬（ばいやく）製造・調合された市販の薬。

俳優（はいゆう）役者。映画・演劇での出演者。

培養（ばいよう）発育・増殖させること。「菌の―」

排卵（はいらん）卵巣から卵子が排出されること。

俳理（はいり）【悖理】道理にそむくこと。

背離（はいり）互いに背いて離れること。乖離。

倍率（ばいりつ）像と実物の大きさの比。競争率。

配慮（はいりょ）心を配ること。心遣い。

配領（はいりょう）主君や貴人から物をもらうこと。

拝領（はいりょう）神仏を拝むこと。頭を下げて拝む。

梅林（ばいりん）梅の林。うめばやし。囲

配列（はいれつ）【排列】順序よく並べること。

這う（はう）腹ばいになって進む。地面を―」

259

端唄（はうた） 江戸文化・文政期の三味線歌曲。

場打て（ばうて） 雰囲気で気おくれすること。「―される」

栄え（はえ） 光栄。誉れ。「―ある伝統」

南風（はえ） みなみかぜ。穏やかな順風。

延縄（はえなわ） 釣り針をつけた縄。「―漁業」

生える（はえる） はじめから所属する。

生え抜き（はえぬき） 育ち伸び出る。歯が―」「芽が―」

映える（はえる） 照り輝く。調和して目立つ。

栄える（はえる） 立派に見える。

羽音（はおと） 鳥や虫の、羽をふるわせる音。

羽音（はおと） 風に吹かれて鳴る木の葉の音。

羽織（はおり） 着物の上に着る短い和服。

墓（はか） 遺骸や遺骨を葬った所。墓石。

破瓜（はか） 【莫迦】愚かなこと。あほう。

馬鹿（ばか） 女性の一六、男性の六四歳の称。

破戒（はかい） 僧が戒律を破ること。♦持戒

破壊（はかい） 壊すこと。破れること。「自然―」

墓石（はかいし） 墓のしるしに建てる石。ぼせき。

羽交い締め（はがいじめ） 背後から脇に両手を通して首の後ろで締めること。

葉書（はがき） 略「郵便はがき」の

破格（はかく） 従来の常識を破ること。特別。

葉陰（はかげ） 【葉蔭】木や葉の陰。木陰。

馬鹿騒ぎ（ばかさわぎ） 度を越して騒ぐこと。

剝がす（はがす） くっついている物をめくり取る。

化かす（ばかす） 人の心を迷わせる。

場数（ばかず） 場所の数。経験の数。「―をふむ」

博士（はかせ） 学問などに広く通じた人。学者。

歯形（はがた） 歯でかんだ跡。「―がつく」

捗る（はかどる） 仕事がだんだん片づく。♦滞る

儚い（はかない） 頼りにならない。むなしいと思う。「―世を―」「―夢」

墓場（はかば） 墓のある所。墓地。

鋼（はがね） 刃物の刃などにする鋼鉄。こう。

捗捗しい（はかばかしい） 事が順調に進むさま。

袴（はかま） 腰につけるひだのある着物。

墓参り（はかまいり） 墓にもうでること。展墓。図

歯噛み（はがみ） 非常に残念がること。歯ぎしり。

歯痒い（はがゆい） じれったい。もどかしい。

計らう（はからう） 適切に処置する。相談する。

計らずも（はからずも） 意外にけ。予想外に。

秤（はかり） 重さをはかる器具。「―にかける」

図らう（はからう） はかる。もくろみ。

謀（はかりごと） 計画。計略。

図る（はかる） 方法を考える。取りはからう。

計る（はかる） 計算する。推定する。

測る（はかる） 長さや面積を測定する。計測。

量る（はかる） 重さや容積を調べる。計量する。

謀る（はかる） だます。あざむく。たくらむ。

諮る（はかる） 課題について他人に意見をきく。

破棄（はき） 破り捨てること。取り消すこと。

覇気（はき） 勝利への意気。進取の意気。

脛（はぎ） ひざとくるぶしの間。

歯軋り（はぎしり） 歯がみ。残念で吐きたくなるような気持ち。

吐き気（はきけ） 吐きたくなるような気持ち。

掃き溜め（はきだめ） ごみ捨て場。「―に鶴」

履き違える（はきちがえる） 足に履く物を取り違える。意味を取り違える。

履き物（はきもの） 足に履く物の総称。

馬脚（ばきゃく） 馬のあし。ぼろ。次第に影響が及ぶこと。「―効果」

波及（はきゅう）

破鏡（はきょう） 離婚すること。「―の嘆を見る」

博愛（はくあい） すべての人を平等に愛すること。

白亜（はくあ） 【白堊】白い色の壁。「―の殿堂」

馬具（ばぐ） 馬に乗用の装具。

漠（ばく）

接ぐ（はぐ） 布をつぎあわせる。「板を―」

剝ぐ（はぐ） むき取る。はがす。「仮面を―」

掃く（はく） ほうきでちりをはらい除く。

穿く（はく） 下半身につける。「袴・靴下を―」

履く（はく） 足につける。「足袋を―」「靴を―」

佩く（はく） 武器を腰につける。「刀を―」

吐く（はく） 口中や心中のものを出す。

箔（はく） 紙状に薄くのばした金属。「金―」

端切れ（はぎれ） 裁ち残りの半端な布きれ。

歯切れ（はぎれ） 発言の調子。

破局（はきょく） 悲惨な最後。悲劇的な結末。

はうた─はくあい

はくい―はくへん

白衣（はくい） 白い衣服。白い上着。「―の天使」

博奕（ばくえき） 花札などの勝負ごと。文字などで表現すること。ばくち。

箔押し（はくおし）

爆音（ばくおん） 爆発の音。エンジンなどの音。

麦芽（ばくが） 麦の芽。ビールなどの原料。

迫害（はくがい） 弱者を苦しめ悩ますこと。

博学（はくがく） 多くの学問に通じること。博識。

白眼（はくがん） 冷遇する目つき。「―視」 ‡青眼

歯茎（はぐき） 歯の根元を覆う肉。歯肉。歯齦。

莫逆（ばくぎゃく） 非常に親密な関係。「―の友」

白銀（はくぎん） 銀。雪の形容。しろがね。

育む（はぐくむ） 慈しみ育てる。「夢を―」

迫撃（はくげき） 迫り撃つこと。近づき撃つこと。

爆撃（ばくげき） 爆弾を落として攻撃すること。

舶載（はくさい） 外国から船で運ぶこと。舶来。

白紙（はくし） 白い紙。何もない状態。「―撤回」

博士（はくし） 学位の最高位。「法学―」「―号」

薄志（はくし） 少しの好意。弱い意志。

白磁（はくじ） ［白瓷］純白の磁器。

爆死（ばくし） 爆発・爆撃に遭って死ぬこと。

博識（はくしき） 知識の広いこと。博学。

白日（はくじつ） 真昼の太陽。日中。潔白。「―夢」

拍車（はくしゃ） 乗馬靴のかかとにある金具。「―をかける」

薄謝（はくしゃ） わずかな謝礼。「謝礼」の謙譲語。

伯爵（はくしゃく） 貴族の第三位で、子爵・侯爵の間。

薄弱（はくじゃく） 弱いさま。確かでない。「意志―」

拍手（はくしゅ） 賞賛の意を込めて手を打ち鳴らす。

麦秋（ばくしゅう） 麦の熟する時。初夏の頃。

白寿（はくじゅ） 九十九歳の異称。

白書（はくしょ） 政府発行による実情報告書。

白状（はくじょう） 秘密や自分の罪を打ち明ける。「―者」

薄情（はくじょう） 義理人情に薄いこと。「―者」

爆笑（ばくしょう） 表情や演技などが真に迫ること。

白人（はくじん） 白色人種に属する人。

白刃（はくじん） 抜いた刀。抜き身。しらは。

迫真（はくしん） 表情や演技などが真に迫ること。

爆心（ばくしん） 爆撃・爆発の中心。まっしぐらに進むこと。「―地」

驀進（ばくしん） まっしぐらに進むこと。突進。

博する（はくする） 得る。広める。独占する。

駁する（ばくする） 他人の論を非難・攻撃する。

剥製（はくせい） 動物・鳥類の生体標本。

白皙（はくせき） 白いほおひげ。「―白髪」

漠然（ばくぜん） ぼんやりとはっきりしないさま。

薄暑（はくしょ） 初夏のやや汗ばむ暑さ。國

曝書（ばくしょ） 書物の虫干し。國

莫大（ばくだい） 極めて大きい。多大。「―な財産」

白濁（はくだく） 白くにごること。「液が―する」

剥脱（はくだつ） はげ落ちること。「金箔が―する」

白兎（はくと） はげ落ちること。

剥奪（はくだつ） 取り上げること。「―宣言」

爆弾（ばくだん） 物を破壊させる兵器。

白痴（はくち） 知能が著しく劣っていること。

博打（ばくち） ［博奕］賭けること。危険な試み。

爆竹（ばくちく） 火薬入りの筒を並べた花火。

白地図（はくちず） 島や陸地の輪郭だけの地図。

白昼（はくちゅう） ひるなか。日中。白日。

伯仲（はくちゅう） 優劣がつけにくいこと。「―の勢力」

白昼夢（はくちゅうむ） 非現実的な空想。白日夢。

爆沈（ばくちん） 艦船が爆発で沈没すること。

博徒（ばくと） ばくちうち。渡世人。

白銅（はくどう） 銅とニッケルの合金。「―貨」

白内障（はくないしょう） 目の水晶体が濁る病気。

爆破（ばくは） 爆薬によって破壊すること。

白白（はくはく） 明らかなこと。「明々―」

白髪（はくはつ） 白い毛髪。しらが。

爆発（ばくはつ） 急な破壊・感情の急激な表出。

白眉（はくび） 多くの中で最も優れた人・もの。

白票（はくひょう） 何も記入のない投票。「―を投ずる」

白氷（はくひょう） 薄い氷。うすごおり。

幕府（ばくふ） 将軍の執務所。武家の政府。

瀑布（ばくふ） 大きな滝。飛瀑。飛泉。圓

爆風（ばくふう） 爆発で起こる強い風。

博物館（はくぶつかん） 学術的資料を展覧する施設。

博聞（はくぶん） 広く物事をよく知っている。「―強記」

剥片（はくへん） はがれ落ちた小片。

はくへん―はした

薄片（はくへん）薄い切れ端・かけら。

薄暮（はくぼ）夕暮れ。たそがれ。

白墨（はくぼく）黒板用の筆記用具。チョーク。

幕末（ばくまつ）江戸幕府の末期。

薄命（はくめい）短い命。早死に。「薄幸・佳人―」〈主に志士〉

薄明（はくめい）日の出・日没時の空の明るさ。

白夜（はくや）極付近の薄明るい夜。圓

爆薬（ばくやく）爆発性のある火薬類。爆発薬。

舶来（はくらい）外国から渡来すること。「―品」

伯楽（はくらく）馬・人物を見抜く眼力のある人。

博覧（はくらん）広く書物を読む。広く人々が見る。「―会」

剝離（はくり）はがれ、離れること。「網膜―」

薄力粉（はくりきこ）小麦粉の一種。

幕僚（ばくりょう）軍事参謀にあずかる将校。

暴露（ばくろ）〖曝露〗秘密が明るみに出ること。

白露（はくろ）二四節気で、九月七日頃。秋

莫連（ばくれん）世間ずれした人。「―女」〈主に亡という〉

爆裂（ばくれつ）爆発して破裂すること。「―音」

歯車（はぐるま）歯形の部品。

迫力（はくりょく）心に強く押し迫る力。「―を欠く」

禿（はげ）毛髪が抜け落ちきの塗装用品。

駁論（ばくろん）相手の説を非難する議論。反論。

刷毛（はけ）毛を束ねた柄つきの塗装用品。

捌口（はけぐち）水の流出口。発散の対象。

励ます（はげます）元気・勇気付ける。激励する。

励む（はげむ）精を出す。骨を折る。「研究に―」

激しい（はげしい）勢い強く。気性が荒い。

化け物（ばけもの）おばけ。

禿山（はげやま）草木が生えていない山。

捌ける（はける）たまらず流れる。売れる。「水が―」

禿げる（はげる）頭髪が少なくなる。

剝げる（はげる）塗料などが取れる。「メッキが―」

化ける（ばける）姿を変えて別のものになる。

派遣（はけん）他を支配する力。出向かせること。

覇権（はけん）他を支配する力。「―を握る」

馬券（ばけん）競馬で買う勝ち馬投票券。

罵言（ばげん）ひどい悪口。のしりの言葉。

箱（はこ）物を入れる四角い容器。「―詰め」

羽子板（はごいた）ついた羽をつく長方形の板。新

箱入り娘（はこいりむすめ）大切に育て、世馴れていない娘。

跛行（はこう）片足をひいて歩く。順調でない。

管入れ（はこいれ）婦人が懐に持つ装身具。

歯応え（はごたえ）食物が歯に当たる感覚。

箱庭（はこにわ）箱の中に作った庭園の模型。夏

運ぶ（はこぶ）移し動かす。はかどる。進める。

箱船（はこぶね）〖方舟〗ノアの船。「―ノアの船」

羽衣（はごろも）天人の着衣。虫などのはね。

破婚（はこん）結婚関係を解消すること。離縁。

破砕（はさい）〖破摧〗粉々にくだくこと。「―機」

端境期（はざかいき）農産物の新旧交替期。

葉桜（はざくら）花が散り若葉の出る頃の桜。夏

狭間（はざま）〖迫間〗ものの間の狭い所。谷間。

鋏（はさみ）〖剪刀〗物を挟んで切る道具。

螯（はさみ）カニ・エビなどの大爪。

挟み撃ち（はさみうち）前後左右から攻め撃つ。

挟む（はさむ）間にものを置く。「しおりを―」

鋏む（はさむ）〖剪む〗鋏で切る。

破産（はさん）財産を全部失うこと。「―管財人」

端（はし）中心から遠い、外に近い所。

恥（はじ）名誉を失うこと。

橋（はし）川などの上にかけ渡した通路。

嘴（はし）鳥のくちばし。「イスカの―」

箸（はし）食物などを挟む一対の棒。

把持（はじ）かたより、しっかり持つこと。

端居（はしい）縁側など家の端で涼むこと。夏

麻疹（はしか）伝染性の皮ふ病。

端書き（はしがき）書物や文章の序文。前書き。

弾く（はじく）取るに返し。はねつける。

端くれ（はしくれ）存在に足らない「作家の―」

孵（はしけ）大船の荷を陸へ運ぶ小舟。

橋桁（はしげた）橋板を支える材。

梯子（はしご）上り下りの道具。「縄―」

恥曝し（はじさらし）恥を世間にさらすこと。

端（はした）はんぱ。過不足の量。「―者」

はしたがね―はち

はした金（はしたがね） わずかなお金。半端なお金。

端（はし） ①とがった部分。②上がり口や縁側に近い所。

端近（はしぢか） 物の端の方。縁側に近い所。

端端（はしはし） あちらこちらの部分。「言葉の―」

始まる（はじまる） 物事が新たに起こる。⇔終わる

初め（はじめ） 最初の段階。初期。「今年の―」

はじめ【始め・初め】物事や動作の発生。「仕事―」

覇者（はしゃ） 力で天下を治めた者。優勝者。

はしゃぐ 浮かれてさわぐ。からからに乾く。

馬車（ばしゃ） 人や荷物を乗せ馬が引く車。

播種（はしゅ） 田畑・苗床に種子をまくこと。

馬主（ばしゅ） 馬の持ち主。ばぬし。うまぬし。

派出（はしゅつ） 仕事のため人を出向かせること。

馬術（ばじゅつ） 馬を乗りこなす技術。「―競技」

場所（ばしょ） ところ。地点。居どころ。「―柄」

波状（はじょう） 波のように寄せては返す様子。

破傷風（はしょうふう） 細菌による感染症の一つ。

端折る（はしょる） すそをからげる。省略する。

柱（はしら） 物を支える直立した材。根幹。

羞じらう（はじらう） 恥じらう。恥ずかしがる。

走る（はしる） 足で駆ける。進む。移動する。

恥じる（はじる） 劣る。恥ずかしく思う。「名に―」

橋渡し（はしわたし） 間に立って仲立ちする・人。

斜（はす） ななめ。すじかい。「―向かい」

箸（はし） 食事などに使う二本の棒。

場数（ばかず） 経験の数。「―を踏む」

端末（はしまつ） 端のほう。町はずれ。

場末（ばすえ） 都市の中心を外れた所。

斜交い（はすかい） ななめ。すじかい。

恥ずかしい（はずかしい） 照れくさい。面目ない。

辱める（はずかしめる） 恥をかかせる。「名を―」

蓮っ葉（はすっぱ） 言動が浮薄で下品な女。

弾み（はずみ） 跳ね返り。勢い。瞬間。「ものの―」

外す（はずす） 取れる。それを当たらない。

派生（はせい） 根源からわかれ生じること。

罵声（ばせい） 口汚くののしる声。「―を浴びる」

馳せる（はせる） 走らせる。遠くへ行かせる。

爆ぜる（はぜる） はじける。飛び散る。「クリが―」

破線（はせん） 切れ目の入った線。---実線

把捉（はそく） しっかり理解すること。把握。

破損（はそん） 壊れること。損傷。

傍（はた） 「側」すぐそば。物のへり。ふち。「池の―」

端（はた） 近く。そば。はし。ふち。「―の者」

旗（はた） 装飾・標識に用いる布・紙。

機（はた） 布を織る機械。「―を織る」

肌（はだ） [膚]皮膚。皮。気質。気性。

肌合い（はだあい） 気だて。気質。気性。

旗揚げ（はたあげ） 戦いを起こす。新たに起こす。

旗色（はたいろ） 戦いの形勢。立場。「―が悪い」

裸（はだか） 衣服をつけていない体。⇔圓

裸一貫（はだかいっかん） 自分の体以外の資本が何もないこと。

肌着（はだぎ） 肌に直接着る衣料。下着。

叩く（はたく） たたく。うつ。

畑（はたけ） [畠]農作物を栽培する土地。

疥（はたけ） 皮膚病の一種。白色の斑紋。

畑違い（はたけちがい） 該当分野が専門でないこと。

開ける（はだける） 服の前を広げる。着衣の前が開く。

肌寒（はださむ） なんとなく寒い。薄ら寒い。

裸足（はだし） [跣]何も履かない足。素足。⇔圓

果たし合い（はたしあい） 決闘すること。

果して（はたして） 思った通り。実に。本当に。

旗印（はたじるし） [旗標]旗の紋。行動指針。

果たす（はたす） しとげる。完成する。殺す。

果たせる哉（はたせるかな） 案の定。やはり。

二十歳（はたち） [二十]年齢が二十。

旗日（はたび） 国旗を掲げて祝う日。祝祭日。

将又（はたまた） あるいはまた。それともまた。

肌身（はだみ） はだ。体。「―離さず持ち歩く」

傍目（はため） 傍観者の見た感じ。傍観者の目。

傍迷惑（はためいわく） 周りの人の迷惑になること。

働き蜂（はたらきばち） 働きすぎる人のたとえ。

働く（はたらく） 仕事をする。活動する。「頭が―」

斑雪（はだれゆき） まだらに降る雪。はだらゆき。

破綻（はたん） 破れほころびること。壊れる。

破談（はだん） 取り決めた事を取り消すこと。

鉢（はち） 底の深い食器。植木鉢。

はち—はつする

撥 ばち
【撥】太鼓を打つ棒。「さばき」びわ・三味線を弾く道具。

枹 ばち

罰 ばち
悪事に対する神仏の返報。

鉢合わせ はちあわせ
思いがけず出合うこと。

破竹の勢い はちくのいきおい
一節割れば一気に割れる竹にたとえ抑えがたい激しい勢い。

八十八夜 はちじゅうはちや
立春から八八日目。

鉢巻き はちまき
頭部に巻き締める布きれ。

蜂蜜 はちみつ
ミツバチが巣にためた蜜。

爬虫類 はちゅうるい
脊椎動物の一種。

波長 はちょう
音波や電波の、山と山の間隔。

初 はつ
はじめ。最初。「―舞台」第一回。

閥 ばつ
家柄・系統。排他的集団。

罰 ばつ
罪・過ちに対する報いしおき。

発案 はつあん
考え出すこと。議案を出すこと。

発意 はつい
思いつき。考え。ほつい。

発育 はついく
育ち。成長。成育。「―不全」

発煙 はつえん
煙を出すこと。「―筒」

初午 はつうま
二月の、最初の午の日。

発音 はつおん
音声を出すこと。

撥音 はつおん
語中・語尾に表れる鼻音。「―記号」

発火 はっか
火を発すること。めばえ。

発芽 はつが
植物が芽を出すこと。

発会 はっかい
会としての活動を始めること。

発覚 はっかく
隠し事などが世に出ること。露見。

発刊 はっかん
書物・雑誌・新聞を出すこと。

発汗 はっかん
汗が出ること。汗をかく。「―剤」

発揮 はっき
実力を外に出し働かせること。

発議 はつぎ
議案や意見を提出してくわえること。「―権」「旅券の―」

葉月 はづき
陰暦八月の異称。

薄給 はっきゅう
少ない給料。安月給。◆高給

発狂 はっきょう
気が狂うこと。

白金 はっきん
金属元素の一種。プラチナ。

発禁 はっきん
書籍などの「発売禁止」の略。

罰金 ばっきん
罪に科し取り立てる金銭。「―刑」

発掘 はっくつ
土中のものを掘りぬき出すこと。「―調査」

抜群 ばつぐん
ぬきんでていること。出色。

白血球 はっけっきゅう
血液成分の一種。◆赤血球

発見 はっけん
はじめて見つけること。「―者」

八卦 はっけ
占い。易。「―見」

発言 はつげん
意見を述べること。「―権」

発現 はつげん
現れ出ること。現出。顕出。

初恋 はつこい
生まれてはじめての恋愛。

発光 はっこう
光を放つこと。「―体」「―塗料」

跋扈 ばっこ
思うままにのさばりはびこること。横行。

発行 はっこう
書物を印刷して世に広めること。「条約の―」

発効 はっこう
効力が発生すること。

薄幸 はっこう
【薄倖】幸せでないこと。不幸。

発酵 はっこう
【醱酵】菌による化学変化。

白骨 はっこつ
風雨にさらされた骨。「―死体」

初氷 はつごおり
その冬はじめて張った氷。图

伐採 ばっさい
樹木などを切り倒すこと。

八朔 はっさく
陰暦八月一日の行事。

発散 はっさん
内部のものを外に表すこと。

抜糸 ばっし
手術後、縫合糸を抜き取ること。

抜歯 ばっし
治療などで歯を抜くこと。

初霜 はつしも
その冬はじめての霜。图

発車 はっしゃ
電車や自動車などの出発。

発射 はっしゃ
矢をいること。弾丸を撃ち出す。

発祥 はっしょう
吉兆の発端。事の起源。「―地」

発症 はっしょう
症状が現れること。「―時期」

発情 はつじょう
情欲・感情を起こすこと。「―期」

発信 はっしん
郵便・電信を出す仕出し方。◆受信

発疹 はっしん
皮膚にできる小さな吹出物。

発進 はっしん
乗り物などの出発させる。「緊急―」

発色 はっしょく
色が出ること。色の仕上がり方。

跋渉 ばっしょう
いろいろな所を巡り歩くこと。

撥水 はっすい
水をはじくこと。「―加工」

抜粋 ばっすい
【抜萃】要所の抜き書き。抄録。

発する はっする
出掛ける。始まる。放つ。

罰する ばっする
罰を与える。処

はつせい―はなこさ

発生（はっせい）生え出ること。生じる。起こる。

発声（はっせい）声を出すこと。音頭をとること。

発走（はっそう）走り出すこと。スタート。

発送（はっそう）荷物を送り出すこと。

発想（はっそう）思いつき。思想。思い出すこと。

発達（はったつ）成長として大きく進歩する。

罰則（ばっそく）違反行為に対する処罰規定。

発着（はっちゃく）出発と到着。「―時刻」【発註】注文を出すこと。受注。「―所」

発注（はっちゅう）特に選び登用すること。重用。

抜擢（ばってき）栄え伸びゆくこと。躍進。「―性」

発展（はってん）電気を発生させること。「火力―」

発電（はつでん）罰として与えるバツを示す。

罰点（ばってん）禁制「御―」制度。

法度（はっと）おきて。制度。

発動（はつどう）権力を出すの行使。

抜刀（ばっとう）刀をさやから抜くこと。抜剣。

初荷（はつに）新年にはじめて運び出す荷物。

発熱（はつねつ）熱が出る・体温が高くなること。新

発破（はっぱ）岩石などを火薬で爆破すること。

発売（はつばい）売り出すこと。売り出し。

初春（はつはる）新年。「―月」新春。「―の―」新

初日（はつひ）元日の日の出。

初被（はつひ）職人などが着る「―率」

発病（はつびょう）病気になること。

発表（はっぴょう）世に広く知らせること。「合格―」

発布（はっぷ）法令などを世に知らせる。公布。

発奮【発憤】（はっぷん）精神を奮い起こす。奮起。

初穂（はつほ）その年の初収穫のあらわな方向の稲の穂。「―料」

八方（はっぽう）あらゆる方向「―塞がり」

発泡（はっぽう）泡が発生すること。「―酒」

派手（はで）表面に表れる。華やかで目立つさま。⇔地味

果て（はて）終わり。最後。落ちぶれた姿。

発露（はつろ）表面に表れること。ほとろ。

発令（はつれい）法令・辞令の発令や公布。

潑剌（はつらつ）元気あふれるさま「元気―」「国威を―する」

発揚（はつよう）奮い起こすこと。「国威を―する」

初夢（はつゆめ）元日・正月二日の夜の夢。

初雪（はつゆき）その年の冬に降る最初の雪。図

初物（はつもの）その季節の最初のもの。

初詣で（はつもうで）新年初の神社仏閣参り。

初耳（はつみみ）はじめて聞くこと。

初孫（はつまご）最初の孫。うひまご。

抜本（ばっぽん）根本の原因を抜き去ること。

発砲（はっぽう）大砲・鉄砲を発射すること。

発明（はつめい）新しく考え出すこと。「―家」

歯止め（はどめ）制動装置。ブレーキ。環状の金具。

鳩目（はとめ）ひもを通す丸い穴。環状の金具。

鳩胸（はとむね）胸が前に張り出している人。

波止場（はとば）船着き場。埠・港。

鳩派（はとは）穏健な派閥。和論者。⇔鷹派

再従姉妹（はとこ）女のまたいとこ。

再従兄弟（はとこ）男の、またいとこ。

罵倒（ばとう）口汚くののしる。

波動（はどう）波のように大きく広くのしる動き。

波濤（はとう）大波。波浪。

波頭（はとう）波の上。なみがしら。

破天荒（はてんこう）前例のないことを行うこと。

果てる（はてる）終わる。死ぬ。し「疲れ―」

馬蹄（ばてい）馬のひづめ。口取り形

馬丁（ばてい）馬の世話をする人。馬の口取り。

花（はな）植物の生殖器官。美しいもの。图

洟（はな）鼻の穴から出る液体。はなじる。

華（はな）はなやか「人生の―」

端（はな）最初。先端。すぐ「寝入り―」

鼻息（はないき）意気込み。人の機嫌「―が荒い」

花生け（はないけ）花をいける器。

鼻緒（はなお）下駄や草履にすげる緒。

鼻歌（はなうた）【鼻唄】小声で節だけ歌う歌。

花笠（はながさ）花や造花で飾った笠。

花形（はながた）花の形。人気者。「―歌手」

鼻薬（はなぐすり）鼻の薬。少額の賄賂。

鼻糞【鼻屎】（はなくそ）鼻孔に凝ったもの。

鼻曇り（はなぐもり）桜の季節の薄曇りの空。春

鼻声（はなごえ）鼻のつまった声。甘えた声。

花茣蓙（はなござ）模様を織り出したござ。夏

花言葉（はなことば）花にもたせた象徴的な意味。

花盛り（はなざかり）花の真っ盛り。盛んなること。

鼻先（はなさき）鼻の頭。すぐ目の前。「—思案」

啝（はなし）［噺］物語。話し話。落語。おとぎわなし。わけ。

話（はなし）会話。相談。相談。

話し合う（はなしあう）語らう。談ずる。

噺家（はなしか）［噺家］落語家。

話半分（はなしはんぶん）事実が半分程度、その話。

話す（はなす）言う。しゃべる。語る。「事情を—」

離す（はなす）解く。自由にする。隔てる。分ける。「机を窓から—」

放す（はなす）隔てる。分ける。「鳥を空に—」

鼻筋（はなすじ）眉間から鼻先までの線。鼻梁の上。

花園（はなぞの）草花が植えてある庭園。[秋]

花代（はなだい）芸者などの揚げ代。玉代。

鼻高高（はなたかだか）得意げなさま。「—と『当選した』」

花束（はなたば）草花を束ねたもの。ブーケ。

花便り（はなだより）桜の開花の便り。

花札（はなふだ）花合わせに使う札。花がるた。

花摘み（はなつみ）花を摘むこと。・人。

鼻柱（はなぱしら）鼻筋。気っぷ。負けん気。

鼻血（はなぢ）鼻の粘膜からの出血。鼻出血⚕︎。

放つ（はなつ）自由にする。出す。発射する。

花恥ずかしい（はなはずかしい）花もにかむほどういういしくて美しい。「—年頃の娘」

甚だ（はなはだ）非常に。たいそう。「—迷惑だ」

甚だしい（はなはだしい）程度が激しい。「勘違いも—」

花火（はなび）火薬で音や光を出す仕掛け。[夏]

華華しい（はなばなしい）華やか。「—活躍」

花冷び（はなびえ）桜の咲く頃の寒さ。[春]

花弁（はなびら）［花片］花冠の一枚一枚の薄片。

花房（はなぶさ）房のように垂れて咲く花。

花吹雪（はなふぶき）吹雪のように散る花。[春]

花曲がり（はなまがり）［花町］芸者屋などの町。色町。

花祭（はなまつり）四月八日の灌仏会⚕︎。[春]

花見（はなみ）花(桜)を見物して楽しむ。[春]

花街（はなまち）花と実、転じて、名と実利。

花道（はなみち）舞台で役者がとおる細長い道。

花婿（はなむこ）［壻］去る人に贈る金品・言葉。↔花嫁

鼻持ちならない（はなもちならない）慢できない。言動などが嫌味で不快だ。

華やか（はなやか）美しくきらびやかなさま。

花嫁（はなよめ）結婚したての女。新婦。「母屋からはなれた座敷」↔花婿

離れ（はなれ）「場馴れ」経験慣れている。

場馴れ（ばなれ）[離れ技]奇抜で大胆なる芸。

離れ業（はなれわざ）[離れ技]奇抜で大胆なる芸。

花環（はなわ）牛の鼻に通すための輪。

埴生（はにゅう）黄赤色の粘土のある土地。

埴輪（はにわ）古代の墓前にある粘土製の像。

羽（はね）鳥類の全身を覆う羽毛。「鳥の—」

羽根（はね）翼状のもの。「扇風機の—」

翅（はね）［翅］昆虫の飛ぶための器官。

発条（ばね）鋼などの巻き弾力性を利かすもの。

羽根突き（はねつき）羽子板で羽根を突く遊び。

羽布団（はねぶとん）鳥の羽を詰めた布団。[冬]

刎ねる（はねる）首を切る。首にする。打ち首にする。

跳ねる（はねる）跳び上がる。飛び散る。「蛙が—」

撥ねる（はねる）取除く。はじき上げる。

母（はは）女の親。実母。

幅（はば）横の長さ。開き。余地。「—が利く」

婆場（ばば）老年の女。おばあさん。↔爺じじ

馬場（ばば）乗馬や競馬を行う場所。「良—」

母方（ははかた）母親のほうの血筋。↔父方

憚る（はばかる）恐縮する。遠慮する。「人前を—」

羽撃き（はばたき）鳥が翼を広げて動かす。

羽利き（はばきき）威勢がよい。

幅跳び（はばとび）跳躍の距離を競う陸上競技。

派閥（はばつ）集団内部の排他的集団。「—争い」

幅広（はばひろ）普通より幅が広い。はばひろ。

阻む（はばむ）	邪魔する。妨げる。「行く手を—」
蔓延る（はびこる）	一杯に広がる。増長する。
省く（はぶく）	除く。減らす。約する。略す。
葉巻（はまき）	葉巻たばこ。シガー。
浜辺（はまべ）	海岸。海のほとり。海浜。
浜（はま）	海・湖に沿った陸の平地。港。
破魔矢（はまや）	正月に飾る魔よけの矢。
嵌まる（はまる）	［填る］合う。［嵌め込む］「型に—」落ち込む。
歯磨き（はみがき）	歯を磨くこと。「—粉」
破片（はへん）	壊れたものの一かけら。
侍る（はべる）	貴人のそば近くに仕える。
派兵（はへい）	軍隊を派遣すること。「海外—」
馬糞（ばふん）	ウマのくそ。「—紙」
羽振り（はぶり）	勢力。金力。
羽二重（はぶたえ）	薄くて滑らかな絹布。「—餅」
食む（はむ）	食物をかむ。食う。「草を—」
食み出す（はみだす）	収まらずに外に出る。
刃向かう（はむかう）	反抗する。
羽目（はめ）	板張りの形。場面。苦しい立場。「—板」
嵌める（はめる）	入れ込む。欺く。
破滅（はめつ）	破れ滅びること。
場面（ばめん）	その場の様子。情景。シーン。
刃物（はもの）	刃のついている道具。
端物（はもの）	半端なもの。
破門（はもん）	師が弟子との関係を断つこと。
波紋（はもん）	広がる波の形。影響。「—を呼ぶ」
早い（はやい）	時刻や時機が前。短時間です。
速い（はやい）	動きがすみやか。「川の流れが—」
早生まれ（はやうまれ）	元日〜四月一日生まれ。
囃子（はやし）	定刻前の終わりや太鼓の合奏。
囃し立てる（はやしたてる）	囃子をかなでる。大声で賞賛する。
林（はやし）	樹木が群がり生える所。「白樺—」
早口（はやくち）	しゃべり方がはやいこと。早言。
端役（はやく）	主要でない役。重要でない役目。
破約（はやく）	履行しないこと。取り消し。解約。
早合点（はやがてん）	早飲み込み。
早瀬（はやせ）	川の、流れの速い所。急湍。
疾風（はやて）	急に激しく吹く風。しっぷう。
早早（はやばや）	予想よりかなり早いさま。
早まる（はやまる）	時期が早くなる。焦る。「予定が—」
早引き（はやびき）	［早退け］定刻より早い退出。
早仕舞い（はやじまい）	定刻前の終了・閉鎖。
早道（はやみち）	近道。手近な方法。「上達の—」
早耳（はやみみ）	物事を早く聞きつけること。
流行（はやり）	流行ること。「—廃り」
早技（はやわざ）	「早業」すばやく巧みなわざ。
逸る（はやる）	勇み立つ。焦る。「気持ち」
早晴れ（はやばれ）	気持ちをすっきりさせる。
原（はら）	平らで広い土地。野原。はらっぱ。
腹（はら）	胴の中下半分。考え。胆力。
払い下げ（はらいさげ）	官から民に売り渡す。
払い除ける（はらいのける）	払う。除去する。
払う（はらう）	除き去る。対価のお金を手渡す。
祓う（はらう）	神に祈り災厄を除く。清める。
腹下し（はらくだし）	下痢。くだり下剤。
同胞（はらから）	兄弟姉妹。同じ国民。どうほう。
腹黒い（はらぐろい）	根性が悪い。陰険である。
腹拵え（はらごしらえ）	事に備えて食事をすること。
腹立たしい（はらだたしい）	しゃくにさわる。
腹違い（はらちがい）	母が異なる。その兄弟姉妹。
腹鼓を打つ（はらつづみをうつ）	満腹に満足し、自分の腹を鼓のようにたたくさま。
腹積もり（はらづもり）	心中の見込み。心構え。
腹這い（はらばい）	腹を下にして這うこと。
腹巻き（はらまき）	腹に巻く布は帯。腹帯。
孕む（はらむ）	［妊む］妊娠する。含みもつ。
腸（はらわた）	大腸・小腸の総称。臓腑。心底。
波瀾（はらん）	［波乱］大波。騒ぎ。「—含み」
針（はり）	細長くてとがった道具の総称。
鉤（はり）	魚を釣るはり。釣りばり。
鍼（はり）	体に刺して治療する医療器具。

梁（はり）柱の上に渡す棟木。天井の「―」。

張り（はり）張ること。張る力。張り合い。

罵詈（ばり）あしざまに言うこと。「―のののしる」。

玻璃（はり）ガラス。水晶。

張り合い（はりあい）競り合い。やりがい。

張り紙（はりがみ）【貼紙】張り掲げる告知用の紙。

針金（はりがね）金属を細長く紐状にしたもの。

馬力（ばりき）仕事率の単位。精力。能力。

張り切る（はりきる）十分に張る。意気込む。

針供養（はりくよう）折れた針の供養行事。

針子（はりこ）【張子】紙張りの細工物。「―のトラ」。仕立て屋に雇われて裁縫する娘。

張り込む（はりこむ）待ち構える。奮発する。

張り裂ける（はりさける）膨れて破れる。

針仕事（はりしごと）縫い物・編み物をすること。

礫（はりつけ）十字架に縛り刺し殺す刑罰。

針箱（はりばこ）裁縫の道具を入れておく箱。

針山（はりやま）針を刺しておくもの。針刺し。

貼る（はる）【張る】糊でつけて付着す。押さえ。

張る（はる）膨れる。かさむ。設ける。

春一番（はるいちばん）立春後最初の強い南風。

遥か（はるか）距離の隔たるさま。「―彼方」

春雨（はるさめ）春に降る細かい雨。緑豆麺。

春着（はるぎ）正月または春に着る衣服。

春巻（はるまき）薄い皮で具を巻いて揚げた中華料理。

晴れ（はれ）天気がよい。華やかな。「―の舞台」

腫れ（はれ）はれた状態。膨れ。水気。

馬齢（ばれい）自分の年齢の謙称。「―を重ねる」

晴れ着（はれぎ）晴れの場所で着る衣服。

晴れ姿（はれすがた）晴れがましい場所に出た姿。

破裂（はれつ）裂け砕けること。割れ裂けること。

晴れ晴れ（はればれ）さっぱりしたさま。

晴れ間（はれま）雨や雪の一時やんでいる間。

晴れる（はれる）青空が見える。疑いが消える。

腫れ物（はれもの）皮膚が膨れ上がってできたもの。「―に触るよう」

馬簾（ばれん）纏（まとい）の周囲に垂れ下げる飾り。

刃渡り（はわたり）刃物の刃の長さ。「―三寸」刃物の曲芸。

波浪（はろう）なみ。「―注意報」

破廉恥（はれんち）恥を恥とも思わない態度。

班（はん）小人数のグループ。組。「―長」

煩（はん）のり。手本。「―を示す」煩わしいこと。「―に堪えず」

範（はん）のり。手本。「―を示す」

藩（はん）大名の支配領域。かこい。「―士」

判（はん）書籍や紙の大きさを示す単位。

版（はん）印刷物。出版物の刊行回数。

番（ばん）順序。見張り。「―を待つ」

晩（ばん）日暮れ。夜。遅い。「―年」

盤（ばん）皿。たらい。台。「将棋―」

汎愛（はんあい）差別なく皆同じに愛すること。「―の有無」

犯意（はんい）罪を犯す意思。「―の有無」

範囲（はんい）区域。「守備―」

叛意（はんい）背こうとする意思。叛心。

反映（はんえい）光などが反射して映ること。発展し栄える。

繁栄（はんえい）発展し栄える。隆盛。

反音（はんおん）全音の二分の一の音程。♦全音

半音（はんおん）全音の二分の一の音程。♦全音

反歌（はんか）万葉集などに多く見る返し歌。

繁華（はんか）人出が多く、にぎやかな。「―街」

版画（はんが）版に刷った絵。木・銅・石版画。

挽歌（ばんか）人を悼み悲しむ歌。弔歌。哀歌。

晩夏（ばんか）夏の末ごろ。陰暦六月の称。

半解（はんかい）物事の一部だけ半分ほど知れる。「一知―」

半壊（はんかい）半分ほど壊れる。♦全壊

挽回（ばんかい）取り戻す。元へ戻す。「名誉―」

番外（ばんがい）一定の番組以外のもの。予定外。

半額（はんがく）文字一字分の半分の大きさ。「―割引」

半角（はんかく）文字一字分の半分の大きさ。「―割引」

晩学（ばんがく）年が長じてからの学問。

番傘（ばんがさ）太い竹の骨に油紙を貼った通人ぶるような和傘。

半可通（はんかつう）通人ぶるような人。

反感（はんかん）反抗の感情。「―を買う」

晩鑑（ばんかん）→

繁閑（はんかん）忙しいことと暇なこと。

繁簡（はんかん）繁雑なことと簡略なこと。

半眼（はんがん）目を半分ほど開く。またその目。

はんかん―はんしょく

万感（ばんかん）
種々の感じ・思い。「―胸に迫る」

半期（はんき）
一期間の半分。一年の半分。

半旗（はんき）
弔意を表す国旗の掲揚方法。

版木（はんぎ）
[板木] 文字や絵画を彫刻した板。

晩期（ばんき）
終わりの時期。

反逆（はんぎゃく）
[叛逆] むほん。

半球（はんきゅう）
地球面を二等分した一方。「北―」

盤踞（ばんきょ）
[蟠踞] わだかまること。

反響（はんきょう）
音が反射して響くこと。影響。

半玉（はんぎょく）
まだ一人前でない芸妓。おぼこ。

反旗を翻す（はんきをひるがえす）
謀反する。反逆する。

番組（ばんぐみ）
組み合わせ。プログラム。「裏―」

板金（ばんきん）
[鈑金] 金属板の常温塑性加工。

番狂わせ（ばんくるわせ）
結果が意外なさま。

半径（はんけい）
円や球の半分。直径の半分。「行動―」

反撃（はんげき）
逆に攻撃をかけること。反攻。

半夏生（はんげしょう）
夏至から十一日目。圓

判決（はんけつ）
裁判の決定。裁判官の―を押す」

版権（はんけん）
著作に関する権利。著作権。

半減（はんげん）
半分に減る・減らす。‡倍増

番犬（ばんけん）
家の用心のために飼う犬。

判子（はんこ）
印鑑。印章。印を押す」

反語（はんご）
意味を裏返して言う語。

万古（ばんこ）
永久・永遠。「―焼き」の略。

反抗（はんこう）
逆らうこと。刃向かうこと。「―的」

反攻（はんこう）
攻めに転じること。反撃。

犯行（はんこう）
犯罪の行為。「―現場」

版行（はんこう）
本を印刷して売ること。印鑑。

飯盒（はんごう）
炊飯に使う金属容器。「―炊さん」

蛮行（ばんこう）
乱暴で野蛮な行い。

番号（ばんごう）
順番のしるし・数。「郵便―」

万国（ばんこく）
多くの国。世界の国々。「―旗」

反骨（はんこつ）
[叛骨] 時勢や権威に反する気骨。

万骨（ばんこつ）
多くの人の骨。多くの人の生命。

半殺し（はんごろし）
死ぬほどまでに痛めつける。

斑痕（はんこん）
まだらな痕。

瘢痕（はんこん）
傷などが治癒した後に残るあと。

反魂（はんごん）
死んだ人の魂を呼びかえすこと。

晩婚（ばんこん）
普通より遅い結婚。‡早婚

煩瑣（はんさ）
細かくて煩雑。

犯罪（はんざい）
罪を犯すこと。犯した罪。「軽―」

万歳（ばんざい）
ありとあらゆる降参。「―三唱」

万策（ばんさく）
方策。「―尽きる」

煩雑（はんざつ）
こみいっていて煩わしいこと。

繁雑（はんざつ）
事が多くごたごたしていること。

反作用（はんさよう）
反対方向に働き返す力。

晩餐（ばんさん）
夕飯。晩飯。ディナー。「―会」

半紙（はんし）
習字などに使う和紙。「わら―」

判事（はんじ）
裁判所事務を扱う国家公務員。

万死（ばんし）
何度も死ぬこと。「―に値す」

万事（ばんじ）
すべて。いろいろ。「―休す」

万事休す（ばんじきゅうす）
もはや一巻の終わり。

版下（はんした）
製版用の原稿。版木の下書き。

万謝（ばんしゃ）
深くわびる・厚く礼を言うこと。

反射（はんしゃ）
跳ね返ること。無意識の反応。

晩酌（ばんしゃく）
晩飯の時に酒を飲む。その酒。

盤石（ばんじゃく）
[磐石] 大きな岩。堅固。

晩秋（ばんしゅう）
秋の末頃。秋の暮れ。圓‡初秋

半熟（はんじゅく）
生煮え。熟しきっていないこと。‡早熟

搬出（はんしゅつ）
運びだすこと。持ちだすこと。

晩春（ばんしゅん）
春の末頃。暮春。圓‡初春

板書（ばんしょ）
黒板などに字を書くこと。

反証（はんしょう）
反対の証拠、それを示すこと。

反照（はんしょう）
照り返すこと。夕映え。

半焼（はんしょう）
火事で建物などが半分焼ける。

半鐘（はんしょう）
小さい釣り鐘。火事の鐘。

汎称（はんしょう）
同類のものを包括的呼称。総称。

繁盛（はんじょう）
[繁昌] 活気があり盛んなさま。

万障（ばんしょう）
いろいろな差し障り。万難。

晩鐘（ばんしょう）
夕暮れの鐘。入相の鐘。暮鐘。

万丈（ばんじょう）
非常に高いこと。「気炎―に上がる」

半畳を入れる（はんじょうをいれる）
ちゃかしたり他人の言動をまぜかえしたりする。

繁殖（はんしょく）
新しく生まれふえること。「―力」

はんしょく〜はんは

伴食（ばんしょく）供としてごちそうになること。

半身（はんしん）体の半分。「上―」「―右」 ⇔全身

汎神論（はんしんろん）万物に神が宿るとする説。⇔主神論

反芻（はんすう）繰り返し考え味わうこと。

半数（はんすう）全部の数の半分。

反する（はんする）反対する。違反する。

反省（はんせい）振り返って考えてみること。

半生（はんせい）一生涯の半分。今までの生涯。

万世（ばんせい）永久。万代。「―不朽」「―不易」

晩成（ばんせい）遅く成就する。⇔早成

晩生（ばんせい）遅く成熟する。晩熟。⇔早生

蛮声（ばんせい）粗野な声。荒々しい大声。

犯跡（はんせき）犯罪の証拠。罪跡。「―を残す」

版籍（はんせき）版図と戸籍。領地と領民。

半切（はんせつ）[半截]半分に切るの意。切ったもの。

晩節（ばんせつ）晩年。晩年の節操。「―を汚す」

反戦（はんせん）戦争に反対すること。「―運動」⇔主戦

帆船（はんせん）帆かけぶね。風で帆を進ませる船。帆前船。

帆船

判然（はんぜん）明らかな様子。「―としない」

万全（ばんぜん）安全で少しも不安がないこと。

帆走（はんそう）船が帆を張って進むこと。

搬送（はんそう）荷物を運んでくこと。

伴走（ばんそう）他の人と一緒に走ること。

伴奏（ばんそう）歌う者に並走して奏楽すること。

晩霜（ばんそう）晩春の霜。遅霜。⇨早霜はやじも

絆創膏（ばんそうこう）粘着性のある医療品の一つ。

反則（はんそく）規則に反すること。規則違反。

反俗（はんぞく）世間一般に同調しない考え。

半袖（はんそで）ひじの辺りまでの長さの袖。

煩多（はんた）物事が多くわずらわしいこと。用事が多くて忙しいこと。繁忙。

繁多（はんた）[般駄]鉛と錫すずの合金。「―付け」

反対（はんたい）順序や方向など逆。⇔賛成

万朶（ばんだ）花のついた多くの枝。「―の桜」

半田（はんだ）[般駄]鉛と錫すずの合金。「―付け」

番台（ばんだい）風呂屋の見張りの台。

飯台（はんだい）食事する台。ちゃぶ台。

万代（ばんだい）あべこべ。逆。「―方向」

半濁音（はんだくおん）パ・ピ・プ・ペ・ポの五音。

判断（はんだん）見分けること。見定めること。

番地（ばんち）居住地域を区分した番号。地番。

万端（ばんたん）すべて。いろいろ。「準備―」

番茶（ばんちゃ）摘み残りの葉や茎で作る茶。

範疇（はんちゅう）基礎となる概念・部類。領域。

判手（ばんて）技術や力量の順位をつけること。

判定（はんてい）見分けて決定すること。判断。

斑点（はんてん）まだらな点。ぶ

半纏（はんてん）羽織に似た短い服。糸半纏。

反転（はんてん）転ぶこと。ひっくりかえすこと。

反徒（はんと）[叛徒・むほん人]謀反ほんの仲間。逆徒。

半途（はんと）仕事や学問などの半ば。中途。

版図（はんと）一国の領域。領土。「―を広げる」

反騰（はんとう）相場が騰貴すること。⇔反落

半島（はんとう）海中に突き出た陸地。「朝鮮―」

反動（はんどう）反対方向に生じる力・動き。

晩冬（ばんとう）陰暦十二月。冬の末。

晩稲（ばんとう）遅く実る稲。おくて。⇨早稲わせ

番頭（ばんとう）商家の雇い人のかしら。

半導体（はんどうたい）電気伝導率を持つ物質。

半時（はんとき）一時いっときの半分。少しの時間。

判読（はんどく）推し量って読むこと。

万難（ばんなん）多くの困難や障害。「―を排す」

反日（はんにち）日本に反感をもつこと。⇔親日

般若（はんにゃ）悟りを開く知恵。鬼女の面。

搬入（はんにゅう）運び入れること。持ち込むこと。

犯人（はんにん）罪を犯した人。犯罪者。「真―」

万人（ばんにん）多くの人。すべての人。「―向き」

番人（ばんにん）番をする人。見張り番。

半人前（はんにんまえ）未熟者の半分。

晩年（ばんねん）年老いた時。老後。⇔幼年

反応（はんのう）刺激に対する変化やきめ。

万能（ばんのう）万事に巧み。すべてに有効。

飯場（はんば）工事現場近くの労働者の宿舎。

は

半端（はんぱ）はした。ふぞろい。「中途―」

鞍馬（あんば）車両を引かせる馬。「―競走」

販売（はんばい）売りさばくこと。商い。「―購入」

反駁（はんばく）非難に対して論じ返すこと。

半白（はんぱく）白髪まじりの毛。「―の老人」

反撥（はんぱつ）跳ね返す。「反発」

半半（はんはん）半分ずつ。五分五分。二つ割り。

万万（ばんばん）非常に多いさま。十分に。決して。

万般（ばんぱん）すべての物事。百般。

万万（ばんばん）すべての物事。万般。

反比例（はんぴれい）逆数に比例すること。

頒布（はんぷ）広く分けて配ること。配布。「―無料」

反復（はんぷく）繰り返す。一度々行うこと。

万物（ばんぶつ）宇宙のありとあらゆるもの。

半分（はんぶん）二分の一。半ば。「冗談―」「話―」

判別（はんべつ）見分けること。判じ分けること。識別。

繁忙（はんぼう）忙しいこと。「―を極める」

飯米（はんまい）飯にたく米。自家用米。

半身（はんみ）体を、相手に対し斜めに構える

万民（ばんみん）多くの民。すべての民衆。万人。

判明（はんめい）はっきりわかる。明らかになること。

反面（はんめん）反対の面。他の面。他面。他方。

半面（はんめん）顔や表面の半分。片面。片方。

繁茂（はんも）草木が勢いよく生い茂ること。

反目（はんもく）仲が悪くにらみ合うこと。対立。

版元（はんもと）図書の発行所。出版元。

反問（はんもん）逆に尋ねることを問い返すこと。

斑紋（はんもん）まだらの模様。

煩悶（はんもん）思いもだえる。煩うこと。懊悩。

万有（ばんゆう）すべてのもの。万物。「―引力」

蛮勇（ばんゆう）乱暴な勇気をふるう。

汎用（はんよう）広く多方面に使用。「―を極める」 ⇔専用

半裸（はんら）半身が裸であること。⇔全裸

万雷（ばんらい）鳴り響く音。「―の拍手」

反落（はんらく）騰貴相場が逆に下落すること。⇔反騰

反乱（はんらん）背き乱れること。「―叛逆」

氾濫（はんらん）河川の水があふれ出る。蔓延る。

万里（ばんり）一万里。はるかで遠い距離。

伴侶（はんりょ）とも。連れ。仲間。「終生の―」

万緑（ばんりょく）見渡す限り緑であること。圜

凡例（はんれい）書物の見方についての説明。

判例（はんれい）過去の裁判での判決例。「―を示す」「―集」

範例（はんれい）模範・規範となる例。「―を示す」

販路（はんろ）品物のはけくち。売れみち。

反論（はんろん）相手の議論に言い返すこと。

汎論（はんろん）全体にわたって論じること。通論。

ひ

火（ひ）ほのお。炭火。火災。

灯（ひ）明かり。ともし。「街の―」

比（ひ）同類。割合。「―を見ない」

妃（ひ）[桜機を織るために使う道具]皇族の妻。現在皇族の妻。「―殿下」

杼（ひ）[桜機を織るために使う道具]水を導き送る長い管。

非（ひ）ではない。「―打ち所がない」

碑（ひ）石に文を刻んで建てたもの。

樋（ひ）水を導き送る長い管。

美（び）美しい。旨い。「有終の―」

悲哀（ひあい）悲しみ。あわれ。「人生の―」

干上がる（ひあがる）[乾上がる]乾ききる。

日脚（ひあし）[日足]昼間の時間。「―が延びる」

火脚（ひあし）[火足]火の燃え広がるはやさ。

日当たり（ひあたり）日光が当たる。「―良好」

微意（びい）自分の志の謙称。寸志。

贔屓（ひいき）目を掛け引き立てること。「―目」

肥育（ひいく）食用の家畜を太らせる飼育法。

秀でる（ひいでる）勝る。ぬきんでる。「一芸に―」

麦酒（ビール）麦芽で造るアルコール飲料。圜

非運（ひうん）[否運]運がない。不運。「―に泣く」⇔幸運

悲運（ひうん）悲しい運命。逆境。

冷える（ひえる）温度が下がりめたくなる。

秘奥（ひおう）物事の奥深い所。奥義。「芸道の―」

火桶（ひおけ）木製の丸い火鉢。圖

微温（びおん）なまぬるいこと。手ぬるいこと。

鼻音（びおん）発音で鼻に掛かる音声。

皮下（ひか）皮膚の下層。「―脂肪」

悲歌（ひか）悲しみのこもった歌。哀歌。

彼我（ひが）彼と自分。相手と自分。自我

美化(か) 美しくすること。「―運動」

美果(か) うまい果実。好結果。「―を得る」

微瑕(か) 少しの傷。わずかの欠点。

被害 害を被る。被った損害。↔加害

控え(ひかえ) 備えておくこと。予備。

控えめ(ひかえめ) 遠慮するさま。

日帰り(ひがえり) その日のうちに帰ること。

控える(ひかえる) 進まずに待つ。遠慮する。

ひかがみ ひざの後ろのくぼんだ部分。

比較(ひかく) 比べ合わす。比べること。

皮革(ひかく) 加工した皮。「―製品」

日陰(ひかげ) [日蔭]日光が当たらない場所。

日影(ひかげ) 日の光。日ざし。

僻事(ひがごと) 道理や事実に合わないこと。

日傘(ひがさ) 日よけの傘。パラソル。

東(ひがし) 方角の一つ。日の昇る方向。↔西

干菓子(ひがし) 乾いた菓子。↔生菓子

干潟(ひがた) 潮が引くと現れる海岸の浅瀬。

僻目(ひがめ) 見間違い。誤った考え方。偏見。

僻む(ひがむ) 素直に解釈しないですねる。

日柄(ひがら) その日の吉凶日並。「―もよいお―」

干涸びる(ひからびる) [乾涸びる]乾ききる。

光る(ひかる) 光を放つ。光沢がある。目立つ。

日替わり(ひがわり) 毎日かわる。「―定食」

悲観(ひかん) 先々に希望を持たない。↔楽観

避寒(ひかん) 寒さを避け暖地で過ごす。

彼岸(ひがん) 春分・秋分の日の前後計七日間。[図]

悲願(ひがん) 心に念ずる悲壮な願い。

美感(びかん) 美しいと感じること。その感覚。

美観(びかん) 美しい風景。よい眺め。「―地区」

秘技(ひぎ) 秘密の術。奥の手。

美技(びぎ) 見事な技・演技。ファインプレー。

悲喜(ひき) 悲しみと喜び。「―こもごも」

美顔(びがん) 美しい顔。顔を美しくすること。

引き揚げる(ひきあげる) 上げる。高くする。元に戻る。退去する。

率いる(ひきいる) 引き連れて行く。引率する。

引き受ける(ひきうける) 承知する。保証する。

碾き臼(ひきうす) 穀物を粉にする道具。石臼。

引き金(ひきがね) 鉄砲を打つ時引く金具。

引き際(ひきぎわ) 仕事などを退く時期。

悲喜劇(ひきげき) 悲劇的で喜劇的な戯曲。

引き籠もる(ひきこもる) 家に閉じこもる。

引き算(ひきざん) 差を求める計算法。減法。

引き潮(ひきしお) [引汐]落ち潮。下げ潮。干潮。

被疑者(ひぎしゃ) 嫌疑のかかる者。容疑者。

引き摺る(ひきずる) すって引く。長引かせる。

引き出し(ひきだし) [抽斗]抜差しできる箱。

引き立つ(ひきたつ) 見栄えがする。栄える。

引き茶(ひきちゃ) [挽茶]粉にした茶。抹茶。

引き継ぐ(ひきつぐ) 受け継いで続ける。「仕事を―」

引き続き(ひきつづき) 続けざまに。続けて。

引き攣る(ひきつる) 縮まる。筋がつる。

引き出物(ひきでもの) 主人から来客へ贈る物。

引き取る(ひきとる) 場から退く。受け取る。

挽き肉(ひきにく) 細かくひき砕いた肉。

轢き逃げ(ひきにげ) 車で人をひいて逃げる。

引き抜く(ひきぬく) 人を自分の所属へ移す。

引き払う(ひきはらう) 物を片づけて退去する。

飛脚(ひきゃく) 昔、手紙などを配達した使い。

被虐(ひぎゃく) 他人から虐げられること。「―性」

美挙(びきょ) ほめるべき立派な行い。

比況(ひきょう) 他と比べること。

卑怯(ひきょう) 勇気がなくずるいさま。卑劣。

秘境(ひきょう) 人に知られていない地域。

悲境(ひきょう) 悲しい境遇。哀れな境遇。

悲況(ひきょう) 悲惨な状況。

罷業(ひぎょう) 仕事を中止する。「同盟―」

引き分け(ひきわけ) 勝負がつかないこと。

卑近(ひきん) 身近なこと。「―な例」↔高遠

非金属(ひきんぞく) 金属の性質を持たない単体。

卑金属(ひきんぞく) ひがさびやすい金属。↔貴金属

引く(ひく) [引く・牽く]前からひっぱる。減らす。ひっぱる。やめる。

曳く(ひく) [引く・牽く]ひっぱる。

ひく−ひし

退く（ひく） 引退する。
挽く（ひく） 刃物ですり砕く。木を割る。
惹く（ひく） 楽器などを奏で「ピアノを—」
弾く（ひく） 「引く」関心を向けさせる。「豆を—」
碾く（ひく） うすですって砕く。
轢く（ひく） 車輪がものを踏みつけて通る。
魚籠（びく） 釣った魚を入れるかご。魚藍。
比丘（びく） 出家した男性の僧。⇔比丘尼
低い（ひくい） 高くない。声・音が小さい。
卑屈（ひくつ） 劣等感で、いじける態度。
引く手（ひくて） 誘いかける人。「—あまた」
比丘尼（びくに） 出家した女性。尼僧。
日暮れ（ひぐれ） 夕暮れ。日没。晩方。薄暮。

魚籠

微醺を帯びる（びくんをおびる） 酒に少し酔う。
髭（ひげ） 顔面に生える毛。口ひげ。「—面」
卑下（ひげ） へりくだること。自ら卑しむこと。
秘計（ひけい） 秘密のはかりごと。秘策。
美形（びけい） 美しい容姿。美人。
悲劇（ひげき） 悲しい場面を描写した劇。
引け際（ひけぎわ） 物事が終わる間際。
火消し（ひけし） 昔の消防士。
否決（ひけつ） 議案などを承認しない。⇔可決
秘訣（ひけつ） 奥の手。こつ。
引け時（ひけどき） 「退け時」退出の時刻。
引け目（ひけめ） 気後れ。後ろめたさ。欠点。
引け（ひけ）を取る 負ける。劣る。
比肩（ひけん） 肩を並べること。匹敵すること。
披見（ひけん） 手紙や書籍を開いて見ること。

卑見（ひけん） [鄙見]自分の意見の謙遜語。
箆（へら） 竹を細く割って削ったもの。
庇護（ひご） かばい守ること。ひいきすること。
卑語（ひご） [鄙語]卑しい言葉。卑俗な語。
非語（ひご） [蜚語]根拠のない言葉。飛言。
飛行（ひこう） 空中や道徳に外れた行い。「低空—」
非行（ひこう） 道理や道徳に外れた行い。「低空—化」
飛行（ひこう） 空中を飛んで行くこと。飛行。
非業（ひごう） 天命でないこと。非命。「—の死」
尾行（びこう） 人のあとをつけて行くこと。
備考（びこう） 参考のため書き添えること。
微行（びこう） 忍び歩き。おしのび。
微光（びこう） かすかな光。わずかな希望。
鼻孔（びこう） 鼻のあな。
鼻腔（びこう） 鼻の内部の空所。
非公開（ひこうかい） 一般には公開しないこと。

飛行機（ひこうき） 空中を飛ぶ乗り物。
非公式（ひこうしき） 公式ではないこと。「—会談」
非合法（ひごうほう） 法律に背いていること。
非合理（ひごうり） 論理・理性に合わないこと。
被告（ひこく） 訴訟で訴えられた者。⇔原告
日毎（ひごと） 日々。一日一日。
蘖（ひこばえ） 草木の切り株から出る新芽。匘
日頃（ひごろ） ふだん。平生。「—に春めく」
膝（ひざ） 脚の関節部の前面。「—小僧」
非才（ひさい） 「菲才」自分の才能」の謙称。
被災（ひさい） 災害を受けること。罹災。「—者」
微細（びさい） 極めて細かいこと。極小。
日盛り（ひざかり） 日の照る真っ盛り。夏
微罪（びざい） 軽度な犯罪。軽微な罪。小罪。
秘策（ひさく） 秘密のはかりごと。秘計。

飛行機（ひこうき） [販ぐ]売る。商う。「春を—」
瓢（ひさご） ひょうたん。ふくべ。匘
庇（ひさし） [廂]軒の突き出た部分。図
日差し（ひざし） 日の光。日が照ること。
久しい（ひさしい） 長い時間が経つ。ひさしぶり。
久し振り（ひさしぶり） 長い期間を経ること。
膝詰め（ひざづめ） 膝をつきあわせる。「—談判」
久久（ひさびさ） ひさしぶり。ばらくぶり。
膝枕（ひざまくら） 他人の膝を枕にして寝ること。
跪く（ひざまずく） ひざを地につけてかがむ。
氷雨（ひさめ） あられ。冷たい雨。
膝元（ひざもと） ひざのそば。そば近く。身の回り。
飛散（ひさん） 飛び散ること。散りぢりになる。
悲惨（ひさん） 痛ましい哀れである。「—な光景」
皮脂（ひし） 皮脂腺からの脂肪性分泌物。

秘史 秘密の記録。隠された歴史。

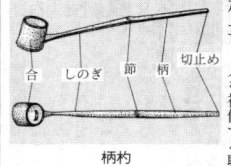

秘事 秘密の事柄。隠し事。「―は睫」

肘 ひじ。腕の節の曲がる部分。

醬 [塩・醬] なめしその一種。

肘掛け 肘をのせてもたせかける物。ひしない。

菱形 菱の実のような形。ひしがた。

皮質 臓器の表層部分。「大脳―」

拉ぐ 押しつぶす。勢いをくじく。

微視的 対象が極めて細かいさま。

美質 すぐれた性質。

鉄 強く断ずること。

犇と ひしと突くこと。しっかりと。

肘枕 自分のひじを枕にして寝ること。

犇めく 大勢が押し合い騒ぐ。

柄杓 湯水などをくみ取る道具。

秘事 秘密の事柄。隠し事。

微弱 極めて弱いさま。

被写体 写真に写されるもの。

毘沙門 七福神の一。多聞天。「―亀甲」

美酒 よい酒。うまい酒。「―に深く沈む気持ち」

悲愁 悲しみに深く沈む気持ち。

比重 他と比べた度合。「―がかかる」

美醜 美しいことと醜いこと。

批准 条約の確認や同意の手続き。

美術 美を表現する芸術。「―館」

秘書 秘密の文書。要人を補佐する職。

柄杓　合／しのぎ／節／柄／切止め

避暑 転地して暑さを避けること。

美女 美しい女。美人。「―美男」⇔醜女

卑小 みすぼらしく小さいさま。

卑称 ぞんざいな言葉や表現。卑語。

飛翔 空中を飛びかけること。

悲傷 心から深く悲しむこと。

費消 甚だ。普通でないき態。「―階段」

非情 情のない・心ない事。非人情。

美称 ほめて言う名。美しい名称。

微少 極めて少ない。僅少。

微笑 にっこり笑う。ほほえみ。

尾錠 ベルトなどの締め金。バックル。

非常勤 常勤でないこと。「―講師」

非常口 非常時の避難用出入り口。

非常識 常識から外れていること。⇔粗食

微震 震度7の弱い地震。

美人 容姿の美しい女。美女。美姫。

翡翠 宝石の一。カワセミの異称。

歪み ひずむこと。ゆがみ。「社会の―」

秘する 秘密にする。名に。「特―」

批正 批判して訂正すること。

美声 美しい声。「―悪声」

微生物 ごく細かな生物。

日銭 日ごと日々に入る金。日済し金。

卑賤 身分・地位が低く卑しいこと。

美髯 見事なほおひげ。「―を蓄える」

砒素 有毒な非金属元素の一種。

鼻祖 先祖。元祖。始祖。

皮相 うわべ。表面的。

悲愴 哀れにも痛ましいこと。「―感」

悲壮 悲しくて痛ましいこと。

秘蔵 大切にしまっておくこと。「―品」

脾臓 リンパ球を作る小さな臓器。

美装 美しく装うこと美しく飾ること。

微増 わずかに増えること。⇔微減

密か 窃か・私か内緒で。忍びやか。

卑俗 卑しい。上品でない。低俗。

卑俗 孫・甥など。子と同列以下の血族。

美俗 よい風俗・習慣。「良風―」

顰み 眉をしかめること。「―に倣う」

潜む 隠れている。忍ぶ。潜伏する。

ひそめる―ひつよう

潜（ひそ）める 隠す。秘める。「鳴りを―」

顰（ひそ）める 眉の辺りにしわを寄せる。

襞（ひだ） 衣服などの細い折目。「山」

額（ひたい） 眉と髪の生えぎわの間。おでこ。

鐚一文（びたいちもん） 金銭。

媚態（びたい） こびへつらう態度。嬌態。

肥大（ひだい） 太り大きくなる。「心臓」

只管（ひたすら） 一向。ただそれのみ。

浸（ひた）す 液体につける。濡らす。

火種（ひだね） 争いや事件の原因。「紛争の―」

火達磨（ひだるま） ［悲歎］悲しみ嘆き。

悲嘆（ひたん） ［悲歎］悲しみ嘆くこと。

美談（びだん） ほめるべき行為などの話。佳話。

備蓄（びちく） 万一に備えて蓄えておくこと。「―米」

微衷（びちゅう） 自分の心中の謙称。微意。

櫃（ひつ） ふた付きの大型の箱。「長―」

筆禍（ひっか） 自己の著作物で受ける災難。

筆記（ひっき） 書き記すこと。「―具」「口述―」

柩（ひつぎ） [棺]遺体を入れて葬る箱。

畢竟（ひっきょう） つまるところ。結局。「―するに」

吃驚（びっくり） とに驚くこと。突然なこ

日向（ひなた） 日が当たる暖かい場所。

日溜（ひだ）まり 日が当たって暖かな所。

直向（ひたむ）き 一途に熱中するさま。

左団扇（ひだりうちわ） 安楽な生活を送ること。

左利（ひだりき）き 利き手が左手。酒好き。

左前（ひだりまえ） 経済的に苦しくなる。ある境地に身をおく。

浸（ひた）る つかる。ある境地に身をおく。

飢（ひだる）い 空腹である。ひもじい。

火達磨（ひだるま） 全身に火がつく燃えること。

必携（ひっけい） 常時携えること。「―品」「―の本」

日付（ひづけ） 文書などを作成・提出した年月日。

引っ括（くく）める 一つにまとめる。

必見（ひっけん） 必ず見るべきこと。「―の作」

必死（ひっし） 命懸け。全力を尽くすこと。「―の一撃」

必至（ひっし） 当然そうなること。必然。

筆紙（ひっし） 筆と紙。「―に尽くしがたい」

筆算（ひっさん） 数字を書いて計算すること。↔暗算

引っ越（こ）し 住居を移すこと。転居。

引（ひ）っ込み思案（じあん） 消極的。

筆殺（ひっさつ） 必ずしとめること。「―の一撃」

筆耕（ひっこう） 報酬を受けて筆写すること。

未（ひつじ） 十二支の第八。時刻の名。

坤（ひつじさる） 西の方角。南西の方角の一つ。

筆写（ひっしゃ） 書き写すこと。書写。「―体」

必者（ひっしゃ） その文章や書画を書いた人。

必中（ひっちゅう） 必ず当たること。「一発―」

必修（ひっしゅう） 必ず修めなければならないこと。「―品」

必需（ひつじゅ） どうしても必要なこと。「―品」

必勝（ひっしょう） 必ず勝つこと。「―の信念」

必定（ひつじょう） 必ずそうなること。「―勝利はーだ」

必須（ひっす） なくてはならないこと。不可欠。

畢生（ひっせい） 一生。生涯。終生。「―の大事業」

筆勢（ひっせい） 筆・文章の勢い。筆遣。筆力。

筆跡（ひっせき） ［筆蹟］筆の跡文字。「―鑑定」

筆舌（ひつぜつ） 筆と舌。文章と言語。

筆洗（ひっせん） 筆を洗うための器。筆池。

必然（ひつぜん） 必ずそうなるべき。↔偶然

逼塞（ひっそく） 落ちぶれて隠れて暮らすこと。

筆談（ひつだん） 言語を用いない筆による談話。

筆致（ひっち） 筆の趣。書きぶり。ふでつき。

必着（ひっちゃく） 必ず到着すること。

筆頭（ひっとう） 第一番目の人。筆の先。「―株主」

筆誅（ひっちゅう） 罪を並べたてて責めること。

匹敵（ひってき） 肩を並べること。相手になること。

筆墨（ひつぼく） 筆と墨。「―料」

匹夫（ひっぷ） 道理を解さない男。「―の勇」

匹婦（ひっぷ） 道理を解さない女。「匹夫―」

筆鋒（ひっぽう） 筆の書きぶり。文字の書き跡。

蹄（ひづめ） 牛や馬などのつめ。

必読（ひつどく） 必ず読むべきこと。「―書」

逼迫（ひっぱく） 差し迫ること。貧乏。「財政―」

筆罰（ひつばつ） 罪のある者は必ず罰される。

引（ひ）っ張（ぱ）る 引き寄せる。引いて張る。

必滅（ひつめつ） 必ず滅びること。「生者―」

必用（ひつよう） 必ず用いること・もの。↔不用

必要（ひつよう） 必ず要ること・もの。⇔不要

筆力（ひつりょく） 筆の力。文章力。

比定（ひてい） 類似のものと比べ、推定する。

否定（ひてい） 認めないこと。一呼吸で打ち消すこと。

日照り（ひでり） 雨が降らずに渇水すること。夏

秘伝（ひでん） 他にもらさない秘密の奥義。

美点（びてん） 優れた点。長所。⇔欠点

美田（びでん） 肥えたよい田地。良田。

一泡（ひとあわ） ひどく驚き慌てさせること。

酷い（ひどい） むごい。残酷。激しい。悪い。

一息（ひといき） 一呼吸。息をつかぬさま。

人一倍（ひといちばい） 普通の人以上。

非道（ひどう） 道理でないこと。非人情なこと。

尾灯（びとう） 乗り物の後尾の赤い標識灯。

微動（びどう） 少し動くこと。わずかな動き。

一重（ひとえ） 重なっていないこと。「紙一重の差」

単衣（ひとえ） ［一重］裏地のない着物。夏

偏に（ひとえに） ［一重に］ひたすら。専ら。全く。

人怖じ（ひとおじ） 知らない人に怖じけづくこと。

人垣（ひとがき） ［人疊］大人数が立ち並ぶさま。

人陰（ひとかげ） ［人蔭］人の陰。

人影（ひとかげ） 人の姿・人の影。「まばらな―」

一角（ひとかど） ［一廉］優れていること。「―の人物」

人柄（ひとがら） 品格・性質。人の品格。「温厚な―」

人聞き（ひとぎき） 世間の評判。

一際（ひときわ） 一段と。一入。「一層―美しい」

美徳（びとく） ほめるに足る立派な徳行い。

一癖（ひとくせ） 一つの癖。普通でない個性。

秘匿（ひとく） 秘密にして隠しておく。隠匿

一苦労（ひとくろう） 相応の骨折り。かなりの苦労。

人陰（ひとかげ） 人家が集まっている所。

人里（ひとざと） 人家が集まっている所。

人騒がせ（ひとさわがせ） 理由なく人を驚かせる。

一頻り（ひとしきり） しばらくの間盛んなこと。

人質（ひとじち） 脅迫のため人を拘束すること。

人好き（ひとずき） 多くの人に好かれること。

人頃（ひとごろ） 以前の一時期。「―流行した歌」

一齣（ひとこま） 映画などの一場面。人生の―こと・場。

人込み（ひとごみ） 人の込み合うこと。「―不足」

人事（ひとごと） ［人事］自分に無関係なこと。

人心地（ひとごこち） 生きた心地。正気。

人気（ひとけ） 人のいる様子。人の気配。

等しい（ひとしい） ［均しい］同じである。同一。

一入（ひとしお） 「喜びも―」より一層。

人並み（ひとなみ） 同等。同様。

一筋縄（ひとすじなわ） 通常のやり方。

人擦れ（ひとずれ） 人にもまれ世なれている。

一花（ひとはな） 「一時盛んなこと。「―咲かす」

人払い（ひとばらい） 他人をその場から去らせる。

人前（ひとまえ） 多くの人の見ている所。面前。

人任せ（ひとまかせ） 自分のことを他人にまかせる。

人先（ひとまず） ず。とにかく。

一纏め（ひとまとめ） 一つにまとめる。一括。

瞳（ひとみ） ［眸・晴］眼球の中の黒い部分。

人見知り（ひとみしり） 知らない人を嫌うこと。

一昔（ひとむかし） もう昔だと感じるほどの過去。

人目（ひとめ） 世間の目。人の往来を憚る。

一目（ひとめ） 一見。ちらりと見ること。

人伝（ひとづて） 人を介して伝えること。「―に聞く」

一溜まり（ひとたまり） 少しもちこたえること。「―もない」

人魂（ひとだま） 死者の魂とされる青白い火の玉。

一度（ひとたび） 一回。いったん。いちど。

人妻（ひとづま） 他人の妻。既婚の女性。

一粒種（ひとつぶだね） 大切にしている一人っ子。

人通り（ひとどおり） 人の往来。普通。人の数。

人手（ひとで） 他人の手。働き手。「―不足」

人出（ひとで） 人が出て集まること。人の数。

一時（ひととき） しばらくの間。「いこいの―」

人波（ひとなみ） 群衆が押し合い動くこと。

人並み（ひとなみ） 常人と同じ程度。世間並み。

一握り（ひとにぎり） 一手に握る。ほんの少量。

一人（ひとり） ［独り］単独。独身。「―者」

独り（ひとり） ［独り］単独で決める。「―決め」「―者」

日取り（ひどり） 予定日の取決め。日程。

独り歩き（ひとりあるき） 単独で歩く。独力で行う。

一儲け（ひともうけ） まとまった利益を得ること。

ひとりかてん―ひほん

独り合点（ひとりがてん）自分だけで了解する。

独り言（ひとりごと）自分一人でも物を言うこと。

独り占め（ひとりじめ）独りで専有すること。独占。

独り相撲（ひとりずもう）自分一人で意気込むこと。

独り舞台（ひとりぶたい）独り独壇場の活躍。

独り立ち（ひとりだち）自立。独立。

独り善がり（ひとりよがり）他説を受け入れない。

鄙（ひな）都から離れた土地。田舎。

雛（ひな）ひよこ。ひな人形。

雛形（ひながた）物の模型。書式。見本。手本。

日長（ひなが）【日永】昼が長いこと。◆[春]◆夜長

日向（ひなた）日の当たる場所。◆日陰

日向びる（ひなたびる）田舎風になる。いなかびる。

雛祭り（ひなまつり）三月三日の女児の節句。[春]

火縄（ひなわ）火つけ用の縄。「―銃」

非難（ひなん）欠点などを責めること。「―の的」◆[批難]

避難（ひなん）災難を避けること。「―民」「―訓練」

美男（びなん）美しい男。美男子。◆醜男

皮肉（ひにく）遠回しの非難。当てこすり。

泌尿器（ひにょうき）尿に関係する器官。「―科」

否認（ひにん）事実と認めないこと。◆是認

避妊（ひにん）妊娠しないようにすること。「―薬」

微熱（びねつ）わずかの熱。少し高めの平熱。

捻る（ひねる）ねじる。凝す。負かす。

丙（ひのえ）十干の第三。

檜舞台（ひのきぶたい）檜板張れの舞台。実力を示す晴

火の車（ひのくるま）貧乏に苦しむさま。

火の気（ひのけ）火の気味・ぬくみ。かき。

火の粉（ひのこ）飛び散る火片。

火の玉（ひのたま）火の塊。鬼火。

丁（ひのと）十干の第四。

日延べ（ひのべ）決まった期日を延ばすこと。

日の目（ひのめ）日の光。「―を見る」

非売品（ひばいひん）売り物でない品物。◆売物

飛瀑（ひばく）高所から落ちる大滝。[夏]

被曝（ひばく）放射線にさらされること。

被爆（ひばく）原水爆の被害・攻撃を受ける。

火箸（ひばし）炭火をはさむ金属性のはし。

火鉢（ひばち）炭火を入れ暖をとる器具。[図]

火鉢

火花（ひばな）飛び散る火・火の粉。スパーク。

脾腹（ひばら）横腹。脇腹。

批判（ひはん）批評して判断する。批評。「―的」

非番（ひばん）当番でないこと・人。◆当番

沸沸（ひはつ）淫欲の盛んなる者ののしる言葉。

輝（ひび）[皹][寒さによる皮膚の亀裂][図]

罅（ひび）陶器などの細かい割れ目。

微微（びび）極めて小さなさま。「―たる勢力」

響く（ひびく）音声などが周囲に伝わる。指摘して価値を論じる。批判。

備品（びひん）備えつけの品物。

批評（ひひょう）「―台版」

皮膚（ひふ）体の表面を覆う組織。「―呼吸」

日歩（ひぶ）利息計算期間の一日の利率。「―費」

美風（びふう）美しい風俗。「―を暴風」

微風（びふう）わずかな風。よわぜ。

被服（ひふく）身に着ける衣服。「―費」

被覆（ひふく）物の表面にかぶせること。

火蓋（ひぶた）火縄銃の火皿を覆うふた。

碑文（ひぶん）碑に彫りつける文章。碑名。銘。

美文（びぶん）飾りつづった巧みな文章。「―調」

疲弊（ひへい）疲れ弱ること。衰えること。

秘法（ひほう）秘密の方法。「―の伝授」

秘宝（ひほう）人に見せずしまっておく宝。

悲報（ひほう）悲しい知らせ。悲報。

非望（ひぼう）身分不相応な望み。高望み。

誹謗（ひぼう）悪口を言うこと。「―中傷」

非業（ひごう）失敗をとりつくろうこと。「―の策」

弥縫（びほう）失敗をとりつくろうこと。「―策」

美貌（びぼう）美しい顔だち。「―の持主」

備忘録（びぼうろく）忘れないための記録。

日乾し（ひぼし）[日乾し]日光にすること。

干乾し（ひぼし）食物がなく飢え衰えること。

非凡（ひぼん）特に優れていること。「―な才能」

暇（ひま）【閑・隙】手すき。用事の合間。

皮膜（ひまく）皮膚と粘膜。

被膜（ひまく）覆い包んでいる膜。

曾孫（ひまご）孫の子。ひいまご。

日増し（ひまし）【閑人】暇でぶらぶらしている人。

暇人（ひまじん）【閑人】暇でぶらぶらしている人。

飛沫（ひまつ）細かく飛び散る水滴。しぶき。

暇潰し（ひまつぶし）空き時間を適当に過ごす。

肥満（ひまん）体が肥え太ること。

瀰漫（びまん）風靡などが広がりはびこること。「―する」

美味（びみ）味がうまいこと。おいしいこと。

秘密（ひみつ）隠して知らさぬこと。非公開。

秘密裡（ひみつり）【秘密裏】人に知られずに。

微妙（びみょう）細かく複雑な意味や味わい。

氷室（ひむろ）氷を蓄えておく部屋・穴。夏

姫（ひめ）貴人の娘の敬称。「女性」の美称。

非命（ひめい）不慮の死。非業。横死。災難死。

悲鳴（ひめい）叫び声。泣き言。弱音。嬉しい―。

碑銘（ひめい）石碑に彫りつける銘。墓―。

美名（びめい）よい評判。聞こえよい名目。

秘め事（ひめごと）内緒事。隠し事。秘事。

秘める（ひめる）人に知らさぬ。「内に―」

罷免（ひめん）職務をやめさせること。免職。

紐（ひも）物を縛る糸の太いもの。「靴―」

費目（ひもく）費用の名目・細目。使途。

紐付き（ひもつき）【日保ち】見返り条件がつくこと。

日持ち（ひもち）【日保ち】食品が変質しない。

繙く（ひもとく）書物を開いて読むこと。古書を―

干物（ひもの）【乾物】魚などを干したもの。

冷や汗（ひやあせ）恥ずかしい時などに出る汗。

冷やかす（ひやかす）からかう。「新婚さんを―」

飛躍（ひやく）躍り上がること。地位が上がる。

秘薬（ひやく）秘密の鍵。秘密を解明する手段。

媚薬（びやく）相手に恋慕の情を起こさせる薬。

百害（ひゃくがい）多くの害。「―あって一利なし」

百獣（ひゃくじゅう）あらゆる動物。「―の王」

百出（ひゃくしゅつ）次々たくさん出てくる。「異論―」

百姓（ひゃくしょう）農業に従事する人。農民。農業。

百態（ひゃくたい）いろいろな姿や様子。

百代（ひゃくだい）長い年代。世代。「―の過客」

百聞（ひゃくぶん）何度も聞いて知る。

百分率（ひゃくぶんりつ）パーセントで表した比率。

百面相（ひゃくめんそう）面相をいろいろと変える芸。

百薬（ひゃくやく）多くの薬。あらゆる薬。「―の長」

百葉箱（ひゃくようばこ）気象観測用の白い木箱。

日焼け（ひやけ）日光で肌がやけること。夏

冷や酒（ひやざけ）燗をしない酒。れいしゅ。夏

百科（ひゃっか）多くの科目。あらゆる学科。

百貨店（ひゃっかてん）大規模小売り店。デパート。

百計（ひゃっけい）あらゆる方面。多くの物事。

百般（ひゃっぱん）あらゆる方面。多くの方面。

日雇い（ひやとい）【日傭】一日契約で雇う人。

冷や麦（ひやむぎ）冷やして食べる細めん。夏

冷や飯（ひやめし）冷たいご飯。「―を食わせる」

冷ややか（ひややか）冷淡。冷静。冷たいさま。図

比喩（ひゆ）【譬喩】たとえ。たとえること。

謬見（びゅうけん）違った意見。誤った考え。

表（ひょう）おもて。図表。「―にまとめる」

票（ひょう）ふだ。くじ。「―が割れる」

評（ひょう）評判。批評。「選者の―」

雹（ひょう）強風に伴って降る氷の塊。「―が飛ぶ」夏

飛揚（ひよう）高位に就くこと。

費用（ひよう）何かを行う際に必要な金銭。

秒（びょう）時間で、一分の六十分の一。

廟（びょう）祖先の霊を祭る所。朝廷。霊堂。やしろ。

鋲（びょう）物を留める金具。靴底の―。

美容（びよう）姿や姿を美しく整えること。「―師」

憑依（ひょうい）霊がのりうつる。

飄逸（ひょういつ）世事にこだわらずのんきなこと。

病因（びょういん）病気の原因。

病院（びょういん）病気を治療する施設。

評価（ひょうか）価値を決める。値踏みする。

氷河（ひょうが）高山から流れ下る氷。「―期」

病臥（びょうが）病気のため床につくこと。

描画（びょうが）絵を描くこと。

ひょうかい―ひょうはく

氷塊（ひょうかい） 氷のかたまり。

氷解（ひょうかい） 疑問や誤解が解けること。

病害（ひょうがい） 病気による作物などの被害。

標記（ひょうき） 目印をつけること。題目。

表記（ひょうき） 文字に書くこと。おもてがき。

標議（ひょうぎ） 集まって相談すること。「―会」

病気（びょうき） やまい。わずらい。病患。

評議（ひょうぎ） 気軽でこっけいなこと。「―者」

剽軽（ひょうきん） 気軽でこっけいなこと。

表具（ひょうぐ） 軸物や額などを仕立てる表装。

病苦（びょうく） 病気のための苦しみ。「―と闘う」

病軀（びょうく） 病気にかかっている体。病体。

表敬（ひょうけい） 敬意を表すこと。「―訪問」

氷結（ひょうけつ） 氷が張ること。凍りつくこと。

表決（ひょうけつ） 議案に対する賛否の表明。

票決（ひょうけつ） 投票による決定。「無記名の―」

評決（ひょうけつ） 評議して決定すること。評定。

病欠（びょうけつ） 病気で欠席すること。・人。

氷原（ひょうげん） 氷で覆われた広い所。氷野。

表現（ひょうげん） あらわし出すこと。表へ出す。

病原（びょうげん）【病源】病気の原因。病根。「―菌」

評言（ひょうげん） 批評の言葉。評言。「―を加える」

標語（ひょうご） 簡潔に表した文句。スローガン。

病後（びょうご） 病気の治った直後。病み上がり。

標高（ひょうこう） 海面からの高さ。海抜。

表札（ひょうさつ）【標札】戸口や門に掲げる名札。

氷山の一角（ひょうざんのいっかく） 表面に現れ出たものは全体のほんの一部にすぎない。

拍子（ひょうし） 周期的な音の強弱。はずみ。

表紙（ひょうし） 書物の表面にはる厚紙。「裏―」

表示（ひょうじ） 外に表し示すこと。「意思―」

標示（ひょうじ） 目印として人に示す。道路―」

病死（びょうし） 病気で死ぬこと。病没。

標識（ひょうしき） しるし。めじるし。「交通―」

描写（びょうしゃ） 描き写すこと。描き出すこと。

評釈（ひょうしゃく） 批評を加え意義を解釈すること。

病弱（びょうじゃく） 病気で体が弱く強健でないこと。

表出（ひょうしゅつ） 外部へ表し出すこと。「感情―」

標準（ひょうじゅん） 基準。手本。目印。「―語」

表彰（ひょうしょう） 功労などを人前でしるしてほめ表すこと。

標章（ひょうしょう） しるしとする記章や記号。

表情（ひょうじょう） 顔や態度に表れる感情。顔つき。

評定（ひょうじょう） 評議して決める評決。「小田原―」

病床（びょうしょう） 病人の床。病の床。「―に伏す」

病状（びょうじょう） 病気の様子。病態。病人の具合。

病身（びょうしん） 病気しやすい体。病気の体。病体。

表する（ひょうする） 言葉や表情にあらわす。

評する（ひょうする） 批評する。評判打ちを決める。「―が高まる」

病勢（びょうせい） 病気のなりゆき。「―が革まる」

剽窃（ひょうせつ） 他人の説や文章を盗み使うこと。

飄然（ひょうぜん） ふらりと現れて立ち去ること。

表層（ひょうそう） 表面をなす層。「―雪崩」⇔深層

病巣（びょうそう） 病気に冒されている箇所。

秒速（びょうそく） 一秒当たりの速さ。

表題（ひょうだい）【標題】題目。書名。

氷炭相容れず（ひょうたんあいいれず） 二つのものの性質が正反対で調和も一致もしない。

漂着（ひょうちゃく） 漂い流れて岸に着くこと。

表徴（ひょうちょう） 外面に表れたしるし。象徴。

評定（ひょうてい） 一定の尺度で価値を定めること。

標的（ひょうてき） まと。めじるし。「―を射る」

評点（ひょうてん） 批評の点。成績の点数。

票田（ひょうでん） 選挙で票が集中している所。

評伝（ひょうでん） 人物評をまじえる伝記。

表土（ひょうど） 土壌の最上層の部分。

病棟（びょうとう） 病院で病室のある建物。「小児―」

平等（びょうどう） 差別がない。ひとしい。「男女―」

廟堂（びょうどう） 祖先の霊を祭る所。霊廟。朝廷。

病毒（びょうどく） 病気を起こす毒。ウイルス。

病難（びょうなん） 病気で苦しむ災難。

病嚢（びょうのう） 患部を冷やす氷入りの袋。

漂白（ひょうはく） 白くさらすこと。脱色。「―剤」

漂泊（ひょうはく） さすらうこと。流れ流れること。

279

評判（ひょうばん） 世間の批評。話題になること。

表皮（ひょうひ） 外部の皮。皮膚の外か上皮。

飄飄（ひょうひょう） とらえどころのないさま。

屏風（びょうぶ） 仕切り・装飾用の室内家具。[図]

病弊（びょうへい） 物事の内部にあらわれた悪い影響。

氷壁（ひょうへき） 氷の壁。氷におおわれた岸壁。

病癖（びょうへき） 病的な悪い癖。

豹変（ひょうへん） 心や言動が急に変わる。急変。

病没（びょうぼつ） 病気のために死ぬこと。病死。

標榜（ひょうぼう） 掲げ示すこと。看板にすること。

標本（ひょうほん） 見本。手本。

病魔（びょうま） 病気を起こさせる魔。病い。

表明（ひょうめい） はっきりと示すこと。「所信―」

表面（ひょうめん） うわべ。おもて。「―張力」「―化」

表裏（ひょうり） 物の表と裏。「―一体」「―を成す」

病理（びょうり） 病気の原因などに関する理論。

漂流（ひょうりゅう） 漂い流れること。「―船」「―記」

秤量（ひょうりょう） 秤りで量るようしょうりょう。

病歴（びょうれき） 病人についての治療などの経歴。

表六玉（ひょうろくだま） 間抜けな人。ひょうろく。

評論（ひょうろん） 批評し論議すること。「―家」

肥沃（ひよく） 土地が肥えていること。豊饒。

比翼（ひよく） 裏を並べること。衣服の仕立。

尾翼（びよく） 飛行機の後部につく翼。◆主翼

日除け（ひよけ） 日光をよける、その覆い。

火除け（ひよけ） 火災の延焼を避けること。

雛（ひよこ） ニワトリのひな。未熟な者。

日和（ひより） 天気。空模様。晴れた天気。

日和見（ひよりみ） 形勢で態度を決めること。

平（ひら） 平たい。役職でない。「―社員」

平謝り（ひらあやまり） ひたすら謝るさま。

飛来（ひらい） 飛んでくること。「ツバメの―」

避雷針（ひらいしん） 雷よけの装置。

平仮名（ひらがな） 日本特有の音標文字。

開き直る（ひらきなおる） 急にふてぶてしくなる。

拓く（ひらく） 「開く」荒地を耕地にする。

啓く（ひらく） あける。道理を明らかにする。

開く（ひらく） あける。始める。開催する。

平たい（ひらたい） 起伏がなく広がっている。

平手（ひらて） 開いた手のひら。「―打ち」

平に（ひらに） ぜひ、なにとぞ。どうか。

平幕（ひらまく） 横綱と三役以外の幕内力士。

閃く（ひらめく） 瞬間的に輝く。

平屋（ひらや） 「平家」一階建ての家。「―建て」

靡爛（びらん） ただれること。糜乱。「―ガス」

ひょうはん―ひろく

干る（ひる） 水分がなくなる。乾く。「池が―」

昼（ひる） 日のある間。日中。正午。

微力（びりょく） わずかな力。力が乏しいこと。

肥料（ひりょう） 植物に与える養分。こやし。

微量（びりょう） 少しの量。ごくわずかな量。

鼻梁（びりょう） 鼻すじ。鼻柱。

飛竜頭（ひりゅうず） 「がんもどき」の異称。

昼行灯（ひるあんどん） 役に立たない人。間抜け。

比類（ひるい） 比べるもの。「―がない」

翻る（ひるがえる） 裏返る。ひらめく。急に変わる。

昼飼（ひるげ） 昼の食事。昼食。

昼寝（ひるね） 日中に寝ること。午睡。[夏]

怯む（ひるむ） 威圧で身がすくむ。くじける。

鰭（ひれ） 水生の脊椎動物の運動器官。

比例（ひれい） 二つ以上の物を比べての割合。互いに関連する二数の割合。

非礼（ひれい） 礼儀に外れること。無礼。

美麗（びれい） 美しいさま。麗しいさま。

披瀝（ひれき） 隠さずに打ち明けること。開陳。

平伏す（ひれふす） 平たくふす。平伏する。

卑劣（ひれつ） 心や言動が卑しいさま。「―漢」

悲恋（ひれん） 悲しい結果に終わる恋。

尋（ひろ） 長さの単位（一尋＝約一・八㍍）。

広い（ひろい） 面積や幅が大きい。⇔狭い

拾う（ひろう） 落ちたものを取り上げる。

披露（ひろう） 公に発表し見せること。「―宴」

疲労（ひろう） 疲れ、くたびれる。「―感」「金属―」

尾籠（びろう） 汚い・不潔なこと。「―な話」

秘録（ひろく） 秘められた記録。非公開の記録。

ひろこうじ〜ふうあい

広小路（ひろこうじ）幅の広い街路。

広場（ひろば）広い場所。「駅前ー」

広間（ひろま）広い部屋。広い座敷。「大ー」

秘話（ひわ）世間に知られていない話。

悲話（ひわ）悲しい物語。哀話。

琵琶（びわ）東洋独特の弦楽器の一つ。

卑猥（ひわい）下品でみだらなこと。

干割れ（ひわれ）乾いて割れる。その割れ目。

品（ひん）その人・物の値打ち。「ーがよい」

便（びん）手紙などを運ぶこと。つて。

瓶（びん）液体などを入れる容器。

鬢（びん）頭髪の左右の側面の髪。

品位（ひんい）気高さ。「ーを汚す」

品格（ひんかく）柄。品位。人品。人柄。気品。

敏活（びんかつ）機敏で活発な様子。↕遅鈍

貧寒（ひんかん）貧しく寒々しいさま。「ーな風景」

敏感（びんかん）感覚が鋭いこと。↕鈍感

賓客（ひんきゃく）大切な客人。ひんかく。

貧窮（ひんきゅう）貧しくて苦しいこと。貧困。

貧血（ひんけつ）赤血球・血色素みもち。「ーの重傷」が減少するさま。

品行（ひんこう）行い。行状。「ーを正す」

貧困（ひんこん）貧しくて生活に困ること。貧苦。

瀕死（ひんし）死にそうな状態。

品質（ひんしつ）品物の質。たち。「ーの保証」

貧者（ひんじゃ）貧しい人。貧乏人。↕富者

品種（ひんしゅ）種類。たぐい。「ー改良」

貧弱（ひんじゃく）見劣りする・みすぼらしいこと。

頻出（ひんしゅつ）同じ物が何度も起こる・現れる。

顰蹙（ひんしゅく）まゆをひそめる。「ーを買う」

敏捷（びんしょう）すばやいこと。機敏。すばしこい。

憫笑（びんしょう）哀れんで笑うこと。「ーを買う」

便乗（びんじょう）よい機会をうまく利用すること。

瀕する（ひんする）悪い事態が迫る。「危機にー」

貧すれば鈍する（ひんすればどんする）貧乏するとおのずとあさましくなる。

品性（ひんせい）人の性格。人柄。「ー高潔」

便箋（びんせん）手紙を書くための用紙。用箋。

貧相（ひんそう）貧乏くさい容貌や態度。「ー福相」

敏速（びんそく）速い。すばやい。↕遅鈍

瓶詰め（びんづめ）【壜詰】瓶に詰めたもの。「ー・ーびん」

頻度（ひんど）繰り返し起こる度数。使用ー。

貧農（ひんのう）貧乏な農民。↕豪農・富農

頻発（ひんぱつ）物事が頻繁に起こること。

頻繁（ひんぱん）しきりに行われ・起こるさま。

品評（ひんぴょう）物品を批評・判定する。品定め。

頻頻（ひんぴん）同じことがしきりに起こるさま。

貧富（ひんぷ）貧乏と金持。「ーの差が激しい」

貧乏（ひんぼう）貧しいこと。貧困。「ー性」↕富

品目（ひんもく）品物の種目。品物の名。「料理ー」

敏腕（びんわん）素早い手腕。できもの。「ー記者」

ふ

負（ふ）零より小さい数。「ーの数」

符（ふ）しるし。ふだ。正ー。「音ー」

斑（ふ）ぶち。まだら。「ー入りの花」

腑（ふ）内臓。心の中。「ーに落ちない」

麩（ふ）小麦粉の蛋白質から作る食品。

譜（ふ）系図。音譜。図鑑。「ーを読む」

分（ぶ）単位の一。優劣度。「ーが悪い」単位の十分の一。歩合。金利。「ーが高い」

歩（ぶ）単位の一。

部（ぶ）全体を分けた一つ。

歩合（ぶあい）割合。取引の手数料。愛想がないこと。「ーぶあいそ」

無愛想（ぶあいそう）愛想がないこと。「ーぶあいそ」

分厚い（ぶあつい）厚みがある。「ー[部厚い]」

不安（ふあん）安心できないさま。心配。

不案内（ふあんない）物事や様子を知らないこと。

不意（ふい）思いもよらないこと。出し抜け。

扶育（ふいく）世話し育てること。保育。「幼君ー」

傅育（ふいく）かしずいて育てる。

撫育（ぶいく）かわいがって大事に育てること。

吹聴（ふいちょう）言いふらすこと。言い広めること。

不一（ふいつ）手紙の結語の一つ。ぶいつ。

無音（ぶいん）おとさたのないこと。

封（ふう）袋や口を閉じること。とじ目。

風合（ふうあい）織物の手触りや見た感じ。

部位（ぶい）全体に対しての部分の位置。

ふうあつ―ふか

風圧（ふうあつ）　風が物体に加える圧力。「―計」

風雨（ふうう）　風と雨。嵐。あめかぜ。

風韻（ふういん）　趣が感じられること。風趣。

風雲（ふううん）　風と雲。事変。「―急を告げる」

風雲児（ふううんじ）　世の事変に乗じ活躍する人。

諷詠（ふうえい）　詩歌を吟じ歌うこと。「花鳥―」

風化（ふうか）　岩石が風雨で土砂になる現象。

風雅（ふうが）　雅やかなこと。俗でないこと。風流。

風害（ふうがい）　暴風・竜巻・大風による被害。

風格（ふうかく）　人柄。人品。趣。様子や性質。

風変わり（ふうがわり）　普通と違う様子や性質。

封緘（ふうかん）　書状を封じること。「―葉書」

風紀（ふうき）　社会生活のうえでの規律。

富貴（ふうき）　財が多く身分が高い。◆貧賤

風狂（ふうきょう）　物狂い。風雅に浸りきること。

封切り（ふうきり）　封を切ったばかり。初上映。

風景（ふうけい）　景色。眺め。風光。情景。「―画」

風月（ふうげつ）　風と月。自然界の美。「花鳥―」

風向（ふうこう）　風の吹く方向。かざむき。「―計」

封鎖（ふうさ）　封じ込めること。「海上―」

風采（ふうさい）　風姿。姿から受ける印象。

諷刺（ふうし）　遠回しに批判や非難すること。「―画」

風車（ふうしゃ）　風の力で回す大きな羽根車。

風趣（ふうしゅ）　おもむき。風姿。風致。「―のある庭」

風習（ふうしゅう）　生活・行事などの習慣。風俗。

封書（ふうしょ）　封をした書面・郵便物。手紙。

封じる（ふうじる）　【封蝕】封が砂で浸食される。禁じる。抑える。

風食（ふうしょく）　風が砂を浸食する。

風疹（ふうしん）　急性伝染病の一つ。三日麻疹。

風塵（ふうじん）　風に舞うちり。世上の俗事。

風水（ふうすい）　土地の状態・気などで地を定める術。

風水害（ふうすいがい）　風雨の被害と水害。

風雪（ふうせつ）　風と雪。試練や苦難。

風説（ふうせつ）　うわさ。風評。風聞。

風船（ふうせん）　気体で膨らむ紙やゴムの袋。

風前の灯（ふうぜんのともしび）　危険が迫り滅びる寸前。

風葬（ふうそう）　遺体を野外の風雨にさらす葬法。

風霜（ふうそう）　風と霜。苦難。世の中の試練。

風速（ふうそく）　風の吹く速さ。「最大―」「―計」

風俗（ふうぞく）　日常生活上のしきたり。「―地区」

風袋（ふうたい）　外包み。包装袋箱。外見。

風潮（ふうちょう）　自然界の美しさ。世間一般の傾向。時勢。

風致（ふうち）　自然界の美しさ。風趣。「―地区」

風体（ふうてい）　外見。姿形。見た目の姿。「怪しい―」

風来坊（ふうらいぼう）　どこからともなくきた人。

風紋（ふうもん）　砂丘の風によってできた模様。

風味（ふうみ）　味わい。「―豊か」

風貌（ふうぼう）　【風丰】風采と容貌。顔形。

風防（ふうぼう）　風を防ぐこと。「―ガラス」

風物（ふうぶつ）　ほのかに聞くこと、その噂。「―詩」

夫婦（ふうふ・めおと）　夫と妻。めおと。夫婦。「似た者―」

風評（ふうひょう）　噂さ。風説。「―被害」

風靡（ふうび）　なびき従わせる。「世を―する」

風馬牛（ふうばぎゅう）　互いに全く関係のないこと。

封入（ふうにゅう）　中に入れ封をする。「封緘」

封筒（ふうとう）　手紙を入れて送る袋。状袋。

風土（ふうど）　土地の気候・地利・地味。「―病」

瘋癲（ふうてん）　精神状態が異常（な人）。放浪者。

風流（ふうりゅう）　雅やかでそれを親しむ。

風力（ふうりょく）　風の強さ。「―発電」

風鈴（ふうりん）　風を受けて鳴る小さな鈴。圓

風浪（ふうろう）　風が立ち波が荒い。風波は―

風運（ふううん）　戦いの勝敗の運。

武運（ぶうん）　戦いの勝敗の運。「―長久」

笛（ふえ）　吹き鳴らす楽器の一つ。呼び子。

不易（ふえき）　ずっと変わらないこと。不変。

不得手（ふえて）　不得意。上手でないこと。

殖える・増える（ふえる）　数や量が多くなる。繁殖。増加する。

不縁（ふえん）　縁談がまとまらないこと。離縁。

敷衍（ふえん）　【布衍】言葉を加えて説明する。

不穏（ふおん）　穏やかでないさま。「―な空気」

不可（ふか）　よくないこと。不合格。◆可

ふか―ふくあい

付加（ふか）［附加］付け加えること。「―税」

負荷（ふか）かつぐ・になうこと。仕事量。

孵化（ふか）卵がかえること。孵卵。「人工―」

賦課（ふか）割り当てて負担させること。「―金」

不快（ふかい）快くない。体調が悪い。病気。

深い（ふかい）底までの距離が長い。⇔浅い

部下（ぶか）手下。子分。配下。

付会（ふかい）こじつけ。［附会］「牽強―」

腑甲斐ない（ふがいない）いくじがない。

付会う（ふきあう）しつこく追いかけること。

深入り（ふかいり）深く入り込む。深くかかわる。

深追い（ふかおい）しつこく追いかけること。

不可解（ふかかい）理解できない。

不覚（ふかく）油断して失敗すること。「―な行動」

富岳（ふがく）［富嶽］富士山の別称。「―百景」

舞楽（ぶがく）舞を伴う古楽。雅楽。「―面」

不可欠（ふかけつ）なくてはならないこと。

深酒（ふかざけ）度をこして酒を飲むこと。

不可視（ふかし）肉眼では見えないこと。⇔可視

不可侵（ふかしん）侵害を許さないこと。「―条約」

蒸す（ふかす）食物を蒸気で加熱する。むす。

更かす（ふかす）夜がふけるまで起きている。

吹かす（ふかす）エンジンを速く回す。喫煙する。

不可測（ふかそく）予測できない。

不恰好（ふかっこう）［不格好］恰好がよくないさま。「―な事態」

深爪（ふかづめ）爪を深く切りすぎること。

深手（ふかで）［深傷］重い負傷。重傷。

不可能（ふかのう）可能でない。「―に近い」

不可避（ふかひ）避けられない。「―な状況」

不可分（ふかぶん）分けられない。「―な関係」

深間（ふかま）水の深い所。男女の情の深み。

俯瞰（ふかん）高い所から見下ろすこと。「―図」

不感症（ふかんしょう）性感を覚えない女性の病症。法・規則に従わないこと。反逆する。

不帰（ふき）二度と帰らないこと。「―の客」

不軌（ふき）法・規則に従わないこと。反逆する。

不義（ふぎ）義に背くこと。不正。密通。

付記（ふき）［附記］付け加えて記すこと。

付議（ふぎ）［附議］会議にかけること。

武器（ぶき）戦いに用いる道具・兵器類。

吹き替え（ふきかえ）台詞の自国語での録音。

不機嫌（ふきげん）機嫌が悪いさま。⇔上機嫌

吹き曝し（ふきさらし）風が直接当たる所。

吹き荒ぶ（ふきすさぶ）風が吹き荒いさま。

不規則（ふきそく）規則正しくないさま。

吹き溜まり（ふきだまり）吹き寄せられた所。

吹き寄せ（ふきよせ）

吹き出物（ふきでもの）ものもらい。はれもの。できもの。

吹き流し（ふきながし）風になびかせる布。風が吹き通せる（場所）。

吹き抜き（ふきぬき）無気味・気味が悪いさま。

不気味（ぶきみ）［無気味］気味が悪いさま。

不朽（ふきゅう）後世に残るべきこと。不滅。「―の名作」

不急（ふきゅう）急がないこと。急でないさま。

普及（ふきゅう）広く行き渡ること。「―版」「―率」

腐朽（ふきゅう）腐り朽ちること。「―船」

不況（ふきょう）景気が悪いこと。不景気。⇔好況

不興（ふきょう）不愉快なこと。「―をかう」

布教（ふきょう）宗教を広めること。「―活動」

富強（ふきょう）富んで強いこと。「富国―兵」の略。

不器用（ぶきよう）［無器用］要領が悪い。

舞曲（ぶきょく）舞と音曲。ワルツなど舞楽の曲。

不器用（ぶきよう）要領が悪い。

福（ふく）幸せ。「笑う門に―は来たる」

副（ふく）主たるものの控え。そえ。

服（ふく）着るもの。洋服。

付近（ふきん）［附近］辺り。近所。周辺。近辺。

不謹慎（ふきんしん）態度がつつしみのないこと。

不器量（ぶきりょう）容貌が醜い。食器などをふく小さい布。

布巾（ふきん）食器などをふく小さい布。

不義理（ふぎり）盛り合わせた料理。日本建築の方式の一。自分の都合で交流を絶つ。

吹く（ふく）風は吹く。息を出す。自慢する。

噴く（ふく）水や火が勢いよく出る。「煙を―」

拭く（ふく）ぬぐうこと。「汗を―」

葺く（ふく）屋根を瓦・板などで覆う。

武具（ぶぐ）よろいなどの道具。戦いの道具。

不具合（ふぐあい）具合が悪い。体調が悪い。

ふくあん～ふくめん

腹案（ふくあん） 心の中にある案。「―を出す」

馥郁（ふくいく） よい香りが漂うさま。

復員（ふくいん） 召集を解かれた兵士の帰郷。

幅員（ふくいん） 道路・船などの広さ。

福音（ふくいん） よい知らせ。キリスト教の教え。

復役（ふくえき） 兵役や懲役に服すること。

服役（ふくえき） 兵役や懲役に服すること。

復縁（ふくえん） 離縁後にもとの関係に戻ること。

福運（ふくうん） 幸福と好運。幸運。

不遇（ふぐう） 適切な境遇が得られないこと。

福因（ふくいん） 幸福をもたらす原因。

副因（ふくいん） 二次的・間接的な原因。‡主因

複合（ふくごう） 二つ以上のものが一つになる。

復元（ふくげん） [復原]もとの姿に返ること。

副業（ふくぎょう） 本業の傍らにする仕事。内職。

復学（ふくがく） 学生が再び学校に戻ること。

伏臥（ふくが） うつぶせに寝ること。‡仰臥

袱紗（ふくさ） [帛紗・服紗]絹の小風呂敷。

伏在（ふくざい） 表に出ないで潜んでいること。

服罪（ふくざい） 刑に服すること。

複雑（ふくざつ） こみいっていること。‡単純

副作用（ふくさよう） 伴って起こる別の作用。

副産物（ふくさんぶつ） 付随してできる別の産品。

副詞（ふくし） 用言を修飾する品詞の一つ。

福祉（ふくし） 幸福。調った生活環境。社会―」

服地（ふくじ） 洋服の仕立てに使う生地。

複式（ふくしき） 複数から成る形式。「―火山」

複写（ふくしゃ） 同じ文書を写すこと。コピー。

復讐（ふくしゅう） 敵討ち。仕返し。あだ討ち。報復。

復習（ふくしゅう） 繰り返し自習すること。‡予習

服従（ふくじゅう） 他人の意思に付き従う。‡反抗

副賞（ふくしょう） 正式の賞に添えて贈られる賞品。

復唱（ふくしょう） [復誦]繰り返し唱えること。

服飾（ふくしょく） 衣服や装身具。衣服の飾り。「―品」

副食（ふくしょく） 主食に添える食物。おかず。

復職（ふくしょく） もとの職に復帰すること。

腹心（ふくしん） 心の奥底。心を許した補佐役。

福神漬（ふくじんづけ） 七種の野菜で作る漬物の一。

複数（ふくすう） 二つ以上の数。‡単数

福助（ふくすけ） 幸福招来の縁起ものの人形。

服する（ふくする） 心から従う。つき従う。「喪に―」

復する（ふくする） もとの状態に戻る。「正常に―」

複製（ふくせい） もとのものなどの再製。「不許―」

復籍（ふくせき） もとの戸籍や学籍に戻ること。

伏線（ふくせん） 事後への備え。予備の準備。「―を張る」

複線（ふくせん） 上り・下りを並行敷設した線路。

複合（ふくごう） —

服装（ふくそう） 服を着た身なり。装い。「派手な―」

副葬（ふくそう） 生前の愛用品や特製品の埋葬。

福相（ふくそう） [福艶]物事が一か所に集まる。

輻湊（ふくそう） ふくぶくしい人相。‡貧相

服属（ふくぞく） つき従うこと。従属すること。

服茶（ふくちゃ） 縁起を祝って飲むお茶。🈁

不屈（ふくつ） 苦難に負けず意志を貫くこと。

復調（ふくちょう） 体調がもとに戻る、その調子。

腹痛（ふくつう） おなかの痛み。

覆轍（ふくてつ） 前人の失敗例。「―を踏む」

腹背（ふくはい） 腹と背中。前後。「―に敵」

服毒（ふくどく） 毒を飲むこと。「―自殺」

福徳（ふくとく） 幸福と財産。「―円満」

福引（ふくびき） くじを引き景品をもらうこと。

福福しい（ふくぶくしい） いかにも福徳がある。

福袋（ふくぶくろ） 様々な商品を入れて売る袋。

復文（ふくぶん） 漢文を原文に戻す、返信。不意の競争相手。その文章を普通の文章に直す。

伏兵（ふくへい） 副え木。骨折りした時にあてがう。

副木（ふくぼく） 副え木。骨折りした時にあてがう。

副本（ふくほん） [複本]正本と同じ内容の書物。

腹膜（ふくまく） 腹腔の内部を被う薄い膜。「―炎」

伏魔殿（ふくまでん） 悪事などが企まれている所。

福耳（ふくみみ） 耳たぶの大きい耳。

福豆（ふくまめ） 節分にまく豆。

含み笑い（ふくみわらい） 声に出さず笑うこと。

含む（ふくむ） 内部に包み持つ様子。根に持つ。

服務（ふくむ） 職務に服すること。「―規定」

復命（ふくめい） 命令を果し結果を報告すること。

覆面（ふくめん） 布などで顔を被い隠すこと。

ふくも―ふさほう

服喪(ふくも) 喪に服すること。「―期間」❸除喪

服用(ふくよう) 薬を飲むこと。服薬。

複葉(ふくよう) 飛行機で主翼が上下二重なもの。

膨よか(ふくよか) ふっくらしたさま。香り豊か。

膨らはぎ(ふくらはぎ) すねの後ろ側の部分。

覆輪(ふくりん) 器具などの縁を覆う飾り。「金―」

福利(ふくり) 幸福と利益。福徳。「―厚生」

複利(ふくり) 利子に利子のつく利息法。

福面(ふくづら) ふくれっつら。

膨れる(ふくれる) ❶ふくらむ。むくれる。

袋(ふくろ) 〔嚢〕物を入れるもの。「堪忍―」

袋路(ふくろじ) 帰り道。帰路。❸往路

袋帯(ふくろおび) 袋織りの二重になった帯。

福禄寿(ふくろくじゅ) 七福神の一人。

袋小路(ふくろこうじ) 行き止まりの小路。袋道。

袋叩き(ふくろだたき) 大勢で囲んで殴ること。

袋綴じ(ふくろとじ) 小口側で綴じる製本法の一。

袋の鼠(ふくろのねずみ) 追いつめられ逃げ場のない状態。

袋耳(ふくろみみ) 聞いたことを忘れない。❸籠耳

腹話術(ふくわじゅつ) 唇や歯を動かさずに声を出し人形などが話しているように見せる芸。

福笑い(ふくわらい) 正月の遊びの一つ。〔図〕

夫君(ふくん) 他人の夫の敬称。御主人。

父君(ふくん) 他人の父の敬称。

武勲(ぶくん) 軍事や戦争の手柄・功績。武功。

雲脂(ふけ) 〔頭垢〕頭皮から生じる白いあか。

武家(ぶけ) 武士の家柄。武門。「―屋敷」

父兄(ふけい) 父と兄。生徒の保護者の「―会」

不敬(ふけい) 敬意を失すること。無礼。「―罪」

父系(ふけい) 父方の血筋。「―社会」❸母系

武芸(ぶげい) 武道に関する技芸。「―百般」

不景気(ふけいき) 景気が悪い。活気がない。

不経済(ふけいざい) むだな費用がかかること。

不潔(ふけつ) 汚い。汚らわしい。❸清潔・純潔

耽る(ふける) 熱中する。「読書に―」

老ける(ふける) 年をとる。老人になる。老いる。

更ける(ふける) 夜が遅くなる。季節の深くなる。

蒸ける(ふける) 蒸されてやわらかくなる。

父権(ふけん) 父親としての権利。父の支配権。

不言(ふげん) 何も言わないこと。「―不語」

付言(ふげん) 〔附言〕付け加えて言うこと。

侮言(ぶげん) 侮辱していう言葉。

不見識(ふけんしき) 見識がないこと。不定見。

分限者(ぶげんしゃ) 金持ち。財産家。富豪。

不健全(ふけんぜん) 健やかでない様子。病的でない。

負号(ふごう) 〔−(マイナス)〕の記号。❸正号〔＋(プラス)〕

符号(ふごう) 記号。「符丁」「―補助」「地図の―」

符合(ふごう) 一致する。合致。「意見が―する」

富豪(ふごう) 金持ちの人。財産家。「大―」

不孝(ふこう) 親につかえる道を欠く。❸孝行

不幸(ふこう) ❶ふしあわせ。❷内の人の死。

不幸中の幸い(ふこうちゅうのさいわい) 不幸な出来事の中で、せめてもの慰めがあること。

不公平(ふこうへい) 公平でないこと。「―な判定」

不合理(ふごうり) 理にかなっていないこと。

布告(ふこく) 広く一般に告げること。「宣戦―」

富国(ふこく) 国を富ますこと。「―強兵」

誕告(ぶこく) 事実を偽って告げること。「―罪」

不心得(ふこころえ) 心掛けのよくないこと。

無骨(ぶこつ) 〔武骨〕無作法。無風流。不粋。

総(ふさ) 〔房〕群がり垂れた花や実。「藤の―」

房(ふさ) 糸などを束ねた飾り。「帽子の―」

不才(ふさい) 才能が乏しい様子。自分の謙称。

夫妻(ふさい) 〔他人の〕夫婦。めおと。「―首相」

付載(ふさい) 〔附載〕付加して掲載する。付録。

負債(ふさい) 金銭の借り。債務。借財。「―額」

不在(ふざい) その場にいないこと。留守。

不細工(ぶさいく) 細工が下手で、容貌が醜い。

不作(ふさく) 作物のできが悪いこと。凶作。

不細(ふさい) 細かでないこと。

塞ぐ(ふさぐ) 遮る。閉じる。満たす。「口を―」

鬱ぐ(ふさぐ) 滅入る。気分が沈む。「気が―」

不作為(ふさくい) 積極的な行動をとらない。

無沙汰(ぶさた) 久しく訪問・音信しない。

蕪雑(ぶざつ) 雑然として整わない。

無作法(ぶさほう) 〔不作法〕礼儀作法に外れる。

ふさま―ふすま

無様（ぶざま）【不様】体裁が悪いこと。醜態。

節（ふし） 植物の茎の区切り。段落。調子。

相応（ふさわ）しい 釣り合う。似合う。

父子（ふし） 父と子。「―相伝」。♦母子

不二（ふじ） 二つとないこと。唯一。「―の山」

不死（ふし） いつまでも死なないこと。

不治（ふじ） 病気が治らないこと。

不時（ふじ） 時ならぬ時。思いがけない時。

武士（ぶし） さむらい。「―道」

無事（ぶじ） 変わりがない様子。つつがない様子。

蕪辞（ぶじ） 自分の言葉や文章の謙遜語。

節穴（ふしあな） 物を見抜く力のない目。

不思議（ふしぎ） 奇怪・怪しいこと。不可解。

節榑立（ふしくれだ）つ 骨ばってごつごつする。

不自然（ふしぜん） 自然でない。わざとらしい。

不時着（ふじちゃく） 飛行機などの緊急着陸。

不死鳥（ふしちょう） 不死身のシンボル。フェニックス。

不日（ふじつ） 近いうち。近日中に。ほどなく。

不実（ふじつ） 誠実でないこと。事実でないこと。

不躾（ぶしつけ） 無遠慮で失礼な様子。無作法。

富士額（ふじびたい） 前髪が富士形の額。

節節（ふしぶし） 体の方々の関節。「―が痛む」

不始末（ふしまつ） 後始末が悪い。だらしない。

不死身（ふじみ） 死なない。困難に負けない。

節回（ふしまわ）し 歌などの抑揚。

節目（ふしめ） 物事の切れ目。転機。「人生の―」

伏（ふ）し目 うつむいて見る視線。

浮腫（ふしゅ） 皮下に水分がたまったむくみ。

腐儒（ふじゅ） 実際の役に立たない学者。

部首（ぶしゅ） 漢字分類の目安となる構成部分。

武術（ぶじゅつ） 武道に関する技芸。武技。

不首尾（ふしゅび） いい結果が出ない。不成功。

不純（ふじゅん） 純粋・純真でないさま。

不順（ふじゅん） 順調でない様子。調子が狂うこと。

扶助（ふじょ） 助けること。養うこと。「生活―」

部署（ぶしょ） 各自の受け持ち。場所・役目。

不肖（ふしょう） 「自分」の謙称。愚かなこと。

不詳（ふしょう） 詳しくわからないこと。「―年齢」

負傷（ふしょう） けが。けがをすること。「―者」

不浄（ふじょう） 清浄でないこと。便所。「―なお金」

腐臭（ふしゅう） 腐った物のいやな匂い。

不自由（ふじゆう） 自由にならない。困るさま。

不祝儀（ふしゅうぎ） 葬式などの不吉な行事。凶事。

不十分（ふじゅうぶん） 不足な点があり十分でない。

不出（ふしゅつ） 外へ出ない・出さない。「門外―」

腐植（ふしょく） 【腐蝕】有機物の分解してできた物質。

腐食（ふしょく） 【腐蝕】ものが腐って形が崩れる。「勢力を―する」

侮辱（ぶじょく） はずかしめること。

不信（ふしん） 信用できないこと。不実。「―感」

不振（ふしん） 振るわないさま。「食欲―」

不審（ふしん） 疑わしいこと。「挙動―」

普請（ふしん） 家屋を建てること。「安―」

腐心（ふしん） 心を悩ますこと。苦心。心痛。

夫人（ふじん） 奥様。他人の妻の敬称。「首相―」

浮上（ふじょう）（水上へ）浮かび上がる。♦沈下

武将（ぶしょう） 武道に通じた大将。「戦国―」

無精（ぶしょう）【不精】怠けがち。なおざり。「筆―」

不祥事（ふしょうじ） 事件・事柄。

不条理（ふじょうり） 筋道が立たないこと。

不信心（ふしんじん） 信仰がない。ぶしんじん。

不信任（ふしんにん） 信任しないこと。「―案」

不寝番（ふしんばん） 徹夜で見張ること・人。

婦人（ふじん） 成年の女性。問題。「―科」

不尽（ふじん） 尽きないこと。手紙の結語。

布陣（ふじん） 戦いの態勢を整えること。陣容。

付（ふ）す 託す。与える。「審議に―」

伏（ふ）す うつぶせになる。腹ばう。

臥（ふ）す 病気で床に横になる。「病床に―」

俯（ふ）す うつむく。「顔を―」

不随（ふずい） 思うようにならない。「半身―」

付随（ふずい） 【附随】主な物事に付き従うこと。

不粋（ぶすい） 【無粋】風流でない。野暮。

負数（ふすう） 零以下の数。マイナス。♦正数

麩（ふすま） 【麸】碾いた小麦の皮のくず。

襖（ふすま） 紙を張った建具の一。唐紙。[図]

賦する（ふ―） 割り当てる。配る。詩などを作る。

撫する（ぶ―） さする。いたわる。「腕を―」

布施（ふせ） 施し与えること。僧に施すお金。

不正（ふせい） 正しくないこと。正義でないこと。

父性（ふせい） 父としての性質。「―愛」↔母性

不整（ふせい） 整っていない様子。「―脈」

風情（ふぜい） 趣のある雰囲気。もてなし。

無勢（ぶぜい） 人数の少ないこと。↔多勢

不世出（ふせいしゅつ） 世にまれな優れた存在。

布石（ふせき） 囲碁の序盤の打ち方。守る。

防ぐ（ふせぐ） 敵の攻撃をくいとめる。守る。

伏せ字（ふせじ） 明記できない文字を表す印。

付設（ふせつ） [附設]付属の設置。「鉄道の―」

敷設（ふせつ） [布設]広域な設置。「鉄道の―」

付説（ふせつ） [附説]付け加えて説明すること。

浮説（ふせつ） 根拠のないうわさ。風説。流言。

符節（ふせつ） 証印の押された二つに割れる札。

不摂生（ふせっせい） 健康に不注意。不養生なこと。「身を―」

伏せる（ふせる） 下に向けて置く。隠す。

不戦（ふせん） 戦争や試合をしないこと。「―勝」

付箋（ふせん） [附箋]目印として貼る紙片。

不全（ふぜん） 欠ける点がある。不完全。

不善（ふぜん） 良くないこと。道徳に背くこと。

憮然（ぶぜん） 失意のさま。ぼうぜん。暗然。

父祖（ふそ） 父と祖父。祖先。先祖。

扶桑（ふそう） 日本の異名。

武装（ぶそう） 戦闘のための装備。「―解除」

不相応（ふそうおう） 相応しないこと。不釣合。

不足（ふそく） 足りないこと。不十分。不満足。

不測（ふそく） はかりがたい。予測できない。

不則（ふそく） [附則]本則に加えた規則。

付属（ふぞく） [附属]付き従うること。

部族（ぶぞく） 思想を同じくする民族の一集団。

不揃い（ふぞろい） 一律でない。

札（ふだ） 入れ物などの口をふさぐもの。標札。入場券。守り札。

付帯（ふたい） [附帯]主なものに伴うこと。

譜代（ふだい） 代々家の系統を継ぐこと。「―」

部隊（ぶたい） 軍隊の一組織。団体の一部。

舞台（ぶたい） 芝居などを演じる場所。「裏―」

不退転（ふたいてん） 屈しない決心。

二重（ふたえ） 二つに重なること。にじゅう。

付託（ふたく） [附託]他に頼んで任せること。

負託（ふたく） 責任をもたせて任せること。

双子（ふたご） 一つ子。生まれた二人の子。

二心（ふたごころ） 「気心」信頼を裏切る。にしん。

不確か（ふたしか） 確かでないさま。あやふや。

札所（ふだしょ） 参拝者が札を納める霊場。

再び（ふたたび） 二度。再度。もう一度。「―挑む」

付札（ふだつき） [附札]世間に悪評のあること。

札止め（ふだどめ） 満員による入場券販売停止。

札箱（ふだばこ） 「留置場」の俗称。

双葉（ふたば） [二葉]発芽した二枚の葉。

二股（ふたまた） 「二俣」先が二つに分かれたもの。

不為（ふため） ためにならないこと。不利益。

負担（ふたん） 責任を引き受け義務を負う。

不断（ふだん） 絶え間がない。決断力がない。「―着」

普段（ふだん） [常]いつも。日常。「―着」

武断（ぶだん） 武力で断行すること。「―政治」↔文治

淵（ふち） [潭]池や沼の深い所。苦境。↔瀬

縁（ふち） 物の、へり・はし・まわりの枠。

不知（ふち） 知らないこと。知恵がないこと。

ふち～ふつのう

付置（ふち）〖附置〗付属させ設置すること。適当な所に置くこと。配置。

斑（ぶち）色々な毛色がまじっていること。

淵瀬（ふちせ）川の流れの深い所と浅い所。

縁取り（ふちどり）へりに飾りや細工を施すこと。

付着（ふちゃく）〖附着〗到着しないこと。着かないこと。

不着（ふちゃく）到着しないこと。着かないこと。

不注意（ふちゅうい）注意が足りないこと。注意不足。

不調（ふちょう）整わない様子。調子が悪い。まとまらないこと。不釣合。

不調法（ふちょうほう）行き届かない。過ち。へた。

不調和（ふちょうわ）調和しないこと。

符丁（ふちょう）〖符牒〗隠語。値付け。合言葉。

浮沈（ふちん）浮き沈み。繁栄と衰退。盛衰。

打っ（ぶっ）「打つ」の意。演説する。「―一席」

不通（ふつう）通じないこと。通らないこと。

普通（ふつう）ありふれていること。当たり前。

物価（ぶっか）物の値段。「―高」

仏画（ぶつが）仏教に関する絵画。仏教絵画。

仏閣（ぶっかく）寺院。「神社―」

復活（ふっかつ）生き返ること。もとに返ること。

復帰（ふっき）もとの状態に戻ること。

復刊（ふっかん）廃止していた出版物の再刊。

二日酔い（ふつかよい）酔いを翌日に持ち越す。

物議（ぶつぎ）世の議論・とりざた。「―を醸す」

復旧（ふっきゅう）もと通りに直ること。「―工事」

払暁（ふつぎょう）夜明け。未明。あかつき。

仏教（ぶっきょう）釈迦を教祖とする宗教。「―美術」

吹っ切る（ふっきる）迷い・惑いを捨て去る。

腹筋（ふっきん）腹壁を構成している筋の総称。

仏具（ぶつぐ）仏事の用具。仏器。「―店」

文机（ふづくえ）読書や物書きに使う和様の机。

復権（ふっけん）失った権利を取り戻すこと。

物件（ぶっけん）物。物品。不動産。「―証拠」

復古（ふっこ）昔に還ること。「―主義」「―調」

仏語（ふつご）フランス語。「―辞典」

物故（ぶっこ）人が死ぬこと。死去する。「―者」

復航（ふっこう）船などが出発点へ戻る。⇔往航

復興（ふっこう）再び盛んになる。再興。「―策」

不都合（ふつごう）都合が悪いこと。不届き。

復刻（ふっこく）〖覆刻・複刻〗もとのまま再製。その土地から産出する物。産物

物産（ぶっさん）その土地から産出する物。産物。

仏師（ぶっし）仏像をつくる職人。仏工。「―絵」

物資（ぶっし）生活などに必要な物。「―救援」

仏式（ぶっしき）仏教による方式・形式。「―の葬儀」

仏欲（ぶっしょう）「欲」。実質的な物。ふくれ面。

物証（ぶっしょう）物品による証拠。「―人証による書証」

物象（ぶっしょう）生命のない物に関連する現象。

物情（ぶつじょう）世間のありさま。人心。「―騒然」

払拭（ふっしょく）「ぬぐい去ること。「疑いを―する」

物心（ぶっしん）物質と精神。「―両面」

物心（ぶっしん）仏の心。仏のよう慈悲深い心。

物色（ぶっしょく）多くの中から探し求めること。

弗素（ふっそ）ハロゲン元素の一。〔元素記号F〕

仏葬（ぶっそう）仏教式の葬儀。

物騒（ぶっそう）不安な状態。穏やかでないさま。

仏像（ぶつぞう）仏の彫像。仏の画像。

仏陀（ぶっだ）釈迦の尊称。聖者。ぶった。

物体（ぶったい）具体的な形のある物質。

払底（ふってい）「気が利かず、行き届かないさま。欠乏。品切れ。

不束（ふつつか）残りのないさま。欠乏。品切れ。

仏頂面（ぶっちょうづら）無愛想な顔つき。ふくれ面。

仏壇（ぶつだん）仏像や位牌を安置する壇。

降って湧いた（ふってわいた）思いがけず生じる。「―災難」

沸点（ふってん）液体が沸騰する温度。⇔氷点

仏典（ぶってん）仏の教えを記した書。仏教経典。

仏徒（ぶっと）仏の教えに従う信仰者。仏教徒。

仏殿（ぶつでん）仏像を安置する建物。仏堂。

仏道（ぶつどう）仏の道を説いた教え。「―修行」

仏堂（ぶつどう）仏像を安置するお堂。仏殿。

沸騰（ふっとう）煮え立つこと。騒ぎ立てること。

吹っ飛ぶ（ふっとぶ）激しく飛んでなくなる。

物納（ぶつのう）租税・品物で納める。⇔金納

ふっひん〜ふはく

物品（ぶっぴん）物。品物。「―受領書」「―税」
沸沸（ふつふつ）わき出る。わきおこる様子。
仏間（ぶつま）仏像や位牌を安置した部屋。
仏滅（ぶつめつ）六曜の一。すべてに凶である日。
仏門（ぶつもん）仏の道。仏道。「―に入る」
仏欲（ぶつよく）仏に対する欲。
物流（ぶつりゅう）商品の輸送・保管などの流れ。
物理（ぶつり）物理学の一分野。物理学。
物量（ぶつりょう）物の分量・多さ。
筆（ふで）字や絵をかく道具。かいたもの。「―作家」
不定（ふてい）決まっていない。一定でない。
不貞（ふてい）夫。または妻が浮気すること。
不逞（ふてい）行いが悪いこと。けしからぬこと。
不適（ふてき）適当でない。「―当「―」」
不敵（ふてき）大胆で物事をおそれないさま。

筆太（ふでぶと）周りの長さや横幅が大きい。
筆不精（ふでぶしょう）書くこと・人。
筆忠実（ふでまめ）面倒がらずに書くこと・人。
筆箱（ふでばこ）筆記用の携帯用容器。筆入れ。
不貞寝（ふてね）ふてくされて寝ること。
不貞腐れる（ふてくされる）不満でむくれること。
不手際（ふてぎわ）手際・やり方がまずいこと。
不出来（ふでき）できが悪いこと。まずい。
不等（ふとう）等しくないこと。同一でないこと。
不当（ふとう）正当でないこと。適当でないこと。
不同（ふどう）同じでないこと。そろわないこと。
不動（ふどう）動かない様子。「不動明王」の略。
埠頭（ふとう）港の船着き場。波止場。
浮動（ふどう）定まらず動く。軽く漂うこと。「―票」
舞踏（ぶとう）舞い踊ること。ダンス。「―会」

懐（ふところ）胸のあたり。所持金。
懐具合（ふところぐあい）金回り。金の額。
懐刀（ふところがたな）護身用の小刀。腹心の部下。
懐手（ふところで）懐に入れる。手を人にまかせる。
太っ腹（ふとっぱら）けしからぬさま。「―な人」
太い（ふとい）製品と原料との割合。
不届き（ふとどき）けしからぬさま。不都合。
歩留まり（ぶどまり）足のつけ根近くの太い股の部位。
太股（ふともも）ふとももの付け根の太い股の部位。
太る（ふとる）肥る。肥えて太くなる。
布団（ふとん）「蒲団」綿入りの寝具や敷物。〔図〕

風土記（ふどき）地理や伝説の書物。「人物―」
不徳（ふとく）徳の足りないこと。道徳に背く。
不道徳（ふどうとく）道義に背いて道徳に背くこと。
不動産（ふどうさん）土地など動かない財産。
武道（ぶどう）武士道。武芸。武術。「―館」

船脚（ふなあし）「船足」。船の速さ。吃水。
赴任（ふにん）任地へ赴くこと。「単身―」
不妊（ふにん）妊娠しないこと。「―症」
腑抜け（ふぬけ）まぬけ。腰抜け。
舟（ふね）手こぎによる小型の乗り物。
船（ふね）箱形の容器。水槽。「湯―」
槽（ふね）
不燃（ふねん）燃えない・燃えにくいこと。
不能（ふのう）できないこと。能力がないこと。
富農（ふのう）富裕な農民。農家。
布海苔（ふのり）海藻を煮て糊にする。
不敗（ふはい）負けないこと。常勝。「―を誇る」
腐敗（ふはい）腐ること。堕落すること。「―菌」
不買（ふばい）買わないこと。「―運動」
布帛（ふはく）木綿の布と絹の布。織物。布地。
浮薄（ふはく）浅はかなさま。重みがない様子。

不仲（ふなか）仲のよくないこと。不和。
船賃（ふなちん）乗船のために支払う代金。
舟唄（ふなうた）「舟唄」舟をこぎながら歌う歌。
船出（ふなで）船を出ること。出船。出帆。
船主（ふなぬし）船の所有者。せんしゅ。
船荷（ふなに）船に積んで運ぶ荷物。
船乗り（ふなのり）船頭。船員。
船便（ふなびん）船による輸送。船の便宜。
船宿（ふなやど）船による運送を営む家。
船酔い（ふなよい）船の揺れで気分が悪くなる。
不慣れ（ふなれ）「不馴れ」慣れていないこと。
無難（ぶなん）無事。よくもないが悪くもない。
不似合い（ふにあい）似合わない。不釣合い。
不如意（ふにょい）思うようにならない様子。

文箱 (ふばこ)
手紙や書類を入れておく箱。

不発 (ふはつ)
爆発しないこと。成功しないこと。

不抜 (ふばつ)
しっかりして動じないさま。

武張る (ぶばる)
勇ましくふるまう。

不備 (ふび)
十分に備わらないこと。手紙の結語。

不評 (ふひょう)
評判が悪いこと。悪評。「ーを買う」

浮標 (ふひょう)
海面に浮かべる標識。ブイ。

不敏 (ふびん)
敏捷でない・才知に乏しいこと。

不憫 (ふびん)
[不愍]哀れでかわいそうなさま。

部品 (ぶひん)
機械などの部分品。パーツ。

吹雪 (ふぶき)
強い風を伴う激しく降る雪。

吹雪く (ふぶく)
強風で雪が乱れ飛んだりするさま。不満足。

不服 (ふふく)
従う気になれないさま。

部分 (ぶぶん)
全体を分けた一つ一つ。全体

不文律 (ふぶんりつ)
文章化されていない決まり。

不平 (ふへい)
満足でないこと。不服。「ー不満」

侮蔑 (ぶべつ)
相手を侮りさげすむこと。軽蔑。

不変 (ふへん)
変わらないこと。↔可変

不偏 (ふへん)
偏らないこと。中立。「ー性」

普遍 (ふへん)
あまねく行き渡ること。「ー性」

不便 (ふべん)
便利でないこと。不自由なさま。

父母 (ふぼ)
父と母。両親。ちちはは。

訃報 (ふほう)
死去の知らせ。計音(ふいん)。悲報。

不法 (ふほう)
法律に背くこと。違法。「ー所持」

踏まえる (ふまえる)
しっかり踏む。根拠にする。

不本意 (ふほんい)
本意でない。本心と違う。

踏み石 (ふみいし)
靴脱ぎ場に据えおく石。

文 (ふみ)
手紙。書状。「ーをしたためる」

書 (ふみ)
書物。ほん。「ー読む月日」

不満 (ふまん)
不足に思う。満足でない。不平。

文殻 (ふみがら)
読み終え不要になった手紙。

踏切 (ふみきり)
鉄道線路と道路との交差点。

踏み倒す (ふみたおす)
代金を払わない。

文月 (ふみづき)
陰暦七月の異称。ふづき。

踏み止まる (ふみとどまる)
にとどまる・残る。その場ふんばって思い直してやめる。

踏み躙る (ふみにじる)
踏みつけてつぶす。

踏み外す (ふみはずす)
踏み間違う。踏み損なう。

不眠 (ふみん)
眠れない・眠らないこと。

踏む (ふむ)
足で押さえる。推測する。

不向 (ふむき)
向いていない。適していないこと。

不明 (ふめい)
明らかでない。道理に暗いこと。

不名誉 (ふめいよ)
名誉をけがすこと。不面目。

不明瞭 (ふめいりょう)
はっきりしないこと。

不滅 (ふめつ)
永久に滅びないこと。「霊魂ー」

譜面 (ふめん)
楽譜。「ー台」

不面目 (ふめんぼく)
面目を失う。

不毛 (ふもう)
作物が育たないこと。「ーの地」

麓 (ふもと)
山のすそ。さんろく。↔山頂

不問 (ふもん)
あえて問わないこと。「ーに付す」

部門 (ぶもん)
全体を区分けしたもの。

不夜城 (ふやじょう)
夜通し活気のある場所。

殖やす (ふやす)
[家畜・財を多く]する。「貯金をー」

増やす (ふやす)
[増量]。数量を多くする。「予算をー」

浮遊 (ふゆう)
[浮游]ふわふわと浮き動くさま。

富裕 (ふゆう)
財産があって生活が豊かなさま。

武勇 (ぶゆう)
強く勇ましい。「ー伝」

不愉快 (ふゆかい)
面白くない・愉快でない。

冬枯れ (ふゆがれ)
冬に草木が枯れること。

不行き届 (ふゆきとどき)
行き届かない様子。

冬籠もり (ふゆごもり)
冬の間閉じこもる。

冬将軍 (ふゆしょうぐん)
厳寒の冬を擬人化した呼称。

冬日 (ふゆび)
最低気温が零度未満の日。

付与 (ふよ)
[附与]授け与える。「ー力」

賦与 (ふよ)
神などが分け与え。

不用 (ふよう)
使わない・役に立たないこと。

不要 (ふよう)
必要がないこと。求めないこと。

扶養 (ふよう)
世話して養うこと。「ー義務」

浮揚 (ふよう)
浮かび上がること。「ー力」

舞踊 (ぶよう)
音楽にあわせ踊る舞い。「日本ー」

不用意 (ふようい)
用心が足りない。不注意。

不用心 (ふようじん)
[無用心]用心ができないこと。

不養生 (ふようじょう)
健康に留意しないこと。

腐葉土 (ふようど)
落葉が腐ってできた土。

無頼 (ぶらい)
生業がなく無法に行動する・人。

ふらく〜ふん

部落（ぶらく） 少数の民家の集まり。集落。

不埒（ふらち） 道理に外れてけしからぬこと。

腐乱（ふらん）［腐爛］腐れただれる。「—死体」

鞦韆（ぶらんこ） 横板を鎖でつり下げた遊具。往復運動をする仮設。

振り（ふり） なりふり。姿。「知らない—」。一時的に取り扱う。「—替え」

不利（ふり） 利がないこと。不利益。「—形勢」

振り替え（ふりかえ） 一時的に取り替える。

振り翳す（ふりかざす） 頭上に振り上げる。

振り仮名（ふりがな） 読み方を示す。

振り子（ふりこ） 往復運動をする仕掛け。

不履行（ふりこう） 約束を実行しない。「契約—」

振り絞る（ふりしぼる） 出し尽くす。「力を—」

降り頻る（ふりしきる） 盛んに降る。「雨の中」

降り注ぐ（ふりそそぐ） 降りかかる。「一日の光」

振り袖（ふりそで） 袖の長い未婚女性用の晴着。

振り出す（ふりだす） 振って出す。発行する。

振り付け（ふりつけ） 踊りなどの振りの教授。

振り解く（ふりほどく） 振りほどく振り切る。

振り撒く（ふりまく） まき散らす。「笑顔を—」

振り回す（ふりまわす） 振り動かす。

振り乱す（ふりみだす） 激しく振って動かす。

振り向く（ふりむく） 振り返って見る。

不慮（ふりょ） 思いがけぬこと。意外。「—の死」

不良（ふりょう） よくないこと。素行が悪いさま。

不猟（ふりょう） 猟で獲物が少ない。「山嵐－だ」

不漁（ふりょう） 漁獲が少ない。↔豊漁・大漁

無聊（ぶりょう） 時間をもて余す。退屈なさま。

不料簡（ふりょうけん） 物心よくない考え。「—な計」

浮力（ふりょく） 物体の浮き上がる力。

富力（ふりょく） 富の力。財力。経済的な力。

振る（ふる） 揺り動かす。嫌う。割り振る。

降る（ふる） 雨・雪などが空から落ちてくる。

篩（ふるい） 粒の大小でより分ける道具。

古い（ふるい） 新しくない。昔。

不倫（ふりん） 人倫の道・道徳に外れた恋愛。

振り分ける（ふりわける） 二分する。配分する。

武力（ぶりょく） 武の力。兵力。戦闘力。「—行使」

震える（ふるえる） 細かく揺れ動く。震動する。

古顔（ふるがお） 古くからいる人。古参。↔新顔

古株（ふるかぶ） 樹木の古い株。古参。古顔。↔新株

古着（ふるぎ） 着古した衣服。「—屋」

古傷（ふるきず） 昔の嫌な体験。

古里（ふるさと）［故郷］生まれた土地。郷里。

古巣（ふるす） もとの巣。もと住んでいた所。

古狸（ふるだぬき）［古狸］年功を積んだ熟練者。経験を積んだる賢い者。

古強者（ふるつわもの） 経験を積んだ者。

古惚ける（ふるぼける） 古くなっていろあせる。

古本（ふるほん） 読み古した書物。↔新本

振る舞う（ふるまう） 行動する。もてなす。

触れる（ふれる） 広く知らせること。もの。「お—」

不例（ふれい） 貴人の病気。不例。「ご—」

無礼（ぶれい） 礼儀を欠くこと。ぶしつけ。「—者」

奮い起こす（ふるいおこす） 気力を引き立てる。

振るい落とす（ふるいおとす） 振って落とす。選り分ける。

奮い立つ（ふるいたつ） 気力が盛る。勇み立つ。

奮う（ふるう） 振り回す。力を発揮する。「心を—」

振るう（ふるう） ふるいをかけてより分ける。選別する。

無礼講（ぶれいこう） 上下関係抜きに楽しむ宴会。

触れ歩く（ふれあるく） 伝え歩く。言いふらす。

触れ回る（ふれまわる） そぐく。接する。偏る。「法に—」

狂れる（ふれる） 正常でなくなる。気が狂う。

風呂（ふろ） 湯船。入浴のための設備。銭湯。

風炉（ふろ） 茶席で湯を沸かす炉。ふうろ。

浮浪（ふろう） 家・職業を持たずにうろつくこと。

付録（ふろく）［附録］本文の補足。おまけ。

風呂敷（ふろしき） 物を包むための正方形の布。

不和（ふわ） 仲が悪いこと。仲たがい。

不惑（ふわく） 四十歳の異称。

不渡り（ふわたり） 小切手や手形の支払い拒絶。

分（ふん） 時間・角度の単位。「—刻の予定」

分（ぶん） 割り当て。分け前。「—取り」

糞（ふん） 大便。くそ。尿。

ふん・ふんそう

文ぶん ひと続きの言葉。文章。学芸。

文案ぶんあん 文書の下書き。草稿。草案。

文意ぶんい 文章の意味・趣旨。文句のわけ。

雰囲気ふんいき その場の独特の気分や空気。

噴煙ふんえん 火山などから噴き出す煙。

噴火ふんか 火山がマグマなどを噴出する。

文化ぶんか 世の中の開け進むこと。「—遺産」

分科ぶんか 専門別の科目分け。「—会」

文科ぶんか 人文科学・社会科学の分野。

憤慨ふんがい ひどく怒ること。憤り嘆くこと。

文雅ぶんが 雅やかなこと。優美。「—の士」

分解ぶんかい 部分にわかれること。「—遺産」

分外ぶんがい 身分や限度をこえていること。

文学ぶんがく 文の道。文芸。「日本—」「—界」

分割ぶんかつ 分かちて割ること。「—払い」「一括—」

分轄ぶんかつ いくつかに分け管轄すること。

噴気ふんき ガスを噴き出すこと。「—孔」

奮起ふんき 励み立つこと。勇み立つこと。

紛議ふんぎ 議論がもつれ決着がつかない。

分岐ぶんき 本筋から分かれること。「—点」

紛糾ふんきゅう 物事がもつれまとまらなくなる。

分業ぶんぎょう 仕事を手分けして行うこと。

文教ぶんきょう 学問・教育による教化。「—政策」

踏ふみ切きり 決断。「—がつかない」

分家ぶんけ 本家から分かれた家。◆本家

文芸ぶんげい 言葉による芸術。文学。学芸。

憤激ふんげき 激しく憤ること。激怒。「—を招く」

文献ぶんけん 参考となる書物や文書。参考—。

分権ぶんけん 権力や権限を分散する。◆集権

分限ぶんげん 身分や法律上の地位・資格。

文庫ぶんこ 書物を納める蔵。廉価な小型本。

文語ぶんご 読み書きに使われる言葉。「—体」

吻合ふんごう ぴったり合うこと。符合。

文豪ぶんごう たいへん優れた文芸家。大作家。

分骨ぶんこつ 遺骨を二か所以上に埋めること。

粉砕ふんさい みじんに打ち砕くこと。「—機」

文才ぶんさい 文章を巧みに操る才能。

分際ぶんざい 身分。分限。「学生の—で」

分冊ぶんさつ 一つの本を何冊かに分けること。

憤死ふんし 憤慨して死ぬこと。◆集中

分散ぶんさん 散らばること。破産。

分子ぶんし 物質の最小単位。隊の一員。「異—」

紛失ふんしつ 物がまぎれてなくなること。

噴射ふんしゃ 強く噴き出させること。「逆—」

文集ぶんしゅう 文章を集めた書。「卒業—」

噴出ふんしゅつ 勢いよく噴き出すこと。噴射。

文書ぶんしょ 意思を文字で書いたもの。書類。

分署ぶんしょ 分設された警察署や税務署。

分掌ぶんしょう 手分けして受け持つ。「事務—」

分乗ぶんじょう 別々の乗物に分かれて乗ること。

分譲ぶんじょう 区分けして売ること。「—住宅」

粉飾ふんしょく 表面を飾り立てること。「—決算」

文飾ぶんしょく 語句・文章を修飾すること。

分針ふんしん 時刻の分を表す時計の長針。

粉塵ふんじん 細かなちり。空中のごみ。

奮迅ふんじん 激しく奮い立つこと。「獅子—」

分身ぶんしん 一つの物体から分かれ生まれた子。分かれ出たもの。

文人ぶんじん 文筆家。文士。「—画」◆武人

噴水ふんすい 水を噴き出す仕掛け。圓

分水嶺ぶんすいれい 河川の流れを分ける山。

分数ぶんすう 分母・分子で表した数。

扮ふんする 装う。扮装する。その役になる。

分析ぶんせき 細かく分けて調べる。「定量—」

文責ぶんせき 書いた文章についての責任。

分節ぶんせつ 文を区切った単位。文素的。

文節ぶんせつ いくつかに分けること。

奮戦ふんせん 力をふるって戦う様子。

紛然ふんぜん 入りまじり乱れる様相。

憤然ふんぜん 激しくいきどおる「—たる様相」

奮然ふんぜん 気負い立つさま。

扮装ふんそう 装い。他人の変装をすること。

紛争ふんそう ごたごた。紛議。もめごと。

ふんそう〜へいえき

文藻（ぶんそう） 文章のあや。詩文の才能。文才。

分相応（ぶんそうおう） 身分にふさわしいこと。

分速（ふんそく） 一分間当たりの速さ。

粉黛（ふんたい） おしろいとまゆずみ。化粧。

文体（ぶんたい） 文章の様式や体裁、内容の特色。

分担（ぶんたん） 分けて負担し受け持つこと。「―責任」

分段（ぶんだん） 物事の区切り。段落。

分断（ぶんだん） 断ち切り別々にすること。寸断。

文壇（ぶんだん） 文学関係者の社会。文学界。

文治（ぶんち） 法制で世を治めること。‡武断

文鎮（ぶんちん） 紙を押さえるための文具。

文通（ぶんつう） 手紙のやりとりをすること。

文典（ぶんてん） 文法・語法を説いた書物。

奮闘（ふんとう） 力を奮って戦うこと。「孤軍―」

分銅（ふんどう） 天秤ばかりの金属製のおもり。

文度器（ぶんどき） 角度を測るための器具。

褌（ふんどし） 男性の陰部を覆い隠す細長い布。

分捕（ぶんどり） 他人の物を奪い取る。

糞尿（ふんにょう） 大便と小便。尿「―処理」

憤怒（ふんぬ／ふんど） 〔忿怒〕ひどく怒ること。ふんど。

分納（ぶんのう） 何回かに分けて納める。‡全納

分派（ぶんぱ） 分かれた流れ。分けて配ること。配分。「所得―」

踏ん張る（ふんばる） 足を開き踏みこたえる。ばかげていて笑う。

奮発（ふんぱつ） 精神を奮い起こすこと。

噴飯（ふんぱん） ばかげていて笑みこたえる。

分泌（ぶんぴつ／ぶんぴ） 細胞から分泌液や乳汁を排出する。

文筆（ぶんぴつ） 文章を書くこと。「―業」「―家」

文武（ぶんぶ） 学問と武芸。両道。

分秒（ふんびょう） 短い時間。寸刻。

分布（ぶんぷ） 分かれて散らばること。「人口―」

文物（ぶんぶつ） 文化に関する事物。芸術・宗教。

芬芬（ふんぷん） 香気が、強くか入り乱れるさま。

紛紛（ふんぷん） 入り乱れるさま。考え。わきまえ。弁別。「思慮―」

分別（ふんべつ） 考え。わきまえ。弁別。「思慮―」

分別（ぶんべつ） 種類別に分けること。「―収集」

糞便（ふんべん） 排泄物。大便。「―検査」

分娩（ぶんべん） 胎内の子を産むこと。出産。

墳墓（ふんぼ） 墓地。墓所。「―の地」

分母（ぶんぼ） 分数の、割る方の数。‡分子

文房具（ぶんぼうぐ） 書き物のための道具。文具。

文法（ぶんぽう） 文章作成の法則や言葉の規則。

粉末（ふんまつ） 砕いて細かくしたもの。こな。

憤懣（ふんまん） 〔忿懣〕憤慨してもだえること。

文脈（ぶんみゃく） 文章や文の続き具合。文章の筋。

噴霧器（ふんむき） 液体を噴き散らす器具。

文名（ぶんめい） 文壇における名声。文名。

文明（ぶんめい） 文物心ともに豊かになった社会。

分明（ぶんめい） 区別などが明らかなさま。明瞭。

文面（ぶんめん） 文章や手紙に記された文句。

分野（ぶんや） 物事の範囲。活動区域。「専門―」

分与（ぶんよ） 分け与えること。「財産―」

文楽（ぶんらく） 人形浄瑠璃の通称。人形芝居。

紛乱（ふんらん） はげしく入り乱れること。

紊乱（びんらん） 秩序が乱れること。びんらん。

分離（ぶんり） 分け離れること。「―課税」

分立（ぶんりつ） 分かれて独立すること。「三権―」

噴流（ふんりゅう） ふきだすような勢いの流れ。

分流（ぶんりゅう） 本流から分かれた流れ。分派。

分量（ぶんりょう） 目方。かさ。程度。「目―」

分類（ぶんるい） 種類別にいくつかに分けること。

奮励（ふんれい） 奮い励むこと。「―努力」

分例（ぶんれい） 文章の書き方の例。文章の実例。

分列（ぶんれつ） 分かれて並んで並ぶ。分けて並べる。

分裂（ぶんれつ） 分かれていくつかに分かれること。「核―」

へ

丙（へい） 等級の第三位。十干の第三。

兵（へい） 兵士。兵卒。武器。つわもの。

塀（へい） 垣、敷地の境界に設ける囲い。

平易（へいい） たやすい。簡単。‡難解

平安（へいあん） 無事で穏やか。平穏。「一路―」

閉院（へいいん） 〔院〕とつく施設の閉鎖。‡開院

兵営（へいえい） 兵士の居住する所。営所。軍営。

兵役（へいえき） 徴兵により一定期間軍事務に就く。

へいおん【平温】 平常の温度。平年並みの気温。

へいおん【平穏】 穏やかなさま。「ー無事」不穏

へいか【平価】 平日値段。貨幣価値の比。

へいか【平価】

へいか【兵戈】 刃物と戈＝武器。「ーを交える」

へいか【兵火】 戦争で起こる火事。戦争。

へいか【陛下】 天皇と三后の尊称。

べいか【米価】 こめの値段。「一審議会『生産者ー』」

へいかい【閉会】 会が終了すること。開会

へいがい【弊害】 悪いこと。害となること。

へいかつ【平滑】 滑らかなこと。平らなこと。

へいき【平気】 落ち着いたさま。頓着しないさま。

へいき【兵器】 戦争の道具。武器。「秘密ー」

へいき【併記】 [並記]複数の事柄を並べて書く。

へいきょ【閉居】 住居にとじこもっていること。

へいぎょう【閉業】 営業をやめること。廃業。終業。

へいきん【平均】 中間的な数値。均等。

へいけい【閉経】 更年期の婦人の月経停止。

へいげい【睥睨】 にらみつけて威勢を示すこと。「大ー」

へいげん【平原】 平らで広々とした野原。「ーの」

へいご【平語】 平常使用している言葉。日常語。

へいこう【平行】 [併行]並び進むこと。同時進行。

へいこう【平行】 二直線が交わらない。「ー四辺形」

へいこう【平衡】 釣り合い安定していること。「ー感覚」

へいこう【閉校】 学校経営の廃止。廃校。「ー開校」

へいこう【閉口】 弱りきる様子。困りきること。

へいごう【併合】 あわせて一つにすること。合併。

へいさ【閉鎖】 施設を閉じる。閉ざす。「ー開放」

べいこく【米穀】 こめ。穀物一般。「ー年度」「ー商」

べいさく【米作】 稲を栽培・収穫すること。稲作。

へいざん【閉山】 登山期間の終了。鉱山閉鎖。廃鉱。

へいし【兵士】 軍隊で士官の指揮下の人。兵卒。「ーと月経ー」

へいし【閉止】 機能が止まること。「月経ー」

へいじ【平時】 平生の。平和な時。ふだん。

へいしき【閉式】 式を終える。「ー開式」

べいじつ【米日】 (土)日曜・祝日以外の日。

べいじゅ【米寿】 八十八歳の異称。またその祝い。

へいしゃ【弊社】 自社の謙称。小社。↕貴社・御社

へいじゅん【平準】 水平にすること。均一にする。「ー化」

へいしょ【閉所】 閉ざされた場所。「ー恐怖症」

へいじょ【平叙】 物事をありのままに述べること。

へいしょう【並称】 [併称]あわせて呼ぶ。並び称す。

へいじょう【平常】 ふだん。並外でないこと。普通に。「一心」

へいじょう【閉場】 会合や催しを終了すること。

べいしょく【米食】 主食として米を食べること。

べいしん【米信】 変事の通知やたより。

べいしん【並進】 [併進]並んで進むこと。

へいする【聘する】 手厚く招き迎え訪問する。

へいせい【平静】 穏やか。静かな様子。

へいせい【平生】 ふだん。平素。平常。日頃。

へいぜん【平然】 落ち着き払っているさま。平気。

へいせつ【併設】 [併設]主たる物にあわせて設けること。

へいそ【平素】 ふだん。日頃。

へいそく【閉塞】 閉じふさがれること。「ー腸」

へいぞく【平俗】 平凡で世間並み。わかりやすい。

へいそう【並走】 [並走]共に存在すること。伴走。

へいそん【併存】 共に存在すること。伴存。

へいたい【兵隊】 兵士の組（下級の）兵士。軍隊の「一部」

へいたん【平坦】 土地が、起伏なく平ら。「ー部」

へいち【平地】 平らな土地。ひらち。↕山地

へいち【併置】 [並置]複数をあわせて設置する。

へいてい【平定】 騒乱を鎮め平和にすること。

へいてい【閉廷】 法廷を閉じること。↕開廷

へいてん【閉店】 店を閉じる・商売をやめること。↕開店

へいてん【弊店】 自分の店の謙称。小店。↕貴店

へいどく【併読】 二つ以上のものをあわせ読む。

へいねつ【平熱】 健康時の体温。

へいねん【平年】 閏年でない年。普通の年。例年。

へいはつ【併発】 同時に起きる。同時に起こす。

へいはく【幣帛】 神前に供える供物。進物。ぬさ。

へいばん【平板】 平たい板。単調。「ー話」

へいふう【弊風】 悪い風俗ならわし。弊習。

へいふく【平伏】 ひれ伏す・地に頭をつけること。

へいふく―へつたて

平服（へいふく） ふだんに着る服。ふつうの服。**↔**礼服。

平方（へいほう） 同数を掛け合わせたもの。二乗。**↔**根。

平凡（へいぼん） 普通でありふれたさま。**↔**非凡。

平幕（へいまく） 幕を閉じる・行事が終わること。

平脈（へいみゃく） 健康時・平常時の脈搏さ。

平民（へいみん） 官位のない普通の人々。庶民。

平明（へいめい） 夜明けで明瞭なさま。簡明なこと。

平面（へいめん） 凹凸のない平らな面。**↔**立体。

閉門（へいもん） 門を閉じること。**↔**開門。

平野（へいや） 低く平らな土地。「関東—」「沖積—」

平癒（へいゆ） 病気が治ること。本復。

併用（へいよう） あわせて用いること。「薬の—」

並立（へいりつ） 並び立つこと。同等に並ぶこと。

兵力（へいりょく） 軍隊の力。軍力。戦闘力。

並列（へいれつ） 並べ連ねること。

平和（へいわ） 戦乱などがなく、穏やかな状態。

ページ（頁） 書物などの紙面を数える単位。

辟易（へきえき） 勢いに圧倒されること。閉口。偏って遠ざくこと。

僻遠（へきえん） 偏って遠いこと。へんぴなこと。

壁画（へきが） 壁に、装飾のために描いた絵。

碧眼（へきがん） 青い目。転じて西洋人。「紅毛—」

僻見（へきけん） ひがみ。道理に外れた見方・見解。偏見。

僻言（へきげん） へんぴな村里。かたいなかの村里。

僻地（へきち） へんぴな土地。片田舎。辺地。

僻村（へきそん） へんぴな村里。

劈頭（へきとう） 事のはじめ。最初。まっさき。

壁面（へきめん） 壁の表面。

霹靂（へきれき） 急に激しく鳴りひびく雷。「青天の—」

兵児帯（へこおび） 男子・子どものしごき帯。

凹む（へこむ） くぼむ。屈する。損する。

舳先（へさき） 船の先端船首。みよし。**↔**艫。

圧し合う（へしあう） 互いに押し合う。

圧し折る（へしおる） 少しけずり取る。「経費を—」

剝る（へずる） 少しけずり取る。「経費を—」

臍（へそ） 物の突起部・中央の突起・くぼみ。

臍繰り（へそくり） 内緒で貯えた金銭。

臍曲がり（へそまがり） ひねくれもの。

帯（へた） 柿などの実についているがく。

下手（へた） つたない。まずい。拙劣。**↔**上手。

隔たる（へだたる） 遠く離れる・遠ざかる。

隔てる（へだてる） 間に物を置き異にする。間をしきる。ほかと異にする。問題外。

別（べつ） 異なる。ほかと異にする。問題外。

別院（べついん） 本山とは別に建てられた寺院。

別格（べっかく） 定まった格式以外。特別・破格。

別館（べっかん） 本館のほかに建てた建物

別記（べっき） 別の記入。書き添える事柄。別途。

別儀（べつぎ） 別のこと。ほかのこと。

別居（べっきょ） 別れて住むこと。「—生活」**↔**同居。

別口（べっくち） 別の種類・区分方面。別の口座。

別掲（べっけい） 別に掲げる・別の事柄で。「—逮捕」

別件（べっけん） 別の事件。別の事柄で。「—逮捕」

瞥見（べっけん） ちらりと見る。一目見ると。

別言（べつげん） ほかの言葉。別の言い方。

別個（べっこ） 別にすること。別のくだり。

別項（べっこう） 別の項目・条項

鼈甲（べっこう） 【別商】別の物。タイマイの甲羅等の加工美術品。

別懇（べっこん） 特別に親しくし。「昵懇」と。

別冊（べっさつ） 本文以外の冊子。

別紙（べっし） 別の紙・文書。

蔑視（べっし） さげすむ。軽べつして見ること。

別事（べつじ） ほかの事柄。他事。特別のこと。

別室（べっしつ） ほかの部屋。別の部屋。**↔**同室。

別種（べっしゅ） 別の種類。異種。

別称（べっしょう） 別の呼び名称。別名。

蔑称（べっしょう） 人をさげすむ呼び方。

別条（べつじょう） 変わった事柄。異常。

別状（べつじょう） 普通とは変わった状態。異状。

別人（べつじん） ほかの人でなく別の人。

別製（べっせい） 別ごしらえ。特製。

別世界（べっせかい） 別な日常とは異なる環境。

別席（べっせき） 別に設けた座席。ほかの部屋。

別送（べっそう） 別で送る・別にして送ること。

別荘（べっそう） 本宅から離し建てた屋敷。「—地」

別宅（べったく） 本宅以外に構えた家。別邸。邸宅。

別立て（べつだて） 別の基準により扱うこと。

へつたん―へんさい

別段（べつだん）格別。特別。格段。とりわけ。

別竃（べっつい）かまど。別に煮炊きする施設。

別天地（べってんち）俗世間でない別世界。仙境。

別途（べっと）ほかの道。別の方法。別に。

別納（べつのう）別の方法・別に納めること。

別派（べっぱ）流派・宗派・党派が別なこと。

別表（べっぴょう）本文に添えた表。別に添えた表。

別便（べつびん）別に出す郵便。別に用いる交通。

別嬪（べっぴん）[別品]美しい女性。美人。

別封（べっぷう）別々に封をする。別途添えの封書。

別別（べつべつ）ちりぢり。それぞれ。「ーに行く」

別命（べつめい）特別の命令。別の命令。

別物（べつもの）特別のもの。例外。別の物。

別様（べつよう）様式・様相が異なる・別なこと。

屁っ放り腰（へっぴりごし）こしおよびごしつき。

紅（べに）紅色。紅花からとったたやすい色素。

反吐（へど）食べた物を吐きもどすこと。

別枠（べつわく）特別に設けられた基準・もの。

別離（べつり）別れること。離「ーの涙」

諂う（へつらう）おもねる。こびる。世辞を言う。

経る（へる）過ぎて進む。時がたつ。たどる。

減る（へる）少なくなる。ひるむ。

辺（へん）ほとり。程度。角を囲む直線部。

偏（へん）かたよること。変わること・事変。異常。奇妙。

弁（べん）都合。漢字の左の部分。花びら。言葉づかい。バルブ。

便（べん）便利。大・小便。

偏愛（へんあい）偏って愛すること、その愛情。

変圧（へんあつ）電圧を変えること。「ー器」

変異（へんい）平常と異なる異変。突然変異。

変移（へんい）移り変わること。変遷。「時の―」

変倚（へんい）一方に偏り。偏差。

便意（べんい）大・小便をしたくなる気持ち。

片雲（へんうん）ちぎれ雲。一片の雲。

片影（へんえい）わずかに見えるものの姿・形。

便益（べんえき）都合がよく便利で利益がある。

編曲（へんきょく）借りたお金を返すこと、その金。アレンジ。

返歌（へんか）返事のうた。かえしうた。

変化（へんか）ほかの状態・性質に変わること。変え改めること。

変改（へんかい）変え改めること。

返却（へんきゃく）持ち主のもとへ返すこと。返済。

便宜（べんぎ）特別のはからい。適切な処置。

変換（へんかん）変える・変わること。変更。

返還（へんかん）元の所・持ち主に返すこと。

勉学（べんがく）学問に勉め励むこと。勉強。

扁額（へんがく）室内に掛ける横長い額。横額。

変革（へんかく）物事を変えて新しくすること。

弁解（べんかい）言い訳すること。言い訳「ー無用」

変型（へんけい）規格が違う型「―判」「A6ー」

変形（へんけい）形を変えること。変わった形。

偏屈（へんくつ）性質・考え方がねじけている。

返金（へんきん）借りたお金を返すこと、その金。

勉強（べんきょう）努力する。学ぶ。経験する。安く売る。

辺境（へんきょう）[辺疆]中央から離れた国ざかい。

偏狭（へんきょう）[褊狭]片意地。度量が狭いこと。

辺際（へんさい）果て。限り。窮極。へんざい。

偏座（へんざ）洋式便所の、便器の腰かけ部分。

偏差（へんさ）標準からの隔たりの度合「標準ー」

弁護士（べんごし）訴訟行為を代理する者。

偏向（へんこう）一方に偏っていて中立しにくいこと。

変更（へんこう）何らかの事情で変え改めること。

弁護（べんご）申し開きをして人の立場を守る。

偏見（へんけん）偏った見解。僻見（へきけん）。「ーをもつ」

返済（へんさい）借りた金品を返すこと。⇔「―期限」

偏在（へんざい）部分的に存在すること。

遍在（へんざい）行き渡って存在すること。⇔偏在

弁才（べんさい）弁舌の才能。口才。べんざい。

弁済（べんさい）債務を全部返済すること。

弁財天（べんざいてん）〔弁才天〕七福神の一。弁天。

偏差値（へんさち）平均との隔たりを示す数値。

編纂（へんさん）書物の内容にまとめる。編集。

偏死（へんし）不自然な死。非業の死。

片時（へんじ）ほんのわずかの間。かたとき。

返事（へんじ）〔返辞〕答える言葉。

変事（へんじ）普通でない事件。悪い知らせ。

弁士（べんし）弁舌の巧みな人。

変質（へんしつ）性質または物質が変化すること。

編者（へんじゃ）書物を編集する人。へんじゃ。

変種（へんしゅ）変わりだね。変わった種類。

偏執（へんしゅう）片意地なこと。偏屈。「―狂」

編修（へんしゅう）史料を集め史書などを作ること。

編集（へんしゅう）〔編輯〕内容をまとめ書物を作る。

偏書（へんしょ）便事の手紙。返信。返simpler。

便所（べんじょ）大小便をする所。トイレ。厠。

返照（へんしょう）〔反照〕光の照り返し。夕映え。

返上（へんじょう）返し奉る・返すこと。「汚名―」

弁証（べんしょう）道理を明らかに論証すること。

弁償（べんしょう）償い。補うこと。代償。「―金」

変色（へんしょく）色が変わること。色を変えること。

偏食（へんしょく）食物の好き嫌いが激しいさま。

変じる（へんじる）変わる。変える。へんずる。

弁じる（べんじる）わきまえる。解決する。済ませる。述べる。弁明する。べんずる。

返信（へんしん）返事の手紙。返書。⇔往信

変心（へんしん）心が変わること。

変身（へんしん）形を変えてほかのものに姿を変えること。

変人（へんじん）〔偏人〕風変わりな人。

片頭痛（へんずつう）〔偏頭痛〕頭の片側が痛む。

変成（へんせい）形が変わってできること。「―岩」

変性（へんせい）性質が異なる変化すること。

編成（へんせい）個々を組み立ててまとめること。

編制（へんせい）団体・軍隊を組織する。「学級―」

変声期（へんせいき）声変わりする時期。

偏西風（へんせいふう）高空で吹く西からの風。

変節（へんせつ）節操を変える。変心する。

弁舌（べんぜつ）口の利き方。話し振り。舌端。

変遷（へんせん）移り変わり。変転。変容。推移。

返送（へんそう）送り返すこと。

変装（へんそう）姿を変える。服装を変える。

変造（へんぞう）造り変えること。「―紙幣」

変奏曲（へんそうきょく）主題を変化させて作った曲。

変速（へんそく）速力を変えること。「―機」

変則（へんそく）普通の規則に外れること。「―的」

変体（へんたい）形を変えること。「―仮名」

変態（へんたい）形態を変えること。異常な状態。

編隊（へんたい）隊形を整えること。「―飛行」

鞭撻（べんたつ）強く励ますこと。むちうつこと。

辺地（へんち）へんぴな土地。田舎。僻地。

編著（へんちょ）著者自らの編集、またその書物。

変調（へんちょう）調子が変わる変わった調子。

偏重（へんちょう）偏り重んじること。「学歴―」

便通（べんつう）大便が出ること。通じ。

変哲（へんてつ）普通とは違う点。注目すべき点。

変転（へんてん）状態が移り変わること。変遷。

変電所（へんでんしょ）配電・電圧調整をする施設。

返答（へんとう）問いに対する答え。返事。

変動（へんどう）変わり動かすこと。変わり動くこと。

弁当（べんとう）携行用容器に詰めた食事。

扁桃腺（へんとうせん）咽頭両側にあるリンパ組織。

編入（へんにゅう）組み入れること。組み込むこと。

返納（へんのう）返し納めることお返しすること。

偏頗（へんぱ）不公平。えこひいき。へんぱく。

返杯（へんぱい）〔返盃〕差された杯を差し返す。

弁駁（べんばく）他人の説を論破すること。べんぱく。

辺鄙（へんぴ）都会から離れた不便なこと。僻地。

便秘（べんぴ）大便の出る回数が減ること。

返品（へんぴん）買った商品を引き返すこと、その品。

扁平（へんぺい）平たいこと。「―足」「―率」

へ

弁別（べんべつ）違いを見分ける。識別。「―的特徴」

片片（へんぺん）きれぎれ。取るに足らないこと。

便便（べんべん）腹が出ている様子。時間の浪費。

変貌（へんぼう）姿を変えること。

返報（へんぽう）好意に報いること。仕返し。

偏旁（へんぼう）漢字の偏と旁。

返本（へんぽん）仕入れた本を版元などに返すこと。

便法（べんぽう）便利な方法。便宜的な方法。

翩翻（へんぽん）旗などが翻るさま。

返戻（へんれい）もとに返すこと。返却。「―金」

返礼（へんれい）他人の好意に礼を返すこと。

片鱗（へんりん）全体のごく一部を窺わせるもの。

弁理士（べんりし）特許手続きの代理人。

便利（べんり）重宝がよいこと。

便覧（べんらん）便利にまとめた冊子。びんらん。

変名（へんめい）名を変えること。その名。改名。

弁明（べんめい）弁解。釈明。言い開き。「自己―」

変約（へんやく）約束を変える。違約。

変容（へんよう）姿や様子を変え破ること。変貌。

変乱（へんらん）事変が起こり世の乱れが生じる。

務官（べんむかん）保護国に派遣される官吏。

ほ

弁論（べんろん）論じ述べること。法廷での陳述。

遍路（へんろ）四国八十八か所の霊場巡り。

遍歴（へんれき）諸国を巡ること。「人生―」

勉励（べんれい）勉め励むこと。「刻苦―」

帆（ほ）帆柱に張る、風を受ける船具。

歩（ほ）歩み。歩むこと。「歩兵」の略。

穂（ほ）花や実が茎の先についたもの。

保安（ほあん）社会の安寧を保つこと。「―林」

へんむ―ほうか

補遺（ほい）漏れ落ちた事を補うこと。拾遺。

哺育（ほいく）乳幼児を守り育てること。

保育（ほいく）動物の親が子を育てること。「―園」

母音（ぼいん）「アイウエオ」の五音。◆子音

拇印（ぼいん）親指で押す印。つめ印。

方（ほう）方向。方面。「西の―」「―へ行く」

法（ほう）法則。法律。仕方。

報（ほう）報いる。知らせ。返す。「むくい」

坊（ぼう）男の子。僧りょ。僧りょの住まい。

某（ぼう）それがし。なにがし。「―氏」

棒（ぼう）細長いもの。「―に振る」

暴悪（ぼうあく）極めて手荒なこと。非理非道。

暴圧（ぼうあつ）力ずくで抑えつけること。圧迫。

防圧（ぼうあつ）「防遏」暴れ止め。防止。

法案（ほうあん）法律の草案。「―を審議する」

方位（ほうい）向き。方向。方角。「―磁石」

包囲（ほうい）取り囲むこと。「―作戦」「―網」

暴威（ぼうい）乱暴な威勢をふるう。

法医学（ほういがく）法律に応用される医学。

放逸（ほういつ）気ままなさま。節度がないこと。

法印（ほういん）僧の最高位「山―」の異称。

暴飲（ぼういん）むやみに酒を飲むこと。「―暴食」

暴雨（ぼうう）激しく降る雨。

法会（ほうえ）説法のための会。法要。法事。

法衣（ほうえ）僧の服。僧衣。

放映（ほうえい）映画フィルムのテレビ放送。

防衛（ぼうえい）防ぎ守ること。防守。「正当―」

防疫（ぼうえき）伝染病を予防し流行を防ぐ。

貿易（ぼうえき）外国との商業取引。「―収支」

法悦（ほうえつ）信仰による心中の喜び。法喜。

望遠（ぼうえん）遠くを見る。「―レンズ」「―鏡」

豊艶（ほうえん）肉づきがよくあでやかなこと。

砲煙（ほうえん）発砲時に出る煙。「―弾雨」

方円（ほうえん）方形と円形。四角と丸。

法王（ほうおう）カトリック教会の首長。教皇。

法皇（ほうおう）仏門に入った譲位後の天皇。院。

鳳凰（ほうおう）中国の、想像上のめでたい鳥。

茅屋（ぼうおく）あばら屋。自分の家の謙称。

芳恩（ほうおん）相手の恩に対する敬称。ご恩。

報恩（ほうおん）恩に報いること。恩返し。⇔忘恩

忘恩（ぼうおん）恩義を忘れる。恩知らずなこと。

防音（ぼうおん）音が漏れるのを防ぐこと。「―壁」

放火（ほうか）故意に火をつけること。◆失火

法科（ほうか）法律を専門に研究する学科。

放歌（ほうか）声高に歌うこと。「―高吟」

ほうか—ほうこう

放課（ほうか）学校の課業が終わること。「―後」

砲火（ほうか）発砲時に出る火。「―を交える」

烽火（ほうか）【烽火】のろしの火。合図用ののろし。

邦画（ほうが）日本映画。日本画。‡洋画

奉加（ほうが）神仏に財物を寄付する。「―帳」

奉賀（ほうが）賀し奉ること。賀状を奉呈する。

萌芽（ほうが）芽が出ること。芽生え。兆し。

防火（ぼうか）火災を防ぐこと。「―訓練」

忘我（ぼうが）熱中して我を忘れる。恍惚。ある考えや感じに抱くこと。

抱懐（ほうかい）ある考えや感じに抱くこと。

崩壊（ほうかい）【崩潰】崩れる・つぶれること。

法外（ほうがい）並外れている様子。「―な値段」

妨害（ぼうがい）【妨碍・妨礙・妨ゲ・『営業―』】

望外（ぼうがい）望み以上であること。思いの外。

方角（ほうがく）方位。向き。方向。進路。向き。見当。

邦楽（ほうがく）日本音楽。和歌。‡洋楽

芳紀（ほうき）年頃の若い女性の年齢。妙齢。

法規（ほうき）法律上の規則。法律上の規定。

方眼紙（ほうがんし）【帯】均等な縦横の線を引いた紙。

傍観（ぼうかん）そばで眺めること。

防寒（ぼうかん）寒さを防ぐこと。「―服」‡防暑

砲丸（ほうがん）大砲の球。砲丸投げの球。

芳顔（ほうがん）美しい顔。相手の顔の敬称。

幫間（ほうかん）【帮間】たいこもち。男芸者。

包含（ほうがん）内部に包み含むこと。含有。

砲艦（ほうかん）沿岸・河岸の警備用の小形軍艦。

宝冠（ほうかん）宝石で飾ったかんむり。王冠。

包括（ほうかつ）あわせくくる・まとめること。

放棄（ほうき）【拋棄】投げ捨てること。捨ておく。

蜂起（ほうき）大勢が一斉に起こす反乱。

謀議（ぼうぎ）犯罪計画などを相談すること。

箒星（ほうきぼし）【彗星ホ》】の異称。

忘却（ぼうきゃく）すっかり忘れること。忘失。

暴虐（ぼうぎゃく）乱暴なやり方で人を苦しめる。

俸給（ほうきゅう）職務の決まった報酬。サラリー。

崩御（ほうぎょ）天皇・皇后など無謀で乱暴な行が死去すること。

暴挙（ぼうきょ）無謀で乱暴な行為。「―に出る」

防御（ぼうぎょ）【防禦】防ぐ守る。防ぎ食い止める。

暴凶（ぼうきょう）ふくよかなほお。豊作と凶年。

豊頰（ほうきょう）ふくよかなほお。

望郷（ぼうきょう）故郷を懐かしむこと。「―の念」

豊凶（ほうきょう）豊作と凶年。

宝玉（ほうぎょく）宝とする貴重な宝石。宝珠。宝璧。

放吟（ほうぎん）詩歌を遠慮なく吟唱すること。

防具（ぼうぐ）競技で相手の攻撃を防ぐ道具。

防空（ぼうくう）空からの攻撃・空襲を防ぐこと。

暴君（ぼうくん）暴なる君主。横暴な人物。

方形（ほうけい）四角形。四角。「正―」‡円形

包茎（ほうけい）亀頭が外皮で包まれている陰茎。

奉迎（ほうげい）身分の高い人を迎えること。

傍系（ぼうけい）直系からわかれた系統。‡直系

謀計（ぼうけい）相手をだます計略。はかりごと。

砲撃（ほうげき）大砲を用いての攻撃。

惚ける（ほうける）【呆ける】ぼける。夢中になる。

宝剣（ほうけん）宝とする貴重な剣。宝刀。

奉献（ほうけん）神仏などに物を奉ること。献納。

封建（ほうけん）従属関係を重んじること。専制。

方言（ほうげん）地域特定の言葉。国言葉。なまり。

放言（ほうげん）無責任でたらめな発言。

冒険（ぼうけん）危険を冒して行うこと。「―談」

剖検（ぼうけん）解剖して検査すること。

望見（ぼうけん）遠くから望み見ること。違くを見る。

暴言（ぼうげん）乱暴で無礼な言葉。「―を吐く」

宝庫（ほうこ）貴重な宝の倉。「知識の―」

邦語（ほうご）自国の言語。日本語。「―訳」

防護（ぼうご）災害などから防ぎまもること。「―団」

方向（ほうこう）向き。目当て。進路。「―転換」

彷徨（ほうこう）あてもなくさまようこと。放浪。

芳香（ほうこう）かぐわしい香り。「―剤」‡悪臭

咆哮（ほうこう）動物などがたけり叫ぶ。声。

奉公（ほうこう）国家に尽くす。主人に仕える。

放校（ほうこう）学校から追放すること。「―処分」

抱合（ほうごう）抱き合うこと。化合。「―語」

縫合（ほうごう）縫いあわせること。「傷口の―」

ほうこう―ほうしょく

膀胱（ぼうこう）　尿がたまる器官。「―炎」「―結石」

暴行（ぼうこう）　乱暴な仕業。乱暴行為。「―婦女」

報告（ほうこく）　知らせ告げる。知らせる。「―書」

報国（ほうこく）　国恩に報いること。「尽忠―」

亡国（ぼうこく）　国を滅ぼすこと。滅んだ国。「―の政情」

方今（ほうこん）　ちょうど今。「―の政情」

亡妻（ぼうさい）　死んだ妻。亡き妻。↔亡夫

防災（ぼうさい）　災害を防ぐこと。「―訓練」

防塞（ぼうさい）　敵の攻撃を防ぐこと。策略。

方策（ほうさく）　対処する手段。策略。

豊作（ほうさく）　五穀が豊かに実ること。豊年。

忙殺（ぼうさつ）　極めて忙しいさま。

謀殺（ぼうさつ）　計画的な殺人。

放散（ほうさん）　放たれ散ること。放ち散らすこと。

宝算（ほうさん）　天皇の年齢。聖算。聖寿。

奉賛（ほうさん）　仏閣事業などへ謹んで賛助する。

奉仕（ほうし）　献身「―社会―」

奉祀（ほうし）　神仏・祖先などを謹んでまつる。

放恣（ほうし）　〖放肆〗気ままな「―放肆」

法師（ほうし）　僧りょ。坊さん。

胞子（ほうし）　シダ・コケ類などの生殖細胞。

邦字（ほうじ）　日本の文字。「―新聞」↔外字

法事（ほうじ）　仏事の営み。仏事や法要。法会。

某氏（ぼうし）　ある人。

防止（ぼうし）　防ぎ止めること。「犯罪の―」

帽子（ぼうし）　頭にかぶるもの。「麦わら―」

房事（ぼうじ）　男女の交合。夫婦の営み。閨事。

方式（ほうしき）　定まった形式・やり方・手続き。

法式（ほうしき）　儀式や礼儀の方法。作法。

焙じ茶（ほうじちゃ）　番茶を焙じて香りをつけた茶。

亡失（ぼうしつ）　なくなること。失いなくすこと。

忘失（ぼうしつ）　忘れる。忘れてなくす。忘却。

防湿（ぼうしつ）　湿気を防ぐこと。「―剤」

某日（ぼうじつ）　ある日。はっきりわからない日。

放射（ほうしゃ）　外部に放つ。「―線」

報謝（ほうしゃ）　他人の恩へ報いること。

放射能（ほうしゃのう）　放射線を放出する性質。

法主（ほっしゅ）　一宗派の長。法会の主宰者。

芒種（ぼうしゅ）　二四節気で、六月五日頃。夏

法受（ほうじゅ）　第三者が無線を受信のする礼金。返礼。

傍受（ぼうじゅ）　労働に対する礼金。返礼。

報酬（ほうしゅう）　勝手気ままだった。「―金」

放縦（ほうじゅう）　勝手気ままだった。

防臭（ぼうしゅう）　臭気を防ぎ止めること。「―剤」

奉祝（ほうしゅく）　謹んで祝うこと。奉賀。「―行事」

豊熟（ほうじゅく）　穀物が豊かに実ること。豊穣。

豊縮（ほうしゅく）　織物などの縮みを防ぐこと。

放出（ほうしゅつ）　物などを提供する。一気に出す。

方術（ほうじゅつ）　方法。手段。手だて。

芳醇（ほうじゅん）　酒の香りが高くこくがあること。

豊潤（ほうじゅん）　豊かでみずみずしいさま。

芳書（ほうしょ）　相手の手紙の敬称。芳信。貴書。

奉書（ほうしょ）　主に儀式用の和紙。「―紙」

幇助（ほうじょ）　加勢。てだすけ。「犯罪の手―」

某所（ぼうしょ）　ある場所。「市内―」

防除（ぼうじょ）　害虫や災害の予防と駆除。

奉唱（ほうしょう）　つつしんで歌う・唱えること。

報奨（ほうしょう）　勤労や努力に報い奨励すること。

報償（ほうしょう）　損害を償うこと。弁償。補償。

褒章（ほうしょう）　国が功績者に与える記章。

褒賞（ほうしょう）　ほめたたえること。褒美の金品。

方丈（ほうじょう）　住職、寺の、住持の部屋。

芳情（ほうじょう）　相手の親切な志の敬称。芳志。

傍証（ぼうしょう）　事実の間接的証拠。「―を固める」

豊饒（ほうじょう）　土地が肥え作物がよく実ること。

豊穣（ほうじょう）　作物がよく実ること。豊作。

豊壌（ほうじょう）　肥えた土地。肥沃な土地。

帽章（ぼうしょう）　帽子・制帽の記章。

放生会（ほうじょうえ）　生き物を放つ儀式。夏

宝飾（ほうしょく）　装飾品としての宝石・貴金属。

奉職（ほうしょく）　仕事に官に就く。

飽食（ほうしょく）　飽きるほど食うこと。満足する。

防食（ぼうしょく）　金属の腐食を防ぐこと。「―剤」

紡織（ぼうしょく）　つむぐことと織ること。「―工場」

望蜀（ぼうしょく）　望みを遂げさらにその上を望む。

ほうしょく〜ほうてん

暴食（ぼうしょく）むやみに食べること。「暴飲―」

奉じる（ほうじる）たてまつる。承る。奉ずる。

報じる（ほうじる）報いる。知らせる。報ずる。

焙じる（ほうじる）火であぶり湿気を取る。焙る。

方針（ほうしん）目指すべき方向。しっかりすること。ぼんやり。

放心（ほうしん）一定の陣立て。

方陣（ほうじん）兵士を方形に配列する陣立て。

邦人（ほうじん）〔外国在住の〕日本人。「在留―」

法人（ほうじん）法律上権利義務の主となる団体。

防塵（ぼうじん）ちり・ほこりの侵入を防ぐこと。「―もない」

方図（ほうず）物事の際限。きり。「―もない」

坊主（ぼうず）髪を剃った頭。僧。釣果なし。

放水（ほうすい）水を勢いよく流し出す。放流。

豊水（ほうすい）水の量がゆたか。「―期」⇔乾水

防水（ぼうすい）水の浸透を防ぐこと。「―加工」

紡錘（ぼうすい）糸をつむぐための用具。「―形」

方寸（ほうすん）一寸四方。心。ごく狭い範囲。

方正（ほうせい）まじめで正しいさま。「品行―」

法制（ほうせい）法律と制度。法律。「―史」

砲声（ほうせい）大砲を撃つ音。

鳳声（ほうせい）他人の伝言・書信の敬称。

暴政（ぼうせい）過酷な政治。虐政。

縫製（ほうせい）ミシンなどで衣服などを作ること。

宝石（ほうせき）貴重な石。硬質である範囲内につみ入れること。

紡績（ぼうせき）綿をつむいで糸にする。

包摂（ほうせつ）ある範囲内につみ入れること。

防雪（ぼうせつ）雪害を防ぐこと。「―林」

奉遷（ほうせん）神体などを他に移し奉ること。

防戦（ぼうせん）攻撃を防ぐ戦い。「―一方」

棒線（ぼうせん）棒のような直線。「―を引き示す」

傍線（ぼうせん）強調のため文字のそばにひく線。

呆然（ぼうぜん）ぼんやりしているさま。唖然と。「―と」

茫然（ぼうぜん）広大なさま。判然としないさま。

傍注（ぼうちゅう）〔旁注〕本文の側に添えた注釈。

砲台（ほうだい）火砲を据え置く台。砲座。

放題（ほうだい）思いのままに行うさま。「食べ―」

包装（ほうそう）上包みをかけること。荷作り。

奉送（ほうそう）高貴な人を見送ること。⇔奉迎

放送（ほうそう）報道などを多くの人に送ること。

法曹（ほうそう）法律事務に従事する人。「―界」

疱瘡（ほうそう）天然痘。種痘。

包蔵（ほうぞう）中に包み隠すこと。内包。

宝蔵（ほうぞう）宝物（経典）を保管しておく蔵。

暴走（ぼうそう）むやみ・乱暴に走り進めること。

法則（ほうそく）守るべき決まり。物事の相関関係。

包帯（ほうたい）〔繃帯〕傷口などに巻く布。

邦題（ほうだい）外国作品の日本語の題名。

放題（ほうだい）思いのままに行うさま。「食べ―」

棒立ち（ぼうだち）驚きで立ちつくすさま。

放大（ぼうだい）非常に大胆なさま。細心。

傍大（ぼうだい）［厖大］膨れて大きくなる。莫大。

放談（ほうだん）思うままに語ること。「テレビ―」

砲弾（ほうだん）大砲などの弾。

放胆（ほうたん）大胆。

棒立ち（ぼうだち）驚きで立ちつくすさま。

傍題（ぼうだい）副題。サブタイトル。

防弾（ぼうだん）飛んでくる銃弾を防ぐこと。

放置（ほうち）そのままにしておく。

法治（ほうち）法律に基づいて国を治めること。

報知（ほうち）告げ知らせること。「火災―器」

放逐（ほうちく）追いはらうこと。追放。「―国外」

逢着（ほうちゃく）出くわすこと。遭遇すること。

忙中（ぼうちゅう）閑あり最中。「―閑あり」

防虫（ぼうちゅう）害虫を防ぐこと。「―剤」

傍聴（ぼうちょう）公判などをその場で聴くこと。「―席」

防諜（ぼうちょう）機密が敵に漏れないようにする。

膨脹（ぼうちょう）［膨張］膨れる・増大すること。

防潮（ぼうちょう）津波など潮の害を防ぐ。

包丁（ほうちょう）［庖］料理や調理に使う刃物。

奉呈（ほうてい）差し上げること。献上する。

法廷（ほうてい）裁判を行う所。裁判所。公判。

法定（ほうてい）法律で定められたこと。「―貨幣」

捧呈（ほうてい）差し上げること。献上する。

方程式（ほうていしき）ある値でだけ成り立つ等式。

放擲（ほうてき）［抛擲］投げ出す。

宝典（ほうてん）貴重で大切な書物。重宝な書物。

奉奠（ほうてん）つつしんで供える。「玉串―」

法典（ほうてん）法律を体系的に編集した書物。

ほ

宝殿（ほうでん） 神宝や奉納物を納める殿舎。

放電（ほうでん） 帯電体の電気が放出すること。

傍点（ぼうてん） 字句のそばにつける点。

放途（ほうと） 進むべき道。手段。仕方。

邦土（ほうど） 国土。一国の領土。

暴徒（ぼうと） 暴動を起こした人々。「―と化す」

朋党（ほうとう） 同志による集団。徒党。

法統（ほうとう） 仏法の伝統。「―を継ぐ」

宝刀（ほうとう） 宝物の刀。宝剣。「伝家の―」

宝塔（ほうとう） 寺の塔の美称。「多宝塔」の略。

[宝塔 illustration]

奉灯（ほうとう） 神仏に奉る灯火。

法灯（ほうとう） 仏の教えのたとえ。仏前の灯り。

放蕩（ほうとう） 道楽。遊蕩。放埒。「―息子」

報道（ほうどう） 出来事を広く告げ知らせること。

冒頭（ぼうとう） 物事のはじめ。最初。出だし。

暴投（ぼうとう） 野手の捕球不能な投球・送球。

暴騰（ぼうとう） 物価が急激に高くなる。

暴動（ぼうどう） 徒党を組んで騒乱を起こすこと。

報徳（ほうとく） 受けた恩を返すこと。報恩。

奉読（ほうどく） つつしんで読むこと。

捧読（ほうどく） 手に捧げ持って読むこと。

法難（ほうなん） 尊い神聖なものを汚すこと。

防毒（ぼうどく） 毒を防ぐこと。「―マスク」

訪日（ほうにち） 宣教のために受ける迫害。

放尿（ほうにょう） 外国人が日本をおとずれること。

放任（ほうにん） 小便をすること。尿を放つこと。排尿。

なりゆきまかせ。干渉しないさま。

放熱（ほうねつ） 熱を放散すること。「―器」

放念（ほうねん） 気に掛けないこと。「ご―下さい」

豊年（ほうねん） 五穀が豊かに実ること。豊作。

忘年会（ぼうねんかい） 年末の年忘れの宴会。

奉納（ほうのう） 神仏に供え奉ること。寄進。

奉拝（ほうはい） つつしんで拝むこと。

朋輩（ほうばい）【傍輩】同輩。友達。仲間。同僚。

傍白（ぼうはく） 演劇で相手に聞えないせりふ。

茫漠（ぼうばく） 限りなく広いさま。とりとめない。

蓬髪（ほうはつ） 伸び乱れた髪。乱れ髪。蓬頭。

暴発（ぼうはつ） 銃を誤って発射。突発。

防波堤（ぼうはてい） 港などで波を防ぐための堤。

防犯（ぼうはん） 犯罪を防ぐこと。「―ベル」

包皮（ほうひ） 表面をおおい、包んでいる皮。

放屁（ほうひ） おならをすること。屁を放つ。

褒美（ほうび） ほめること。ほめ与えるもの。その準備。防御。

防備（ぼうび） 防ぎ守ること。その準備。防御。

棒引き（ぼうびき） 貸し借りを帳消しにする。

暴評（ぼうひょう） 荒々しい批評。その批評。

抱負（ほうふ） 心の中に抱く、考えや計画。

豊富（ほうふ） 豊かに富むこと。沢山あること。

邦舞（ほうぶ） 日本舞踊。日舞。

亡夫（ぼうふ） 死んだ夫。亡き夫。⇔亡妻

亡父（ぼうふ） 死んだ父。亡き父。

防腐（ぼうふ） 腐るのを防ぐこと。「―剤」

防風（ぼうふう） 暴風・強風を防ぐこと。「―林」

暴風（ぼうふう） 激しい風。「―警報」⇔微風

暴風雨（ぼうふうう） 激しい風を伴う雨。

法服（ほうふく） 裁判官の制服。僧の衣。法衣ほうえ。

報復（ほうふく） 仕返しをすること。復讐しゅう。

彷彿（ほうふつ）【髣髴】ありありと思い浮かぶ。投げたものが沢山あるさま。

放物線（ほうぶつせん） 曲線。

邦文（ほうぶん） 日本語の文章。国文。⇔欧文

法文（ほうぶん） 法令の条文と文科。

奉幣（ほうへい） 神前に幣帛へいはくをささげること。

防壁（ぼうへき） 外部からの害を防ぐための壁。

褒貶（ほうへん） ほめることとけなすこと。

方便（ほうべん） 便宜上の手段。一時の手立て。

方法（ほうほう） 仕方。手段・手立て。「―論」

亡母（ぼうぼ） 死んだ母。亡き母。

方方（ほうぼう） あちこち。あちらこちら。

某某（ぼうぼう） だれだれ。「―の証言によると」

茫茫（ぼうぼう） 果てしなく広い様子。茫洋。

這う這うの体（ほうほうのてい） 散々な目にあって逃げだすさま。

芳墨（ほうぼく） 他人の手紙・筆跡の敬称。

ほうほく〜ほかす

放牧（ほうぼく） ウシやヒツジなどの放し飼い。

泡沫（ほうまつ） あぶく。はかないもの。「―候補」

放漫（ほうまん） しまりがないさま。

豊満（ほうまん） 豊かで多い・肉づきがよいさま。

飽満（ほうまん） 食べ飽きる。十分に足りること。

暴慢（ぼうまん） 乱暴でわがままなさま。

法務（ほうむ） 法律に関する事務。「―局」

法名（ほうみょう） 入道者に授ける名。法号。⇔俗名

葬る（ほうむる） 埋葬する。覆い隠す。「やみに―」

芳名（ほうめい） 相手の姓名の敬称。「―録」

亡命（ぼうめい） 政変で他国に逃れること。「―政権」

方面（ほうめん） 方角。方向。「東京―」

放免（ほうめん） 拘束を解き自由にする。「無罪―」

紡毛（ぼうもう） 毛を糸につむぐ。「―着」「―販売」

訪問（ほうもん） 人を訪れること。

邦訳（ほうやく） 外国語を日本語に訳す。和訳。

朋友（ほうゆう） 友達。友人。「―を交わす」

包容（ほうよう） 含みもつ。包み入れる。「―力」

抱擁（ほうよう） 抱き締めること。

法要（ほうよう） 仏事の営み。法事。法会。

茫洋（ぼうよう） 遠方を眺めている様子。

望洋（ぼうよう） 見当がつかない。「―之嘆」広々とし茫々。

豊沃（ほうよく） 土地がよく肥えている様子。

棒読み（ぼうよみ） 単調に読む。漢文の音読。

崩落（ほうらく） 崩れ落ちること。物価の急激な下落。暴騰⇔暴落

暴落（ぼうらく） 身持ちが悪いさ。道楽。

放埓（ほうらつ） 司法の官吏。裁判官。法曹

法吏（ほうり） 司法の官吏。裁判官。法曹

法理（ほうり） 法律における原理。「―学」

暴利（ぼうり） 不当な利益。「―をむさぼる」

法力（ほうりき） 仏法の威力。修行で得た力。

放り込む（ほうりこむ） 投げて中に入れる。

放り出す（ほうりだす） 投げるように置く。追い払う。ほったらかす。「仕事を―」

法律（ほうりつ） 国会の議決による規律。

方略（ほうりゃく） はかりごと。計略。「―を巡らす」

謀略（ぼうりゃく） むぞうさに投げる。

放り投げる（ほうりなげる） むぞうさに投げる。

放流（ほうりゅう） 水を流すこと。放魚すること。

傍流（ぼうりゅう） 本流から分かれた流れ。

豊漁（ほうりょう） 魚貝が大量に獲れること。「―行為」

暴力（ぼうりょく） 乱暴ではたらく力。「―行為」

放る（ほうる） 投げる。諦めてやめる。「抛る」

防塁（ぼうるい） 敵の攻撃を防ぐとりで。堡塁。

法令（ほうれい） 法律と命令。おきて。「―の施行」

豊麗（ほうれい） 豊かで美しいさま。「―な女性」

亡霊（ぼうれい） 死者の魂。亡き魂。亡霊。幽霊。

芳烈（ほうれつ） 香りが非常に強い様子。

放列（ほうれつ） 【砲列】大砲を横に並べた隊形。

放浪（ほうろう） ぶらつく。「―記」

報労（ほうろう） 労苦に報いること。「―金」

琺瑯（ほうろう） ガラス質の不透明なうわ薬。

望楼（ぼうろう） 遠くを見るための物見やぐら。

俸禄（ほうろく） 給与。扶持。「―」

焙烙（ほうろく） 【炮烙】素焼きの土鍋。「―蒸し」

放論（ほうろん） はばからず議論すること。

法話（ほうわ） 仏法についての話。説教。法談。

飽和（ほうわ） 最大限度まで満たすこと。

吠え面（ほえつら） 泣き顔。「―をかく」

吠える（ほえる） 【吼える】猛獣が鳴く。わめく。

頰被り（ほおかぶり） 布を顔にかぶけばだって乱れた髪の毛が―あわせること。[図]

蓬ける（ほおける） けばだって乱れる。髪の毛が―

頰擦り（ほおずり） 頰と頰をすりあわせること。[図]

頰杖（ほおづえ） ひじを立て手で頰を支える格好。

頰張る（ほおばる） 口いっぱいに食物を入れる。

頰紅（ほおべに） 頰にさす紅。

保温（ほおん） 一定の温度を保つこと。「―器」

外（ほか） 対象外の範囲外。「謝らない」「―の店へ行く」

他（ほか） 対象物と無関係。

捕獲（ほかく） 生け捕ること。とらえること。

火影（ほかげ） 灯火の光。

帆影（ほかげ） 遠方に見えるふねの帆かけ。

帆掛け船（ほかけぶね） 帆をかけて進むふね。

他す（ほかす） いい、はっきりさせないでぼやかす。

量す（ほかす） はっきりさせないでぼやかす。

ほからか―ほさん

朗らか（ほがらか）曇りがなく晴れ晴れしたさま。

保管（ほかん）物を預かって保護・管理する。

補完（ほかん）不足を補って完全にすることに。

補記（ほき）補い記すこと。

簿記（ぼき）商取引上の記帳簿。「複式―」

捕球（ほきゅう）ボールを捕る。

補給（ほきゅう）足りなくなった分を補う。補充。

補強（ほきょう）補い強くすること。「―工事」

募金（ぼきん）寄付金を募ること。「街頭―」

保菌者（ほきんしゃ）病原菌を体内に持つ人。

僕（ぼく）男性の自称の一つ。「―と君の仲」

撲殺（ぼくさつ）殴り殺すこと。たたき殺すこと。

牧牛（ぼくぎゅう）ウシの放し飼い。またそのウシ。

牧師（ぼくし）プロテスタント教会の教職。

卜者（ぼくしゃ）占い師。易者。

牧者（ぼくしゃ）牧場の世話する人。牧人。

牧舎（ぼくしゃ）牧場の、家畜を入れる建物。

墨守（ぼくしゅ）自説を頑固に守ること。「旧習―」

墨汁（ぼくじゅう）墨を擦った液。

墨書（ぼくしょ）墨で書くこと。墨で書いたもの。

北上（ほくじょう）北の方向へ進む。北進。↔南下

牧場（ぼくじょう）家畜を放牧する場所。まきば。

卜する（ぼくする）占う。定める。

解す（ほぐす）とく。ほどく。かきまぜる。

木石（ぼくせき）木や石。情に欠ける人。

牧草（ぼくそう）家畜の飼料用に栽培される草。

墨跡（ぼくせき）【墨蹟】書いた筆跡の跡。

木鐸（ぼくたく）世人を教え導く人。指導者。

北端（ほくたん）陸地などの北の境。北のはし。

牧畜（ぼくちく）家畜を飼い育てること。「―業」

牧者（ぼくしゃ）※
朴直（ぼくちょく）【樸直】素直で正直なこと。実直。

木刀（ぼくとう）木製の刀。木剣。

牧童（ぼくどう）子供の牧者。牧人。カウボーイ。

北斗星（ほくとせい）北天の七つの星。北斗七星。

朴訥（ぼくとつ）【木訥】飾らず口数が少ないさま。無愛想な人。根純。

撲滅（ぼくめつ）完全に討ち滅ぼすこと。根絶。

牧野（ぼくや）家畜を放牧し、採草する所。

牧羊（ぼくよう）羊の放し飼い、その羊。「―犬」

北洋（ほくよう）北の方の海。北海。「―漁業」

解れる（ほぐれる）解けて離れる。皮膚上にある黒い斑紋。「泣き―」

捕鯨（ほげい）クジラをとる方。「―船」

母系（ぼけい）母方の血統。方。↔父系

母型（ぼけい）活字の鋳型の字。

惚ける（ほける）【呆ける】脳力が鈍る。弱くなる。

保健（ほけん）健康を守り保つこと。「―室」

保険（ほけん）病や事故などが生じた際の保障。

母権（ぼけん）権。親権↔父権

矛（ほこ）【鉾・戈】槍に似た長い両刃の剣。

反古（ほご）【反故】書損じの紙。無効なこと。

保護（ほご）助け守る。かばい守る。「―者」

母語（ぼご）幼時に、自然に習得する言語。

補語（ほご）術語の意味を補う語。

歩行（ほこう）歩くこと。「困難」「―訓練」

補講（ほこう）補充のための講義。

暮景（ぼけい）夕暮れの景色。暮色。

帆桁（ほげた）帆桁の上に渡した横木。

補欠（ほけつ）不足人員を補うこと。ひかえ。

墓穴（ぼけつ）はかあな。「―を掘る」

祠（ほこら）神をまつる小社殿。やしろ。

埃（ほこり）空中の細かいごみ。「綿―」「砂―」

誇る（ほこる）得意になる。名誉に思う。

綻びる（ほころびる）縫い目が解ける。少し開く。綻ぶ。

補佐（ほさ）【輔佐】仕事を助けること。「―役」

穂先（ほさき）穂の先、とがったものの先。

捕殺（ほさつ）とらえ殺すこと。「野犬の―」

菩薩（ぼさつ）仏陀に次ぐ位。仏のような人。

墓参（ぼさん）墓参り。お寺参り。展墓。

矛先（ほこさき）攻撃の目標。

母校（ぼこう）その人が卒業した学校。出身校。

母港（ぼこう）自分の生まれた船の本拠地となる港。

母国（ぼこく）自分の生まれた国。祖国。

母后（ぼこう）天皇の母。皇太后。

星ほし 夜空に輝く天体。恒星・惑星など。

保持ほじ 保ち持つこと。「ー者」「ー記録」

母子ぼし 母と子。親子。「ー手帳」

墓誌ぼし 墓石に記した死者の文。「ー銘」

糒ほしい 炊いた米を乾燥入した保存食。

欲しいほしい 【恣】気のむくまま。思いどおり。望みたい。

縦ほしいまま

干し柿ほしがき 渋柿をむいて干したもの。

星影ほしかげ 星の光。星明かり。

干し草ほしくさ 刈り取って干した草。

星屑ほしくず 夜空の無数の小さな星。

穿つほじくる 掘ってつつきだす。あばきだす。

星空ほしぞら 星がたくさん出ている夜空。

保湿ほしつ 湿度を一定の範囲内に保つこと。

星月夜ほしづきよ 星が月のように照る夜。

星祭りほしまつり 七夕祭り。

保釈ほしゃく 未決囚が帰宅を許されること。

保守ほしゅ 古きを守る。「ー的」

補修ほしゅう 傷んだ所を修理すること。

補習ほしゅう 不足の学習「ー授業」補足「ー」

補充ほじゅう 補い充たすこと。「ー人員」

募集ぼしゅう 募り集めること。「社員ー」

暮秋ぼしゅう 秋の暮れ。晩秋。

暮春ぼしゅん 春の暮れ。晩春。初春。

補助ほじょ 補い助けること。補佐。「ー金」

保証ほしょう 責任をもって請け合うこと。「連帯ー」

補償ほしょう 損害を補い償うこと。弁済。

慕情ぼじょう 恋い慕う気持ち。「ーを抱く」

捕食ほしょく 生物が生物をとらえて食べること。

補色ほしょく 赤と青緑などの反対色。余色

暮色ぼしょく 夕暮れ時の色彩。

保身ほしん 自分の身や地位を守ること。

穿つほじる ついて穴をあける。かきだす。

干すほす 乾かす。からにする。「杯をー」

保するほする 請け合う。保証する。「身元をー」

補するほする 職務の担当を命じる。「部長にー」

補正ほせい 不足を補って正すこと。「ー予算」

補整ほせい 不足を補って調整すること。

母性ぼせい 母とし て の 性 質。「ー愛」↔父性

墓石ぼせき 墓に立てた石碑。はかいし。

補説ほせつ 説明の不足を補足すること。「ー説明」

保線ほせん 線路の安全を保つこと。「ー工事」

保全ほぜん 保護して安全につ。「ー工事」

母川ぼせん 魚が生まれ育った河川。「ー回帰」

墓前ぼぜん 墓の前。「ーにぬかずく」

母船ぼせん 漁業船団の中心となる大型船。

柄ほぞ （接合させるため の ）木材の突起。

臍へそ。「ーを固める」で「固く決意する」。「ーをかむ」で「後悔する」の意。

細いほそい 狭く長い。乏しい様子。「食がー」

舗装ほそう 【舗装】道路の表面を固めること。

細腕ほそうで やせ腕。経済力が乏しいさま。

細面ほそおもて ほっそりした感じの顔かたち。

歩測ほそく 歩幅と歩数で距離を測る。測歩。

捕捉ほそく 捕まえ、とらえること。掌握。

補足ほそく つけ足し。補う。「ー説明」

補則ほそく 法令の規定を補う規則。

細引きほそびき 細めの麻縄。

保存ほぞん たきぼこし保持し残す状態を維持し・保つこと。

棺ほぞ 木の切れ端。

細目ほそめ すこし開いた目。細い編み目。

細身ほそみ 細い作り。

細細ほそぼそ ほっそりしたさま。ほそぼそづくり。

細細ほそぼそ 非常に細いさま。やっとのように細く続くさま。

母体ぼたい 母の体。本体。主。「選挙ー」

母胎ぼたい 母の胎内。土台。温床。「思想のー」

菩提ぼだい 悟りを開くこと。死後の冥福

菩提寺ぼだいじ 先祖の墓・位牌がある寺

絆されるほだされる 情にひかれなく束縛される

絆すほだす つなぎとめる。ひきとめる。

牡丹餅ぼたもち おはぎ。「棚からー」で、苦労なく幸運を手に入れたたとえ。

蛍火ほたるび ホタルが出す光。消え残った炭火。

鈕ボタン 衣服の合わせを留める具。

ほたんゆき―ほねなし

牡丹雪(ぼたんゆき) 大きな塊で降る雪。[図]

墓地(ぼち) 墓のあるところ。墓場。「共同―」

補注(ほちゅう) 補い加えた注釈。〔補註〕

補聴器(ほちょうき) 聴力を補う音声増幅器。

歩調(ほちょう) 歩行・行動の調子。「―的」

没(ぼつ) 沈む。死ぬ。「平田園詩」「―年」

牧歌(ぼっか) 牧童が歌う歌。

没我(ぼつが) 熱中してわれを忘れるさま。

墨客(ぼっかく) 書画をかく人。

発願(ほつがん) 神仏に願掛けすること。願掛け。

発起(ほっき) 企てを起こすこと。発心。「―人」

勃起(ぼっき) にわかに起こり立つこと。

没却(ぼっきゃく) すっかり忘れ去ってしまうこと。

北極(ほっきょく) 地軸の北端の地点。「―圏」「―海」

発句(ほっく) 俳諧の初句、主に俳句。

木履(ぼっくり) 駒下駄の一つ。

木剣(ぼっけん) 木製の刀。木刀。木製の剣。

勃興(ぼっこう) 急に勢力が出て盛んになること。

没交渉(ぼつこうしょう) 交渉がないこと。無関係。

没個性(ぼつこせい) 個性を欠き画一化すること。

墨痕(ぼっこん) 墨で書いた筆のあと。墨蹟。

発作(ほっさ) 症状が急に激しく起こること。

没収(ぼっしゅう) 強制的に取り上げること。

没趣味(ぼつしゅみ) 趣味に乏しい。◆多趣味

発心(ほっしん) 思い立つ。仏道に入る。「―大」

欲する(ほっする) ほしいと思う。願望を持つ。

没する(ぼっする) 沈む。おぼれる。死ぬ。「夕日が―」

勃然(ぼつぜん) にわかに起こるさま。怒るさま。

勃足(ぼっそく) 新設。設立。開始。ほっそく。

掘っ立て(ほったて) 〔掘っ建て〕土台を置かず、柱を直接地に埋めること。「―小屋」

発端(ほったん) 糸口。起こり。一つの物事に掛かりきる。熱中。◆終局

発頭(ほっとう) 先んじて物事を始める人。

没入(ぼつにゅう) すっかり入りこむ。はまること。

没年(ぼつねん) 衰え滅びる。衰亡。破産。倒産。

勃発(ぼっぱつ) 〔歿年〕死んだ年。享年。年次。◆享年

没落(ぼつらく) 端から解けて緩むこと。

解れる(ほつれる) 端から解けて緩む。ほどける。

布袋(ほてい) 七福神の一人。「―腹」

補訂(ほてい) 補いただすこと。「―版」

補綴(ほてつ) 手を加えよくすること。ほてつ。

火照(ほて)る 顔や体が熱くなること。

補塡(ほてん) 不足部分を補い埋める。穴うめ。

程(ほど) 頃合。身分。限り。「―良い味」

辺(ほとり) 〔畔〕辺り。そば。近辺。「湖の―」

程程(ほどほど) 適当。ちょうどよいさま。

程好い(ほどよい) ちょうどよい。適当である。

歩度(ほど) 人や馬の歩く速度・歩幅。

歩合(ぶあい) 割合。歩合い。◆車道

歩道(ほどう) 人が歩く側の道。「―橋」「―舗装」

舗道(ほどう) 〔鋪道〕舗装してある道路。道路。

補導(ほどう) 正しい方向へ導くこと。

母堂(ぼどう) 他人の母の尊称。母上。◆尊父

解く(ほどく) 仏陀が結ばれた物などを解きほぐす。

仏心(ほとけごころ) 仏の心。慈悲深い心。情け心。

施す(ほどこす) 恵み与える。設ける。行う。

程遠い(ほどとおい) かなり隔たる。程近い。

程無く(ほどなく) 間もなく。じきに。

迸る(ほとばしる) 勢いよく飛び散る。「情熱が―」

潤びる(ほとびる) 水を吸ってふやける。増長する。

殆(ほとんど) 〔殆ど〕本当に。全く。「―いやになる」

穂波(ほなみ) 稲穂などが風に揺れる様子。

穂並(ほなみ) 稲穂などが並び伸びるさま。

哺乳(ほにゅう) 乳児に母乳を飲ませる。「―瓶」

母乳(ぼにゅう) 母親の乳。

骨(ほね) 骨格を構成する堅い構造物。

骨惜しみ(ほねおしみ) 苦労を惜しむ。慈悲深い。

骨折り損(ほねおりぞん) 苦労がむだ徒労。

骨折る(ほねおる) 精を出して働く。努力する。

骨組み(ほねぐみ) 骨折・脱臼などの治療。接骨。骨折の主要部分の組立て。

骨接ぎ(ほねつぎ) 骨折・脱臼などの治療。接骨。

骨無し(ほねなし) 意志・信念がない人。その人。

ほねぬき―ほんぐ

骨抜き（ほねぬき） 魚などの骨を抜く。無価値。
骨張る（ほねばる） 意地をはる。かどばる。
骨太（ほねぶと） 骨の太いこと。じょうぶな骨格。
骨身（ほねみ） 骨と肉。全身。「―にこたえる」
骨休め（ほねやすめ） 一息つくこと。休養。
炎（ほのお） 〖焰〗火の先端。心中の激情。
仄か（ほのか） 薄暗い。かすか。ぼんやりうっすら。
仄暗い（ほのぐらい） ほのかに暗い。
仄仄（ほのぼの） ほのかに明るく見たり温かい様子。
仄めかす（ほのめかす） それとなく示す。暗示する。
仄めく（ほのめく） ほのかに見える。「沖の漁火が―」
捕縛（ほばく） とらえ縛ること。捕える。
帆柱（ほばしら） 帆船の、帆を張る柱。マスト。
歩幅（ほはば） 歩く時の一歩の距離。
墓碑（ぼひ） 文字が刻まれた墓石。「―銘」

補筆（ほひつ） 補い書くこと。書き添えること。
墓標（ぼひょう） 墓じるしとなる柱。「―を建てる」
歩武（ほぶ） 小きな歩調。足どり。歩み。
匍匐（ほふく） 腹這いになって進むこと。這う。
屠る（ほふる） 鳥獣を殺す。打ち滅ぼす。
略（ほぼ） 〘粗〙大体。大方。おおかた。
微笑む（ほほえむ） にっこり笑う。微笑する。
誉れ（ほまれ） 〖譽〗名誉。よい評判。栄誉。「―高い」
焔（ほむら） 〘炎〙炎。恨みなどの心中の炎。香炉などのふた。
褒める（ほめる） 〘誉〙たたえる。称賛する。
火屋（ほや） 香炉などのふた。ランプの円筒。
小火（ぼや） 小さな火事。「―騒ぎ」
暮夜（ぼや） 夜。夜中。夜分。「―ひそかに」
保有（ほゆう） 持ち続けること。保持。維持。
保養（ほよう） 健康・活力を養うこと。「―所」

法螺（ほら） ホラ貝。大言。「―をふく」
洞（ほら） ほらあな。どうけつ。洞窟。
洞が峠（ほらがとうげ） 日和見「―を決めこむ」
堀（ほり） 〘濠〙地を掘り水をためた所。
堀江（ほりえ） 地面を通して水を通した川。
掘り起こす（ほりおこす） 開墾する。埋もれているものを取り出す。
掘り返す（ほりかえす） 埋めた所を再び掘る。突っ込んで考える。
掘り下げる（ほりさげる） もっと深く掘る。物の思いがけず入手した珍しい物。安価で価値のある物。
掘り出し物（ほりだしもの） 堀のほとり。堀端。
堀端（ほりばた） 堀のほとり。
彫り物（ほりもの） 彫刻。入れ墨。「―師」
保留（ほりゅう） おさえとどめておくこと。留保。
蒲柳（ほりゅう） 体質が弱いこと。虚弱。「―の質」

捕虜（ほりょ） とらわれの身。俘虜ふりょ。
掘り割り（ほりわり） 地を掘って造った水路。
彫る（ほる） きざむ。えぐる。彫刻する。
掘る（ほる） 土を削って地に穴をあける。
保冷（ほれい） 食料品を低温のまま保つこと。
惚れ惚れ（ほれぼれ） うっとりするさま。
惚れる（ほれる） 恋い慕う。夢中になる。好きになる。
幌（ほろ） 風雨を避けるためのおおい。
襤褸（ぼろ） 使い古した布きれ。失敗。欠点。
幌馬車（ほろばしゃ） 幌で覆った馬車。
滅ぶ（ほろぶ） たえる。消滅する。なくなる。
微酔い（ほろよい） 飲酒で少し酔う。微酔。
本（ほん） 書物。本格的。書籍。手本。
盆（ぼん） 食器などを載せて運ぶうつわ。盆。
翻案（ほんあん） 小説や戯曲を改作すること。

本位（ほんい） 物事の基準。心。自分。
本意（ほんい） 本当の気持。真意。「不―」〈中〉
翻意（ほんい） 決意を変えること。考えを変える。
盆踊り（ぼんおどり） お盆の夜に踊るおどり。
本懐（ほんかい） 本来の願い。望み。「―をとげる」
本格（ほんかく） 本来の格式「―的」「―派」
本願（ほんがん） 宿願。寺の創立者。「他方―」
凡眼（ぼんがん） 平凡な眼識・眼力。≠慧眼
本気（ほんき） 正気。本心。真剣。
本義（ほんぎ） 言葉や文字本来の意味。≠転義
本給（ほんきゅう） 手当などを加えない基本給。
本拠（ほんきょ） よりどころとなる場所。「―地」
本業（ほんぎょう） 主たる業務。本職。≠副業
本局（ほんきょく） 中心となる局と支局。
凡愚（ぼんぐ） 平凡で愚かなこと。凡人。下。

盆暮れ
お盆の頃と年の暮れ。

本家
本元の家。家元。宗家。‡本元。

凡下
取り柄のない平凡な人。凡人。

本卦帰り
[本卦り]還暦。60歳。

本件
この件。この事件。‡別件。

本絹
純然たる絹。正絹。‡人絹

本源
みなもと。おおもと。根源。

梵語
古代インドの文章語。

本校
自分の生まれたわが校。‡分校

本国
わが国。母国。

翻刻
原本通りに再出版する。‡原版

本腰
真剣な気構え。「―を入れる」

本骨
正銃の骨。

本妻
正式の妻。‡妾・内妻

凡才
平凡な才能。凡人。‡天才・秀才

盆栽
観賞用の鉢植えの植木。

エゾマツ

梵妻
僧侶やその妻。大黒。

凡作
平凡でつまらない作品。‡秀作

凡策
ありふれた策。‡秀策。

梵刹
寺。寺院。ぼんせつ。

凡山
各宗派を統轄する寺院。‡末寺

梵字
サンスクリット語を書き表す字。

本式
正式。本当の形式。‡略式

本日
今日。この日。「―限りの特売」

本質
根本の性質や要素。「―論」

凡旨
本来の趣旨や目的。「―にそむく」

凡手
普通の腕前。(の人)。「―の作品」

凡主
資質や器量が平凡な主人。

本州
日本列島の中心の島。本土。

凡出
はじめ。もと。当初。ほんじょ。「水が出る」

本初
はじめ。もと。当初。ほんじょ。

本署
管内で支・分署を統轄する役所。

本性
持って生まれた性質。正気。

本小
平凡で器量が小さいこと・人。

梵鐘
寺の、鐘楼のつりがね。

梵鐘

本陣
陣営で大将のいる所。本営。

凡人
普通の人。凡夫。凡俗。「―の徒」

本筋
中心となる筋道。「話の―」

凡俗
俗人。凡人。‡聖人。

本則
原則。おおもとの規則。‡付則

本姓
戸籍の姓。旧姓。匿名名・偽名

本籍
戸籍の所在場所。原籍。‡現住所

本線
主要の鉄道線路。幹線。‡支線

盆石
石を盆に配し自然を模した置物。

本選
最終的な選定・選挙。‡予選

本然
生まれつき。本性。「―主義」

本膳
主となる膳。「本膳料理」の略。

翻然
急に心を改めること。

凡戦
平凡で面白みに欠ける試合。

本葬
本式の葬儀。密葬・仮葬

奔走
駆け回って世話をやくこと。

本草
漢方で薬用になる植物。「―学」

本尊
その寺の信仰の中心となる仏像。

本体
本来の姿。実体。

本隊
中心となる部隊。主力部隊。

本態
本来の姿。実体。「―性」

本題
中心となる題目。主題。テーマ。

本立て
立てた書物を支えておく台。書架。

本宅
本来の住まい。本宅。

盆地
周りが山で囲まれた土地。

本庁
本来となる中央官庁。‡支庁

本朝
わが国の朝廷。日本。‡異朝

奔流
急流。早瀬。

本棚
書物を載せておく棚。書架。

本調子
本来の調子。「―が出る」

ほんてん―まいまい

本店（ほんてん）事業の中心となる店。◇支店

本殿（ほんでん）神霊を安置した社殿。◇拝殿

本土（ほんど）一国の主たる国土。本州。

本当（ほんとう）まこと。真実。偽りでないこと。

本島（ほんとう）群島・列島の中で主な島。主要な島。

奔騰（ほんとう）物価や相場が急に上がる。高騰。

本道（ほんどう）主な街道。正しい道。◇間道

本堂（ほんどう）寺の本尊を安置する堂。金堂。

本人（ほんにん）その人。当人。張本人。

本音（ほんね）本心の言葉。本心。

本年（ほんねん）ことし。当年。この年。

本能（ほんのう）生まれながらに持つ性質・能力。

煩悩（ぼんのう）人の心を迷わす一切の欲望。

盆の窪（ぼんのくぼ）うなじの中央のくぼんだ所。

本場（ほんば）本来の産地。「―物」主な産地。

本箱（ほんばこ）書物を入れておく箱。本棚。

本場所（ほんばしょ）大相撲の正規の興行。

盆花（ぼんばな）うら盆に仏前、精霊棚に飾る花。

本番（ほんばん）テレビなどの本式の撮影・放送。

本部（ほんぶ）団体・組織などの中心機関。

凡百（ぼんぴゃく）色々。様々。雑多。ぼんぴゃく。

本譜（ほんぷ）五線紙の、正式な楽譜。◇略譜

凡夫（ぼんぷ）平凡な、普通の人。凡人。

本復（ほんぷく）病気が治ること。全快。完治。

本降り（ほんぶり）雨や雪が本格的に降りだすこと。

本分（ほんぶん）立場上で果たすべき務め。

本舗（ほんぽ）製造元。総本店。

本邦（ほんぽう）わが国。この国。「―初公開」

奔放（ほんぽう）思うままに振舞う達者。「自由―」

雪洞（ぼんぼり）小さい行灯（あんどん）。手燭（てしょく）。

本末（ほんまつ）物事の根幹と枝葉。もとすえ。

本丸（ほんまる）城の中心となる部分。

本名（ほんみょう）本当の名前。実名。◇偽名

本務（ほんむ）本来の務め。主な務め。◇兼務

本命（ほんめい）生まれ年の九星。最有力候補。

本望（ほんもう）本来の望み。望み達成の満足感。

本元（ほんもと）最も根源的なもと。「本家―」

本物（ほんもの）本格的な様子。実物。

本文（ほんもん）書物などの主要な文。ほんぶん。

翻訳（ほんやく）外国文を自国文に直すこと。

凡庸（ぼんよう）平凡で優れた点がない。非凡。

本来（ほんらい）もともと。元より。生来。当たり前。

本流（ほんりゅう）もとの流れ。主な流儀。◇支流

奔流（ほんりゅう）激しい勢いの流れ。急流。激流。

凡慮（ぼんりょ）凡人の考え。平凡な考え。

本領（ほんりょう）本来の力。もとの特質。

本塁（ほんるい）本拠の砦（とりで）。野球でホームベース。

翻弄（ほんろう）手玉にとること。もてあそぶこと。

本論（ほんろん）議論などの中心となる主要部分。

ま

真（ま）本当。真実。「―に受ける」

間（ま）すきま。時折。部屋。「―が悪い」

魔（ま）人心を迷わす悪。「―が差す」

間合い（まあい）物事を行う適当な時機。

麻雀（マージャン）中国から伝わった室内遊技。

真新しい（まあたらしい）まったく新しい。「―服」

舞（まい）音曲に合わせ体を動かす芸術。

舞い上がる（まいあがる）舞うように浮かれる。有頂天になる。「合格に―」

枚挙に遑がない（まいきょにいとまがない）多すぎていちいち一つ一つ数えていられない。

舞子（まいこ）【舞妓】宴会で舞を演じる少女。

迷子（まいご）連れとはぐれた子ども・人。

埋骨（まいこつ）死者の骨を埋めること。「―式」

舞い込む（まいこむ）不意に入ってくる。

毎次（まいじ）そのつど。毎度。

邁進（まいしん）一心に突き進むこと。「二路（にろ）―」

埋設（まいせつ）地中に埋めて備えつけること。

埋葬（まいそう）遺体や遺骨を土中に葬ること。

埋蔵（まいぞう）地中に埋まっていること。「―量」

毎度（まいど）いつも。そのたびごと。

埋没（まいぼつ）埋もれて見えなくなること。

舞姫（まいひめ）舞踊やバレエを演じる女性。

啝（まい）【堕】わいろ。

毎毎（まいまい）そのたびごと。毎度。たびたび。

まい-もとる—まきした

舞い戻る（まいもどる）もといた所へ帰る。

舞う（まう）踊る。回る。空中を飛ぶ。

眩う（まう）目がくらむ。目が回る。

詣る（まいる）神社やき寺・墓に行って拝む。

参る（まいる）行く。くる。拝する。負ける。

真上（まうえ）すぐ上。**↔**真下

前（まえ）表。正面。向いている方。

前後ろ（まえうしろ）逆になること。うしろまえ。「―に着る」

前祝い（まえいわい）慶事を見越して前もって祝う。

前売り（まえうり）当日より前に売る。「―券」

前置き（まえおき）本論の前に述べる言葉。

前置き（まえおき）前後・服などかがめる体勢。

前書き（まえがき）本文の前に書き添える文章。

前屈み（まえかがみ）上体を前方にかがめる体勢。

前掛け（まえかけ）汚れを防ぐために掛ける布。

前貸し（まえがし）支払日前に金を貸すこと。

前頭（まえがしら）大相撲の位の一。小結の下・平幕。

前髪（まえがみ）額に短く垂らした髪。

前借り（まえがり）受取日前に借りる金。

前金（まえきん）先に払う代金。給料・借り賃。

前景気（まえげいき）事前の評判や人気。

前口上（まえこうじょう）本題前の口述。

前説（まえせつ）本番・実演前の説明。前説明。

前倒し（まえだおし）時期を早めて実行すること。

前歯（まえば）前面の上下各四枚の歯。門歯。

前評判（まえひょうばん）事前に広がった評判。

前触れ（まえぶれ）前もって知らせる。前兆。

前払い（まえばらい）代金などを先に払うこと。

前前（まえまえ）以前。前方から。 **↔**後々・のち

前向き（まえむき）正面に向くこと。積極的。

前以て（まえもって）事前に。かじめ。あら

前厄（まえやく）厄年の前年。後厄。**↔**

前渡し（まえわたし）金品を期日前に渡すこと。

魔王（まおう）天魔の王。悪魔の王。魔界の王。

魔男（まおとこ）人妻の密通、その相手。間夫。

魔界（まかい）悪魔の世界。悪魔のすむ所。

磨崖仏（まがいぶつ）岩壁に彫刻された仏像。

紛い（まがい）そっくりなさま「役者の―演技」

紛い物（まがいもの）本物に似た作りの偽物。

紛う（まがう）よく似ていて区別がつかない。

真顔（まがお）まじめな表情。真剣な顔つき。

籬（まがき）竹などを粗く編んで作った垣。

目陰をさす（まかげをさす）遠くを見るときに額に手をかざして光をさえぎること。

禍事（まがごと）不吉な事柄。凶事。**↔**善事

任せる（まかせる）「委せる」とも。ゆだねる。

勾玉（まがたま）[曲玉]巴形の玉。古代の装身具。

賄う（まかなう）やりくりする。食事を出す。

間がな隙がな（まがなすきがな）いつでも。つねに。

摩訶不思議（まかふしぎ）極めて不思議なこと。奇妙きてれつ。

禍禍しい（まがまがしい）不吉な予感をさせる。

間借り（まがり）金を払い部屋を借りること。

曲がり角（まがりかど）折れ曲がっている道。物事の変わり目。「人生の―」

罷り出る（まかりでる）退出する。参上する。

罷り通る（まかりとおる）堂々と行われる。

罷り成らぬ（まかりならぬ）してはならない。

曲がり形（まがりなり）不完全な形。「―にも」

罷り間違う（まかりまちがう）万が一間違う。

曲がる（まがる）まっすぐでなくなる。ゆがむ。

巻（まき）書物などの内容上の一区切り。「―割り」

薪（まき）燃料に使う木材。たきぎ。

真木（まき）[槇]ヒノキやスギなどの総称。完全に巻

巻き上げる（まきあげる）き上げる。奪う。吹き上げる。

蒔絵（まきえ）漆で文様を描き装飾した漆工芸。

撒き餌（まきえ）魚や鳥を集めるのに使う餌。

巻き起こす（まきおこす）引き起こす。

巻き返す（まきかえす）劣勢から転じて攻める。

巻き込む（まきこむ）巻いて中に入れる。

巻き舌（まきじた）舌を巻くように話す口調。

ま

巻き尺〖じゃく〗 小さく巻き込める物差し。

巻き添え 災難に巻き込まれる。

巻き散らす 辺り一面にまく。

撒き散らす ばらまく。方々に広める。「うわさを—」

蒔き直し はじめからやりなおすこと。「新規—」

巻き物 軸にまいた書画や反物。巻き鮨。

牧場〖ば〗 牛馬の放牧施設。ぼくじょう。

紛れ込む まじってわからなくなる。

紛らわしい まちがえやすい。異物が入りこむ。

紛れる まじってわからなくなる。

間際〖まぎわ〗〖真際〗直前。寸前。「帰る—」

幕〖まく〗 仕切りに使う布。芝居の場面。

膜〖まく〗 物の表面を覆う薄い皮。被膜。

巻く〖捲く〗まるめる。包む。

蒔く〖播く〗種を散らす。一面に散らす。蒔絵をする。

撒く 〔播〕種をまく。一面に散らす。

幕間〖まくあい〗 芝居の休憩時間。幕の内。

幕開け 劇・物事の開始。番付け初日。◆幕切れ

幕内 大相撲で、番付の第一段の力士。

幕下 十両を除く、番付二段目の力士。

幕切れ 芝居の一段落。物事の終わり。

秣〖まぐさ〗【馬草】ウシ・ウマの飼料用の草。

捲し立てる 続け様にしゃべる。

間口〖まぐち〗 土地や建物などの正面の幅。

枕〖まくら〗 寝る時に頭をのせる寝具。

枕絵 性交の様子を描いた絵。春画。

枕木〖まくらぎ〗 レールの下に横向きに敷く木材。

枕詞〖まくらことば〗【枕詞】 和歌で特定の言葉を修飾する語。

枕元〖まくらもと〗【枕許】寝ている人の枕のそば。

捲る〖まくる〗 はしから巻いて上げる。裾を—

紛れ 偶然。思いがけなく起こること。

髷〖まげ〗 髪を束ねて曲げたもの。わげ。

負け戦〖まけいくさ〗【負け軍】敗戦。◆勝ち戦

負け犬〖まけいぬ〗 惨めな敗者のたとえ。

負け惜しみ 負けて強がること。

負けず劣らず 双方が優劣の区別がつけにくい。「—の熱戦」

負け嫌い 〖負けぎらい〗強情で負けを嫌う。

曲げて 無理でも何とか。

曲げる 〖枉げて〗強いて。

負ける 争いに敗れる。折れたわめる。値段を割り引く。

負けん気 負けまいとする気性。

孫〖まご〗 子の子。一つおいた関係。

馬子〖まご〗 馬を引く職業の人。「—にも衣装」

真〖まこと〗【実】偽りがない。「—しやか」「—話」

誠 真心。誠意。「—を尽くす」

孫弟子〖まごでし〗 弟子の弟子。

真心〖まごころ〗 うそ偽りのない心。誠意。

真しやか いかにももっともらしく感じさせるさま。「—に振る舞う」

孫引き〖まごびき〗 他書の引用文句を引用する。

孫の手〖まごのて〗 背中をかく竹製の道具。

鉞〖まさかり〗 木を切るための刃幅の広いおの。

弄る〖まさぐる〗 きめ細かいもいじる。指先でもてあそぶ。

真砂〖まさご〗 細かいすな。

正しく まちがいなく。確かに。「—本物」

摩擦 こすれあうこと。不和。「貿易—」

正に 確かに。間違いなく。「—承知した」

柾目〖まさめ〗【正目】 まっすぐに通った木目。

正夢〖まさゆめ〗 事実とよく合う夢。◆逆夢

勝る〖まさる〗【優る】 よりほかである程度が上である。

交える〖まじえる〗 含める。組み合わす。やりあう。

間仕切り 〖まじきり〗 部屋の間の仕切り。

真下〖ました〗 まっすぐ下。直下。◆真上

況して〖まして〗 言うまでもなく。なおさら。

呪い〖まじない〗 願いを神仏に祈ること。術・文句。

真面目〖まじめ〗 本気。一生懸命。誠実。

真尺〖ましゃく〗【真尺】 寸法。割り。「—に合わない」

魔手〖ましゅ〗 悪に誘うもの。害を与えるもの。

魔術 不思議な手品。大掛かりな奇術。

魔女 魔法を使う妖女。性悪な女。

当に〖まさに〗【将に・今に】今にも。「—泣きそうだ」「—行くべきだ」

ま

魔性（ましょう）悪魔の性質。人を惑わすような性質。

交じる（まじる）もとの状態を保ったまま加わって一体となる。混合。

混じる（まじる）とけ合って一体となる。混合。

交わる（まじわる）交差する。つきあう。性交する。

瞬く（まじろく）まばたきする。

麻疹（ましん）伝染病の一つ。はしか。

魔神（まじん）わざわいをもたらす神。ましん。

升（ます）液体などを測量する容器。

増す（ます）〔益す〕ふえる。強まる。

先ず（まず）最初に。とにかく。たぶん。

麻酔（ますい）薬を使い知覚を失わせること。

拙い（まずい）下手。上手でない。「―作戦」

不味い（まずい）具合が悪い。味が悪い。

貧しい（まずしい）乏しい。貧乏だ。不十分

枡席（ますせき）〔升席〕劇場などの升形の観客席。

益益（ますます）一層。以前よりもさらに。

股座（またぐら）両ももの間。股間。「―をくぐる」

跨ぐ（またぐ）股を広げて物の上を越える。

又（また）別に。同じく。「彼も―若い」

股（また）二つ以上にわかれている所。足と足との間。

未だ（まだ）時ल्やら状態などに至っていない。

又貸し（またがし）借用物をほかへ貸す。転貸。

跨がる（またがる）〔股がる〕股を広げて乗る。渡る。

又聞き（またぎき）聞いた人からさらに聞く。

摩する（まする）こする。磨く。近づきせまる。

益荒男（ますらお）〔丈夫〕強くて立派な男性。

升目（ますめ）〔枡目〕升ではかった量。格子状。

先ず先ず（まずまず）どうやらどうにか

混ぜる（まぜる）異質の物を入れ一緒にする。

又（また）〔赤〕同じく。「彼も―若い」

股擦れ（またずれ）股の内側がすりむけること。

股下（またした）股のわかれ目から下。⇔股上

瞬く（またたく）まばたく。「星が―」

瞬く間（またたくま）一瞬。瞬間。「―に片づく」

斑（まだら）色が入り混じっていること。

間怠い（まだるい）もどかしい。じれったい。

町（まち）人家が多く立ち並んだ場所。商店などが立ち並ぶ通りや場所。

襠（まち）服などのゆとりを補う布。

待ち合わせる（まちあわせる）会うよう来るのを予め約束して待つ。

間近（まぢか）時期や場所が近い。「―に迫る」

待ち受ける（まちうける）来るのを予想し、気をもんで待つ。

待ち構える（まちかまえる）備えて待ち受ける。

間違い（まちがい）正しくないこと。万一の事。

間違える（まちがえる）しくじる。まちがう。

街角（まちかど）〔町角〕街路の曲がり角。街頭。

待ち焦がれる（まちこがれる）一心に待ち望むさま。

街道（まちなか）〔街中〕まちの家や商店が並んでいる様子。

町中（まちなか）町の中心から離れた場所。

町並み（まちなみ）町の家が並ぶ様子。

町針（まちばり）布の仮止め用に刺す針。

町外れ（まちはずれ）町の中心から離れた場所。

待ち人（まちびと）来るのを待たれている人。

待ち伏せ（まちぶせ）隠れて相手を待つこと。

待ち惚け（まちぼうけ）待つ相手が来ないさま。

区区（まちまち）一つ一つ異なっている様子。

待ち侘びる（まちわびる）来ないで気をもむ。

末（まつ）すえ。終わり。粉状のもの。

待つ（まつ）実現や到来する時をすごす。期待するの。

末裔（まつえい）末々の子孫。後裔。「平家の―」

松笠（まつかさ）松の果実。まつぼっくり。

真っ赤（まっか）すっかり赤い。

松飾り（まつかざり）正月、門に飾る松。門松。

松風（まつかぜ）松に吹く風。茶釜の煮立つ音。「―[新]」

末期（まつご）終わりの時期。「―の水」

真っ暗（まっくら）何も見えないくらい暗いさま。

真っ黒（まっくろ）全く黒い。汚れ方がひどい。

末期（まっき）死にのぞんで。臨終。「―の症状」初期

睫（まつげ）〔睫毛〕上下まぶたのふちの毛。

真っ向（まっこう）真正面。「―から反対する」

抹香（まっこう）焼香に使うシキミの葉の粉末。

抹香臭い（まっこうくさい）仏教じみた。「―話」

まっさいちゅう〜まねく

真っ最中
盛んに行っている時。

真っ青
全く青い様子。

真っ逆様
上下が正反対の状態。

真っ盛り
最も盛んな時・状態。

真っ先
一番はじめ。最も先頭。

抹殺
完全に消し去る。全く認めない。

末子
末の子。「─長子」

末寺
本山や本寺の支配下にある寺。

蟄地
目標に向かい激しく進む様子。

末日
その期間の最終日。みそか。

末社
本社に付属する神社。支社。

末梢
枝の先。物の先端。「─神経」

抹消
消してなくすこと。「登録─」

末梢的
重要でない様子。*本質的

真っ白
全く白い様子。純白。

真っ直ぐ
少しも曲がっていない。道徳の乱れた時代。

末世
最下位の人の席。「─を汚す」

末代
のちの世。後世。

末節
重要でない部分。「─を汚す」

真っ只中
最もはじ。本当に真っ最中。

末端
組織の下部。「─価格」

燐寸
マッチ。摩擦により火をつける発火具。

抹茶
ひいて粉にした茶。ひき茶。

真っ当
【真っ当】まじめ。「─な生活」

全うする
完全にとげる。

松の内
正月の、門松が飾ってある間。

真っ裸
全裸。丸裸。

松葉杖
足が不自由な人がつくつえ。

松原
松の木が多く生えている所。

末尾
最後の部分。終わり。*起首

末筆
手紙の最後に書く文・あいさつ。

真っ平
絶対に嫌なさま。「─ごめん」

末文
文の最後・手紙の結びの文。

松脂
松の幹からとれる樹脂。「─油」

末葉
一時代の終わり頃。末孫。末期。

祭り
【祭り】神霊をまつる儀式。

祭り上げる
崇める。おだてあげる。

政
国土人民を統治すること。政治。

末流
血筋・流派の末。

祭る
【祀る】祭式を行い神霊を慰める。

末路
人生の終わり。絡みつく最後。

纏わる
絡みつく。村に─話

迄
限度や到達点・限定を示す語。

摩天楼
超高層建築物。

的
目標・関心の対象。「注目の─」

窓
採光や通風のための開口部。

間取り
家の、部屋の配置。「─図」

真面
真正面。きちんとした様子。

纏める
集めて一つにする。整える。

的外れ
要点からそれる。「─な意見」

窓口
人と応対する所。係。「受付─」

円か
形が丸い。穏やかな様子。

間遠
隔たっている様子。間近*

惑う
心が迷う。心が乱れる。「逃げ─」

纏う
巻くように身につける。

団居
丸く座る。車座で集まって楽しむ。

窓
【窓】組のしるし。馬じるし。消防のしるし。

俎板
俎】庖丁を使う時に用いる板。

目交
目と目の間。目の前。

眼
目。目玉。「ねぼ─」

眼差し
目つき。視線。

眥
【眥・眦】目じり。*目頭

愛弟子
目を掛けて教わる弟子。

学ぶ
教わる。習う。覚える。

間に合う
用が足りる。遅れずに着く。

随に
成行きにまかせる。ままに。

真人間
まともな人間。まじめな人間。

免れる
嫌なことから逃れる。死を─

間抜け
やることに抜かりがある。「─者」

真似
まねること。行動。「泣き─」

招く
呼寄せる。来てもらう。引起す。

まねる―まるめこむ

真似る（まねる）ほかのものを手本に似せる。

真の当たり（まのあたり）[眼の辺り]目の前。

間延び（まのび）しまりがない。間が長いこと。

瞬き（まばたき）まぶたを瞬間的に開閉すること。

眩い（まばゆい）[目映い]光輝いてまぶしい。

疎ら（まばら）すき間が多い様子。数が少ない。

麻痺（まひ）機能が停止すること。しびれる。

間引く（まびく）抜きとって間をあける。

目庇（まびさし）[眉庇]兜・帽子・窓のひさし。

目深（まぶか）目が隠れるほど深くかぶる様子。

眩しい（まぶしい）目を開けられないほど光が強い。

瞼（まぶた）[匪]目のふち。まぶた。

塗す（まぶす）粉などを一面にくっつける。

目縁（まぶち）まぶた。[―の母]

目帆（まほ）順風を受ける開いた帆。➡片帆

魔法（まほう）不思議な術。幻術。[―瓶]

幻（まぼろし）実際にあるように見えるもの。

儘（まま）なりゆきに従って。思う通り。[ときどき。時に。「―ある」]

間間（まま）ときどき。時に。「―ある」

継子（ままこ）血のつながりのない子。

継父（ままちち）血のつながりのない父親。けいふ。

継母（ままはは）血のつながりのない母親。けいぼ。

飯事（ままごと）家庭生活をまねる子どもの遊び。

見える（まみえる）お目に掛かる。顔をあわせる。

真水（まみず）塩分を含まない水。淡水。

塗れる（まみれる）汚いものがくっついて汚れる。

真向かい（まむかい）ちょうど正面。真ん前。

肉刺（まめ）手足にできる豆状の水膨れ。

忠実（まめ）努力や苦労を惜しまない様子。

摩滅（まめつ）[磨滅]擦り減ってなくなること。

豆本（まめほん）携帯用の超小型の本。芥子本。

豆撒き（まめまき）[豆撒き]節分に豆をまいて鬼を追い払う行事。豆打ち。[図]

摩耗（まもう）[磨耗]擦り減る。摩滅。

間も無く（まもなく）すぐに。短い時間で。

魔物（まもの）魔性のもの。人を惑わすもの。

麻薬（まやく）麻酔薬。依存性のある薬。

守る（まもる）防ぐ。破られず持ちこたえる。

守り神（まもりがみ）災難から守ってくれる神。

繭（まゆ）さなぎの覆い。殻状のもの。

眉（まゆ）まぶたの上部に生える毛。

眉毛（まゆげ）まぶたの上部に生える毛。眉。

眉尻（まゆじり）眉の、こめかみに近い方。

眉墨（まゆずみ）[黛]眉をかくための化粧品。

繭玉（まゆだま）枝に繭形の餅をつけた飾り。

眉唾物（まゆつばもの）偽はりが疑わしいもの。

眉根（まゆね）眉の、鼻に近い方のはし。

迷う（まよう）決断がつかない。方向を間違う。

魔除け（まよけ）魔よけのお守り。

真夜中（まよなか）夜がいちばんふけた時。

魔羅（まら）[摩羅]人心を惑わす物。陰茎。

魔力（まりょく）人を惑わす怪しい力。超能力。

毬（まり）[鞠]遊びに使う球形のもの。円形。全体。「―かじり」

丸洗い（まるあらい）衣類をほどかずに洗うこと。

円い（まるい）平面的な円の形。穏やかなさま。

丸い（まるい）立体的な球の形。角がないさま。

丸写し（まるうつし）修正せずそのものを写すこと。

丸帯（まるおび）女物の幅の広い帯。礼装用。

丸抱え（まるがかえ）全費用を負担する。自前。

丸木（まるき）切ったままの、未加工の木。

丸木舟（まるきぶね）原木をくりぬいて造った舟。

丸首（まるくび）丸くくりぬかれた襟ぐり。

丸腰（まるごし）武器を持っていない状態。

丸損（まるぞん）利益がなく全部損失になること。

丸太（まるた）皮をはいだ木材。[―小屋]

丸出し（まるだし）すっかり出すこと。むきだし。

丸潰れ（まるつぶれ）すっかりつぶれること。

丸呑み（まるのみ）かまずに飲み込むこと。

丸裸（まるはだか）真っ裸。全裸。無一文。

丸干し（まるぼし）もとの形のまま干すこと。

丸坊主（まるぼうず）頭髪をすべてそった頭。

丸見え（まるみえ）すっかり見えてしまうこと。

丸丸（まるまる）すべて。太っている様子。

丸め込む（まるめこむ）丸め入れる。手なずける。

丸める（まるめる） 形を丸くする。剃髪をいう。

丸儲け（まるもうけ） 収入全部が利益になること。

丸焼け（まるやけ） 火事ですべて焼ける。全焼。

稀（まれ） 【希】めったにない。珍しい様子。

円やか（まろやか） 丸みがある。口当たりがよい。

真綿（まわた） もめん綿を伸ばしくず繭を伸ばし送り込んだ綿。

回し者（まわしもの） 力士の褌。回し。敵方が内密に送り込んだ者。

回し（まわし）

回り（まわり） 回ること。巡ること。周囲。「火の—」

周り（まわり） 辺り。周囲・近くの場所。「—の目」

回り道（まわりみち） 遠回りして行くこと。道。

回り持ち（まわりもち） 順番に受け持つこと。

回る（まわる） 円をかくように動く。順に動く。

万一（まんいち） ちょっと。滅多に低い。万が一。可能性が非常に

満員（まんいん） 定員に達する人で一杯の状態。

満悦（まんえつ） 満足して喜ぶ様子。「ご—の体」

蔓延（まんえん） 悪いものがはびこり広がること。

漫画（まんが） 絵とせりふで展開される物語。

満開（まんかい） 花がすっかり開くこと。半開

満額（まんがく） 目標や要求の金額に達すること。

満干（まんかん） 満潮と干潮。みちひ。干満。

満願（まんがん） 願掛けの期間が終了する。結願

満艦飾（まんかんしょく） 派手に飾ること。その時期。

満期（まんき） 期限に達すること。その時期。

満喫（まんきつ） 十分に味わい楽しむこと。

万金（まんきん） 多額の金銭。千金。「—を積む」

万鈞（まんきん） 非常に重いさま。「—の重み」

万華鏡（まんげきょう） 鏡を三枚使う筒状の玩具。

満月（まんげつ） 十五夜の月。まん丸の月。【図】

漫才（まんざい） 掛け合いをする演芸。「上方—」【万才】新年を祝する芸。「三河—」

万歳（まんざい）

満載（まんさい） たくさん載せること。

満座（まんざ） その場にいるすべての人。

満腔（まんこう） 体中、全身。「—の謝意」

万言（まんげん） 多くの言葉。「—を費やす」

満作（まんさく） 殻物がよく実ること。豊作。

満更（まんざら） 必ずしも。「—嫌いではない」

満室（まんしつ） 全部の部屋がふさがること。

卍巴（まんじどもえ） 互いを追う形で入り乱れるさま。

満車（まんしゃ） 駐車場などが車で一杯になる。

饅頭（まんじゅう） 肉やあんを包み蒸した菓子。

満場（まんじょう） その場にいる全員。「—一致」

満身（まんしん） 体中。全身。「—の力」「—創痍」

慢心（まんしん） おごり高ぶること。その心。

満水（まんすい） 水がいっぱいになること。

慢性（まんせい） 症状がよくならず長引く様子。

満席（まんせき） 座席がいっぱいになること。

満足（まんぞく） とりとめなく、何の気もなく。

漫然（まんぜん） とりとめなく、何の気もなく。

漫談（まんだん） 軽妙でこっけいな話芸。「—家」

瞞着（まんちゃく） ごまかすこと。だますこと。

満潮（まんちょう） 潮が満ちるとき。↔干潮

満天（まんてん） 空いっぱい。「—の星」

満点（まんてん） 規定の最高点。完全。「栄養—」

満天下（まんてんか） 世の中全体。世界中。

真ん中（まんなか） まん中。ちょうど中央。

万年床（まんねんどこ） 長年月、いつも同じ状態。布団が敷きっぱなしの寝床。

万年筆（まんねんひつ） 携帯用のペンの一種。

万年雪（まんねんゆき） 山頂などの年中解けない雪。

満年齢（まんねんれい） 誕生日で一増あらゆる病気。

満帆（まんぱん） 【満盃】いっぱい風を受け帆をいっぱいに張る。

万引き（まんびき） 買うふりをして商品を盗むこと。

万筆（まんぴつ） 思いつくままに書く文章。随筆。

万病（まんびょう） 【—の薬】あらゆる病気。

万票（まんぴょう） 投票数の全部を得ること。

漫評（まんぴょう） とりとめのない、気楽な批評。

満幅（まんぷく） 幅全体。一幅。「—の信頼」

満腹（まんぷく） 腹がいっぱいになること。↔空腹

漫文（まんぶん） 漫然と何の気なしに書いた文章。

満遍無く（まんべんなく） あてもなくぶらぶらと歩くこと。【万遍なく】

漫歩（まんぽ）

真ん前（まんまえ） まさにその前。真正面。

み

幔幕（まんまく） 式場などに張りめぐらす幕。

真ん丸（まんまる） 完全な円形。全く丸いこと。

満満（まんまん） 満ちあふれている様子。「―意欲」

満面（まんめん） 顔全体。「―の笑み」

満目（まんもく） 見渡す限り。辺り一面。

漫漫（まんまん） 広々として果てしないさま。

漫遊（まんゆう） 気の向くまま巡り遊ぶこと。

万葉（まんよう） 日本最古の歌集。「―仮名」

万力（まんりき） 工作材料を挟んで固定する器具。

満了（まんりょう） 規定期間が終わること。「任期―」

漫録（まんろく） とりとめもなく書くこと。漫筆。

巳（み） 十二支の六番目。昔の時刻の名。

身（み） 立場。自分自身。体。「―を入れる」

実（み） 果実。種。中身。内容。「―を結ぶ」

箕（み） 穀物をふるい除く殻を取り除く農具。

見合い（みあい） 結婚相手との面会。互いに対応する。互いに見る。

見合う（みあう） 対応する。互いに見る。

見当たる（みあたる） さがしものが見つかる。

見誤る（みあやまる） 見方・判断をまちがえる。

見合わせる（みあわせる） 見比べる。差し控える。「―・せる」

見出す（みいだす） 見つけだす。「才能を―」

木乃伊（ミイラ） 乾固して原形を保つ死体。

実入り（みいり） 穀物などの成熟。収入。

見入る（みいる） 一心に見る。じっと見る。

魅入る（みいる） 執念をかけて人に取りつく。

身請け（みうけ） [身受け]芸者を請け出す。

見受ける（みうける） 見かける。見定める。

身動き（みうごき） 体を動かすこと。身じろぎ。

見失う（みうしなう） 見えなくなる。取り逃がす。

身内（みうち） 体の内部。体中。親類。仲間。

身売り（みうり） 借金のかたに償いに譲り渡す。

見栄（みえ） よく見せようとする。「―を張る」芝居の役者のポーズ。「―を切る」

見栄え（みえ） 見えすいてわかる。

見え隠れ（みえがくれ） 見えたり隠れたりすること。

見え透く（みえすく） 本意が見えすいてわかる。

見栄っ張り（みえっぱり） 見栄をはる・人。

見え見え（みえみえ） 見えすいてわかる。

澪（みお） [水脈]船の通行に適する水路。

見送り（みおくり） 人やものが去るのを見守る。

見納め（みおさめ） [見収め]見るのを最後。

見落とす（みおとす） うっかりして見すごす。

見劣り（みおとり） 他より劣って見える。

澪標（みおつくし） 水脈のしるしに海中に立てたくい。

見覚え（みおぼえ） 前に見た記憶があること。

見兼ねる（みかねる） 平気で見ていられない。

身構える（みがまえる） 攻防の態勢をとる。

身柄（みがら） 当人の身体・身を確保する。

身軽（みがる） 軽快に動く。立場を自由に行動できる。

見交わす（みかわす） 互いに見合う。見合わす。

見返す（みかえす） 立派になって見返してやる。

見返り（みかえり） 保証として差し出すこと。

味解（みかい） 味わいながら理解すること。

未開（みかい） 開拓されていないこと。妊娠中の体。「―地」

身重（みおも） 妊娠していること。

磨く（みがく） 研ぐ。こする。努力良くする。

味覚（みかく） 舌で感じるものの味の感覚。

見限る（みかぎる） あきらめて相手にしない。

御影石（みかげいし） 石材に用いる花崗岩。

見掛け（みかけ） 外から見た感じ。外見。

見掛け倒し（みかけだおし） 見解。

見方（みかた） 見る方法や立場。考え方。

味方（みかた） [身方]自分の仲間。支援。⇔敵

三日月（みかづき） 陰暦三日の月。細い月。

身勝手（みかって） わがまま。自分勝手。

見切る（みきる） 見込みがないとあきらめる。

砌（みぎり） 時。おり。ころ。「幼少の―」

右（みぎ） 右と左とを取違える。「―左」⇔左

右利き（みぎきき） 利き手が右手。⇔左利き

見聞き（みきき） 見たり聞いたりすること。

幹（みき） 物事の中央部分。物事の重要部分。

未完（みかん） 完成されていない。「―の大器」

未刊（みかん） まだ刊行されていない。⇔既刊

身代わり（みがわり） 他人の代わりになる・人。

見切り（みきり） 見込みなし。見合わす。

身奇麗（みぎれい） 身なりがさっぱりしている。

汀（みぎわ）【渚】陸地で波が寄せる所。水際。

見極める（みきわめる）真偽や成否を確認する。

見下す（みくだす）侮って自分より低く見る。

三行半（みくだりはん）夫から妻に出す離縁状。

見縊る（みくびる）甘く判断する。

見比べる（みくらべる）【見較べる】見て比べる。

見苦しい（みぐるしい）醜い。体裁が悪い。

見包み（みぐるみ）体につけているものすべて。

三毛（みけ）白・黒・茶色の毛がまじった猫。

未決（みけつ）まだ決まっていない。 ⇔既決

未見（みけん）まだ見ていないこと。『―の書』

眉間（みけん）まゆとまゆの間。『―のしわ』

巫女（みこ）【神子】神に仕え神楽を舞う未婚の女性。『―の舞』

御子（みこ）【皇子・皇女】天皇の子。

見巧者（みごうしゃ）見方がじょうずなこと・人。

神輿（みこし）神体を安置した輿。しんよ。夏

見越し（みこし）物越しに見ること。『―の松』

身拵え（みごしらえ）服装を整える。身仕舞い。

見越す（みこす）先の見通しをつける。

見応え（みごたえ）見るだけの価値があること。

見事（みごと）手際がよい。立派。完全。

詔（みことのり）【勅】天皇の言葉。詔勅。

身熟し（みごなし）体の動かし方。身のこなし。

見込み（みこみ）可能性。予想。

見込む（みこむ）あてにする。頼りにする。

身籠もる（みごもる）妊娠する。はらむ。

身頃（みごろ）衣服の、前と背を覆う部分。

見頃（みごろ）見るのに適した時期。『花の―』

身殺し（みごろし）困っている人を放っておくこと。

未婚（みこん）まだ結婚していない。 ⇔既婚

弥撒（ミサ）カトリック教の聖餐（せいさん）式。

未済（みさい）処理や返金が済んでいないこと。

操（みさお）志をかたく変えないこと。貞操。

見境（みさかい）別。『―なく』物事の判断。分

岬（みさき）湖や海に突き出た陸地の先端。

見下げる（みさげる）軽蔑して見くだす。

陵（みささぎ）天皇や皇后などの墓所。御陵。

見定める（みさだめる）見て確かめて判断する。

短い（みじかい）時間や長さが少ない。足りない。

短夜（みじかよ）すぐ明ける夜。夏 ⇔長夜

身仕度（みじたく）【身支度】身なりを整える。身仕舞い。

惨め（みじめ）見ていられないほど哀れ。

身仕舞い（みじまい）（特に女性の）身仕度。

未収（みしゅう）まだ徴収・収納していないこと。

未熟（みじゅく）まだ熟していないこと。不十分。

未詳（みしょう）まだ確実な情報がないこと。

見知る（みしる）見たことがあり、知っている。

微塵（みじん）細かいもの。極めて小さいもの。

御簾（みす）神前や宮殿で用いるすだれ。

水垢（みずあか）水中の物質が付着したもの。

水揚げ（みずあげ）漁獲量。売り上げ。陸揚げ。

水飴（みずあめ）でんぷんで作った液状のあめ。水溶。

水浴び（みずあび）水を浴びること。水浴。夏

水中り（みずあたり）悪い水を飲んで下痢をおこす。

水揚（みずあげ）

未遂（みすい）成しとげなかったこと。 ⇔既遂

水入らず（みずいらず）他人を交えないこと。

水鏡（みずかがみ）水面に姿が映ること。また、その水面。

見据える（みすえる）じっと見つめる。

湖（みずうみ）陸地に囲まれ水をたたえた所。

水掻き（みずかき）【蹼】指の間にある薄い膜。

水掛け論（みずかけろん）決着しない議論。

水嵩（みずかさ）川やダムの水の量。『―が増す』

水菓子（みずがし）食用にする果物。果実。

水胆（みずぎも）胸中や魂胆を見抜く。

水透かし（みずすかし）

水瓶（みずがめ）水を入れておくかめ。

自ら（みずから）自分で。自分自身。『―を励ます』

見過ぎ（みすぎ）【世過ぎ】生活。生計。

水着（みずぎ）水泳用の衣服。海水着。

身過ぎ（みすぎ）

水涸れ（みずがれ）川や田などの水が干上がる。

水際（みずぎわ）陸地が水と接する所。みぎわ。

水際立つ（みずぎわだつ）鮮やかで目立つ。

水茎（みずぐき）筆。筆跡。『―のあと』

水草（みずくさ）水中に生える草や藻。

水臭い（みずくさい）他人行儀である。

水気（みずけ）物に含まれている水分。

みすけむり―みため

水煙（みずけむり） 煙のように飛び散る水しぶき。
水子（みずこ） 堕胎・流産した胎児。➡「—地蔵」
水心（みずごころ） 水泳の心得。魚心あれば—あり」
見過ごす（みすごす） 見ていて気にしないでおく。
水垢離（みずごり） 水を浴びて心身を清めること。
水杯（みずさかずき） 水盃。別れに水を飲み交わす杯。
水先（みずさき） 水流の方向。航路。水先案内。
水霜（みずしも） 霜状に凍った露。露霜とも。
水差し（みずさし） [水指し]水を入れる容器。
水商売（みずしょうばい） 収入が客次第の職業。
見ず知らず（みずしらず） 全然知らないこと。
水炊き（みずたき） 鶏肉を湯で煮る鍋料理。
水玉（みずたま） 玉形の水滴や水しぶき。「―模様」
水溜り（みずたまり） 雨水などがたまった所。
水鉄砲（みずでっぽう） 筒先から水を出す玩具。図

見捨てる（みすてる） [見棄てる]放っておく。
水天（みずてん） 不見転。金銭次第で言いなりになる。
水に流す（みずにながす） なかったことにする。
水の泡（みずのあわ） 努力などがむだになること。
壬（みずのえ） 十干の第九。
癸（みずのと） 十干の第十。
水捌け（みずはけ） 水の流れ去る具合。排水。
水洟（みずばな） 水のような鼻汁。
水腹（みずばら） 水を飲みすぎたときの腹具合。
水引（みずひき） 進物の包みに掛ける細いひも。図
水浸し（みずびたし） すっかり水に浸った様子。
水辺（みずべ） 池・川・湖などの岸に近い所。
瑞穂（みずほ） みずみずしい稲の穂。「―の国」
水疱瘡（みずぼうそう） 急性伝染病の一つ。
見窄らしい（みすぼらしい） 外見が貧弱なさま。

水枕（みずまくら） 水や氷を入れて頭を冷やす枕。
水増し（みずまし） 見かけの量を増やすこと。
見済ます（みすます） [見澄ます]見極める。
水回り（みずまわり） 台所や浴室など水を使う所。
見す見す（みすみす） 目の前で目にしていながら。
瑞瑞しい（みずみずしい） 若々しくあでやかな。
水虫（みずむし） 手足にできる皮膚病の一つ。
水物（みずもの） 不思議な力で人をひきつける。予想しにくいもの。
水割り（みずわり） 酒類を水で薄めること。
魅する（みする） 心をひきつける。
未成年（みせいねん） 満二十歳未満の若者。
水を差す（みずをさす） はたから邪魔をする。
見せ掛け（みせかけ） 上辺。外見。「―の愛」
見せ金（みせがね） 信用を得るため見せるお金。
店構え（みせがまえ） 店の規模。店の建物の造り。

店先（みせさき） 店の前。店頭。
店仕舞い（みせじまい） 閉店。廃業。⇔店開き
未設（みせつ） まだ設けていないこと。⇔既設
見せ場（みせば） 人に、特に見せたい場面。
身銭（みぜに） 自分自身の金銭。自腹。「―を切る」
見せ物（みせもの） 見せ物として珍しい物を見せる興行。
未然（みぜん） まだ起こらないこと。「―に防ぐ」
未曾有（みぞう） いまだかつてないこと。
味噌（みそ） 大豆から造る調味料。「─漬」
溝（みぞ） 細長いくぼみ。みぞおち。感情面の隔たり。
鳩尾（みぞおち） 胸の下中央のくぼみ。みずおち。
晦日（みそか） [三十日]毎月の最終日。「—朔く」
密か事（みそかごと） 秘密の事柄。
禊（みそぎ） 水で身を清めやけがれを払う。
見損なう（みそこなう） 見間違う。評価を誤る。

三十路（みそじ） 三十。三十歳。
味噌汁（みそしる） 味噌で味つけした汁。
味噌っ滓（みそっかす） 一人前に扱われない子。
見初める（みそめる） 一目見て好きになる。
身空（みそら） 身の上。体。「若い—で」
霙（みぞれ） 解けて雨まじりに降る雪。
見逸れる（みそれる） 見おとす。見誤る。
身丈（みたけ） 身長。襟下から裾までの寸法。
見出し（みだし） 新聞記事などの表題。
身嗜み（みだしなみ） 服装などを整える（心がけ）。
満たす（みたす） [充たす]空所をいっぱいにする。
乱す（みだす） 混乱させる。「秩序を—」
見立てる（みたてる） 選定・鑑定する。
御霊（みたま） 死者の霊に対する敬称。「—代」
見た目（みため） 外見のようす。「—が悪い」

淫ら【淫ら】性に関してだらしない。

御手洗【御手洗】参拝者が手を清める所。

猥りがましい【濫りがましい】猥らなさま。「―話」

妄りに【妄りに】勝手に。軽々しく。

乱れる【乱れる】ばらばらになる。平静でなくなる。

未知【未知】まだ知らない。通路。距離。分野。道理。方法。↔既知

道【道】

道糸【道糸】釣糸で、竿先から鉤に至る迄の部分。

身近【身近】自分に近い。自分と関係が深い。

見違える【見違える】ほかのものと誤る。

満ち欠け【満ち欠け】月の形が変わること。

御手洗

道草【道草】途中で他事に時間を費やすこと。

満ち潮【満ち潮】潮が満ちてくる現象。満潮。

道順【道順】目的地までの道の順序。順路。

道標【道標】道案内、またその標識。手引き。

道筋【道筋】通っていく道。物事の道理。

満ち足りる【満ち足りる】十分に満足する。

道連れ【道連れ】連れ立って行くこと。「―の地蔵」

道の辺【道の辺】みちばた。路傍。

道程【道程】目的地への道の長さ。道のり。

道端【道端】道の周辺部分。路傍。

導く【導く】案内する。指導する。仕向ける。

満ち干【満ち干】潮のみちひき。干満。

道道【道道】道を歩きながら。道すがら。順次。

未着【未着】まだ着いていないこと。↔既着

満ちる【満ちる】「充ちる」十分になる。到達する。

蜜【蜜】すき間がない。親しい。「―な仲」

蜜【蜜】甘く粘り気のある液。はちみつ。

蜜雲【蜜雲】厚く重なった雲。密集している雲。

蜜画【蜜画】細かく精密に描いた絵。細密画。

密会【密会】人目を避けてひそかに会うこと。

密議【密議】非公開の、秘密の儀式。秘儀。

密儀【密儀】ひそかに相談すること。密談。

貢ぎ物【貢ぎ物】支配者に献上する金品。

密教【密教】大日如来に帰依する仏教の宗派。

貢ぐ【貢ぐ】献上する。入れ揚げる。

身繕い【身繕い】身なりを整え品物を適当に選んで整えること。

密計【密計】ひそかな計略。「―をめぐらす」

蜜月【蜜月】結婚直後の時期。親密な関係。

見付ける【見付ける】捜し出す。発見する。

密行【密行】目的地へこっそりと行くこと。

密航【密航】許可を得ずに隠れて渡航すること。

密告【密告】こっそりと知らせること。「―状」

密使【密使】ひそかに派遣される使者。

密事【密事】ひそかな事柄。内緒ごと。

密室【密室】閉め切られて出入りできない部屋。

密集【密集】すき間もないほど集まること。

密書【密書】秘密の書類・手紙。

密生【密生】すき間なく生えること。

密接【密接】ぴったりつくこと。関係が深い。

密栓【密栓】かたく栓をする。そり栓。

密送【密送】人知れずにこっそり送ること。

密葬【密葬】内々で葬式を営むこと。↔本葬

密造【密造】隠れて不法に造ること。「―酒」

密談【密談】ひそかに相談すること。密議。

密着【密着】離れずにつくこと。「―取材」

密通【密通】妻や夫以外と関係を持つこと。私通。

密偵【密偵】ひそかに内情を探ること・人。

密度【密度】詰まっている度合い。「人口―」

密約【密約】ひそかに約束する、その約束。

見積もる【見積もる】前もって算出する。

見詰める【見詰める】じっと見る。「事態を―」

三つ身【三つ身】幼児(三、四歳)用の和服。

三つ又【三つ又】また三方にわかれていること。

三つ巴【三つ巴】三者が互いに入り乱れる。

蜜豆【蜜豆】豆などに蜜をかけた食べ物。

密封【密封】厳重に封をすること。

密閉【密閉】すき間なく閉じること。「―容器」

密売【密売】法を破ってひそかに売ること。

密入国【密入国】違法な入国。

三つ巴【三つ巴】三者が互いに入り乱れる。

- **密輸**（みつゆ）不法に輸出入すること。密貿易。
- **密猟**（みつりょう）不法に狩猟すること。「シカの―」
- **密漁**（みつりょう）不法に漁をする。
- **蜜蠟**（みつろう）ミツバチの巣から作った蠟。
- **密林**（みつりん）樹木が密生した森林。 ≒ 疎林
- **未定**（みてい）まだ決まっていない。 ⇔ 既定
- **見て取る**（みてとる）見て悟る。見抜く。
- **未到**（みとう）まだ誰も足を踏み入れていないこと。
- **未踏**（みとう）まだ誰も到達していないこと。
- **味到**（みとう）内容などを味わい尽くすこと。
- **御堂**（みどう）仏像を安置した堂。礼拝堂。
- **見通し**（みとおし）遠望。予測。「―が立つ」
- **見咎める**（みとがめる）見て怪しみ問いただす。
- **味得**（みとく）味わい理解し自分のものにする。

- **見て呉れ**（みてくれ）見掛け。外見。体裁。
- **見所**（みどころ）味わいながら丁寧に読むこと。
- **味読**（みどく）味わい価値のある所。最後まで見て確かめる。将来性。
- **見届ける**（みとどける）最後まで見て確かめる。
- **認め印**（みとめいん）承認等を示す印。日常用の印。
- **認める**（みとめる）目に留める。判断する。許可する。
- **緑**（みどり）間色。青と黄の。緑の草木。
- **見取り図**（みとりず）形や配置の略図。
- **見取る**（みとる）看病する。最期まで見守る。
- **看取る**（みとる）見ながら内容を理解する。
- **見蕩れる**（みとれる）心を奪われて見入る。
- **皆**（みな）すべて。残らず。みんな。「―の衆」
- **見直す**（みなおす）もう一度見る。再評価する。
- **水上**（みなかみ）水の流れてくるもと。上流。
- **漲る**（みなぎる）水や力が満ちあふれる。「―闘志」
- **身投げ**（みなげ）飛び込んで死ぬこと。投身。

- **皆殺し**（みなごろし）一人残らず殺すこと。
- **見做す**（みなす）「看做す」とも判定する。「戦災に―」
- **孤児**（みなしご）両親のない子。こじ。
- **見逃す**（みのがす）見落とす。とがめない。
- **水無月**（みなづき）陰暦六月の異称。陽暦7月。
- **港**（みなと）船の出入りや碇泊の場所。
- **水面**（みなも）海・川・湖などの水の表面。
- **源**（みなもと）水の流れのもと。物事の起こり。
- **見習い**（みならい）見習うこと。その立場の人。
- **身習う**（みならう）見て覚える。模範とする。
- **身形**（みなり）服装や髪形。
- **見慣れる**（みなれる）見ていて知っている。
- **醜い**（みにくい）容姿が悪い。厚くて不快になる。「貧―」
- **見難い**（みにくい）よく見えない。 ⇔ 見易い
- **見抜く**（みぬく）隠れた本質などを知る。

- **蓑**（みの）萓山の頂上。刀の刃の背。カヤなどで編んだ雨具。「―腰」
- **未納**（みのう）まだ納めていないこと。「―金」
- **身の上**（みのうえ）人の境遇や運命。「―相談」
- **美濃紙**（みのがみ）厚くて丈夫な和紙の一つ。
- **身の毛**（みのけ）体の毛。「―もよだつ」
- **身の代金**（みのしろきん）人質と交換に求める金。
- **身の丈**（みのたけ）身長。背丈。
- **身の程**（みのほど）自分の能力や身分の程度。
- **身の回り**（みのまわり）日常の雑事。自身の事。
- **実り**（みのり）「稔り」植物が実力による好結果。結実。「―の秋」「―の年」
- **実る**（みのる）「稔る」実がなる。成果を得る。
- **見場**（みば）外から見た様子。見掛け。外見。

- **見栄え**（みばえ）「見映え」見た目が立派。
- **見計らう**（みはからう）見計らってつける。
- **未発**（みはつ）まだ起こってない。未発表。
- **見果てぬ**（みはてぬ）「見離す」諦め終わる。「―夢」
- **見放す**（みはなす）「見離す」諦めて見捨てる。
- **未払い**（みはらい）まだ支払っていないこと。
- **見晴らし**（みはらし）遠くまで見渡すこと。
- **見張り**（みはり）警戒すること。人。「―番」
- **瞠る**（みはる）「見張る」目を大きく見開く。
- **見張る**（みはる）周囲を慎重に見て番をする。
- **見霽かす**（みはるかす）見渡す。晴らす。
- **身晶眉**（みびいき）身内の関係者をひいきする。
- **見開き**（みひらき）開いた本の左右の二ページ。
- **身振り**（みぶり）感情などを示す体の動き。
- **身震い**（みぶるい）恐怖などで体が震えるさま。

みふん―みょうに

未分 みぶん まだ分化していない。未分化。
身分 みぶん 社会的地位。境遇。「―証明書」
未亡人 みぼうじん 夫に死なれた女性。寡婦。
見惚れる みほれる 見てほれぼれする。
見本 みほん 商品の一例。代表例。サンプル。
見舞う みまう 安否を気遣う。食らわせる。
見紛う みまがう 見間違える。ほかのものと。
身罷る みまかる 「死ぬ」の丁寧語。
見守る みまもる 注意深く見る。じっと見る。
見回す みまわす 辺りをぐるりと見る。
見回る みまわる 警戒や監視のため見て回る。
未満 みまん その数に達しない。
耳垢 みみあか 耳の穴にたまるあか。みみくそ。
耳新しい みみあたらしい 初耳。「―話」
耳打ち みみうち 耳もとでこそりささやく。

耳掻き みみかき 耳あかを取る、細長い道具。
耳学問 みみがくもん 人から聞いて得た知識。
耳金 みみがね 釜などの左右に突き出た取っ手。
耳飾り みみかざり 耳たぶの飾り。イヤリング。
耳障り みみざわり 聞いていて不快な感じがする。
耳聡い みみざとい 聴覚が鋭い。耳が早い。
耳立つ みみだつ 耳に障る。
蚯蚓腫れ みみずばれ 細長く赤くれた下の部分。
耳朶 みみたぶ 耳の、下部の垂れ下がった部分。
耳遠い みみどおい 耳がよく聞こえない。
耳年増 みみどしま 聞いた話で知識が豊富な女。
耳鳴り みみなり 耳の奥で音を感じる異状。
耳慣れる みみなれる 聞いていて珍しくない。
耳元 みみもと 〔耳許〕耳のすぐそば。「―で囁く」
耳寄り みみより 聞く値打ちがある。「―な話」

見目 みめ 〔眉目〕外観。容貌。面目。
未明 みめい 夜がまだ明けきらない時分。
見目形 みめかたち 容貌立ちと姿。
身悶え みもだえ 苦しみに体をうねらせる。
身持ち みもち 品行。生活状態。度。身重。
身元 みもと 〔身許〕名や経歴、素姓。「―不明」
実物 みもの 見る値打ちがあるもの。園芸などで実を主とするもの。
見蓋もない みもふたもない 露骨に表現する。「それを言ったら―」
身が入る みがいる すぎてとべもない
宮 みや 神社。皇族や親王家の称号。
脈打つ みゃくうつ 血管。脈拍。みや見込み。望
脈動 みゃくどう 周期的・律動的に動くこと。
脈搏 みゃくはく 心臓の拍動に応じた動脈の鼓動。
脈脈 みゃくみゃく 途切れず続いている様子。

脈絡 みゃくらく 物事のつながり。関連。「―貫通」
土産 みやげ 旅先の土地の産物。「―話」
都 みやこ 皇居・政府のある所。都会。
都落ち みやこおち 都を去り地方に逃げること。
見易い みやすい よく見える。
宮大工 みやだいく 社寺・仏閣建築の専門大工。
宮仕え みやづかえ 官庁や会社に勤めること。
雅やか みやびやか 上品で優雅なさま。「―な装い」
見破る みやぶる 隠していることを見抜く。
深山 みやま 奥深い山。奥山。「―風」「―桜」
宮参り みやまいり 神社への参詣。生後初の参詣。
見遣る みやる 遠くの方を見る。
御代 みよ 〔御世〕天皇の在位期間。治世。
妙 みょう 不思議。非常に優秀だ。「―演技の」
見様 みよう 見方。ものを見る方法。「―見まね」

妙案 みょうあん 非常によい考え。うまい考え。
妙音 みょうおん たいへん美しい音声・音楽。
妙加 みょうが 知らずに受ける神仏の加護。
妙技 みょうぎ 非常に優れた技術や演技。
妙計 みょうけい うまい計略。妙策。
冥加 みょうが
妙趣 みょうしゅ 優れた趣。妙味。
妙手 みょうしゅ 非常に優れた技術を持つ人。好手。
名字 みょうじ 〔苗字〕その家の名。姓。「―帯刀」
明後日 みょうごにち 明日の次の日。あさって。
妙星 みょうじょう 優れた人物。金星。「宵の―」
明神 みょうじん 「神」の尊称。「無大―」「―祭」
名跡 みょうせき 代々の名字や家名。「―を継ぐ」
名代 みょうだい 目上の人の代理を務める人・人。
明朝 みょうちょう あしたの朝。みょうあさ。
妙に みょうに 不思議に。どういうわけに。

み

明晩（みょうばん） あしたの晩。明夜。

妙味（みょうみ） 微妙な味わい。うまみ。妙趣。

見様見真似（みようみまね） 他の人のやり方を見て、同様に見まねること。

妙薬（みょうやく） 不思議なくらいよく効く薬。

名利（みょうり） 世俗的な名声と利欲。めいり。

冥利（みょうり） 好結果の恩恵。最高の満足感。

妙齢（みょうれい） 女性の若い年頃。適齢期。

身寄り（みより） 頼ることができる近親縁者。

未来（みらい） この先。将来。今後。‡過去

未了（みりょう） まだ終わらないこと。‡完了

魅了（みりょう） 人の心をひきつけとらえること。

魅力（みりょく） 人の心をひきつける力。

味醂（みりん） 調味用の甘い酒。

見る（みる） 目で感じる。判断する。「一干し」「海を一」

診る（みる） 「からだ」「一間に」「〈観る〉鑑賞・観察する。「映画を一」〈視る〉視察する。「手相を一」〈看る〉被災地を一」「患者を一」の診療をする。「病人を一」看護する。検査

見分ける（みわける） よく見て区別する。

魅惑（みわく） 心をひきつけ迷わすこと。「一的」

見渡す（みわたす） 広い範囲にわたって見る。

未練（みれん） 諦めきれないこと。「一がましい」

みん

民意（みんい） 民の心。国民の意思や考え。

民営（みんえい） 民間で経営すること。‡国営・公営

民家（みんか） 住民の住む家。人家。‡官舎・公舎

民芸（みんげい） 庶民の生活から生まれた一般社会。

民権（みんけん） 人民が政治に参加する権利。

民事（みんじ） 商法や民法上の問題。‡刑事

民宿（みんしゅく） 一般民家の営む簡易な宿泊施設。

民心（みんしん） 人民の気持ち。民情。

民生（みんせい） 人民の生活・生計。「一委員」

民選（みんせん） 人民が選挙で選ぶこと。‡官選

民俗（みんぞく） 民衆の風習や風俗。「一信仰」

民族（みんぞく） 同じ人種・地域・文化をもつ人々の集団。「一国家」

民度（みんど） 人民の経済力や文化の程度。

民望（みんぼう） 民衆からの人望。民衆の希望。

民放（みんぽう） 「民間放送」の略。

民法（みんぽう） 個人の権利・義務を定めた法律。

民報（みんぽう） 民間の新聞。

民有（みんゆう） 民間人の所有。「一地」‡官有

民謡（みんよう） 民衆の間で伝えられてきた歌。

民力（みんりょく） 国民の経済力。国民の労力。

民話（みんわ） 民衆の間に伝わる説話。「一劇」

民衆（みんしゅう） 一般の人民。大衆。公衆。

民需（みんじゅ） 民間の需要。‡官需・軍需

民主（みんしゅ） 主権が国民にあること。「一主義」

む

無（む） 何も存在しない。「一に等しい」

無為（むい） 何もしないこと。自然のまま。

無意識（むいしき） 意識しない。意識がない。

無一物（むいちもつ） 何も持っていないこと。

無一文（むいちもん） お金を全く持っていない。

無意味（むいみ） 意味や価値がないこと。

無益（むえき） 役に立たない。むだ。‡有益

無援（むえん） ほかからの助けがない。「孤立一」

無縁（むえん） 関係がないこと。縁者がないこと。「一仏」

無我（むが） 我意がないこと。われを忘れる。

向かい（むかい） 向き合っている。「一の一の公園」

無害（むがい） 害がないこと。人畜一」‡有害

無蓋（むがい） 屋根のないこと。「一貨車」‡有蓋

向かい合わせ（むかいあわせ） 正面を向き合うこと。‡背中合わせ

向かい風（むかいかぜ） 前からの風。‡追い風

向かう（むかう） 体を向ける。目指して進む。

迎え火（むかえび） 祖霊を迎えるための火。⇔

迎え酒（むかえざけ） 二日酔いを治すための酒。

迎える（むかえる） くるのを待つ。時期がくる。

無学（むがく） 学問がない。ものを知らない。

昔（むかし） 遠い前の時代。ずっと以前。

昔気質（むかしかたぎ） 古風で律儀な性質。

昔馴染み（むかしなじみ） 昔からの知り合い。

昔話（むかしばなし） 【昔噺】昔から伝わる空想的な話。

向かっ腹（むかっぱら） 理由もなく腹を立てる。

無冠(むかん) 位をもたないこと。「―の帝王」

無考え(むかんがえ) 何のかかわりよく考えない。

無関係(むかんけい) 何のかかわりもないこと。「―な行動」

無関心(むかんしん) 興味を持たないこと。

無季(むき) 俳句中に季題や季語がないこと。

無期(むき) 期限のないこと。「―延期」⇔有期

向き合う(むきあう) 互いに相手の方を向く。

麦打ち(むぎうち) 麦穂を打ち実を落とす。

向き(むき) 向いている方向・傾向。「―賛同の人」

無傷(むきず) 傷がない。失敗や負けがない。

剝き出し(むきだし) あらわに出す。露骨。

麦茶(むぎちゃ) 大麦を煎じた飲料。麦湯。

無軌道(むきどう) 軌道がないこと。でたらめ。

向き直る(むきなおる) 体の向きを変える。

麦踏み(むぎふみ) 麦の芽を足で踏むこと。

向き不向き(むきふむき) 適していることと適しないことによる人選。

剝き身(むきみ) 殻から取り出した貝の肉。

無記名(むきめい) 名を書かないこと。「―投票」

麦飯(むぎめし) ムギを米に混ぜて炊いた飯。

無休(むきゅう) 休み・休日がないこと。「年中―」

無給(むきゅう) 給料が支払われないこと。⇔有給

無窮(むきゅう) 際限や終りがないこと。永遠。

無気力(むきりょく) 気力がない。覇気がない。

麦藁(むぎわら) 穂を取った麦の茎。「―帽子」

剝く(むく) はぐ。はがす。取り去る。

向く(むく) その方向に動く。ふさわしい。

無垢(むく) けがれがない。混じり気がない。

報い(むくい) 「酬い」行為の結果として受ける。「酬いる」

報いる(むくいる) お返しをする。「恩に―」

尨毛(むくげ) 獣などの長く垂れた毛。

無口(むくち) 口数が少ないこと。寡黙。

剝れる(むくれる) 不機嫌になる。はがれる。

骸(むくろ) 「軀」体。死骸が。朽ち木の幹。

無碍(むげ) 「礙」邪魔が入らず自由なさま。「融通―」

無形(むけい) 形がないこと。「―文化財」⇔有形

無芸(むげい) 芸がないこと。

無欠(むけつ) 欠けたところがないこと。「完全―」

無血(むけつ) 血を流さないこと。「―革命」

無月(むげつ) 曇空で月が見えないこと。秋

無下に(むげに) すげなく。「―断われない」

無限(むげん) 限りがないこと。果てしないこと。

夢幻(むげん) 夢と幻。はかないこと。

婿(むこ) 「聟」娘の夫。新郎。⇔嫁・新婦

無辜(むこ) 何の罪もないこと。「―の民」

惨い(むごい) 痛ましい。あまりにもひどい。

婿入り(むこいり) 結婚して妻の家の籍に入る。

向こう(むこう) 向かいの方・あちら。正面の方。

無効(むこう) 効き目がないこと。効力がない。

向こう意気(むこういき) 負けまい・負けん気。「―が強い」

向こう傷(むこうきず) 体の前面に受けた傷。

向こう見ず(むこうみず) 前後を考えず無鉄砲なこと。

惨たらしい(むごたらしい) いかにも惨いさま。

婿取り(むことり) 婿を迎えること。⇔嫁取り

婿養子(むこようし) 娘婿として迎える養子

無根(むこん) 証拠や根拠のないこと。「事実―」

無言(むごん) ものを言わない様子。「―劇」

無才(むさい) 才知や才能がないこと。「無学―」

無罪(むざい) 罪がないこと。「―放免」⇔有罪

無策(むさく) 方策のないこと。「無為―」

無作為(むさくい) 作りごとでないこと。

無差別(むさべつ) 差別がない。平等なこと。

貪る(むさぼる) 欲深く望む。欲しがる。「財を―」

無産(むさん) 財産がない。無資産。⇔有産

霧散(むさん) 霧のように残らず消えること。

無残(むざん) 「無慘」残酷。いたましい。

虫(むし) 蜘蛛。昆虫。熱中する人。

無私(むし) 私欲がないこと。「公平―」

無視(むし) 存在を認めない。問題にしない。

無地(むじ) 染色が一色で模様がない。

蒸し暑い(むしあつい) 湿気が多く気温が高い。

蒸し返す(むしかえす) もう一度蒸すこと。再び取り上げて問題にする。

無自覚(むじかく) 自らの言動を理解してない。

虫下し【むしくだし】体内の寄生虫を外に出す薬。
虫螻【むしけら】虫または人を卑しめていう語。
虫酸【むしず】〔虫唾〕胃から逆流してくる液。
無実【むじつ】罪に値する事実がないこと。
虫の息【むしのいき】今にも絶えそうな呼吸。
虫の知らせ【むしのしらせ】不吉な予感。
虫歯【むしば】細菌に侵されて穴があいた歯。
蝕む【むしばむ】〔虫食む〕少しずつ悪くする。
無慈悲【むじひ】思いやりがないこと。
蒸し風呂【むしぶろ】湯気で暖まる風呂。
虫干し【むしぼし】日に干し風に当てる。圓
虫眼鏡【むしめがね】凸レンズの拡大鏡。
武者【むしゃ】武士。「若ー」「落ちー」「ー修行」
無邪気【むじゃき】悪気がない。あどけない。
武者震い【むしゃぶるい】勇み立ち震えること。

無情【むじょう】情け心がない。非情。薄情。
無常【むじょう】変わらないものはない。変転。
無上【むじょう】この上ないこと。最上。「ーの喜び」
霧消【むしょう】あとかたもなく消え失せること。
無償【むしょう】報酬がない。代金をとらない。
矛盾【むじゅん】整合しないこと。撞着「ーを来す」
無宿【むしゅく】住居や正業を持たないこと・人。
無趣味【むしゅみ】趣味がない。無風流。
無重力【むじゅうりょく】重力のない状態。無重量。
無臭【むしゅう】においがないこと。「無味ー」
無所属【むしょぞく】どの党派にも属さないこと。
毟る【むしる】〔毟〕つまんで引き抜く。ちぎり取る。
筵【むしろ】〔蓆〕ワラなどで編んだ敷物。
寧ろ【むしろ】どちらかといっていっそ。
無心【むしん】何も考えない。お金をねだる。
無人【むじん】人がいないこと。「ー駅」⇔有人
無尽【むじん】尽きないこと。「無尽講」の略。
無神経【むしんけい】気配りがない。鈍感。
無尽蔵【むじんぞう】取っても尽きないこと。
産す【むす】〔生す〕発生する。生じる。
蒸す【むす】蒸し暑く感じる。蒸気で熱する。
無数【むすう】数え切れないほどたくさん。
難しい【むずかしい】わかりにくい。わずらわしい。
息子【むすこ】男の子ども。せがれ。⇔娘
掬ぶ【むすぶ】両手ですくい飲む。「水をー」

結ぶ【むすぶ】ゆわえる。他人と関係を持つ。
娘【むすめ】若い女。女の子ども。⇔愛子
娘盛り【むすめざかり】娘として最も美しい年頃。
無声【むせい】声や音がでないこと。「ー映画」
夢精【むせい】睡眠中に射精する現象。
無税【むぜい】税金が掛からないこと。⇔有税
無制限【むせいげん】制限がない。制限しない。
無生物【むせいぶつ】生命を持たないもの。
無精卵【むせいらん】受精してない卵。⇔有精卵
無責任【むせきにん】責任がない。責任感を欠く。
噎ぶ【むせぶ】〔咽ぶ〕息が詰まった感じになる。むせ泣く。
噎せる【むせる】〔咽せる〕むせぶ。「ー飲食」
無銭【むせん】お金を持たないこと。
無線【むせん】電波を利用して行う通信。無電。
無双【むそう】比べるものが無い。無類。

夢想【むそう】あてもないこと。空想。
無造作【むぞうさ】気軽。無雑作。簡単。
無駄【むだ】〔徒〕益のない。利益がないこと。
無駄足【むだあし】行った甲斐がないこと。
無体【むたい】無理。無法。むちゃな言い分。
無題【むだい】題詠でないもの。
無駄口【むだぐち】〔徒〕益のないおしゃべり。
無駄遣い【むだづかい】〔徒〕無益な使い方。
無駄話【むだばなし】役に立たないおしゃべり。
無駄骨【むだぼね】〔徒労〕働きの徒労。徒労。
無駄飯【むだめし】〔徒食〕働かずに食う飯。
無断【むだん】許可を得ないこと。「ー借用」
鞭【むち】〔管〕動物などを打つ細長いもの。
無知【むち】知識がないこと。無学「ー蒙昧」「ー無能」
無恥【むち】恥知らずなこと。「厚顔ー」

無茶（むちゃ） 筋が通らないこと。「―苦茶」

無中（むちゅう） 熱中していること。

夢中（むちゅう） 熱中していること。上の空。

霧中（むちゅう） 霧がたちこめる中。「―の信号」

無賃（むちん） 料金を支払わないこと。「―乗車」

無痛（むつう） 痛みのないこと。「―分娩べん」

睦月（むつき） 陰暦正月の異称。一月。囲

睦（むつ）まじい 心が通じ合い仲がよい。

無手（むて） 手に何も持たないこと。素手。

無定見（むていけん） 定まった考えがないこと。

無抵抗（むていこう） 逆らわないこと。

無敵（むてき） かなうものがないほど強いこと。

霧笛（むてき） 濃霧の際に鳴らす航海信号。

無鉄砲（むてっぽう） 先のことを考えずに事を行うこと。圏

無道（むどう） 人の道に背くこと。「悪逆―」

無党派（むとうは） どの政党にも属さないこと。

無毒（むどく） 毒がないこと。「―の蛇」↔有毒

無頓着（むとんちゃく） すこしも気にかけないこと。

棟木（むなぎ） 屋根の棟に用いる横木。

胸板（むないた） 胸部の平たい部分。「―が厚い」

胸糞（むなくそ）が悪い いまいましい。

胸倉（むなぐら） 着物の、左右の襟が重なる部分。

胸苦（むなぐる）しい 胸の辺りが息苦しい。

胸先（むなさき） 胸の辺り。胸元。

胸算（むなざん） 心中での計算。胸積り。

胸騒（むなさわ）ぎ 不安で心が落ち着かない。

空（むな）しい 「虚しい」形だけで中身がない。

胸突（むなつ）き八丁（はっちょう） 〔胸突き〕胸の前辺り。最も苦しい時。

胸元（むなもと） 胸の前辺り。胸先。

無二（むに） 二つとない。かけがえのない。

旨（むね） 主な意味や内容。趣旨。〔旨〕主とすること。第一。

宗（むね） 体の前面で、首と腹の間。心。

胸（むね） 主な意味や内容。趣旨。

棟（むね） 屋根のいちばん高い所。棟木。

棟三寸（むねさんずん） 胸突三寸。

棟上（むねあ）げ 建築の際に棟木を上げる。

無念（むねん） 雑念がないこと。悔しく思うこと。無念。

無能（むのう） 能力や才能がないこと。↔有能

無比（むひ） 比べるものがない。無類。

無謬（むびゅう） 判断などに誤りがないこと。

霧氷（むひょう） 樹木に霧が凍りついたもの。図

無表情（むひょうじょう） 気持ちが顔に表されないさま。

無風（むふう） 風がない。影響がない。波乱がない。

無分別（むふんべつ） わきまえずに行動するさま。

無辺（むへん） 広大で果てしない。限りがない。

無法（むほう） 法や秩序が無視されていること。

無謀（むぼう） 結果を考えずに行動すること。

無防備（むぼうび） 備えがないこと。

謀反（むほん） 〔謀叛〕主君に背いて兵を起こす。

無明（むみょう） 煩悩に覆われ真理を知らない。

無味（むみ） 味がないこと・面白味がない。

無名（むめい） 世に知られていないこと。↔有名

無闇（むやみ） 〔無暗〕よく考えずに行うさま。

夢遊病（むゆうびょう） 睡眠中に行動する病気。

無用（むよう）の長物（ちょうぶつ） あっても役に立たない・かえって邪魔になる。

無欲（むよく） よく欲ばる気持ちがない。「―の勝利」

宜（むべ） 〔諾〕なるほど。いかにも。うべ。

村（むら） 田舎で人が群がり住んでいる所。

斑（むら） 〔叢る〕一ヵ所に集中すること。

斑気（むらき） 気が変わりやすいこと。むらき。

斑消（むらぎ）え まだらに消える。「―の雪」

群（むら）がる 群れ集まった雲。

叢雲（むらくも） 群れ集まった雲。

紫（むらさき） 赤と青の中間の色。しょうゆ。

村里（むらざと） 田舎で人家が集まっている所。

村雨（むらさめ） 〔叢雨〕ひとしきり降ってはやむ雨。

村八分（むらはちぶ） 仲間外れにすること。

村（むら） 道理に反する。

無理（むり） 道理に反する。困難。

無理押（むりお）し 強引に押し進めること。

無理解（むりかい） 理解しないこと。

無理強（むりじ）い 強制すること。

無慮（むりょ） おおよそ。大体。「―数千」

む

無料（むりょう）料金がかからない。無代。ただ。

無量（むりょう）限りなく多いこと。「感慨ー」

無力（むりょく）体力や勢力・能力がないこと。

無類（むるい）比べるものがない。

群れ（むれ）人や生物の集まり。「魚のー」

群れる（むれる）多くのものが一所に寄り集まる。

室（むろ）外気を遮り物を貯蔵する所。

室咲き（むろざき）温室で咲かせる花。図

無論（むろん）論じるまでもなく。もちろん。

め

目（め）物を見る働きの器官。鑑識力。

芽（め）種から出た直後の草や木。兆し。

目新しい（めあたらしい）見たこともない新しさ。

目当て（めあて）目印。目的。ねらい。標準。

命（めい）いのち。言いつけ。「ーに背く」

明（めい）道理を見抜く力。「先見のー」

姪（めい）兄弟姉妹の娘。↔甥

銘（めい）器物や金石に刻んだ言葉や文。

名案（めいあん）よい思いつき。よい考え。

明暗（めいあん）明るい面と暗い面。「ーを分ける」

名医（めいい）存続にかかわる医者。↔藪医者

命打つ（めいうつ）銘を刻める。

名演（めいえん）優れた演技・演奏。

名家（めいか）歴史のある立派な家柄。

名花（めいか）名高く美しい花。美女のたとえ。

名菓（めいか）名高い上等な菓子。「全国一のー」

名歌（めいか）優れた詩歌。名高い詩歌。

銘菓（めいか）特別の名をつけた上等な菓子。

名画（めいが）名高い絵。優れた絵画・映画。

明解（めいかい）よくわかる解釈。「ー単純」

明快（めいかい）筋が通って平明なこと。「ー単純」

冥界（めいかい）あの世。死後の世界。冥土。

明確（めいかく）はっきりしていて確かな様子。

銘柄（めいがら）商品を代表する名称。商標。

名鑑（めいかん）人や物の名を集めた書物。名簿。

名器（めいき）有名な器物。名高い器物。

明記（めいき）はっきりと書きしるす。特記。

銘記（めいき）強く心に留めて忘れない。感銘。

名義（めいぎ）表向きの名前。形式上の権利者。

名妓（めいぎ）優れた芸者。名高い芸妓。

名宮（めいきゅう）中で迷って出られなくなる建物。

名曲（めいきょく）有名な楽曲。優れた楽曲。

名局（めいきょく）囲碁や将棋の素晴らしい対局。

鳴禽（めいきん）美しい声でさえずる鳥。「ー類」

名吟（めいぎん）優れた詩歌や俳句。巧みな口吟。

名句（めいく）名高い句。優れた俳句。名句。

名君（めいくん）善政を敷く徳の優れた君主。

明君（めいくん）賢明な君主。明主。↔暗君

名月（めいげつ）美しい月。陰暦八月の十五夜、九月の十三夜の月。中秋の名月。図

明月（めいげつ）澄み渡って輝く丸い月。名月。図

名言（めいげん）本質をうまく言い当てた言葉。

明言（めいげん）はっきりと言うこと。「ーを避ける」

明細（めいさい）細部まで示した詳しい内容。

迷彩（めいさい）周囲に紛れるようにした。「ー色」

名作（めいさく）有名な作品。優れた作品。傑作。

名刹（めいさつ）由緒ある有名な寺院。「古寺ー」

明察（めいさつ）事情や真相を察し知ること。

名産（めいさん）その土地の有名な産物。名物。

名山（めいざん）美しく風格のある山。名高い山。

名士（めいし）名の通った人。有名人。名家。

名刺（めいし）氏名や職業を記した小さな紙。

名詞（めいし）品詞の一。事物の名前を表す語。

明視（めいし）はっきりと見ること。「ー距離」

明示（めいじ）はっきりと示すこと。↔暗示

名実（めいじつ）名称と実質。評判と実際。

名手（めいしゅ）技術の優れた人。「舞のー」

盟主（めいしゅ）同盟の中で中心となる人。

銘酒（めいしゅ）銘柄の付いた上等な酒。「ー屋」

名所（めいしょ）景色や古跡で有名な場所。

名匠（めいしょう）芸術家や学術に優れた人。名工。

名将（めいしょう）賢明な武将。有名な将軍。

名称（めいしょう）呼称。名前。名称。「正式ー」

めいしょう―めいよ

明証【めいしょう】証拠を挙げて証明すること。

明勝【めいしょう】景色が見事な土地。「―庭園」

名状【めいじょう】状態を言い表す。「―しがたい形」

明色【めいしょく】明るい感じの受ける色。↔暗色

命じる【めいじる】命令する。任命する。命ずる。

銘じる【めいじる】心に留める。銘記する。「肝に―」

迷信【めいしん】科学的根拠のない不合理な信仰。

名人【めいじん】技芸に熟達した人。「―芸に一肌」

名水【めいすい】名高い清水・川。

名数【めいすう】「三景」など、数のついた呼称。

命数【めいすう】運命の天命。寿命。生命の長さ。

瞑する【めいする】目を閉じぬ。安らかに死ぬ。

名声【めいせい】世間での評判。「―を博す」

名跡【めいせき】【名蹟】有名な旧跡・古跡。

明晰【めいせき】明らかではっきりしている様子。

名節【めいせつ】名誉と節操。「―を重んじる」

名仙【めいせん】平織りのじょうぶな絹織物。

銘仙【めいせん】平織りのじょうぶな絹織物。

名僧【めいそう】知徳の優れた高名な僧。

迷走【めいそう】不規則に方向を変えながら進む。

瞑想【めいそう】目を閉じ静かに考える。

命題【めいだい】題をつける課題。

明達【めいたつ】物事の道理に通じている。

明断【めいだん】明快に決断すること。「―を下す」

明知【めいち】【明智】優れた知恵。英知。

銘茶【めいちゃ】銘柄のある上質な茶。

名著【めいちょ】名高い書物。優れた著作。

命中【めいちゅう】目標に当たること。的中。「―率」

明澄【めいちょう】曇りなく澄み渡ること。「―な大気」

目一杯【めいっぱい】限界ぎりぎりのこと。「―働く」

酩酊【めいてい】ひどく酒に酔うこと。泥酔。

名答【めいとう】適切な答え。「ご―」愚答

明答【めいとう】はっきりとした答え。「―を促す」

名刀【めいとう】名高い刀剣。優れた刀。名剣。

冥土【めいど】【冥途】死者の魂が行く所。冥界。

明度【めいど】色の持つ明るさと暗さの度合い。

明哲【めいてつ】賢明で道理に通じている。頭の働きが鋭く判断力がある。

名答【めいとう】→上段

鳴動【めいどう】音を立てて揺れ動くこと。

銘刀【めいとう】刀工の名のある優れた刀。

命日【めいにち】死んだその日。忌日。祥月―。

名馬【めいば】名高い馬。優れた馬。駄馬

明白【めいはく】はっきりとよくわかること。

明媚【めいび】清らかで美しいこと。「風光―」

名筆【めいひつ】書画に優れた人・作品。

名品【めいひん】名高い品。優れた品。「歴代の―」

明敏【めいびん】頭の働きが鋭く判断力がある。

冥福【めいふく】死後の幸福を祈る。

名物【めいぶつ】有名なもの。有名な産物。

名分【めいぶん】身分に応じた義務。「大義―」

名文【めいぶん】優れた文章。「―家」

名聞【めいぶん】人聞き。世間の評判。

明文【めいぶん】はっきり規定した条文。「―化」

**名簿】【めいぼ】氏名や住所を記載した帳簿。

**名宝】【めいほう】名高い宝。素晴らしい宝。

**名峰】【めいほう】山容の美しい有名な山。

**盟邦】【めいほう】同盟国。友邦。

**名望】【めいぼう】名声高く人望があること。「―家」

名木【めいぼく】由緒ある特別な木。名高い木。

銘木【めいぼく】床柱などに使う上質の木。

命脈【めいみゃく】生命。いのち。「―を保つ」

名誉【めいよ】高い評判を得ること。面目。

盟友【めいゆう】かたく誓い合った友人。同志。

名優【めいゆう】演技力の優れた有名な俳優。

盟約【めいやく】かたく約束する。その約束。

名訳【めいやく】すぐれた翻訳。名高い訳。

名門【めいもん】由緒のある有名な存在。「―校」

瞑目【めいもく】目を閉じること。安らかに死ぬ。

**名目】【めいもく】名前。表向きの理由。口実。

迷妄【めいもう】無知から生じる誤った考え。

明滅【めいめつ】灯火がついたり消えたりすること。

銘銘【めいめい】各自。おのおの。それぞれ。「―皿」

**命名】【めいめい】名前をつけること。「―式」

冥冥の裡【めいめいのうち】知らず知らず。暗暗裏。

迷霧【めいむ】深い霧。心の迷いのたとえ。

迷夢【めいむ】とりとめもない考え。心の迷い。

めい―めっそう

名利（めいり） 名誉と利益。みようり。

名流（めいりゅう） 世に名高い人々。名士。

明瞭（めいりょう） 明らか。はっきりしていること。

滅入る（めいる） 元気を失う。気がふさぐ。

命令（めいれい） 上位者からの言いつけ。「至上―」

迷路（めいろ） 入り込むと迷って出られない道。

明朗（めいろう） 明るく朗らか。隠し事がない。

名論（めいろん） 優れた意見や議論。「―卓説」

迷惑（めいわく） 他人のせいで不快な思いをする。

目上（めうえ） 地位や年齢が自分より上の人。

目打ち（めうち） 千枚通し。穴をあける錐（きり）。

目移り（めうつり） ほかを見て関心が移ること。

夫婦（めおと） 妻と夫。ふうふ。

目隠し（めかくし） 目を覆って見えなくする。

妾（めかけ） 正妻以外に養っている女性。

芽ぐむ（めぐむ） [萌む]草木が芽を出す。芽ばえ。

恵む（めぐむ） 情けを掛ける。金品を与える。

目配せ（めくばせ） 目だけを動かして合図すること。

目薬（めぐすり） 眼病の治療のために目にさす薬。

目腐れ金（めくされがね） わずかな金。

目利き（めきき） 物を鑑定する能力がある人。

眼鏡違い（めがねちがい） 見込みが外れること。

眼鏡（めがね） 視力を補うための器具。鑑識。

女神（めがみ） 女性の神。「勝利の―がほほえむ」

目角（めかど） 目尻。目くじら。

目方（めかた） はかりで量った重さ。重量。

目頭（めがしら） 目の、鼻に近いはし。‡目尻

目掛ける（めがける） 目標にねらう。めざす。

巡らす（めぐらす） [廻らす] 回転させる。囲ませる。「柵を―」「思考を―」

巡り合う（めぐりあう） 思いがけず出あう。

巡り合わせ（めぐりあわせ） 偶然そうなること。

捲る（めくる） 覆っているものをはぎ取る。

巡る（めぐる） あちこちと順に見て回る。

目眩（めくるめ）く 目がくらむ。理性を失う。

目溢し（めこぼし） 見て見ぬふりをする。

目先（めさき） 目の前。当座。ごく近い将来。

目刺し（めざし） 目に串を刺し通した干物。

目刺し

目指す（めざす） [目差す]目標とする。

目敏い（めざとい） [目聡い] 見つけるのが早い。

目覚ましい（めざましい） 驚くほど立派。

目覚める（めざめる） 目が覚める。働き始める。

目障り（めざわり） 見て不快になること。‐もの。

目地（めじ） れんがやタイルの間の継ぎ目。

目路（めじ） [眼路]目で見える範囲。視界。

珍しい（めずらしい） まれである。目新しい。「―記録」

召す（めす） [呼びよせる][招く]の敬称。

雌（めす） [牝]動物で卵や子を産む方。

目線（めせん） 目の向く方向や角度。視線。

雌滝（めだき） 水勢の穏やかな滝。‡雄滝

目玉（めだま） 眼球。しかること。中心の事柄。

目立つ（めだつ） 見やすい。見あやつい。

目立て（めだて） 鋸などの歯を鋭くすること。

目付き（めつき） 人の注意を引くような目の様子。

鍍金（めっき） 金属の薄膜をかぶせること。

目違い（めちがい） 見あやまり。見そこない。

目尻（めじり） 目の、耳に近いはし。‡目頭

雌蕊（めしべ） 受粉して種を作る花の器官。

目白押し（めじろおし） 並び込み合って並ぶこと。

飯櫃（めしびつ） ごはんを入れる木製の容器。

召し使い（めしつかい） 雑用をする雇い人。

召し上がる（めしあがる） 食う・飲むの敬称。

召した（めした） 地位や年齢が自分より下の人。

飯（めし） 米や麦を炊いた食べ物。食事。

目印（めじるし） [目標]見つけるためのしるし。

召料（めしりょう） 貴人の使う品物。↓目上

滅相（めっそう） とんでもない様子。「―もない」

滅する（めっする） ほろびる。消える。

滅失（めっしつ） 減びてなくなること。

滅菌（めっきん） 細菌を死滅させること。殺菌。

めったうち〜めんほく

滅多打ち（めったうち） むやみに打つこと。

目潰し（めつぶし） 相手の目をくらますこと。

滅亡（めつぼう） 滅びてなくなること。‡興隆

滅法（めっぽう） 並外れたさま。非常に。「ー強い」

目詰まり（めづまり） 網目がごみで詰まること。

愛でる（めでる） 美しさをほめる。慈しむ。「花をー」

目処（めど） 「目途」目標。見通し。「ーが立つ」

針孔（めど） 針の、糸を通すためのあな。

目通り（めどおり） 身分の高い人に会う。謁見。

目と鼻の先（めとはなのさき） 距離が非常に近い。

娶る（めとる） 妻に迎える。

目抜き（めぬき） 特に目立つ所。「ー通り」

目の上の瘤（めのうえのこぶ） 何かにつけて憎むもの・人。

目の敵（めのかたき） 目で大まかに計算すること。

目の子（めのこ）

芽生え（めばえ） 芽が出ること。萌芽。始まり。

目端（めはし） その場を見計らう機転・才知。

雌花（めばな） 雌しべだけある花。‡雄花

目鼻立ち（めはなだち） 目や鼻の形。顔だち。

目張り（めばり） すき間に紙を張ってふさぐこと。

芽吹く（めぶく） 草木の芽が出る。「柳がー」

目分量（めぶんりょう） 推測した分量。目積り。

目減り（めべり） 重さや量が徐々に減ること。

目星（めぼし） 目当て。眼球の白い斑点。

眩暈（めまい） 「目眩」目がくらむ。げんうん。

目紛るしい（めまぐるしい） 物事の動きや変化が早く、対応できないさま。「株価の変動」

目交ぜ（めまぜ） 目で合図すること。目配せ。

女女しい（めめしい） 意気地がない。柔弱。

目元（めもと） 「目許」目の辺り。目つき。

目盛り（めもり） 量や長さを示す印。

目安（めやす） 目当て。目標。基準。「ー符」

目脂（めやに） 目から出る粘液。目くそ。

減り込む（めりこむ） 圧力や物の重みで深く入りこむ。「ぬかるみにー」

減り張り（めりはり） 「乙張り」抑揚。緩急。平らなひとつながりでないこと。

綿（めん） 「綿」もめんわた。もめん。綿織物。

麺（めん） 「麺」そば、うどんなどの総称。

免疫（めんえき） 疾病に関する抵抗現象。「ー性」

綿花（めんか） 「棉花」ワタの種子を包む繊維。

面会（めんかい） 人に会うこと。

面官（めんかん） 官職をやめさせること。罷免。

免許（めんきょ） 政府や官公庁の許可、その証書。

面食い（めんくい） 顔の美しい人を好む性質。

面食らう（めんくらう） 突然のことでまごつく。

免罪（めんざい） 罪を許すこと。「ー符」

明太子（めんたいこ） タラコの唐辛子漬け。

面談（めんだん） 直接会って話をすること。面接。

綿糸（めんし） 木綿の糸。「ー紡績」

面識（めんしき） 互いに顔を見知っている。

免除（めんじょ） 義務や責任などを許し除くこと。

免状（めんじょう） 免許の証となる文書。「卒業ー」「懲戒ー」

免職（めんしょく） 職をやめさせる。

免じる（めんじる） 特に許す。職をやめさせる。

面する（めんする） その方を向いている。直面する。

面相（めんそう） 顔つき。人相。容貌。「百ー」

免税（めんぜい） 課税を免除する。非課税。「ー店」

面責（めんせき） 責任を問われなくてすむこと。

面積（めんせき） 面の広さ。二次元の部分の広さ。

面接（めんせつ） 面と向かって面会すること。会って質疑応答する。

面前（めんぜん） 目の前。人の前。「公衆のー」

雌鳥（めんどり） 雌の鳥、特に雌の鶏。‡雄鳥

面倒見（めんどうみ） 世話をすること。「ーがいい」

面倒臭い（めんどうくさい） いかにも面倒なさま。

面倒（めんどう） 煩わしいこと。厄介。世話。

面子（メンツ） 体面。面目。「ーにかかわる」

面罵（めんば） 面と向かってののしること。

面皮（めんぴ） つらの皮。面目。「ーを欠く」

面貌（めんぼう） 顔つき。おもだち。面相。面容。

綿布（めんぷ） 綿糸で織った布。木綿の布。

麺棒（めんぼう） 先端に脱脂綿をつけた細い棒。めんの生地を伸ばす棒。麦押し。

面目（めんぼく） 世間の評価。人に合わせる顔。

も

面目ない 申しわけない。

綿密 細部まで詳しい様子。⇔粗雑

面 おもて。表面。「川の―」

面面 おのおの。各自。一人ひとり。

綿綿 続いていて絶えない様子。

面目 世間の評価。体面。めんぼく。

面妖 不思議なこと。奇妙なこと。

綿羊 【緬羊】羊毛をとるためのヒツジ。

面 近親者の死後に行動を慎むこと。

藻 水中の水草や海藻などの総称。

盲唖 目が見えず口がきけないこと。

盲愛 むやみにかわいがること。溺愛。

猛悪 荒々しく乱暴で悪いこと。凶悪。

猛威 凄まじい威力・勢い。「台風の―」

孟夏 夏のはじめ。夏。陰暦四月。[夏]

猛火 激しい勢いで燃える火。

儲かる 利益を得る。うけを得る。

儲ける 利益・子供を得る。「一席―」

設ける 用意する。機会を作る。

猛禽 性質の激しい肉食の鳥。猛鳥。

毛管 微細なガラス管。毛細管。

申し受ける 貰い受ける。承る。

申し送る 先方・後任に伝える。

申し子 神仏に祈って授かった子。

申し越し 相手から言い寄こすこと。

申し立てる 意志を先方に伝える。意見を主張する。

申し込む

申し出る 自らの意見や要望などを（目上の人に）進んで言って出る。

申し付ける 言付ける。命令する。

申し開き 言いわけ。弁明。

申し分 言い分。あら。不満な点。

亡者 死んだ人。異常に執着する人。

妄執 迷いの心から起こる執着心。妄念。

申し合わせ 話し合いでの決定。進んで言う。

申し入れる 申しこむ。

盲進 見当もつけずたらに進むこと。「猪突―」

盲信 むやみに信じること。ぼうしん。

妄信 訳もわからず信じること。

申し訳 言いわけ。弁解。形ばかり。「―上位下達で言いわたし」

申し渡す 上位下達で言いわたす。

猛暑 ひどい暑さ。酷暑。

孟春 春のはじめ。陰暦一月。[新春]

猛獣 性質の激しい肉食の動物。

猛従 是非にかかわらず従うこと。

猛襲 激しい襲撃。激しく襲いかかる。

毛氈 獣毛の繊維の敷物。フェルト。

孟秋 秋のはじめ。陰暦七月。[秋]

妄説 根拠のないでたらめな説。

猛然 勢いが激しい様子。「―と立向う」

盲人 目の見えない人。盲者。

申す 「言う」の謙称。「告げる」の謙称。強く反省することを促す。「―を促す」

猛省 強く反省すること。「―を促す」

毛筆 獣毛を束ねて作った筆。⇔硬筆

毛髪 頭髪。髪の毛。

猛毒 激しい毒。作用の非常に強い毒。

盲導犬 盲人の行動を助ける犬。

妄動 考えなしの行動。「軽挙―」

孟冬 冬のはじめ。冬。陰暦十月。[冬]

毛頭 毛の先ほども少しも。「―ない」

盲点 うっかりして気づかない点。

猛追 激しく追いかけること。

盲腸 大腸の始点にある部分。

妄想 想像を事実と信じること。

詣でる 神社や寺などにお参りする。

もうひょう〜もくろむ

妄評（もうひょう）でたらめな批評。

毛布（もうふ）厚手の毛織物の寝具。

蒙昧（もうまい）知識が不十分で物事に暗いこと。

網膜（もうまく）眼球の内面を覆う膜。「ーー炎」

濛濛（もうもう）霧や煙で見通しが悪い。

盲目（もうもく）目が見えないこと。「ーー的」

猛勇（もうゆう）たけだけしくて勇ましいこと。

網羅（もうら）残らず集め、取り入れること。

猛烈（もうれつ）勢いや程度・作用が激しい様子。

朦朧（もうろう）ぼやけてはっきりしない様子。

耄碌（もうろく）年老いて思考力などが落ちる。

蒙を啓く（もうをひらく）無知な人や道理に疎い人を教え導く。啓蒙

萌黄（もえぎ）〔萌黄〕黄色がかった緑色。

燃え盛る（もえさかる）さかんに燃える。

燃え止し（もえさし）燃え切らず残ったもの。

萌える（もえる）芽が出る。芽ぐむ。きざす。

燃える（もえる）炎上する。情熱的になる。苦しみもだえて手足を動かす。

虎落笛（もがりぶえ）〔摸擬〕本物に似せて行う。「ーー店」冬の烈風が出す音。

模擬（もぎ）〔摸擬〕本物に似せて行う。「ーー店」

捥ぐ（もぐ）ねじって取る。もぎる。「柿を—」

捥ぎ取る（もぎとる）ねじり取る。取り上げる。

木魚（もくぎょ）読経の時たたく木製仏具。

木偶（もくぐう）木製の人形。でく。

目撃（もくげき）実際にその場で見る。「—者」

黙劇（もくげき）無言劇。パントマイム。

黙座（もくざ）〔黙坐〕黙って座っていること。

艾（もぐさ）灸に使うヨモギを干したもの。

木材（もくざい）木工や建築の材料とする木。

目算（もくさん）大体の見当。見積り。「ーが立つ」

黙殺（もくさつ）知っていながら無視すること。

黙視（もくし）目を使っての距離」

目視（もくし）目を使っての距離」

黙止（もくし）無言のまま放っておく。黙過。

黙示（もくじ）暗黙のうちに示す。「—録」

黙視（もくし）黙って見ていること。傍観。

目次（もくじ）書物の見出しを順に並べたもの。

目する（もくする）判断する。見る。

黙する（もくする）だまる。無言でいる。

藻屑（もくず）海中の藻のくず。「—と消える」

木製（もくせい）木で作ったもの。「—品」

目前（もくぜん）目の前。間近。すぐ近く。直前。

目送（もくそう）去る者を目を離さず見送ること。

黙想（もくそう）黙って考え込むこと。瞑想。

木造（もくぞう）木材でつくる・もの。「—建築」

木像（もくぞう）木彫り・木製の像。

目測（もくそく）目で見当をつけて、分量・距離を測ること。

木目（もくめ）木の切り口の模様。木理。きめ。

木炭（もくたん）木を蒸焼きにした燃料。炭。図

木彫（もくちょう）木材に像や文様を彫刻する技術。

目途（もくと）めあて。目標。めど。

目的（もくてき）目をとじて黙って祈ること。♦音読

黙祷（もくとう）声を出さずに読むこと。黙許。黙語。

黙読（もくどく）〔黙認〕黙って認める。黙許。黙語。

黙認（もくにん）〔黙認〕黙って認める。黙許。黙語。

黙然（もくねん）黙っている様子。もくぜん。

木版（もくはん）絵や字を彫った印刷用の木の板。「—画」

黙秘（もくひ）何も言わずに通すこと。「—権」

目標（もくひょう）目じるし。目あて。ねらい。

木片（もくへん）木の切れはし。木ぎれ。

木本（もくほん）木幹を持つ植物。木。↔草本

黙黙（もくもく）黙って何かをし続ける様子。

黙約（もくやく）互いの了解だけで結んだ約束。

沐浴（もくよく）髪や体を洗い清める。ゆあみ。

潜る（もぐる）水中に入る。隠れ込む。

目礼（もくれい）目だけで挨拶する。「—を交わす」

黙礼（もくれい）黙って敬礼する。「霊前で—する」

目録（もくろく）内容の一覧を記したもの。

目論見（もくろみ）企て。計画。「—が外れる」

目論む（もくろむ）企てる。計画する。

回転木馬

331

模型(もけい) 実物に似せて作ったもの。

捥げる(もげる) ちぎれて落ちる。取れる。

模糊(もこ) ぼんやり見える様子。「曖昧(あいまい)—」

猛者(もさ) 力や技が優れた強い人。

模作(もさく) まねて作る・もの。模造。

模索(もさく) 「摸索」試しながら探し求める。

若し(もし) もしも。万一。

文字(もじ) 言葉を見える形に書き表す符号。

藻塩(もしお) 海藻からとった塩。「—草」

若しくは(もしくは) あるいは。または。

模写(もしゃ) 「摸写」まね写すこと。「声帯—」

喪主(もしゅ) 葬式を営む際の当主。そうしゅ。

喪章(もしょう) 弔意を示すためにつける黒い布。

捩る(もじる) 有名な言葉や句を言いかえる。

燃す(もす) 燃やす。たく。

裳裾(もすそ) 裳のすそ。着物のすそ。

模する(もする) 「摸する」まねる。まねて作る。

模造(もぞう) 「摸造」本物に似せて造る。「—品」

悶える(もだえる) 煩い苦しむ。悩み苦しむ。

擡げる(もたげる) 持ち上げる。起こす。「頭を—」

黙す(もだす) だまる。黙過する。

齎す(もたらす) 持ってくる。生じさせる。

凭れ掛かる(もたれかかる) 寄りかかる。頼る。

凭れる(もたれる) 寄りかかる。胃が不快。

餅(もち) 糯米(もちごめ)を蒸しついた食物。

黐(もち) とりもち。「—竿(さお)」

持ち味(もちあじ) 本来持っている味やよさ。

持ち合わせ(もちあわせ) 持っていること・もの。その時の所持金。

持ち家(もちいえ) 所有している家。もちや。

用いる(もちいる) 役に立つとして使う。採用する。

持ち掛ける(もちかける) 話などを切り出す。

持ち切り(もちきり) ある期間話が続くこと。

持ち腐れ(もちぐされ) 持つだけで活用しない。

持ち崩す(もちくずす) 身持ちを悪くする。

持ち越す(もちこす) 次の機会に送る。

持ち堪える(もちこたえる) こらえ保ち続ける。

持ち駒(もちごま) 手806。利用できる人や物。

持ち込む(もちこむ) 中のものを運び入れる。事物をもって次の段階にうつす。

糯米(もちごめ) 粘り気が強く餅になる米。

持ち出す(もちだす) 持って外へ出る。

餅搗き(もちつき) 餅をつくこと・人。[図]

望月(もちづき) 十五夜の月。満月。圓

持ち直す(もちなおす) もとのよい状態に返る。

持ち主(もちぬし) 物品を所有している人。

持ち場(もちば) 持って受け持った場や方面。

持ち運ぶ(もちはこぶ) 持って運搬する。

餅肌(もちはだ) [餅膚]白く柔らかい滑らかな肌。

持ち分(もちぶん) 各人が受け持つ一部分・割合。

持ち前(もちまえ) 生まれつきもっている性質。

持ち回り(もちまわり) 関係者の間で順に渡す。

喪中(もちゅう) 喪に服している期間。「—欠礼」

持ち物(もちもの) 持っているもの。所有物。

持ち寄る(もちよる) 各々が持ち、寄り集まる。

畚

勿論(もちろん) 無論。言うまでもなく。当然。

持つ(もつ) 手にする。支える。所有する。

勿怪(もっか) 今。現在。差し当り。「—進行中」

黙過(もっか) 知らないふりをして見過ごすこと。

木簡(もっかん) 文字などを書き記した木の札。

木琴(もっきん) [物怪]打楽器。シロホン。

黙許(もっきょ) 知らないふりをして許しておく。

勿怪(もっけ) [物怪]思いがけないこと。意外。

黙契(もっけい) 無言の内に合意すること。黙約。

畚(もっこ) 縄を網状に編んだ土石運搬用具。

木工(もっこう) 大工。木材の工芸。「—細工」

黙考(もっこう) 黙って考え込むこと。「沈思—」

目今(もっこん) ただいま。さし当り。目下。

勿体(もったい) 重々しい様子。尊大な様子。

勿体ない(もったいない) おそれ多い。惜しい。

もったいぶる 仰々しく振る舞う。

勿体振る ~の理由で。~を用いて。

以て ~の理由で。~を用いて。

以ての外 とんでもないこと。不自然。

持って回った しな言動をするとき遠回しな言い方

持て囃す 盛んにほめたたえる。響の及ぶ所。

持て成す 歓待する。

持て余す 取り扱いや処置に困る。

弄ぶ 【玩ぶ】好きに扱ういじくる。

縺れる 絡み合う。入り乱れる。「話が—」

専ら 一途に。主として。

尤もらしい いかにも本当のような。

最も このうえなく。

尤も しかしながら。

尤も 道理に合う様子「—な言い方」

下 響の及ぶ所。影

元 はじめ。起こり。以前。原因。

本 物事の根本。根幹。本末。

素 ものを作る際の原料になるもの。

基 土台。基礎。もと

基 【元】そば。「手—」「親の—」

許 【元】そば。「手—」「親の—」

擬き 似ているようなもの。「梅—」

元締め 締めくくる役。まとめ役。

元栓 ガスなどの引込み管の根本の栓。

戻す 以前の状態にする。嘔吐する。

元帳 会計の原簿。原始記録。

基づく 基礎をおく。原因がある。

元手 仕事のもとになる金品。元金。

元通り 以前と同様の状態・形。

髻 頭の上で髪を束ねたところ。

元値 仕入れた値段。原価。◆売値

元の木阿弥 一旦よくなったものが再び前の悪い状態に戻る。

元宮 祭神が祭られた根本の神社。本宮。奥宮。◆別宮

求める 探す。望む。ほしがる。買う。

元元 前から。もともと。同じ状態。

元結い 髷を結ぶ細いひも・糸

固より 【元・本・素より】言うまでもなく。道理に反する筋に合わない。

悖る 道理に反する筋に合わない。

戻る 帰る。もとの状態になる。

最中 さいちゅう。和菓子の一つ。

蛻の殻 【元-本-素より】人が抜け出した空の状態。蛻皮の亡骸。「蛻」

物言い 言葉遣い。決定への異議。

物忌み ある期間、行動を慎むこと。

物入り 出費がかさむこと。出費。

物憂い 何となく気分が重い。「―朝」

物置 当面使わない物を入れておく所。

物怖じ 物が減ることを怖れること。臆病。

物音 何かの物がたてる音「不審な―」

物惜しみ いろいろと考え悩むこと。

物思い いろいろと考え悩むこと。

物書き 文章を書く、その職業の人。

物覚え 物事を覚えること。記憶力。

物陰 物に隠れて見えない場所。

物堅い 実直なさま。慎み深い。

物語 内容のある話。散文の文学作品。

物語る 意味ある事を示す。

物日 祭日・祝日など特別な日。

物の怪 たたりをする怨霊。妖怪。

物取り 人の物を盗む人。盗人。

物足りない 満足できないことあっての「―」

物種 物事のもと。「命―」

物好き 一風変わったものを好む。

物知り 【物識り】何でも知っている。

物静か ひっそりとしている様子。

物寂しい 何となく寂しい。

物凄い 恐ろしい。いへんな。

物差し 【物指し】長さを測る道具。

物事 一切の事柄・物・諸事。

物腰 人に接する際の態度や言葉遣い。

物心 世間のありさまを理解する心。

物臭 【懶】面倒くさがる人。無情。

もったいぶる〜ものひ

物干し〜もんかいかん

物干し（ものほし）洗濯物を干すこと・場所。

物欲しげ（ものほしげ）いかにも物が欲しいよう・手に入れたいよう。「ーな顔」

物真似（ものまね）声や仕草をまねること。

物見（ものみ）見物すること・人。

物見高い（ものみだかい）何でも見たがる。

物珍しい（ものめずらしい）なんとなくめずらしい。

物持ち（ものもち）財産家。大切に長く使う。

物物しい（ものものしい）大げさ。

物貰い（ものもらい）麦粒腫。まぶたの腫れ物。

物柔らか（ものやわらか）態度が穏やかな様子。

物分かり（ものわかり）物事を理解する度合い。

物別れ（ものわかれ）話がまとまらずに終わること。

物忘れ（ものわすれ）何事も忘れやすいこと。

物笑い（ものわらい）あざけり笑うこと。「ーの種」

最早（もはや）もう。今となっては。「ー手遅れ」

模範（もはん）見習うべき手本。「ー解答」

喪服（もふく）葬式や法事で着る黒い礼服。

模倣（もほう）まねる。似せる。[模写]

籾（もみ）脱穀しない米。もみがら。

揉み合う（もみあう）押し合い乱れて争う。

揉み上げ（もみあげ）髪の耳の前の部分。

揉み消す（もみけす）火をもんで消す。隠す。

紅葉狩り（もみじがり）紅葉をみて楽しむ。

籾摺り（もみすり）もみ米から玄米にする。

揉む（もむ）挟みこする。押し合う。鍛える。

揉め事（もめごと）言い合う。争ってごたごたする。いざこざ。

揉める（もめる）言い合う。争うごたごたする。

木綿（もめん）ワタの種からとれた繊維。「ー糸」

腿（もも）[股]脚の、ひざから上の部分。

桃色（ももいろ）桃の花の色。淡紅色。ピンク。

桃の節句（もものせっく）三月三日のひな祭り。

股引き（ももひき）ズボン形の長下着。[図]

靄（もや）薄い霧状の水蒸気。霞。「朝ー」

紡やす（もやす）船どうしをつなぎ合わせる。

燃やす（もやす）燃えるようにする。情熱を注ぐ。

模様（もよう）飾りとしての絵や形。様子。

催し物（もよおしもの）人を集めて行う行事。催し。

催す（もよおす）会などを計画して開く。兆す。

最寄り（もより）最も近く。すぐ近所。

貰い泣き（もらいなき）つられて泣くこと。

貰い火（もらいび）類焼。よその人からもらう火種。

貰い物（もらいもの）人からもらうこと・物。

貰う（もらう）人から与えられる。獲得する。

漏らす（もらす）[洩らす]こぼす。密告する。例外なく。

森（もり）[杜]高い樹木が広く茂った所。

銛（もり）魚類を刺して捕える漁具。

守り（もり）管理や世話をすること・人。

盛り上がる（もりあがる）勢いが高まる。

盛り合わせ（もりあわせ）種々の食品を盛る。

盛り返す（もりかえす）衰えた勢いを回復する。

盛り込む（もりこむ）一部として組み入れる。

盛り塩（もりじお）水商売の縁起に、門口に塩を盛ること。門口の塩。

盛り沢山（もりだくさん）内容が豊富な様子。

守り立てる（もりたてる）守り育てし支援して力を発揮させる。再興させる。

盛る（もる）高く積む。器にたくさん入れる。

漏れ聞く（もれきく）[洩れ聞く]密かに聞く。

漏れ無く（もれなく）[洩れる]残らずに全部。例外なく。

漏れる（もれる）[洩れる]こぼれ、外に伝わる。壊れやすい。心が動きやすい。

諸手（もろて）[双手]両手。左右の手。

脆い（もろい）壊れやすい。「死なば一」

諸刃（もろは）[諸刃]両側に刃がある・もの。「ーの剣」

諸肌（もろはだ）[諸膚]両方の肩・上半身の肌。

諸人（もろびと）[諸人]多くの人。すべての人。

諸諸（もろもろ）模様々たる多くのもの。

文（もん）昔の貨幣単位。

門（もん）出入り口。経路学問のもの。一派。

紋（もん）模様。もんどころ。家紋。紋章。

門下（もんか）師に直接教えを受ける人。「ー生」

門外（もんがい）門・家の外。専門外。局外。

門外漢（もんがいかん）専門・家のそと。関係ない人。

もんかまえ―やきなおし

門構え〖もんがまえ〗門を構えること。門の外観。

門鑑〖もんかん〗門の出入りを許可する通行証。

紋切り型〖もんきりがた〗決まり切った様式。

文句〖もんく〗語句。言い分。苦情。「―を言う」「殺し―」

門限〖もんげん〗門を閉める時刻。帰るべき時間。

門戸〖もんこ〗出入り口。流儀の一派。「―開放」

文言〖もんごん〗文章中の語句・文句。ぶんげん。

門歯〖もんし〗中央の上下各四本の歯。切歯。

悶死〖もんし〗苦しみもだえながら死ぬこと。

文殊〖もんじゅ〗〖文殊〗知恵を司る菩薩。「―の智慧」「―の―」

文書〖もんじょ〗書きつけ。書類。ぶんしょ。「古―」

紋章〖もんしょう〗家や団体の手がかりとなるしるし。「王家の―」

問診〖もんしん〗診療の手始めに質問をすること。

問責〖もんせき〗責任を問いつめること。詰問。

悶絶〖もんぜつ〗苦しみもだえて気絶すること。

門前〖もんぜん〗門の前。「―市を成す小」

門前払い〖もんぜんばらい〗面会せずに追い返すこと。

問題〖もんだい〗問い。解決を望む事柄。厄介事。

門地〖もんち〗家柄。家格。「―閨閥」

悶着〖もんちゃく〗ごたごた。もめごと。「一―」

門柱〖もんちゅう〗門の両側の柱。

紋付き〖もんつき〗紋所のついた礼装用の和服。

門弟〖もんてい〗弟子。門人。門下生。「門弟子」

門徒〖もんと〗門に取りつけた明かり。

問答〖もんとう〗問いと答え。話し合い。「―無用」

翻筋斗〖もんどり〗とんぼ返り。

文無し〖もんなし〗一文の銭もないこと。無銭。

門閥〖もんばつ〗家柄。門地。名門。「―一家」

門番〖もんばん〗門の番人。門衛。

門扉〖もんぴ〗門のとびら。

紋服〖もんぷく〗紋付の衣服。もんつき。礼服。

匁〖もんめ〗尺貫法の重さの単位。

悶悶〖もんもん〗悩みもだえ苦しむ様子。

文様〖もんよう〗〖紋様〗図形や色の組合せ。模様。

門流〖もんりゅう〗一門からの分派。一門の中の流派。

や

矢〖や〗弓につがえ飛ばす道具。

野〖や〗野原。民間。「―に下る」

矢板〖やいた〗基礎工事で用いる板状の杭。

刃〖やいば〗はもの。刀剣。

夜陰〖やいん〗夜の闇。夜。「―にまぎる」

八重〖やえ〗八つまたは多く重なる事。「―桜」

夜営〖やえい〗夜、野外に陣を張ること。

野営〖やえい〗野外で陣を張ること。露営。

八重歯〖やえば〗重なるように生えた歯。

野猿〖やえん〗野生の猿。野山にすむ猿。

八百長〖やおちょう〗〔矢表〕抗議などなれあい勝負。

八百屋〖やおや〗野菜類を売る店。青果店。

八百万〖やおよろず〗極めて数が多いこと。

八面〖やおもて〗〔矢表〕を受ける立場。

徐ら〖やおら〗おもむろに。静かに。「―去った」

夜会〖やかい〗社交目的で夜に催される会合。

夜学〖やがく〗夜間に勉強する。定時制。図「―演習」「屋内」

野外〖やがい〗野原。屋外。

矢絣〖やがすり〗〔矢飛白〕矢羽根の模様の絣。

屋形〖やかた〗〖館〗貴人の邸宅。屋敷。

屋形船〖やかたぶね〗屋根・小座敷つきの船。

喧しい〖やかましい〗音や声がうるさく。結局なく、厳しい。小言・理屈を言う人。

輩〖やから〗〖族〗一家。血族。一族。家族。

夜間〖やかん〗夜の間。夜分。「―営業」「昼間」

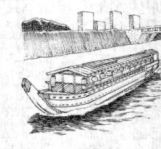

薬缶〖やかん〗〖薬罐・薬鑵〗湯をわかす容器。金属製のもの。

夜気〖やき〗夜の外気。夜のたたずまい。

焼き芋〖やきいも〗焼いたサツマイモ。図

焼き印〖やきいん〗焼き跡がつく金属製の印。

焼き討ち〖やきうち〗〔焼打ち〕火で攻め討つ。

焼き付く〖やきつく〗心に強く印象が残る。

焼き直し〖やきなおし〗改めて焼く。仕立て直す。

屋形船

焼き場（やきば）ものを焼く所。火葬場。

焼き畑（やきはた）草木を焼いて耕作する畑。

焼き払う（やきはらう）一面をすっかり焼く。

焼き増し（やきまし）同じネガで現像し直す。

焼き餅（やきもち）焼いた餅。嫉妬すること。

焼き物（やきもの）焼いた陶磁器の総称。

夜業（やぎょう）夜間の仕事。夜なべ。

野球（やきゅう）球技の一。ベースボール。

夜曲（やきょく）「セレナーデ」の訳語。小夜曲。

冶金（やきん）鉱石から金属を取り出す技術。

夜勤（やきん）夜間に勤務すること。★日勤

野禽（やきん）山野にすむ野生の鳥類。★家禽

厄（やく）苦しみ。災難。わざわい。地位や任務。「―年」

役（やく）務め。「―目」「相談―」

約（やく）おおよそ。約束。取り決め。

焼く（やく）燃やす。ねたむ。嫉妬する。十分に熱する。

妬く（やく）そねむ。ねたむ。

訳（やく）翻訳すること。訳したもの。

夜具（やぐ）寝る時に用いる用具。寝具。

役員（やくいん）その役の担当。組織の幹部職員。

薬園（やくえん）薬草を栽培する畑。薬圃。

厄落とし（やくおとし）厄難を払い落とす。厄禍。図

薬害（やくがい）薬剤による害。

薬学（やくがく）薬剤について研究する学問。

薬柄（やくがら）職務の性質。役柄に伴う立場。

約言（やくげん）要点をかいつまんで言う。要約。

訳語（やくご）翻訳した言葉。

訳載（やくさい）翻訳したものを掲載すること。

薬剤（やくざい）調合された薬品。「―散布」「―師」

扼殺（やくさつ）手や腕で首をしめて殺す。絞殺。

薬殺（やくさつ）毒薬で殺すこと。毒殺。「―処分」

訳詞（やくし）外国の歌詞を翻訳したもの。

訳詩（やくし）詩を翻訳すること。翻訳した詩。

薬餌（やくじ）薬と食べ物。「―療法」

役者（やくしゃ）俳優。駆引上手な人。「千両―」

訳者（やくしゃ）翻訳する人。翻訳した人。

薬種（やくしゅ）漢方薬などの薬の材料など。「―店」

薬酒（やくしゅ）生薬などを加えた酒。薬用酒。

訳出（やくしゅつ）翻訳して文章に訳し出すこと。

訳述（やくじゅつ）翻訳して、その著述。

役所（やくしょ）役人がその職務を扱う場所。

訳書（やくしょ）翻訳した書物。★原書

躍如（やくじょ）はっきりと現れ出ること。「面目―」

約定（やくじょう）約束して取り決めること。「―書」

役職（やくしょく）重要な役目。職務。管理職。

躍進（やくしん）めざましく進出・発展すること。「―感」

約す（やくす）解釈する。翻訳する。「英語に―」

約する（やくする）約束する。要約する。約分する。

訳す（やくす）解釈する。翻訳する。「英語に―」

約数（やくすう）ある数を割り切る数。★倍数

扼する（やくする）締めつける。要所を押さえる。

薬石（やくせき）薬や治療。「―効なく」「―の言」

約説（やくせつ）要約して説くこと。その説明。

薬草（やくそう）薬として使う植物。薬用植物。

約束（やくそく）互いの誓い。取り決め。契約。

益体（やくたい）役に立つこと。「―もない」

約諾（やくだく）約束して引き受けること。「―書」

役立つ（やくだつ）用をなす。間に合う。

訳注（やくちゅう）【訳註】訳者による注。訳と注釈。

役付き（やくつき）役職に就いていること・人。

約手（やくて）「約束手形」の略。

躍動（やくどう）いきいきと活動すること。「―感」

役得（やくとく）役目上得られる特別な利益。

訳読（やくどく）翻訳しながら読むこと。

薬毒（やくどく）薬の中に含まれている毒。

役所（やくどころ）ふさわしい役。与えられた役。

厄年（やくどし）災難に遭いやすく注意すべき年。「―に遭う」

厄難（やくなん）わざわい。災難。

役人（やくにん）官公庁で職務を取り扱う人。

厄場（やくば）町村などの公務を取り扱う所。

厄日（やくび）災難に遭いやすい日。悪日。

厄払い（やくばらい）神仏に祈り厄難を落とすこと。図

疫病（やくびょう）流行する伝染性の熱病。

疫病神（やくびょうがみ）人々から嫌われている人。

薬品（やくひん）薬。化学実験用の薬。

役不足（やくぶそく）実力よりすぎる役目。

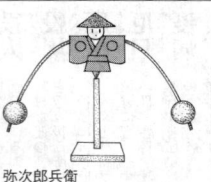

薬物（やくぶつ）薬となるもの。薬。「―中毒」

約分（やくぶん）分母と分子を公約数で割ること。

訳文（やくぶん）翻訳した文章。

訳本（やくほん）翻訳した本。翻訳書。◆原本

役回り（やくまわり）あてがわれる役目。「損な―」

薬味（やくみ）料理に添える野菜や香辛料。

薬用（やくよう）薬として用いること。「―酒」

役目（やくめ）責任をもって果たすべき務め。

役割（やくわり）割り当てた役や任務。「―分担」

矢車（やぐるま）矢を放射状につけた風車。図

櫓（やぐら）武器庫。見張るための高い建物。

厄除け（やくよけ）災難を防ぎ取り払うこと。

自棄（やけ）投げやりにふるまうさま。

役（やく）

夜景（やけい）夜の景色。

夜警（やけい）夜間に警備すること・人。

焼け石に水（やけいしにみず）努力や助けがあまりに少ないために効果がまったくないたとえ。

自棄糞（やけくそ）自暴自棄。

焼け焦げ（やけこげ）焼けて焦げてばた、その跡。

自棄酒（やけざけ）やけになって飲酒する酒。

火傷（やけど）火や熱湯に触れて皮膚がただれる。

焼け棒杭（やけぼっくい）燃えさしに火がつく→一度切れた男女の縁が元に戻る。

焼け太り（やけぶとり）火災後に生活が潤う。

夜光（やこう）暗所で光ること。「―虫」「―塗料」

夜行（やこう）夜活動する列車。夜間に走る列車。

屋号（やごう）歌舞伎で俳優の家や商店の名称。

野犬（やけん）飼われていない犬。野良犬。

夜合（やごう）正式な手続きを経ない男女関係。

夜行性（やこうせい）昼は休み夜に行動する性質。

野狐禅（やこぜん）禅を悟ったつもり（の人）。

野菜（やさい）食用に育てた植物。青物や蔬菜。

優男（やさおとこ）気立てのやさしい男。柔弱な男。

家捜し（やさがし）【家探し】家の中を調べ探す。

矢先（やさき）容易やうどその寸前。ちょうどその時。

優形（やさがた）体がほっそりとして上品な姿。

優しい（やさしい）穏やかで、たやすい。思いやりがある。親切。

野史（やし）民間人による歴史。野外史。↔正史

香具師（やし）【野師・縁日師】縁日の興行師。

野次（やじ）【弥次】からかいや非難の言葉。

鏃

野次馬（やじうま）興味本位で騒ぎ回る人。

屋敷（やしき）【邸】家の敷地。構えた立派な家。

養う（やしなう）栄養分・肥料を養うこと。「―親」

弥次喜多（やじきた）こっけいな二人組。

夜叉（やしゃ）猛悪な鬼神。人を害する鬼。

夜（やしゃ）生活の面倒をみる。作り上げる。

玄孫（やしゃご）曽孫の子・孫の孫。げんそん。

野趣（やしゅ）野生の趣。素朴な野性味。

野襲（やしゅう）夜に敵を襲うこと。夜討ち。

野獣（やじゅう）野生の猛獣。野蛮人。

夜色（やしょく）夜の景色。夜の気配。夜景。

夜食（やしょく）夕飯後の夜間にとる軽食。図

野次る（やじる）【矢尻】矢の先のとがった部分。図

鏃（やじり）

矢印（やじるし）方向などを示す矢の形のしるし。

社（やしろ）神がまつられている建物。神社。

弥次郎兵衛（やじろべえ）半円形に広げた腕の両端に重りをつけたおもちゃ。

弥次郎兵衛

野心（やしん）大それた望み。分不相応な望み。

野人（やじん）田舎者。民間人。粗野な人。

箭（や）【筌】魚を刺し捕るための漁具。

安上がり（やすあがり）安い費用でできること。

安い（やすい）心が穏やかだ。金が少なくなる。↔高い

易い（やすい）簡単だ。楽にできる。↔難しい

安請け合い（やすうけあい）軽々しく引受ける。

安売り【やすうり】安価で売る。気軽に与える。

安値【やすね】安い取引での最安値。

安普請【やすぶしん】金を掛けず家を建てること。

安物【やすもの】安価で質の悪いもの。↔上物。

安易【あんい】たやすい様子。心配事もなく穏やかな様子。

安らか【やすらか】工作面を削り磨やかな様子。

休む【やすむ】休息する。寝る。欠席する。

鑢【やすり】工作面を削り磨く工具。

野生【やせい】山野に自然に育つこと。自生。

野性【やせい】生まれたままの性質。野趣。

痩せ細る【やせほそる】やせてほそくなる。

痩せ我慢【やせがまん】やせて見せる。

痩せる【やせる】[瘠せる] 細くなる。肥えなくなる。

夜戦【やせん】[夜戦] 夜間の戦闘。夜に戦うこと。

野戦【やせん】山野での戦い。「―病院」

野草【やそう】自然に生えている草。のぐさ。

夜想曲【やそうきょく】夜の叙情曲。ノクターン。

屋台【やたい】移動式の店。山車。屋台骨。

八千代【やちよ】極めて長い年代。

野鳥【やちょう】野生の鳥。野禽

家賃【やちん】借家料。家や部屋の借り賃。

奴【やつ】人をののしって言う語。あいつ。

八つ当たり【やつあたり】当たり散らすこと。

厄介【やっかい】面倒である。迷惑。世話。「―者」

薬禍【やっか】薬の副作用などによる障害。

訳解【やっかい】訳と解説。翻訳し解説すること。

約款【やっかん】契約などの一つ一つの条項。

躍起【やっき】焦ってひっしになること。

矢継ぎ早【やつぎばや】次から次へと行うさま。

薬莢【やっきょう】鉄砲に詰める火薬の筒。

薬局【やっきょく】薬剤師が薬を調合・販売する所。

奴【やっこ】家来。冷や豆腐。「―か」

薬効【やっこう】薬の効果。「―ない」

奴凧【やっこだこ】両袖を突っ張った奴を模した凧。

奴凧

八つ裂き【やつざき】ずたずたに裂くこと。

窶す【やつす】目立たないよう姿を変える。

遣って退ける【やってのける】やりとげる。

鋏【やっとこ】工作物をはさみ持つ工具。

窶れる【やつれる】病気や悩みでやせ衰える。

宿【やど】住む家。旅先で泊まる家。宿屋。

雇い人【やといにん】雇われた人。使用人。

雇い主【やといぬし】雇用する人。代金を払って人や乗り物を使う。

雇う【やとう】雇い人にする。よとう。

夜盗【やとう】夜間に盗むこと・人。よとう。

野党【やとう】政権を担わない政党。↔与党

宿替え【やどがえ】引っ越し。転居。

宿す【やどす】表面や内部に持つ。妊娠する。

宿帳【やどちょう】宿泊人の氏名や住所を記す帳面。

宿賃【やどちん】宿泊料。家の借り賃。間代。

宿無し【やどなし】泊まる家や住む家がない。

宿る【やどる】旅先で泊まる。内部にとどまる。

宿六【やどろく】自分の夫をさげすんでいう語。

梁【やな】[簗] 川の瀬などで魚を捕る仕掛け

柳川【やながわ】[柳川] 骨を抜いたドジョウをゴボウと笹掻きで卵でとじた鍋料理の一つ。〔夏〕

柳腰【やなぎごし】細くてしなやかな腰つき。

柳に風【やなぎにかぜ】逆らわずに受け流すこと。

家並み【やなみ】[屋並] 家ごと並び方。家の並び。

脂【やに】木の皮やタバコから出る粘液。

脂下がる【やにさがる】得意げににやにやする。

野に下る【やにくだる】公職を離れ私人となる。

家主【やぬし】一家の主人。借家の持ち主。

屋根【やね】建物の上部に設ける覆い。「―板」

夜半【やはん】よわ。夜中。「―来」

野蛮【やばん】文化が開けていない。無作法。

野卑【やひ】[野鄙] 下品で洗練されていない生い茂った所。

野辺【やべ】[野辺] 竹や草木などの生い茂った所。

藪医者【やぶいしゃ】技術のへたな医者。

藪入り【やぶいり】奉公人が帰宅する正月・盆

藪から棒【やぶからぼう】言動がだしぬけなさま。

やぶさか〜やみつき

吝か（やぶさか）ためらう様子。惜しむ様子。

流鏑馬（やぶさめ）馬乗した射手が駆けながら鏑矢で的を射る、騎射の一つ。「―神事」

流鏑馬

斜視（やぶにらみ）斜視。見当外れなこと。

藪睨み（やぶにらみ）斜視。見当外れなこと。

藪蛇（やぶへび）よけいなことをして不利を招く。

破る（やぶる）裂く。削す。負かす。

敗れる・破れる（やぶれる）裂ける。壊れる。争いや勝負で負ける。終わる。破棄。乱れる。敗北する。

夜半（やはん）夜。夜中。夜間。

夜分（やぶん）夜。夜中。夜間。

野暮（やぼ）世情に疎いこと。分にすぎた大そればる望み。野心。

野望（やぼう）分にすぎた大そればる望み。野心。

野暮用（やぼよう）日常のつまらない用事。

山間（やまあい）山と山との間。山中。「―の村」

山嵐（やまあらし）山の嵐。山から吹き下ろす嵐。

病（やまい）病気。悪い癖。「不治の―」

山奥（やまおく）山の奥の方。山の奥深い所。

山男（やまおとこ）山で働く男。登山が趣味の男。

山颪（やまおろし）山から吹き下ろす強い風。

山家（やまが）山と山の間。山の中の家。里。「―育ち」

山峡（やまかい）山と山の間。さんきょう。

山掛け（やまかけ）とろろ汁をかけた各料理。

山陰（やまかげ）山の陰に当たる所。「―の民家」

山火事（やまかじ）山林の火災。森林火災。

山狩り（やまがり）山での狩猟。山中の捜索。

山勘（やまかん）勘で予想する。あてずっぽう。

山際（やまぎわ）山のきわ。すぐそば。稜線から上の空。

山鯨（やまくじら）（食用の）イノシシの肉。獣肉。

山崩れ（やまくずれ）山腹の岩や土が崩れ落ちる。

山気（やまけ）冒険や投機を好む気質。やまき。

山国（やまぐに）山の多い国・地方。「―育ち」

山籠もり（やまごもり）山中に閉じこもること。

山小屋（やまごや）山中に建つ小屋。ヒュッテ。

山里（やまざと）山中の人里。

山坂（やまさか）山と坂。山中の坂。やまざか。

山師（やまし）投機などを好む人。山林や鉱山の仕事をする人。

山路（やまじ）山中の道。やまみち。

疚しい（やましい）【疾しい】後ろめたい。

山裾（やますそ）山のふもとの広くなった部分。

山背（やませ）山を越えて吹いてくる風。

山高帽（やまたかぼう）男性がかぶる礼装用の帽子。

山津波（やまつなみ）山崩れで生じた土砂流。

山積み（やまづみ）山のように高く積み重ねる。

山並み（やまなみ）山が並んでいる様子。連山。

山鳴り（やまなり）山のような曲線を描くこと。山が鳴り響くこと。

山形（やまがた）山のような曲線を描くこと。

山止め（やまどめ）山に入ることを禁止すること。

大和（やまと）【倭】日本の異称。日本的なもの。

大和魂（やまとだましい）日本人特有の精神。大和心。

山手（やまて）山に近い方。山寄り。‡浜手

山伏（やまぶし）山野に起居して修行する人。

山焼き（やまやき）新芽の生長や害虫駆除のために山の枯木や枯草を焼くこと。圉

山元（やまもと）山の所有者。鉱山・炭坑の現場。

山盛り（やまもり）山のように高く盛ること。

山分け（やまわけ）等分に分ける。

山開き（やまびらき）登山の解禁日。圉

山場（やまば）最も重要な場面。

山の幸（やまのさち）山の鳥獣の獲物。‡海の幸

山の神（やまのかみ）山を守り支配する神。妻。

山の端（やまのは）山のはし。

山肌（やまはだ）山の地肌。山の草木がない地面。

山彦（やまびこ）こだま。山の霊。山の神。

山襞（やまひだ）谷と尾根とで山だに見える所。

闇（やみ）【暗】光がない状態。希望がない。

病み上がり（やみあがり）病が治った直後。

闇討ち（やみうち）暗闇に乗じて人を襲うこと。

闇市（やみいち）闇取引の店が集まる市場。

闇雲（やみくも）よく考えずに行う様子。

闇路（やみじ）闇夜の道。分別のつかない状態。

闇相場（やみそうば）闇取引での値段。闇値。

病み付き（やみつき）熱中してやめられない。

闇取引（やみとりひき）不正な取引。ひそかな交渉。

闇夜（やみよ）月のない真っ暗な夜。★月夜

闇夜（やみよ）竹や丸太を粗く組んだ仮の囲い。

止む（やむ）しなくなる。とまる。終わる。

病む（やむ）病気になる。悩む。「気に―」

已むなく（やむなく）仕方なく。

已むに已まれぬ（やむにやまれぬ）仕方なく。「―事情」

已むを得ず（やむをえず）ほかにしようもない。どうしようもない。

止める（やめる）打ち切る。中断する。

辞める（やめる）職や任務を退く。辞職する。

寡婦（やもめ）【寡】妻を失った女性。未亡人。

鰥夫（やもめ）【鰥】妻を失った男性。男やもめ。

稍（やや）少し。しばらく。

動もすれば（ややもすれば）どうかすると。

揶揄（やゆ）からかうこと。皮肉を言うこと。

弥生（やよい）陰暦三月の異称。

矢来（やらい）昨夜以来。ゆうべから。「―の雨」

夜来（やらい）

遣らずの雨（やらずのあめ）帰る（出かける）のを思いとどまらせるかのように降る雨。

遣らせ（やらせ）示しあわせて行う。

槍（やり）突き刺す武器。【銚】将棋の香車。

遣り合う（やりあう）しあう。互いに争う。

遣り返す（やりかえす）逆にやりこめる。

遣り切れない（やりきれない）我慢できない。

遣り繰り（やりくり）工夫して都合をつける。

遣り熟す（やりこなす）物事のやりようを上手にやりぬく。

遣り口（やりくち）言い分。仕方。

遣り込める（やりこめる）言い負かす。

遣り過ごす（やりすごす）先に行かせる。

遣り損なう（やりそこなう）失敗する。仕損じる。

槍玉（やりだま）槍先で突くこと。非難の対象。

遣りっ放し（やりっぱなし）後始末をしない。

遣り手（やりて）行う人。敏腕家。

遣り遂げる（やりとげる）完全にやりおえる。

遣り取り（やりとり）与えたり受けたりする。

遣り直す（やりなおす）改めてやる。

槍投げ（やりなげ）槍を投げる陸上競技の一つ。

遣り場（やりば）持っていくふさわしい方向。

遣り水（やりみず）水やり。庭にひいた小川。

遣る（やる）行かせる。行う。送る。

遣る方ない（やるかたない）気が晴らせない。

遣る気（やるき）積極的にやろうとする意識。

遣る瀬ない（やるせない）心のやり場がない。

野郎（やろう）男をののしっていう語。あいつ。

ゆ

湯（ゆ）水を沸かしたもの。浴場。温泉。

湯垢（ゆあか）鉄瓶や浴槽の内側につく水あか。

湯上がり（ゆあがり）風呂から出た直後。

湯中り（ゆあたり）長い入浴で気分が悪くなる。

唯一（ゆいいつ）ただ一つ。それだけ。ゆいつ。

遺言（ゆいごん）死後のことを言い残す。「―状」

由緒（ゆいしょ）物事の始まりやその歴史。

結納（ゆいのう）婚約のしるしとしての金品交換。

結う（ゆう）むすんで整える。ゆわえる。

雄（ゆう）強く勇ましい。「戦国の―」

勇（ゆう）いさましいこと。「匹夫の―」

夜話（やわ）夜にする話。気楽に聞ける話。

柔肌（やわはだ）（女性の）やわらかな肌。

柔らか（やわらか）ふんわりしている。

柔らかい（やわらかい）弾力性がある。

軟らかい（やわらかい）弾力性がない。かたさがない。

和らぐ（やわらぐ）穏やかになる。静まる。「風が―」

友愛（ゆうあい）友人や他人に対する情愛。友情。

有為（ゆうい）役立つ。才能がある。有望。

有意（ゆうい）意図・意味のある意義。

優位（ゆうい）ほかより高い地位。立場やレベルが高い様子。

有意義（ゆういぎ）意義や価値がある様子。

誘引（ゆういん）誘い込むこと。引き入れること。

誘因（ゆういん）ある事を引き起こす原因。

憂鬱（ゆううつ）気がふさいで晴れない様子。

遊泳（ゆうえい）【游泳】泳ぐこと。「―禁止」

有益（ゆうえき）役立つ。ためになる。無益

誘掖（ゆうえき）助力してみちびくこと。補佐。

優越（ゆうえつ）ほかより優れ勝っている。「―感」

ゆうえん ― **ゆうしょく**

幽遠（ゆうえん） 奥深く計り知れないこと。深遠。

悠遠（ゆうえん） はるかに遠い過去。「―の歳月」

幽艶・幽婉（ゆうえん）[幽婉] 奥ゆかしく美しいこと。

優艶（ゆうえん） しとやかで美しいさま。

優雅（ゆうが） 上品で華やかな様子。‡粗野

幽界（ゆうかい） 死後に行く所。冥界。

誘拐（ゆうかい） 人をだまして連れ去ること。

融解（ゆうかい） 固体が液体になること。凝固

有害（ゆうがい） 害があること。‡無害

遊郭（ゆうかく） 遊女屋の多く並ぶ地区。くるわ。

遊学（ゆうがく） ほかに発問の土地に行って学ぶ。

誘蛾灯（ゆうがとう） 虫を誘い寄せ殺す灯火。圖

夕刊（ゆうかん） 夕方に発行する新聞。‡朝刊

有閑（ゆうかん） 資産にも暇もあるおそれ。「―マダム」

勇敢（ゆうかん） おそれずに勇ましく行動すること。

誘蛾灯

憂患（ゆうかん） 非常に心配すること。心配事。

遊閑地（ゆうかんち） 放置されている土地。

有機（ゆうき） 生活機能を持つ。「―肥料」‡無機

勇気（ゆうき） 不安やおそれに負けない強い心。

幽鬼（ゆうき） 死者の霊。亡霊。化け物。妖怪か。

友誼（ゆうぎ） 友達としての親しい間柄。友情。

遊技（ゆうぎ） 娯楽としての遊び。勝負事。

遊戯（ゆうぎ） 遊ぶ事。学校での訓練的遊び。

有給（ゆうきゅう） 給料が支払われること。「―休暇」

悠久（ゆうきゅう） 長く久しい。永久。「―の昔」

遊休（ゆうきゅう） 設備などが使われずにあること。

幽境（ゆうきょう） 人里離れた静寂な所。幽寂な所。

遊興（ゆうきょう） 酒場などで遊び楽しむ。「―費」

優遇（ゆうぐう） より大切に扱う。‡冷遇厚遇。

遊具（ゆうぐ） 遊び機。

夕暮（ゆうぐれ） 日の暮れる頃。黄昏がれ。夕方。

遊軍（ゆうぐん） 待機中の戦列外の軍隊。「―記者」

夕餉（ゆうげ） 夕方の食事。夕食。‡朝餉。昼餉

有形（ゆうけい） 形があるもの。‡無形

雄勁（ゆうけい） 雄々しく力強い事。「―な筆力」

遊芸（ゆうげい） 踊りなど遊びに関する芸能。

勇撃（ゆうげき） 随時必要に応じて攻撃すること。

遊撃（ゆうげき） 随時必要に応じて攻撃すること。

勇健（ゆうけん） 勇ましくて達者な様子。壮健。

有限（ゆうげん） 限り・終りがあること。‡無限

幽玄（ゆうげん） 表現できない趣がある深い趣があること。

有権者（ゆうけんしゃ） 選挙権をもつ人。

友好（ゆうこう） 友達としての交際。仲のよいこと。

有効（ゆうこう） 効力がある。役に立つ。‡無効

融合（ゆうごう） とけて一つになる。「―核―」

憂国（ゆうこく） 国家の現状や将来を心配する。

雄渾（ゆうこん） 力強くてよどみがない様子。

有罪（ゆうざい） 罪が成立すること。犯罪。

有産（ゆうさん） 財産が多くあること。「―階級」

有史（ゆうし） 文字で記録された歴史がある。

有志（ゆうし） 一緒に物事を行う気持ちがある。

勇姿（ゆうし） 勇ましく堂々とした姿。勇姿。

雄姿（ゆうし） 雄々しく立った姿。英姿。

雄志（ゆうし） おおしい志。壮志。雄心。

融資（ゆうし） 資金を融通して貸し出すこと。

有事（ゆうじ） 大災害や戦争が起こること。

有識（ゆうしき） 学問や知識のあること。「―者」

勇者（ゆうしゃ） 勇気がある。勇士。

幽寂（ゆうじゃく） 奥深くても静かなこと。静寂。

有終（ゆうしゅう） 最後までやり通すこと。「―の美」

幽愁（ゆうしゅう） 深いうれい。うれい。

憂愁（ゆうしゅう） 心配し深く悲しむこと。

優秀（ゆうしゅう） 一段と優れていること。‡拙劣

優柔（ゆうじゅう） はっきりしない決断力がない。

湧出（ゆうしゅつ） [涌出] 地中からわき出る。「―量」

優駿（ゆうしゅん） 足の速い優れた競走馬。駿馬。

宥恕（ゆうじょ） 寛大な気持ちで許すこと。

有償（ゆうしょう） 代価を支払うこと。「―保証」

優勝（ゆうしょう） 試合などで勝ち一位になる。

友情（ゆうじょう） 友達との間の情愛。「―厚い」

憂色（ゆうしょく） 心配そうな顔色。‡喜色

341

友人（ゆうじん） とも。友だち。間柄ほか。

有人（ゆうじん） 人がいること。「―飛行」‡無人

雄蕊（ゆうずい） 花のおしべ。雄ずい。‡雌蕊

融通（ゆうずう） 柔軟に対応して数際立っていて数金品を貸借する。

有数（ゆうすう） 際立っていて数が少ないこと。

夕涼み（ゆうすずみ） 夏の夕方に屋外で涼む。

融雪（ゆうせつ） 雪どけ。とけた雪。「―注意報」

遊説（ゆうぜい） 各地を説き歩く各地を説き歩くこと。「地方―」

優勢（ゆうせい） 勢いが優れていること。‡劣勢

幽棲（ゆうせい）【棲】俗世を避け隠れ住むこと。

有性（ゆうせい） 雌雄の性別があること。「―生殖」

有する（ゆうする） 持つ。有し持つ。「権利を―」

夕星（ゆうずつ） 惑星。

優先（ゆうせん） ほかに先んじて行うこと。「―権」

有線（ゆうせん） 電線を使って行う通信。「―放送」

悠然（ゆうぜん） 落ち着いてゆったりしている。

友禅染（ゆうぜんぞめ） 絵画風の文様染め。

勇壮（ゆうそう） 勇んで意気盛んな雄壮。「―活発」

郵送（ゆうそう） 郵便で送ること。

遊惰（ゆうだ） 遊び怠けて暮らすこと。怠惰。

有識（ゆうしき） 深い学識を身につけていること。

勇退（ゆうたい） 自ら潔く役職をしりぞくこと。

優待（ゆうたい） 手厚くもてなすこと。「―券」

勇断（ゆうだん） 思い切って決断すること。英断。

有段者（ゆうだんしゃ） 武道などで段位のある人。

雄大（ゆうだい） 規模が大きく堂々としている。

夕立（ゆうだち） 夏の午後の激しいにわか雨。

誘致（ゆうち） 積極的に招き寄せる。「工場―」

悠長（ゆうちょう） 気長な様子。のんびりした様子。

融点（ゆうてん） 固体が液体になりはじめる温度。

雄図（ゆうと） 勇ましい企て。雄大な計画。

遊蕩（ゆうとう） 酒や女遊びにふけること。放蕩。

優等（ゆうとう） 成績などが人より優れている。

誘導（ゆうどう） 目的の所へ導くこと。「―尋問」

有徳（ゆうとく） 徳を備え持つこと。「―の僧」

有毒（ゆうどく） 毒があること・もの。

夕凪（ゆうなぎ） 夕方に風波が静まる状態。

優に（ゆうに） 奥ゆかしい様子。余裕や能力があること。

有能（ゆうのう） 才能や能力がある。無能

夕映え（ゆうばえ） 夕日で空もが輝くこと。

誘発（ゆうはつ） あることが他事を引き起こすこと。

夕日（ゆうひ）【夕陽】夕方の太陽。‡朝日

雄飛（ゆうひ） 大きな志で盛んに活躍すること。

優美（ゆうび） 上品で美しい様子。「―な姿」

郵便（ゆうびん） 通信文や小包を伝達する制度。

裕福（ゆうふく） 財産が多く生活が豊かな様子。

夕べ（ゆうべ）【夕】夕方。日暮れ。夜の催しにや。昨晩。

昨夜（ゆうべ） 昨日の夜。さくや。昨晩。

幽閉（ゆうへい） 人を閉じ込めること。監禁。

雄弁（ゆうべん） 弁舌が巧みな様子。「―家」

友邦（ゆうほう） 親しく交際している国。友国。

雄峰（ゆうほう） 雄大な山「―富士」を仰ぐ」「―富士」

有望（ゆうぼう） 見込みがあること。「前途―」

遊牧（ゆうぼく） 放牧して移住生活をすること。

遊歩道（ゆうほどう） 散歩用に造られた道。

遊民（ゆうみん） 定職をもたない暮らす人。

夕間暮れ（ゆうまぐれ） 夕方の薄暗い時。

有名（ゆうめい） 名前が知られている。‡無名

勇名（ゆうめい） 勇ましく強いという評判。

勇猛（ゆうもう） 勇ましくて強い様子。「―果敢」

夕靄（ゆうもや） 夕方に立ちこめるもや。‡朝靄

勇躍（ゆうやく） 勇んで躍り上がる。「―出陣する」

夕焼け（ゆうやけ） 日没時に赤く染まる空。

夕闇（ゆうやみ） 日暮れがあとの暗さ。夕闇。

悠悠（ゆうゆう） 余裕があり落ち着いている様子。「―自適」

有余（ゆうよ） 余り。以上。「五十―年」

猶予（ゆうよ） 期日を延ばすこと。ためらい。

有用（ゆうよう） 役立つこと。「―な人材」‡無用

悠揚（ゆうよう） 落ち着き払っている様子。悠然。

遊弋（ゆうよく） 艦船が海上を航行して警備する。

遊覧（ゆうらん） 見物して回ること。「―船」

有利（ゆうり） 利益がある。好都合。‡不利

遊離（ゆうり） ほかから離れて存在すること。

憂慮（ゆうりょ） 悪い事態を予測し心配すること。

有料（ゆうりょう） 料金が掛かること。‡無料

ゆうりょう―ゆたる

優良（ゆうりょう） 標準以上に優れてよい。 ‡劣悪

有力（ゆうりょく） ほかより勢力や実力性がある。

幽霊（ゆうれい） 生前の姿で現れた死者の霊。

優劣（ゆうれつ） すぐれていることとおとること。

宥和（ゆうわ） なだめ（許して）仲よくなる。

融和（ゆうわ） うち解けて和やかな関係を保つ。

誘惑（ゆうわく） 本意でないことへ誘い込むこと。

故（ゆえ） わけ。理由。事情。「―あって」

愉悦（ゆえつ） 心から楽しみ喜ぶこと。

故に（ゆえに） こういうわけで。それだから。

由縁（ゆえん） 事の由来。ゆかり。「命名の―」

所以（ゆえん） わけ。いわれ。理由。

油煙（ゆえん） 油を燃やした時に出る煤。

床（ゆか） 家の中の板を張った所。「―面積」

愉快（ゆかい） 楽しくて気分がよい。 ‡不愉快

湯掻く（ゆがく） 湯に浸して熱を通す。

床しい（ゆかしい） 懐かしい。控えめで好ましい。

浴衣（ゆかた） 木綿のひとえ。夏の着物。図

歪む（ゆがむ） ひずむ。正しくなくなる。

所縁（ゆかり） 【縁】関係やつながりがあること。

湯灌（ゆかん） 納棺前に死者の口をぬるま湯やアルコールでふき清めること。

裄（ゆき） 背縫いからそで口までの長さ。

行き合わす（ゆきあわす） 行って偶然出合う。

雪明かり（ゆきあかり） 雪による明るさ。

行き合う（ゆきあう） 行き交う。

雪折れ（ゆきおれ） 積雪で枝が折れること。図

雪下ろし（ゆきおろし） 屋根に積もった雪を落とす。図

行き交う（ゆきかう） 行ったり来たりする。

雪掻き（ゆきかき） 積雪をかきけること。図

行き掛かり（ゆきがかり） 進みはじけた勢い。

行き掛け（ゆきがけ） 行く途中。「―の駄賃」

雪合戦（ゆきがっせん） 雪の玉を投げ合う遊び。図

行き来（ゆきき） 【往き来】往来。「―する」図

雪沓（ゆきぐつ） 【雪靴】雪道用のワラ製長靴。図

雪国（ゆきぐに） 雪がたくさん降る地方。「―育ち」

雪消（ゆきげ） 雪がとけること。雪どけ。「―水」図

雪煙（ゆきけむり） 風で煙のように舞う雪。

雪化粧（ゆきげしょう） 雪で美しく覆われること。

雪摺り（ゆきずり） すれちがい。道はたに倒れかかりそめ。

行き倒れ（ゆきだおれ） 道でたに倒れること。

雪達磨（ゆきだるま） 雪で作ったダルマの形。

行き違い（ゆきちがい） 食い違う。

行き詰まる（ゆきづまる） 先へ進めない。

行き届く（ゆきとどく） 細かい点まで気を配る。

行き止まり（ゆきどまり） その先へ進めない。

雪焼け（ゆきやけ） 雪の反射による日焼け。図

行く（ゆく） 【往く】ほかへ移動する。去る。

行く（ゆく） 遠くへ行って戻らない。死ぬ。

逝く（ゆく） 行った先や場所。行方不明。「―不明」

行方（ゆくえ） 行こうとする場所。将来。

行く先（ゆくさき） これから先の方。将来の展開。

行く末（ゆくすえ） 進んでいきながら。行く先行く手。

行く手（ゆくて） 前途。

行く行く（ゆくゆく） 湯などから立ちのぼる蒸気。

湯気（ゆげ） 他人の血液を静脈内に注入する。

輸血（ゆけつ） 温泉で大量に立ちのぼる湯気に傷口が治ってふさがること。

湯煙（ゆけむり） 傷口が治ってふさがること。

癒合（ゆごう） 油絵の具で絵をかく。水彩

油彩（ゆさい） 油絵の具で絵をかく。水彩

湯冷まし（ゆざまし） 湯を冷ましたもの。

湯冷め（ゆざめ） 入浴後に体が冷える。図

揺する（ゆする） 揺り動かす。

強請する（ゆすりする） 金品を脅し取る。恐喝する。

濯ぐ（ゆすぐ） 水中で揺らしてざっと洗う。

輸出（ゆしゅつ） 製品などを外国へ売り出すこと。

諭旨（ゆし） 訳を言い聞かせること。「―免職」

油脂（ゆし） 油。油と脂肪。「―工業」

遊山（ゆさん） 山野へ遊びに出かける。「物見―」

讓る（ゆずる） 人に与える。あとに回す。

油井（ゆせい） 石油を採るために掘った井戸。

油性（ゆせい） 油の備えている性質。‡水性

湯煎（ゆせん） 湯に入れ間接的に温めること。

輸送（ゆそう） 人やものを運び送ること。「―船」

豊か（ゆたか） 十分にあるさま。すっかり。

委ねる（ゆだねる） 一任する。

茹だる（ゆだる） 湯で十分に煮られる。うだる。

ゆ

油断（ゆだん） 気を緩めること。「―大敵」

湯湯婆（ゆたんぽ） 湯を入れ暖を取る道具。図

湯湯婆

湯呑み（ゆのみ） [湯飲み] 湯や茶を飲む器。

輸入（ゆにゅう） 製品などを外国から買い入れる。

湯通し（ゆどおし） 料理の材料を湯に通す。

湯桶読み（ゆとうよみ） 湯桶が音訓、下が音の読み。

湯桶（ゆとう） 湯をつぐための柄のついた器。

湯豆腐（ゆどうふ） 豆腐を湯で煮る。

油田（ゆでん） 石油を産する地帯。

茹でる（ゆでる） 湯でさっと煮る。うでる。

癒着（ゆちゃく） 皮膚がくっつく。深く結びつく。

湯葉（ゆば） [湯波] 豆乳を煮てできる薄皮。

湯花（ゆばな） 鉱泉で生じる沈殿物。湯のはな。

指折り（ゆびおり） 抜群に優れている。屈指。

指切り（ゆびきり） 小指を掛け合い約束する。

湯引き（ゆびき） 魚や肉を熱湯に軽く通す。

指貫き（ゆびぬき） [指鐶] 飾りとして指にはめる輪。

指輪（ゆびわ） 指にはめる針の頭を押す道具。

湯船（ゆぶね） [湯槽] 入浴用のおけ。浴槽。

湯水（ゆみず） 湯や水。「―のように使う」

弓形（ゆみなり） 弦を張ったの弓のような形。

弓矢（ゆみや） [弓箭] 弓と矢。武器。きゅうし。

努（ゆめ） 決して。必ず。「―疑うな」

夢（ゆめ） 睡眠中の幻覚。願望。理想。

夢現（ゆめうつつ） 夢か現実かわからない状態。

夢心地（ゆめごこち） 夢の中のようなぼんやりとした気持ち。

夢路（ゆめじ） 夢。夢を見ること。「―をたどる」

夢枕（ゆめまくら） 夢を見ている枕もと。「―に立つ」

夢見（ゆめみ） 夢を見ること。見た夢。「―心地」

努努（ゆめゆめ） 決して。断じて。「―思わない」

湯元（ゆもと） [湯本] 温泉の沸き出る土地。

由由しい（ゆゆしい） 重大な。いへんな。

由来（ゆらい） 物事の始まりとその歴史。元来。

愉楽（ゆらく） たのしみ。悦楽。「―にふける」

揺らぐ（ゆらぐ） 揺れ動く。基礎がぐらつく。

揺り籠（ゆりかご） 揺すって赤ん坊を寝かす籠。

緩い（ゆるい） 厳しくない。締まっていない。

忽せ（ゆるせ） おろそか。いい加減。なおざり。

揺るぎ無い（ゆるぎない） しっかりしていて動かない。

赦す（ゆるす） [許す] 罪や過失をとがめない。認める。

許す（ゆるす） 注意を怠る。やらせる。

よ

緩む（ゆるむ） 〔弛む〕締る力が弱る。緩和する。

緩やか（ゆるやか） ゆとりがある。厳重でない。

揺れる（ゆれる） 〔揺〕上下や左右に動揺する。

結わえる（ゆわえる） むすぶ。ゆう。束ねる。縛る。

湯沸かし（ゆわかし） 湯を沸かす器具。「―器」

予（よ） [余] われ。わたくし。「―の身上」

世（よ） 世の中。世間。時代。「―を忍ぶ」

代（よ） [世]時代。平成の「―」を嘆く」

予（よ） あらかじめ。

用（よう） 用事。役に立つこと。行うべき仕事。役に立つこと。

様（よう） 方法。ありさま。

酔う（よう） 酒が体に回る。気分が悪くなる。

容易（ようい） たやすいこと。面倒をみて育てる。

用意（ようい） 必要なものをあらかじめそろえる。

夜明かし（よあかし） 朝まで眠らない。徹夜。

夜明け（よあけ） 夜の明ける頃。あさあけ。

夜遊び（よあそび） 夜、遊び回ること。

宵（よい） 夜になってから間もない頃。

良い（よい） [好い] 優れている。十分。「―品」

善い（よい） 道理にかなっている。「―行い」

宵越し（よいごし） 翌日まで持ち越すこと。

酔い覚め（よいざめ） 酒の酔いから覚める。

宵っ張り（よいっぱり） 夜ふかしすること。

宵の口（よいのくち） 日が暮れて間もない頃。

宵宮（よいみや） 本祭の前に行う祭。宵祭。夏

宵闇（よいやみ） 月が出るまでの暗さ。夕闇。

余韻（よいん） あとに残る響きや風情。余情。

要員（よういん） その物事のために必要な人員。

要因（よういん） 物事の主要な原因。主な要素。

養育（よういく） 面倒をみて育てる。「―費」

溶液（ようえき）物質が溶け混合した液体。

溶艶（ようえん）【妖婉】なまめかしく美しいさま。

溶音（ようおん）「ヤ・ユ・ヨ」を小さく書き表す音。

拗画（ようが）【洋画】西洋の絵画。西洋の映画。

養家（ようか）養子に行った先の家。❖実家

妖怪（ようかい）不思議な存在。化け物。❖―変化

溶解（ようかい）【鎔解】金属が液体になること。

熔解（ようかい）【鎔解】物質が液体に溶け込むこと。

要害（ようがい）守りやすく敵が攻めにくい所。

洋楽（ようがく）西洋の音楽。❖邦楽

羊羹（ようかん）あんを練り固めた和菓子の一つ。

洋館（ようかん）西洋建築を模した建築物。

洋菓子（ようがし）西洋風の菓子。❖和菓子

溶岩（ようがん）【熔岩】火山から噴出したマグマ。

妖気（ようき）悪い予感をさせる怪しい気配。

容器（ようき）ものを入れる器。入れ物。

陽気（ようき）明るくて元気がいい様子。時候。

容疑（ようぎ）罪を犯した疑い。「―者」

容儀（ようぎ）礼儀にかなった姿や身のこなし。

洋弓（ようきゅう）西洋式の弓術。アーチェリー。

要求（ようきゅう）必要性などを強く求めること。

幼魚（ようぎょ）稚魚でやや成長した魚。❖成魚

養魚（ようぎょ）魚を飼育し、繁殖させること。

窯業（ようぎょう）レンガや陶磁器を製造する工業。

陽極（ようきょく）電極の電位の高い方。❖陰極

謡曲（ようきょく）能楽の詞章、そしてそれを歌うこと。

用具（ようぐ）「―場―」道具。「筆記―」

養鶏（ようけい）鶏を飼育する「―場―」「―家―」

要訣（ようけつ）物事をなすため一番大切な点。

用件（ようけん）用事の内容。用向き。所用。

要件（ようけん）重要な用事。必要な条件。

揚言（ようげん）公然と言いふらすこと。

用言（ようげん）活用を持つ自立語。動詞など。

用語（ようご）特定分野で使う言葉。「学術―」

養護（ようご）大事にして養う。看護。介抱。

擁護（ようご）保護。守ること。庇護。

洋行（ようこう）欧米に旅行や留学をすること。

洋港（ようこう）産業上、軍事上などで重要な港。

要項（ようこう）必要な事項をまとめたもの。

要綱（ようこう）根本をなす大切な事柄。「改革―」

妖光（ようこう）怪しげな光。不気味な光。

陽光（ようこう）太陽の光線。日光。

溶鉱炉（ようこうろ）【熔鉱炉】鉱石を溶かす炉。

洋裁（ようさい）洋服の裁縫。❖和裁

要塞（ようさい）戦略上の要所に設けた防備施設。

様式（ようしき）必要とされる一定の方式。同類に共通のやり方。「生活―」

用材（ようざい）建築用。材料。

溶剤（ようざい）物質を溶かすために用いる液体。

養蚕（ようさん）繭をとるためにカイコを飼うこと。

用紙（ようし）特定のことに使う紙。「答案―」

要旨（ようし）肝心な内容。要点のまとめ。

容姿（ようし）姿かたち。顔立ち。体つき。

養子（ようし）養子縁組で子の資格を得た人。

用字（ようじ）使用する文字。文字の使い方。

幼児（ようじ）学齢前の幼い子ども。「―語」

用事（ようじ）しなくてはならない事柄。所用。

幼時（ようじ）幼い頃。幼少の頃。幼児期。

楊枝（ようじ）【楊子・歯】つめたものを取る具。「―入―」❖和式

洋式（ようしき）西洋流の様式。「―便所」❖和式

要衝（ようしょう）交通や軍事・商業上の大切な地。

幼少（ようしょう）幼いこと。「―のみぎり」

幼女（ようじょ）幼い女の子。童女。

養女（ようじょ）養子である女子。

要所（ようしょ）大事な箇所。大事な場所。

陽春（ようしゅん）陽気の満ちた春。陰暦正月。❖和書

洋書（ようしょ）西洋の書物。外国の書物。❖和書

妖術（ようじゅつ）不思議な技を見せる術。魔術。

洋酒（ようしゅ）西洋流の製法で造った酒。

要所（ようしょ）大事な箇所。

用捨（ようしゃ）取捨。

容赦（ようしゃ）手加減すること。許すこと。「―ない児童」

幼弱（ようじゃく）幼くてか弱いこと。

幼少（ようしょう）

洋上（ようじょう）海の上。海上。「―会談」の船の上。

ようしょう―ようめい

養生（ようじょう） 病気を治すよう に努める。摂生。

洋食（ようしょく） 西洋風の食事。西洋料理。

要職（ようしょく） 重要な職。重要な地位や任務。

容色（ようしょく） 顔かたちの美しさ。器量。

養殖（ようしょく） 魚介などを人工的に育て増やす。

養親（ようしん） 養子縁組による親。＊実父・養母

用心（ようじん） 【要心】万一に備える。「火の―」

用心棒（ようじんぼう） 護衛として身近に置く人。

要人（ようじん） 重要な地位にある人。「政府の―」

用水（ようすい） 飲料・灌漑・工業などに使う水。

羊水（ようすい） 子宮内で胎児を保護する液。

揚水（ようすい） 水を高所へ上げること。「―機」

様子（ようす） 【容子】情勢。事情。姿。

要する（ようする） 必要とする。「注意を―」

擁する（ようする） 抱える。持つ。守り立てる。

夭逝（ようせい） 年若くして死ぬ こと。若死に。

妖精（ようせい） 動植物や自然物の精。精霊。

陽性（ようせい） 明るい性質。反応が現われること。

要請（ようせい） 実現するよう願い求めること。

養成（ようせい） 教育や訓練で一人前にすること。

容積（ようせき） 容器の中を満たし得る分量。

夭折（ようせつ） 年若くして死ぬこと。夭逝\[ようせい\]。

溶接（ようせつ） 【熔接】金属を熱してつなぎ合せる。

用箋（ようせん） 手紙などを書く小幅の紙。

傭船（ようせん） 【用船】運送用に借り入れた船。

要素（ようそ） 物事を成り立たせる成分や条件。

洋装（ようそう） 洋服を着ること。西洋風の装丁。

様相（ようそう） ものごとのあり方。様子・姿。

様態（ようたい） 行動のありさま。様子。

容体（ようだい） 【容態】体の状態。病状。ようだい。

夜討ち（ようち） 闇に紛れ夜襲するこで。＊朝駆け

幼虫（ようちゅう） 卵から成虫になるまでの虫。

要注意（ようちゅうい） 注意や警戒が必要なこと。

羊腸（ようちょう） 羊の腸。曲がりくねった道。

腰椎（ようつい） 脊柱のうち腰部の五個の骨。

腰痛（ようつう） 腰の痛み。

要諦（ようてい） 物事の本質にかかわる肝心な所。

要点（ようてん） 物事の中心となる大切な点。

用地（ようち） 何かに用いるための土地。「工場・防衛上の―」

要談（ようだん） 大切な相談。「各国首脳との―」

用立てる（ようだてる） 役に立てる。立てかえる。

用談（ようだん） 用事についての話し合い。

幼稚（ようち） 子どもっぽいこと。幼い。「―園」

用足し（ようたし） 【用達】用事を済ませること。

用途（ようと） ものやお金の使いみち。使用法。

用土（ようど） 植物の栽培用として調製した土。

用度（ようど） 必要な費用や物品の供給。「―作戦」

陽動（ようどう） 注意を他へそらす動き方。「―術」

杳として（ようとして） 不明瞭なさま。「知れない」

容認（ようにん） 許すこと。＊否認

幼年（ようねん） 幼い年頃。「―期」

曜日（ようび） 「曜」のつく、一週間の各日。

遥拝（ようはい） 遠く離れた地から拝むこと。

用品（ようひん） あることに用いる必要な品。

洋品（ようひん） 靴下など西洋風の服飾雑貨。

妖婦（ようふ） なまめかしく男を惑わす女。

養父（ようふ） 養子に入った先の父親。＊実父

洋舞（ようぶ） ダンス・バレエなどの西洋舞踊。

洋風（ようふう） 西洋風。欧米の形式。＊和風

洋服（ようふく） 西洋風の衣服。「―掛け」＊和服

養分（ようぶん） 成長に必要な成分。滋養分。

用便（ようべん） 大便・小便をすること。

用兵（ようへい） 戦いでの軍隊の動かし方。「―術」

養母（ようぼ） 養子に入った先の母親。＊実母

用法（ようほう） 使い方。使用方法。

養蜂（ようほう） 蜜などをとるため蜜蜂の飼育。

要望（ようぼう） 実現を強く求め望むこと。要求。

容貌（ようぼう） 顔立ち。顔かたち。「美しい―」

洋間（ようま） 洋風の部屋。洋室。＊日本間

要務（ようむ） 大切な務め。必要な務め。

用務（ようむ） なすべき務め。仕事。「会社の―」

用向き（ようむき） 仕事や用事の内容。用件。

用命（ようめい） 用を言いつけること。注文。

ようめい―よこく

幼名（ようめい） 幼い頃の名。ようみょう。

羊毛（ようもう） ヒツジの毛。毛織物の原料。

漸く（ようやく） どうにか。段々。

要約（ようやく） 要点を短くまとめること。簡約。

洋洋（ようよう） 希望などが満ちている。「―たる前途」

揚揚（ようよう） 得意そうな様子。「意気―」⇔消沈

要覧（ようらん） 事柄の要点を知らせる文書。

揺籃（ようらん） ゆりかご。物事の発展のはじまり。

擁立（ようりつ） 守り立てて高位に就かせること。

揚陸（ようりく） 積み荷を船から陸に揚げること。

容量（ようりょう） 器物などに入れられる量。分量。容積。

用量（ようりょう） 薬などの一定の使用量。

要領（ようりょう） 要点。処理の仕方。「―が悪い」

用例（ようれい） 実際に使われている例。「―集」

陽暦（ようれき） 太陽暦。しんれき。↔陰暦

要路（ようろ） 重要な交通路。重要な地位。

養老（ようろう） 老人をいたわること。「―院」

余映（よえい） あとに残る輝き。余光。

余価（よか） 予定している価格。予定価格。

予科（よか） 本科に進む前の予備の課程。

余暇（よか） 仕事のあとの自由時間。暇。

予感（よかん） 前もって何となく感じる。予覚。

余寒（よかん） 立春後の寒さ。残寒。圍

予期（よき） 前もって期待や覚悟をすること。

余技（よぎ） 専門以外に身につけた技能。

夜着（よぎ） 寝る時に掛ける夜間用の夜具。布団。

夜汽車（よぎしゃ） 夜間運行する汽車。

余儀無い（よぎない） やむをえない。「―事情」

余興（よきょう） 興を添えるため行う演芸。

夜霧（よぎり） 夜にかかる霧。恷

過ぎる（よぎる） 通りすぎる。不安が心を―」

預金（よきん） 金融機関にお金を預けること。

欲（よく） 欲しがること。欲しがる心。「―が深い」

翌（よく） 次の。あくる。「―日」「―朝」

抑圧（よくあつ） 無理に抑えつける。抑制。

抑鬱（よくうつ） 心がふさいで不快なこと。「―症」

翼賛（よくさん） 力を添え助けること。「大政―」

抑止（よくし） 抑えつけて止めること。「―力」

浴室（よくしつ） 風呂場。

浴場（よくじょう） 浴室。風呂場。銭湯。「公衆―」

欲情（よくじょう） 性欲を起こすこと。愛欲の情。

欲心（よくしん） 欲望。欲念。

浴する（よくする） 被る。浴びる。勢いを「恩恵に―」

抑制（よくせい） 欲を抑え止めること。「―栽培」

浴槽（よくそう） 入浴用の湯船。風呂おけ。

予見（よけん） 事が起こる前に見通すこと。

避ける（よける） 「除ける」さける。害から防ぐ。

余慶（よけい） 祖先の善行のおかげで得る幸運。

余計（よけい） 必要以上。余分。「―な手間」

抑留（よくりゅう） 無理に抑えとどむ。「―心」

翼翼（よくよく） びくびくする様子。「小心―」

善く善く（よくよく） 十分に。「―能く―」

抑揚（よくよう） 音声の上げ下げや強弱。高低。

欲目（よくめ） 地味の肥えた土地。「―緑の―」

欲望（よくぼう） 欲しがる心。欲求。

欲深（よくぶか） 欲が深いこと。ひどく欲しがる人。欲張り。

欲張る（よくばる） 限度を超えて欲しがる。

欲得（よくとく） 利得をむさぼる気持ち。「―ずく」

沃地（よくち） 作物がよく育つ肥沃な土地。

横（よこ） 左右への広がりや長さ。

預言（よげん） 人々に神のお告げを伝えること。

予言（よげん） 未来を予測して言う、その言葉。

予後（よご） 病後の経過の見通し。「―不良」

横合い（よこあい） 横の方面。無関係な立場。

予行（よこう） 本番通りに練習する。「―演習」

緯糸（よこいと） 布を織るよう横方向に掘られた穴。

余光（よこう） 日没のあとに残っている光。

余香（よこう） あとに残る香り。残り香。余薫。

横穴（よこあな） 山腹などに横方向に掘られた穴。

横顔（よこがお） 横から見た顔の一面。

横紙破り（よこがみやぶり） 無理に我を横から通すこと。

横切る（よこぎる） 一方の側から他方へ渡る。

与国（よこく） 助け合う間柄の国。同盟国。

予告（よこく） 前もって知らせること。「―編」

よこぐるま—よそゆき

横車 よこぐるま 理不尽。無理押し。「—を押す」

邪 よこしま 正しくないこと。非道。「—な恋」

寄越す よこす 来さす。「遣す」送ってくる。

汚す よごす けがす。「口を—」

横好き よこずき むやみに好む。「下手の—」

横座 よこざ 正座の足を横に移ること。

横町 よこちょう ほかの同等の職に出す座り方。

横付け よこづけ 側面を直接つけること。

横綱 よこづな 力士の最高位。転じて最も優れたもの。

横手 よこて 「横」表通りから横へ入った道。

横手を打つ よこてをうつ ふと思い当たったときなどに両方の掌を打ち合わせること。

横取り よこどり 不正に奪い取ること。横合いから奪い取ること。

横流し よこながし 不正に転売すること。

横殴り よこなぐり 横からたたきつけること。

横這い よこばい 横に動く。変動がないこと。

横笛 よこぶえ 管を横に構えて吹く笛の総称。

横道 よこみち わき道。本道から外れた道。

横目 よこめ 目だけ動かして横を見ること。

横槍 よこやり 無関係な他人の差し出口。

横恋慕 よこれんぼ 他人の恋人に恋を寄せる。「—の追及」

余財 よざい 余った財産。他人の財産。

余罪 よざい 判明の罪以外の犯罪。「—の追及」

夜桜 よざくら 夜見る桜の花。「—見物」圈

夜寒 よさむ 晩秋の夜の寒さ。圈→朝寒

予算 よさん 見積り。収支の予定計上。「—案」

由 よし 理由。事情・手段。「知る—もない」

余事 よじ 余暇や余力ですること。他事。

善し悪し よしあし よいか悪いか。善悪だ。

四次元 よじげん 三次元に時間を加えた空間。

葦簀 よしず 【葦簀】アシで編んだすだれ。圖

余日 よじつ 残りの日。他日。暇な日。

由無い よしない 理由がない。仕方がない。

攀じ登る よじのぼる 【攀】物にすがりついて登る。

誼 よしみ 親しいつきあい。因縁。

縦や よしや たとえ。かりに。「—反対でも」

予習 よしゅう 習う前の学習。「—復習」

余臭 よしゅう 昔からのなごり。「前代の—」

余剰 よじょう 残り。余り。「—物資」

余情 よじょう あとに残る風情やあわい。余韻。

捩る よじる ねじる。ひねる。折り曲げる。

攀じる よじる すがりついて登る。よじのぼる。

寄せ鍋 よせなべ 色々な具を煮るなべ料理。圖

寄せる よせる 近づける。集める。参加者を集めて選ぶ会や試合。心を向ける。

予選 よせん 参加者を卒業前に行う送別会。

予餞会 よせんかい 死després の吐息。虫の息。「—を保つ」

余喘 よぜん 燃え残りの、くすぶっている火。

余燼 よじん 他の人。他人。「—は知らず」

余人 よじん 本格的な診察前の予備的な診察。大地震のあとに起こる揺り返し。

予診 よしん

余震 よしん

予所 よそ 【他所】ほかの場所。他人の家。

装う よそおう 飾り整える。身なりをつける。「—外」

予想 よそう あらかじめ見当をつける。

装う よそう 食べ物を器に盛る。よそる。

予測 よそく あらかじめ推量すること。予想。

世過ぎ よすぎ 世渡り。渡世。「身過ぎ—」

世捨て人 よすてびと 俗世を捨てた人。隠者。

四隅 よすみ 四方のすみ・かど。

寄席 よせ 落語などを演じる演芸場。席亭。

余生 よせい 残りの人生。老後の生活。

余勢 よせい あとに残る勢い。

寄せ書き よせがき 一枚の紙に大勢で書く。

寄せ木 よせぎ 木片を組み合せる。「—造り」

余所事 よそごと ほかの方向を見ること。

余所見 よそみ ほかの方向を見ること。

余所者 よそもの ほかの土地からきた者。

余所目 よそめ 他人から見た目。はためし。

余所行き よそゆき 作・言動。改まった所

与太（よた） でたらめ。いい加減。怠け者。

預託（よたく） お金を預けて任せること。

与奪（よだつ） 与えることと奪うこと。「生殺―」

弥立つ（よだつ） 寒さや恐怖で体の毛が立つ。

予断（よだん） 事前に判断する。「―を許さない」

涎（よだれ） 口から垂れ流れるつばき。

予談（よだん） 本筋から外れた話。むだ話。

余知（よち） 前もって知ること。「―能力」

余地（よち） あまる土地。事の前ぶれ。「余裕―」

予兆（よちょう） 兆し。前兆。

世継ぎ（よつぎ）【世嗣】家のあと継ぎ。

欲求（よっきゅう） 欲しがり求めること。「―不満」

四つ辻（よつつじ） 十字に交わった道。四つ角。

因って（よって） 「依って」わけで。従って。

酔っ払い（よっぱらい） 酒に酔った人。泥酔者。

夜露（よつゆ） 夜間に降りる露。⇔朝露

予定（よてい） あらかじめ決まりごと・事柄。

余滴（よてき） 筆先に残ったしずく、こぼれた話。

淀（よど） 【澱】水が流れずたまった所。

与党（よとう） 政権を担う側の政党。⇔野党

夜通し（よどおし） 夜から朝まで。

夜伽（よとぎ） 夜、寝ずに付き添う。夜の添寝。

余得（よとく） 先人の残したよけいな利益。

余徳（よとく）【澱む】でたまる。⇔沢む

澱む（よどむ） 悪い世の中をよくすること。

夜直し（よなおし） 夜の時間の長い。⇔日長

夜長（よなが） 乳児などが夜泣きに泣くこと。

夜泣き（よなき） 夜分に仕事をすること。

夜業（よなべ） 夜業

夜な夜な（よなよな） 毎夜。毎晩。⇔夜ごと

世慣れる（よなれる） 世間の実情をよく知る。

夜逃げ（よにげ） 夜中にこっそり逃げること。

予熱（よねつ） あらかじめ熱しておくこと。「―がない」

余熱（よねつ） 冷めずにまだ残っている熱。

余念（よねん） 他の考え。他念。雑念。

余波（よは） なごり。影響。

世の中（よのなか） この世。時代。社会。

夜這い（よばい） 夜、男が女の家へ忍び込む。

余白（よはく） 紙の、何も書いていない部分。

予備（よび） あらかじめ準備する。「―知識」

呼び子（よびこ） 呼ぶ合図に吹く小さい笛。

呼び子

余弊（よへい） あとで残る弊害。「前代の―」

余聞（よぶん） 本筋からこぼれた話。

余分（よぶん） 余った部分。残りの。必要以上。

余憤（よふん） あとまで残っている怒り。

夜更け（よふけ） 夜の、非常に遅い時。深夜。

呼ぶ（よぶ） 声を掛ける。招く。

夜鈴（よりん） 夜遅くまで鳴らすベル。

余病（よびょう） ある病気から起こるほかの病。

呼び物（よびもの） 人気のもの。評判の出し物。

呼び名（よびな） 通常呼ぶ名前。呼称。

呼び水（よびみず） 誘いの水。きっかけの事柄。

呼び出す（よびだす） 呼んで、来させる。

呼び捨て（よびすて） 敬称をつけず名を呼ぶ。

呼び声（よびごえ） 呼ぶ声。うわさ。評判。

予報（よほう） 前もって知らせること。「天気―」

予防（よぼう） 前もって防ぐこと。「―注射」

余程（よほど） ずいぶん。相当。

予迷い言（よまよいごと） 世に未練を残すほど足らない愚痴。

夜回り（よまわり） 夜の見回り。夜警。図

蘇る（よみがえる） 甦る。生き返る。再び盛り返す。

黄泉（よみ） 死者の魂が行くという所。冥土。

読み切り（よみきり） 一回で完結する読物。

読み物（よみもの） 書物。気軽に読めるもの。國

夜店（よみせ） 夜、路上に出す店。宵店。

読む（よむ） 文字を声に出す。詩歌の意味を理解する。

詠む（よむ） 詩歌をつくる。詩歌で表現する。

夜宮（よみや） 祭日前夜の小祭。宵祭り。

嫁（よめ） 息子の妻。結婚相手の女性。

夜目（よめ） 夜の暗い中で見ること。その目。

よ

余命（よめい）残っている命。「―幾何もない」

嫁入り（よめいり）嫁にいくこと。とつぐこと。

夜もすがら（よもすがら）【終宵】一晩中。夜通し。

四方山（よもやま）多.さまざま。雑.「―話」

予約（よやく）あらかじめ約束する。その約束。

余裕（よゆう）ゆとり。余り.残り。

代代（よよ）【世】代を重ねること。代々。

縒りが戻る（よりがもどる）【縒り戻る】仲たがいした異性との関係が良好になる。「別れた夫と―」

寄り合い（よりあい）集まること。会合。

拠り所（よりどころ）支えとなるもの。根拠。

選り取り（よりどり）好むものを選び取る。

選り抜き（よりぬき）優れたものを選び出す。

寄り道（よりみち）ついでにほかに立ち寄る。

余力（よりょく）なお残っている力。余裕。

縒りを掛ける（よりをかける）【撚りを掛ける】腕前を示そうと意気込む。「腕に縒りを掛けた手料理」

夜（よる）日の入りから日の出までの間。

拠る（よる）【因る】そこに原因がある。従う。

依る（よる）基づく。手段。関係する。

寄る（よる）近づく。重なる。集まる。「立ち―」

縒る（よる）【撚る】よじる。ひねり合わせる。

選る（よる）【択る】より分ける。選び出す。

寄る辺（よるべ）頼りにして身を寄せる所。

予鈴（よれい）前もって知らせる合図のベル。

鎧戸（よろいど）【甲・戦闘用の防】鎧板をつけた戸。巻上げ式の鉄扉。「―かぶと」

余禄（よろく）余分の収益。予定外の収入。

蹌踉ける（よろける）【蹣跚ける】ふらつく。

喜ぶ（よろこぶ）【悦ぶ】うれしく思う。快く思う。

宜しい（よろしい）「よい」の改まった言い方。

万（よろず）あれこれ。すべて。「―世」

世論（よろん）【輿論】一般人の意見。「―調査」

余話（よわ）こぼれ話。余談。余録。

齢（よわい）【歳】年齢。「―を重ねる」

弱い（よわい）力や勢いが十分にない。

弱気（よわき）消極的な気持や考え方。

弱腰（よわごし）弱気な態度。

弱音（よわね）くじのない言葉。「―を吐く」

世渡り（よわたり）世の中で生きていくこと。処世。

弱味（よわみ）【弱見】欠点。後ろめたい所。

弱虫（よわむし）弱い者。いくじのない者。

弱り目に祟り目（よわりめにたたりめ）困った時にさらに災難が重なること。やむをえない。

ら

拠ん所ない（よんどころない）

羅（ら）薄く織った絹織物。あみ。

拉麺（ラーメン）中華そば、中国風の汁そば。

来意（らいい）来訪の理由。「―を告げる」

雷雲（らいうん）雷を伴って激しく降る雨。夏。

雷雲（らいうん）積乱雲など雷をもたらす雲。夏

来援（らいえん）応援にくること。来て助けること。

来演（らいえん）その土地に来て演じること。

来駕（らいが）「他人の来訪」の敬称。来車。

来会（らいかい）会合などに出席すること。参会。

来客（らいきゃく）訪ねてきた客。訪問客。

来月（らいげつ）今月の次の月。翌月。←先月。

来航（らいこう）外国から船に乗ってくること。

礼賛（らいさん）【礼讃】ほめたたえること。

来社（らいしゃ）会社などに訪ねてくること。

来週（らいしゅう）今週の次の週。次の一週間。

来集（らいしゅう）集まってくること。参集。「ご―」

来襲（らいしゅう）敵が襲ってくること。襲来。

来春（らいしゅん）来年の春。来年の正月。

来場（らいじょう）その場所にくること。「―者」

来信（らいしん）よそからきた手紙。来状。来書。

頼信紙（らいしんし）電報の電文を書く用紙。

来世（らいせ）仏教で死後生まれ変わる世。

来宅（らいたく）人が自分の家にやってくること。

来談（らいだん）やってきて話し合うこと。

来聴（らいちょう）演奏などを聴きに来ること。

来店（らいてん）人が店にやってくること。

来電（らいでん）電報が届くこと。届いた電報。

らいてん〜らつわん

雷電（らいでん）雷と電光。雷鳴と雷光。

雷同（らいどう）簡単に他人の説に賛同すること。

来日（らいにち）外国人が日本にくる。「─監督」

来任（らいにん）その地に赴任してくること。

来年（らいねん）今年の次の年。明年。「─度」

礼拝（らいはい）仏を敬い拝むこと。「─堂」

来賓（らいひん）主催者に招待されて来た客。「─席」

来復（らいふく）一度去ってしまったものが、再び戻ってくること。

来訪（らいほう）人が訪ねて来ること。「─往訪」

来報（らいほう）来て知らせること。その知らせ。

雷名（らいめい）世間に響きわたった名声。

雷鳴（らいめい）雷の鳴り響く音。「とどろく」[夏]

磊落（らいらく）さっぱりしてこだわらない性格。

来臨（らいりん）出席することの敬語。光臨。

来歴（らいれき）物事が経過してきた歴史。経歴。

老酒（ラオチュウ）中国産の醸造酒の総称。

裸眼（らがん）眼鏡などを使わない目・視力。

楽（らく）安らか。たやすい。「─な生活」

烙印（らくいん）罪人の額などに押す焼き印。「─を押された子」

落胤（らくいん）貴人の本妻以外に産ませた子。

楽隠居（らくいんきょ）隠居してのんびり暮らすこと。

楽園（らくえん）苦しみのない楽しく幸福な場所。

落書き（らくがき）粉に砂糖をまぜた干菓子。「楽書き」いたずら書き。

落雁（らくがん）集団からおくれた後のもの。「─者」

落伍（らくご）入札して権利を手にすること。

落語（らくご）高低のおちのある話芸。二つ以上のものの間の差。

落差（らくさ）

落札（らくさつ）

落日（らくじつ）沈みゆく太陽。落陽。落日目。

落手（らくしゅ）手に入れたものを受け取ること。

楽勝（らくしょう）大した苦労もせず勝つこと。

落成（らくせい）工事の完成。「─式」⇔起工

落城（らくじょう）城が敵に攻め落とされること。

落石（らくせき）山の上から石が落ちてくること。

落選（らくせん）選挙や選考に落ちること。

落第（らくだい）試験に合格しないこと。圄及第

落胆（らくたん）失意。気落ちすること。

落着（らくちゃく）決まりがつく。決着する。

落丁（らくちょう）本のページが脱落していること。

楽天的（らくてんてき）楽観的に考え気楽に暮らせる安楽に暮らせること。「─家」楽園。

楽土（らくど）

酪農（らくのう）乳製品の製造農業。「─家」「─妻」

落馬（らくば）乗っていた馬からはげ落ちちること。

落剥（らくはく）はげ落ちること。

落魄（らくはく）零落。落ちぶれること。「─の身」

落盤（らくばん）【落磐】坑内の岩が崩れ落ちる。

楽日（らくび）千秋楽。興行期間の最後の日。

落命（らくめい）命を落とすこと。死ぬこと。

楽焼き（らくやき）低温で焼く手作りの陶器。

落葉（らくよう）木の葉が枝から落ちる。おちば。

落陽（らくよう）入り日。夕日。落暉ばん。

落雷（らくらい）[夏]雷が落ちること。

落楽（らくらく）気楽な様子。たやすい様子。

楽楽（らくらく）

落涙（らくるい）涙を落とする。泣く。涙を流す。

羅紗（ラシャ）起毛させた厚手の毛織物。「─紙」

羅身（らしん）裸の体。裸体。「─像」

裸身（らしん）

羅針盤（らしんばん）方位を測る器。

螺旋（らせん）渦巻き状の形。「─階段」

螺像（らぞう）彫刻などに表現された裸の像。「─画」

裸体（らたい）丸裸の体。裸身と「─像」「─画」

拉致（らち）無理に連れて行くこと。「─監禁」

落下（らっか）高い所から落ちること。「─物」

落花（らっか）花が落ちること。[春]

落下傘（らっかさん）パラシュート。

落款（らっかん）書画につける作者の署名や印。

落観（らっかん）すべてよい方に考える。⇔悲観

落球（らっきゅう）球を捕り損ねて落とすこと。

落慶（らっけい）社寺建物の落成を祝すこと。

喇叭（らっぱ）金管楽器の総称。「─飲み」

辣腕（らつわん）非常に処理能力がある。「─家」

螺旋階段

裸婦（らふ） 裸の女性。「—像」

羅列（られつ） 思いつくまま並べ立てること。

乱（らん） 秩序が乱れるみだりに。戦争。

欄（らん） 紙面で区切った部分。枠で区切った部分。

欄外（らんがい） 欄の外。枠の外。

欄干（らんかん） 【欄干】魚や鳥獣装飾を兼ねた橋などの手すり。

濫獲（らんかく） 【濫獲】魚や鳥獣をむやみに捕る行為。

乱気流（らんきりゅう） 局部的に起こる気流の乱れ。

乱切り（らんぎり） みだらな行い。乱暴な行い。形をそろえず不規則に切ること。

嵐気（らんき） 山中にたつもや。山気。

乱行（らんぎょう） みだらな行い。乱暴な行い。

乱杭（らんぐい） 【乱杭】ばらばらに打った杭。

濫掘（らんくつ） 【乱掘】鉱山などをむやみに掘る。

乱国（らんごく） 国が乱れていること。乱れた国。

濫作（らんさく） 【乱作】むやみに多く作ること。

乱雑（らんざつ） 乱れ散らかって秩序のない様子。

卵子（らんし） 雌の成熟した生殖細胞。↔精子。

乱視（らんし） ものがゆがんで見える状態。

乱射（らんしゃ） ねらいも定めず撃ちちらすこと。

爛熟（らんじゅく） 成熟しきっていること。「—期」

乱觴（らんしょう） 物事の始まり。起源。

乱心（らんしん） 気がふれること。

乱世（らんせい） 秩序なく乱れた世の中。

卵生（らんせい） 卵の形で生まれること。胎生。

乱戦（らんせん） 敵味方が入り乱れて戦うこと。

卵巣（らんそう） 卵子を作る雌の生殖器。

濫造（らんぞう） 【乱造】質を考えず大量に作る。

乱層雲（らんそううん） 全天を厚く覆う暗い雲。

乱（らん） 乱れ。

卵白（らんぱく） 卵の中身の白い部分。しろみ。

乱入（らんにゅう） 大勢でどっと押し入ること。

乱取り（らんどり） 柔道で技をかけ合う稽古。

乱読（らんどく） 本のページ順を乱読。手当たり次第に読むこと。

乱闘（らんとう） 入り乱れて争うこと。「場外—」

乱調（らんちょう） 乱れている調子。乱調子。

乱丁（らんちょう） 本のページ順が狂っていること。

乱痴気（らんちき） 乱痴気騒ぎ。

懶惰（らんだ） 【懶惰】なまけ怠る。「—な生活」

濫伐（らんばつ） 【乱伐】むやみに木を切り出す。

濫発（らんぱつ） 【乱発】むやみに発行すること。

濫費（らんぴ） 【乱費】金銭をむだに使うこと。

乱筆（らんぴつ） 乱れた文字。自分の筆跡の謙称。

乱舞（らんぶ） 入り乱れて舞うこと。乱れ飛ぶ。

乱文（らんぶん） 乱れた文の謙称。自分の文の謙称。

乱暴（らんぼう） 荒っぽいこと。無法な行い。

欄間（らんま） 鴨居や長押と天井の間の空間。

爛漫（らんまん） 花が咲き乱れる様子。「春—」

乱脈（らんみゃく） 秩序が乱れている様子。「—経営」

濫用（らんよう） 【乱用】むやみに使う。「職権—」

爛爛（らんらん） 光り輝く様子。眼光が鋭い。

乱立（らんりつ） 「乱立」やたらに多く立つこと。

り

利運（りうん） 好都合。利息。漁夫の利益。

理運（りうん） 筋道。法則。「—の当然」

利益（りえき） 【理益】幸運。出ためになること。真合うべき運。

梨園（りえん） 演劇、特に歌舞伎役者の社会。

離縁（りえん） 夫婦・養子縁組を解消すること。

理科（りか） 自然科学に関する学科。「—系」

理解（りかい） 内容や意味を悟る。立場を知る。

利害（りがい） 利益と損害。得と損。「—関係」

利外（りがい） 道理から外れている。「—の理」

理学（りがく） 自然科学、特に物理学。「—博士」

利器（りき） 鋭い刃物。便利な発明品。

離間（りかん） 仲を悪くさせること。「—策」

力（りき） ちから。力量。「千人—」

力泳（りきえい） 全力で泳ぐこと。

力演（りきえん） 全力を出しきった演技。熱演。

力学（りきがく） 力と運動の関係を研究する分野。

力感（りきかん） 力強い感じ。

力作（りきさく） 全精力を傾けて作った作品。

力士（りきし） 相撲取り。「金剛—」の略。

力説（りきせつ） 特に強く主張・説明すること。

力走（りきそう） 力の限り走ること。全力で走る。

りきてん―りつしん

力点（りきてん） てこで力を加える所。主眼点。「—を置く」の略。

力闘（りきとう） 全力を傾注してたたかうこと。

力む（りきむ） 力を込める。威張る。気負う。

離宮（りきゅう） 皇居のほかに設けられた宮殿。

離京（りきょう） 都（東京・京都）を離れること。

離郷（りきょう） 故郷を離れること。出郷。

力量（りきりょう） 物事を成し得る能力の程度。

陸（りく） 地表の、水に覆われていない所。

陸揚げ（りくあげ） 船荷を陸におろすこと。揚陸。

陸運（りくうん） 陸上の運送。⇔海運・空輸

六書（りくしょ） 漢字の成り立ちに関する六種別。

陸上（りくじょう） 陸地の上。「—競技」「—競棲」陸上にすむこと。

陸生（りくせい） 陸上にすむこと。⇔水生

陸続（りくぞく） 絶えずひきりなしに続くさま。

陸地（りくち） 地球上で水のない部分。おか。

陸屈（りくつ） 物事の筋道。無理につけた理由。

陸稲（りくとう） 畑で作る稲。おか—。⇔水稲

陸風（りくふう） 夜、陸から海へ吹くさわやかで美しくきらめく様子。⇔海風

陸離（りくり） あざやかで美しくきらめく様子。

陸路（りくろ） 陸上の交通路。空路・海路を伴う権利。

利権（りけん） 利益を伴う権利。

俚言（りげん） その地方独特の語や言い方。民間で使われることわざ。

俚諺（りげん） 自分だけの利益をはかること。

利己（りこ） 自分だけの利益をはかること。

利口（りこう） [利巧]賢い。頭の回転が速い。

履行（りこう） 契約や約束の通りに行うこと。

離合（りごう） 別れたり集まったりすること。

利根（りこん） 生来賢い。利発。⇔鈍根

離婚（りこん） 夫婦が結婚を解消する。⇔結婚

罹災（りさい） 災難・災害にあう。被災。「—者」

離散（りさん） 離れて散りぢりの状態。「一家—」

利財（りざい） 財産を有効に運用すること。

利鞘（りざや） 売買で得る差額分の利益。

利子（りし） 借金や預金による利息。金銭に対して支払う金銭。

理事（りじ） 組織を代表し事務を行う役。

履修（りしゅう） 決められた課程を修めること。

利潤（りじゅん） 企業の純益。もうけ。利益。

離床（りしょう） 寝床を離れること。起床。

利殖（りしょく） 資本を運用し財産を増やすこと。

離職（りしょく） 退職や失業などで職を去ること。

離水（りすい） 水面を離れ飛び立つ。⇔着水

利する（りする） 得する。利用す。役立つ。

理性（りせい） 論理的に考えて判断する能力。

離席（りせき） 座席から離れる。席を離れること。

理想（りそう） 考え得る最も望ましい状態。

利息（りそく） 借金や預金によって受取る金銭。

利他（りた） 他人の利益や幸福をまず考える。

離達（りたつ） 抜け出すこと立身出世をする。立身栄達。

離村（りそん） 生まれ育った村を離れること。

離脱（りだつ） 抜け出すこと離れ去ること。

理知（りち） [理智]論理的な判断力。

律儀（りちぎ） [律義]義理をかたく守る。実直。割合。歩合。程

率（りつ） 割合。歩合。

立案（りつあん） 計画を立てる草案をつくる。

立夏（りっか） 二四節気で、五月五日頃。[夏]

立願（りつがん） 神や仏に願をかける。がんたて。

立脚（りっきゃく） 立場や根拠を定めること。

陸橋（りっきょう） 道路や線路の上にかけた橋。

立憲（りっけん） 憲法を制定すること。「—君主制」

立言（りつげん） 意見を述べること。その意見。

立件（りっけん） 刑事事件として要件の成立。

力行（りっこう） 努力して行動を行う。「勤倹—」

立候補（りっこうほ） 候補者として立つこと。

立国（りっこく） 国家の建設。国を繁栄させる。

立志伝（りっしでん） 志をもち成功した人の伝記。

立秋（りっしゅう） 二四節気で、八月七日頃。[秋]

立春（りっしゅん） 二四節気で、二月四日頃。[春]

立証（りっしょう） 証拠を挙げて証明すること。

立食（りっしょく） 立ったまま飲食すること。方式

立身（りっしん） 社会的に認められる地位につく。

立錐（りっすい） 錐を立てること。「―の余地もなし」人や物が密集し入り込めないさま。

立論（りつろん） 議論の趣旨や順序を組み立てる。

律する（りっする） 一定の規準にのっとって処置する。

立像（りつぞう） 立っている姿の像。‡座像

慄然（りつぜん） 恐ろしさにぞっとする様子。

立冬（りっとう） 二四節気で、十一月七日頃。[図]

立地（りっち） その土地の地勢や環境。「―条件」を持っていること。

立体（りったい） 三次元の広さを持っているもの。

立派（りっぱ） 非難できないほどよい様子。

立腹（りっぷく） 腹を立てること。怒ること。

立方（りっぽう） 三乗。体積の単位を表す語。

立法（りっぽう） 法律を定める。法律の制定。

理詰め（りづめ） 理屈で推し進めること。

立礼（りつれい） 立って行う敬礼。‡座礼

立動（りつどう） 周期的な動きリズム。「―的」

利敵（りてき） 敵を有利にすること。「―行為」

利点（りてん） 有利な点。利益のある点。長所。

離党（りとう） 属していた政党を出ること。脱党。

離島（りとう） 陸から離れた島。島を出ること。

利得（りとく） 利益を得ること。

理に落ちる（りにおちる） 理屈っぽくなる。

理に適う（りにかなう） 道理に合う。理屈どおり。

離日（りにち） 外国人が日本を離れること。

離乳（りにゅう） 乳児の乳離れ。ちちばなれ。「―食」

離任（りにん） 任務や役地から離れること。‡着任

理念（りねん） 理性的判断による最高の概念。

離農（りのう） 農業をやめること。‡帰農

利発（りはつ） 子どもが賢い様子。「―な子」

理髪（りはつ） 髪や髭を刈り整えること。「―師」

利幅（りはば） 利益の大きさ。

離反（りはん） 【離叛】離れ背くこと。

理非（りひ） 道理に合うことと合わないこと。「―曲直」

罹病（りびょう） 病気にかかること。罹患。「―率」

理不尽（りふじん） 道理にかなわない様子。

離別（りべつ） 人と別れること。別離。離縁。

利便（りべん） 都合のよいこと。便宜。「簡易―」

理法（りほう） 道理にかなった法則。「―の―」

利回り（りまわり） 元金に対する利息の割合。

裏面（りめん） 物事の表に現れない部分。内幕。

略（りゃく） 計略。省くこと。「以下―」

利益（りやく） 神仏の与える恵み。御利益。

略儀（りゃくぎ） 正式の手続きを省いた方式。略式。

略語（りゃくご） 一部を省略した形の語。簡略語。

略号（りゃくごう） 簡略に表現するための記号。

略字（りゃくじ） 点画の一部を省いた字体。略体。

略式（りゃくしき） 正式の順序の一部省いた形式。

略取（りゃくしゅ）【掠取】奪い取る。無理やりあらまし連れ去る。

略述（りゃくじゅつ） 要点をかいつまんで述べる。

略称（りゃくしょう） 簡略化した呼名。

略す（りゃくす） 省く。簡単にする。奪い取る。

略図（りゃくず） 必要部分だけを簡単にかいた図。

略説（りゃくせつ） 要点だけを簡単に説明すること。略式に正装

略装（りゃくそう） 略式の服装。略服。‡正装

略奪（りゃくだつ）【掠奪】力で奪い取ること。奪取。

略伝（りゃくでん） 簡単に述べた伝記。‡詳伝

略筆（りゃくひつ） 要点以外を省略して書くこと。

略歴（りゃくれき） 大体の経歴。「著―」

略解（りゃっかい） 要点だけの簡略な解釈・説明。

略記（りゃっき） 要点を簡略に記すこと。‡詳記

竜（りゅう）【龍】想像上の動物。たつ。

理由（りゆう） そうなった訳。いわれ。「存在―」

流（りゅう） 流派。流儀。「自己―」

留意（りゅうい） 心にとどめる。注意すること。

流域（りゅういき） 河川の流れに沿った両岸の地域。

溜飲（りゅういん） 胸やけした状態。「―が下がる」不満が一気に解消し痛快なさま。

流感（りゅうかん） 流行性感冒。インフルエンザ。

流会（りゅうかい） 予定の会合が中止になること。

留学（りゅうがく） 外国で一定期間勉強すること。

隆運（りゅううん） 盛んな運命。盛運。‡衰運

隆起（りゅうき） 高く盛り上がる。‡沈下。降起

流儀（りゅうぎ） 独特の仕方。流派などの流式。

流血（りゅうけつ） 争いなどで死傷者が出ること。

流言（りゅうげん） 全く根拠のないうわさ。「―蜚語」

りつすい—りゅうけん

りゅうこ—りょうさつ

竜虎（りゅうこ） 優劣つけがたい二人の強者。

流行（りゅうこう） 一時的に社会に広まること。

硫酸（りゅうさん） 無色無臭の強酸性の液体。「―雨」

流産（りゅうざん） 妊娠七か月以内で死産すること。

粒子（りゅうし） 物質を構成する細かい粒。「微―」

流失（りゅうしつ） 流されてなくなること。

流出（りゅうしゅつ） 流れ出る。外部へ出てしまう。

竜頭（りゅうず） 腕時計などでぜんまいを巻く具。

竜頭

流水（りゅうすい） 流れる水。水の流れ。「行雲―」

流星（りゅうせい） 光を放ち落ちる天体の破片。

隆盛（りゅうせい） 勢いが盛んなこと。栄えること。

流線型（りゅうせんけい）【流線形】曲線で現された形。

流体（りゅうたい） 気体・液体の総称。「―力学」

留置（りゅうち） 一定の場所に拘束する。「―場」

流暢（りゅうちょう） 話し方に淀みない様子。

流通（りゅうつう） 世間に「―貨幣」

流動（りゅうどう） 流れ動くこと。移り変わること。

流動食（りゅうどうしょく） 消化しやすい液状食物。

流入（りゅうにゅう） 流れ込むこと。入り込むこと。

留任（りゅうにん） 現在の職や任務にとどまること。

流派（りゅうは） 流儀の違いでわかれた系統。

流氷（りゅうひょう） 海面を漂流する氷塊。浮氷。图

柳眉を逆立てる（りゅうび—） 怒りが激烈する女性の形容。柳眉は「美人の眉」の形容。

留保（りゅうほ） 一時さし控えておくこと。保留。

流木（りゅうぼく） 川や海に漂流する木材。

陵（りょう） 大きな丘。天子対のものの双方。昔の通貨単位。

両（りょう） 対のものの双方。昔の通貨単位。

流麗（りゅうれい） 文章などが滑らかで美しいさま。

隆隆（りゅうりゅう） 盛り上がった―盛んな勢い。

流流（りゅうりゅう） 儀。「―細工には」

流用（りゅうよう） 本来の目的以外に使うこと。

涼（りょう） 涼気。すずしさ。「―をとる」

猟（りょう） 鳥や獣を捕らえること。「―シカ」

漁（りょう） 魚や貝を獲ること。「―カツオ」

量（りょう） 重さ・数量・容積など。「―より質」

寮（りょう） 学生や従業員の寄宿舎。「独身―」

利用（りよう） 使って役立たせること。「―廃物」

理容（りよう） 整髪や髭そりで容姿を整える。

良案（りょうあん） よい考えや思いつき。名案。

領域（りょういき） 領有する区域・対象になる範囲。

両院（りょういん） 衆議院と参議院。上院と下院。

涼雨（りょうう） すずしさを感じさせる雨。圖

凌雲（りょううん） 雲をしのぐほどに高いこと。

了解（りょうかい） 諒解・納得すること。

凌駕（りょうが） 陵駕ほかをしのぐ。上回る。

良貨（りょうか） 品質のよい貨幣。悪貨

遼遠（りょうえん） 遙かに遠い様子。「前途―」

良縁（りょうえん） よい縁談・組合いの縁。

凌雲（りょううん） 「前途―」

涼雲（りょううん） 雲をしのぐほどに高いこと。

両極端（りょうきょくたん） 非常にかけ離れていること。

料金（りょうきん） ものの使用に対し支払うお金。

両替（りょうがえ） 貨幣の種類をかえること。

領海（りょうかい） 領土主権の及ぶ水域。⇔公海

猟奇（りょうき） 怪奇な事物を好みあさること。

涼気（りょうき） 涼しい空気。涼感。圓

量感（りょうかん） 重みや厚みのある感じ。重量感。

猟期（りょうき） 許可された狩猟の期間。狩猟期。

了察（りょうさつ） 「諒察」相手の事情をくみとる。

良策（りょうさく） よいはかりごと。良計。良案。

領国（りょうごく） 領地として有する国・国土。「―争い」

良材（りょうざい） 良質の材木・材料。よい人材。

良好（りょうこう） 状態や結果などがよい様子。

燎原（りょうげん） 野原を焼くこと。「―の火」勢いが盛んで防ぎ止められない。

猟犬（りょうけん） 狩猟補助の訓練を受けた犬。图

料簡（りょうけん） 「了見」考え。思案。「狭い―」

量刑（りょうけい） 裁判所が刑罰の程度を決める。

良家（りょうけ） 家柄のよい家庭。上品な家庭。

領空（りょうくう） 領土主権の及ぶ空域。「―侵犯」

漁期（りょうき） 許可された漁の期間。ぎょき。

355

量産（りょうさん）同規格の品の大量生産。「―品」

梁山泊（りょうざんぱく）豪傑や野心家の集合する所。

猟師（りょうし）狩猟で生計を立てる人。狩人。

漁師（りょうし）漁で生計を立てる人。漁夫。

領事（りょうじ）条約国に駐在する官吏。「―館」

療治（りょうじ）病気を治すこと。治療。「荒―」

良識（りょうしき）健全な判断力。優れた見識。

良質（りょうしつ）品質がよいこと。

領主（りょうしゅ）領地・荘園の持ち主・支配者。

涼秋（りょうしゅう）陰暦九月の異称。涼しい秋。

領収（りょうしゅう）代金など受け取ること。「―証」

領袖（りょうしゅう）集団の長となる人。「政党の―」

猟銃（りょうじゅう）狩猟に使用する銃。

良書（りょうしょ）有益な書物。ためになる書物。

諒恕（りょうじょ）相手の事情に同情し許すこと。

了承（りょうしょう）〔諒承〕納得して承知すること。

凌辱（りょうじょく）〔陵辱〕辱める・女性を犯すこと。

両親（りょうしん）ふたおや。父と母。

良心（りょうしん）道徳的に善悪を判断する意識。

良人（りょうじん）妻から夫をさして呼ぶ称。夫。

領する（りょうする）領有する。承知する。「一国を―」

両生（りょうせい）〔両棲〕水中・陸上で生活できる。

両性（りょうせい）陰性と陽性。男性と女性。

良性（りょうせい）悪性でないたちがよい。

寮生（りょうせい）寄宿舎で生活する学生・生徒。

両成敗（りょうせいばい）当事者両方を罰すること。

稜線（りょうせん）峰から峰へと続く線。尾根。

瞭然（りょうぜん）明白なさま。「一目―」

両端（りょうたん）両方のはし。「―」

両断（りょうだん）二つに断ち切ること。「一刀―」

了知（りょうち）〔諒知〕事情などを悟りしること。

良知（りょうち）生来の正しい知力。「―良能」

領地（りょうち）特定の目的で使う土地。用地。

料亭（りょうてい）日本料理を出す高級料理屋。

量定（りょうてい）軽重をはかり定める。「刑の―」

両天秤（りょうてんびん）二股を掛けること。

領土（りょうど）一国の主権が及ぶ土地。領地。

両刀（りょうとう）大小の刀。「両刀―」の略。

糧道（りょうどう）食糧を得る道筋。資金源。

両得（りょうとく）一度に二種類の利益を得ること。

両刃（りょうば）両側に刃がある。もろは。

猟場（りょうば）狩りをする場所。かりば。

漁場（りょうば）魚や貝をとる所。ぎょじょう。

量販（りょうはん）安く大量に販売すること。「―店」

良否（りょうひ）良いか悪いか。善悪。よしあし。

良風（りょうふう）良い風習・風俗。「―美俗」↔弊風

涼風（りょうふう）涼しい風。すずかぜ。圓夏

領分（りょうぶん）力の及ぶ範囲。領域。領地。

陵墓（りょうぼ）天皇や皇族の墓。みささぎ。

両方（りょうほう）二つの物事。双方。↔片方

療法（りょうほう）病気の治し方。治療の方法。

涼味（りょうみ）すずしい感じ。涼感。圓夏

良薬（りょうやく）良い薬。よく効く薬。妙薬。

良友（りょうゆう）自分のためになる友人。

領有（りょうゆう）自分のものとして所有すること。

両雄並び立たず（りょうゆうならびたたず）英雄が二人並びあれば必ず争い、一方が倒れる。

両用（りょうよう）両方に使えること。「水陸―」

両様（りょうよう）二つの様式。二通り。「和戦―」

療養（りょうよう）体を休め栄養をとること。「―所」

両翼（りょうよく）両方の翼。列の左右のはし。

繚乱（りょうらん）〔撩乱〕多種の花が咲き乱れる。

料理（りょうり）食べられるものをこしらえる。

両立（りょうりつ）両方が支障なく成り立つこと。

両両相俟って（りょうりょうあいまって）双方助け合って。欠点を互いに補い合って。

両輪（りょうりん）両方の車輪。

両論（りょうろん）相対する二つの意見。「賛否―」

慮外（りょがい）思いのほか。意外・無礼。「―者」

旅客（りょかく）乗り物に乗る旅行者。「―機」

旅館（りょかん）和風の宿泊施設。「温泉―」

利欲（りよく）利益を得ようとする欲望。

緑陰（りょくいん）〔緑蔭〕茂った青葉の陰。圓夏

緑樹（りょくじゅ）青葉の茂っている樹木。

緑地（りょくち）草木が茂っている土地。「―帯」

りょうさん―りょくち

りょくちゃ～るいけい

緑茶（りょくちゃ） 若葉を蒸し揉んで作る茶。

緑内障（りょくないしょう） 眼圧が高くなり見えなくなる病気。

緑風（りょくふう） 青葉を吹き渡る初夏の風。薫風。

旅券（りょけん） 国籍・身分を証明する公文書。「新婚―」

旅行（りょこう） 旅、旅すること。

旅愁（りょしゅう） 旅の間に感じるわびしさ。

虜囚（りょしゅう） とらわれた人。捕虜。

旅情（りょじょう） 旅の間のしみじみした思い。

旅装（りょそう） 旅の服装。旅支度。「―を解く」

緑化（りょっか） 植樹で国土に緑を増やすこと。

旅亭（りょてい） 旅館。はたご屋。

旅程（りょてい） 旅行の日程・行程。旅行に必要な費用・路用。

旅費（りょひ） 旅行の道程。

離陸（りりく） 陸地を離れて飛び上がること。

凜凜しい（りりしい） きりっとした様子。

利率（りりつ） 元金に対する利息の割合。

履歴（りれき） 経験してきた学業や職業。経歴。

理路（りろ） 話しや議論などの構成。話の筋道。

理論（りろん） 原理のもとに立つ概念・知識。

燐（りん） 非金属元素の一つ。鬼火。「―火」

理禍（りんか） 隣の災難。

隣家（りんか） 隣の家。「―の火事」

臨海（りんかい） 海のそば。「―学校」「―副都心」

臨界（りんかい） 物質が別の状態に変化する境界。

輪郭（りんかく） ものの外形。事の概略。

林間（りんかん） 林の中。「―学校」

輪姦（りんかん） 一人の女性を大勢で犯すこと。

悋気（りんき） 男女間のやきもち。嫉妬。

臨機（りんき） 場に応じて対処すること。

稟議（りんぎ） 案を関係者に回し承認を求める。

林業（りんぎょう） 山林に関係した生産業。

臨月（りんげつ） 出産の予定される月。うみづき。

臨検（りんけん） その場所に臨んで調べること。

綸言（りんげん） 天皇の言葉。「―汗の如し」

凜乎（りんこ） りりしいさま。

輪講（りんこう） 数人が順番に講義すること。

隣国（りんごく） 隣接している国。隣邦。

輪作（りんさく） 順に同じ土地に作付けすること。

燐酸（りんさん） 燐灰石から作られる燐の化合物。

臨時（りんじ） 一定期でなく、一時的なこと。

臨終（りんじゅう） 死に際。最期。末期。「―の床」

臨書（りんしょ） 手本を見ながら書を書くこと。

輪唱（りんしょう） 同じ旋律を間隔をおいて歌う。

臨床（りんしょう） 患者を実際に診察すること。

臨場（りんじょう） その場所に出ること。「―感」

斉晋（りんしょく） 極端に物惜しみすること。けち。

隣人（りんじん） 隣の人。近所の人。「―愛」

綸子（りんず） 紋を織り出した高級な絹織物。

隣席（りんせき） 隣の座席。隣の席。

臨席（りんせき） 公の場に出席すること。

隣接（りんせつ） 隣り合っていること。「―地域」

臨戦（りんせん） 戦場にのぞむこと。「―態勢」

凜然（りんぜん） 寒さが厳しい様子。「―たる態度」

輪転機（りんてんき） 印刷版を回転させる印刷機。

林道（りんどう） 林の中の道。産物運搬用の道。

輪読（りんどく） 一冊の本を順番に回し読むこと。

輪廻（りんね） 生死を繰り返す。流転。

輪伐（りんばつ） 区画を決め森林を順次伐採する。

淋巴（リンパ） 病原体の侵入を防ぐ淡黄色の液。

輪番（りんばん） 順番に係などにあたる。「―制」

淋病（りんびょう） 〔麻病〕淋菌による性病。淋疾。

厘毛（りんもう） わずか。ほんの少し。いささか。

林野（りんや） 森林と原野。

倫理（りんり） 道徳観や善悪の基準。「―学」

林立（りんりつ） 林の木のように並び立つ様子。

凜凜（りんりん） 寒さなどで身が引き締まる様子。

輪舞（りんぶ） 輪になって回りながら踊ること。

る

累（るい） 巻き添え。迷惑。「―を及ぼす」

塁（るい） とりで。野球のベース。「残―」

類（るい） 似ているもの集まり。仲間。同類。

類縁（るいえん） きわめて近い関係にあるもの。

類火（るいか） よそから燃え移った火事。類焼。

類加（るいか） 次々に加わり増えること。累積。

累計（るいけい） 小計を合算した結果。累算。

類(るい)

類型(るいけい) 似ている型。平凡なもの。「―的」

累減(るいげん) 次第に減る・減らすこと。

類語(るいご) 類似の意味を持つ語。類義語。‡累増・減

累次(るいじ) 何度もなり起きること。

類似(るいじ) 互いに似ていること。「―品」

累日(るいじつ) 日を重ねること。積日。連日。

類書(るいしょ) 内容や形式が同類の書物。類本。

累乗(るいじょう) 同じ数を順次掛けあわせること。

類焼(るいしょう) ほかの家からの出火で焼けること。

累進(るいしん) 次々と昇進する。比率が増すこと。

類人猿(るいじんえん) 最も人間に近いサル類。

類推(るいすい) 似た点をもとに推定すること。同類で。

類する(るいする) 似通う。同類である。共通する。

累積(るいせき) 積もり重なること。「―赤字」

涙腺(るいせん) 涙が必分泌する腺。「―が緩む」

累増(るいぞう) 次第に増えること。‡累減

累代(るいだい) 代々を重ねること。代々。「―の墓」

類題(るいだい) 同じ種類の問題。似た問題。

累年(るいねん) 何年も重ねる。連年。「―の病」

累犯(るいはん) 何度も罪を犯すこと。「―加重」

類比(るいひ) 比べ合わせること。比較。類推。

類別(るいべつ) 種類ごとに分けること。分類。

累卵(るいらん) 不安定で危険な状態のたとえ。

累累(るいるい) 積み重なっている様子。

類例(るいれい) 似かよった例。

流刑(るけい) 遠方の地や島に送る刑。流罪。

鏤刻(るこく) 木などに彫りこむ。推敲(すいこう)する。

鏤骨(るこつ) 骨を刻むほどの苦心をすること。しばしば起こる、繰り返される。

縷次(るじ) 細かい点まで述べること。縷説。

縷述(るじゅつ)

れ

令(れい) 命令。法令。「―を下す」

礼(れい) 礼儀。謝意。「―たり」を失する」

例(れい) たとえ。しきたり。類。「―を引く」

零(れい) ゼロ。記数法の空位を示す数。

霊(れい) 魂。不思議な力を持つもの。

流浪(るろう) さすらうこと。

縷縷(るる) 細く長く続く様子。詳細な様子。

瑠璃(るり) 艶のある美しい青い宝石。「―色」

流布(るふ) 世に広く行き渡ること。「―本」

流人(るにん) 流罪に処せられた罪人。

流転(るてん) 限りなく移り変わること。「―生生」

坩堝(るつぼ) 耐熱性の容器。「興奮の―」

流説(るせつ) 世間一般に広まる説。流言。

留守(るす) 外出して家にいないこと。不在。

霊安室(れいあんしつ) 遺体を一時安置する所。

霊位(れいい) 霊がのり移っているもの。位牌。

冷雨(れいう) 冷たい雨。氷雨。

冷眼(れいがん) 冷淡な目つき。「―視」

霊園(れいえん) [霊苑]区画した共同墓地。墓苑。

例年(れいねん) 例年に比べ異常に気温の低い夏。

冷夏(れいか) 冷やして作った菓子。

零下(れいか) 摂氏零度以下。氷点下。

例会(れいかい) 日を決めて定期的に開く会。

例解(れいかい) 例を挙げて解き明かすこと。

霊界(れいかい) 死後の霊魂の世界。精神の世界。

冷害(れいがい) 夏の低温による作物の被害。

例外(れいがい) 一般の原則に外ひやあせ。「―三斗」

冷汗(れいかん) 冷たくて寒い。寒冷。

冷寒(れいかん)

霊感(れいかん) 人間の不思議な感応力。霊応力。

霊気(れいき) 冷えてひえとした空気。‡熱気

霊気(れいき) 不思議で神秘的な雰囲気。

礼儀(れいぎ) 人間関係上必要な作法。

冷却(れいきゃく) 冷えること。冷やすこと。「―水」

霊柩車(れいきゅうしゃ) ひつぎを運ぶための車。

霊柩車

礼金(れいきん) 礼として出すお金。謝礼金。

麗句(れいく) 美しく飾った調子よい文句。

礼遇(れいぐう) 礼をつくして厚くもてなすこと。

冷遇(れいぐう) 冷淡な態度で粗末に扱うこと。

令閨(れいけい) 相手の妻の敬称。令室。令夫人。

れいけつ — れきし

冷血（れいけつ） 体温が低いこと。冷酷。「―漢」

冷月（れいげつ） いつもの月。また、その秋の月。

例月（れいげつ） 主観の入る余地なく厳しい様子。

冷厳（れいげん） 例として挙げる言葉。凡例。

例言（れいげん） 神仏の現す不思議な感応。御利益。

霊験（れいげん） 努力して実行すること。「―時間」

励行（れいこう） いつもの決まった時刻。定刻。

例刻（れいこく） 思いやりがなくむごい様子。

冷酷（れいこく） たましい。「―不滅」⇔肉体

霊魂（れいこん） 前菜で出る冷たい料理。

冷菜（れいさい） 決まった日に行われる祭儀。

例祭（れいさい） 非常に少ない。極めて小さい。

零細（れいさい） 神仏を祭った神聖な山。霊峰。

霊山（れいざん） 美しく整った姿。「美女の―」

麗姿（れいし） 実例として示すこと。

例示（れいじ） 午前十二時と午後十二時。

零時（れいじ） 公式に決められている礼儀作法。

礼式（れいしき） 相手の妻の敬称。令閨。令夫人。

令室（れいしつ） 生まれつきの優れた性質。

麗質（れいしつ） 燗をしない酒。ひやざけ。冷用酒。

冷酒（れいしゅ） 漢字の書体の一つ。「―体」

隷書（れいしょ） 部下としてつき従うこと。隷属。

隷従（れいじゅう） さげすんであざ笑うこと。嘲笑。

冷笑（れいしょう） 例を引いて証明すること。

例証（れいしょう） 命令を記した書状。「召集―」

令状（れいじょう） お礼の手紙や書状。謝礼の書状。

礼状（れいじょう） 礼を尽くし謙虚な態度を示す。

礼譲（れいじょう） 相手の娘の敬称。

令嬢（れいじょう） 社寺のある神聖な所。霊地。

霊場（れいじょう） こびへつらう顔つき。「巧言―」

令色（れいしょく） 見目麗しい人。美人。「男装の―」

麗人（れいじん） 冷たい水。ひや水。「―摩擦」

冷水（れいすい） 落ち着いていて動じない様子。「―沈着」

冷静（れいせい） 礼儀と節度。「―を重んじる」

礼節（れいせつ） 二十度以下の鉱泉。⇔温泉

冷泉（れいせん） 厳しい対立状態にあること。

冷戦（れいせん） 不思議な効果のある泉や温泉。

霊泉（れいせん） 冷ややかで情を欠いている態度。

冷然（れいぜん） 死者の霊の前。「御―」

霊前（れいぜん） 儀式用の正式な服装。礼服。

礼装（れいそう） 食品などを低温で保存すること。

冷蔵（れいぞう） 相手の息子の敬称。⇔令嬢

令息（れいそく） 他者の支配を受け従う。隷従。

隷属（れいぞく） 相手の孫の敬称。

令孫（れいそん） 理解や練習用に例に出す問題。

例題（れいだい） 同情や関心を持たない態度。

冷淡（れいたん） 霊場のある土地。霊域。

霊地（れいち） 不思議な力を持つ優れたもの。

霊長（れいちょう） 考えなどが冷静で鋭い様子。

冷徹（れいてつ） 礼儀に関しての決まり。礼法。

礼典（れいてん） 度数計算のもとになる起点。

零度（れいど） 保存のために凍らせた。「―食品」

冷凍（れいとう） いつもの年。それぞれの年。

例年（れいねん） キリスト教などで死者の霊を拝むこと。

礼拝（れいはい） 試合で得点が取れず負けること。

零敗（れいはい） 美しい筆跡。見事な筆遣い。

麗筆（れいひつ） 美しい娘姿を呼ぶ媒人。

霊媒（れいばい） 冷淡な批評。「―を浴びる」

冷評（れいひょう） 先祖などの霊を祭った建物。

霊廟（れいびょう） つめたい風。

冷風（れいふう） 儀式や行事用の衣服。⇔平服

礼服（れいふく） 説明のために例として挙げた文。

例文（れいぶん） 礼儀の規則。礼儀作法。礼式。

礼法（れいほう） 信仰の対象となる山。霊山。

霊峰（れいほう） 不思議で優れている様子。「―な声」「評判が高い」

霊妙（れいみょう） 寝室を下げ涼しくすること。⇔

冷房（れいぼう） 不思議なほどよく効く薬。妙薬。

霊薬（れいやく） 夜明けが始まり。「―期」

黎明（れいめい） 評判。名声。「―が高い」

令名（れいめい） 落ちぶれること。落魄。⇔栄達

零落（れいらく） 頭がよく賢いや利口。利発。

怜悧（れいり） 冷ややかで涼しい様子。

冷涼（れいりょう） 美しく澄みきっている様子。

玲瓏（れいろう） 車輪でひき殺す。

轢殺（れきさつ） 人間社会の移り変わりの過程。

歴史（れきし）

れきし—れんぞく

轢死（れきし）車輪にひかれて死ぬこと。「―体」

暦日（れきじつ）こよみ。「山中―なし」

歴世（れきせい）歴代。代々。累世。列世。

歴戦（れきせん）戦闘を何度も経験しようもなく明らかな様子。

歴然（れきぜん）疑いようもなく明らかな様子。

歴代（れきだい）始まりから現在まで。「―首相」

歴任（れきにん）次々に種々の役職に就くこと。

暦年（れきねん）暦上の一年。元日からの一年。

歴年（れきねん）年月を経ること。毎年。

歴訪（れきほう）次々と各所を訪れてまわること。

歴遊（れきゆう）各地を歩き回ること。遊歴。

歴歴（れきれき）①地位や身分の高い人々。②歴然。

列（れつ）並んだもの。順序。集団。仲間。

劣悪（れつあく）品質などが悪く価値が低い様子。

劣化（れっか）品質や性能が悪くなること。

烈火（れっか）激しい勢いで燃え盛る火。

列記（れっき）一つ一つ並べて記すこと。枚挙。「―進出」

烈烈（れっきとした）地位が高い。明らかに。

烈強（れっきょう）強国である国々。

列挙（れっきょ）一つ一つ数え上げること。「―者」

劣後（れつご）ほかに劣り遅れること。

列座（れつざ）連なった座。

列国（れっこく）多くの国々。諸国。「―会議」

列車（れっしゃ）連なった鉄道車両。「貨物―」

烈士（れっし）義を守りぬく節義が激しく強い人。

裂傷（れっしょう）皮膚などが裂けてできた傷。

烈女（れつじょ）信念を貫く意志の強い女性。

劣弱（れつじゃく）力が劣って貧弱なさま。

劣情（れつじょう）いやしい心情。いやしい欲情。

烈震（れっしん）震度6の強い地震。

列する（れっする）並ぶ。列席する。加わる。

劣性（れっせい）次代に現れず潜在する遺伝形質。↔優勢

劣勢（れっせい）勢いが他より劣っていること。↔優勢

列席（れっせき）その場に出席すること。「―者」

列伝（れつでん）人々の伝記を並べ記したもの。

列島（れっとう）並び続いている島々。「日本―」

劣等（れっとう）普通より劣っていること。「―感」

劣敗（れっぱい）劣っているものが敗れ去ること。

裂帛（れっぱく）鋭く激しい声。「―の気合」

烈風（れっぷう）非常に激しく吹く風。暴風。

烈烈（れつれつ）勢いが非常に激しい様子。

恋愛（れんあい）特定の異性を恋い慕うこと。

廉価（れんか）安い値段。安価。「―販売」

連歌（れんが）上下の句を交互に詠み合う歌。

煉瓦（れんが）粘土に砂などを加え焼いたもの。

連関（れんかん）「聯関」互いにかかわっている。

連記（れんき）並べて書くことを数回すりこぎ。「―投票」↔単記

連木（れんぎ）すりこぎ。「―で腹を切る」

連休（れんきゅう）休日が続くこと。「飛び石―」

連句（れんく）「聯句」俳諧体の連歌。

蓮華（れんげ）ハスの花。蓮華乗の陶器のさじ。

連係（れんけい）「連繋」相手と関係を保つこと。

連携（れんけい）連絡を取り協力し合い行うこと。

連結（れんけつ）つなぎ合わせること。「―器」

廉潔（れんけつ）無欲で心が清く行いが正しい。

連呼（れんこ）同じことを何度も叫ぶこと。

連語（れんご）二つ以上の語が連結した語。

連行（れんこう）人を連れて行くこと。

連合（れんごう）「聯合」複数が結ばれた一組織体。

連鎖（れんさ）鎖のようにつながる。「―反応」

連座（れんざ）「連坐」他人の犯罪に関わる。

連載（れんさい）続きものを数回に分け掲載する。

連作（れんさく）同じ土地に同じ作物を毎年作る。

連日（れんじつ）「引き続いて」毎日。「―ご―くださ」

憐察（れんさつ）あわれむこと。

連珠（れんじゅ）「聯珠」玉をつなげる。五目並べ。

練習（れんしゅう）学問や技術を繰り返し習うこと。

練熟（れんじゅく）経験を積んでじょうずになる。

連勝（れんしょう）引き続き勝つ。「―」↔連敗

恋情（れんじょう）恋い慕う心。恋心が募る。

錬成（れんせい）「練成」心身を鍛え上げること。

連接（れんせつ）ものが連なり続くこと。「―都市」

連戦（れんせん）続けて戦うこと。「―」

連想（れんそう）「聯想」関係ある物事を想起する。「―」

連続（れんぞく）つながり飛び飛びでなく続ける。↔断続

360

連打（れんだ） 続けざまに打つこと。

連帯（れんたい） 複数の人が協力して事に当たること。

連隊（れんたい） 軍隊の編制単位の一つ。「―の士」

蓮台（れんだい） ハスの花の形の、仏像の台座。

練達（れんたつ） 熟練してうまいこと。

練炭・煉炭（れんたん） 【煉炭】石炭を固めた燃料。

連弾（れんだん） 二人で一台のピアノを弾くこと。

廉直（れんちょく） 心が清く正直なこと。「―な人」

恋着（れんちゃく） 深く強く恋い慕うこと。

連中（れんちゅう） つれ。仲間とみなす人々。

連動（れんどう） 一部が動くとほかの部分も動くこと。

練乳（れんにゅう） 【煉乳】煮詰めて濃縮した牛乳。

連年（れんねん） 何年か引き続き毎年。年々。

連破（れんぱ） 相手を続けて負かすこと。

連覇（れんぱ） 前回に続けて優勝すること。

廉売（れんばい） 値段を安くして売る。安売り。

連敗（れんぱい） 続けて負けること。‡連勝

連発（れんぱつ） 続けて発すること。「―銃」

連判（れんぱん） 一枚の文書に複数人が署名押印する。「―状」

憐憫（れんびん） ふびん・哀れに思う。「―の情」

練兵（れんぺい） 兵士を訓練する。「―場」

恋慕（れんぼ） 恋い慕うこと。「横―」

連峰（れんぽう） 並び続いている山々。連山。

連邦（れんぽう） 複数の国の連合国家。

練磨・錬磨（れんま） 【錬磨】心身を鍛える。鍛練。

連名（れんめい） 二名以上が名を連ねる記すこと。

連盟（れんめい） 【聯盟】目的を同じくする組織。

連綿（れんめん） 長く続いていて絶えない様子。

連用（れんよう） 用言に続くこと。連続の使用。

連絡（れんらく） つながること。知らせること。

連立（れんりつ） 【聯立】同時に並び立つ。「―内閣」

恋恋（れんれん） 恋しくて思い切れない様子。

ろ

炉（ろ） いろり。暖炉。火床。図。

絽（ろ） 【䋤】和服の薄い絹織物。絽織り。

櫓（ろ） 船首。へさき。櫓船。とも。

艫（ろ） 船をこぐ道具。「―をこぐ」

露悪（ろあく） 自分の欠点をさらけ出す。

労（ろう） 骨折り。苦労。

牢（ろう） 罪人などを閉じ込めておく所。

楼（ろう） 高い建物。高殿。ものみやぐら。

蠟（ろう） 燃えとけやすい脂肪に似た物質。

聾啞（ろうあ） 耳・口が不自由なこと・人。

朗詠（ろうえい） 詩歌を声高くうたうこと。朗吟。

漏洩（ろうえい） 【漏泄】外部に漏れる。「―機密」

老化（ろうか） 老化に伴い心身の機能が衰える。

廊下（ろうか） 建物の中の細長い通路。「砂上の―」

楼閣（ろうかく） 高く立派な建物。

老獪（ろうかい） 経験を積んでいて悪賢いこと。

老眼（ろうがん） 老化して近くが見えにくい眼。

老朽（ろうきゅう） 古くなって役に立たないこと。

老境（ろうきょう） 年をとった身の上。老人の境地。

浪曲（ろうきょく） 浪花節（なにわぶし）。

労苦（ろうく） 骨折りや心配。苦労。

臘月（ろうげつ） 陰暦十二月の異称。

牢乎（ろうこ） ゆるがないさま。強固。堅固。

牢固（ろうこ） しっかりしてじょうぶ。堅牢。「―の計画」

労役（ろうえき） 肉体的な役務。課せられる仕事。

老翁（ろうおう） 年老いた男性。おきな。‡老媼

老媼（ろうおう） 年老いた女性。おうな。‡老翁

陋屋（ろうおく） 狭くて粗末な家。陋居。「拙宅」

老後（ろうご） 年老いたのち。「―の計画」

老巧（ろうこう） 経験豊富で物事に巧みなこと。

牢獄（ろうごく） 罪人を閉じ込めておく所。牢屋。「―につながれる」

老骨（ろうこつ） 年老いた体。「―にむちうつ」

老妻（ろうさい） 年老いた妻。

労災（ろうさい） 労働災害。労働者災害補償保険。

老残（ろうざん） 年老いながらえながら生きる。

労作（ろうさく） 苦労して作り上げた作品。労働。

老師（ろうし） 年をとった僧侶・教師・師匠。

老死（ろうし） 老いたまま年取って死ぬこと。獄死。

労使（ろうし） 労働者と使用者。

労資（ろうし） 【協調】労働者と資本家。

労実（ろうじつ） 物事に慣れていて忠実なさま。

老弱（ろうじゃく） 老人と子ども。老いて弱いこと。

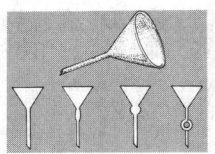

老醜（ろうしゅう） 年老いてみにくくなること。

老熟（ろうじゅく） 経験を積み熟練していること。

漏出（ろうしゅつ） 漏れて出ること。「ガスが―する」

老少（ろうしょう） 老若と若者。老若。老幼。

朗唱（ろうしょう） 声高に歌うこと。「国歌を―する」

朗誦（ろうしょう） [朗唱] 声高に読み上げる。朗読。

楼上（ろうじょう） 高い建物・楼閣の上。

籠城（ろうじょう） 城に立てこもる。家に引きこもる。

老人（ろうじん） 年寄り。

老衰（ろうすい） 年老いて心身が衰えること。

漏水（ろうすい） 水が漏れること。漏れた水。

労する（ろうする） 苦労する。疲れさせる。

弄する（ろうする） もてあそぶ。「詭―」「策を―」

聾する（ろうする） 聞こえなくなる。「耳を―騒音」

老生（ろうせい） 年老年の男性の、自分の謙称。

老成（ろうせい） 大人びること。老熟。「―な考え」

狼藉（ろうぜき） 乱暴な行い。取り散らかすこと。

労組（ろうそ） 「労働組合」の略。「―合同」

蠟燭（ろうそく） 糸などの芯をろうで固めた灯具。

老体（ろうたい） 年老いた体。老軀。老骨。老身。

楼台（ろうだい） 高い建物。高殿。

老大家（ろうたいか） 経験豊かなその道の権威。

老大国（ろうたいこく） 国勢が衰えつつあるわない国。

老朽ける（ろうたける） 洗練されて気品がある。

労賃（ろうちん） 労働に対して支払う賃金。労銀。

漏電（ろうでん） 絶縁不良で電気が漏れる。

漏斗（ろうと） 液体を注ぎ込む道具。じょうご。

労働（ろうどう） 賃金や報酬のために働くこと。

郎党（ろうとう） [郎等] 側近。従者。子分。家来。

朗読（ろうどく） 声に出して詩や文章を読むこと。

漏斗

老若（ろうにゃく） 老人と若者。老少。

浪人（ろうにん） 進学や就職の次の機会を待つ人。

老年（ろうねん） 年をとり衰えが目立つ年代。

老婆（ろうば） 年老いた女性。‡老爺

老廃（ろうはい） 古くなって役に立たないこと。

狼狽（ろうばい） 慌てふためくこと。「周章―」

老婆心（ろうばしん） 必要以上の親切心。

浪費（ろうひ） むだに使うこと。「―家」「―癖」

朗報（ろうほう） 喜ばしい知らせ。よい知らせ。

老木（ろうぼく） 古い立木。老樹。古木。‡若木

浪漫（ろうまん） ロマンチシズム的な傾向。「―的」

労務（ろうむ） 労働。労働に関係する事務。

楼門（ろうもん） 二階造りの門。

牢屋（ろうや） 罪人を閉じ込めておく所。牢獄。

老爺（ろうや） 年老いた男性。‡老婆

老来（ろうらい） 老いてから。老になって以来。

籠絡（ろうらく） 人を丸め込んで操ること。

老力（ろうりょく） 働き。骨折り。労働力。

老齢（ろうれい） 老いたこと。その年齢。老年。

老練（ろうれん） 熟練して巧みな様子。「―な技術」

朗朗（ろうろう） 声が澄んではっきり聞こえる。

浪浪（ろうろう） さまよい歩くこと。「―の身」

露営（ろえい） 野外に陣営を張ること。「―地」

朗話（ろうわ） 人の心が明るくなるような話。

濾過（ろか） 液体をこし、まじりものを除く。

路肩（ろかた） 道の両わきの部分。ろけん。

禄（ろく） 武士の俸給。当座のほうび。

録音（ろくおん） 音を記録すること。「―放送」

録画（ろくが） 映像を記録すること。「―放映」

緑青（ろくしょう） 銅の表面につく緑色のさび。

勒する（ろくする） 統御する。彫りつける。刻む。

碌でなし（ろくでなし） なんの役にも立たない。

碌に（ろくに） 十分に。満足に。

肋木（ろくぼく） 多数の横木を固定した体操用具。

六曜（ろくよう） 吉凶の判断基準となる式。六輝。

轆轤（ろくろ） 回転運動を利用する装置。「―鉋」

碌碌（ろくろく） [陸陸] 十分に。満足に。ろくに。

轆轤

露見（ろけん）　［露顕］悪事などがばれること。

露骨（ろこつ）　感情をむき出しにする様子。

濾紙（ろし）　液体をこすのに用いる紙。

露次（ろじ）　道すがら。道筋。

路地・露地（ろじ）　家々の間の狭い通路。「―裏」

露地（ろじ）　屋根など覆いのない地面。「―苺」

路出（ろしゅつ）　むき出しにすること。露光。

路上（ろじょう）　道の上。途上。「―駐車」

路線（ろせん）　交通経路。活動方針。「平和―」

露台（ろだい）　屋根のない台。バルコニー。夏

肋間（ろっかん）　あばら骨の間。「―神経痛」

六穀（ろっこく）　稲・粱かう・麦・黍・稷・稻の六つの重要とされる穀物。りくこく。

肋骨（ろっこつ）　胸郭を形成する骨。あばら。

六根（ろっこん）　眼・鼻・耳・舌・身・意の器官・能力。

六腑（ろっぷ）　漢方で、六つの内臓「五臓」

六方（ろっぽう）　［六法］東西南北と天地の六方向。

六法（ろっぽう）　六種の代表的な法律「―全書」

露呈（ろてい）　さらけ出してしまうこと。

露天（ろてん）　屋根のない所。野天。「―風呂」

露店（ろてん）　道ばたに張る屋台。

露点（ろてん）　水蒸気の凝結しはじめる温度。

路頭（ろとう）　道ばた。路上。「―に迷う」

魯鈍（ろどん）　愚かで頭の回転が鈍い。愚鈍。

炉端（ろばた）　いろりや暖炉の周囲。「―焼き」

路盤（ろばん）　道路の土台となる地盤。

炉辺（ろへん）　炉のそば。ろばた。「―談話」

路傍（ろぼう）　道のほとり。「―の人」

露命（ろめい）　はかない命。「―をつなぐ」

路面（ろめん）　道路の表面。「―電車」

呂律（ろれつ）　言葉の調子。「―が回らない」

論（ろん）　意見。判断。議論。「―より証拠」

論外（ろんがい）　議論の範囲外の問題外。

論議（ろんぎ）　意見を戦わすこと。

論客（ろんきゃく）　議論を好む人。議論のうまい人。

論拠（ろんきょ）　議論や意見のよりどころ。

論及（ろんきゅう）　本論外のことにまで言い及ぶこと。

論究（ろんきゅう）　徹底的に論じ極めること。

論語（ろんご）　孔子とその弟子の言行録。

論考（ろんこう）　【論攷】論じて考察すること。

論告（ろんこく）　裁判の検察官の意見陳述。

論旨（ろんし）　議論する人。ろんじゃ。

論者（ろんしゃ）　議論する人。ろんじゃ。

論集（ろんしゅう）　論文を集めた書物。論文集。

論述（ろんじゅつ）　筋道を立てて論じ述べること。

論証（ろんしょう）　論拠を提示して証明すること。

論じる（ろんじる）　筋道を立てて説明する。論ずる。

論陣（ろんじん）　議論する際の論の組み立て。

論説（ろんせつ）　是非を論じ自説を述べること。

論戦（ろんせん）　互いに自説を主張して争うこと。

論争（ろんそう）　意見を戦わすこと。論争。

論断（ろんだん）　判断を下すこと。

論調（ろんちょう）　議論の進め方の調子や傾向。

論敵（ろんてき）　議論の相手。反対意見の相手。

論点（ろんてん）　議論の中心となる問題点。

論難（ろんなん）　不正などを論じ非難すること。

論破（ろんぱ）　議論して相手を言い負かすこと。論詰。

論駁（ろんばく）　相手の説の非を言い負かすこと。

論評（ろんぴょう）　批評を論じ述べること。その評。

論文（ろんぶん）　研究の成果を論じた文。「卒業―」

論法（ろんぽう）　論の運び方。「三段―」

論鋒（ろんぽう）　議論のほこ先。

論理（ろんり）　思考や議論の筋道。「―的」「―学」

わ

和（わ）　仲よくすること。足した数の値。

歪曲（わいきょく）　ゆがめ曲げること。「事実の―化」

猥雑（わいざつ）　ごたごたして下品な様子。

矮小（わいしょう）　丈が低く小さい様子。「―化」

猥褻（わいせつ）　みだらでいやらしい話。卑猥。

猥談（わいだん）　みだらな話。わいせつな話。

猥本（わいほん）　性的に淫らな内容の本。淫本ぼん。

賄賂（わいろ）　不正な金品の授受。わい。かおん。

和音（わおん）　二音以上の音の合成音。かおん。

和歌（わか）　日本固有の五七調の定型詩。

我が（わが）【吾が】私の。私たちの。「―国」

若い（わかい）年齢や数が小さい。未熟だ。

和解（わかい）争いをやめ仲直りすること。

若い燕（わかいつばめ）年上の女の若い男の愛人。

若返る（わかがえる）若さを取戻す。若者と入替る。

若気（わかげ）若者のはやる気持ち。「―の至り」

若木（わかぎ）生えて間もない木。 ⇔老木

若草（わかくさ）芽を出して間もない草。圈

和菓子（わがし）日本風の菓子。 ⇔洋菓子

輪飾り（わかざり）正月用の注連縄の飾り物。新

若衆（わかしゅ）[若僧]若者や未熟な若い男性。

若死に（わかじに）年若くして死ぬ。早死に。

若旦那（わかだんな）主人の跡取り息子の敬称。

若造（わかぞう）年が若い未熟者の蔑称。

分かち合う（わかちあう）分け合う。分担する。

分かち書き（わかちがき）文節で分けて書く。

分かつ（わかつ）【別つ】区分する。分配する。

若作り（わかづくり）服や化粧などで若く見せる。

若手（わかて）集団の中で若い方。 ⇔古手

若菜（わかな）春のはじめに生える若い菜。新

縮ねる（わがねる）たわめて輪にする。「髪を―」

若葉（わかば）芽を経ない松。正月飾りの小松。夏

我が輩（わがはい）男子の自称。われ。

我が儘（わがまま）自分の都合しか考えない。

我が身（わがみ）自分のこと。わが。

若水（わかみず）元旦や立春の早朝にくむ水。新年

若芽（わかめ）生えて間もない草木の芽。

若者（わかもの）年の若い人。わこうど。青年。

我が物顔（わがものがお）遠慮のないふるまい。

分かる（わかる）【判る・解る】理解できる。明白。

分かれる（わかれる）人や場所から離れる。「駅で―」

別れる（わかれる）「別々になる。

別れ目（わかれめ）物事や成立行きの境目。

別れ霜（わかれじも）その年最後におりる霜。圈

若若しい（わかわかしい）いかにも若々しい感じ。

和姦（わかん）男女合意の上で強姦でない性交。

和漢（わかん）日本と中国。和学と漢学。

脇（わき）体の側面。そば。「―が甘い」

腋（わき）腕の付け根の下の部位。「―毛」

和議（わぎ）仲直りの相談。和睦。会議。

沸き起こる（わきおこる）感情が急に生じる。「歓声が―」

沸き返る（わきかえる）煮えたぎる。熱狂する。

腋臭（わきが）[狐臭]腋の下の悪臭。腋臭症。

脇差（わきざし）小刀。小太刀。

脇付（わきづけ）宛名に添えて敬意を表す語。

湧き出る（わきでる）【涌き出る】見えない所にあったものが現れる。「温泉・涙が―」

脇戸（わきど）正面や中央の扉の脇の出入口。

脇腹（わきばら）腹の側面。横腹。妾の腹。

弁える（わきまえる）区別する。承知する。償う。

脇見（わきみ）「―運転」よそ見。脇目。

湧き水（わきみず）【涌水】地中から湧き出る水。

脇道（わきみち）枝道。本筋から逸れた方向。

脇目（わきめ）よそ見。脇見。「―も振らず」

脇役（わきやく）[傍役]主役を助けて演技する役。

枠（わく）囲み。縁取り。制約。「―」

沸く（わく）煮えたつ。興奮して騒ぐ。沸騰。

湧く（わく）【涌く】発生する。地中から出る。

枠組み（わくぐみ）物事の大まかな組み立て。

惑星（わくせい）太陽の周囲を公転する天体。

惑溺（わくでき）病気で変色・萎縮した葉。夏

惑乱（わくらん）熱中しすぎて判断力を失うこと。

話芸（わげい）落語などの話術による演芸。

訳（わけ）事情。理由。意味。道理。内容。

わけしり―わへい

訳知り 事情に詳しいこと。「―顔」

訳無い たやすい。特別。根拠がない。

別けても 【分けても】特別。とりわけ。

別け隔て 【分け隔て】差別をする。

分け前 各自がもらえる分。取り分。

分け目 物事を分ける境。「天下の―」

和合 [漢語]仲よくすること。「―夫婦」

和語 日本固有の語。大和言葉。

若人 わこうど 若い人。若者。青年。わかびと。

業 わざ 仕事。行為。しわざ。「至難の―」

技 わざ 技術・技量。攻撃の型。「寝―」

和裁 和服の裁縫。洋裁⇔

業師 わざし 策略の巧みな人。駆け引きにたけた人。

業物 わざもの 切れ味の鋭い刃物や刀。意図的に。故意に。「―負ける」

災い わざわい 【禍】不幸のもとになる悪い事。

態と わざと あえて。無理に。特別に。

態態 わざわざ 面倒を押して。「―書く」

倭 わ 男性の自称。おれ。

和紙 日本古来の製法による紙。

和式 和風の様式。洋式⇔

和室 和風に作った部屋。日本間。

鷲摑み わしづかみ 乱暴にものをつかむ様子。

鷲鼻 わしばな 先が鋭く下に曲がった鼻。鉤鼻。

話術 巧みにはこぶ話法。話し方。

和書 日本語の本。和綴じの本。和本。

和食 日本風の食事。日本料理。

和親 国家間で友好関係にあること。「親」

僅か わずか (纔か)ほんの少し。「―な金」

患う わずらう 病気にかかり苦しむ。「胸を―」

煩う わずらう 思い悩む。苦しみ。「思い―」悩

煩わしい わずらわしい 面倒で嫌だ。煩雑だ。

煩わす わずらわす 思い悩ませる。面倒をかけさせる。

和する わする 仲をあわせる。調子をあわせる。

忘れる わすれる 他よりなくなる。覚えていない。

早生 わせ 早熟な子供。

早稲 わせ 早熟な稲の品種。晩生⇔

和声 わせい 和音による響き。ハーモニー。

和製 わせい 日本製。国産。「―英語」

和戦 わせん 平和と戦争。和睦。

和装 わそう 日本風の服装。和綴じの装丁。

腸 わた 「イカの―」内臓。

話題 わだい 話の主題となる事柄。話の種。

綿入れ わたいれ (綿入れ)綿を入れた服。

蟠る わだかまる 不満が消えずに心が晴れない。

私 わたくし 個人的な事柄。自分。

私事 わたくしごと 自分だけに関係する事柄。しじ。

綿雲 わたぐも 綿のように空に浮かぶ雲。積雲。

私 わたし 「わたくし」のくだけた言い方。

綿毛 わたげ 綿のように柔らかな毛。にこげ。

渡し舟 わたしぶね 〔渡し船〕人を対岸に運ぶ舟。

渡す わたす 向こう側へ届ける。譲る。

轍 わだち 車輪の通ったあとのくぼみ。

綿帽子 わたぼうし 真綿を広げて作る帽子。

渡雪 わたゆき ちぎれ雪のような雪。

渡り合う わたりあう きり合う。論戦する。

渡り鳥 わたりどり 季節ごとに移動する鳥。

渡る わたる ある範囲に及ぶ。引き続く。通って移動する。

亘る わたる 暮らして行く。

話頭 わとう 話を進める方向。「―を転じる」

罠 わな 鳥獣を捕る仕掛け。陥れる策略。

侘 わび

侘びる わびる できないで心細い。貧しい。

侘しい わびしい 心細くもの寂しい。「待ち―」

侘び わび 質素で落ち着きのある趣。閑寂。

詫び わび 謝ること。謝罪。

詫びる わびる 悪かったと謝る。「非礼を―」

和服 わふく 日本古来の衣服。「―姿」洋服⇔

和文 わぶん 日本語の文章。邦文。「―英訳」

和風 わふう 日本の様式。日本風。「―の姿」洋風⇔

和平 わへい 和解して平和になる。「―工作」

鰐口 わにぐち 仏殿や神社の前の大きな鈴。

輪投げ わなげ 棒を立てて輪を投げる遊び。

戦く わななく 「戦慄く」恐怖などで震える。

鰐口

話法 わほう
話す技術。話し方。「直接―」

和睦 わぼく
争いをやめて仲直りすること。

和名 わめい
動植物の学問上の日本名。

喚く わめく
大声で叫ぶ。「―・く」騒ぐ「―」

和訳 わやく
外国語を日本語に訳す。邦訳。

藁 わら
稲・麦などの茎を干したもの。

笑い種 わらいぐさ
[笑い草]笑いを誘う材料。

笑い話 わらいばなし
滑稽こっけいな話。軽く聞く話。

笑う わらう
うれしさなどを声や顔に表す。

嘲う わらう
[嘲う]あざける。[笑う]の対象とする。

藁沓 わらぐつ
[藁履]ワラで作ったくつ。

草鞋 わらじ
ワラを編んで作ったはきもの。図

藁稭 わらしべ
稲の穂のしん。わらすべ。

藁苞 わらづと
ワラでものを包むもの。

藁半紙 わらばんし
ワラをまぜて作った半紙。

藁葺き わらぶき
屋根をワラでふくこと。

童 わらべ
子ども。子ども達。「―歌」

割 わり
割ること。割合。「―を食う」

割合 わりあい
全体に対して占める比率。

割り当てる わりあてる
分配して与える。

割り印 わりいん
二枚にまたがって押す印。

割り勘 わりかん
勘定を平等に分担すること。

割り切る わりきる
迷いなく結論に出す。

割り込む わりこむ
無理に間に入り込む。

割り算 わりざん
ある数を違う数で割る計算。

割り下 わりした
醤油に出汁を加えた汁。

割り高 わりだか
品質や分量に比べて高価なこと。

割り出す わりだす
算出する。結論を出す。

割り付け わりつけ
印刷物のレイアウト。

割り無い わりない
理屈をこえている。「―仲」

割に わりに
わりあい。思いのほか。割と。

割り箸 わりばし
二本に割って使うはし。

割り判 わりはん
二枚にまたがって押す印。

割引 わりびき
何割か値を引くこと。手形割引

割り符 わりふ
印を押し二つに割った木札

割り前 わりまえ
各自の分け前

割り戻し わりもどし
代金の何割か返す。

割安 わりやす
品質や分量に比べて安価なこと。

割る わる
分ける。開いて見せる。薄める。

悪い わるい
よくない。正しくない。劣る。

悪足掻き わるあがき
むだな抵抗

悪気 わるぎ
悪事に頭が働くずるい。

悪賢い わるがしこい
悪事に頭が働くずるい。

悪気 わるぎ
意地の悪い心。悪意。悪知恵。

悪口 わるくち
他人を悪く言うこと・言葉。

悪擦れ わるずれ
世間慣れして悪賢いこと。

悪巧み わるだくみ
悪事の企て。悪事の計画。

悪事 わるじ
悪事にかけて働く知恵。

悪知恵 わるぢえ
悪事にかけて働く知恵。

悪乗り わるのり
調子に乗りすぎたふざけ方。

悪怯れる わるびれる
気後れして卑屈な様子

悪者 わるもの
悪い行いをする者。悪人。

悪酔い わるよい
気分のよくない酔い方。

我 われ
[吾]自分自身。私。「―を忘れる」

我勝ちに われがちに
互いに先を争うさま。

割れ鐘 われがね
[破れ鐘]ひびの入った鐘

我先に われさきに
先を争って自分のことながら。

我ながら われながら
自分のことながら。

割れ鍋に綴じ蓋 われなべにとじぶた
人は各々ふさわしい配偶者がいるということ。

割れ目 われめ
割れた部分。さけぱめ。

割れ物 われもの
割れた物。割れやすい物。

我等 われら
[吾等]私たち。われわれ。わたくしたち。

割れる われる
[破れる]壊れる。砕ける。ばれる。

我我 われわれ
[吾吾]自分。「―」の謙称。

椀 わん
飲食物を盛る木製の器。

碗 わん
飲食物を盛る陶磁器の器。

湾 わん
海の陸地に入り込んだ所。入江。

湾岸 わんがん
湾の沿岸。「―道路」

湾曲 わんきょく
[彎曲]弓形に曲がること。

湾口 わんこう
湾の、外海の出入り口。

腕章 わんしょう
目印のために腕に巻きつけた布。

湾入 わんにゅう
[彎入]弓なりに曲がって入り込む。

呑 ワンタン
ギョーザ風の具を浮かべた汁物。

腕白 わんぱく
[彎白]子供がいたずらな様子。「―小僧」

腕力 わんりょく
腕の力。腕力。「―に訴える」

四字熟語

合縁奇縁（あいえんきえん）不思議な縁。
愛別離苦（あいべつりく）別れの苦しみ。
曖昧模糊（あいまいもこ）曖昧でやぶれた状態。
青息吐息（あおいきといき）困り果てた状態。
悪逆無道（あくぎゃくむどう）人道に背く悪事。
悪事千里（あくじせんり）悪いうわさや評判はすぐ広まるということ。「～を走る」
悪木盗泉（あくぼくとうせん）悪事から離れることの大切さをいう。瓜田李下。
握髪吐哺（あくはつとほ）逸材集めに熱心。
悪戦苦闘（あくせんくとう）苦しい中での努力。
愛車蒲輪（あいしゃほりん）老人をいたわる。
悪口雑言（あっこうぞうごん）ひどいむごたらしい悪口。
阿鼻叫喚（あびきょうかん）むごたらしい状景。
蛙鳴蟬噪（あめいせんそう）騒がしいたとえ。

阿諛追従（あゆついしょう）こびへつらうこと。
暗雲低迷（あんうんていめい）不穏な情勢。
安車蒲輪（あんしゃほりん）老人をいたわる。
安心立命（あんしんりつめい）心が自然に動じない。
暗中飛躍（あんちゅうひやく）暗躍すること。
暗中模索（あんちゅうもさく）手探りで試すこと。
唯唯諾諾（いいだくだく）従順なさま。
遺憾千万（いかんせんばん）甚だ残念。残念至極。
意気軒昂（いきけんこう）意気込みが盛ん。
意気消沈（いきしょうちん）しょげかえるさま。
意気衝天（いきしょうてん）天をつくほど元気やる気が一致する様子。
意気阻喪（いきそそう）やる気がない様子。
意気投合（いきとうごう）思いが一致する。
意気揚揚（いきようよう）得意げなさま。
異口同音（いくどうおん）全員同じ事を言う。

医食同源（いしょくどうげん）病気の治療と食事は健康のためで、源は同じだということ。
以心伝心（いしんでんしん）心が自然に通じる。
異端邪説（いたんじゃせつ）正統では認められない説。
一意専心（いちいせんしん）一つに心を注ぐ。
一衣帯水（いちいたいすい）海や川をはさんで隣り合う密接な関係。「～の地」
一言居士（いちげんこじ）何事か言いたい人。
一期一会（いちごいちえ）一生に一度の出会い。
一言一句（いちごんいっく）ほんの少しの言葉。
一言半句（いちごんはんく）立派な字や文章。
一言千金（いちごんせんきん）待ちこがれた状態。
一字千金（いちじせんきん）立派な字や文章。
一日千秋（いちじつせんしゅう）待ちこがれた状態。
一汁一菜（いちじゅういっさい）質素・粗末な食事。
一族郎党（いちぞくろうとう）一族と従者たち。

一諾千金（いちだくせんきん）約束を必ず守ること。
一念発起（いちねんほっき）決心。
一罰百戒（いちばつひゃっかい）持戒しめに罰する。
一病息災（いちびょうそくさい）持病があるほうがかえって養生して長生きするということ。
一部始終（いちぶしじゅう）全部。
一網打尽（いちもうだじん）一挙にとらえる。
一目瞭然（いちもくりょうぜん）一見してわかる。
一陽来復（いちようらいふく）冬が去り春がくる。
一利一害（いちりいちがい）利益も損害もある。
一粒万倍（いちりゅうまんばい）ちりも一万倍。
一蓮托生（いちれんたくしょう）運命をともにする。
一路平安（いちろへいあん）旅の平穏。
一攫千金（いっかくせんきん）簡単に大金を得る。
一家眷族（いっかけんぞく）家族や親類縁者。

一喜一憂（いっきいちゆう）喜び心配すること。
一気呵成（いっきかせい）一息に成しとげる。
一騎当千（いっきとうせん）一人で千人の敵に当たる強いこと、一人以上。
一挙一動（いっきょいちどう）動作の一つ一つ。
一切合切（いっさいがっさい）残らず全て。
一子相伝（いっしそうでん）わが子や門人に武道や技芸の奥義を伝える。
一視同仁（いっしどうじん）平等に愛する。一家親類。
一瀉千里（いっしゃせんり）一気に進むこと。
一宿一飯（いっしゅくいっぱん）ちょっとした恩恵。
一生懸命（いっしょうけんめい）全力で行う。自分の領地を守る意の「一所懸命」に由来。
一唱三嘆（いっしょうさんたん）詩文をほめること。

四字熟語

一触即発（いっしょくそくはつ）非常に危険な状態。

一進一退（いっしんいったい）進んでは戻るさま。

一心同体（いっしんどうたい）心も体も一つ。

一心不乱（いっしんふらん）一つの事に集中する。

一世一代（いっせいちだい）生涯でただ一度。

一石二鳥（いっせきにちょう）一つの行為で二つの利益を得ること。「一挙両得」の名案

一致団結（いっちだんけつ）皆が力を合わせる。

一知半解（いっちはんかい）なまかじりの知識。

一朝一夕（いっちょういっせき）わずかな時間。

一長一短（いっちょういったん）長所も短所もある。

一刀両断（いっとうりょうだん）明快ではやい決断。

意得心失（いとくしんしつ）欲情が抑えがたい。利も害も両方ある。

意馬心猿（いばしんえん）欲情が抑えがたい。

威風堂堂（いふうどうどう）威厳が立派。

飲水思源（いんすいしげん）基本を忘れない。

隠忍自重（いんにんじちょう）こらえて自制する。

有為転変（ういてんぺん）すべては変化する。

右往左往（うおうさおう）慌てて動き回る。

羽化登仙（うかとうせん）天にものぼる心地。

有頂左眄（うこさべん）迷いで決断できない人。

有象無象（うぞうむぞう）つまらない人々。

内股膏薬（うちまたこうやく）節操のない人。

海千山千（うみせんやません）飽経風霜。

韋編三絶（いへんさんぜつ）何度も読み返す。

意味深長（いみしんちょう）深い意味を含む。

因果応報（いんがおうほう）必ず報いが生じる。

慇懃無礼（いんぎんぶれい）丁寧だが実は尊大。

因循姑息（いんじゅんこそく）古い習慣を改めずにすますこと。因循荀且。

紆余曲折（うよきょくせつ）曲がりくねること。

雲煙過眼（うんえんかがん）物事に執しない。

雲散霧消（うんさんむしょう）一度に消え失せる。

運否天賦（うんぷてんぷ）天に任せる。

栄枯盛衰（えいこせいすい）栄えたり衰えたり。

栄耀栄華（えいようえいが）華やかに奢る。

会者定離（えしゃじょうり）別れは必ずくる。

蜿蜒長蛇（えんえんちょうだ）行列。

遠交近攻（えんこうきんこう）遠国と同盟を結び、近隣の国を攻めとる外交政策。

遠水近火（えんすいきんか）遠くのものは急場で役立たない。「遠水は近火を救わず」

円転滑脱（えんてんかつだつ）円滑に事を運ぶ。

円満具足（えんまんぐそく）満ち足りて穏やか。

鳶目兎耳（えんもくとじ）よい目と耳。

厭離穢土（えんりえど）現世を厭い離れる。

遠慮近憂（えんりょきんゆう）深謀を怠ると身近に必ず心配事が起こるということ。

傍目八目（おかめはちもく）〔岡目八目〕当事者より第三者の方が物事を見通せること。

屋上架屋（おくじょうかおく）重複している。

温厚篤実（おんこうとくじつ）穏やかで誠実。

温故知新（おんこちしん）昔のことを学んでそこから新しい真理を見つけること。

怨憎会苦（おんぞうえく）怨み憎む人にも会わなければならない苦しみ。八苦の一つ。

穏着沈黙（おんちゃくちんもく）わないで無口。

音吐朗朗（おんとろうろう）おだやかで声量豊かで明朗。

乳母日傘（おんばひがさ）大事に育てられる。

温文爾雅（おんぶんじが）温和で礼儀正しい。

外強中乾（がいきょうちゅうかん）見かけだおし。

鎧袖一触（がいしゅういっしょく）簡単に負かすこと。

外柔内剛（がいじゅうないごう）表面は弱いが内実は強いこと。↔内柔外剛

下意上達（かいじょうたつ）下位の者の考えが上位の者に届く。↔上意下達

街談巷説（がいだんこうせつ）ちまたのうわさ話。

快刀乱麻（かいとうらんま）手際のよい処理。

怪力乱神（かいりょくらんしん）人知では計り知れない常道でない不思議な存在や現象。

偕老同穴（かいろうどうけつ）夫婦仲がよいこと。

下学上達（かがくじょうたつ）初歩から熟練する。

呵呵大笑（かかたいしょう）声を大きく立てて笑う。

家給人足（かきゅうじんそく）豊かで満足な生活。

格物致知（かくぶつちち）道理を究め自己の知識を深める。

四字熟語

家鶏野鶩(かけいやぼく) 見慣れたものを遠ざけ、新しいものを尊ぶこと。家鶏野雉。

臥薪嘗胆(がしんしょうたん) 目的のための苦労。

花鳥風月(かちょうふうげつ) 自然の美景。

隔靴掻痒(かっかそうよう) もどかしく思うさま。

確乎不抜(かっこふばつ) 少しも動じない。

活殺自在(かっさつじざい) 思うままに操る。

合従連衡(がっしょうれんこう) その時々の利害に応じて同盟を結んだり、離反したりする。

我田引水(がでんいんすい) 自分の有利を図る。

瓜田李下(かでんりか) 疑われるようなまねはしない。悪木盗泉。

画竜点睛(がりょうてんせい) 最後の仕上げ。

苛斂誅求(かれんちゅうきゅう) 容赦なく責めて借金や税金を取り立てること。苛政猛虎。

夏炉冬扇(かろとうせん) 役に立たないもの。

閑雲野鶴(かんうんやかく) 悠々自適で何の束縛も受けない悠々自適の境遇。琴歌酒賦。

鰥寡孤独(かんかこどく) 身寄りのない人。世に認められない。

侃侃諤諤(かんかんがくがく) 遠慮なく直言すること。大いに議論すること。議論百出。「―の議論」

頑固一徹(がんこいってつ) 非常なかたくなさ。

汗牛充棟(かんぎゅうじゅうとう) 蔵書が膨大なこと。

眼光炯炯(がんこうけいけい) 目が鋭く光る様子。

眼高手低(がんこうしゅてい) 批評はうまくても、自ら創作すると志は大才疎。

換骨奪胎(かんこつだったい) 改作。焼き直し。

冠婚葬祭(かんこんそうさい) 礼・元服・婚式・葬式。祖先の祭り。人生の重要な儀式。

寛仁大度(かんじんたいど) 寛大で心が広い。

勧善懲悪(かんぜんちょうあく) よい行いを奨励し、悪行を戒めしめる。破邪顕正。

完全無欠(かんぜんむけつ) 十分で欠点がない。

官尊民卑(かんそんみんぴ) 官を尊び民を軽視。

歓天喜地(かんてんきち) 大変な喜び。

旱天慈雨(かんてんじう) 苦しい時に訪れる救いの手。渡りに舟。この上ない喜び。旱天慈雨。

艱難辛苦(かんなんしんく) 大変な苦労や悩み。

玩物喪志(がんぶつそうし) 目先の楽しみに熱中して、大切な志を失うこと。玩人喪徳。

頑迷固陋(がんめいころう) 頑固で見識が狭い。

閑話休題(かんわきゅうだい) それはさておき。

気宇壮大(きうそうだい) 心構えが雄大。

気炎万丈(きえんばんじょう) 気力に満ち盛んなさま。激しく議論を戦わせること。

奇奇怪怪(ききかいかい) 非常に怪しいさま。

危機一髪(ききいっぱつ) 危険が迫る瀬戸際。

危急存亡(ききゅうそんぼう) 滅びるかどうかの危機。

規矩準縄(きくじゅんじょう) 人の行為の規準。

鬼哭啾啾(きこくしゅうしゅう) 鬼気迫るさま。

起死回生(きしかいせい) 窮状からの脱出。

旗幟鮮明(きしせんめい) 旗じるしから立場・主義がはっきりしていること。

起承転結(きしょうてんけつ) 漢詩や文章の構成法。

喜色満面(きしょくまんめん) 喜びがあふれる表情。

疑心暗鬼(ぎしんあんき) 疑念が強いと何でもないことまでもおそれるということ。

気随気儘(きずいきまま) 勝手に思うまま。

奇想天外(きそうてんがい) 突飛で奇抜なさま。

気息奄奄(きそくえんえん) 息も絶え絶え。

佶屈聱牙(きっくつごうが) 文章や字句が難解。

喜怒哀楽(きどあいらく) 多様な感情。

牛飲馬食(ぎゅういんばしょく) 大量に飲食する。

旧態依然(きゅうたいいぜん) 進歩がない。

急転直下(きゅうてんちょっか) 形勢が急に変わる。

恐恐謹言(きょうきょうきんげん) 「謹んで申す」の意。

狂言綺語(きょうげんきご) 道理に合わない言葉。小説や作り話。言葉をうわべを飾った言葉。

行住坐臥(ぎょうじゅうざが) 日常の行ない。普段。

拱手傍観(きょうしゅぼうかん) 腕を組んで何もせず、かたわらで見ていること。隔岸観火。

驚天動地(きょうてんどうち) 世間を驚かすこと。

器用貧乏(きようびんぼう) 何でも器用にこなす。

四字熟語

- **興味津津**(きょうみしんしん) 大変興味深いさま。
- **狂瀾怒濤**(きょうらんどとう) 激しく乱れること。
- **曲学阿世**(きょくがくあせい) 真理を曲げて世俗や時勢にこびへつらうの徒」
- **虚虚実実**(きょきょじつじつ) 力・技の限り戦う。
- **虚心坦懐**(きょしんたんかい) 素直で平静な心境。
- **挙国一致**(きょこくいっち) 目的・目標に向かい国民全体がーつになること。「—内閣」
- **玉石混淆**(ぎょくせきこんこう) 【玉石混交】よいものと悪いものが交ざり合っていること。
- **旭日昇天**(きょくじつしょうてん) 勢力が盛んなさま。
- **毀誉褒貶**(きよほうへん) 非難と称賛。
- **機略縦横**(きりゃくじゅうおう) 計略を巡らすこと。
- **金甌無欠**(きんおうむけつ) 完全で傷一つない。

- **金科玉条**(きんかぎょくじょう) 最も大切な決まり。
- **欣喜雀躍**(きんきじゃくやく) 小躍りして喜ぶ。
- **謹厳実直**(きんげんじっちょく) 誠実でまじめ。
- **緊褌一番**(きんこんいちばん) 気を引き締め油断せずに物事に取りかかること。「—の決意」
- **金城鉄壁**(きんじょうてっぺき) 極めてかたい守り。
- **金城湯池**(きんじょうとうち) 守りの堅い城と堀。
- **錦心繡口**(きんしんしゅうこう) 優れた文才(の人)
- **金声玉振**(きんせいぎょくしん) 人徳と才知を兼ね備えていること。優れた人物に大成すること。
- **金殿玉楼**(きんでんぎょくろう) 極めて美しい御殿。
- **空空漠漠**(くうくうばくばく) 広々として、とりとめのない様子。
- **空前絶後**(くうぜんぜつご) ごくまれなこと。
- **空中楼閣**(くうちゅうろうかく) 絵空事。架空の物。
- **苦心惨憺**(くしんさんたん) 苦労を重ねること。

- **苦爪楽髪**(くつめらくがみ) 苦労が多いと爪が早く伸び、安楽だと髪が早く伸びる。 ‡苦爪楽爪
- **君子豹変**(くんしひょうへん) 君子は過ちは直ちに改める。変わり身が早いこと。
- **群鶏一鶴**(ぐんけいいっかく) 大勢の凡人の中の一人の優れた人。‡鶏群の一鶴
- **群雄割拠**(ぐんゆうかっきょ) 英雄たちが争う。
- **鯨飲馬食**(げいいんばしょく) 大量に飲食する。
- **軽挙妄動**(けいきょもうどう) はずみな行動。
- **鶏口牛後**(けいこうぎゅうご) 大きな団体の配下より、小さな団体の長になれ。
- **経世済民**(けいせいさいみん) 世を治め民を救う。
- **軽佻浮薄**(けいちょうふはく) 軽率で短慮。
- **敬天愛人**(けいてんあいじん) 天を敬い人を愛す。
- **鶏鳴狗盗**(けいめいくとう) くだらない技芸。

- **月下氷人**(げっかひょうじん) 媒酌人。仲人。
- **血脈貫通**(けつみゃくかんつう) 統一のとれたさま。
- **狷介孤高**(けんかいここう) 超然たるさま。
- **牽強付会**(けんきょうふかい) 強引なこじつけ。
- **喧喧囂囂**(けんけんごうごう) 大勢が騒ぎたてる。侃侃諤諤(かんかんがくがく)と喧喧囂囂の合成語
- **拳拳服膺**(けんけんふくよう) 肝に銘じて忘れない。
- **乾坤一擲**(けんこんいってき) 命をかけた大勝負。
- **捲土重来**(けんどちょうらい) 敗者が勢力を再び盛り返すこと。「—を期す」
- **堅忍不抜**(けんにんふばつ) がまんし動じない。
- **言文一致**(げんぶんいっち) 文章を、話し言葉に近いかたちで書くこと。「—のルポ」

- **権謀術数**(けんぼうじゅっすう) 人をあざむく計略。
- **行雲流水**(こううんりゅうすい) 自然のなりゆきに任せて行動すること。雲遊浮客。
- **豪華絢爛**(ごうかけんらん) ぜいたくで華やか。
- **傲岸不遜**(ごうがんふそん) 高慢で尊大なさま。
- **効果覿面**(こうかてきめん) 効果がすぐ現れる。
- **厚顔無恥**(こうがんむち) 恥知らずな。寡廉鮮恥。
- **綱紀粛正**(こうきしゅくせい) 乱れた規律を正す。
- **剛毅木訥**(ごうきぼくとつ) 意志が強く飾り気がなくて無口なことが、「—な男」
- **巧言令色**(こうげんれいしょく) 言葉を飾ること。「—鮮(すくな)し仁」
- **光彩陸離**(こうさいりくり) 光り輝く美しさ。
- **公序良俗**(こうじょりょうぞく) 社会の秩序と良風。
- **広大無辺**(こうだいむへん) 広く果てしない。

四字熟語

- **荒唐無稽**（こうとうむけい）でたらめなこと。
- **公平無私**（こうへいむし）公平で私心がない。
- **豪放磊落**（ごうほうらいらく）心が広くこせこせせず大らか。
- **口蜜腹剣**（こうみつふくけん）口先ではよいことを言うが本音は邪心を抱いていること。
- **公明正大**（こうめいせいだい）公平で正しいこと。
- **高論卓説**（こうろんたくせつ）優れた意見や議論。
- **孤影悄然**（こえいしょうぜん）寂しい独り姿。
- **呉越同舟**（ごえつどうしゅう）敵同士が同じ場所にともに居合わせたり、ともに行動したり。
- **古往今来**（こおうこんらい）昔から今まで。
- **狐疑逡巡**（こぎしゅんじゅん）実行をためらうこと。
- **国士無双**（こくしむそう）国家第一の大人物。
- **孤軍奮闘**（こぐんふんとう）独りで敵と戦う。
- **古今東西**（ここんとうざい）時代や所を問わず。

- **古今独歩**（ここんどっぽ）昔から今まで、比べるものがないほど優れていること。
- **虎視眈眈**（こしたんたん）困難に乗じ活路を得る様子を窺う。
- **枯樹生華**（こじゅせいか）
- **後生大事**（ごしょうだいじ）非常に大事にする。
- **孤城落日**（こじょうらくじつ）古びてさびれ心細いさま。
- **古色蒼然**（こしょくそうぜん）古びたさま。
- **故事来歴**（こじらいれき）物事の由来や事柄。
- **五臓六腑**（ごぞうろっぷ）体内の器官。
- **誇大妄想**（こだいもうそう）自分の能力を実際より大いに空想していること。
- **克己復礼**（こっきふくれい）私情や私欲を抑え、規範や礼儀に従うこと。
- **刻苦勉励**（こっくべんれい）苦労して励むこと。
- **胡馬北風**（こばほくふう）故郷を思う気持ち。

- **五風十雨**（ごふうじゅうう）農作に適し、太平の世。
- **鼓腹撃壌**（こふくげきじょう）太平の世の形容。
- **孤立無援**（こりつむえん）助けがない状態。
- **五里霧中**（ごりむちゅう）判断がつかず周囲の思惑や様子。
- **欣求浄土**（ごんぐじょうど）極楽往生への願い。
- **金剛不壊**（こんごうふえ）かたく守る。
- **言語道断**（ごんごどうだん）もっての他。
- **渾然一体**（こんぜんいったい）いくつもの異質なもの同士が溶け合って、一体となること。
- **斎戒沐浴**（さいかいもくよく）神仏に祈る神聖な儀式に臨む前に、身を清めること。
- **才気煥発**（さいきかんぱつ）才能が輝くさま。
- **才子多病**（さいしたびょう）実力行使才人は、体が弱い。
- **最後通牒**（さいごつうちょう）最後の要求。
- **才色兼備**（さいしょくけんび）才能と美を兼ねる。

- **採長補短**（さいちょうほたん）他人の長所を取り入れ、自分の短所を補うこと。舎短取長。
- **昨非今是**（さくひこんぜ）境遇が一変する。
- **左顧右眄**（さこうべん）周囲の思惑や様子を気にして決断できず。右顧左眄。
- **三寒四温**（さんかんしおん）寒い日が3日、暖かい日が4日続く冬の気象。図
- **三三五五**（さんさんごご）ちらほら散らばる。
- **三思後行**（さんしこうこう）熟慮の後、実行する。
- **三拝九拝**（さんぱいきゅうはい）何度も拝礼する。
- **山紫水明**（さんしすいめい）美しい自然の風景。
- **三位一体**（さんみいったい）三者が一つになる。
- **三百代言**（さんびゃくだいげん）詭弁を弄すること。
- **三面六臂**（さんめんろっぴ）何人分もの働き。
- **思案投首**（しあんなげくび）考えあぐねるさま。

- **尸位素餐**（しいそさん）才能もないのに高位につき、給与のみをもらうこと・人。
- **慈烏反哺**（じうはんぽ）親孝行する。
- **四海兄弟**（しかいけいてい）全人類は兄弟のように仲よくすべきこと。四海同胞。
- **事過境遷**（じかきょうせん）事態の推移・経過によって心境や境遇、状況も変化すること。
- **四角四面**（しかくしめん）堅苦しい様子。
- **自画自賛**（じがじさん）自分で自分をほめる。
- **自家撞着**（じかどうちゃく）言動の矛盾。
- **時期尚早**（じきしょうそう）機会が早い。
- **色即是空**（しきそくぜくう）仏教語で、この世の形あるものの本性は空であるということ。
- **自給自足**（じきゅうじそく）自分が必要とするものを自らの力で賄うこと。「—の生活」

四字熟語

四衢八街（しくはちがい）四方八方に通じる道路。大都市。「八達」「―のにぎわい」

四苦八苦（しくはっく）非常に苦しむこと。

試行錯誤（しこうさくご）試みと失敗を繰り返して解決に近づいていくこと。「―の末」

自業自得（じごうじとく）自らした悪行のむくいを自分で受ける。自作自慢。

時時刻刻（じじこくこく）時の進むさま。

獅子奮迅（ししふんじん）非常な奮闘。

四捨五入（ししゃごにゅう）省略算の一法。

自縄自縛（じじょうじばく）自らの言動によって身動きができなくなること。「―に陥る」

自然淘汰（しぜんとうた）適者生存。自然選択。

志操堅固（しそうけんご）意志がかたいこと。

時代錯誤（じだいさくご）時代遅れ。

舌先三寸（したさきさんずん）巧言。舌三寸。

七転八起（しちてんはっき）七転び八起き。

七転八倒（しちてんばっとう）もがき苦しむさま。

七通八達（しちつうはったつ）交通至便。

失魂落魄（しっこんらくはく）驚き慌てふためく様子。

四通八達（しつうはったつ）

質実剛健（しつじつごうけん）まじめで強くすこやか。

実践躬行（じっせんきゅうこう）自ら実際に行う。

叱咤激励（しったげきれい）大声で叱咤する。

十中八九（じっちゅうはっく）ほとんど。九分九厘。

七珍万宝（しっちんまんぽう）様々な宝物。七宝。

疾風迅雷（しっぷうじんらい）すばやく激しい。

櫛風沐雨（しっぷうもくう）風雪苦労して活動すること。

紫電一閃（しでんいっせん）急激に変化する。

四分五裂（しぶんごれつ）ばらばらに分崩離析。

自暴自棄（じぼうじき）やけになること。

四方八方（しほうはっぽう）あらゆる方面。

揣摩憶測（しまおくそく）当て推量すること。揣摩臆断。

四面楚歌（しめんそか）孤立無援の状態。

自問自答（じもんじとう）自ら問答すること。

杓子定規（しゃくしじょうぎ）融通が利かない様子。

弱肉強食（じゃくにくきょうしょく）強者が勝ち栄える。

社交辞令（しゃこうじれい）社交の世辞・愛想。

自由闊達（じゆうかったつ）心が広くおおらか。

終始一貫（しゅうしいっかん）ずっと変わらず。

袖手傍観（しゅうしゅぼうかん）成り行きにまかせ。

周章狼狽（しゅうしょうろうばい）大勢の見前の慌てふためくこと。

衆人環視（しゅうじんかんし）

秋霜烈日（しゅうそうれつじつ）刑罰が厳しいさま。

十人十色（じゅうにんといろ）三者三様。

十年一日（じゅうねんいちじつ）長い年月、同じことを繰り返していること。「―のごとく」

盛者必衰（じょうしゃひっすい）栄える者もいつかは必ず滅びるということ。栄枯盛衰。

生者必滅（しょうじゃひつめつ）生ある者はいつか死ぬということ。是正法。

秋風索漠（しゅうふうさくばく）衰えて寂しくなる。

主客転倒（しゅかくてんとう）主と従が逆になる。

酒池肉林（しゅちにくりん）豪勢な酒宴のこと。

出処進退（しゅっしょしんたい）現在の職や地位にとどまるか退くかの、身の処し方。

熟慮断行（じゅくりょだんこう）熟慮の上の実行。

主客転倒（しゅきゃくてんとう）

春風駘蕩（しゅんぷうたいとう）のどかな様子。

春風満帆（じゅんぷうまんぱん）順調に進む。優劣がたい。

順風満帆（じゅんぷうまんぱん）

春風美俗（しゅんぷうびぞく）良風俗、「―を残す村」

醇風美俗（じゅんぷうびぞく）人情に厚い風俗や習慣。良風美俗。

春蘭秋菊（しゅんらんしゅうきく）優劣がたい。

上意下達（じょういかたつ）上位の者からの命令を下位の者へ伝えること。⇔下意上達

常住坐臥（じょうじゅうざが）いつでも。ふだん。

正真正銘（しょうしんしょうめい）うそ偽りないこと。

小心翼翼（しょうしんよくよく）臆病なとても小さな様子。

松風水月（しょうふうすいげつ）清純で高潔な人柄。

枝葉末節（しようまっせつ）とてもつまらない事柄。

諸行無常（しょぎょうむじょう）仏教で、すべては移り変わっていくもの、一定ではないということ。

初志貫徹（しょしかんてつ）当初の志を貫く。

白河夜船（しらかわよふね）熟睡するさま。

支離滅裂（しりめつれつ）めちゃめちゃ。

神韻縹渺（しんいんひょうびょう）芸術作品の奥深い趣。

四字熟語

心機一転（しんきいってん） 心を切りかえる。
深山幽谷（しんざんゆうこく） 奥深い山や谷。
人事不省（じんじふせい） 意識不明になる。
神出鬼没（しんしゅつきぼつ） 出没が自由自在。
信賞必罰（しんしょうひつばつ） 厳格な賞罰。
針小棒大（しんしょうぼうだい） 誇張した表現。
新進気鋭（しんしんきえい） 意気込み鋭い新鋭。
人心収攬（じんしんしゅうらん） 民の心をまとめる。
人跡未踏（じんせきみとう） 誰も訪れていない。
進退両難（しんたいりょうなん） 身動きできず困る。
新陳代謝（しんちんたいしゃ） 新旧の交替。
震天動地（しんてんどうち） 世間を驚かすこと。
深謀遠慮（しんぼうえんりょ） 深く考え計画すること。
人面獣心（じんめんじゅうしん） 冷酷な恩知らず。
森羅万象（しんらばんしょう） 宇宙の全存在。

酔眼朦朧（すいがんもうろう） ひどく酔った様子。
酔生夢死（すいせいむし） くだらない一生。
水天彷彿（すいてんほうふつ） 水平線がぼやけて見えること。水天一色。「―たる眺め」

頭寒足熱（ずかんそくねつ） 健康のため、頭を冷やし足元を暖かくすること。頭寒足暖。
寸進尺退（すんしんしゃくたい） 少し進み多く退く。
寸善尺魔（すんぜんしゃくま） 世間は悪事が多い。
臍下丹田（せいかたんでん） へその下。下腹。
晴好雨奇（せいこううき） 山水の景色が晴天、雨天それぞれの雨奇晴好がある趣。
晴耕雨読（せいこううどく） 気ままな生活。
西高東低（せいこうとうてい） 冬の気圧配置の一つ。
生殺与奪（せいさつよだつ） 生かすも殺すも自由に支配できるということ。活殺自在。

正正堂堂（せいせいどうどう） 態度が立派なさま。
生生流転（せいせいるてん） 万物は生まれ変化し続け流転輪廻。
青天白日（せいてんはくじつ） 晴天。無罪。潔白。
精励恪勤（せいれいかっきん） 一生懸命励み勤める。
勢力伯仲（せいりょくはくちゅう） 優劣の差がない。
清廉潔白（せいれんけっぱく） 清らかで正しい。公平無私の態度。
是是非非（ぜぜひひ） 憤り残念がること。
切歯扼腕（せっしやくわん） 憤り残念がること。
切磋琢磨（せっさたくま） 励まし磨き合う。
絶体絶命（ぜったいぜつめい） 追いつめられた窮地。
浅学非才（せんがくひさい） 学識が浅く才能が劣っている謙称。「―の身」
千客万来（せんきゃくばんらい） 客が大勢くる形容。
千軍万馬（せんぐんばんば） 大軍。多くの戦争。

千言万語（せんげんばんご） 非常に多くの言葉。
千古不易（せんこふえき） 永久に変わらないこと。
前後不覚（ぜんごふかく） 正体を失うこと。
千載一遇（せんざいいちぐう） 非常によい好機。
千差万別（せんさばんべつ） いろいろ種類様々。
千思万考（せんしばんこう） いろいろ考えること。
千紫万紅（せんしばんこう） 様々な色の花が咲き乱れているさま。色とりどりの花の色。
千姿万態（せんしばんたい） 様々な姿や形。
浅酌低唱（せんしゃくていしょう） ほどよく酒を味わいながら小声で歌をくちずさみ楽しむ。
千秋万歳（せんしゅうばんざい） 長寿を祝う言葉。
全身全霊（ぜんしんぜんれい） 身も心もすべて。
千辛万苦（せんしんばんく） 様々な辛苦。
前人未到（ぜんじんみとう） ［前人未踏］まだ誰も成し遂げていない。これまで聞いたこともない珍しいこと。

戦戦恐恐（せんせんきょうきょう） ［戦戦兢兢］おそれおののくさま。びくびくしているさま。
前代未聞（ぜんだいみもん） これまで聞いたこともない珍しいこと。
全知全能（ぜんちぜんのう） 完全無欠の能力。
前途多難（ぜんとたなん） 将来困難が多い。
前途洋洋（ぜんとようよう） 将来が明るいこと。
前途遼遠（ぜんとりょうえん） 道のりが遠く困難。
千波万波（せんぱばんぱ） 絶えず寄せる波。
千篇一律（せんぺんいちりつ） 一本調子で変化が乏しい。
千変万化（せんぺんばんか） 変化が激しいさま。
千万無量（せんまんむりょう） 計り知れない量。
先憂後楽（せんゆうこうらく） 苦難を先に経験した者は後に安楽を獲れる。先難後獲。

四字熟語

千里同風（せんりどうふう）　天下が平和であること。

粗衣粗食（そいそしょく）　質素で貧しい生活。

滄海桑田（そうかいそうでん）　移り変わりが激しい。

双管斉下（そうかんせいか）　二つの事を同時に処理する。二つの方法を同時に用いる。

創業守成（そうぎょうしゅせい）　起業と、その維持。

草行露宿（そうこうろしゅく）　苦しい旅、辛い行程。

造次顛沛（ぞうじてんぱい）　わずかの間。咄嗟。

曾参殺人（そうしんさつじん）　誤信。三人成虎。

漱石枕流（そうせきちんりゅう）　負け惜しみが強い。

相即不離（そうそくふり）　非常に密接な関係。

蔵頭露尾（ぞうとうろび）　悪事などは隠しきれないということ。頭隠して尻隠さず。

走馬看花（そうばかんか）　観察が甘くて浅薄。

装模作様（そうもさくよう）　勿体ぶる。気どる。

速戦即決（そくせんそっけつ）　即座に決着させる。

即断即決（そくだんそっけつ）　すぐに決定を下す。

率先躬行（そっせんきゅうこう）　先立って自ら行う。

率先垂範（そっせんすいはん）　進んで手本を示す。

樽俎折衝（そんそせっしょう）　平和的な外交談判。

大器晩成（たいきばんせい）　大人物は人より遅れて大成するということ。

大言壮語（たいげんそうご）　大げさに言うさま。

大義名分（たいぎめいぶん）　極めて当然の理由。

大悟徹底（たいごてってい）　悟りきること。

泰山北斗（たいざんほくと）　その道の第一人者。

大山鳴動（たいざんめいどう）　から騒ぎ。

大所高所（たいしょこうしょ）　広く大きな視野。

大信不約（たいしんふやく）　真の信頼関係は約束し築くようなものではないということ。

泰然自若（たいぜんじじゃく）　物事に動じない。

大胆不敵（だいたんふてき）　少しもおそれない。

大同小異（だいどうしょうい）　大差ない。

大同団結（だいどうだんけつ）　小異を捨て結束。

大欲非道（たいよくひどう）　欲深く非情なさま。

多岐亡羊（たきぼうよう）　真理を得がたい。

卓爾不群（たくじふぐん）　並はずれて優れる。

多士済々（たしせいせい）　優れた人が多い。

多事多端（たじたたん）　非常に忙しなさま。

多事多難（たじたなん）　困難が絶えない。

多種多様（たしゅたよう）　さまざま、いろいろ。

多情多恨（たじょうたこん）　情が深い分、恨みも強いということ。

多情仏心（たじょうぶっしん）　感じやすく移り気だが、薄情にはなれないという性質。

多蔵厚亡（たぞうこうぼう）　欲深いと全部失う。

多謀善断（たぼうぜんだん）　善く考え善処する。

他力本願（たりきほんがん）　他人任せな暮らし。

暖衣飽食（だんいほうしょく）　ぜいたくな暮らし。

弾丸黒子（だんがんこくし）　極めて狭い土地。

断簡零墨（だんかんれいぼく）　文書や筆跡の断片。

胆大心小（たんだいしんしょう）　大胆で細心なさま。

単刀直入（たんとうちょくにゅう）　即用件に入る。

談論風発（だんろんふうはつ）　盛んに議論する。

知行合一（ちこうごういつ）　知識と実行の一致。

魑魅魍魎（ちみもうりょう）　さまざまな妖怪。

忠肝義胆（ちゅうかんぎたん）　忠義一途の心。

朝雲暮雨（ちょううんぼう）　男女の契り。情交。

朝三暮四（ちょうさんぼし）　目先にとらわれる。

張三李四（ちょうさんりし）　ごく普通の人々。

彫心鏤骨（ちょうしんるこつ）　大変に苦労するさま。

喋喋喃喃（ちょうちょうなんなん）　男女の楽しい会話。

丁丁発止（ちょうちょうはっし）　互いに激しく議論を戦わせるさま。

長汀曲浦（ちょうていきょくほ）　長く続く海岸線。

長目飛耳（ちょうもくひじ）　見聞を広める書籍。

跳梁跋扈（ちょうりょうばっこ）　悪人がのさばる。

朝令暮改（ちょうれいぼかい）　命令がすぐ変わる。

直情径行（ちょくじょうけいこう）　心のままに行う。

猪突猛進（ちょとつもうしん）　無鉄砲に突き進む。

沈魚落雁（ちんぎょらくがん）　美しい女性の形容。

沈思黙考（ちんしもっこう）　思案にふける。

珍味佳肴（ちんみかこう）　珍しいうまい食物。

通過儀礼（つうかぎれい）　誕生や成年、結婚や死などの、人生の節目に行われる儀礼。

四字熟語

津津浦浦（つつうらうら） 全国いたる所。
泥車瓦狗（でいしゃがく） 役に立たないもの。
適材適所（てきざいてきしょ） その人の能力・特性に適した仕事や任務につけること。
適者生存（てきしゃせいぞん） 環境に適応したものが生き残り、他は滅びるということ。
鉄心石腸（てっしんせきちょう） 強固な意志や精神力。
徹頭徹尾（てっとうてつび） 始終。あくまで。
手前味噌（てまえみそ） 自分を自慢する。
手練手管（てれんてくだ） 人をだます手段。
天衣無縫（てんいむほう） 詩歌に巧みで自然で完璧なこと。また、無邪気な人柄。
天涯孤独（てんがいこどく） 身寄りがなく一人ぼっちのこと。
天下一品（てんかいっぴん） 天下一の優れもの。
天下泰平（てんかたいへい） 世間が平穏なこと。

天下無双（てんかむそう） 天下で一番のもの。
天空海闊（てんくうかいかつ） 心が広く大きい。
電光石火（でんこうせっか） 非常に敏速なこと。
天壌無窮（てんじょうむきゅう） 永遠に続くこと。
天真爛漫（てんしんらんまん） 飾らず無邪気。
天地神明（てんちしんめい） 天地の神神。
輾転反側（てんてんはんそく） 思い悩んで眠れず、何度も寝返りをうつこと。
天罰覿面（てんばつてきめん） 天罰が即座に下る。
田夫野人（でんぷやじん） 無教養で粗野な人。
天変地異（てんぺんちい） 様々な天地の異変。
天祐神助（てんゆうしんじょ） 天や神の助け。
当意即妙（とういそくみょう） 適切な対応と機転。
凍解氷釈（とうかいひょうしゃく） すっきり解決する。
東窺西望（とうきせいぼう） 方々かに見る。

同工異曲（どうこういきょく） 見かけは違っても中身は同じなこと。似たり寄ったり。
倒行逆施（とうこうぎゃくし） 風潮に逆らう悪行。
桃三李四（とうさんりし） 桃栗三年李四年。
同床異夢（どうしょういむ） 同じ立場・仕事にあっても考えが異なる。異幡も同夢
道聴塗説（どうちょうとせつ） 中途半端な知識。
洞房花燭（どうぼうかしょく） 新婚。新婚初夜。
東奔西走（とうほんせいそう） 目的を遂げて有用だったものを忘れること。 飲水思源
同盟罷業（どうめいひぎょう） ストライキ。
得意満面（とくいまんめん） 誇らしい顔つき。
得魚忘筌（とくぎょぼうせん） 目的を遂げて有用だったものを忘れること。 飲水思源
読書三到（どくしょさんとう） 読書に大切な三つの心得。声に出し、集中してよく見て読む。

読書尚友（どくしょしょうゆう） 読書によって賢人を友とすること「—の楽しみ」
読書百遍（どくしょひゃっぺん） 読書は熟読が大切。
独断専行（どくだんせんこう） 勝手な判断と行動。
独立独歩（どくりつどっぽ） 自力で行動する。
独立不羈（どくりつふき） 束縛されずに行動する。
斗酒隻鶏（としゅせきけい） 友を悼み述懐する。
豚蹄穣田（とんていじょうでん） 見返りを大望する。
内柔外剛（ないじゅうがいごう） 本当は気が弱いが外見は強そうに見える。 ⇔外柔内剛
内憂外患（ないゆうがいかん） 内外の心配事。
難行苦行（なんぎょうくぎょう） 辛く苦しい修行。
難攻不落（なんこうふらく） 陥落しにくいさま。始終忙しいさま。
南船北馬（なんせんほくば）
二束三文（にそくさんもん） ひどく安い値段。

日常座臥（にちじょうざが） ふだん、つねづね。ありふれたこと。
日常茶飯（にちじょうさはん） ありふれたこと。
日進月歩（にっしんげっぽ） 日々進歩すること。
二律背反（にりつはいはん） 二つの命題や推論が矛盾・対立して両立しない。 自己矛盾
拈華微笑（ねんげみしょう） 心から心へ伝わる。
年功序列（ねんこうじょれつ） 職場での地位や給料の額が勤続年数や年齢で決まること。
年年歳歳（ねんねんさいさい） 毎年毎年。
杯盤狼藉（はいばんろうぜき） 酒宴後の乱雑さ。
馬鹿正直（ばかしょうじき） 正直一辺倒。愚直。
破顔一笑（はがんいっしょう） にっこりと笑う。
破鏡重円（はきょうじゅうえん） 仲たがいした仲間が元のさやに収まる。
破鏡不照（はきょうふしょう） 破鏡は修復できないということ。 ⇔破鏡重円

四字熟語

博引旁証（はくいんぼうしょう） 広く例を引用したり証拠を示したりしながら説明すること。

博学多才（はくがくたさい） 学識・才能が豊か。

薄志弱行（はくしじゃっこう） 意志薄弱で行動力に欠けていること。優柔不断。

白砂青松（はくしゃせいしょう） 美しい浜辺の風景。

拍手喝采（はくしゅかっさい） 盛大な拍手。

薄唇軽言（はくしんけいげん） おしゃべりで口軽。

幕天席地（ばくてんせきち） 志気が盛ん。広量。

白璧微瑕（はくへきのびか） わずかな欠点。

博覧強記（はくらんきょうき） 知識が豊富なこと。

薄利多売（はくりたばい） 小利で大量に売る。

馬耳東風（ばじとうふう） 話を聞き流す様子。

破邪顕正（はじゃけんしょう） 誤った見解や不正を打ち破り、正義をあきらかにすること。

八面玲瓏（はちめんれいろう） どの面からも美しく澄みきって誰からでも円満なこと。

八面六臂（はちめんろっぴ） 何人分もの働き。

抜山蓋世（ばつざんがいせい） 勇壮・壮大な気性。

八方美人（はっぽうびじん） だれにでも愛想よくふるまう女性。

抜本塞源（ばっぽんそくげん） 根本の原因を抜き去って、それによるわざわいを防ぐこと。

撥乱反正（はつらんはんせい） 乱れた世を治め、もとの正しい状態に戻すこと。

波瀾万丈（はらんばんじょう） 劇的な変化に富むこと。

反間苦肉（はんかんくにく） 敵をだまし、仲間割れを起こさせるために、自身を痛めつけること。

反面教師（はんめんきょうし） 悪い見本。他山の石。

盤楽遊嬉（ばんらくゆうき） 大いに遊び楽しむこと。

万古不易（ばんこふえき） 永久に変わらない。

盤根錯節（ばんこんさくせつ） 解決の困難な事柄。

半死半生（はんしはんしょう） 死にかかり。

伴食宰相（ばんしょくさいしょう） 無能な大臣。

半信半疑（はんしんはんぎ） 信じきれないこと。

半醒半睡（はんせいはんすい） 夢うつつの状態。

万代不易（ばんだいふえき） 永久に変わらない。

半知半解（はんちはんかい） 知識や理解が半端。

半農半漁（はんのうはんぎょ） 農業と漁業の兼業。

繁文縟礼（はんぶんじょくれい） 規則や礼法が面倒で煩わしいこと。

眉目秀麗（びもくしゅうれい） 容貌が端正なこと。

悲憤慷慨（ひふんこうがい） 憤り嘆くこと。

非難囂囂（ひなんごうごう） 上げやかましく責める。好評噴噴。

人身御供（ひとみごくう） 人間を神に供える。

皮相浅薄（ひそうせんぱく） 知識や思慮が浅い。

美辞麗句（びじれいく） 美しく飾った言葉。

美酒佳肴（びしゅかこう） おいしい酒と肴。

飛耳長目（ひじちょうもく） 優れた情報収集。

百発百中（ひゃっぱつひゃくちゅう） すべて当たること。

評頭品足（ひょうとうひんそく） 他人を評しつつ語ったこと。

比翼連理（ひよくれんり） 男女の深い契り。

表裏一体（ひょうりいったい） 密接な二つのもの。

疲労困憊（ひろうこんぱい） 疲れ果てること。

牝鶏牡鳴（ひんけいぼめい） 女性が権力を握る。

品行方正（ひんこうほうせい） 品行が正しいこと。

風光明媚（ふうこうめいび） 景色が見事なこと。

風声鶴唳（ふうせいかくれい） ささいなことにもおじけづいたものが恐れおののくたとえ。

風流韻事（ふうりゅういんじ） 風雅な遊び。

不可抗力（ふかこうりょく） 人力の及ばぬ力。

不義不徳（ふぎふとく） 人道に外れた行為。

不仁内爛（ふくしんないらん） 内部から崩壊する。

不倶戴天（ふぐたいてん） 深くうらむこと。

眉目秀麗（びもくしゅうれい） 到達すべき極点。

百尺竿頭（ひゃくしゃくかんとう） 到達すべき極点。

百戦錬磨（ひゃくせんれんま） 経験・鍛練が豊富。

百花斉放（ひゃっかせいほう） 芸の隆盛。多様な自由活発な議論。

百家争鳴（ひゃっかそうめい） 多様な議論。

百花繚乱（ひゃっかりょうらん） 花が咲き乱れる。

百鬼夜行（ひゃっきやこう） 化け物が横行。

微言大義（びげんたいぎ） 言葉の中の深意。

飛花落葉（ひからくよう） 無常な世のたとえ。

悲歌慷慨（ひかこうがい） 憤り嘆くこと。

万里鵬翼（ばんりほうよく） 絶大な気概・勢い。

四字熟語

不言実行（ふげんじっこう）黙って実行する。

不惜身命（ふしゃくしんみょう）捨て身で取りくむ。

不承不承（ふしょうぶしょう）いやいやながら。

夫唱婦随（ふしょうふずい）息の合った夫婦。

不即不離（ふそくふり）つかず離れず。

不撓不屈（ふとうふくつ）困難にくじけない。

不同不二（ふどうふじ）ただ一つ。唯一無二。

不得要領（ふとくようりょう）要領を得ないこと。

舞文曲筆（ぶぶんきょくひつ）いたずらに文辞を曲げて書くこと。事実をもてあそぶこと。

不偏不党（ふへんふとう）公正中立の立場。

不老不死（ふろうふし）老いず死なない。

付和雷同（ふわらいどう）見識がない同意。

粉骨砕身（ふんこつさいしん）最大限努力する。

焚書坑儒（ふんしょこうじゅ）思想や言論の弾圧。

文人墨客（ぶんじんぼっかく）風流に親しむ人。

弊衣破帽（へいいはぼう）ぼろ服と破れた帽子。身なりに無頓着なこと。

平心定気（へいしんていき）心を平穏にする。

平身低頭（へいしんていとう）ひたすらわびる。

平談俗語（へいだんぞくご）日常遣う普通の語。

平平凡凡（へいへいぼんぼん）極めて平凡なさま。

変幻自在（へんげんじざい）出没や変化が思うままなこと。千変万化。

片言隻語（へんげんせきご）ちょっとした一言。千篇一律

法界悋気（ほうかいりんき）他人の恋を妬むこと。嫉妬すること。

豊衣足食（ほういそくしょく）衣食が充分なさま。

判官贔屓（ほうがんびいき）弱者に対する同情。屈辱をはらすこと。

報仇雪恥（ほうきゅうせっち）屈辱をはらすこと。

暴虎馮河（ぼうこひょうが）蛮勇を振るうこと。

傍若無人（ぼうじゃくぶじん）勝手なふるまい。

包羞忍恥（ほうしゅうにんち）屈辱に耐えること。

茫然自失（ぼうぜんじしつ）我を忘れてぼんやりした様子。瞠目結舌。

鵬程万里（ほうていばんり）遥かなる旅路。道程。

抱腹絶倒（ほうふくぜっとう）大笑いすること。

亡羊補牢（ぼうようほろう）失敗して慌てて改修すること。あとのまつり。泥縄。

木人石心（ぼくじんせきしん）薄情等で冷酷な人。

没没求活（ぼつぼつきゅうかつ）平凡に生きていく。

奔車朽索（ほんしゃきゅうさく）極めて危険な状態。

本末転倒（ほんまつてんとう）重要な事柄と重要でない事柄を取り違える。

満身創痍（まんしんそうい）全身が傷だらけ。

満目蕭条（まんもくしょうじょう）見渡す限りとしていて、もの寂しいさま。

水先案内（みずさきあんない）船の水路の案内。

密雲不雨（みつうんふう）兆候があるにもかかわらず、なかなか事が起こらないこと。

未来永劫（みらいえいごう）この先、永遠に。

三日天下（みっかてんか）短期間の政権保持。

三日坊主（みっかぼうず）長続きしないこと。

無為徒食（むいとしょく）毎日を適当な方もなくただ過ごす。

無為無策（むいむさく）する方法がない。

無我夢中（むがむちゅう）我を忘れ熱中する。

無芸大食（むげいたいしょく）食事しか能がない。

夢幻泡影（むげんほうよう）この世のはかなさ。

矛盾撞着（むじゅんどうちゃく）辻褄が合わない。

無常迅速（むじょうじんそく）世の移り変わりが早いこと。人の死が早くくること。

無知蒙昧（むちもうまい）愚かで道理に暗い。

無手勝流（むてかつりゅう）戦わずに勝つこと。

無念無想（むねんむそう）無我の境地の状態。ひたむきなさま。

無二無三（むにむさん）全くない。

無病息災（むびょうそくさい）病気もなく健康。

無味乾燥（むみかんそう）味わいがない。

無欲恬淡（むよくてんたん）無欲で執着しない。

無理算段（むりさんだん）無理して融通する。

無理難題（むりなんだい）無法な言いがかり。

無欲無体（むよくむたい）強引に押し通す。

明鏡止水（めいきょうしすい）明るく澄み切った心境。

明窓浄机（めいそうじょうき）静かに清潔な書斎。「美人」の形容。

明眸皓歯（めいぼうこうし）

明明白白（めいめいはくはく）「明白」の強調。

四字熟語

滅私奉公（めっしほうこう）私利私欲を捨て、国や社会などに公のために力を尽くすこと。

免許皆伝（めんきょかいでん）師匠が弟子に奥義をすべて伝授すること。「―の腕前」

面従腹背（めんじゅうふくはい）上辺では服従しているように見せて心の中で反抗すること。

面壁九年（めんぺきくねん）粘り強く努力する。

面目一新（めんもくいっしん）評価が改善された。

面目躍如（めんもくやくじょ）評価通りの活躍。

孟母三遷（もうぼさんせん）子どもの教育にはよい環境を選ぶことが大切という教え。

物見遊山（ものみゆさん）物見して回ること。

門外不出（もんがいふしゅつ）秘蔵すること。

門前雀羅（もんぜんじゃくら）衰退し寂れた状態。

門当戸対（もんとうこたい）家柄が釣り合うさま。

夜郎自大（やろうじだい）遼東の家。自分の力量をわきまえず威張ること。我夜独尊。

山雀利根（やまがらりこん）固執し、他を知ろうとしないこと。自分の知識だけに頼る。

唯一無二（ゆいいつむに）二つとないこと。

唯我独尊（ゆいがどくそん）うぬぼれ。我夜独尊。

勇往邁進（ゆうおうまいしん）勇ましく進むこと。

油腔滑調（ゆうこうかっちょう）口が軽薄。

雄材大略（ゆうざいたいりゃく）大きな才能と計画。

幽愁暗恨（ゆうしゅうあんこん）話女文な深い憂いと恨み。

有終完美（ゆうしゅうかんび）最後までやり通し好結果を招くの美。竜頭蛇尾の反対。

優柔不断（ゆうじゅうふだん）決断が鈍ること。

幽趣佳境（ゆうしゅかきょう）上品な趣や境地。

優勝劣敗（ゆうしょうれっぱい）優れたものが生き残って栄え、劣ったものは滅びること。

融通無礙（ゆうずうむげ）行動や考えが自由。

有名無実（ゆうめいむじつ）実質が伴わない。

悠悠自適（ゆうゆうじてき）心静かにゆっくり生活する。

悠悠閑閑（ゆうゆうかんかん）ゆったり続く。

輸写心腹（ゆしゃしんぷく）手抜かり見掛け倒し。

余韻嫋嫋（よいんじょうじょう）余韻や余情が続く。

羊頭狗肉（ようとうくにく）内心によくない容ぼうや立派に装う。

容貌魁偉（ようぼうかいい）容ぼうや心情を打ち明ける。

用意周到（よういしゅうとう）用意や手抜かりなくじ掛ける。

余裕綽綽（よゆうしゃくしゃく）落ち着き払う様子。

落花流水（らっかりゅうすい）男女の慕い合う心。

落花狼藉（らっかろうぜき）物事が乱雑なさま。

乱臣賊子（らんしんぞくし）不忠不孝の者。

利害得失（りがいとくしつ）利益と損失。

力戦奮闘（りきせんふんとう）全力の限り戦う。

立身出世（りっしんしゅっせ）社会に出て高い官職や地位につき、名声を得ること。

理非曲直（りひきょくちょく）道理にかなうことかなわないこと。正と不正。是非。

柳暗花明（りゅうあんかめい）春の美しい景色。

柳巷花街（りゅうこうかがい）色町・遊郭。

竜頭蛇尾（りゅうとうだび）尻すぼみ。

粒粒辛苦（りゅうりゅうしんく）地道な努力をする。

流言蜚語（りゅうげんひご）遊興にふけること。

良妻賢母（りょうさいけんぼ）夫に対してはよい妻で、子に対しては賢い母である女性。

理路整然（りろせいぜん）筋道が通っている。

臨機応変（りんきおうへん）その時々の状況に応じて適切な手段をとること。当機立断。

纍纍綿綿（るいるいめんめん）話が長々と続く。胸中。

霊台方寸（れいだいほうすん）心。

老少不定（ろうしょうふじょう）人の死期は予測できず、だれが先に死ぬかわからないこと。

老若男女（ろうにゃくなんにょ）すべての人。

六根清浄（ろっこんしょうじょう）六根から生じる煩悩を断ち切り、心身が清らかになること。

論功行賞（ろんこうこうしょう）功績の有無や大きさに応じて、ふさわしい賞を与えること。

和気藹藹（わきあいあい）悩やかな雰囲気が満ちあふれている様子。

和光同塵（わこうどうじん）自分の優れた才能を隠して、俗世間の中に交わること。

和洋折衷（わようせっちゅう）日本風と西洋風を適度に取り入れること。「―の生活様式」

動植物名

●哺乳類・両生類・爬虫類

兎(うさぎ)夏　猪(いのしし)　蟻食(ありくい)　犬(いぬ)　一角(いっかく)　穴熊(あなぐま)図　海豹(あざらし)　青大将(あおだいしょう)　青蛙(あおがえる)夏

牛(うし)　疣蛙(いぼがえる)　融(いたち)図　雨蛙(あまがえる)夏　蝦蟇(がま)　蛙(かえる)春　オランウータン　膃肭臍(おっとせい)　梟(おおかみ)図　馬(うま)

海豚(いるか)図　井守(いもり)夏　亀(かめ)　河馬(かば)　猩猩(しょうじょう)　黒貂(くろてん)　熊(くま)春　鯨(くじら)図

麒麟(きりん)　狐(きつね)図　川獺(かわうそ)【獺】　羚羊(かもしか)　鴨嘴(かものはし)　金蛇(かなへび)　蝙蝠(こうもり)夏　巨頭鯨(ごんどうくじら)　犀(さい)　猿(さる)

儒艮(じゅごん)　鯢(さんしょううお)　麝香鹿(じゃこうじか)　麝香鼠(じゃこうねずみ)　縞馬(しまうま)　柴犬(しばいぬ)　獅子(しし)　鹿(しか)　山椒魚(さんしょううお)

虎(とら)　馴鹿(となかい)　殿様蛙(とのさまがえる)夏　胡獱(とど)　蜥蜴(とかげ)夏　貂(てん)　手長猿(てながざる)　月輪熊(つきのわぐま)　狆(ちん)　獺(かわうそ)　狸(たぬき)　玳瑁(たいまい)　象(ぞう)　穿山甲(せんざんこう)　背美鯨(せみくじら)　銭亀(ぜにがめ)　海象(せいうち)【海馬】　鼈(すっぽん)　水牛(すいぎゅう)　白熊(しろくま)

蛇(へび)夏　豚(ぶた)　袋熊(ふくろぐま)　豹(ひょう)　狒狒(ひひ)　羊(ひつじ)　羆(ひぐま)　蟾蜍(ひきがえる)【蟇】夏　海狸(びーばー)　大熊猫(パンダ)　白鼻心(はくびしん)　波布(はぶ)　針鼠(はりねずみ)　鼠(ねずみ)　貘(ばく)【獏】　錦蛇(にしきへび)　猫(ねこ)　樹懶(なまけもの)　長須鯨(ながすくじら)

猟虎(らっこ)【海獺】　駱駝(らくだ)　守宮(やもり)夏　山猫(やまねこ)　冬眠鼠(やまねずみ)　山棟蛇(やまかがし)　山犬(やまいぬ)　豪猪(やまあらし)　山羊(やぎ)　鼯鼠(むささび)　眼鏡猿(めがねざる)　緬羊(めんよう)　土竜(もぐら)　食蛇獣(マングース)　鼯鼠(ももんが)　蝮(まむし)夏　抹香鯨(まっこうくじら)　北極熊(ほっきょくぐま)　駱馬(らま)　羊駝(らま)　栗鼠(りす)　驢馬(ろば)　鰐(わに)

●鳥類

鶯(うぐいす)春　鸚哥(いんこ)　磯鵯(いそひよ)夏　鶸(ひわ)　斑鳩(いかる)【鵤】夏　翡翠喙(かわせみ)【翡】　信天翁(あほうどり)　家鴨(あひる)　阿比(あび)　鯵刺(あじさし)　花鶏(あとり)　鶺鴒(せきれい)　鳰(にお)　鳰鳥(におどり)　鶸(ひわ)　軽鴨(かるがも)　鵜(う)春　熊鷹(くまたか)　軍艦鳥(ぐんかんちょう)　鳰(にお)夏　五位鷺(ごいさぎ)　鴻(こうのとり)　小雀(こがら)　小啄木(こげら)　黒鳥(こくちょう)　小綬鶏(こじゅけい)　木の葉木兎(このはみみずく)　駒鳥(こまどり)夏　小瑠璃(こるり)　鷺(さぎ)　犀鳥(さいちょう)　差羽(さしば)　鶫(つぐみ)　山鶏(さんけい)　三光鳥(さんこうちょう)　山椒喰(さんしょうくい)夏　鴨鵡(おうむ)　鵁鶄(ごいさぎ)

烏鳩(からばと)　鸐(からすば)【鴉】　鴇(とき)図　金糸雀(カナリア)　郭公(かっこう)　鴨(かも)図　鷗(かもめ)　鷽(うそ)　鵲(かささぎ)　懸巣(かけす)　木叩き(きたたき)　啄木鳥(きつつき)夏　雉(きじ)　黄鶲(きびたき)　九官鳥(きゅうかんちょう)　錦華鳥(きんかちょう)　錦鶏(きんけい)　銀鶏(ぎんけい)　金腹(きんぱら)　水鶏(くいな)【秧鶏】　草鶺(くさしぎ)　孔雀(くじゃく)　熊啄木鳥(くまげら)

鶺鴒(せきれい)　鵯(ひよどり)　菊戴(きくいただき)　閑古鳥(かんこどり)夏　雁(がん)　尾長(おなが)　鸚鵡(おうむ)　柄長(えながら)　鴛鴦(おしどり)　鵐(しとど)　鸛鵲(かんさく)　海猫(うみねこ)　鶯(うぐいす)春　鶉(うずら)　駱馬(らま)　羊鶲(ようしげき)　鸊鷉(かいつぶり)

379

鳥類

四十雀（しじゅうから）／七面鳥（しちめんちょう）／慈悲心鳥（じひしんちょう）／鵑（しめ）／十姉妹（じゅうしまつ）／寿黄青鶲（じゅぜいせいびたき）／雀（すずめ）／大膳（だいぜん）／大杓鶴（だいしゃくしぎ）／鶴鶏（たいけい）／田鶏（たしぎ）／鷹（たか）／駝鳥（だちょう）／丹頂鶴（たんちょうづる）／矮鶏（ちゃぼ）／千鳥（ちどり）／長元坊（ちょうげんぼう）／長尾鶏（ちょうびけい）／鶇（つぐみ）

筒鳥（つつどり）／燕（つばめ）／鶴（つる）／東天紅（とうてんこう）／鴇 朱鷺（とき）／告天子（ひばり・雲雀）／鴻（ひしくい）／鵠（くぐい）／鸛（こうのとり）／朱鷺（とき）／鳶（とび）／鍋鶴（なべづる）／入内雀（にゅうないすずめ）／鵺（ぬえ）／鵼（ぬえ）／野鶲（のびたき）／鳩（はと）／禿鷲（はげわし）／隼（はやぶさ）／鶸（ひわ）／火食鳥（ひくいどり）

緋秧鶏（ひくいな）／菱喰 鴻（ひしくい）／雲雀（ひばり）／鶲（ひたき）／白頭鳥（はくとうちょう）／鵯（ひよどり）／緋連雀（ひれんじゃく）／梟（ふくろう）／鶸（ひわ）／文鳥（ぶんちょう）／頬白（ほおじろ）／時鳥 子規 不如帰（ほととぎす）／鴫（しぎ）／鶉（うずら）／木兎 角鴟（みみずく）／鶸鶉（みそさざい）／杜鵑（ほととぎす）

鷲（わし）／連雀（れんじゃく）／瑠璃鳥（るりちょう）／雷鳥（らいちょう）／夜鷹（よたか）／葦切（よしきり）／百合鴎（ゆりかもめ）／山原水鶏（やんばるくいな）／山鳥（やまどり）／山翡翠（やませみ）／山雀（やまがら）／戴勝（やつがしら）／百舌 鵙（もず）／目白（めじろ）／眼黒（めぐろ）／胸黒（むなぐろ）／椋鳥（むくどり）／都鳥（みやこどり）

●魚介類

鮎並 鮎魚女（あいなめ）／赤貝（あかがい）／浅蜊 蛤仔（あさり）／阿古屋貝（あこやがい）／鰺（あじ）／穴子（あなご）／甘鯛（あまだい）／鮎 香魚 年魚（あゆ）／鮑 鰒（あわび）／鮟鱇（あんこう）／飯蛸（いいだこ）／烏賊（いか）／貽貝（いがい）／玉筋魚（いかなご）／伊佐木（いさき）／鯏（いさぎ）

蟾魚（いざりうお）／石持（いしもち）／石鯛（いしだい）／石首魚（いしもち）／伊勢海老（いせえび）／糸魚（いとよ）／糸縒鯛（いとよりだい）／鰯 鰛（いわし）／石斑魚 鯎（いわな）／岩魚（いわな）／海雀（うみすずめ）／海鰻（うみうなぎ）／鰻（うなぎ）／鱓（うつぼ）

親眂（おやにらみ）／牡蠣（かき）／笠子（かさご）／梶木 旗魚（かじき）／数の子（かずのこ）／片口鰯（かたくちいわし）／鰹 松魚（かつお）／蟹（かに）／鎌柄（かまつか）／鰈（かれい）／烏貝（からすがい）／川蛭（かわびる）／皮剥（かわはぎ）／細螺 河貝子（かわにな）／鱚（きす）／黄肌鮪（きはだまぐろ）

義蜂（ぎばち）／魚子（ぎょし）／黍魚子（きびなご）／銀宝（ぎんぽ）／銀鮫（ぎんざめ）／金眼鯛（きんめだい）／草魚（くさうお）／久保貝（くぼがい）／車蝦（くるまえび）／黒蝶貝（くろちょうがい）／黒鯛（くろだい）／鮗（このしろ）／鯉（こい）／鮖（ごり）／小鰭（こはだ）／氷下魚（こまい）／鰍（かじか）／権瑞（ごんずい）／桜貝（さくらがい）／鮭（さけ）

栄螺（さざえ）／鯖（さば）／鮫（さめ）／細魚 針魚（さより）／沢蟹（さわがに）／鰆（さわら）／秋刀魚（さんま）／鱒（ます）／蜆（しじみ）／潮吹（しおふき）／舌鮃（したびらめ）／芝蝦（しばえび）／縞鯵（しまあじ）／蝦蛄（しゃこ）／撞木鮫（しゅもくざめ）／白魚（しらうお）／白腹（しろはら）／真珠貝（しんじゅがい）／助惣鱈（すけそうだら）

介党鱈（すけとうだら）／鱸（すずき）／鯣 鯣烏賊（するめいか）／鮠（はや）／鯒（こち）／鰓（えら）／鯛（たい）／高足蟹（たかあしがに）／蛸 章魚（たこ）／太刀魚（たちうお）／鮠（たなご）／駄津（だつ）／鱚（きす）／鱈（たら）／鱈場蟹（たらばがに）／血鯛（ちだい）／蔓巻（つるまき）／鰗魚 闘魚（とうぎょ）／常節（とこぶし）／棘魚（とげうお）／泥鰌 鰌（どじょう）

動植物・他

動植物・他

魚類

飛魚[夏]／跳鱶[夏]／虎河豚(とらふぐ)／鈍甲(どんこう)／海鼠(なまこ)[冬]／虹鱒(にじます)／鯡[鰊](にしん)[春]／鮠(めなだ)／鮑(あわび)[夏]／鯣鯢(するめ)／貝[春]／鮠(ほや)／沙魚[鯊](はぜ)[秋]／鱧(はも)[夏]／蛤(はまぐり)[春]／鰤(たなご)／鯰(なまず)[夏]／針千本(はりせんぼん)／鱓(うつぼ)／鮠(はも)

緋鯉(ひごい)[夏]／鮖(かじか)／鱒(ます)[春]／河豚(ふぐ)[冬]／鮒(ふな)／鰤(ぶり)[冬]／鰓(ふか)／帆立貝(ほたてがい)[春]／鮒(ふな)／遍羅(べら)／魴鮄(ほうぼう)[冬]／鮹(まだこ)[夏]／真鯛(まだい)[春]／真鰯(まいわし)[秋]／鮪(まぐろ)／鱒(ます)／馬刀貝(まてがい)／翻車魚(まんぼう)[夏]／虫鰈(むしがれい)／鮠(まむし)／鱚五郎(むつごろう)[春]

●昆虫・その他

稚鰤(わかし)／公魚(わかさぎ)／雷魚(らいぎょ)[夏]／槍烏賊(やりいか)／山女(やまめ)[夏]／諸子(もろこ)[春]／明太魚(めんたいお)／眼張(めばる)[春]／眼撥(めばち)／目高(めだか)[夏]／室鰺(むろあじ)

蟻(あり)[夏]／蟻地獄(ありじごく)[夏]／蟻巻(ありまき)／家壁蝨(いえだに)／磯巾着(いそぎんちゃく)／糸蜻蛉(いととんぼ)／蝗(いなご)[秋]／芋虫(いもむし)[秋]／蛆(うじ)／海胆[海栗](うに)[春]／馬追虫(うまおい)／浮塵子(うんか)[秋]／御玉杓子(おたまじゃくし)[春]／蚊(か)[夏]／蛾(が)[夏]／貝殻虫(かいがらむし)

赤蜻蛉(あかとんぼ)[秋]／揚羽蝶(あげはちょう)／蚋(ぶゆ)／油虫(あぶらむし)[夏]／水黽(みずすまし)・水馬(あめんぼ)[夏]

海蛍(うみほたる)／【蛔虫】(かいちゅう)

蚕(かいこ)[春]／回虫[蛔虫]／海綿(かいめん)／蚊(が)／紙魚(しみ)／蝸牛(かたつむり)[夏]／金亀子(こがねむし)／兜虫[甲虫](かぶとむし)[夏]／鉦叩(かねたたき)／蟷螂(かまきり)[秋]／竈馬(かまどうま)／天牛(かみきりむし)[夏]／蛙(かえる)[春]／椿象(かめむし)／邯鄲(かんたん)／木喰虫(きくいむし)／黄鳳蝶(きあげは)／蚕(さなぎ)／金蠅(きんばえ)

草蜉蝣(くさかげろう)／轡蟬(くつわむし)／塩辛蜻蛉(しおからとんぼ)／紙魚(しみ)／尺取虫(しゃくとりむし)／猩々蠅(しょうじょうばえ)／白蟻(しろあり)／鈴虫(すずむし)[秋]／蟬(せみ)[夏]／象虫(ぞうむし)／草履虫(ぞうりむし)／田螺(たにし)[春]／玉虫(たまむし)／蝶(ちょう)[春]／天道虫(てんとうむし)[夏]／蜻蛉(とんぼ)[秋]／蟷螂(とうろう)／南京虫(なんきんむし)

源五郎(げんごろう)／蟋蟀(こおろぎ)[秋]／轡虫(くつわむし)／黒鳳蝶(くろあげは)／水母[海月](くらげ)[夏]／蜘蛛(くも)[夏]／熊蜂(くまばち)／熊蟬(くまぜみ)[夏]／紙魚(しみ)／鍬形虫(くわがたむし)／源氏(げんじ)／砂虫(すなむし)／黄金虫(こがねむし)／蛮蠊(ごきぶり)／穀蛾(こくが)／穀象虫(こくぞうむし)／木食虫(きくいむし)／蚤斯(きりぎりす)／蠟虫(ろうむし)／真田虫(さなだむし)

蚯蚓(みみず)／蓑虫(みのむし)[秋]／水澄(みずすまし)／松虫(まつむし)[秋]／蛍(ほたる)[夏]／孑孑(ぼうふら)[夏]／船虫(ふないむし)／船食虫(ふなくいむし)／蛭(ひる)／蜩(ひぐらし)／海星[人手](ひとで)／斑猫(はんみょう)／飛蝗蟲(ばった)／蜂(はち)／蠅(はえ)[夏]／羽蟻(はあり)／蚤(のみ)[夏]

●草花

葵(あおい)[夏]／石蕁(いしだたみ)／水綿[青味泥](あおのり)／葦(あし)／茜(あかね)／萬(あざみ)[春]／朝顔(あさがお)[秋]／麻(あさ)[夏]／綿虫(わたむし)／寄居虫(やどかり)[春]／馬陸(やすで)／夜光虫(やこうちゅう)／百足[蜈蚣](むかで)

油虫(あぶらむし)／小豆(あずき)／紫陽花(あじさい)[夏]／葦[蘆菫](あしすみれ)[秋]／薊(あざみ)[春]／朝顔／麻／茜／藜(あかざ)／藪蚊(やぶか)／紫羅欄花(あらせいとう)／荒布(あらめ)／粟(あわ)[秋]／薗(あう)／亜麻(あま)

茴香(ういきょう)／隠元(いんげん)／卷柏(いわひば)／蒻麻[刺草](いらくさ)／鳳尾草(ほうびそう)／牛膝(いのこずち)／稲(いね)[秋]／一薬草(いちやくそう)／鳶尾草(いちはつ)／虎杖(いたどり)／苺[莓](いちご)／海髪(いぎす)／碇草(いかりそう)

動植物・他

- 浮萍(うきくさ)夏
- 浮矢幹(うきやがら)
- 鬱金香(うこんこう)春
- 独活(うど)春
- 菖蒲(うまごやし)春
- 裏白(うらじろ)新
- 瓜(うり)夏
- 荏胡麻(えごま)
- 蟒草(えごまぐさ)夏
- 蝦夷菊(えぞぎく)秋
- 荏胡麻(えごま)
- 榎茸(えのきたけ)
- 蝦尾草(えびもぐさ)
- 猿猴草(えんこうそう)
- 延胡索(えんごさく)
- 豌豆(えんどう)夏
- 燕麦(えんばく)

- 大谷渡(おおたにわたり)
- 大爪草(おおつめくさ)
- 海葱(おおねぎ)
- 万年青(おもと)
- 烏麦(からすむぎ)夏
- 芋(うも)
- 刈萱(かるかや)秋
- 排草香(はいそうこう)
- 寒葵[杜衡](かんあおい)
- 寒忌竹(かんきちく)
- 雁首草(がんくびそう)
- 萱草(かんぞう)
- 甘草(かんぞう)夏
- 雁皮(がんぴ)
- 岩菲(がんぴ)夏
- 寒紅梅(かんこうばい)
- 甘藍(かんらん)
- 菊芋(きくいも)秋
- 菊(きく)秋
- 木耳(きくらげ)夏
- 雉隠し(きじかくし)
- 羊蹄(ぎしぎし)
- 着綿(きせわた)

- 吉祥草(きちじょうそう)
- 衣笠草(きぬがさそう)
- 黍(きび)秋
- 擬宝珠(ぎぼうし)夏
- 胡瓜(きゅうり)夏
- 金魚草(きんぎょそう)
- 金魚藻(きんぎょも)
- 金紅花(きんこうか)
- 金盞花(きんせんか)
- 金鳳花(きんぽうげ)
- 金梅花(きんばいか)
- 銀竜草(ぎんりょうそう)
- 九蓋草(くがいそう)
- 莎草(くぐ)
- 草杉蔓(くさすぎかずら)
- 孔雀草(くじゃくそう)
- 葛(くず)秋
- 熊谷草(くまがいそう)
- 鞍馬苔(くらまごけ)

- 慈姑(くわい)
- 君子蘭(くんしらん)
- 珪藻(けいそう)
- 鶏頭(けいとう)秋
- 芥子[罌粟](けし)
- 月下香(げっかこう)
- 月桃(げっとう)
- 華鬘草(けまんそう)
- 現の証拠(げんのしょうこ)
- 紫雲英(げんげ)春
- 河骨(こうほね)夏
- 高麗芝(こうらいしば)
- 高粱(こうりゃん)
- 御形(ごぎょう)新
- 苔[蘚](こけ)
- 小髭(こひげ)
- 牛蒡(ごぼう)
- 胡麻(ごま)夏
- 駒草(こまぐさ)

- 小松菜(こまつな)
- 駒繋(こまつなぎ)
- 蒟蒻(こんにゃく)秋
- 昆布(こんぶ)
- 采配蘭(さいはいらん)
- 鷺草(さぎそう)夏
- 桜草(さくらそう)春
- 匙沢瀉(さじおもだか)
- 大角豆(ささげ)秋
- 座禅草(ざぜんそう)
- 薩摩芋(さつまいも)秋
- 里芋(さといも)秋
- 砂糖黍(さとうきび)秋
- 【甘蔗】
- 仙人掌(サボテン)夏
- 猿の腰掛(さるのこしかけ)
- 山東菜(さんとうさい)

- 椎茸(しいたけ)
- 紫苑(しおん)秋
- 色丹草(しこたんそう)
- 獅子頭(ししがしら)
- 紫蘇(しそ)夏
- 羊歯[歯朶](しだ)
- 七島藺(しちとうい)
- 自然薯(じねんじょ)
- 芝(しば)
- 湿地(しめじ)秋
- 下野草(しもつけそう)
- 射干(しゃが)春
- 錫杖草(しゃくじょうそう)
- 芍薬(しゃくやく)夏
- 車軸草(しゃじくそう)
- 蛇の鬚(じゃのひげ)
- 秋海棠(しゅうかいどう)
- 十薬(じゅうやく)夏
- 数珠玉(じゅずだま)

- 縮子蘭(しゅくしらん)
- 棕櫚草(しゅろそう)
- 鈴蘭草(すずらんそう)
- 春菊(しゅんぎく)
- 童(すみれ)
- 菖蒲[菖](しょうぶ)夏
- 生姜[薑](しょうが)
- 松露(しょうろ)
- 除虫菊(じょちゅうぎく)夏
- 白糸草(しらいとそう)
- 白髭草(しらひげそう)
- 白蘭(しらん)
- 紫蘭(しらん)
- 白瓜(しろうり)
- 西瓜(すいか)秋
- 水仙(すいせん)冬
- 睡蓮(すいれん)夏
- 酸模(すいば)
- 酸漿(すぐり)
- 杉菜(すぎな)春
- 菅(すげ)

- 薄[芒](すすき)秋
- 清白[蘿蔔](すずしろ)
- 石蘭(せきらん)
- 石竹(せきちく)夏
- 石斛(せっこく)
- 銭葵(ぜにあおい)
- 芹(せり)春
- 千振(せんぶり)
- 千日紅(せんにちこう)
- 薇(ぜんまい)春
- 蕎麦(そば)秋
- 空豆[蚕豆](そらまめ)
- 大黄(だいおう)
- 大根(だいこん)冬
- 大豆(だいず)
- 大青(だいせい)
- 大文字草(だいもんじそう)

高灯台〔秋〕	蓼〔秋〕	球茎立葵〔夏〕	煙草〔夏〕	檀特〔夏〕	蒲公英〔春〕	茅〔白茅〕〔夏〕	父子草〔春〕	草石蚕〔秋〕		
高菜〔春〕	角叉〔春〕	綱麻〔夏〕	爪蓮華〔秋〕	露草〔秋〕	釣鐘草〔夏〕	石路〔夏〕	鉄線〔夏〕	天南星〔夏〕	甜菜〔夏〕	唐辛子〔秋〕	冬瓜〔秋〕	【蕃椒】	道灌草〔秋〕	唐黍〔秋〕
土筆〔春〕	爪草〔春〕										滑子〔秋〕	撫子〔夏〕	鉈豆〔秋〕	茄子〔夏〕	梨〔秋〕	長芋〔秋〕	取草〔秋〕	鳥兜〔秋〕	野老〔秋〕	戦草〔夏〕	毒芹〔春〕	木賊〔秋〕	玉蜀黍〔秋〕	唐茄子〔秋〕	唐菜〔春〕	薺〔春〕	苦艾〔夏〕	日日草〔夏〕
衝羽根草〔秋〕																												
月見草〔秋〕	灯心草〔夏〕											韮〔春〕	人参〔春〕	大蒜〔春〕	零余子〔秋〕	糠穂〔秋〕	沼茅〔沼萓〕	軒忍〔夏〕	葱〔夏〕	鋸草〔夏〕	野薊〔春〕	海苔〔春〕	白菜〔冬〕	繁縷〔春〕	芭蕉〔秋〕	蓮〔夏〕	裸麦〔夏〕	薄荷〔秋〕	初茸〔秋〕	花菖蒲〔夏〕
花菅〔夏〕	花菱草〔春〕	花椰菜〔春〕	母子草〔春〕	波布草〔夏〕	葉牡丹〔冬〕	浜菅〔夏〕	浜昼顔〔夏〕	浜木綿〔夏〕	馬鈴薯〔秋〕	稗〔秋〕	日陰蔓〔冬〕	彼岸花〔秋〕	藤袴〔秋〕	福寿草〔新〕	蕗〔春〕	風鈴草〔夏〕	風蘭〔夏〕	蛭蓆〔秋〕	昼顔〔夏〕	瓢箪〔秋〕	百日草〔夏〕	姫女苑〔秋〕							
鳳仙花〔秋〕	防風〔春〕	菠薐草〔春〕	酸漿〔鬼灯〕〔秋〕	蛍袋〔夏〕	忽布〔夏〕	仏の座〔新〕	杜鵑草〔秋〕	馬尾藻〔春〕	舞茸〔秋〕	海人草〔秋〕	真桑瓜〔夏〕	真菰〔夏〕	松茸〔秋〕	松葉牡丹〔夏〕	松葉沙華〔夏〕	曼珠沙華〔秋〕	水葵〔秋〕	【雨久花】	夕顔〔夏〕	藪蝨〔夏〕									
水菜〔春〕	水芭蕉〔春〕	雪割草〔春〕	雪の下〔夏〕	山葵〔春〕	雪笹〔夏〕	水引〔夏〕	水松〔海松〕〔春〕	茗荷〔夏〕	都忘れ〔夏〕	麦〔夏〕	菫〔春〕	紫〔夏〕	薔薇〔夏〕	女郎花〔秋〕	毛氈苔〔夏〕	水雲〔海雲〕〔春〕	餅草〔春〕	矢車草〔夏〕	八房〔秋〕	八頭〔秋〕	若布〔和布〕〔春〕	蓮根〔冬〕	蓮華草〔春〕	伶人草〔秋〕	瑠璃草〔春〕	纓紅草〔秋〕	竜胆〔秋〕	蘭〔秋〕	竜舌蘭〔夏〕
分葱〔春〕	綿〔棉〕〔秋〕	勿忘草〔春〕	金日歓〔春〕	木通〔通草〕〔秋〕	梓〔春〕	翌檜〔春〕	馬酔木〔春〕	阿檀〔秋〕	杏〔春〕	一位〔春〕	無花果〔秋〕	【映日果】																	
吾亦紅〔秋〕	吾木香〔秋〕	勿忘草〔春〕	山葵〔春〕	蕨〔春〕	●樹木	青桐〔梧桐〕〔夏〕																							
落花生〔秋〕	夜顔〔秋〕	蓬〔艾〕〔春〕	嫁菜〔春〕	宵待ち草〔夏〕	百合〔夏〕	薤〔辣韮〕〔夏〕																							

動植物・他

銀杏（いちょう）〔秋〕
【公孫樹】
伊吹（いぶき）
水蝋（いぼた）
五加（うこぎ）
卯木（うつぎ）
姥目樫（うばめがし）
梅（うめ）〔春〕
梅擬（うめもどき）〔秋〕
漆（うるし）
蝦夷松（えぞまつ）
金雀児（エニシダ）〔夏〕
榎（えのき）
槐（えんじゅ）
桜桃（おうとう）〔夏〕
黄梅（おうばい）〔春〕
阿利布（オリーブ）
海棠（かいどう）
楓（かえで）〔秋〕

柿（かき）〔秋〕
鉤葛（かぎかずら）【鉤藤】
樫（かし）
柏（かしわ）
桂（かつら）
要黐（かなめもち）
樺（かば）
樺桜（かばざくら）
榧（かや）
枸橘（からたち）【枳殻】
唐橘（からたちばな）
落葉松（からまつ）
花梨（かりん）【花櫚】〔春〕
寒紅梅（かんこうばい）〔冬〕
雁皮（がんぴ）
肝木（かんぼく）
木苺（きいちご）〔夏〕
黄雁皮（きがんぴ）
通条花（きぶし）

【木付子】
伽羅木（きゃらぼく）
夾竹桃（きょうちくとう）〔夏〕
御柳（ぎょりゅう）
桐（きり）
金柑（きんかん）〔秋〕
金銀木（きんぎんぼく）
枸杞（くこ）〔春〕
臭木（くさぎ）
樟（くすのき）【楠】
梔子（くちなし）〔夏〕
苦蘇（くっそ）
櫟（くぬぎ）【椚】
九年母（くねんぼ）〔冬〕
苦扁桃（くへんとう）
熊柳（くまやなぎ）〔冬〕
茱萸（ぐみ）〔秋〕
【胡頽子】
栗（くり）〔秋〕

胡桃（くるみ）〔秋〕
黒樺（くろかんば）
黒文字（くろもじ）
桑（くわ）〔春〕
月桂樹（げっけいじゅ）〔秋〕
欅（けやき）【槻】
柑子（こうじ）
楮（こうぞ）
紅梅（こうばい）〔春〕
蝙蝠葛（こうもりかずら）
高野箒（こうやぼうき）
広葉杉（こうようざん）
古加（こか）【古柯】
小臭木（こくさぎ）
黒檀（こくたん）
小米空木（こごめうつぎ）
呉茱萸（ごしゅゆ）
胡椒（こしょう）
御所柿（ごしょがき）

小手毬（こでまり）〔春〕
辛夷（こぶし）〔春〕
行李柳（こりやなぎ）
金漆（こんあぶら）
権萃（ごんずい）
皀莢（さいかち）
采振木（さいふりぼく）
榊（さかき）【賢木】
桜（さくら）〔春〕
石榴（ざくろ）【柘榴】〔秋〕
笹（ささ）
山茶花（さざんか）〔冬〕
皐月（さつき）〔夏〕
核太棗（さねぶとなつめ）【酸棗】
朱欒（ザボン）【香欒】〔冬〕
娑羅双樹（さらそうじゅ）
百日紅（さるすべり）〔夏〕
猿梨（さるなし）
椹（さわら）

山帰来（さんきらい）
珊瑚樹（さんごじゅ）
山査子（さんざし）
山茱萸（さんしゅゆ）
山椒（さんしょう）
椎（しい）
雌黄（しおう）
塩地（しおじ）
樒（しきみ）【梻】
使君子（しくんし）
蜆花（しじみばな）
枝垂桜（しだれざくら）〔春〕
信濃柿（しなのがき）
科の木（しなのき）
下野（しもつけ）
石楠花（しゃくなげ）〔夏〕
【石南花】
蛇結茨（じゃけついばら）
南燭（しゃしゃんぼ）

棕櫚（しゅろ）【棕梠】
常山（じょうざん）
白樺（しらかば）
白文字（しろもじ）
沈香（じんこう）
沈丁花（じんちょうげ）〔春〕
真柏（しんぱく）
水蜜桃（すいみつとう）〔夏〕
蘇芳（すおう）【蘇枋】
杉（すぎ）
篠懸の木（すずかけのき）
【鈴懸の木】
李（すもも）〔夏〕
千両（せんりょう）〔冬〕
素馨（そけい）
蘇鉄（そてつ）
外青（そよご）
大茴香（だいういきょう）
大王松（だいおうしょう）

泰山木（たいさんぼく）
橙（だいだい）〔冬〕
大風子（だいふうし）
鉄刀木（たがやさん）
岳樺（だけかんば）
筍（たけのこ）〔夏〕
蛸の木（たこのき）
【露兜樹】
橘（たちばな）〔秋〕
椨（たぶのき）
楤の木（たらのき）
多羅葉（たらよう）
檀香梅（だんこうばい）
萵苣の木（ちしゃのき）
丁子（ちょうじ）【丁香】〔春〕
栂（つが）
槻（つき）
衝羽根（つくばね）
黄楊（つげ）【柘植】

蔦（つた）〔秋〕
蔦漆（つたうるし）
躑躅（つつじ）〔春〕
葛藤（つづらふじ）
椿（つばき）【山茶】〔春〕
吊花（つりばな）
蔓梅擬（つるうめもどき）
胡頽子（つるぐみ）
梯姑（でいこ）
満天星（どうだん）〔春〕
杜松（としょう）
橡（とちのき）【栃】
椴松（とどまつ）
梣（とねりこ）
海桐花（とべら）
梛（なぎ）【竹柏】
梨（なし）〔秋〕
棗（なつめ）〔秋〕
七竈（ななかまど）〔秋〕

楢（なら）【柞・枹】
南天（なんてん）
錦木（にしきぎ）〔秋〕
肉桂（にっけい）
楡（にれ）
庭常（にわとこ）【接骨木】
忍冬（にんどう）
白膠木（ぬるで）
猫四手（ねこしで）
猫柳（ねこやなぎ）〔春〕
捩木（ねじき）
杜松（ねず）
鼠黐（ねずみもち）
合歓木（ねむのき）
凌霄花（のうぜんかずら）〔夏〕
這松（はいまつ）
萩（はぎ）〔秋〕
白丁花（はくちょうげ）〔夏〕
黄櫨（はぜのき）【櫨の木】

動植物・他

巴旦杏（はたんきょう）・花筏（はないかだ）・柞（ははそ）・薔薇（ばら）・浜茄子（はまなし）・針槐（はりえんじゅ）・針の木（はりのき）・榛の木（はんのき）・柊（ひいらぎ）・柃（ひさかき）・白檀（びゃくだん）・檜（ひのき）・蒲葵（びろう）・枇杷（びわ）・檳榔子（びんろうじ）・楓（ふう）・楓福木（ふくぎ）・総桜（ふさざくら）・藤（ふじ）・仏桑花（ぶっそうげ）

葡萄（ぶどう）・橅〔山毛欅〕（ぶな）・芙蓉（ふよう）・紅木（べにのき）・朴（ほお）・鳳凰竹（ほうおうちく）・菩提樹（ぼだいじゅ）・木瓜（ぼけ）・牡丹（ぼたん）・槇（まき）・木天蓼（またたび）・松胡頬子（まつぼっくり）・茉莉（まつり）・檀〔真弓〕（まゆみ）・椴榕（まつぼっくり）・万作満作（まんさく）・万両（まんりょう）

実海棠（みかいどう）・蜜柑（みかん）・三椏（みつまた）・椋（むく）・木槿・槿（むくげ）・無患子（むくろじ）・紫式部（むらさきしきぶ）・郁子（むべ）・孟宗竹（もうそうちく）・木犀（もくせい）・木蓮木蘭（もくれん）・樅（もみ）・桃（もも）・椰子（やし）・八手（やつで）・宿木〔寄生木〕（やどりぎ）

柳（やなぎ）・藪柑子（やぶこうじ）・山吹（やまぶき）・山桃（やまもも）・雪柳（ゆきやなぎ）・柚子（ゆず）・梅桃〔山桜桃〕（ゆすらうめ）・譲葉〔交譲木〕（ゆずりは）・令法（りょうぶ）・竜眼（りゅうがん）・旅人木（りょじんぼく）・林檎（りんご）・茘枝（れいし）・檸檬（レモン）・連翹（れんぎょう）・臘梅蠟梅（ろうばい）・侘助（わびすけ）

国・州・都市名

濠太剌利（オーストラリア）・埃及（エジプト）・宇柳貝（ウルグアイ）・烏克蘭（ウクライナ）・印度（インド）・英吉利（イギリス）・義蘭（イラン）・伊太利（イタリア）・英蘭（イングランド）・亜爾然丁（アルゼンチン）・阿弗利加（アフリカ）・亜米利加（アメリカ）・亜剌比亜（アラビア）・雅典（アテネ）・亜細亜（アジア）・亜富汗斯坦（アフガニスタン）・愛蘭（アイルランド）

西蔵（チベット）・泰（タイ）・京城（ソウル）・西班牙（スペイン）・瑞典（スウェーデン）・瑞西（スイス）・新嘉坡（シンガポール）・牙買加（ジャマイカ）・西伯利亜（シベリア）・哥倫比亜（コロンビア）・志士仁（シドニー）・希臘（ギリシャ）・玖馬（キューバ）・加奈陀（カナダ）・東埔寨（カンボジア）・和蘭（オランダ）・墺太利（オーストリア）

仏蘭西（フランス）・伯剌西爾（ブラジル）・芬蘭（フィンランド）・洪牙利（ハンガリー）・比律賓（フィリピン）・布哇（ハワイ）・巴里（パリ）・諾威（ノルウェー）・泥婆羅（ネパール）・紐育（ニューヨーク）・新西蘭（ニュージーランド）・尼加拉瓦（ニカラグア）・土耳古（トルコ）・丁抹（デンマーク）・独逸（ドイツ）・智利（チリ）・突尼斯（チュニジア）

倫敦（ロンドン）・露西亜（ロシア）・羅馬（ローマ）・羅馬尼亜（ルーマニア）・欧羅巴（ヨーロッパ）・莫臥児（モウル）・摩洛哥（モロッコ）・莫斯科（モスクワ）・墨西哥（メキシコ）・葡萄牙（ポルトガル）・白耳義（ベルギー）・秘露（ペルー）・越南（ベトナム）・北京（ペキン）・勃牙利（ブルガリア）・華盛頓（ワシントン）

外来語・他

鋇・鋇力（ビロード）・天鵞絨（ビロード）・洋琴（ピアノ）・手巾（ハンカチ）・麺麭（パン）・牛酪（バター）・提琴（バイオリン）・三鞭酒（シャンパン）・襦衣（シャツ）・護謨（ゴム）・洋杯（コップ）・珈琲（コーヒー）・基督（キリスト）・自鳴琴（オルゴール）・風琴（オルガン）・酒清（アルコール）・手風琴（アコーディオン）

喞筒（ポンプ）・莫大小（メリヤス）・洋灯（ランプ)

大字（本文掲載外）

- 一→壱
- 二→弐
- 三→参
- 四→肆
- 五→伍
- 六→陸
- 七→漆
- 八→捌
- 九→玖
- 十→拾
- 百→佰
- 千→仟・阡
- 万→萬

新版
日用語新字典ポケット判【赤】

編 者　高橋書店編集部
発行者　高橋秀雄
発行所　**株式会社 高橋書店**
　　　　〒170-6014
　　　　東京都豊島区東池袋3-1-1 サンシャイン60 14階
　　　　電話　03-5957-7103

ISBN978-4-471-17230-5　　　　　　　　　　　　　　U-10-⑮
©TAKAHASHI SHOTEN　Printed in Japan
定価は帯に表示してあります。
本書および本書の付属物の内容を許可なく転載することを禁じます。また、本書および付属物の無断複写(コピー、スキャン、デジタル化等)、複製物の譲渡および配信は著作権法上での例外を除き禁止されています。

本書の内容についてのご質問は「書名、質問事項(ページ、内容)、お客様のご連絡先」を明記のうえ、郵送、FAX、ホームページお問い合わせフォームから小社へお送りください。
回答にはお時間をいただく場合がございます。また、電話によるお問い合わせ、本書の内容を超えたご質問にはお答えできませんので、ご了承ください。
本書に関する正誤等の情報は、小社ホームページもご参照ください。

【内容についての問い合わせ先】
　書　面　〒170-6014　東京都豊島区東池袋3-1-1
　　　　　　　　サンシャイン60 14階　高橋書店編集部
　ＦＡＸ　03-5957-7079
　メール　小社ホームページお問い合わせフォームから
　　　　　(https://www.takahashishoten.co.jp/)

【不良品についての問い合わせ先】
　ページの順序間違い・抜けなど物理的欠陥がございましたら、電話03-5957-7076へお問い合わせください。ただし、古書店等で購入・入手された商品の交換には一切応じられません。

❖ 県花・県木・県鳥一覧

都道府県	県庁所在地	県花	県木	県鳥
北海道	札幌	浜茄子（ハマナス）	蝦夷松（エゾマツ）	丹頂鶴（タンチョウヅル）
青森県	青森	林檎の花（リンゴノハナ）	檜葉（ヒバ）	白鳥（ハクチョウ）
岩手県	盛岡	桐の花（キリノハナ）	南部赤松（ナンブアカマツ）	雉（キジ）
宮城県	仙台	宮城野萩（ミヤギノハギ）	欅（ケヤキ）	雁（ガン）
秋田県	秋田	蕗の薹（フキノトウ）	秋田杉（アキタスギ）	山鳥（ヤマドリ）
山形県	山形	紅花（ベニバナ）	桜桃（サクランボ）	鴛鴦（オシドリ）
福島県	福島	根本石楠花（ネモトシャクナゲ）	欅（ケヤキ）	黄鶯（キビタキ）
茨城県	水戸	薔薇（バラ）	梅（ウメ）	雲雀【告天子】（ヒバリ）
栃木県	宇都宮	八潮躑躅（ヤシオツツジ）	橡【栃】（トチノキ）	大瑠璃（オオルリ）
群馬県	前橋	蓮華躑躅（レンゲツツジ）	黒松（クロマツ）	山鳥（ヤマドリ）
埼玉県	さいたま	桜草（サクラソウ）	欅（ケヤキ）	白子鳩（シラコバト）
千葉県	千葉	菜の花（ナノハナ）	槙（マキ）	頬白（ホオジロ）
東京都	新宿区	染井吉野（ソメイヨシノ）	銀杏（イチョウ）	百合鷗（ユリカモメ）
神奈川県	横浜	山百合（ヤマユリ）	銀杏（イチョウ）	鷗（カモメ）
新潟県	新潟	チューリップ	雪椿（ユキツバキ）	鴇【朱鷺】（トキ）
富山県	富山	チューリップ	立山杉（タテヤマスギ）	雷鳥（ライチョウ）
石川県	金沢	黒百合（クロユリ）	アテ	犬鷲（イヌワシ）
福井県	福井	水仙（スイセン）	松（マツ）	鶺（ツグミ）
山梨県	甲府	富士桜（フジザクラ）	楓（カエデ）	鶯（ウグイス）
長野県	長野	竜胆（リンドウ）	白樺（シラカバ）	雷鳥（ライチョウ）
岐阜県	岐阜	蓮華草（レンゲソウ）	櫟（イチイ）	雷鳥（ライチョウ）
静岡県	静岡	躑躅（ツツジ）	木犀（モクセイ）	三光鳥（サンコウチョウ）

【 】内は別表記